苏州市地方志系列丛书

苏州市档案局（馆）志

苏州市档案局 编

中国·苏州

古吴轩出版社

图书在版编目（CIP）数据

苏州市档案局（馆）志 / 苏州市档案局编 . —苏州：
古吴轩出版社，2017.4
ISBN 978-7-5546-0890-6

Ⅰ. ①苏… Ⅱ. ①苏… Ⅲ. ①档案馆—概况—苏州
Ⅳ. ① G279.275.33

中国版本图书馆CIP数据核字（2017）第041908号

责任编辑：俞　都
见习编辑：李爱华
封面设计：吴　静
责任校对：陈　盼
责任照排：吴　静

书　　　名：苏州市档案局（馆）志
编　　　者：苏州市档案局
出版发行：古吴轩出版社
　　　　地址：苏州市十梓街458号　　邮编：215006
　　　　Http://www.guwuxuancbs.com　　E-mail:gwxcbs@126.com
　　　　电话：0512-65233679　　传真：0512-65220750
出　版　人：钱经纬
印　　　刷：苏州市越洋印刷有限公司
开　　　本：787×1092　　1/16
印　　　张：30.5　　插页：2.5
版　　　次：2017年4月第1版　　第1次印刷
书　　　号：ISBN 978-7-5546-0890-6
定　　　价：168.00 元

如有印装质量问题，请与印刷厂联系。0512-68180628

《苏州市档案局（馆）志》
编纂委员会

2014年10月

主　　任：肖　芃

副 主 任：陈兴南（2015年2月止）　　沈慧瑛

2017年2月

主　　任：钱　斌

副 主 任：沈慧瑛　卜鉴民（2016年3月起）

　　　　　虞爱国（2016年12月起）

委　　员：施　开　肖　进　贾　莉　谢　静

　　　　　谈　隽　张小明　林忠华　俞　菁

　　　　　陈进锋　哈幸凌　王仁斌　陈　亮（小）

主　　编：肖　芃

执行编辑：虞平健　刘振明　俞　菁　皇甫元

编　　务：周　济　梁晨浩　王　燕　陈　晨

1988年11月30日，国家档案局副局长韩毓虎（右三）率《中华人民共和国档案法》（以下简称《档案法》）检查团来苏州检查档案工作。图为检查组在查看市档案馆陈列室，市档案局局长陈明珋（左三）向检查组介绍情况，市政府副秘书长黄士奇（左二）陪同检查组一行。

1997年9月10日，以全国人大常委会委员、全国人大教科文卫委员会委员、海军原副司令张序三（右一）为组长的全国人大常委会《档案法》执法检查组到市档案馆视察。图为市委常委、常务副市长冯大江（左三），市档案局局长黄介眉（左二）陪同检查组在馆内视察。

Seminar on Archives Training and Education:
Professional Development and Training
EASTICA
September 22-24, 1998 Suzhou China

　　1998年9月20～24日，国际档案理事会东亚地区分会执行局会议暨档案教育和培训研讨会在苏州举行。国家档案局副局长郭树银（中），市委常委、市委秘书长黄炳福（左二），东亚地区分会主席、日本国家档案馆馆长高冈完治（右二），东亚地区分会秘书长、中国香港地区档案馆馆长朱福祥（左一），省档案局副局长程世祥（右一）出席会议。

　　2005年10月21～22日，市档案馆、华中师范大学中国近代研究所在苏州饭店举办"近代中国社会群体与经济组织"暨纪念苏州商会成立一百周年国际学术研讨会。图为市领导徐国强（前排左七），省档案局局长韩杰（前排右六），著名史学家、华中师范大学教授章开沅（前排左六），华中师范大学校长马敏（前排右五），市委副秘书长、市委办主任、市政府副秘书长（兼）翟晓声（前排左五），市委办公室副主任兼市档案局党组书记徐蕙（前排右四），市档案局局长祖苏（前排左四）和与会代表合影。

　　2005年11月8～9日，由中国版协年鉴研究会主办、苏州市档案局承办的中国版协年鉴研究会成立二十周年庆典暨第十届全国年鉴学术年会在苏州召开。

　　2005年11月18日，市档案局（馆）与市工商联（苏州市商会）联合举办的苏州商会博物馆在苏州市山塘街原泉州会馆馆址上开馆。

2006年8月25日，市档案馆"数字档案馆项目"正式验收。验收会由国家档案局技术部主任王良诚（左排左二）主持，市档案局副局长陈兴南（左排左三）向专家组汇报项目建设情况。省档案局副局长齐丽华（左排左四）、市档案局局长祖苏（右排右三）参加验收会。

2008年1月17日，市档案局与市工投公司举行工投档案中心资产移交接收签约仪式，市档案局局长肖芃（右二）与工投公司董事长董柏（左二）分别在协议上签字，市工商档案管理中心工作由此正式启动运行。

2009年11月8日上午，市档案馆新馆奠基仪式在苏州市齐门路举行。省档案局局长韩杰（左六），市委常委、市委秘书长徐国强（左七），市人大常委会副主任朱玉文（左五），市政协副主席府采芹（左八），市政府秘书长陶孙贤（左四）等领导出席奠基仪式。

　　2009年11月8日，市档案局在市会议中心广场举行"苏州市档案馆建馆五十周年庆典暨首个'苏州档案日'活动"启动仪式。市档案局局长肖芃（左一）主持仪式，省档案局局长韩杰（右三），中国人民大学副校长冯惠玲（中），市人大常委会副主任朱玉文（右二），市政协副主席府采芹（左三），市档案局副局长虞平健（左二）、陈兴南（右一）出席活动启动仪式。

　　2009年12月13～19日，第四届全国年鉴编纂出版质量评比活动在苏州市举行。全国年鉴研究会会长许家康（左四），全国年鉴研究会副会长王守亚（左三）、孙关龙（右二），市委常委、市委秘书长王少东（右三），市委副秘书长兼市档案局党组书记王新华（左二），市档案局局长肖芃（右一），市档案局副局长虞平健（左一）出席会议开幕式。

　　2010年9月30日，市人大常委会在市政府新闻办公室举行《苏州市档案条例》颁布实施新闻发布会，市档案局副局长、市档案局新闻发言人陈兴南现场接受记者采访。

2011年4月19日,中俄企业档案管理研讨会在苏州召开。主席台自左至右为市档案局局长肖芃,市委副书记、市长阎立,省委副秘书长姚晓东,国家档案局局长杨冬权,俄罗斯联邦档案署署长阿尔基佐夫,国家档案局副局长李明华,省档案局局长谢波。

2011年6月11日,市档案馆晋升国家一级,接受以国家档案局档案馆室司司长孙刚(主席台右四)为组长的专家组测评。

2014年11月13日,全省档案事业综合发展推进会在苏州举行。市档案局局长肖芃在会上作经验交流。

　　2015年6月9日，市档案局举行"6·9国际档案日'档案与你相伴'主题活动"，市委副秘书长、市档案局党组书记蔡公武主持仪式，主席台左二起为市档案局局长肖芃，市级机关工委书记明亮，市政府副秘书长陆俊秀，市委常委、市委秘书长王少东，市人大常委会副主任钱海鑫，市政协副主席季忠正，市党史办主任吴晨潮，市档案局副局长沈慧瑛。

14/07 2015 10:00 FAX　　　　　　　　　　　　　　　002

中华人民共和国国务院办公厅

国办函〔2015〕149 号

国务院办公厅关于同意苏州市工商档案管理中心
加挂苏州中国丝绸档案馆牌子的复函

江苏省人民政府：

　　你省《关于建立中国丝绸档案馆的请示》（苏政发〔2014〕94 号）收悉。经国务院领导同志同意，现函复如下：

　　苏州市工商档案管理中心可加挂"苏州中国丝绸档案馆"牌子。

　　2015年12月16日，国务院办公厅函复江苏省人民政府同意苏州市工商档案管理中心加挂"苏州中国丝绸档案馆"牌子。

2016年5月19日，在越南顺化召开的第七届联合国教科文组织世界记忆工程亚太地区委员会（MOWCAP）大会上，"近现代苏州丝绸样本档案"入选《世界记忆亚太地区名录》。图为国家档案局局长李明华（左）向市工商档案管理中心代表吴芳（右）颁发联合国教科文组织入选证书。

世 界 记 忆 项 目 与 档 案 事 业 发 展 主 题 研 讨 会
Seminar on UNESCO Memory of the World Program & The Development of Archives Work
2016年11月23日 中国·苏州　　　Nov.23rd 2016 Suzhou China

2016年11月23日，由国家档案局主办的"世界记忆项目与档案事业发展主题研讨会"在苏州举行，图为会议代表合影。国家档案局局长李明华（前排左六），市委副书记、市长曲福田（前排左七），省档案局局长谢波（前排左四），市档案局局长肖芃（前排左一）、副局长卜鉴民（后排右六）参加合影。

2009年12月，在首届江苏省档案文化精品评选中，市档案局（馆）编纂的《苏州商团档案汇编》获唯一特等奖。

《苏州年鉴（2009）》在第四届全国年鉴编纂出版质量评比中被评为综合特等奖。

2011年5月，市档案局报送的"建立工商档案管理中心"荣获"全国档案管理与服务创新最佳案例奖"。

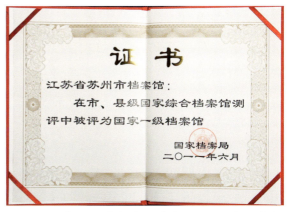

2011年6月，市档案馆在市、县级国家综合档案馆测评中被评为国家一级档案馆。

2011年10月，市档案局主持实施的"产权制度改革大背景下改制企业档案资源整合与共享模式研究"获国家档案局科技成果一等奖。

2011年12月，市档案局（馆）被人力资源和社会保障部、国家档案局联合表彰为全国档案系统先进集体。

2013年，市工商档案管理中心被中华全国总工会授予"全国五一巾帼标兵岗"称号。

2015年6月，市档案局机关党委被中共苏州市委市级机关工委表彰为"2013—2014年度苏州市市级机关先进基层党组织"。

2015年12月，市档案局（馆）再次获评全国档案系统先进集体，市档案局局长肖芃（右二）赴京领奖并与省档案局局长谢波（左二）等合影。

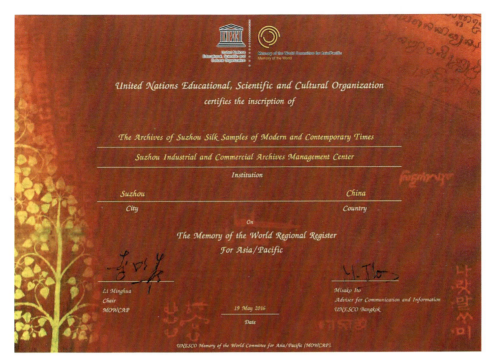

2016年5月，联合国教科文组织颁发的证明市工商档案管理中心的"近现代苏州丝绸样本档案"入选《世界记忆亚太地区名录》的证书。

2016年4月，市总工会授予市工商档案管理中心"苏州市五一劳动奖状"。

2016年9月，市档案局（馆）被表彰为江苏省文明单位。

市档案馆外貌，建成于1978年6月，位于饮马桥市政府大院。（摄于1994年）

市档案馆阅览室一角。（摄于1986年）

市档案馆外貌，建成于1996年，位于三香路行政中心。（摄于2002年）

档案馆特藏室。（摄于2002年）

阅档室一角。（摄于2002年）

新馆南大门。（摄于2016年）

新馆查档接待大厅。（摄于2016年）

新馆库房。（摄于2016年）

市档案馆新馆北大门。位于北园路，2015年建成。（摄于2016年）

新馆会议报告厅。（摄于2016年）

新馆中央庭院一角。（摄于2016年）

1984年，市档案局（馆）工作人员指导东吴丝织厂清理历史档案。

1984年，苏州市职业大学学生在市档案馆实习。

　　1991年9月1日，市档案局在五卅路举办《档案法》宣传周黑板报联展。图为市档案局局长殷海智（左一）、副局长姜贤明（右一）、副馆长严纪明（中）在联展现场检查。

　　1995年12月25日，市档案局与市政府开放办联合召开全市开发区档案工作会议。

2000年10月，市档案局（馆）保管利用处工作人员在库房整理档案。

2004年11月6日，市委副秘书长，市档案局党组书记、局长翟晓声（左二）检查市档案馆消防控制室。

2007年1月5日，市委副秘书长、市档案局党组书记金洁（右）与市档案局局长祖苏（左）在档案馆库房检查工作。

　　2007年8月8日，市档案局组织全市档案系统开展档案业务知识和工作技能现场竞赛。

　　2008年3月18日，市档案局（馆）举行市人大常委会原主任周福元个人档案捐赠仪式。图为市档案局局长肖芃（左二）向周福元（左三）颁发档案捐赠证书。市委常委、市委秘书长王少东（右二），市人大常委会副主任朱玉文（右一），市政协副主席陈振刚（左一）出席捐赠仪式。

2008年8月6日，市档案局在虎丘街道山塘社区指导居民家庭建档。

2009年9月1日，市档案局赴新疆伊犁州档案局开展援疆工作，双方举行缔结友好单位签约仪式，市档案局局长肖芃（右四）与伊犁州档案局局长甄敬庭（左四）出席签约仪式。

　　2011年3月2日,市档案局副局长沈慧瑛(后排左一)在北京看望著名物理学家何泽慧女士(前)并征集其档案。

2011年4月2日，学生参观市档案馆陈列室。图为工作人员在现场向学生讲解。

2011年6月15日，市档案系统代表队参加全省档案系统"颂歌献给党"歌咏比赛。

2012年11月2日，市档案局副局长陈兴南（左）与洛阳市档案局局长李春平（右）签订数字档案数据备份协议。

1985~2016年市档案馆编纂出版的部分汇编资料。

　　1985年，加拿大国家档案馆馆长沃洛博士（右二）和巴基斯坦国家档案局局长扎法尔先生到苏州访问，市档案局局长陈明琍（右一）、副局长卞长生（右三）、副馆长浦静君（左三）接待沃洛一行。图为沃洛为市档案馆签字留念。

　　1989年11月24日，南斯拉夫国家档案馆馆长泽赛维奇（右四）、处长斯维拉娜（左一）到苏州访问，市档案局局长殷海智（右二）、副局长姜贤明（右三）、副馆长林植霖（右一）接待泽赛维奇一行。

　　1996年9月13日,市档案局局长黄介眉(右二)会见来市档案局访问的瑞士、荷兰贵宾。

　　2008年5月10～11日,馆长马蒂斯·科索尔(右二)率领的斯洛文尼亚共和国国家档案馆代表团到苏访问,由市档案局局长肖芃(前左一)陪同在苏州园林档案馆参观考察。

2009年12月8日，市工商档案管理中心中层正职聘任仪式上，市档案局局长肖芃（右四）、副局长兼工商档案管理中心主任虞平健（右一）、工商档案管理中心副主任王仁斌（左一）与大家合影。

2010年6月24日，市工商档案管理中心ISO 9001质量管理体系认证会举行。

2012年9月14日，市工商档案管理中心晋升国家二级档案馆。图为国家二级档案馆测评会现场。

2012年10月23日，市工商档案管理中心举行苏州民族工业老企业家沙龙成立暨档案捐赠仪式。图为市档案局副局长陈兴南（前排中）、市工商档案管理中心主任卜鉴民（前排右一）和与会人员合影。

2012年12月28日，市工商档案管理中心与苏州钱小萍古丝绸复制研究所、吴江鼎盛丝绸有限公司签订丝绸样本档案开发利用合作协议签字仪式举行。市档案局局长肖芃（主席台右三）、副局长陈兴南（主席台左三），市工商档案管理中心主任卜鉴民（主席台右一）、副主任方玉群（主席台左一）参加签字仪式。

2013年11月22日，市工商档案管理中心开展消防演练活动。图为演练现场。

2014年12月1日，市档案局局长肖芃（右）代表市档案局、市工商档案管理中心向苏州市天翔特种织绣有限公司授予"苏州传统丝绸样本档案传承与恢复基地"铜牌，该公司董事长李德喜（左）代表公司接受铜牌。

2014年，吴江鼎盛丝绸有限公司利用市工商档案管理中心丝绸档案开发丝绸面料。图为吴江鼎盛丝绸有限公司给市工商档案管理中心的感谢状。

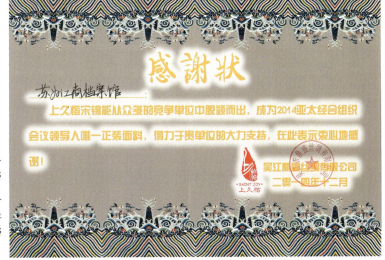

2015年2月12日，市工商档案管理中心（苏州中国丝绸档案馆）举行档案捐赠仪式，市档案局局长肖芃（左）为中国工艺美术大师、国家级非遗苏绣技艺传承人顾文霞（右）颁发捐赠证书。

2015年8月7日，市工商档案管理中心工作人员在库房清点整理档案。

2015年9月18日，市工商档案管理中心召开"中国丝绸档案馆建设专家研讨会"，市委常委、秘书长王少东（主席台左三），市档案局局长肖芃（主席台右二）、副局长沈慧瑛（主席台右一）出席会议。

2015年10月10日，市工商档案管理中心（苏州中国丝绸档案馆）组织专家鉴定评估丝绸实物档案。苏州吴绫丝绸精品有限公司董事长刘立人（右一）向专家们介绍他捐赠的丝绸藏品，市工商档案管理中心主任卜鉴民（右二）参加活动。

2015年，市工商档案管理中心（苏州中国丝绸档案馆）赴青海征集的男式藏服格玛东旦（左）、女式藏服加式罗玛（右）。

2016年1月14日，市工商档案管理中心（苏州中国丝绸档案馆）举行征集顾问聘任仪式，市档案局局长肖芃（左）向省丝绸协会副秘书长罗永平（右）颁发聘任证书。

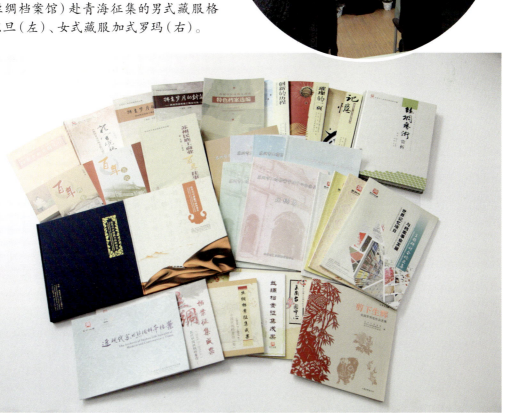

市工商档案管理中心2008~2016年编研成果。

1981年9月，国家档案局局长张中（左排左二）来苏州调研，市档案局副局长黄玉飞（左排左一）向张中汇报工作，苏州市副市长张从先（左排左三）在座陪同。

1983年7月，中央档案馆馆长裴桐（右四）考察市档案局（馆），并与市局（馆）人员合影。市档案局局长陈明珔（右二），副馆长吴雁南（左一）、姜贤明（右一）及黄玉飞（左三）等参加合影。

　　2004年4月21日，全国农业农村档案工作经验交流会在常熟市召开。会议期间，国家档案局局长毛福民（左五）与市委副秘书长、市档案局局长翟晓声（左四），副局长祖苏（右四）、虞平健（右三）及苏州部分市（县）档案局局长合影。

　　2009年8月24日，省档案局局长韩杰（右一）视察苏州工业园区档案大厦工地。

2011年4月18日,中俄企业档案管理研讨会在苏州市召开,市委副书记、市长阎立(右)会见国家档案局局长杨冬权(左)一行。图为杨冬权向阎立赠送纪念册。

2012年11月4日,省档案局局长谢波(右一)、副局长顾祖根(左二)在市工商档案管理中心调研。市档案局副局长陈兴南(右二)陪同调研,图为市工商档案管理中心主任卜鉴民(左一)向谢波一行介绍库藏档案。

2016年11月24日,国家档案局局长李明华(右二)参加第八个"苏州档案日"活动,并观看市档案馆陈列。市档案局局长肖芃(右一)、副局长卜鉴民(右三)现场陪同。

序

光阴荏苒，岁月如梭，六十年一甲子。苏州市档案工作自1949年起步，至今已有六十八年历史。六十八年，在苏州两千五百多年的历史长河中，只是短暂的一瞬，却也耀眼得令人无法忽视。

苏州自古就物华天宝、人文荟萃，留下许多灿烂的历史文化遗产。档案恰恰是历史最真实的反映，是国家和民族的宝贵财富，它记录着社会的方方面面，体现着一个民族的文化认同和价值取向。我们兰台人可以说是身在福地、坐拥宝藏，可以探索历史、挖掘文化，做档案工作真是一件颇有意义、颇有成就感的事情。苏州市档案局（馆）及下属单位苏州市工商档案管理中心馆藏卷帙浩繁，档案资料有二百五十多万卷，馆藏时间最早的档案为明正统十二年（1447）"买地券"砖刻档案，最具地方特色的是形成于1905~1949年的苏州商会档案和近现代苏州丝绸样本档案，最有文化内涵的是过云楼档案，数量最多的是1949~2010年苏州地方党政机关形成的文书档案和苏州市国有（集体）企事业单位改制前档案……这些档案记录了苏州六十年来政治、经济、社会、文化等各项事业的发展轨迹。

苏州市档案工作在几代档案人的努力下，取得了与历史文化名城苏州相匹配的发展成就。尤其近几年来，不断创新理念，探索实践，以《档案法》为抓手，形成了独具苏州特色的大档案格局，在资源建设、服务民生、开发利用、法制宣传及推进规范化和信息化建设方面亮点纷呈、令人瞩目，档案事业跨上一个又一个新的台阶。2008年，苏州市档案局（馆）成立了中国首家集中保管改制企业档案的事业单位苏州市工商档案管理中心,被国家档案局誉为"苏州模式"。2015年,苏州市档案局(馆)蝉联四年一度的"全国档案系统先进集体",进一步提升了苏州在全国档案行业的知名度;同年,国务院批准苏州市工商档案管理中心加挂"苏州中国丝绸档案馆"牌子,成为国内首家丝绸专业档案馆。2016年,苏州市档案局(馆)申报的"近现代苏州丝绸样本档案"成功入选联合国教科文组织《世界记忆亚太地区名录》,填补了苏州在"世界记忆遗产"领域的空白,提升了苏州档案的国际形象。这些成绩的取得与市委、市政府和上级档案主管部门的正确领导分不开,与社会各界的鼎力支持分不开,还与无数档案人的无私奉献分不开……还要感恩苏州这个具有着崇文、创新城市精神的"人间天堂",是她为档案事业的健康成长提供了丰厚的沃土。

习近平总书记说过:"档案工作是一项基础性工作,经验得以总结,规律得以认识,历史得以延续,各项事业的发展,都离不开档案。"档案对于社会的意义十分重要。而盛世修志是传统,为的是存史、资政与教化,在当今中国社会与档案事业均发展繁盛的时期,为我们苏州档案这六十多年的运行轨迹留存印记,为今后的发展道路指明方向,也是很有必要的。所以才有了这本《苏州市档案局(馆)志》的问世,它留住了苏州档案工作前行的足迹,记住了苏州档案人的"乡愁"。

"雄关漫道真如铁,而今迈步从头越。"2016年7月,苏州市档案局(馆)迁入位于古城区的新馆,新的建筑标志着新的起点,开启新的航程。回首过去,我们激情满怀;展望未来,我们信心倍增。让我们携起手来,共创兰台美好的明天!

肖　芃

凡　例

一、本志书编纂以马列主义、毛泽东思想为指导，坚持辩证唯物主义、历史唯物主义，实事求是地反映苏州档案的历史、现状和发展。

二、本志书时间上限为 1949 年，下限为 2015 年，所记载馆藏档案可追溯至明朝。大事记和彩页照片延至 2016 年底。

三、本志书结构以篇、章、节、目编排，全志共分六篇二十四章，并加《综述》《大事记》及《附录》。横排竖写，以档案内容划分门类，纵写苏州档案历史，立足苏州市档案局（馆）主体工作，辐射全市档案工作。

四、本志书采用的记述形式，计有述、记、志、图、表、录等，以志为主体。文体一律用规范的语体文，文风严谨、朴实、简洁，述而不论。

五、本志书行文中纪年，均使用公元纪年；如涉及中华人民共和国成立以前的时间，则用朝代年号，并相应括注公元纪年。

六、本志书所收录单位或个人获得荣誉和奖项均以市级以上为标准。

七、本志书内容均来源于苏州市档案馆馆藏资料，附录中《苏州市其他档案馆（室）选介》则由各单位提供文字资料。

目　录

综　述

苏州档案
Suzhou archives

中华人民共和国成立后，苏州市档案工作起步于 1950 年。60 多年来，在中共苏州市委、市人民政府的领导和上级档案行政部门的指导下，经过全市几代档案人的共同努力，苏州市档案事业得到全面快速发展，档案工作在苏州市政治、经济、文化、社会等各项事业建设中的作用日益显现，已成为苏州市社会主义建设事业中不可或缺的组成部分。至 2015 年底，全市共建立国家综合档案馆 11 家，专业档案馆 19 家，乡镇档案馆 16 家，村级档案馆 2 家，开发区档案馆 2 家（苏州新区、苏州工业园区除外），企业档案馆 1 家，学校档案馆 1 家，形成具有苏州特色的大档案格局。

一

纵观苏州市档案事业发展历程，先后经历了六个阶段。

1949 年 4 月~1959 年 7 月，为苏州市档案工作起步阶段。这一时期，苏州市区以苏州市委办公室、苏州市人民政府办公室为核心，苏州地区以苏州地委办公室、行署办公室为核心，统一制定、颁布档案工作各项制度、规定，布置档案工作任务，召开档案工作会议，接收、管理撤并单位档案。

1959 年 8 月~1966 年 5 月，为苏州市档案事业初建阶段。这一时期，苏州市档案馆、苏州专区机关档案馆先后成立，苏州专区所辖各县档案馆也相继成立，标志着苏州市有了统一管理档案事业，统一保管和利用国家档案资源的专门机构，属于国家永久、长期保存的档案开始大规模接收进馆。

1966 年 6 月~1976 年 10 月，为苏州市档案事业停滞、档案工作遭受严重破坏的阶段。这一时期，受"文化大革命"的影响，苏州市档案馆、苏州地区档案馆工作人员被调离工作岗位或下放劳动，档案馆被封闭，档案馆工作被停止，馆藏档案因"派别斗争"而遭受严重损毁。

1976 年 10 月~1983 年 4 月，苏州市档案事业进入恢复阶段。党的十一届三中全会召开，党和国家重点工作转移，苏州市档案事业得到全面恢复。档案馆工作重新启动运转，机关档案工作开始走入正轨，国有集体企事业单位档案工作全面恢复整顿。1980 年，苏州市档案局正式成立，标志着苏州市档案行政管理工作得到加强。1983 年 4 月，苏州地区撤销，实行地市合并新体制，苏州地区档案馆与苏州市档案馆合并，苏州市档案馆馆藏档案总数达 107163 卷,档案馆人员力量得到加强。

1984~2000 年,为苏州档案事业进入全面建设、规范管理阶段。这一时期,苏州市积极推行改革开放,经济社会等各项事业发展迅速。苏州市档案部门坚持经济社会发展到哪里档案工作就延伸到哪里的思路,积极推进档案事业向前发展。

档案馆主体建设得到加强,档案馆新建搬迁,保管条件有了改善,档案馆馆藏不断丰富,档案编研工作取得突破。1985 年,首版《苏州年鉴(1983)》编辑出版。

乡镇企业档案工作脱颖而出。至 1984 年底,全市乡镇企业建档累计达 1826 家,农业农村档案工作蓬勃兴起。至 1999 年底,全市 2818 个行政村建立了档案工作,建档率达 85% 以上。

积极推行机关档案工作业务建设规范、科技档案工作业务建设规范、照片档案管理规范、声像档案管理规范、科技档案案卷质量构成的一般要求、全宗卷管理规范等多项规范标准,夯实档案管理基础业务。

机关、企事业单位档案管理定级升级全面开展,一大批机关、国有集体企业、事业单位档案管理迈上新台阶。至 1991 年全国企业档案管理升级工作暂停为止,苏州市国有企业档案管理获国家一级证书的已达 19 家。

开发区建档工作全面启动。至 2000 年,全市 16 家开发区(其中国家级 5 家、省级 11 家)全部建立档案馆或档案室。

城建档案馆、园林档案馆、房产档案馆相继成立并开馆。婚姻档案、会计档案、土地管理档案、专业技术干部业务考绩档案、统计档案、工商档案、环保档案等一大批专门(专业)档案逐步建立和规范。

2001~2015 年,为苏州市档案事业创新发展、实现信息化管理阶段。

档案信息化建设步伐加快。苏州市数字档案馆项目于 2006 年 4 月启动,2006 年 11 月通过国家档案局组织的项目验收。《基于内容管理的数字档案管理技术方法研究》档案课题通过国家档案局技术部组织的专家鉴定,并获国家档案局 2009 年优秀档案科技成果奖三等奖。至 2015 年底,苏州市档案馆累计完成馆藏档案数字加工 3124 万多页。市级机关数字档案进馆已全部实现网上传输。至 2015 年,全市建成数字档案馆 8 家,其中,建成江苏省示范数字档案馆 1 家,AAAAA 级数字档案馆 5 家,AAAA 级数字档案馆 1 家,AAA 级数字档案馆 1 家。全市建成苏州市级数字档案室 60 家,江苏省 AAAAA 级数字档案室 16 家。

国有集体改制企事业单位档案全部得到妥善处置。2008 年,苏州市工商档案管理中心建立运行。

新一轮档案馆建设在全市全面铺开。苏州市档案馆建筑面积近 3 万平方米的新馆于 2015 年在古城区中心建成。吴江区、张家港市、相城区、太仓市、苏州工业园区、常熟市、昆山市、吴中区及苏州高新区档案馆新馆也相继建成,档案馆设施设备全部实现现代化、智能化。

档案馆基础管理更加扎实、规范。苏州市档案馆于 2008 年晋升国家二级档案馆，2011年晋升国家一级档案馆，所辖常熟市、张家港市、太仓市、昆山市、吴江区、苏州工业园区、相城区档案馆也于2008~2014年先后被批准为国家一级档案馆。

档案法治建设迈出坚实一步。2003年12月16日，苏州市政府第47号令颁布《苏州市档案管理办法》，于2004年2月1日起正式实施。2010年7月28日，《苏州市档案条例》经江苏省十一届人大常委会第十六次会议批准，于2010年10月1日起施行。

档案宣传工作成效显著。"苏州档案日"活动从2009年开始，于每年11月第一个星期日举行，至2015年持续7年，在社会上产生广泛影响。苏州市档案局（馆）在《苏州日报》《姑苏晚报》开辟"苏州解放档案解密""古城春秋""档案春秋""珍档解密"等专栏，登载文章99篇。

档案编研工作硕果累累。苏州市档案局（馆）参加江苏省档案文化精品奖评选，至2015年，累计获特等奖3项，一等奖5项，二等奖8项，三等奖4项。档案征集工作取得突破。至2015年，苏州市档案馆征集重大活动档案38项，征集并建立名人档案全宗44个。

档案科研工作成绩斐然。至2015年，全市累计被列入国家档案局、省档案局科技项目计划42项，其中，已鉴定18项，已结题9项。获国家档案局档案优秀科技成果奖一等奖1项、三等奖9项，获江苏省档案局档案优秀科技成果奖一等奖3项、二等奖1项、三等奖2项。

农业农村档案工作、开发区档案工作、机关档案工作、家庭建档工作、专门（专业）档案工作都得到新的发展。国家档案局8号令、9号令、10号令、30号令得到及时贯彻实施。

2015年，国务院办公厅批准建立苏州中国丝绸档案馆。同年，苏州中国丝绸档案馆建设项目列入市政府重点工程。

二

苏州市档案事业在60多年的发展过程中，创造出很多"苏州经验""苏州特色"，在全省乃至全国档案界产生一定的影响。

在20世纪80年代初，苏州市科技档案恢复整顿工作，用一年时间就基本完成任务，全市共整理科技档案11万卷，建立企业科技档案室或综合档案室463家。江苏省人民政府办公厅向全省转发《苏州市人民政府关于恢复整顿科技档案工作的情况》。1984年6月15日，苏州市档案局与苏州市社队工业局联合印发《关于建立乡镇企业档案工作的意见》，在全省率先全面推进乡镇企业建档工作。1985年9月，全省乡镇企业档案工作经验交流会在苏州太仓召开，介绍和推广苏州的做法。1985年，苏州市档案局经请示苏州市委、市政府同意，开始编纂《苏州年鉴》，在全国年鉴界开创了由档案部门主持编纂地方城市综合年鉴的先例，苏州市也由此成为全国首批编纂出版地方城市年鉴的地级市之一。1987 年,苏州市档案局印发《关于开展创〈最佳科技档案〉活动的意见》。至 1993 年,全市累计评出"最佳科技档案"279 项,是全省唯一开展这项活动的城市,有力地提高了全市科技档案管理水平。1990 年 2 月,苏州市政府办公室印发《市档案局〈关于在全市党政机关开展档案工作创优争先、升级达标活动的请示〉的通知》,在全省最先开展机关档案管理升级活动。1995 年,苏州市高新技术产业开发区(苏州新区)档案馆成立,是全省建立的第一家开发区档案馆。1997 年,常熟市被江苏省档案局确定为农业农村档案工作试点县,经过一年的努力,常熟市 32 个镇机关档案工作全部达到苏州市机关档案室三级以上标准,100% 行政村全部建档。1998 年,全省农业农村档案工作会议在常熟召开。2004 年,全国农业农村档案工作会议再次在常熟市召开。

进入 21 世纪,苏州市档案事业发展进入快车道,创造了若干"全省第一""全国第一"。

2001 年,波司登股份有限公司档案馆在国家档案局登记成立,是全国第一家登记成立的民营企业档案馆。同年,苏州园林档案馆成立,是全国第一家园林专业档案馆。2004 年 5 月,苏州市档案局现行文件查阅中心在市行政服务中心挂牌成立,是全省第一家设在政府行政服务中心的现行文件查阅机构。2007 年 9 月,市政府编制办公室发文同意建立苏州市工商档案管理中心,负责全市改制企事业单位档案的集中管理和利用,2008 年 1 月,苏州市工商档案管理中心正式挂牌运行,是全国第一家由政府成立负责改制企事业单位档案的专门机构,被列入 2009 年度全国档案工作最佳创新案例。2008 年,张家港永联档案馆开馆,是全省第一家村级档案馆。2009~2015 年,苏州市档案局持续 7 年开展"苏州档案日"宣传活动,是全省第一家设立并开展此项活动的城市。2009 年,苏州工业园区 8 万平方米的档案大厦落成启用,是当时全省乃至全国面积最大的档案馆体建筑。2011 年,常熟市古里镇档案馆成立,是全省第一家乡镇档案馆。2011 年,常熟市成为全国首批新农村建设档案工作示范县。2012 年,太仓市档案馆建设成为全省第一家 AAAAA 级数字档案馆。2015 年,国务院办公厅函复同意建立苏州中国丝绸档案馆,这是全国第一家由国务院批准建立的丝绸专业档案馆。

三

60 多年来,苏州市档案局(馆)工作人员忠于职守,在档案工作岗位上默默奉献,不断开拓,勇于争先,取得了令人瞩目的成绩。

1985~2007 年,苏州市档案馆被省档案局表彰为省档案工作先进集体 2 次。苏州市档案局(馆)被省档案局、省人事厅联合表彰为省档案系统先进集体 3 次。苏州市档案局(馆)被省档案局表彰为省档案系统先进集体 1 次。

2011 年 12 月,苏州市档案局(馆)被国家人力资源和社会保障部、国家档案局表彰为全国档案单位先进集体。2015 年 12 月，苏州市档案局（馆）再次被国家人力资源和社会保障部、国家档案局表彰为全国档案单位先进集体。

2003~2005、2009~2011、2012~2014 年度，苏州市档案局（馆）均获评苏州市文明单位。2010 年，苏州市档案局被省精神文明建设指导委员会表彰为省精神文明建设工作先进单位。2013~2015 年度获江苏省文明单位。

2005 年，全市档案系统在 2006 年度纳税人评议政风行风测评中，名列测评机关第一位。

2011 年和 2015 年，苏州市档案局（馆）分别被评为苏州市机关作风效能优胜单位。

1985~2015 年，苏州市档案局（馆）累计有 47 人次受到江苏省政府及苏州市委、市政府（市主管部门与人事局联合）表彰、记功、奖励。

第一篇

档案机构

苏州档案
Suzhou archives

苏州的档案机构，起源于古代官府的文牍保管工作。春秋时，吴国（勾吴）建都吴城（今苏州市），设史官掌作册藏书。秦时，会稽郡及属县由丞掌理文书。汉时，江南会稽郡、吴郡及属县均设门下主簿管理文书。三国时，会稽郡、吴郡及属县由主簿、书佐负责文书。东晋、南朝，文书档案工作沿袭汉制。东晋元兴二年（403），全国竹简档案被纸质档案所替代。隋时，苏州及属县设主簿、书佐管理文书。唐时，苏州及属县设录事参军、录事管理文书。宋时，推行江南西路转运使周湛采用的"千丈架阁法"收贮簿籍案典。平江府及属县置照磨所，配守当官专司管理。元承宋制。明时，苏州府及属县分别设立照磨所，"以庋案牍，仍设吏掌之"（《明太祖洪武实录》卷二百十一）。清承明制，苏州府及属县衙署设档房。民国时，吴县县政府设秘书室，内设档案室，配管卷员；县党部设书记员；县政府科局处各设档案室，配管卷员；法院设书记员；区公所在第一股内配管卷员。它们各自保管本单位的文书档案。

1948年底1949年初，工商自卫队、吴县人民安全保障策进会先后成立，开展护厂护校斗争，保护厂校、机关的财物及文书档案，编写《苏州概况》《吴县概况》《常熟概况》《吴江概况》《昆山概况》《太仓概况》，为解放苏州做准备。1949年4月27日，苏州解放。随即苏州市、常熟市军事管制委员会及各县人民政府，全面接管原国民党各系统的资财、文书档案及人员。

苏州解放初期，档案工作处于初级阶段。苏州市、苏州专区党政机关文书兼职档案员。1950年后开始组建档案室，建立文书处理部门立卷归档制度，档案员参加上级组织的档案专业干部培训，为建立苏州统一的档案机构奠定了基础。

1958年，在"大跃进"中，市、专区各人民公社配备兼职文书档案员，厂矿、学校等企事业单位开展建立文书档案工作。1959年1月，中共中央发出《关于统一管理党、政档案工作的通知》。苏州市档案馆、苏州市档案管理科及苏州专区档案管理处、苏州专区机关档案馆相继成立。至1965年底，苏州各机关、团体、企事业单位和农村人民公社，相继建立综合档案室。

1966年5月，受"文化大革命"运动的冲击，苏州档案工作人员被下放劳动，档案工作和档案文书受到一定程度的影响和损失。1968年3月，市、专区革命委员会分别成立，各在其办事组内配置档案工作人员。1975年7月，档案工作职能由市委、地委办公室和市革委会、地区革委会办公室行使。

1977年10月，中共江苏省委办公厅发出《关于印发档案管理工作暂行规定的通知》。苏州市委、地委及时恢复市、地档案工作机构。至1982年底,苏州完成文书档案工作、科技档案工作的恢复整顿任务。1983年3月,苏州实行市管县体制,市、地档案工作机构合并为苏州市档案局、苏州市档案馆。

1987年9月,《中华人民共和国档案法》颁布。至2015年,苏州市档案局(馆)连续两次荣获全国档案系统先进集体称号,全市国家一级档案馆共8家,居全国省辖市首位;全市新一轮档案馆新馆建设基本完成,新馆总面积增至24.6万平方米;地级城市第一家中字头档案馆——苏州中国丝绸档案馆正式挂牌成立;新增全国首家县级全国示范数字档案馆、省AAAAA级数字档案馆2家(累计5家);省五星级档案室增至13家,累计达151家;全市镇村级档案馆达20家,160多个村镇开设民生档案远程共享查阅平台。

第一章 机构沿革

1949年4月27日,苏州解放。苏州市、苏州行政区及属县的党政机关由其秘书科(处)的文书兼本单位的档案文书保管。1950年11月,市委办公室秘书科、市政府办公室秘书科以及地委秘书处文书科、专署秘书室文书股,均分别设立档案室。1959年1月后,苏州市档案馆、苏州市档案管理科及苏州专区机关档案馆、苏州专区档案管理处分别成立(在市、专区档案科处成立前,市、专区档案馆代行档案业务督导工作)。1966年5月,"文化大革命"爆发,市、专区档案工作机构被撤销,大部分档案人员被下放劳动。1968年3月,市、专区革委会办事组内配档案工作人员。1978年4月,恢复建立市档案管理科、市档案馆。1980年5月,恢复建立苏州地区档案管理处、苏州地区档案馆。1983年3月,市、地档案工作机构合并为苏州市档案局、苏州市档案馆。

2003年11月,苏州市档案局(馆)由副处级升格为正处级建制。

第一节 市、地分置机构

1949年4月至1983年2月,苏州由苏州地区、苏州市两个行政区划组成。苏州市辖平江区、沧浪区、金阊区、郊区;苏州地区辖江阴、无锡、沙洲、常熟、太仓、昆山、吴县、吴江县。两个行政区划产生两个档案工作机构。

苏州市档案局(馆)(1949年4月~1983年2月)

1949年4月30日,中共苏州市委(以下简称市委)、苏州市人民政府(以下简称市政府)成立。8月,苏南行署发出《苏南人民行政公署各处局档案管理办法草案》。

市委、市政府秘书科分别建立收发文制度，由文书负责文件的收发和归档。全市档案工作由市委、市政府直接领导。1950 年 11 月，市委办公室秘书科、市政府办公室秘书科分别设立档案室。

1959 年 1 月，中共中央决定把党的档案工作和政府的档案工作统一起来，实行各级党委直接领导的体制。4 月，市委档案室张耀翔和市人民委员会（简称市人委）档案室嵇燕、吴雁南开始筹建苏州市档案馆。8 月 8 日，苏州市档案馆（简称市档案馆）正式成立。馆址为市人民路 36 号市委大院侧门内。馆舍为办公室 1 间、阅览室 1 间、库房 4 间，有档案柜子 35 个、档案架子 19 个。市档案馆为市委、市人委直属文化事业单位，隶属市委办公室领导，负责接收市委、市人委各机关和撤销单位的现行档案和革命历史档案，并对接收、征集进馆的档案进行整理、编目、保管，做好提供利用工作。1963 年 10 月，苏州市档案管理科成立，列入政府编制序列，与市档案馆合署办公，两块牌子，一套班子，直属市委、市人委领导，由市委副秘书长沈池洲兼任科长。科、馆工作人员共 3 人。

1966 年 5 月，"文化大革命"运动在苏州展开。9 月、11 月，市档案馆为了保护档案安全，两次将重要的档案文件转移到中国人民解放军驻苏 6307 部队保存。1967 年 2 月，市档案馆工作人员 5 人（除馆长黄玉飞）作为"毛泽东思想苏州市革命委员会"（简称苏革会）办事组档案组的工作人员，由王涌清临时负责。7 月，档案组将市档案馆尚未转移的短期档案等转移至市人民武装部库房。不久，市档案馆、市人武部遭到"造反派"冲击，档案受到很大损失。1970 年 3 月，市革委会办事组档案组（2人）与市革委会政工组组织组档案室（2 人）合并，受组织组领导。1971 年 11 月，档案组人员从组织组档案室划出，受市革委会办公室机要组领导。

1978 年 4 月，恢复建立市委、市革委会办公室档案管理科，恢复苏州市档案馆馆名。科、馆合署办公。1980 年 5 月，市委发文撤销市委、市革委会办公室档案管理科，建立苏州市档案局，市委副秘书长谭恩热兼局长。市档案局为市委、市革委会直属档案事业管理机构，对全市的档案工作进行检查、监督与指导，组织档案专业人员业务培训，开展总结评比和表彰先进的活动。1982 年底，市档案局（馆）工作人员共有 9 人。全市直属机关 83 个单位中，已建档案室 78 个，配备专职档案工作人员 7 人、兼职档案工作人员 71 人；市郊 4 个公社、镇全部建立档案室，配备兼职档案工作人员。1983 年 3 月，苏州市档案局（馆）与苏州地区档案处（馆）合并为苏州市档案局（馆）。

表1-1　1959年8月~1983年2月苏州市档案局（馆）领导任职表

职务	姓名	性别	任职时间	说明
馆长（兼）	沈池洲	男	1959.8~1963.10	市委副秘书长
科长（兼）			1963.10~1967.1	
副科长兼馆长	黄玉飞	女	1963.10~1967.1	
副馆长	张耀翔	男	1960.3~1962.5	

续表

职务	姓名	性别	任职时间	说明
科长	黄玉飞	女	1978.4~1980.5	
副科长	吴雁南	女	1979.4~1980.5	
	姜贤明	男	1979.12~1980.5	
局长（兼）	谭恩热	男	1980.5~1981.1	市委副秘书长
	谢效正	男	1981.6~1983.2	
副局长兼馆长	黄玉飞	女	1980.5~1983.2	
副馆长	吴雁南	女	1980.5~1983.2	
	姜贤明	男	1980.5~1983.2	

苏州地区档案处（馆）（1949 年 4 月~1983 年 2 月）

1949 年 4 月 30 日，中共苏州地委（以下简称地委）、苏南苏州行政区专员公署（以下简称专署）成立。8 月，根据苏南行署发出的《苏南人民行政公署各处局档案管理办法草案》，地委秘书处、专署秘书处分别建立收发文制度，由其文书科文书负责文件的收发和归档。全区档案工作由地委、专署秘书处（办公室）直接领导。1950 年底，地委、专署秘书处文书科内各设档案室，配置档案员。随着工作的开展，干部调动频繁，档案员先后有六次变动。1956 年 5 月，地委、专署联合召开地专机关文书档案工作会议，明确部门档案立卷及整理积存文书的重要意义，地专各部门文书档案人员学到了档案工作方法。会议布置现行文书的归卷工作。1958 年 2 月，原松江地委办公室档案室乔家霖开始筹建苏州专区档案工作机构。1963 年 5 月，根据省编委《关于专区、省辖市档案机构名称和人员编制问题的通知》精神，地委决定成立苏州专署档案管理科，地委办公室主任林瑞章兼科长。1965 年 5 月，苏州专署档案管理科改称苏州专区档案管理处，配备专职副处长。5 月 6 日，根据专区编办专编［1965］字第 007 号文件要求，将地委办公室档案室、专署办公室档案室合并成立苏州专区机关档案馆。专区档案处、馆为两块牌子，合署办公，由地委秘书长纪凤来分管。处、馆址位于市五卅路地委大院 7 号楼。处、馆工作人员有 4 人。

1967 年 1 月，"文化大革命"中"造反派"夺权，档案机构随之停止活动。1968 年 3 月，专区革委会办事组内设档案组。1975 年，档案组划归地区革委会办公室机要组。

1977 年 12 月，地委发出《批转地委办公室〈关于恢复档案馆建制和档案干部的请示报告〉》。1979 年 1 月，地委、行署档案馆恢复成立，由地委办公室主任李以奇分管。1980 年 5 月，恢复成立苏州地区档案处，由地委副秘书长曾克石分管（1981 年 8 月后由地委副秘书长邬大千分管）。处、馆为两块牌子，合署办公。1982 年底，处、馆工作人员有 9 人。全区专职档案工作人员有 39 人，公社以上机关基本上建立档案室，一些大队和县属企事业单位配备兼职档案人员；全区县以上应建科技档案的 497 个单位中，已建科技档案室 239 个。1983 年 3 月，苏州地区档案处（馆）并入苏州市档案局（馆）。

表1-2　1962年11月~1983年2月苏州地区档案处（馆）领导任职表

职务	姓名	性别	籍贯	学历	任职时间	说明
科长（兼）	林瑞章	男	浙江海宁	中专	1963.5~1965.5	地委办公室主任
处长（兼）					1965.5~1965.12	
副处长	顾德清	男	江苏响水	初中	1965.5~1967.1	
科（处）馆业务负责人	乔家霖	男	上海松江	初中	1962.11~1967.1	
处长	颜怀本	男	江苏泗阳	初中	1980.7~1982.12	
副处长	周其禄	男	河南南乐	初中	1980.7~1981.8	
馆长（兼）					1980.7~1980.11	
副馆长	卞长生	男	江苏灌云	高中	1980.7~1980.11	
副处长馆长（兼）					1980.11~1983.2	
副馆长	浦静君	女	江苏无锡	初中	1981.5~1983.2	

第二节　市管县后机构

1983年1月，国务院发出《关于江苏省改革地市体制调整行政区划的批复》。3月1日，撤销苏州地区行政公署，苏州实行市管县体制。自此，苏州市辖常熟、沙洲、吴县、吴江、昆山、太仓及平江区、沧浪区、金阊区、郊区。市、地档案工作机构合并。

1983年3月，合并后的苏州市档案局、苏州市档案馆成立，为两块牌子、一套班子，直属市委秘书长孙源泉分管。市委任命局长、副局长兼馆长，并明确市档案局为二级局（副处级）；市委组织部任命副馆长，为正科级。1984年3月，市档案局迁至市五卅路96号市委大院7号楼（原地区档案处馆址）。市档案馆一库址为人民路80号（饮马桥南）市政府大院内原市档案馆，市档案馆二库址为原地区档案馆。市档案局属行政编制，市档案馆属事业编制。

1986年2月，根据中委〔1985〕29号、省委〔1985〕3号文件精神，市档案局（馆）工作由市委原秘书长分管改归市政府副市长分管。1986年2月，由副市长分管；1988年1月，由市委常委、副市长冯大江分管。1996年7月，根据《中共江苏省委、江苏省人民政府关于苏州市党政机构改革方案的通知》，市档案局与市档案馆合并，保留市档案局牌子，为市委、市政府直属副处级事业单位，由市委办公室管理。其继续行使行政管理职能。局（馆）工作人员参照国家公务员过渡。2001年6月，《中共苏州市委、苏州市人民政府关于印发〈苏州市市级党政机关机构改革实施意见〉的通知》，明确市档案局（馆）为市委直属事业单位，副处级建制，继续赋予行政管理职能。局（馆）工作人员为事业编制，属参照公务员的事业编制。2002年1月，建立市档案局（馆）党组。

2003年11月，市档案局（馆）的机构由副处级升格为正处级建制。市档案局（馆）党组书记由市委副秘书长兼任。

副处级苏州市档案局（馆）（1983 年 3 月~2003 年 11 月）

1983 年 3 月，市、地档案工作机构合并后的苏州市档案局（馆）为开创档案工作新局面，配备和充实档案干部，设置内部机构，坚持贯彻集中统一管理档案工作的原则，确保了市、地机构合并后档案的安全和完整。1996 年 7 月，机构改革，取消市档案局行政编制，局馆合一，转为事业编制。1997 年 4 月，市档案局（馆）迁至市三香路 180 号市行政中心 7 号楼。至 2003 年 11 月，市档案局局长历经 4 任。

市档案局、馆合署办公，各自职责有所不同：

市档案局是掌管全市档案事业的管理机构，主要任务是贯彻执行党和国家关于档案工作的方针、政策、条例、法令，制定和实施档案事业的发展规划，对全市的档案工作实行检查、监督和业务指导，负责办理市委、市政府交办的其他档案事务。

市档案馆是科学文化事业单位，是全市永久保管档案的基地，是科学研究和各方面利用档案史料的中心，主要任务是维护党和国家历史真实面貌的前提下集中统一管理地方党和国家的档案及有关资料，维护档案的完整和安全，积极提供利用，为大局服务，为民生服务。

表1-3　1983年4月~2003年11月副处级苏州市档案局（馆）领导任职表

职务	姓名	性别	任职时间
局长	陈明琍	女	1983.4~1988.12
	殷海智	男	1989.1~1994.10
副局长兼馆长	卞长生	男	1983.4~1993.11
副局长	姜贤明	男	1985.3~1996.10
馆长			1993.11~1996.10
副馆长			1983.4~1985.3
副局长	黄介眉	女	1989.5~1996.10（1994.12~1996.10主持工作）
	徐　敏	男	1990.3~1996.10
副馆长	吴雁南	女	1983.4~1988.1
	浦静君	女	1983.4~1989.3
	林植霖	男	1986.5~1996.9
	严纪明	男	1989.9~1996.10
局（馆）长	黄介眉	女	1996.10~2002.11
党组书记			2002.1~2002.11
局（馆）长党组书记	祖　苏	女	2002.11~2003.11
副局（馆）长	徐　敏	男	1996.10~2001.7
	虞平健	男	1998.12~2003.11

正处级苏州市档案局（馆）（2003 年 11 月~2015 年 12 月）

2003 年 11 月，为适应依法管理档案事业的需要，改革传统管理方法，进一步加强依法行政，逐步将档案事业纳入依法管理的轨道，根据苏编办〔2003〕155 号文件精神,市档案局（馆）的机构由副处级升格为正处级建制。

市档案局（馆）的主要职责:

贯彻执行党和国家有关档案工作的方针、政策,监督《档案法》的实施,拟定全市档案事业发展的方针、政策和法规规章,加强档案工作的标准化、规范化、制度化建设。

对全市档案事业实行统筹规划、宏观管理。指导、检查、监督、协调市属各机关、团体、企事业单位及所辖县级市、区的档案工作。

统一管理市委、市人大、市政府、市政协及市级各机关团体的重要档案和历史档案资料,做好档案的接收、征集、整理、保管、鉴定、统计和提供利用等工作。收集散失在外地和社会上有关苏州市的档案文件及历史资料。保守党和国家机密,维护档案的完整与安全。

组织馆藏档案资料和《苏州年鉴》的编辑、公布、出版、发行工作,定期举办档案史料陈列展览,努力开发档案信息资源。参与并配合本地区编史修志工作。发挥档案馆爱国主义教育基地的作用。

对馆藏档案实行计算机管理,做好档案数据库建设和维护工作,负责档案网络建设和主页的更新维护,逐步实现档案管理现代化。

制定全市档案工作队伍建设的发展规划,组织档案专业教育和档案专业干部培训工作,承办全市档案专业技术职称评聘工作。

组织全市档案宣传工作,增强全民档案意识和档案法制观念。组织全市档案工作的外事活动和国际交流,加强与兄弟市、区档案工作的协作与交流。

承办上级档案部门和市委、市政府交办的其他事项。

表1-4　2003年11月~2015年苏州市档案局（馆）处级领导任职表

职务	姓名	性别	任职时间	说明
党组书记（兼）局（馆）长（兼）	翟晓声	男	2003.11~2005.4	市委副秘书长
党组书记（兼）	徐蕙	女	2005.4~2006.12	市委办公室副主任
	金洁	女	2007.1~2007.11	市委副秘书长
	王新华	男	2007.11~2011.2	
	蔡公武	男	2011.11~	
党组副书记副局（馆）长	祖苏	女	2003.11~2005.4	2007年11月调任市政协城乡建设委员会主任
党组副书记局（馆）长	祖苏		2005.4~2007.11	
	肖芃	女	2007.11~	
党组成员副局（馆）长	虞平健	男	2003.11~2010.3	
	陈兴南	男	2005.11~2015.3	2015年3月调任市地方志办公室主任、党组书记,市方志馆馆长
	沈慧瑛	女	2010.5~	

第二章　经费　建设

　　苏州解放后,随着苏州国民经济的发展,档案事业的建立、恢复和发展,特别是《档案法》实施以来,苏州档案事业发展规划纳入了苏州市各个国民经济五年计划,苏州档案事业与国民经济同步发展,苏州的档案工作机构趋于健全完善,档案事业经费逐年增多,档案馆库建设逐步加强,形成一个多层次、多门类、上规模的档案馆网络。

　　市、地档案馆初创时,馆库面积分别为 200 平方米左右。库房为砖木结构,屋内潮湿,防火、防光性能差。1977 年、1978 年,地、市档案馆翻(扩)建,馆库条件得到改善。1983 年 3 月,市、地档案馆合并,原市档案馆库房为一库,原地区档案馆库房为二库。1997 年 4 月,市档案局(馆)搬至三香路 180 号市行政中心 7 号楼,馆库建设走上标准化、规范化轨道。至 2015 年底,市档案局(馆)在齐门路建成 3 万多平方米的新馆。

　　1983 年前,市、地档案事业费由省财政厅、省档案局按年拨划。此后,由市财政局按年拨划,各县(市)、区档案事业费由同级财政拨划。

第一节　馆库建设

档案馆库

　　1950 年,市两办各设立档案室,受秘书科领导,分别配备专职档案员 1 人和 4 人。1952 年 12 月,市级机关逐步建立文书处理和档案工作。1953 年,市政府为统一管理档案、汇集资料,设立总档案室,其余单位不设档案室,只指定专人负责档案工作,形成的档案统交总档案室存储。1959 年 4 月,筹建苏州市档案馆。同年 8 月 8 日,苏州市档案馆正式成立,有工作人员 3 人,馆址为人民路 36 号,原市委侧门内老式两层小楼,库房占楼上楼下各 3 间。1960 年 5 月,馆库搬至市委书记办公楼内。1962 年搬至市委组织部办公楼内,为两层小楼,面积约 200 平方米。1966 年 9 月、11 月,市档案馆将重要的档案文件转移至驻苏 6307 部队保存。1967 年 7 月,苏革会办事组档案组工作人员将尚未转移的档案文件搬至市人民武装部库房。同年同月,苏州城内爆发大规模武斗,保存在市人武部库房的档案文件和保存在市档案馆库房的短期文件档案,遭到冲击受损。1968 年 3 月,市档案组将馆藏的 5435 卷"敌伪档案"转交"市清理敌伪档案办公室"。4 月,市档案组对转移至部队的档案文件进行接收、清点、整理。1970 年 1 月,根据战备的要求,市档案组将所有档案转移到市档案馆后库(吴县灵岩山战备油库)。4 月,这些档案全部返回市档案馆原址库房。1974 年 1 月,移交至市公检法军管会的"敌伪档案"归回市档案组。1978 年 4 月,恢复建立苏州市档案馆。6 月,翻建的市档案馆竣工,总面积 1760 平方米,其中库房 804 平方米。库房为四层钢筋混凝土结构（地下室为 176 平方米）。

1965 年 5 月 6 日，地委办公室档案室、专署办公室档案室合并，成立苏州专区机关档案馆。馆址为五卅路 94 号地委、专署大院内 7 号楼。1967 年 1 月，"造反派"夺权，苏州军分区派一个班进驻地委、专署大院。专区机关档案馆工作瘫痪，馆库封存。1968 年 3 月，专区革委会办事组设档案组，档案工作人员 2 人。1970 年，档案组划入地区革委会政工组组织组干部档案室。1971 年，档案组划归地区革委会办事组机要组。1977 年 4 月，翻建的档案工作用房竣工，办公用房增至 720 平方米，库房增至 1119 平方米。1979 年 1 月，地委、行署档案馆恢复成立。1980 年 5 月，更名为苏州地区档案馆。

1983 年 3 月，苏州地区档案馆并入市档案馆，市档案馆库房分设两库，一库为人民路 80 号市政府大院内原市档案馆库房，二库为五卅路 94 号市委大院内原地区档案馆库房。市档案馆面积共 2424 平方米，其中库房 1923 平方米。1994 年，市档案馆晋升为省二级先进馆。

1997 年 4 月，市档案馆搬至三香路 180 号市行政中心 7 号楼。馆舍面积 5500 平方米，其中库房 2000 平方米。2000 年，市档案馆达到省一级先进馆标准；2008 年，市档案馆晋升为国家二级馆；2011 年，市档案馆晋升为国家一级馆。

2009 年 11 月，市档案馆新馆在北园路奠基开建。新馆总面积 29061.7 平方米，包括地上四层 21092.1 平方米，地下一层 7969.6 平方米。其中库房 14642.8 平方米，包括地下库房 6820.4 平方米，地上库房 7822.4 平方米。新馆建筑投资 24633.15 万元。至 2015 年底，市档案馆新馆建成。

馆库设备

建馆初期，馆库设备只有木箱、木橱。1965 年、1977 年，陆续添置档案铁箱、铁橱等设备。至 1985 年底，市档案馆主要设备如下：

表1-5　1985年苏州市档案馆设备情况表

馆	铁橱		木橱		铁箱		木箱		卡片橱		打字机	
	个	合计	个	合计	只	合计	只	合计	个	合计	台	合计
市馆	81	99	33	55	1426	1857	98	260	27	40	1	2
原地馆	18		22		431		162		13		1	

馆	照相机		收录机		翻拍机		去湿机		空调		灭火器	
	架	合计	台	合计	套	合计	台	合计	台	合计	个	合计
市馆	1	2	2	3	1	2	4	6	8	11	17	24
原地馆	1		1		1		2		3		7	

馆	报警器		吸尘器		打蜡机		擦窗机		升降机		手推工具车	
	套	合计	台	合计	台	合计	台	合计	台	合计	台	合计
市馆	1	2	1	2	1	1	1	2	1	2	3	6
原地馆	1		1		—		1		1		3	

注：原地馆，指1983年2月并入市馆前地区档案馆。

随着市财政加大投入档案事业费,市档案馆逐年增添设备,改善档案保管条件,完善服务手段,有效地提高档案利用率及社会效益、经济效益。

表1-6　1990~2015年苏州市档案馆设备情况表

年份	缩微设备（台）	电子计算机			复印机（台）	空调（台）		去湿机（台）	消毒机（台）
		服务器（台）	站点（个）	微机（台）		中央空调	分散式空调		
1990	—	—	—	2	1	—	11	11	—
1997	2	—	—	16	2	1	—	1	1
2000	2	1	3	15	2	1	1	1	15
2005	2	1	3	25	3	1	1	1	15
2010	4	1	15	35	3	1	2	1	15
2015	2	2	—	27	1	1	—	15	—

注:2015年为市馆情况,其余均为全局统计。

第二节　档案经费

市、地档案馆成立后,其编制由省编委划拨。苏州地区档案事业经费由省财政厅、省档案局划拨地区档案处,由地区档案处分配属县档案馆,并将分配结果报省备案。1980年前,省拨苏州地区档案事业经费每年1.20万~1.50万元,所属8县为1万元。1981~1982年,省拨苏州地区每年2.20万元,其中地区档案馆每年0.33万元。若增添设备、翻修库舍则申报地委、行署,由地区财政处拨款实施。

1977年前,省拨苏州市档案馆事业经费每年0.20万~0.25万元,其中1964年、1965年分别为0.39万元和0.47万元。1978年,省拨苏州市1万元。1979~1983年,省拨苏州市每年1.50万元(1983年经费中不包括各县[市]、区档案事业经费)。市档案馆增添设备、翻修馆库则另行申请,报批市委、市政府,由市财政局拨款实施。

1984年2月,省委办公厅发出《关于县级档案工作机构设置问题的通知》。是年起,苏州市档案事业经费由市财政局划拨,各县(市)、区档案事业经费由同级财政局划拨。1996年10月起,取消市档案局行政编制,局(馆)均为事业编制,每年由市财政局划拨档案事业经费。

随着苏州国民经济的快速发展、《档案法》的实施,市委、市政府将档案事业规划纳入每一个苏州市国民经济五年计划,逐年加大对档案事业的投入。1985年3月,市财政拨专款2.50万元,用于苏州市及所属6县(市)档案馆抢救珍贵历史档案补助。1991年,在苏州遭受特大洪涝灾害、经济受到巨大损失的情况下,市财政除正常拨给市档案事业费17.83万元外,还专项拨款28.18万元,用于购置缩微设备。2008年6月,市两办发出《关于进一步加强新时期档案工作的意见》,苏州加大档案事业投入,确保档案保护费按不低于每年每卷3元的标准列入市财政预算,使档案事业与苏州国民经济同步发展。

第三章 机构设置

市、地档案局(处)、馆成立后,均为两块牌子,一套班子,未设工作机构。1986年4月,根据中委[1985]29号、省委[1985]3号文件精神,市编委办同意市档案局(馆)内设4个工作机构。随着档案事业的发展、机构改革的需要,市档案局(馆)内设工作机构渐趋完善,至2015年底,其内设工作机构为9个,下属事业单位1个。

局(处)、馆成立至1965年,市、专区档案处科(馆)的人员编制少。1978年市、地档案科(处)、馆恢复成立起,工作人员逐渐增多。

1996年7月,局馆合一,取消行政编制,均为事业编制,局(馆)工作人员按参公(参照公务员法)管理。至2015年,市档案局(馆)参公人员编制37人,机关公益性岗位编制3人。

市、地档案部门合并前,地区档案处(馆)成立中共支部,市档案局(馆)的中共党员参加市委办公室支部活动。1983年7月,市档案局机关支部成立。2002年1月,建立市档案局(馆)党组。2005年6月,局机关支部扩建为机关总支部,辖局机关支部、离退休干部支部。2011年3月,局机关总支部改建为局机关党委,辖局机关支部、市工商档案管理中心支部、离退休干部支部。局机关工会、共青团支部、妇工委、青工委相继成立。

第一节 内设机构

1986年4月,市档案局内设工作机构4个。1991年1月,增设工作机构2个。1996年12月、2001年10月,经过市二次、三次机构改革,其内设工作机构为7个。2004年7月,增设工作机构1个。2007年12月,成立市工商档案管理中心,为局直属事业单位。2014年1月,增设工作机构1个。至2015年12月,市档案局内设工作机构9个,局直属事业单位1个。

办公室

协助局(馆)领导做好日常行政事务工作,负责领导批示及交办事项的承办、督促、检查工作;负责起草综合性业务文件、工作总结、报告;制订全市档案事业发展规划和年度计划;负责全市档案事业年报统计工作;负责局机关文书、档案、保密、信访工作;负责人事、劳资、财务、专业技术职称、外事、老干部、安全、学会等工作。

1986年4月设立秘书科,1992年7月改称办公室。

表1-7 秘书科领导任职表

职务	姓名	任职时间	职务	姓名	任职时间
科长	徐金元	1989.5~1992.7	副科长	徐金元	1986.7~1989.5
副科长	严纪明	1986.7~1989.9		严浩翔	1989.5~1992.7

表1-8 办公室领导任职表

职务	姓名	任职时间	职务	姓名	任职时间
主任	徐金元	1992.7~1998.6	副主任	严浩翔	1992.7~1998.6
	蒋纪序	1998.6~2000.1		陈 攻	1993.3~1997.1
	严浩翔	2000.1~2008.3		肖 进	1997.7~2000.1
	卜鉴民	2008.3~2014.2		沈 培（女）	1998.6~2002.6
	陈 亮（小）	2012年3月主持工作，2014年3月任命		张海雷	2006.1~2010.6
				相明洁（女）	2010.6~2014.3
				谢 静（女）	2014.3~

监督指导处

负责对全市机关、社会团体、企事业单位各类档案馆（室）的档案工作实施指导、监督检查、年度评价等，指导各档案馆（室）档案信息资源的开发利用工作；负责指导各级各类开发区、非公有制经济组织、农业和农村的档案工作；负责市内重点建设项目（工程）档案的业务指导、竣工档案验收和创优评定；负责重大科研成果鉴定档案的审定；负责研究和制定档案工作业务建设规范和标准。

1986年4月设立业务指导科，2003年12月改称业务指导处，2011年11月改称监督指导处。

表1-9 业务指导科领导任职表

职务	姓名	任职时间	职务	姓名	任职时间
科长	王家健	1986.7~1998.6	副科长	虞平健	1989.5~1998.6
	虞平健	1998.6~1998.11		唐荣媛（女）	1990.9~1994.8
	郭 筠（女）	2000.1~2001.8		丁月宝（女）	1994.11~1998.6
	陈 攻	2001.8~2003.12		郭 筠（女）	1998.6~2000.1，其中1999年3月后主持科务
副科长	黄介眉（女）	1986.7~1989.5		卜鉴民	1999.3~2003.12

表1-10 业务指导处、监督指导处领导任职表

职务	姓名	任职时间	职务	姓名	任职时间
处长	陈 攻	2003.12~2007.2	副处长	林忠华	2008.3~2010.6
	沈慧瑛（女）	2007.2~2010.4		张海雷	2010.6~2011.11
	张小明	2010.6~2014.2		方玉群	2011.11~2014.2 2014.12~
	谈 隽	2014.2~			
副处长	卜鉴民	2003.12~2007.2		孙玉婷（女）	2014.3~2014.12
	张小明	2007.2~2008.3			

法规宣教处

负责研究、起草苏州地方性档案法规文件；对全市档案工作规章制度、办法和规范性文件实施扎口管理；实施"苏州市档案行政执法责任制"，查处违反《档案法》的人和事；负责处理行政执法案件的听证、复议、投诉、应诉、处罚、赔偿等工作；负责全市档案工作宣传，以及档案人员继续教育和岗位培训等工作。

1996年12月设立法规宣教科，2003年12月改称法规宣教处。

表1-11　法规宣教科领导任职表

职务	姓名	任职时间	职务	姓名	任职时间
科长	陈 攻	1998.6~2001.8	副科长	陈 攻	1997.1~1998.6
	郭 筠（女）	2001.8~2002.6		卜鉴民	1997.10~1999.3
	丁月宝（女）	2002.10~2003.12		谈 隽	2001.12~2003.12
				贾 莉（女）	2001.12~2003.12

表1-12　法规宣教处领导任职表

职务	姓名	任职时间	职务	姓名	任职时间
处长	丁月宝（女）	2003.12~2007.2	处长	张小明	2014.2~
	陈 攻	2007.2~2010.6	副处长	贾 莉（女）	2003.12~2008.3
	贾 莉（女）	2010.6~2012.4		陈 亮（大）	2008.3~
	谈 隽	2012.4~2014.2			

保管利用处

负责对馆藏不同载体的档案资料进行科学保管、整理、编目、鉴定、统计、咨询服务和接待利用；开展档案资料的抢救工作，对破损、霉变档案资料进行修裱、加固、复制等技术保护；依法定期接收市级机关、团体、企事业单位按规定移交的档案资料及撤并单位的档案资料；负责库房的管理和安全工作；负责档案史料陈列展览、开放和参观接待工作；承担大专院校学生实习基地的组织管理工作。

1986年4月设立档案保管利用室，1996年12月改称保管利用科，2003年12月改称保管利用处。

表1-13　保管利用室领导任职表

职务	姓名	任职时间	职务	姓名	任职时间
主任	严伯春	1989.5~1996.9	副主任	祝泓平	1989.5~1994.11
副主任	陈红才	1986.7~1996.12		丁月宝（女）	1990.9~1994.11
	严伯春	1986.7~1989.5			

表1-14　保管利用科领导任职表

职务	姓名	任职时间	职务	姓名	任职时间
科长	林植霖	1996.9~1997.12	副科长	陈红才	1996.12~1998.6
	严浩翔	1998.1~2000.1		祝泓平	1994.11~1998.6
	沈慧瑛（女）	2000.1~2003.12		张小明	1998.6~2003.12

表1-15　保管利用处领导任职表

职务	姓名	任职时间	职务	姓名	任职时间
处长	沈慧瑛（女）	2003.12~2007.2	副处长	张小明	2003.12~2007.2
	卜鉴民	2007.3~2008.3		徐志华	2007.3~2010.6
	张小明	2008.3~2010.6		孙勤康	2010.6~
	林忠华	2010.6~			

征集编研处

接收有关组织或公民个人捐赠及市重大活动等档案资料，征集散存于社会的有价值的各种档案资料；依法开展馆藏档案史料的编纂、公布、出版、发行工作；参与并配合本地区编史修志工作。

1991年1月设立征集科，2003年12月改称征集编研处。

表1-16　征集科领导任职表

职务	姓名	任职时间	职务	姓名	任职时间
科长	丁月宝（女）	1998.6~2002.10	副科长	贾莉（女）	2001.12~2003.12
副科长	谈隽	2000.1~2002.10		王仁斌	2002.6~2005.2

表1-17　征集编研处领导任职表

职务	姓名	任职时间	职务	姓名	任职时间
处长	谈隽	2005.2~2010.6	副处长	谈隽	2002.10~2005.2，主持处务
	王仁斌	2010.6~2012.3		贾莉（女）	2003.12~2010.6
	贾莉（女）	2012.4~		徐志华	2010.6~2011.10
				刘凤伟	2011.11~

信息技术处

负责馆藏档案计算机管理工作，运用微机、多媒体、光盘等先进技术代替档案手工管理和检索；负责档案目录数据库建设；负责档案局（馆）主页的制作、更新、维护工作；对全市档案管理现代化建设统筹规划和组织实施。

1991年1月设立保护技术室，1996年12月改称保护技术科，2001年10月改称计算机中心，2004年5月增挂"信息处"，2011年4月改称信息技术处。

表1-18　保护技术室领导任职表

职务	姓名	任职时间
副主任	祝泓平	1994.11~1998.6

表1-19　保护技术科领导任职表

职务	姓名	任职时间	职务	姓名	任职时间
科长	祝泓平	1998.6~2001.10	副科长	陈进锋	1997.10~2001.10

表1-20　计算机中心领导任职表

职务	姓名	任职时间	职务	姓名	任职时间
主任	祝泓平	2001.10~2007.2	副主任	陈进锋	2001.10~2007.2
	陈进锋	2007.2~2011.4		陈　亮（小）	2007.3~2011.4

表1-21　信息技术处领导任职表

职务	姓名	任职时间	职务	姓名	任职时间
处长	陈进锋	2011.4~	副处长	陈　亮（小）	2011.4~2014.3
				周　济	2014.3~

年鉴编辑室

负责《苏州年鉴》的组稿、编辑、出版、发行等工作，加快出版周期，提高编辑质量，完成一年一鉴任务。

1986年4月设立编研室，1996年12月改称年鉴编辑室，2000年3月对外称年鉴编辑部。

表1-22　编研室领导任职表

职务	姓名	任职时间	职务	姓名	任职时间
主任	叶万忠	1986.7~1992.5	副主任	屠雪华（女）	1986.7~1993.3
	严纪明（兼）	1992.5~1996.10		朱伟民	1992.5~1996.12
				沈慧瑛	1994.1~1998.6

表1-23　年鉴编辑室领导任职表

职务	姓名	任职时间	职务	姓名	任职时间
主任	严纪明（兼）	1996.12~1998.6	副主任	朱伟民	1996.12~1998.6
	朱伟民	1998.6~2005.2		沈慧瑛（女）	1998.6~2000.1
	肖　进	2005.2~2010.6		哈幸凌（女）	2000.1~2009.3
	谈　隽	2010.6~2012.4			2010.6~2012.4
	哈幸凌（女）	2012.4~		相明洁（女）	2009.3~2010.6
				俞　菁（女）	2012.4~

现行文件查阅中心

收集保管全市党政机关、社会团体和事业单位的公开性、政策性、法规性的现行文件和文件汇编资料，面向社会、群众提供方便、快捷、有效的查阅利用服务。

2003年11月设立现行文件查阅中心，2005年4月进驻市行政服务中心，2009年11月增挂"苏州市政府信息查阅中心"。

表1-24　现行文件查阅中心领导任职表

职务	姓名	任职时间	职务	姓名	任职时间
主任	王仁斌	2005.2~2010.6 2012.3~	副主任	孙勤康	2008.3~2010.6（主持中心工作）
	肖　进	2010.6~2012.3		谢　静（女）	2011.11~2014.3
				许　治	2014.12~

机关文档管理处

依据机关档案工作有关规定,负责研究和拟订市级机关单位文件、档案的集中统一管理制度,规范运作流程,监督指导市级机关文件、档案的集中管理和利用工作。

2014年1月设立机关文档管理处。

表1-25 机关文档管理处领导任职表

职务	姓名	任职时间	职务	姓名	任职时间
处长	卜鉴民(兼)	2014.2~	副处长	方玉群	2014.2~2014.12
				孙玉婷(女)	2014.12~

市工商档案管理中心

负责统一管理全市改制企事业单位档案及应该集中统一管理的其他历史档案、资料;负责对库藏档案进行规范整理、编目、鉴定,对价值珍贵、破损严重的档案开展抢救、保护、数字加工等工作;负责改制企事业单位档案信息资源开发,为社会各界和职工个人提供查档服务;负责本市工业史料和相关历史资料的研究和编撰工作,负责相关档案史料陈列,展示本市民族工业、国有企业发展历史和重要成果;对部分委托民营企业管理的国有改制企事业单位档案进行跟踪监督、检查。

2007年9月,建立苏州市工商档案管理中心。2013年7月,增挂"中国丝绸档案馆(筹)";2014年1月,增挂"苏州市市级机关文档管理中心"(由其统一行使市级机关未到期档案的集中管理职能)。2015年12月,国务院办公厅批准市工商档案管理中心增挂"苏州中国丝绸档案馆"。

表1-26 市工商档案管理中心领导任职表

职务	姓名	任职时间	职务	姓名	任职时间
主任	虞平健(兼)	2007.10~2012.3	副主任	徐志华(兼)	2010.6~2011.11
	卜鉴民(兼)	2012.3~2014年2月兼市级机关文档管理中心主任		卜鉴民(兼)	2011.2~2012.3
				陈亮(小,兼)	2011.11~2012.3
				许治	2012.10~2014.12
副主任	王仁斌(兼)	2007.10~2010.6		方玉群(兼)	2012.3~2014.12
	谈隽(兼)	2010.1~2011.2		孙玉婷(女,兼)	2014.12~

1988年5月,市档案局成立市档案用品服务部。其属集体所有制企业,经济独立核算,自负盈亏,注册资金5万元。同年11月,市档案局落实中共中央〔1988〕8号文件精神,对服务部进行自查,并决定撤停服务部。

1992年4月,市档案局成立苏州档案咨询服务中心,其为副科级集体所有制事业单位,自收自支,独立核算。中心主任为唐荣媛。1994年8月,全市开展清理党政机关经商办企业专项治理工作,苏州档案咨询服务中心撤销。

第二节　人员配备

随着档案事业的发展、档案机构的健全，苏州市档案工作人员在年龄、知识等结构上逐步优化，形成一支忠于职守、遵守纪律、具备专业知识的档案队伍。1983年，大专以上文化程度人员占全局工作人员总数的20%。2015年，全局硕士研究生5人，占全局工作人员总数的12.82%；大学本科、大专33人，占84.61%。

1982年11月，市、地分别进行档案职称评定工作，中间一度暂停。1983年，市档案局（馆）、市科委成立市初、中级档案职称评审委员会，进行评审档案职称工作。2015年，市档案局（馆）具备专业职称的共有25人，其中研究馆员2人，副研究馆员6人。

局馆人员

苏州解放后，档案工作初创时，苏州市档案馆有工作人员3人，苏州专区机关档案馆有工作人员1人。1965年底，市档案管理科、市档案馆有工作人员6人，其中行政编制2人、事业编制4人；专区档案处、专区机关档案馆有工作人员4人，其中行政编制2人、事业编制2人。苏州专区有专业档案工作人员20人（其中行政编制2人、事业编制18人），其中5人被抽调参加农村社会主义教育运动。

"文化大革命"中，在革委会办事组里从事档案工作的原专业档案人员极少，市、地革委会办事组分别只有1人。1977年，地、市开始恢复档案工作机构。1978年4月、1980年6月，市、地档案科（处）、馆分别恢复成立。苏州市档案科（馆）有工作人员5人，苏州地区档案处（馆）有工作人员4人。经过3年恢复、整顿，至1982年，苏州市档案局（馆）工作人员为12人（其中行政编制3人、事业编制9人），苏州地区档案处（馆）工作人员为9人（其中行政编制3人、事业编制6人）。

1983年3月，市、地档案局（处）馆合并，开始充实档案工作人员，经1985~1986年、1997年接收转业军人、大中专毕业生以及选调中学教师、基层优秀档案工作人员，市档案局（馆）工作人员达到28人。此后，市档案局（馆）通过苏州市事业单位招聘考试，陆续招进硕士研究生、大学本科毕业生，充实、优化了档案工作人员队伍。1997年，市档案局（馆）行政编制人员转为参照公务员法管理的事业人员。2001年10月，市委办发文，明确市档案局（馆）参照公务员法管理。2015年，市档案局（馆）人员编制达到37个，另有3个为机关公益性岗位。

附一：市档案局（馆）在职人员名单（2015年）

肖　芃（女）	陈兴南	沈慧瑛（女）	施　开	肖　进
陈　亮（小）	谢　静（女）	雷思雨（女）	金函娴（女）	谢素婷（女）
梁晨浩	陆文彬	谈　隽	方玉群	徐志华
李新全	张小明	陈　亮（大）	相明洁（女）	林忠华
孙勤康	李志娟（女）	顾亦潇（女）	池景彦	贾　莉（女）

刘凤伟　　　　毛鹏鹏（女）　　陈进锋　　　　周　济　　　　应礼文
唐　俊　　　　杨申康　　　　哈幸凌（女）　　俞　菁（女）　　魏福堂
王怀芹（女）　　王仁斌　　　　许　治　　　　卜鉴民　　　　孙玉婷（女）

注：2015年3月，陈兴南调任市地方志办公室主任。

附二：市档案局（馆）离退休人员名单（2015年）
叶万忠　　　　吴雁南（女）　　陈明瑚（女）　　浦静君（女）　　殷海智
严伯春　　　　严纪明　　　　姜贤明　　　　徐金元　　　　徐　敏
黄介眉（女）　　陈红才　　　　朱伟民　　　　丁月宝（女）　　沈　培（女）
祝泓平　　　　严浩翔　　　　蒋纪序　　　　祖　苏（女）　　陈　玫
许炳洪　　　　虞平健　　　　杨益雯（女）

附三：市档案局（馆）去世人员名单（2015年）
颜怀本　　　　王涌清　　　　卞长生　　　　徐　静（女）　　王家健　　　　黄玉飞（女）

表1-27　　1983~2015年苏州市档案局（馆）工作人员情况表

年份	编制（人）	实有人数	女（人）	少数民族（人）	学历（人）					年龄（人）							职称（人）			
					研究生	高校		中专	高中	初中	25岁以下	26~30岁	31~35岁	36~40岁	41~45岁	46~50岁	51~54岁	55~59岁	研究馆员	副研究馆员	馆员	助理馆员	管理员
						本科	大专																
1983	22	20	6	—	—	2	2	5	5	6	2	2	2	2	4	2	6	—	—	—	3	3	2
1985	32	21	8	—	—	1	1	5	11	3	1	2	4	2	—	5	5	2	—	—	3	3	2
1990	35	32	11	1	—	13	4	7	6	2	6	2	4	7	3	3	3	4	—	1	3	8	1
1997	40	30	8	1	—	8	10	5	5	2	1	6	4	1	8	3	3	4	1	1	18	6	1
2000	40	34	10	1	—	13	16	2	1	—	5	5	5	4	7	2	1	3	—	3	16	11	3
2005	34	32	14	1	2	11	14	1	3	1	8			16			8		1	4	16	7	—
2010	34	33	10	1	5	24	4	—	1	—	8			8		5	3	2	2	6	8	5	—
2015	37	39	15	1	5	30	3	—	1	—	4	5	5	6	8	4	4	3	2	6	11	6	—

职称评定

1982年11月，国务院发出《关于评定图书、档案、资料专业干部业务职称暂行规定》。12月，省人事局、省档案局联合发出《关于评定档案专业干部职称的实施意见》。苏州地区建立档案专业干部业务职称评定委员会，由行署副秘书长咸同德等7人组成，各县成立考评小组；苏州市建立档案专业干部业务职称评定筹备小组，由市委副秘书长谢效正等5人组成。地、市档案局（处）、馆合并后，1983年7月，市政府决定成立市档案专业干部业务职称评定委员会，由谢效正等7人组成。全市继续开展档案专业干部业务职称评定工作。同年9月，根据国务院《关于专业干部业务职称评定工作暂停的通知》精神，全市的档案专业干部业务职称评定工作暂时停止。至此，全市授予档案干部业务职称的共有24人，其中馆员5人。市、县、区级机关及工矿企事业单位专职档案干部的业务职称评定工作基本未开展。

1988年1月，市档案专业中级职称评审委员会成立，由市档案局局长陈明琍等11人组成，负责首次聘任档案专业技术人员中级职务任职资格评审和高级职务任职资格评审的推荐工作。1988年，全市评定档案职称1097人，其中，馆员56人，助理馆员486人，管理员555人。经市中评委推荐，省高评委审定，全市4人获副研究馆员职称，其中，苏州市档案馆2人。1989年10月后，因市档案局局长更迭，市档案中评委多次调整。1993年，各县（市）档案部门进行初级职称的评审工作。

1999年，按照省人事厅《关于同意全省档案局、馆进行专业技术职务评聘分开工作的通知》精神，市中评委向省高评委推荐参评副研究馆员任职资格7人，通过6人，省人事厅实批10人（含1998年已通过缓批的4人）。其中，全市档案局（馆）人员9人。此为苏州市获得档案专业高级技术职务任职资格人数最多的一年。这也改善了全市档案系统技术职务的结构。

2002年，省档案局印发关于档案初、中、高级职称评审细化条件。市档案局召开全市会议，部署全市档案职能职称评审工作，对职称工作的新政策、新变化进行具体讲解，并在市人才信息网上公布细化条件，促进职称材料申报工作的顺利开展。2003年，市档案局对全市1987~2003年所有获得高、中、初级职能人员进行登记，建立1878人的专业技术人员台账（其中研究馆员、副研究馆员7人），为摸清档案人才队伍状况、开展继续教育打下基础。

2013年8月，苏职办发出《关于调整苏州市档案专业中级资格评审委员会的批复》，市中评委委员由25人组成，其中主任委员库3人，即沈慧瑛（市档案局研究馆员）、张照余（苏州大学社会学院研究馆员）、陈兴南（市档案局副研究馆员）。

据统计，2004~2015年，苏州市档案局职称改革领导小组组织档案职称评审共648人通过。其中，上报江苏省档案高级职称评委会通过研究馆员7人、副研究馆员62人。

表1-28 1983~2015年各县（市）、区档案部门档案专业职称人数统计表

年份	总人数	研究馆员	副研究馆员	馆员	助理馆员	管理员
1983	24	—	—	5	11	8
1987~2002	1878					
2003	53	7		26	20	
2004	47	—	2	32	12	1
2005	43	2	5	22	14	0
2006	57	—	4	34	17	2
2007	49	—	4	27	15	3
2008	25	1	5	10	1	8
2009	60	2	4	27	27	—
2010	73	—	6	40	27	—
2011	59	—	5	28	23	3
2012	70	1	9	29	31	—

续表

年份	总人数	研究馆员	副研究馆员	馆员	助理馆员	管理员
2013	68	1	8	32	26	1
2014	48	—	5	19	23	1
2015	49	—	5	25	18	1

附一：苏州市档案局（馆）研究馆员名单

　　叶万忠（1988年4月为副研究馆员，1992年12月为研究馆员）

　　沈慧瑛（女，1999年8月为副研究馆员，2005年8月为研究馆员）

　　卜鉴民（2003年9月为副研究馆员，2009年9月为研究馆员）

附二：苏州市档案局（馆）副研究馆员名单

　　吴雁南（女，1988年4月批准）

　　严纪明（1995年8月批准）

　　肖　进（1999年8月批准）

　　陈　玫（1999年8月批准，2013年9月退休）

　　哈幸凌（女，回，2003年9月批准）

　　陈兴南（2009年9月批准）

　　林忠华（2010年8月批准）

　　陈进锋（2010年8月批准）

　　肖　芃（女，2012年10月批准）

　　刘凤伟（2014年9月批准）

第三节　党群组织

　　地、市档案局（馆）合并前，市档案局（馆）未成立中共支部，其党员参加市委办公室支部活动，市档案局副局长兼馆长黄玉飞任市委办公室支部委员；地区档案处（馆）中共党员先前参加地委办公室支部活动，1981年9月，中共苏州地区档案处支部委员会成立，有中共党员8人，地区档案处处长颜怀本为支部书记。1983年3月，地、市档案局（处）合并时，有中共党员17人，占全局（馆）工作人员总数的85%。同年7月，市档案局机关支部成立。

　　2002年1月，市委批准市档案局（馆）成立党组。其任务是负责党的路线、方针、政策在市档案局（馆）的贯彻执行；讨论和决定局（馆）的重大问题；做好本局（馆）干部管理工作；团结非中共干部和群众，完成市委、市政府交给的任务；指导局机关和局直属单位党组织的工作。

　　2005年6月，局机关支部改建为局机关总支部委员会。2011年3月，局机关总支部委员会改建为局机关党委，辖局机关支部、市工商档案管理中心支部、局离退休支部。2012年3月,局机关党委设专职副书记。

1984年11月,市档案局机关工会成立。至2015年,局机关工会历经七届。

1985年9月,市档案局机关共青团支部成立(与市委办团员联合组成)。2008年5月后,局机关团员与市工商档案管理中心团员组成团支部。至2015年,局机关团支部历任七届。

1989年7月,市档案局机关妇女工作委员会成立。2008年5月后,局机关妇女与市工商档案管理中心妇女组成局妇工委。至2015年底,局妇工委历任三届。局机关工会、团支部、妇工委在局机关党委领导下开展活动。

至2015年底,局机关有中共党员32人,占全局工作人员总数的82.05%;有民主党派2人,团员5人,工会会员39人。

中共组织

1983年3月,市档案局成立临时支部,进行临时支部筹建工作。6月,临时支部提请全局19名党员酝酿支委人选。7月,局党员大会选举产生局支部。自1983年7月至2015年12月,局机关党组织经过支部、总支部、党委的组织建设,突出全面提升档案局党建工作的科学水平,团结民主党派人士,引领全局行政业务工作的开展,实现党建工作与行政业务工作的"两结合、两促进、共发展"。

表1-29　1983~2015年苏州市档案局(馆)机关中共组织简表

届次	时间	党员数	书记	届次	时间	党员数	书记
局支部				局总支			
一届	1983.7	19	陈明琍(女)	一届	2005.6	37	虞平健
				二届	2008.10	65	
二届	1985.12	25	姜贤明	局党委			
三届	1988.10	24		一届	2011.3	65	陈兴南(2011.3~2015.3)
四届	1991.8	24	徐　敏	二届	2015.12	78	
五届	1999.3	30	虞平健				
六届	2003.3	35					

注:党员数含苏州市工商档案管理中心。

局机关党组织开展了以下主要活动。

全面整党　1985年2~8月,根据《中共中央关于整党的决定》,按照市委部署,作为苏州市第一批整党单位的市档案局(馆)机关进行整党。整党分学习文件、对照检查、党员登记等三个阶段。2~5月为学习阶段,组织全局党员学习中央整党文件,传达中指委有关整党工作的指示,进行彻底否定"文化大革命"的教育和增强党性的教育,先后召开三次座谈会和发函全市(县)、区级单位,征求对市局(馆)领导在工作、思想、作风等方面的意见;并在领导与党员之间、党员与党员之间开展谈心活动。6月初至7月中旬,整党转入联系实际、对照检查阶段。全局党员增强同党中央在政治思想上保持高度一致的自觉性,端正了整党认识,提高整党的自觉性。

7月中旬至8月，转入党员登记阶段。每个党员做好个人整党思想小结。按照组织顺序，局机关整党小组（由陈明珂、姜贤明、浦静君组成）对全局18名在职党员进行党员登记工作。8月中旬，学习中央领导同志有关整党工作的讲话，发动党员针对局、馆存在问题献计献策，制定整改方案，落实整改措施。9月10日，局机关整党小组提出《苏州市档案局关于整改意见》，共6条。党员搞好个人整党小结。局支部组织党员和群众参观一些先进单位，学习先进经验。通过整党，局（馆）支部建立领导抓党风责任制，健全"三会一课"制度。全局（馆）党员进一步提高争做合格党员的自觉性，突击完成档案馆二库库房调整工作，加速单一式馆藏结构向综合型馆藏结构转化。是年，市档案馆被评为省一级先进馆。9月25日，经市委整党办公室批准，市档案局（馆）机关整党结束。市档案局（馆）支部发展一名积极分子入党。1986年6月26日，局机关支部提出《苏州市档案局关于实现党风根本好转的措施》。

民主评议党员　按照市直机关党委安排，1991年起，市档案局（馆）机关支部每年开展民主评议党员活动。每个在职党员对照党员标准，从理想信念，党的优良传统和作风，廉洁从政，先锋模范作用等方面，进行一年一次自我鉴定；在评议中开展批评与自我批评，相互帮助，共同提高。支部对每个党员进行目标管理。2002年起，支部对党员进行定格。是年，全局30名党员（其中在职党员17名），全部定位合格，其中，蒋纪序为局优秀党员。每年支部在定格中推选出局优秀党员，同时向每个党员作了反馈。在每年的民主评议活动中，支部培养积极分子入党。2012年5月，蒋纪序被评为苏州市"人民满意的公务员"，受市委、市政府表彰。

"三讲"教育　根据市委统一部署，市档案局（馆）领导班子被列为市第一批"三讲"单位。"三讲"教育，即以"讲学习、讲政治、讲正气"为主要内容的党性党风教育。2000年3月23日至5月下旬，市委巡视组进驻市档案局（馆），开展"三讲"教育。围绕"三讲"内容，市档案局（馆）进行4天学习、5天专题交流。进入提高阶段，市档案局（馆）贯彻整风精神，按照开门搞"三讲"的要求，依靠全局（馆）干部群众查找和解决局（馆）突出问题。全局（馆）共召开座谈会5个，听取在职干部群众和部分离退休同志的意见，开展谈心活动，书面征求意见52条。按照"严、准、实、深"的要求，局领导班子和局领导干部认真查摆各自在贯彻民主集中制、班子团结、党的建设等六个方面存在的突出问题。局（馆）领导班子和局（馆）领导干部的剖析材料在民主测评中分别获得91.9%和87.4%的满意率。5月12日，召开专题民主生活会，增强局（馆）领导班子解决自身矛盾和问题的能力。局（馆）领导班子认真制定六个方面25条的整改方案，采取切实措施解决全局（馆）干部群众十分关心和反映强烈的问题。年底，市档案局（馆）又开展"三讲"教育"回头看"活动，巩固和扩大"三讲"教育的成果。

开展保持共产党员先进性教育活动　2005年，根据市委先进性教育活动统一部署，市档案局（馆）被列为市首批开展先进性教育活动的单位。1月13日~4月5日，局（馆）机关总支把握开展先进性教育活动的指导思想、基本原则和具体要求，做到"四个坚持""五个求实效"，抓好三个阶段14个环节的规定动作和自选动作。在教育活动"满意度"测评中，"满意"（81.4%）、"基本满意"（18.6%）率达到100%，得到市委先进性教育督导组的充分肯定。市档案局（馆）在开展自身先进性教育活动的同时，积极履行档案部门职能，主动为全市先进性教育活动服务。市档案馆与市委保持共产党员先进性教育活动领导小组联合举办"时代的先锋"大型图片展，承担第二展厅图片选材工作。市档案局（馆）与市委先进性教育办公室联合发出《关于做好保持共产党员先进性教育活动文件材料收集归档工作的通知》，规范教育活动档案的收集整理工作，确保活动中形成的文件材料收集齐全和及时归档。在先进性教育活动中，全局（馆）党员和群众对档案部门的先进性要求达到共识，并将其提升为档案精神，概括为"务实、创新、敬业、奉献"。

公推公选　2005年8月，市委组织部决定在市档案局（馆）开展领导干部"公推公选"试点。2005年8~11月，公开选拔市档案局（馆）副局（馆）长1名。8月5日，市档案局（馆）成立公推公选副处职领导干部工作领导小组，制定《公推公选市档案局（馆）副局（馆）长人选实施方案》。8月6日，市委组织部在《苏州日报》发布《苏州市公推公选（公开选拔）副处职领导干部公告》。截至8月12日，符合市档案局（馆）副局（馆）长条件的报名者有7人。经过市档案局（馆）民主推荐会选票选出入围3人。8月19日，市委组织部在《苏州日报》公布苏州市公推公选副处职领导干部演讲答辩入围人员名单。8月23日，举行入围人员演讲答辩。经过群众评委，县（市）、区档案局领导评委，市委办、市府办、市纪委、市委组织部、市档案局领导评委投票，评选出人员名次。经市委常委会研究决定，市委组织部11月3日在《苏州日报》公布《苏州市政党领导干部任前公示》，陈兴南拟任市档案局（馆）副局（馆）长。2010年5~6月，市档案局（馆）中层领导职位竞争上岗。5月17日，局党组制定《苏州市档案局中层领导职位竞争上岗实施方案》，公示业务指导处处长、法规宣教处处长两个职位空位。局内有9人符合竞争上岗条件并报名竞争。经过民主测评、演讲答辩和评委组评审，5月27日发布考察预告，5月31日发布任前公示。6月17日，局党组任命：张小明任业务指导处处长，贾莉任法规宣教处处长，林忠华任保管利用处处长。试用1年。2011年2月，市档案局（馆）机关党委在市级机关中首家开展党委"公推直选"试点，市委组织部电教中心全程录像。2月24日，局党组成立机关党委公推直选工作领导小组，公示《苏州市档案局机关党委公推直选工作方案》。公推直选职位为委员5人，其中书记、副书记各1人。整个"公推直选"分准备阶段（2月18~28日）、实施阶段（3月1~18日）、总结阶段（3月19~25日）。局领导小组制定《苏州市机关党委选举报名公告》，采取党员和群众公开推荐与党组织推荐相结合的方式，经过民主测评，局领导小组确定预备人选；召开党员大会，直选委员；局领导小组确定书记、副书记正式候选人；3月17日，召开党员大会，直选书记、副书记。经市级机关党工委批准，市档案局党委书记为陈兴南，副书记为陈进锋，委员为徐志华、刘凤伟、谢静（2012年4月，市级机关党工委批准，市档案局党委设专职副书记肖进）。

"双结对"活动和"党员志愿者"活动 2006 年 10 月，局机关总支与虎丘街道山塘社区支部签署《结对共建协议书》，开展"服务群众进社区，共筑堡垒争先锋"为主题的结对共建活动。局机关总支组织党员到山塘社区听取民情民意介绍，深入实际、深入群众，搞调研、办实事、做好事、增感情。局机关总支指派党员陈亮（大）挂职山塘社区工作，为社区排忧解难。2014 年 12 月 4 日，市档案局与胥江街道新沧社区为双结对共建单位。局机关党组织多次邀请社区干部群众到局机关交流情况、参观座谈。局机关总支发挥局机关工会、共青团、妇女组织作用，每年募捐爱心捐款，送到社区困难群众手中；与两名助学孩子结对，每年坚持上门慰问两次，帮助助学孩子及早解困。局机关党员积极参加"党员志愿者"服务活动，全体在职党员向所在社区报到，担当社区党员志愿者，参加市组织的文明交通执勤、义务植树、迎奥运文体活动等。每年，局机关党员和群众都为支援各地自然灾害和市"同在蓝天下"捐款，还捐献特殊党费，援助苏州革命博物馆筹建、四川汶川重建等。2011 年，市档案局获"苏州市'双结对'活动先进集体"称号。2012 年 9 月，陈进锋获"苏州市优秀党建工作指导员"称号。2013 年 3 月，山塘社区 50 余名党员到市档案局开展党日学习活动。至 2015 年底，局党委认真做好虎丘街道山塘社区、胥江街道新沧社区的挂钩社区党建工作，连年举办"送福进山塘"专题活动。

解放思想大讨论活动 2009 年 3 月 18 日~5 月 10 日，按照市委学习实践活动领导小组《全市深入学习实践科学发展观活动第一阶段工作实施办法》的要求，市档案局党组组织开展解放思想大讨论活动。活动分学习调研和解放思想讨论两个环节。市委副秘书长、局党组书记王新华在局全体人员大会上作学习实践活动动员。全局围绕"适应科学发展新要求，争创档案工作新优势"这一活动主题，开展"苏州档案工作怎样为科学发展服务，苏州档案事业自身怎样科学发展"的解放思想大讨论，引导全体人员在解放思想中统一认识、在转变观念中明确方向，着力消除在科学发展上的模糊认识，在事关本部门是不是科学发展、能不能科学发展、怎样科学发展、怎样做到以科学发展观指导完成各项任务等重大问题上形成共识，增强贯彻落实科学发展观、走科学发展道路的自觉性和坚定性。局党组制定各项学习制度，严格考勤，在活动中，局党组采取集中学习与个人自学相结合，系统学习与专题学习相结合，辅导讲座与讨论交流相结合，网上交流与小组讨论相结合的"四结合"方法。局党组完成 5 次集中学习，机关支部完成 3 次集中学习，每名党员集中学习时间均超过 20 小时。局党组书记王新华为全局人员作学习辅导报告；局党组副书记、局长肖芃撰写学习体会文章，带头参加网络知识竞赛活动。全局在职党员干部职工中，写出 4000 字的读书笔记 1 篇、2000 字的心得体会 2 篇。经过大讨论活动，全局党员干部对科学发展观的认识有了新的提高，一些党员干部逐步从传统的、固有的思想和观念中解放出来，进一步树立和强化大局意识、风险意识、团队意识、服务意识和争先进位意识，全面提高档案事业发展水平，打牢档案馆得以持续发展的基础，推动档案事业与苏州现代化建设进程协调前进，建立与苏州经济社会发展相协调的档案事业。5月13日，局党组发出《关于开展向沈慧瑛同志学习的通知》，号召全市档案工作人员学习市劳动模范沈慧瑛的先进事迹，巩固和扩展解放思想大讨论的成果。

创建廉政文化示范点 2010年，局党组创建廉政文化示范点，将廉政文化与档案文化相结合，通过廉政文化建设来强化局机关作风效能建设。年初，局党组与各处室签订廉政勤政责任书，实行一级抓一级，责任到人。局党组每周召开工作例会、每月召开局办公会议，听取各处室廉政建设和工作情况汇报，实施日常监督检查，发现问题及时纠正。对内定期通报财务收支情况、人事工作情况，定期召开全局人员会议通报情况，增强工作透明度，保障全局人员的知情权、监督权；对外通过苏州档案网和服务窗口，广泛征求意见，接受社会监督。局党组在局三楼阅档室开辟场所，设置专柜，放置廉政教育书籍、光碟、实物等。组织在职人员撰写廉政格言，并把廉政格言制作在个人照片的下方，与个人形象一起在宣传专栏内展示，用以时时警钟长鸣。开展年度工作畅想活动，把廉政勤政建设列入畅想内容。并将畅想文稿在宣传栏中张贴展示。局党组还邀请市纪委干部上党课，宣讲机关作风效能建设，增强全局党员加强作风效能建设的责任感和紧迫感。树立和推荐身边的先进典型（沈慧瑛、蒋纪序），让每一个人受到生动教育。面向社会开设网上论坛，设有"学习园地"等九个栏目，接受社会监督，听取网友建议批评。当年注册会员1059人，发表论坛主题文章866篇，论坛回复7279篇，总访问4.4万人次，网卡点击共28.2万人次。局党组织健全内部管理制度，将13项内部管理制度汇编成册，印发到人，公布实施。市档案局党组织被评为"市创先争优先进基层党组织"、市级机关"十佳先进基层党组织"、市级机关首批学习型党组织示范点，局廉政文化展示点通过市级"廉政文化示范点"验收。2015年9月，在市级机关"勤廉公仆，幸福家庭"手机微摄影大赛中，市档案局周济的《清风荷韵》作品获一等奖。

群众路线教育实践活动 2014年2月12日~10月20日，按照市委部署，市档案局（馆）先行先试党的群众路线教育实践活动。在市委第四督导组（组长为姑苏区人大常委会调研员陈曙光）的指导下，成立局领导小组，制定《苏州市档案局关于深入开展党的群众路线教育实践活动的实施方案》。2月14日，局党组召开局领导班子成员和中层干部会议，学习贯彻中央和省、市委关于教育实践活动的文件精神，把握教育实践活动的总体要求，研究提出市档案局（馆）的贯彻落实措施。市委副秘书长、局党组书记、局教育实践活动领导小组组长蔡公武作大会动员，会上对局领导班子成员、局中层领导干部进行民主测评。总体测评"好""较好"率达到100%。局教育实践活动分三个环节进行，即3月3日~7月31日，学习教育、听取意见环节；8月1~18日，查摆问题、开展批评环节；8月18日~10月20日，整改落实、建章立制环节。局领导小组制订学习计划，做到学习人员、学习时间、学习内容、学习效果"四落实"。局党组学习中心组自教育实践活动开展以来共学习、讨论30次，全局共安排6次专题集中学习，组织4次专题辅导讲座，分别由蔡公武、肖芃和市委党校副校长郭学文作报告，并分别举办局领导班子学习交流会和中层正职干部学习交流会。市档案局组织各市（县）、区档案局局长赴浙江专题学习习近平总书记就任浙江省委书记时"八下丽水"的事迹和全国档案系统先进典型——浙江省丽水市龙泉市档案局局长朱志伟的事迹。组织全局党员干部开展党的群众观点和群众路线"三项讨论"，撰写学习体会文章，在局学习园地上进行交流。举办两场"阳光服务、情暖兰台"微型党课活动，8位党员讲课。全局在职党员都向（家住）社区报到，担任社区志愿者，参加社区活动。肖芃、陈兴南率局队参加市级机关"在职党员统一服务日"活动。实施"打造百姓身边的档案馆"项目，创建由省五一劳动奖章获得者卜鉴民领衔的"卜鉴民劳模创新工作室"，搭建为民服务的新平台。局领导小组分别召开局（馆）长座谈会、局机关党员群众座谈会、局老干部座谈会，共召开15次，参加130人次，收集意见建议共80条。其中局党组书记蔡公武主持召开座谈会4次，局党组副书记肖芃和局党组成员召开座谈会11次。局领导向各市（县）、区档案局、市级机关发放征求意见通知以及服务问卷300份，收集意见建议共13条。在学习教育、听取意见环节中，局安排活动33项，其中自选动作超过50%。局党组各成员针对征求到的意见、建议，结合自身情况分别出自查报告；市委第四督导组、局领导小组对征求到的意见，梳理汇总成17条意见，并针对当前档案工作形势提出6条"立学立行，即知即改"的措施。局领导班子和市管干部5人，各自联系自身思想、学习和工作实际，查摆"四风"问题，剖析原因，撰写对照检查材料。局党组开展三轮谈心活动，参加79人次。市委第四督导组对局领导班子对照检查材料及班子成员的个人对照检查材料进行多次审阅，及时反馈修改意见。8月1日，按照"照镜子、正衣冠、洗洗澡、治治病"的总要求，局领导班子召开专题民主生活会，查找各自"四风"自身存在的问题，并开展批评与自我批评。专题民主生活上互相间提出的重点问题有12条。这次民主生活会收到了"红红脸、出出汗、排排毒"的效果，达到了"团结—批评—团结"的目的。组长陈曙光对专题民主生活会情况作了点评。8月6日，局领导小组召开情况通报会，向全局（馆）人员报告局班子专题民主生活会情况。参会人员对民主生活会开展批评和自我批评的情况进行评议，"好""较好"累计得票率为100%。局领导小组及时召开"回头看"专项工作会议，对照市委第一环节工作方案和局工作计划，确保各项规定动作不遗漏、做到位。继续加强学习教育，举办"学习基层先进典型、深化为民服务理念"专项党课学习活动，邀请张家港市档案局局长黄惠珍、昆山市档案局局长蔡坤泉给全局党员作专题党课宣讲。局领导班子成员分赴各联系点和基层档案部门，听取意见建议，解决市工商档案管理中心的实际困难，赴北京等地征集丝绸档案材料，加速落实"加快我市中国丝绸档案馆建设"的建议；帮助常熟市档案局争取解决建设新馆的立项；召开青年座谈会，解决青年在工作、生活以及成长上的实际困难。按照市委、机关工委要求，局机关党委按支部召开专题组织生活会，开展民主评议党员工作。局机关党委各委员、支部书记、普通党员间开展各种形式的谈心活动，征求意见，消除隔阂。对照上级要求和自身存在的问题，每一位党员都认真撰写对照检查材料。局机关党委和3个支部,通过专题生活会,开展批评和自我批评。局机关党委书记、支部书记对每一位党员进行评价、作总结性点评,形成整改措施。经过民主测评,全局在职54位党员全部定格为"好"。局领导小组对专题民主生活会查摆出的问题和各方面意见建议进行认真分析,研究制定"两方案一计划一清单",即制定局党组教育实践活动整改方案、局党组专项整治方案,局制度建设计划,局领导班子各成员围绕"征求到的群众意见""对照检查材料查摆出的突出问题""专题民主生活会(组织生活会)提出的批评意见""上级党组织和督导组点明的问题"四个方面制定各自的个人整改清单。经第四督导组和市委教育实践办公室审核后,局领导小组公示"两方案一计划一清单"。公示后,局党组多次召开会议,研究整改落实工作。至9月底,局整改方案中涉及的10个方面已全部落实整改,其中7个方面已见效;整治方案中涉及的3个方面已落实到位;制度建设计划中涉及的11项制度建设计划已全部完成。市档案局向市委及新闻媒体发布《公开承诺书》,进一步优化查档服务工作,取消利用档案收费,接受全社会监督。

"三严三实"专题教育 2015年5月18日,市档案局根据中央、省委部署和市委通知,制定《苏州市档案局关于在县处级以上领导干部中开展"三严三实"专题教育的实施方案》。在专题教育中,市档案局先后印发《关于开展践行党的群众路线、深入推进领导干部下基层"三访三促"活动的实施方案》《苏州市档案局关于在"三访三促"活动中开展"五个一线"工作的实施方案》。局长肖芃、副局长沈慧瑛深入吴中区光福镇,走访所挂钩联系的村(社区)、企业和结对帮扶的6户困难家庭,"驻一线体验、到一线调研、听一线声音、交一线朋友、解一线难题",并按时完成局领导下基层总结报告。8月1日至12月底,局党组在局机关和市工商档案管理中心开展作风效能建设"三学三比"活动。12月,局党组主要负责同志查摆问题、开展批评,局党组成员逐一剖析自身"不严不实"问题,写出对照检查材料,开展批评和自我批评。对照"两方案一计划"和个人整改清单,特别是中央21项、省委18项和市委12项专项整治任务,局党组成员制定整改措施,一个问题一个问题解决,完成一个销号一个,持续深入推进全局党的思想政治建设和作风建设。

工会组织

1984年6月,市直属机关工会委员会发出《关于筹建机关工会的通知》。市档案局党支部研究决定,提名组建市档案局工会筹备小组。工会筹备小组恢复陈明琍等11人的会籍,吸收浦静君等9人加入工会。同年11月,局工会筹备小组召开全体会员会议,选举产生局工会。至2015年,局工会进行六次换届。

在局中共组织领导下,局机关工会把工会办成"职工之家",在机关内开展各项文体活动,积极参加市机关党工委组织的体育运动会、读书节、知识竞赛、乒乓球比赛、游泳比赛、登山比赛等。与局共青团、妇女组织承担两名助学孩子的帮困任务,每年坚持上门慰问两次,送上助学金(每人每年1200元)。经过努力,在助学对象解困之后,及时与市总工会联系,衔接上新的帮困助学对象,继续履行帮困助学的义务。开展"合理化建议"活动。局机关工会坚持每年对全局人员"生日送温暖"慰问、对患病人员和特困家庭慰问以及"六一"儿童节赠书慰问等活动。

表1-30　1984~2015年苏州市档案局机关工会简表

届次	时间	会员数	主席	届次	时间	会员数	主席
一届	1984.11~1989.8	20	朱伟民	五届	2003.5~2008.11	32	哈幸凌(女)
二届	1989.8~1996.2	26	严浩翔	六届	2008.11~2011.4	32	哈幸凌(女)
三届	1996.2~1999.3	30	丁月宝(女)	七届	2011.4~	26	王仁斌
四届	1999.3~2003.5	33	肖　进				

2004年,局机关工会"职工之家"通过市级机关工会验收,成为合格"职工之家"。市档案局机关工会会员获市级机关首届读书节书法一等奖(张小明)、书法二等奖(夏冰),美术作品二等奖(翟晓声)、美术作品三等奖(徐敏),摄影作品三等奖(郭筠);在市级机关第六届运动会上获射击冠军(方玉群)。在全省档案系统乒乓球联赛上,获第一届优秀组织奖、领导组男子单打冠军(陶孙贤),获第二届男子团体季军、男子单打冠军(相城任亚峰),获第三届男子团体冠军、男子单打冠军(相城任亚峰)、男子单打季军(园区张本东)、领导组男子单打冠军(常熟范立军)。2015年,苏州市档案代表队在全省档案系统首届羽毛球精英赛上,获团体冠军、混双亚军、男单第五名。

青年组织

1983年,市档案局机关青年、团员人数少,共青团员先前参加市委办公室团支部活动。1985年9月,局机关团员与市委办公室团员成立联合团支部;1998年4月,与市地方志办公室成立联合团支部。2008年5月,局机关团支部改选后,局机关团员与市工商档案管理中心团员一起活动。至2015年,局机关团支部进行七次换届。

2009年5月,为加强对全局青年的教育、培养工作,市档案局青年工作委员会成立,局党组成员、副局长陈兴南兼任主任。2012年5月,局青工委换届,主任毛鹏鹏;局青工委获2013~2014年度苏州市市级机关青年工作委员会表彰。2015年6月,局青工委换届,主任应礼文。

2009年6月,市档案局关心下一代工作委员会成立,局党组成员、副局长、局机关总支书记虞平健兼任主任。2012年11月,局关工委换届,局党组成员、局党委书记、副局长陈兴南兼任主任。

在局中共组织的领导下,局机关团支部努力学习、积极工作,向中共组织靠拢,与党保持思想上、政治上、行动上一致,在工作岗位上发挥青年人的光和热。局机关团员、青年积极参加市青年志愿者队伍,参加各项义务活动,开展两届读书活动。与局工会、妇女组织一起承担两名助学孩子的帮困任务。并与相城区元和街道陆慕社区服务中心结对共建，先后参加"邻里守望"志愿活动、青年人才进校园、五四青年座谈会、市级机关"兴廉政之风、树勤廉公仆"主题辩论赛等活动。

2015年11月2日，局党组副书记、局长肖芃召开局机关青年座谈会，听取局机关青年对市档案局工作的建议、意见，以及青年讲述个人进市档案局三年来的体会。

表1-31　1985~2015年苏州市档案局机关团支部简表

届次（支部）	时间	团员数	书记
联合支部	1985.9~1990.1	3	屠雪华（女）
一届	1990.1~1991.4	8	郭　筠（女）
二届	1991.4~1998.8	6	陈进锋
联合支部	1998.8~2002.10	5	贾　莉（女）
四届	2002.10~2008.5	3	陈　亮（小）
五届	2008.5~2013.11	17	周　济
六届	2013.11~2015.12	17	雷思雨（女）

妇女组织

1984年11月，局工会成立，工会设妇女委员。局工会妇女委员兼任局妇女工作委员会主任。至2015年底，历任局妇女工作委员会主任为徐静、丁月宝（亦为市直机关妇委委员）、贾莉、相明洁。

1984年，局（馆）有妇女6人，占全局30%；2015年，局（馆）有妇女15人，占全局38.46%。局妇工委每年庆祝三八妇女节，展示才艺。接待市儿童基金会儿童到馆参观，参与母亲节和儿童同欢乐、同成长等活动。

第二篇

档案行政管理

市档案局的基本职责是档案行政管理。作为苏州市人民政府主管全市档案事业的职能部门,市档案局贯彻执行国家确定的档案工作的法律、法规和有关方针政策,对全市档案事业的发展制定规划,统一档案工作规章制度,监督指导档案工作,依法查处档案违法行为。推动档案宣传、档案教育和档案科学研究,增强社会的档案意识,提高档案管理水平,为建设和发展苏州档案事业奠定坚实基础。

档案规章制度是随着全市档案工作的建立和发展逐步形成的。新中国成立后,市委(地委)、市政府(行署)制定了文书档案的规章制度,科技档案、专门档案、专业档案的规章制度也随之逐步建立。市、地档案行政管理部门,在档案的收集、整理、保管、鉴定和利用等方面制定了相关制度和标准。

1988年1月1日,《中华人民共和国档案法》(简称《档案法》)实施,苏州市档案工作开始走上依法治档的轨道。市档案局依照国家档案局1999年6月发布的《中华人民共和国档案法实施办法》,开展规范性文件清理,加强档案法制建设,完善与省人大常委会2010年10月1日批准施行的《苏州市档案条例》相配套的规章制度,调整行政职权内容,全面修订档案工作制度。

市档案局还具有监督指导全市档案工作的职责。市档案局会同有关部门,对全市贯彻执行《档案法》《苏州市档案条例》及档案管理规范标准进行指导检查。在监督指导中,市档案局积极发掘典型,总结经验,推动全市档案工作的规范化、科学化。

市档案局在履行行政职责中,开展与国内各档案部门的交流、学习,借鉴先进经验,促进苏州档案事业的发展;开展国际间的交往,沟通信息,吸取好的经验,学习和运用新兴的档案材料和技术,助推苏州档案工作在新的平台上发展。

第一章　法规宣传

新中国成立后,市、地档案部门依据中央、省有关档案工作的方针政策,制定了一系列规章制度,其内容涵盖苏州档案工作的领导体制、管理体制以及档案工作的各个环节。1988年,《档案法》颁布实施之后,省人大常委会批准施行《苏州市档案条例》(以下简称《条例》),全市及时跟进《条例》的学习宣传。

市档案局在主动接受市人大常委会监督检查的同时,切实贯彻执行《档案法》和《条例》,加强对全市档案部门执行情况的监督指导,严格依法办事。

第一节　法规建设

新中国成立后,苏州档案工作经历了由制度建设向法制建设的转变。

1950~1955 年,苏州档案规章制度奠定初步基础。1950 年 3 月,苏州专署秘书处制定《档案管理办法(草案)》,共 10 条。这是新中国成立后苏州第一个档案规章。1951 年 4 月,印发《苏州市人民政府公文处理试行办法》,其附件中规定了"机密文件的处理""归档调卷"等内容。1953 年 1 月起,执行《苏州市人民政府档案管理办法(草案)》。《办法》共六章 32 条。1954 年 6 月,地委办公室、专署办公室(简称地两办)制定《关于调阅档案文件的试行规则》。

这些档案法规详细规定了档案的分类、送档、编卷、登记、保管、调卷、销毁、检查、移交等制度。

1956~1966 年,苏州档案规章制度进入档案业务建设阶段。1956 年 11 月,市委办公室(简称市委办)印发《关于搜集党的历史档案工作的意见》。1958 年 2 月,苏州市人民委员会(简称市人委)印发《关于贯彻执行江苏省市、县级机关档案材料保管期限表的通知》。1958 年 2 月,地委办公室发出《关于清理积存文件,积极开展档案提供利用的通知》。1959 年 4 月,市委办、市委工交办发出《关于建立健全厂矿文书档案制度的通知》。1959 年 11 月,市两办发出《关于进一步开展档案材料鉴定工作的通知》。1960 年 4 月,市人委发出《关于加强技术档案管理和领导的通知》。1961 年 5 月,市两办发出《关于防止盗窃、破坏、损坏档案的通知》。8 月,市两办发出《关于调整全市工业、学校布局中做好文书档案工作的通知》。12 月,市两办发出《关于机关机构变动时档案材料的处理的通知》。1962 年 6 月,市两办发出《关于本市机关、企事业单位在调整中档案材料处理问题的通知》。9 月,市两办印发《关于当前进一步做好档案工作的意见》。10 月,市人委发出《关于加强工业企业技术档案工作和城市基本建设档案工作的通知》。1963 年 4 月,市两办发出《关于对"下马"企业和"下马"工程的档案管理工作的通知》。8 月,市委办印发《关于清理机密文件时结合对本单位的文件材料进行收集,以充实档案的通知》。11 月,地委批转《关于人民公社文书档案工作暂行管理办法(草案)》。1964 年 4 月,地委发出《批转专署档案管理科关于做好二批公社档案材料收集整理工作的意见》。5 月,市委办、市"五反"办印发《关于做好"五反"运动中档案材料收集整理工作的通知》。7 月,市委、市人委批转《关于当前技术档案工作情况和改进意见的报告》。9 月,发出《中共苏州地委批转专署档案管理科关于加强公社文书档案工作的报告》。1965 年 1 月,市委办印发《关于进一步对历史档案加强管理的通知》。2 月,印发《中共苏州地委批转专署档案管理科关于档案材料清理鉴定工作的意见》。3 月,市委办、市委社教办公室发出《关于面上社教工作期间建立和加强文书档案工作的通知》。5月，地委、专署发出《批转专区档案管理处关于清理鉴定工作的部署报告》。6月，地委组织部、统战部，专区档案处发出《关于收集、整理和管理民主人士干部档案工作的联合通知》。1966年2月，市人委颁发《苏州市城市基本建设档案管理暂行办法》。6月，市委社教办公室印发《关于做好工作队档案整理工作的意见》。10月，市委办发出《关于在"文化大革命"中保护各种文件档案和机密资料安全的通知》。

苏州市、专区专职档案人员参加1956年5月省委办公厅举办的第一期地县委以上机关档案干部业务训练班后，苏州展开档案业务训练，建立档案馆和档案行政管理部门，制定了业务规范。这些档案规章制度，成为档案馆、档案室工作的准则和规范，也成为档案管理科（处）进行监督指导的依据，从而推动苏州档案事业的健康发展。

1967~1976年，苏州档案规章制度遭到废弃，新建制度造成工作混乱。

1977~1982年，苏州档案规章制度逐渐得到恢复和调整。1978年1月，市委办印发《关于查阅市档案馆材料的暂行规定》。1980年9月，地委办印发《关于文书处理的意见》。11月，地委、行署发出《批转地区档案处〈关于进一步加强档案工作的几点意见〉》。11月，市档案局、市人防办发出《关于建立人防工程技术档案的意见》。12月，地两办发出《印发〈地区机关档案管理制度〉的通知》。1981年1月，地两办转发《苏州地区科技档案工作会议纪要》。5月，市档案局印发《关于散存历史档案调查收集情况的汇报》。6月，行署办发出《转发地区档案处〈关于旧政权档案集中保管的意见〉的通知》。6月，市委办印发《关于查阅市档案馆档案资料的规定》。1982年5月，市委、市政府转发市档案局《关于开放历史档案的情况和意见》。12月，地两办发出《转发地区档案处〈关于在机构改革中加强档案材料管理的意见〉的通知》。12月，市委办向省委办公厅呈报《关于"文化大革命"中形成的档案材料管理处理的报告》。

这阶段的法规建设主要围绕业务建设展开，苏州档案工作迅速得到整顿、恢复，档案事业全面发展迈出新的一步。

1983~1986年，苏州档案规章制度推动档案业务工作迈向标准化、规范化。1983年1月，市委办转发市档案局《关于在机构改革中加强档案材料管理工作的意见》。8月，市两办转发市档案局《关于加强农村档案工作的意见》；市政府颁发《苏州市城市建设档案管理暂行办法（草案）》，共五章20条。10月，市两办转发市档案局《关于加强农村档案工作意见的报告》；市档案局、市人防办印发《关于进一步做好人防工程档案工作的通知》。1984年3月，市委办转发市档案局《关于查阅"文化大革命"中形成的档案材料的规定》。6月，市档案局、市社队工业局发出《关于建立乡镇企业档案工作的通知》。8月，市计委、市档案局转发国家计委、国家档案局《关于做好基本建设项目档案资料管理工作的通知》。11月，市档案局发出《关于做好声像档案材料的收集、归档工作的通知》。1985年5月，市档案局印发《1985~1986年苏州市级机关档案业务建设标准》。6月，市档案局、市工业普查领导小组办公室印发《关于认真做好工业普查文件材料归档管理工作的通知》；市档案局印发《苏州市1985~1986年科技档案工作业务建设标准》。8月，市两办发出《关于及时收集中央和省领导同志来苏州检查和视察工作有关材料的通知》。1986年4月，市档案局制定颁发《一九八六年县（市）档案馆业务建设标准》。

1987~2015年，苏州市贯彻《档案法》，档案工作法规、制度不断完善。以2003年12月16日颁布的《苏州市档案管理办法》和2010年10月1日施行的《苏州市档案条例》为标志，体现了苏州市档案法规建设进入新的阶段，与之配套的其他档案管理规定、意见具有鲜明的可操作性的特点。

根据市府办开展规范性文件清理工作的要求，市档案局在2003年对全市1980年以来所制发的75件档案工作规范性文件进行清理，其中保留55件，废止19件，修改1件。在2007年对1980~2001年、2002~2007年以市档案局名义发布的规范性文件进行了清理，保留规范性文件23件，废止规范性文件13件，修改规范性文件4件。2010年，继续对1992~2010年制发的规范性文件进行清理，共清理文件24件，其中保留23件，废止1件。2013年，市档案局再次对1992~2011年的规范性文件进行了清理，共清理文件26件，其中保留21件，废止5件。

表2-1　继续有效的规范性文件目录

序号	规范性文件名称	文号	公布日期	实施日期
1	关于印发《苏州市〈工业企业档案分类试行规则〉实施细则》的通知	档发[1992]23号	1992.4.30	1992.4.30
2	关于印发《苏州市声像档案管理试行办法》的通知	档发[1994]22号	1994.6.10	1994.6.10
3	关于印发《苏州市档案馆馆藏档案解密和划分控制使用范围的工作细则》的通知	档发[1999]81号	1999.11.5	1999.11.5
4	关于印发《苏州市名人档案管理暂行办法》的通知	档发[2002]82号	2002.10.28	2002.10.28
5	关于印发《苏州市国有破产企业档案处置暂行办法》的通知	档发[2003]14号	2003.2.8	2003.2.8
6	关于印发《苏州市国有（集团）企业产权制度改革中档案处置暂行办法》的通知	档发[2003]47号	2003.6.12	2003.6.12
7	关于印发《苏州市区社区档案管理实施意见》的通知	档发[2004]21号	2004.2.23	2004.2.23
8	关于印发《苏州市企业归档文件整理规则实施意见》的通知	档发[2004]24号	2004.3.12	2004.3.12
9	关于印发《苏州市市级机关电子文件归档管理实施意见（试行）》的通知	档发[2004]28号	2004.3.31	2004.3.31
10	关于进一步开展苏州市优秀建设项目（工程）竣工档案评选活动的通知	档发[2005]15号	2005.3.1	2005.3.1
11	关于印发《苏州市珍贵档案文献选评办法》的通知	档发[2006]23号	2006.3.9	2006.3.9
12	关于建立名牌产品、专利产品、拥有自主知识产权产品档案管理的意见	档发[2006]26号	2006.3.10	2006.3.10
13	关于印发《苏州市档案局行政执法评议考核办法实施细则》的通知	档发[2006]44号	2006.6.10	2006.6.10

续表

序号	规范性文件名称	文号	公布日期	实施日期
14	关于印发《苏州市档案局行政许可审批规程》的通知	档发〔2006〕49号	2006.6.30	2006.6.30
15	关于印发《苏州市档案局行政执法评议考核制度》等十二项行政执法责任制工作配套制度的通知	档发〔2007〕35号	2007.3.16	2007.3.16
16	关于建立苏州市非物质文化遗产代表作名录项目档案的意见	档发〔2007〕90号	2007.9.27	2007.9.27
17	关于试行《苏州市档案局政务信息公开实施办法》的通知	档发〔2007〕98号	2006.10.1	2007.10.22
18	关于加强全市动迁安置档案管理工作的意见	档规〔2010〕1号	2010.4.12	2010.5.6
19	关于印发《苏州市乡镇档案管理办法（暂行）》的通知	档规〔2011〕1号	2011.4.15	2011.4.15
20	关于印发《苏州市档案工作年度评价制度（试行）》的通知	档规〔2011〕2号	2011.9.6	2011.10.7
21	关于下发《苏州市档案馆档案接收进馆标准》的通知	档规〔2011〕3号	2011.10.8	2012.1.1

2013年5月,市监察局、市人社局、市档案局印发《关于认真贯彻落实〈档案管理违法违纪行为处分规定〉的通知》。2015年1月,市档案局印发《关于做好政府机构改革中档案处置的通知》。

附录:

省人大及苏州市委、市政府2003~2015年有关档案工作的文件

1.2003年12月16日,市政府第47号令颁布《苏州市档案管理办法》,自2004年2月1日起施行。这是苏州市实行市管县体制后的第一部档案工作政府规章。

2.2003年10月21日,市两办转发市档案局《苏州市电子文件归档及管理暂行办法》。从2003年10月1日起,全局实行纸质文档和电子文档"双轨制";2004年1月1日起,全面实行无纸化办公。

3.2004年4月27日,市两办转发市体改办、市档案局《关于进一步做好全市国有集体、企事业单位产权制度改革中的档案处置工作的意见》。

4.2004年7月23日,市两办转发市档案局《关于做好市级机关公开性现行文件资料收集报送工作的意见》。

5.2007年1月17日,市两办发出《苏州市重大活动档案管理办法》。

6.2008年6月25日,市两办发出《关于进一步加强新时期档案工作的意见》,对新时期档案工作提出指导性意见,并特别明确了档案保管经费每年每卷不得低于3元,进一步优化全市档案事业发展环境。

7.2008年10月13日,市两办发出《关于做好国有(集体)改制企事业单位档案移交工作的意见》。

8.2009 年 5 月 9 日，市两办印发《苏州市机关直属单位档案移交进馆工作的实施意见》《苏州市档案馆档案接收名册》。

9.2009 年 6 月 25 日，市两办印发《关于加强苏州市镇、村两级档案管理工作的实施意见》。

10.2009 年 10 月 22 日，市府办发出《关于加强政府信息查阅场所建设的通知》。

11.2010 年 7 月 28 日，省十一届人大常委会第十六次会议批准《苏州市档案条例》。自 2010 年 10 月 1 日起施行，《苏州市档案管理办法》同时废止。《条例》共六章 44 条，在全国档案系统首设"档案工作评价制度"，在档案信息化、档案中介机构管理等方面均有立法突破。

12.2012 年 9 月 21 日，市两办发出《关于做好党和国家领导人、国外政要来苏活动档案收集、移交工作的通知》。

13.2014 年 1 月 10 日，市两办发布《苏州市档案馆收集档案范围细则》，明确 181 家进馆单位及其进馆档案的门类。

14.2014 年 12 月 16 日，市两办印发《关于加强和改进新形势下全市档案工作的实施意见》。

15.2015 年 1 月 30 日，市两办发出《关于做好有关单位档案向市级机关文档管理中心移交工作的通知》。

第二节　执法检查

《档案法》颁布实施前，市档案行政部门履行档案行政职责，依照档案管理的各项制度、规定开展监督和检查。《档案法》和《档案法实施办法》颁布后，苏州市档案局根据《档案法》赋予的职责，对辖区各单位贯彻落实《档案法》情况开展执法检查。

依规检查

1956 年 5 月，地两办召开地专机关文书档案工作会议，检查各部门文书档案工作。1958 年 3 月，苏州专区松江县级机关文书档案工作先进工作者会议提出《关于开展社会主义革命友谊竞赛倡议书》，苏州专区各县市发出应战书。5 月 1 日，地两办召开专区、市档案局干部誓师跃进大会，提出《苏州专区国家机关 1958 年文书档案工作规划》，号召全区档案干部"急起直追，抓住档案材料利用之纲，卸掉积存档案的包袱，轻装快马，紧赶先进，来一个文书档案工作的大跃进"。6 月，专署办公室组织检查全区 15 个县的贯彻情况。全区情况是贯彻声势较大、进度较快的有 8 个县，迟缓行动的有 6 个县，没有贯彻的有 1 个县。7 月 25~27 日，地两办在青浦县召开以利用为主的文书档案现场会，共 60 人参会。全区 13 县和苏州市的代表都作了赶超青浦的发言。会议提出"夺取全省红旗，力争全国第一"的口号，并通过专区竞赛评比条件。8 月，省委办公厅、省人委办公厅在青浦县召开全省档案工作现场会，号召全省学、赶、超青浦。1959 年 6 月 23 日、7 月 9 日，地两办分别召开地专机关档案工作会议、各县档案工作会议，传达中央、省档案会议精神，提出贯彻会议精神的具体意见。8 月 15 日，地两办召开吴县、苏州市档案馆干部座谈会，检查 7 月会议贯彻情况。8 月 22 日，地两办派出 3 名干部，检查各县贯彻会议情况及档案馆建设状况。通过检查，全区在档案工作上取得一定成绩，但还存在三个问题：一是对中央、省档案会议精神贯彻还不平衡，有的地方进度不快。二是档案馆建设虽有进度，但与形势要求和其他先进地区相比，还很不够。三是档案馆编制无规定，人员无法解决，全区各档案馆没有配备专职副馆长。1963 年 1 月 3~7 日，地两办召开各县档案干部会议，检查 1962 年档案工作情况和存在的问题，讨论 1963 年档案工作的意见。会议指出，全区 8 个县档案馆和地专机关档案室共接收 78 个撤销单位和"下马"企业的档案。各县档案室和档案馆工作得到一定的加强。但存在文件收集不全、案卷质量不高等问题。会后，专署档案管理科确定以常熟县档案馆为全区馆内建设工作的试点。各县档案馆确定一个机关档案室、一个公社档案室的基点，总结经验，指导全县档案工作的开展。1964 年 1 月 20 日至 2 月 3 日，省档案局副局长罗冶夫率省、苏州专区、常熟县工作组共 30 多人，在常熟县结合立卷进行档案材料初步鉴定试点工作。这为全省开展鉴定工作创造了有利条件。1965 年 2 月 10~13 日，地两办召开各县档案局（馆）长会议，学习常州市、常熟县经验，布置文书档案清理鉴定工作。9 月中旬，地两办召开各县档案局（馆）长会议，检查文书档案鉴定工作。检查结果是，各县共有档案 9.1 万卷，至 9 月上旬，已清理鉴定其中的 52%。存在的问题是进度较慢，清理鉴定过程中发生误判和遗漏现象。12 月 2 日，市两办召开技术档案清理鉴定工作会议，各工业主管局、基层技术科长、技术档案员参加。会上，省档案局介绍清理鉴定技术档案的方法、步骤及苏州试验仪器厂的经验体会。1966 年 3 月，专区档案管理处召开公社秘书会议，检查一个多月来公社档案清理工作的情况。全区公社（镇）227 个，档案清理结束的 125 个，占 55%。5 月至 9 月，苏州市开展市区机关文书档案清理鉴定工作。在工作中，市档案管理科帮助郊区各公社建立了档案工作。

1971 年 4 月，省革委会办事组档案组在苏州市调查了解档案保密工作情况。1974 年 12 月 10 日，省革委会办事组档案组在苏州召开档案工作座谈会，座谈研究档案保管期限问题。1975 年 4 月 19 日，省委办公室在昆山县召开全省档案工作座谈会，讨论修订《机关文书档案保管期限参考表（试行草案）》，地委办副主任邹耀培作题为《认真抓好档案清理鉴定工作的体会》的发言。10 月 15~16 日，地区革委会办公室秘书组在常熟召开各县档案工作碰头会，检查全省 4 月档案工作座谈会议的贯彻情况。检查的情况是各县传达贯彻是认真的，成效也是显著的。各级党委加强了对档案工作的领导，在政治上关心档案干部，在工作上大力支持档案干部，在人力、物质上进一步加强档案工作；广大档案工作人员调动了积极性，狠抓了机关现行文书档案。存在的问题是个别县档案人员之间有不团结现象；在执行"新参考表"方面，各县掌握标准不统一；个别基层单位有严重档案失密现象。

1979 年 6 月 23 日，市委办召开档案会议，对文书档案工作竞赛进行初评总结，布置下半年工作。上半年，评出优胜单位 12 个，表扬 12 个单位和 17 位同志。8 月 9 日，市档案管理科发出《地、市档案工作座谈会贯彻情况简报》，指出：1968 年清查敌伪档案时的问题不少，后果也很严重。8 月 13~17 日，地委办召开地区档案工作会议，传达、学习中办［1979］16 号文件和全国、省档案工作座谈会精神，检查总结上半年工作，研究部署下半年工作。会议代表还参观了常熟县国棉厂、量具刃厂的技术档案室。会议代表列数了林彪、"四人帮"破坏苏州地区档案工作的罪行。他们的破坏，使苏州地区档案机构撤了、队伍散了、制度废了、档案乱了，造成档案的失散和严重混乱。会议总结了上半年工作，认为总的情况比 1978 年好，有了新的进步。表现在：业务指导比往年好，立卷归档比往年及时，调阅利用比往年多，馆内管理比往年科学一些，正在努力使档案工作逐步适应全党工作重点转移的需要。但上半年的工作还存在不少问题，主要是发展不平衡，全区档案体制还没有全部恢复，档案工作人员缺额还没有配齐。会议通过《苏州地区档案管理制度（讨论稿）》《一九七九年先进档案馆条件》《1979 年文书、档案先进工作者条件》。1980 年 2 月，地区档案馆组织对全区贯彻中共中央、国务院《批转国家档案局关于全国档案工作会议的报告》情况进行检查。苏州地区档案工作的基本情况是，各级党委对档案和档案工作是重视的。特别是粉碎"四人帮"以后，全区档案事业又有了新的发展，相继恢复了地、县档案保管机构，机关单位和基层档案室逐步加强，地、县 9 个档案馆馆藏档案量比"文化大革命"前增加两倍多，为社会主义各项事业服务方面发挥了作用。存在的问题是，机构还不健全，体制还没有完全恢复，档案干部还没有充实，档案馆的基础工作和利用工作还相当薄弱，档案保管还存在很多问题，技术档案工作基本处于空白状态。8 月 21 日，市档案局在苏州第一光学仪器厂召开科技档案互查试点现场会议。10 月 27 日，市革委会召开全市技术档案工作会议，检查全市科技档案工作，研究加速此项工作的恢复整顿问题。全市科技档案工作的基本情况是，全市在 1960 年建立科技档案工作，至 1966 年上半年，从工业主管局到基层单位，都建立了科技档案室，配备和充实了人员，建立了有关制度，市档案管理科与各工业局相配合，加强业务指导、监督和检查，全市科技档案工作走上了轨道，更好地为生产、建设、科研服务打下了基础。但在"文化大革命"十年中，科技档案也遭到破坏，机构撤销、人员下放、制度废弃、思想搞乱，科技档案分散、丢失、不完整、不准确、不系统的情况严重存在。粉碎"四人帮"后，特别是中共十一届三中全会之后，全市科技档案工作得到恢复整顿。但由于科技档案工作遭受的破坏重、恢复迟、难度大，各系统各单位工作发展不平衡，问题还比较多，表现在：对科技档案工作的重要性认识不足，对科技档案工作的机构、人员、经费、库房、设备等还没有完全解决，科技档案不完整、不准确、不系统的状况继续发生，不少基层企事业单位集中统一管理科技档案的基本原则没有很好贯彻落实。6 月 18 日，市档案局发出《关于档案工作存在问题和解决的意见》，提出"各单位档案室的设置、人员配备及经费开支等意见，已经市委、市编制委员会同意，请即参照办理，尽快落实"。
12 月 22~24 日，地委、行署召开地区科技档案工作会议，形成《科技档案工作会议纪要》。1981 年 1 月 15 日，地两办发出《关于转发〈科技档案工作会议纪要〉的通知》。《通知》要求"抓紧落实全国、全省科技档案工作会议的精神，并定期进行检查督促，以保证实现全国、全省科技工作会议提出的要求，到今年年底把科技档案全面恢复整顿好"。6 月 9 日，市档案局在新苏丝织厂召开科技档案恢复、整顿验收现场会。5 月，市档案局、地区档案处分别对散存历史档案情况进行调查，均提出集中保管意见。7 月，地区档案处在各县自查的基础上，与地区科委、工业一局、二局组成联合检查组，对江阴、沙洲、昆山、吴县 4 个县的 22 个企事业单位的科技档案工作进行检查，并听取 18 个地直单位关于开展科技档案工作的口头汇报。从检查的情况看，经过 7 个多月的工作，许多单位对科技档案工作的恢复、整顿做了不少工作，也取得了一些成绩。但存在的主要问题是发展不平衡。7~8 月，市经委、市档案局组织 308 个复查验收小组，对全市科技档案工作恢复整顿进行验收、复验。情况是绝大部分单位已通过复查验收，转入巩固提高阶段；有关主管局对薄弱环节进行补课。全市科技档案工作面貌已发生根本性的变化，开始把科技档案工作纳入到企业管理中去。1982 年 1 月 11 日，地区档案处（馆）组织全区进行检查评比和总结三年来档案工作恢复、整顿成绩的活动。2 月 18~20 日，地委、行署在昆山县召开地区档案工作经验交流会，出席会议的有先进单位和各县委办公室主任等 132 人。地委、行署给 1 个先进县、97 个先进集体和 26 名标兵颁发了奖状。会议是苏州地区新中国成立 32 年来档案工作一次最大的盛会。会议代表交流了经验。至此，地区连续 5 年（1977、1978、1979、1980、1981 年）开展全区性总结检查评比活动，连续 5 年 5 次召开全区经验交流会。1979~1981 年，地区机关共评出 8 个先进单位、17 人（次）先进工作者。3 月 6 日，市委、市政府在市工人文化宫召开全市档案工作表彰大会，表彰 10 个文书档案室工作先进单位、31 个科技档案工作先进单位。3 月 16 日，行署农业局、地区档案处印发《关于当前农科档案整理情况》。5 月，行署计委、地区档案处制定科技档案检查验收的评分标准，各县开展检查验收、评分和发放合格证的活动。6 月 23 日，市政府召开全市城建档案工作会议，对城建档案工作进行指导、监督。会议决定，组织专门力量对市内地下管线进行核对、补测、复制工作。年内要基本完成城内主要道路的地下管线普测工作，1983 年对郊区进行普测。8 月 14 日，市委副书记潘林儒在全市办公室主任会议上讲话，肯定全市的档案工作，从 1979 年来，共清理、整理了文书档案和科技档案各 11 万卷，形成了一千余人的专兼职档案干部队伍；建立健全了各项规章制度，为今后开展工作打下了良好基础。几年来，在清查工作、平反立案、落实各项政策方面，档案也发挥了不少作用。科技档案工作恢复整顿后在经济建设中的作用也是显著的。有的单位利用档案，增加了收入，节约了开支，仅丝绸系统 1981 年能够测算的达 270 万元。雷允上制药厂过去没有档案，连得奖的"六神丸"工艺、配方，也只装在老师傅脑子里。恢复整顿中，厂领导下决心改变了这种落后状态，建立了比较齐全的档案。目前全市档案工作存在的问题是，发展不平衡，领导关系经常变动，档案力量不足，人员变动大。9月，市经委、建委、科委和市档案局对全市科技档案工作进行全面检查、总结、评比活动，共对全市26个系统、3个直属小组的500多个单位进行检查评比；对初评出的先进单位进行抽查。这次活动共评出先进单位39个、表扬单位31个。10月28日，在联合检查、评比的基础上，平江、沧浪、金阊三区联合召开1982年区档案工作先进表彰大会。1983年1月22日，地区档案处印发《关于机构改革中做好档案材料管理工作的情况简报》。

1983年4月初，针对地市机构合并的新形势，市档案局对市区机关84个单位进行调研检查，认为大多数单位对档案工作比较重视，有领导分管，并有专人负责。4月28日，市两办召开全市档案工作会议（这是苏州实行市管县体制后的第一次全市档案工作会议）。参加会议的有6县（市）、4区党委办公室副主任和各档案局（馆）负责人，市区机关、大专院校、直属单位和部分工矿企事业单位办公室负责人以及文书档案人员，共800多人。会议传达全国、全省档案工作会议精神，分析苏州档案工作现状，总结过去三年全市档案工作的基本经验，部署今后三年特别是1983年全市档案工作的任务。会议认为，全市档案工作已基本完成了恢复、整顿任务，而且在恢复中有发展，在整顿中有提高。5月，市委副秘书长谢效正率市档案局负责人到各县（市）检查档案工作，并向市委、市政府呈报《关于加强农村档案工作的意见》。7月，市委、市政府转发各县（市）、郊区，要求贯彻执行。10月，省两办公厅向全省转发此《意见》。同月，市档案局在昆山召开全市乡村档案工作经验交流会。据统计，全市已有66.9%的村建立了档案工作。8月，市档案局、市企业整顿办公室提出，将科技档案工作列为企业管理的基础工作之一，并在验收细则中单独划出10分来考核。全市统一布置，对全市856个企事业单位的科技档案进行统一检查、统一验收。至1983年底，全市784个工交企业，验收合格684个，占87.2%。

1984年4月中旬，市水利局、市档案局进行全市水利系统科技档案工作检查。通过检查，市水利局汇编《全市大中型水利工程沿江涵闸基本情况》。4月25~28日，市农业局、市档案局开展全市农业科技档案工作检查。检查的情况是，全市165个农科站中已有154个农科站建立档案工作，占93.3%；农科档案的收集和提供利用等方面也有新的发展。5月31日，市政府召开市计委、城建局、建工局、房管局、园林局等12个单位分管领导同志座谈会，研究加强重点工程档案资料管理的意见。会后，市政府印发《苏州市工程建设项目档案工作座谈会纪要》。至年底，全市重点工程档案资料管理工作有了加强，苏州火车站工程档案的收集、核对、补缺、整理工作已完成，并由市城建档案馆接收进馆；市建工局印发《工程竣工图编制实施细则》，促进全市工程档案的进一步完善。6月3~10日，市多管局、水产局、档案局组成两个检查组，对全市多管水产系统科技档案工作进行检查。9月13~14日，市档案局召开县（市）档案局长碰头会，传达全国档案局长座谈会、省档案局长碰头会精神，总结交流当年工作情况，研究会后几个月的工作。省档案局副局长任遵圣、市委副秘书长谢效正到会讲话。

1985年5月16日，市乡镇工业局、市档案局发出《关于开展全市乡镇企业档案工作检查的通知》，确定：6月18~24日，对太仓、昆山县和常熟市检查；7月22~29日，对沙洲、吴县、吴江县及郊区检查。检查的情况：全市有2202个乡镇企业建立档案工作，占应建档乡镇企业总数的82.2%，比1984年提高16个百分点；另有724个村办企业建立了档案工作。6月，市农业局、市档案局对全市农科档案工作开展评比活动。检查的结果是全市已形成农科档案体系。全市194个应建档单位已全部建档（1984年建档率为94%），全市有专职或兼职农科档案员195人。全市评出农科档案工作先进单位14个。9月17~19日，省乡镇企业局、省档案局在太仓召开省乡镇企业档案工作现场经验交流会，推广沙洲、太仓乡镇企业建档工作的经验。10月11日，市财政局、市档案局在光明丝织厂召开全市会计档案工作会议，交流如何结合财务大检查抓好积存会计档案的清理工作。会上，光明丝织厂、常熟市水利局汇报各自的做法和经验。全市采取一级抓一级的办法，在两个月的时间里，市级单位中有67%的单位完成了清理任务。

1986年3月，市财政局、市档案局召开第二次全市会计档案工作会议。会上，沧浪区、教育局、吴县分别介绍全面完成清理会计档案工作的经验。会议对完成清理会计档案工作提出具体要求，并宣布全市第一批清理会计档案工作合格单位名单。至年底，全市全面完成清理会计档案工作的任务，全市有2467个单位，其中2421个单位先后通过检查验收合格。11月，市档案局组织市级机关、大专院校和直属单位，以协作组为检查单位，对科技、文书、会计档案工作进行全面检查。通过总结、检查、评比，全市包括县（市）、区共评出126个先进集体和64名先进个人。存在的问题是，部门之间、单位之间发展不平衡；机构设置、人员配备不适应；档案事业经费困难，有的库房、设备条件较差；档案工作水平、工作方法和工作作用等方面还很不适应形势需要；档案工作还未被社会真正重视。

1987年2月，市文化局、市档案局组成检查组，对全市艺术档案工作进行检查评比。全市有3个集体、5名个人被省文化厅、省档案局评为先进集体和先进个人。3月，市公安局、市档案局对公安保卫档案的归档工作进行检查验收，全市公安保卫档案的归档工作基本结束。据全市358个保卫科统计，有349个单位验收合格，占97.5%。

依法检查

1988年《档案法》颁布实施后，市档案局认真履行赋予的职责，主动邀请市人大教科文卫工作委员会、市法制局及主管局联合开展档案工作法规执行情况大检查。通过每年执法大检查，较好地解决了实际问题，增强了法制观念，提高了依法办事的自觉性，全市档案工作走上法制化轨道。

1988年8~9月，市人大科教文卫委员会、市档案局在县（市）、区和各主管局分别成立检查领导小组，从市到乡、从机关到企事业单位逐级进行自查、互查和抽查。

1990年9月，市政府组织联合检查组，对全市实施《档案法》的情况进行检查。检查结果表明，全市档案工作列入了各单位年度工作目标，摆上了领导议事日程；档案工作机构、人员、经费、库房、设备等基础条件有了进一步改善；档案干部队伍素质有了进一步提高；全市档案工作正逐步走上依法治档的健康轨道。

1992年9~10月，在各县（市）、区，各系统，各单位自查和互查的基础上，市人大教科文卫工委、调查室和市档案局负责人组成两个检查小组，对全市贯彻实施《档案法》《档案法实施办法》的情况进行抽查。检查小组听取各县（市）、区，各单位主管档案工作负责人的汇报，召开座谈会，察看档案馆、室建设，了解档案执法工作的情况和问题。检查结束后，检查小组向市人大常委会、市委、市政府呈报专题报告。检查的情况说明，全市贯彻实施《档案法》《档案法实施办法》取得了明显成绩，依法教育和纠正了一些违反《档案法》的做法和行为。但在档案执法中也存在一些问题和困难，主要是宣传贯彻《档案法》的广度和深度不够，人们的档案意识和档案法制观念还比较淡薄；发展档案事业必需的人、财、物在一些地方和单位还不能得到保障；随着改革开放的不断深入和企业经营机制转换，档案工作遇到许多新情况、新问题，开展档案工作的难度较大；档案法治建设还不够完善。

1993年10月，市法制局、市档案局颁发"苏州市行政执法证"。11月，市档案局对全市专门档案工作进行执法检查。这次寓业务检查于执法检查之中的活动，努力寻求档案工作为经济服务的最佳结合点，促进专门档案工作上水平、上等级。

1997年10月下旬，市人大教科文卫工委、市法制局、市中级人民法院和市档案局组成苏州市档案执法联合检查组，分别对张家港、昆山市和市区公安、卫生、教育、苏钢、机械、国土、总工会、多管、丝绸、房地产、建委等11个系统的机关档案室、企事业单位档案室进行实地执法检查。在执法检查中，联合检查组印发情况通报，肯定先进，鞭策后进，交流经验，找出差距。该执法检查，为今后苏州市更切实际地制定档案工作的地方性法规提供了第一手材料。

1998年11月18~20日，在全市各单位自查的基础上，市人大教科文卫工委、市法制局和市档案局组成联合执法检查组，抽查不同层次、不同类型的12家单位，现场检查档案管理制度的建立、贯彻情况，文件归档和收集、整理情况，档案的保管条件和保护设施等。联合执法检查组对发现的问题当场反馈给被检查单位主要负责人。执法检查结束时，联合执法检查组印发检查情况通报。

2000年3月，市人大教科文卫工委、市法制局、市政府对外开放办公室和市档案局组成联合执法检查组，对7个开发区在贯彻实施《档案法》《江苏省档案管理条例》《开发区档案管理暂行规定》的情况进行执法检查，肯定成绩，提出问题，提出整改意见，推动开发区档案工作的开展。9月，市公安局消防支队和市档案局组成联合检查组，对广电局、工商局、苏净集团、燃料公司等4家单位的档案安全进行执法检查，进一步宣传《档案法》，强化档案管理的安全意识，取得预期效果。

2001 年 11 月,市人大教科文卫工委、法制办、计委、建设局和档案局组成联合检查组,对全市 8 个重点建设、实事工程项目档案进行执法检查。

2002 年 9 月,市外经局、市档案局对全市 11 个省级以上开发区的档案工作进行检查,向档案管理存在问题的开发区发出整改通知书,促进开发区档案工作的发展。

2003 年 6 月,为确保档案的完整和安全,市档案局组织全市各机关、团体、企事业单位开展档案管理大自查,并书面汇报自查情况。9 月,市人大教科文卫工委、市法制办和市档案局,联合开展全市档案行政执法检查,共检查 16 家单位,肯定成绩,指出问题,并发出《执法检查情况反馈表》,改变以往无反馈的做法,促进档案工作的开展。

2004 年 6 月,市人大教科文卫工委、市法制办和市档案局组成检查组,对全市 31 家市级主管部门及企事业单位产权制度改革中档案处置工作进行专项执法检查,印发《关于档案专项执法检查情况的通报》。在肯定成绩的同时,检查组指出存在问题,要求各单位及时整改,确保国家档案资源的安全保管和有效利用。

2005 年 7~9 月,市档案局对全市 138 家单位的档案工作进行考评检查,对 2 家未通过档案年检的单位进行通报批评,责令其限期整改,提高机关档案工作的整体水平。

2006 年 2 月,市档案局对市(县)、区档案行政部门制定"十一五"档案事业发展规划和推行档案行政执法责任制贯彻落实情况进行专项执法检查,对 10 家单位档案工作进行执法检查,对常熟等地 11 家转制企事业单位档案处置工作进行执法调研。

2008 年 11 月,市档案局对 124 家市级机关、直属企事业单位的档案工作进行年度检查,其中优秀 91 家、合格 31 家。12 月,市档案局、市发改委和市城建档案馆,对 17 家的重点项目档案工作进行执法调研。

2009 年 12 月,市档案局对 68 家机关、企事业单位的档案工作进行年度检查。

2010 年,市档案局修订年检标准,将档案进馆工作和档案信息化列入年检内容,对 98 家市级机关、企事业单位进行年度检查。

2012 年 8 月,在《苏州市档案条例》颁布后,市档案局由局长肖芃、副局长陈兴南带队,首次对张家港市、常熟市、太仓市、昆山市、吴江市以及吴中区、相城区的国有(集体)转改制企业档案工作进行执法检查。在执法结束后,及时下发了《执法检查意见书》,将执法结果反馈给各受检单位。通过此次执法,对全市转改制企业档案处置情况有了全面了解,借助执法手段进一步督促各市区加强对转改制企业档案的监管。市人大教科文卫工委、市法制办等领导及工作人员全程参与了此次执法检查的督导。

2013 年 10 月,市档案局对 129 家市级机关、直属企事业单位及条线驻苏单位,进行"综合评价"和"档案收集工作专项评价"。11 月,市财政局、民政局、人社局和档案局联合督查专门档案的管理。

2014 年 8 月至 9 月,市档案局联合各行业主管部门,对 85 家单位开展档案工作评价和检查，将监督指导向二级单位延伸。对 23 家有问题的单位发出行政指导意见书，明确存在的主要问题和近期重点整改完善的内容，并对整改情况进行跟踪。从而进一步提升各行业档案工作的规范化、法治化水平。

2015 年 8 月 18 日至 9 月 6 日，市档案局对市 39 家立档案单位开展档案工作年度评价检查，28 家达到优秀，11 家达到合格标准。

第三节　违法处理

《档案法》颁布前，社会档案意识淡薄，在档案工作管理过程中，出现一些违纪违法事件。《档案法》颁布后，苏州全市档案法治意识增强，在档案工作管理中，较少出现违法违纪现象。

在监督检查过程中，苏州档案行政部门对一些违反党和国家有关档案工作政策、规定的行为及时进行处理，维护档案工作纪律和《档案法》的严肃性。

1955 年 3 月，省人委办公厅发文，要求各地加强对档案工作的领导，经常予以检查督促。文件说，省政府成立后，对机关档案工作进行了检查，发现苏南行署将民国江苏省政府 7 个厅、处 170 多箱（麻袋）档案委托苏州专署代管。因苏州专署保管不善，档案发生霉变，其中 10 多袋档案已完全损坏。文件要求全省各地加强档案工作的领导，予以检查督促。

1956 年 3 月 17 日，市委批转市委办《关于市委机关目前文书处理工作和档案工作的一般情况与 1956 年工作意见》，说"目前市区机关在文书处理和档案工作上都存在不同程度的混乱状态，文件散失情况相当严重，使党的工作受到一定的损失"。6 月 4 日，地委办发出《关于文书处理和档案工作今后三年初步规划》，其中通报说"在文书处理工作方面，虽建立了一些制度，但很不健全，以致工作效率不高，文件管理分散零乱，因而文件遗失情况也是相当严重的。合作部 54 年（1954 年）失掉了 70 多个文件，办公室遗失了 10 个文件，两年多未查出原因"。

1957 年 5 月 23 日，市人委办公室向省人委办公厅呈报《关于财政局、公安局擅自销毁档案情况的报告》，汇报了市财政局于 1950 年或 1951 年烧毁一批苏州解放前的档案和市公安局 1953 年迁址时销毁一批旧政权政治档案的情况。

1959 年，昆山县档案馆配合整风，举办社会主义教育展览会。展览会分综合性部分和机关的保卫保密、来信来访部分。在保卫保密部分展览中，陈列了某些机关出售档案材料，造成严重泄密失密事件，重点揭露文教局文书档案混乱现象，其局两年内缺失文件 470 余件。

1961 年 5 月 31 日，市两办发出《关于防止盗窃、破坏、损坏档案的通知》，要求"加强领导，严密各项制度，特别是调卷制度和废纸出卖的检查制度，切实防止类似事件发生，对不适合做这工作的人员应予以调整，保证党、政档案的安全和完整"。

1964 年 9 月 6 日，地委《批转专署档案管理科关于加强公社文书档案工作的报告》，说"据最近检查，全区丢失《反修宣传提纲》五份，《限期收回苏联代印的三种票子的宣传提纲》二十三份。这些文件的丢失事故都出在公社。希望各地引起重视，吸取教训，增强保密观念，建立和健全公社一级的文书档案工作制度。凡是发生丢失上述文件的县、社，必须严肃对待，全力找回来，凡是找不回来的，必须弄清责任，严肃处理并报告地委"。

1965年1月，省档案局转发《中共苏州市委办公室关于进一步对历史档案加强管理的通知》。《通知》说"最近不断发现一些机关、学校、工厂擅自销毁、处理、出卖历史档案，使有些珍贵的历史文件，受到很大损失"。并提出4条意见确保历史档案的安全。

1966年2月，省档案局在检查档案工作时，发现苏州市工交政治部在春节前夕发生一起比较严重的失密事件，原存放机绝密文件的房间，因办公地点迁址，被后来的住户当成厨房。事发后，市委保密委员会、工交政治部和市档案管理科进行联合清查，并开展处理。

1967年1月至8月，市档案馆及市委院内组织部、统战部、监委、宣传部、机关党委等部门的档案室遭到打砸抢分子的冲击，致使文件大量散失和严重失密。1979年11月，市委办公室档案科在全省档案工作会议上，作题为《深入揭批林彪、"四人帮"和华林森帮派破坏苏州市档案工作的罪行》的发言。

1975年3月24日，地委发出《关于两起出卖内部机密文件资料严重失密的通报》。当时，沙洲县责令两名泄密当事人作深刻检查，并予以必要的处理。

1983年8月，省档案局发出《关于昆山县档案馆旧政权档案和古书被窃事件的通报》。通报说，事件发生后，昆山县委立即组织县委办公室等六个部门协助县档案馆全面清理档案、资料，县公安部门拘留审查了当事人，基本查清案情，全部追回被窃古书、资料。

1988~1995年，在贯彻《档案法》过程中，苏州轴承厂、苏州水泥制品研究所、太仓市王秀液压元件厂对一些违法行为和当事人进行了处理。

2000年7、8月高温季节，针对金阊区山塘房管所火灾事故殃及档案室，市档案局发出通知，要求全市各单位对档案保管安全情况进行一次自下而上的专项检查。金阊区档案局对辖区山塘房管所作出警告的档案行政处罚的决定。9月，市档案局与市公安局消防支队组成联合检查组，对市广电局、工商局、苏净集团、燃料公司等四单位的档案安全进行执法检查。

2003年上半年，市档案局查处市法律援助中心因不慎失火殃及档案损毁案，发出《档案执法监督检查通知》，要求市法律援助中心在8月底前将损毁的档案全部抢救完毕。同时，市档案局开展全市档案管理大检查，并上报书面自查情况汇报，确保档案的完整和安全。

2003年下半年，市档案局在每次行政执法检查中，改变以往无反馈的做法，发现问题特别是失泄密问题，发出《执法检查情况反馈表》，立即指出问题、限期改正、事后复查。

2013年5月8日,市档案局会同市监察局、市人社局印发《关于认真贯彻落实〈档案管理违法违纪行为处分规定〉的通知》。

2014年8~9月,市档案局对基层档案室开展行政指导和行政执法。

2015年10~11月,市档案局对10家立档单位进行档案执法抽查,其中检查档案安全防范措施及保管情况。

第四节　档案宣传

新中国成立以后,苏州市档案行政部门宣传党和国家关于档案工作的方针、政策及档案工作的意义、作用,争取各级党组织和政府的支持,扩大档案工作的影响。中共十一届三中全会之后,档案宣传工作趋于活跃,逐步走向社会,面向广大人民群众。1987年《档案法》颁布实施后,苏州市档案局积极组织全市档案部门拓开宣传形式、拓宽宣传内容、拓展宣传地域、拓扩宣传范围,使档案工作与政治、经济、民生、文化等活动紧密联系,增强社会的档案意识,营造发展苏州档案事业的良好氛围。

报导宣传

1987年5月28~29日,市委宣传部、市档案局在常熟召开苏州市新闻宣传档案工作会议,这是新中国成立以来第一次新闻宣传档案工作会议。1987年,全市各级档案部门宣传《档案法》编写广播稿一百多篇。1988年9月,市档案局组织开展"《档案法》宣传周"活动。1989年9月,吴县档案局开展"《档案法》宣传月"活动,创作录制的《档案工作者之歌》在县广播站《每周一歌》节目中播放。1990年9月5日,《苏州日报》整版报道全市学习、宣传《档案法》的情况。四年中,全市印发张贴宣传材料4.3万份(册),在电台、电视台、报刊上发表宣传文章200余篇。常熟、太仓、吴江等县(市)档案局在电台、电视台开辟《知识问答》《记者采访》《领导讲话》等栏目宣传《档案法》。1994年,苏州市档案局围绕市档案馆升级活动,在《苏州日报》、电台、电视台上进行新闻跟踪报导。9月5日,《张家港市报》刊登张家港市档案局局长陈克昌题为《认真贯彻〈档案法〉,促进档案事业发展》的纪念文章。1995年,江苏《档案与建设》杂志开辟《苏州档案工作的启示》专栏,共刊登10期40篇文章,全面、系统地介绍苏州市档案工作情况。同年,常熟市档案局开展"档案工作大特写"活动,在《解放日报》《中国档案报》《苏州日报》《常熟市报》以大版面、大范围、大手笔、大文章等形式刊登5篇文章,全面展示常熟档案工作风采。1996年7月10日,市档案局、市委宣传部发出《关于加强档案宣传工作的通知》,确定8月25~31日为苏州市档案宣传周。是年8~9月,全市新闻媒体共报道档案工作230余次,其中,《苏州日报》连续6次刊出档案专文和图片,苏州电视台连续16次报道档案工作,苏州经济广播电台开设《苏州档案宣传周特别报导》专栏。张家港、吴县、太仓市电视台拍摄电视新闻系列片；张家港、昆山市和苏州新区的市报、区报开设档案宣传专栏。吴江、吴县市和金闾、平江区举办黑板报联展评比活动。在宣传周期间，全市共发放、张贴各类档案宣传品 4 万余件，展出黑板报 526 块，接受群众咨询 133 人次。这次宣传周活动，真正做到了"电视上有形象，广播里有声音，报纸上有文章，电影院里有字幕，社会上有气氛"，增强了社会的档案意识和档案的社会意识，让社会了解档案工作，让档案工作走向社会。1998 年 11 月，《太仓市报》全文刊登《江苏省档案管理条例》，发表太仓市档案局《坚持以法治档，促进太仓档案事业健康发展》的文章。《张家港日报》在"张家港改革开放二十年成就"系列报道中，以整版篇幅报道该市档案事业取得的成果。昆山新闻媒体刊登、播放档案开放利用的有关知识。1999 年 8 月 13 日，《苏州日报》对市人大常委会主任会议听取全市档案工作情况汇报作了专题报道。张家港市档案局在电台开辟《档案与社会》知识专栏，全年播出 26 期 52 次，在电视台播出档案利用者《实话实说》专题片。《太仓日报》刊发该市副市长陆春云的专题文章和该市档案局局长蔡玉青的整版署名文章，宣传贯彻《档案法》和《档案法实施办法》。2000 年，常熟市档案馆在常熟广播电台开设《档案园地》专题节目，每周播出 3 次，获得较好收听率。张家港市档案局先后在张家港市电台、《苏州日报》、《中国档案报》播出和刊登稿件 10 余篇，宣传档案法规知识。2002 年，苏州市城建档案馆制作《苏州古城保护与更新项目》专题片。2002 年 9 月，张家港市档案局以《档案法》颁布 15 周年和张家港建县（市）40 周年为契机，加大档案宣传力度。《张家港日报》开辟专版，连续报道 40 年来档案工作所取得的成就和该市检察院档案员孙勤劳的先进事迹。2005 年 7 月，常熟市档案馆与中央电视台联合摄制《旧报沉浮》专题片，与常熟市电视台联合摄制《纪念抗战胜利》专题片和《音乐家麦新》专题片。2007 年，苏州市档案局在《苏州日报》开辟《为"和谐苏州"创建历史记忆空间》专版，集中宣传近年来全市档案工作取得的成绩。2008 年，《中国档案报》《档案与建设》等报刊登载苏州档案文章 110 篇，《苏州日报》刊登苏州档案文章 11 篇，宣传指导了档案工作，苏州档案工作受到了国家级档案媒体的高度关注。2008 年，《苏州日报》头版报道苏州档案馆集体晋级工作。常熟市档案馆通过国家一级验收，苏州市、张家港市、太仓市、昆山市、吴江市和吴中、相城、沧浪区档案馆通过国家二级验收，苏州市成为全省通过国家二级档案馆验收最多的城市。2009 年 4 月，市档案局、苏州日报社在《苏州日报》推出"苏州解放档案解密"系列报道。11 月 8 日，成功举办苏州市档案馆建馆 50 周年庆典暨首个"苏州档案日"活动。《中国档案报》、省档案局《档案与建设》期刊和《苏州日报》、苏州新闻综合频道先后予以报道。全市在国家、省级报刊发表文章、报道 137 篇。市档案局与苏州媒体联办《古城春秋》《家庭档案看变化》等连载和系列节目，获得社会各界好评。其中，《家庭档案看变化》获苏州市 2009 年度优秀广播电视节目一等奖。2010 年，市档案局为中央电视台特别节目《走遍中国·虎丘》、中央电视台四套《城市一对一》、苏州电视台《寻访抗美援朝老战士》等栏目提供档案资料,参与拍摄工作。市档案局、地税局、苏州日报社在《苏州日报》开展"地税杯'家·春秋'家庭档案"征文活动,一周一篇,并出版一期专版。征文活动共有27篇征文在《苏州日报》上刊登。市档案局围绕节庆活动,参与联办《地方党史影像90年》《苏州红色档案解密》等专题。2012年,市档案局在《苏州日报》《姑苏晚报》开设《珍档解密》《人文档案》两个专栏,全年编发文章95篇,其中联合媒体专访多位名人的"苏州名人档案系列宣传活动"荣获2012年度苏州市宣传思想文化工作创新提名奖、江苏省报刊好作品专栏类二等奖。《扬子晚报》在《档案穿越》专栏刊登苏州稿件4篇,全市两人获年度《中国档案报》优秀撰稿人奖。2013年,《中国档案报》头版报道苏州开通远程共享的档案查阅平台,打造"百姓身边的档案馆"。《中国档案》杂志在卷首语中重点推荐苏州档案馆层级创新,延伸至镇、村,提升基层档案工作的规范化水平,称赞苏州"走出了一条构建区域性大档案格局的创新之路"。市档案局与《苏州日报》联办档案专栏,全市刊发文章45篇。2014年6月9日,为宣传"国际档案日",市档案局与市委宣传部新闻办举办媒体通气座谈会,发布馆藏档案资源信息和周六预约查档的便民措施。苏州本地媒体和《中国日报》《现代快报》《香港商报》等驻苏媒体共21家参加。同时,市档案局在街头电子大屏进行档案宣传。市档案局召开全市档案文化宣传工作研讨会,开展档案法治文化作品征集活动。配合凤凰卫视做好《册封宴》的拍摄;配合省档案局与《扬子晚报》的《档案穿越》栏目,做了八期;在《中国档案报》上发表档案文化类文章十多篇,沈慧瑛、俞菁、沈秋农被《中国档案报》评为"2013~2014年度优秀特邀撰稿人";在《苏州日报》等地方媒体发表档案文化类文章30多篇。9月,凤凰网江苏频道播出《最美档案人——苏州市档案局局长肖芃》。

电视讲话

1994年9月5日,太仓市档案局局长陆黎明在太仓电视台发表题为《档案工作实现基本现代化》的电视讲座,宣传档案工作,并为全市档案工作者点歌《小草》在电视台播放表示慰问。太仓电视台连播三天。1996年8月25日,苏州市档案宣传周启动当日,市委常委、秘书长黄炳福及各市(县)分管领导在电台、电视台发表讲话,由此拉开宣传周帷幕。1998年11月,太仓市电视台每晚播放两条档案宣传标语,并播出太仓市档案局局长蔡玉青就贯彻《江苏省档案管理条例》接受记者的专题采访。1999年9月,常熟市副市长刘涛在电台播发题为《坚持依法治档,促进档案事业健康发展》的文章。2010年9月30日,市人大常委会就《苏州市档案条例》举办新闻发布会,20家媒体出席发布会并作了报道。2013年,省委举办"江苏档案事业发展情况新闻发布会",苏州市档案局作为两个受邀省辖市档案局之一,肖芃局长在新闻发布会上介绍了苏州改制企业档案处置工作。近40家媒体予以报道,多家网站转载报道。

知识竞赛

为推动社会各界加深对《档案法》的理解，市档案局举办档案知识竞赛。1988年，市档案局在市粮食系统、轻工系统、机械系统，常熟市、张家港市档案局在当地举办以《档案法》为主要内容的档案业务知识竞赛。1993年5月，市档案局组织全市档案工作者参加国家档案局进行的"全国《档案法》、档案基本知识竞赛"活动。据统计，全市有4600多人参加答题，其中有各级领导干部236人。参赛者中有5名档案工作者获奖。1996年苏州市档案宣传周中，常熟市举办"第二届档案知识竞赛"；张家港市档案局、江苏港鹰集团在《张家港市报》上举办"港鹰杯"档案知识有奖竞赛及"档案与社会"有奖征文活动；昆山市举办档案知识竞猜活动。1997年苏州市档案宣传周中，苏州市档案局组织500人次参加国家档案局举办的"超星光盘杯"全国《档案法》、档案工作知识竞赛活动。1998年11月，市档案局组织全市档案工作者参加全国"中宝杯"档案知识竞赛。2000年8月，常熟市档案局确定8月份为"档案宣传月"，举办档案法规知识竞赛和"人保杯"档案知识电视现场赛，收到书面竞赛答题2000余份，共有12个队48人参赛。常熟电视台实况转播决赛现场，500名档案工作者观看了决赛。张家港市档案局开展档案法律法规知识测试活动，收到答卷400份。2002年9月，苏州市档案局、市委宣传部主办"剑南春杯"档案知识竞赛活动。试题刊登在9月2日《苏州日报》上，共收到答题卡1168份。市政协副主席、市委秘书长孟焕民出席抽奖仪式，对获奖单位和个人进行表彰。2007年9月，苏州市档案局围绕《档案法》颁布20周年纪念主题，利用网站开展档案法规知识和工作技能现场竞赛，全市有1.2万人参赛；在全国"剑南春杯"档案法制知识竞赛活动中，全市有近万人参赛。2010年9月30日，市档案局举办网上知识竞赛，宣传《苏州市档案条例》，有2.2万人参加网络竞赛。2011年10月，市档案局为《苏州市档案条例》施行一周年举办网上知识竞赛，有1.9万人参赛。2012年10月，市档案局开展档案法制知识竞赛，全市有2.29万人参赛。2013年，市档案局组织档案法制知识竞赛，全市有2.03万人参赛。2014年，市档案局举办档案网络知识竞赛，全市共有1.7万余人参加；组织参加市级机关法律知识竞赛活动。

网络宣传

20世纪90年代计算机网络兴起，苏州市档案部门及时利用网络这一新兴媒介积极宣传《档案法》和苏州档案工作。1999年，市档案局（馆）编制市档案局（馆）网上主页，并将每月"苏州大事记"按时上网。吴县市档案馆依托东吴信息中心，在国际互联网上制作"太湖明珠吴县市"网页，这成为全国中心城市信息网中首家县级单位。2002年，张家港市档案局开通张家港市档案信息网。2003年，常熟档案局开设的"常熟之窗"网站得到完善，构建"网上爱国主义教育基地""纪念《档案法》颁布16周年专版"。网站拥有网页3500个，上网照片3000余幅，点击率达7万人次。11 月 18 日，太仓档案信息网开通。2004 年，昆山档案网站开通。吴江市档案局开通局域网办公系统。太仓市档案局将各类展览全部在网站《今日展厅》栏展出。苏州市城建档案馆完成档案网站改版工作。2005 年，苏州市档案局采用动态页面与数据库相结合的技术对档案网站改版，相城区、沧浪区档案局建成档案网站。2006 年，苏州市档案馆举办"百年商团"网上展览。常熟市档案局重建"网上爱国主义教育基地"。作为全国唯一的县级市代表，常熟市档案局参加了由中国档案报社与上海市档案局联办的"深切的关爱——档案工作服务未成年人教育研讨会"，并作了经验交流。2007 年，苏州市和太仓市档案局分别开展当地新闻采编著录工作，共著录新闻数字视频 7000 多条。全市 10 个局（馆）建立档案网站，点击率超过 100 万人次。2008 年，苏州市档案馆通过互联网征集档案馆馆徽，首次确定苏州档案标志，推进机关形象建设。市档案局在网站上开设在线交流论坛，在论坛里设立业务交流、家庭档案、吴地文化等板块，直接与网民和档案工作者交流。2011 年，苏州商会博物馆在网络上举办"辛亥革命人物照片选展"。2012 年，市档案局开通"苏州市档案馆"微博，专门发布档案文化信息，拓展宣传阵地。2013 年，市档案局将《苏州市区便民查档手册》电子版发布到"寒山闻钟"论坛，网友称赞"这是真正为人民服务"。2014 年，市档案局通过公益宣传大屏、短信平台发布档案文化宣传标语。2015 年，市档案局通过公益电子屏、广告标语牌和档案咨询活动，开展"档案——与你相伴"征文活动。市档案局及多个区、县局（馆）开通微信公众号，用新媒体展示馆藏精品，创新开发馆藏资源，推动档案文化传播大众化。

文艺宣传

1991 年，常熟市档案学会组织以宣传《档案法》为主题的首届"兰台杯"书法比赛，有 180 人参赛，作品 200 余幅。同年，吴县档案局与黄埭乡联合举办"宣传《档案法》文艺晚会"，反响强烈，效果较好。1993 年，吴县、常熟、太仓等县（市）档案局通过电视台当"嘉宾主持人"节目，开展档案工作"十佳评选活动"。1995 年，常熟市园林管理处档案员徐协在全国档案书法比赛中获书法三等奖。2002 年，太仓市档案局在该市广电总台推出《如歌岁月》栏目，每周一期，全年 54 期。2008 年 11 月 6 日，"工商档案杯"全市档案系统首次摄影作品展开幕。2011 年 7 月，市档案局组团参加全省档案系统红歌赛，增强团队凝聚力和荣誉感。举办"唯唯亭亭杯"苏州市档案系统第二届书画摄影比赛暨优秀作品展。苏州市档案局获评全省档案系统纪念建党 90 周年征文竞赛优秀组织奖、苏州市首届法制文化节组织奖。常熟市档案局拍摄档案宣传方言剧，在常熟市电视台播出。2013 年，相城区档案局开展"记忆中的相城"征文与书画比赛，收到书画 387 幅、文章 705 篇。2014 年，市档案局"家在苏州，筑梦兰台"项目获苏州市"家在苏州"主题品牌优秀项目。2015 年 6 月，市档案局举办"2015 年苏州市档案系统书画摄影篆刻作品展"，共展出全市档案工作者共 83 件作品。

编印信息

1992 年 9 月,在市科普宣传周的活动中,市档案局编印一期以利用档案为主题的《苏州档案信息》专刊(内部刊物)。1995 年,市档案局全年编印《苏州档案信息》9 期。2000 年,张家港市档案局编印《档案工作简报》5 期。2002 年,市档案局编印《苏州档案》12 期,收到信息 190 篇,推荐上报省档案局信息 126 篇,被录用 34 篇,其中被评为省季度优秀信息的有 4 篇。2003 年,市档案局编发《苏州档案信息》12 期,全市共报档案信息 220 余篇,被各级录用 80 余篇,其中,《江苏档案信息》录用 67 篇,《苏州信息》录用 6 篇,《机关党建信息》录用 2 篇,《苏州纪检信息》录用 1 篇。另有多篇信息被《中国档案报》《档案与建设》刊用。2004 年,市档案局全年上报档案信息 500 余篇,编发《苏州档案信息》13 期,其中,63 篇信息被《中国档案报》录用,17 篇信息被《苏州信息》采用,被省档案局采用的数量位于全省前列。2006 年,全年《苏州档案信息》共收到信息 567 篇,录用 398 篇,编发 18 期,上报信息被省档案局录用数继续保持全省第一。国家档案局首次录用苏州市信息 4 篇,信息录用数居全国地级市首位。国家档案局局长杨冬权对苏州市上报信息《江苏省苏州市创新改制企业档案管理模式》作了批示。市档案局分别被省档案局和市两办评为信息工作先进单位。2007 年,苏州市档案局编发《苏州档案信息》14 期,刊登信息 363 篇。苏州市上报档案信息被省档案局录用数继续保持全省第一,被《苏州信息》采用率创历史新高;市档案局分别被省档案局和市两办评为信息工作先进单位(2007 年后,市档案局年年获省、市表彰)。2008 年,市档案局共编发《苏州档案信息》14 期,刊登信息 482 篇,被评为全市党政信息工作先进集体。2009 年 11 月 8 日,市档案局、市档案学会主办的《苏州档案》杂志创刊号出版。全年《苏州档案信息》获中国档案网"焦点新闻"关注篇次、在《江苏档案信息》录用量均居全省第一。2012 年,全市两人获年度《中国档案报》优秀撰稿人奖。2013 年,市档案局出版《苏州档案》2 期(铅印本)。2014 年,市档案局出版《苏州档案》2 期(铅印本);3 人获评《中国档案报》优秀特邀撰稿人。2015 年,市档案局出版《苏州档案》2 期(铅印本)。

馆徽设计

苏州市档案馆为促进苏州市档案馆形象建设,于 2008 年 2 月 20 日通过互联网发布《关于征集苏州市档案馆馆徽的启示》,设计要求:要突出表现与档案文化特色相吻合的深刻内涵和艺术想象力,准确演绎苏州市档案馆"记录历史、服务现实、传承文明"主题;传统与现代结合,能充分体现苏州市档案馆的深厚底蕴和吴文化的内涵,富有创造性和象征意义;构图简洁庄重,色彩和谐,创意独特,视觉冲击力强,具有现代感,富有艺术感染力,便于识别和记忆;具有较强的可辨性,便于放大缩小,可适用于电视屏幕、印刷品等载体使用。截至 2008 年 3 月 31 日,共收到来自全国各地的设计作品 267 件。2008 年 4 月 10 日,苏州市档案馆邀请苏州市工艺美术职业技术学院视觉传达系主任、苏州市平面设计师协会前任主席洪锡徐教授,苏州市工艺美术职业技术学院视觉传达系主任助理、苏州市平面设计师协会副秘书长汪维山教授等组成专家评审委员会,评选出1件获选作品、4件入围作品。2008年4月10日,苏州市档案馆在信息网登载《关于苏州市档案馆馆徽评选结果的公告》。2008年4月,苏州市档案馆与苏州志邦品牌策划管理咨询有限公司签约,对苏州市档案馆馆徽设计获选作品进行加工、完善,最后定稿。苏州市档案馆馆徽标志:以"苏州"英文开头字母"S"幻化成书籍图形,将"档案"英文archives开头字母"A"幻化成苏州的小桥流水,两者组合,以素雅的篆刻风格,将苏州吴文化完美融合,把"苏州档案"的文化交流转化为视觉表达,形成篆刻"吴"字的造型视觉冲击力,利用文字的包容性和灵动性,突出"苏州档案"的多元性和对苏州吴地文化的传承和发扬。馆徽至简大气,圆润浑厚,易懂易记,庄重灵动。标志主色调为中国印泥红色,有利于标志在视觉环境中凸现,指向性强,蕴含无限深意。2010年3月,苏州市档案馆已向工商管理部门登记注册。自2009年开始,苏州市档案馆馆徽已在苏州市档案局(馆)档案出版物、档案信笺、档案宣传纪念物品及苏州市档案馆新馆建筑中广泛使用。

"苏州档案日"活动

2009年,市档案局党组决定将每年11月的第一个星期日作为"苏州档案日",动员各县(市)、区档案行政部门、市档案学会共同参与,上下联动,形成档案宣传、规模集聚效应,扩大档案工作影响,营造良好社会环境。

2009年11月8日上午,首个"苏州档案日"活动正式拉开帷幕。首先举行市档案馆新馆奠基仪式,市委常委、宣传部长徐国强出席并讲话。市委副秘书长、市档案局党组书记王新华主持仪式。新馆坐落在齐门路166号,建设用地近19亩。下午,在市会议中心广场举行市档案馆纪念建馆50周年纪念暨首个"苏州档案日"活动启动仪式。省档案局局长韩杰,市人大常委会副主任朱玉文分别致词。市政协副主席府采芹,市政府秘书长陶孙贤出席仪式。市委副秘书长、市档案局党组书记王新华,市档案局局长肖芃分别主持活动仪式。市档案局局长肖芃作《继往开来,再创辉煌》讲话,并举行苏州市区"十佳家庭档案"颁奖和《苏州年鉴(2009)》首发,现场展示"十佳家庭档案""苏州档案事业50周年成果展"。市档案馆精选数十幅馆藏珍贵图片制成纪念明信片,和《苏州档案》杂志创刊号一起,免费向市民发放。

市档案局(馆)邀请苏州社会名人、名企代表参加活动,发动社会热心人士捐赠反映苏州历史文化和风土人情的珍贵档案,现场还进行档案编研书籍首发等,吸引千余市民。苏州电视台、《苏州日报》等媒体进行专题报道。

活动还邀请中国人民大学副校长冯惠玲在市会议中心报告厅作专题学术讲座,并由苏州市委发文列入"苏州市领导干部新理论新知识新技能菜单式选学讲座"课程,副市长王鸿声主持讲座,400余位市级机关干部,各市(县)、区档案工作者参加听课。

2010年11月7日下午,以宣传贯彻《苏州市档案条例》为主题的第二个"苏州档案日"活动在市会议中心举办。国家档案局、中央档案馆政策法规司司长郭嗣平,省档案局副局长齐丽华，市人大常委会副主任朱玉文，副市长王鸿声，市政协副主席程耀寰等出席。市委副秘书长、市档案局党组书记王新华主持活动。全市各级档案部门领导班子成员，市直机关及各市（县）、区档案工作分管领导、档案人员共300余人参加。活动期间，国家档案局、中央档案馆政策法规司司长郭嗣平作《档案法制专题报告》，举行了"地税杯'家·春秋'家庭档案"征文比赛颁奖、家庭档案捐赠、《让时光停留片刻》一书首发、苏州市援建四川绵竹灾区重建项目档案移交市档案馆、公布《苏州市档案条例》网上知识竞赛结果等仪式。

2011年11月6日，以弘扬档案文化为主题的第三个"苏州档案日"活动在园区档案大厦举行。中国版协年鉴工委主任许家康，市委常委、市委秘书长王少东，市人大常委会副主任朱玉文，市政协党组成员季忠正，市政府秘书长陶孙贤及市委市级机关工委、园区工委管委会的领导出席。市委副秘书长、市档案局党组书记蔡公武主持，市档案局局长肖芃致开幕词。全市各级档案部门领导班子成员，市直机关及各市（县）、区档案工作分管领导和档案人员等共300余人参加活动。活动举行《苏州年鉴（2011）》首发、中国昆曲博物馆捐赠市档案馆《昆剧手抄曲本一百册》、全市优秀档案编研成果颁奖、《苏州市档案条例》知识竞赛优秀组织奖颁奖、《苏州档案珍藏集萃》系列明信片首发、《第二届全市档案系统书画摄影比赛作品集》首发暨优秀作品展览等仪式。

2012年11月4日，主题为激情兰台、喜迎盛会的第四个"苏州档案日"活动在市会议中心举办。省档案局局长谢波，中国版协年鉴工委副主任王守亚，市委常委、市委秘书长王少东，市人大常委会副主任徐国强，副市长王鸿声，市政协副主席季忠正等出席。市档案局特邀《苏州商会档案丛编》合作单位——华中师范大学教授章开沅、党委书记马敏等专家参加。市委副秘书长、市档案局党组书记蔡公武主持，市委常委、市委秘书长王少东和市档案局局长肖芃分别致词。全市各级档案部门负责人，市直机关及各市（县）、区档案工作分管领导与档案人员等300人参加。

"档案日"活动举行《苏州商会档案丛编》全集首发、《苏州年鉴（2012）》首发、苏州援疆知青周伟等三位市民捐赠档案、《苏州档案收藏集萃》明信片首发等仪式。现场还举办"喜迎十八大——苏州档案事业巡礼"图片展，展示近年全市档案工作率先争先的亮点。活动得到苏州各媒体的关注支持，《苏州日报》、苏州新闻综合频道等6家新闻媒体专赴现场采访。11月2日《苏州日报》刊登整版文章《十年兰台路履新》，11月4日《姑苏晚报》整版刊登《研究近代经济史绕不开苏州——著名历史学家章开沅访谈录》。

2013年11月3日下午，主题为"苏州丝绸档案出彩"的第五个"苏州档案日"暨《苏州年鉴》创刊三十周年纪念活动在市会议中心举行。国家商务部茧丝办副主任李朝胜，中国版协年鉴工委主任许家康，中国丝绸协会副会长钱有清，省丝绸协会副会长沈祥元，市委常委、市委秘书长王少东，市人大常委会副主任顾仙根，副市长王鸿声，市政协副主席季忠正等出席。活动还特邀苏州援疆对口伊犁州档案局局长徐斌一行参加。市委副秘书长、市档案局党组书记蔡公武主持。李朝胜、许家康、王少东分别致词。

"档案日"活动举行《苏州年鉴（2013）》和"1983 至 2013《苏州年鉴》全文数据光盘"首发式，为从事档案工作满 30 年的档案人代表颁发证书，为档案法制知识网络竞赛优秀组织奖颁奖，向新聘任的市档案馆征集顾问颁发聘书，举行档案集中捐赠仪式，市档案局（馆）向高校、企业、社区赠送档案编研成果，与苏州大学社会学院、苏州市职业大学签订合作协议，中国丝绸协会授予苏州市工商档案管理中心"中国丝绸品种传承与保护基地"的授牌仪式。会场内展示部分获赠珍贵档案和档案编研成果，会场外由市各级档案馆和市人社档案中心等 18 个部门联合开展便民咨询服务。《苏州日报》、《姑苏晚报》、苏州新闻综合频道等新闻媒体赴现场采访报道。

93 岁高龄的江苏省名老中医俞大祥，非物质文化遗产国家级传承人钱小萍，画家陶冷月之子陶为衍、陶为浚等多位专家捐赠档案或受聘担任征集顾问。苏州古织机制作技艺传承人朱剑鸣，丝绸专家、苏州吴绫丝绸公司董事长刘立人，苏州家明缂丝厂厂长周家明，新华日报社苏州记者站站长嵇元，苏州老照片收藏家谭金土，苏州大学副教授张橙华，吴门画派研究专家林家治等受邀参加。《苏州年鉴》编委会成员，合作高校领导，部分机关档案人员及市（县）、区档案局（馆）负责人参加。

2014 年 11 月 2 日，第六个"苏州档案日"活动在市会议中心举行。中国档案学会秘书长方鸣，市委常委、市委秘书长王少东，市人大常委会副主任徐国强，副市长王鸿声，市政协副主席季忠正等出席。

"档案日"活动举行了《苏州年鉴（2014）》首发式，"苏州丝绸工艺档案珍品展"开展和档案捐赠仪式，市档案局和市工商档案管理中心与苏州工艺美术职业技术学院交换合作协议并赠书仪式，市工商档案管理中心与园区家明织造坊交换"传统丝绸样本档案传承与恢复基地"协议并授牌仪式，中国档案学会向苏州市档案学会授予"丝绸档案文化研究中心"揭牌仪式等。会场内还设有苏州档案事业综合成果展、苏州丝绸业发展史科普图片展、苏州丝绸工艺珍品系列展以及苏州工业园区城市建设图片展 4 个展区，会场外设置便民咨询台，免费为市民提供档案查阅咨询服务。

同日，"苏州丝绸工艺档案珍品展"在市工商档案管理中心 6 号楼一楼开展，《苏州日报》《姑苏晚报》等新闻媒体赴现场采访报道。

2015 年 11 月 15 日下午，第七个"苏州档案日"活动在园区档案大厦举行。省档案局局长谢波，市委常委、市委秘书长王少东，市政协副主席张昕等出席，苏州市部分文教单位代表，市级机关档案人员，各市（县）、区档案局（馆）负责人，市专业档案馆负责人等近 140 人参加。

"档案日"活动期间，2015 年"中国丝绸档案馆（筹）征集成果展"在苏州工业园区档案大厦七楼展厅展出，同时展出苏州吴绫丝绸公司董事长刘立人所捐赠的丝绸档案"像锦织物展"；活动还举行《苏州年鉴（2015）》《从军日记》《丝绸艺术赏析》《清正长留——纪念谢孝思先生诞辰 110 周年》等档案出版物首发仪式。中国丝绸档案馆（筹）、市档案馆又获赠一批珍贵档案，包括原新疆和田丝绸厂有关技术资料、丝绸样本等丝绸史料、实物，国家非遗"直贡刺绣唐卡"第六代传承人米玛次仁捐赠的唐卡作品，苏州丝绸专家、从事丝绸工作企业家捐赠丝绸产品等共计千余件。苏州新闻综合一套、《苏州日报》、《姑苏晚报》等新闻媒体赴现场采访报道。

"国际档案日"活动

2013年6月9日，是国际档案理事会发起的第六个"国际档案日"，也是中国第一个全国性的档案部门集中活动日。6月7日上午，市档案局在市政府新闻发布厅举行题为"档案在你身边"的新闻发布会。市委副秘书长、市档案局党组书记蔡公武，市档案局局长肖芃，市档案局副局长、新闻发言人陈兴南，市档案局副局长沈慧瑛等出席并分别作新闻发布。会后肖芃接受媒体采访，近30个驻苏媒体和苏州媒体到场。发布会重点介绍了苏州市档案馆资源建设情况，档案便民举措和国家档案局8号令、9号令、10号令，以及监察部、人力资源社会保障部和国家档案局联合发布的30号令贯彻实施情况，并向社会承诺：市民个人到苏州市档案馆查阅涉及个人的档案材料，一律免费。5名记者现场提问，内容涉及太仓市在乡镇开设档案基层查阅点、张家港市图片档案中心、苏州市工商档案管理中心丝绸档案征集等，相关负责人一一解答。

2014年6月9日，为宣传"国际档案日"，市档案局（馆）与市档案学会联合举行媒体通气座谈会，发布苏州市档案馆馆藏档案资源信息和周六预约查档的便民举措，并邀请媒体朋友参观市档案馆珍档陈列室、特藏室、外交礼品档案室，体现"走进档案"的活动主旨。《苏州日报》、《姑苏晚报》、苏州广电总台等多家本地媒体和《中国日报》《现代快报》《香港商报》等驻苏媒体共21家参加。

2015年6月9日上午，"6·9国际档案日"系列活动在市革命博物馆举行。市委常委、市委秘书长王少东，市人大常委会副主任钱海鑫，市政府副秘书长陆俊秀，市政协副秘书长薛春泉等领导出席。全市各级档案部门主要领导，市级机关、直属企事业单位档案员及相关专家、学生等150余人参加。市委副秘书长、市档案局党组书记蔡公武主持，王少东致词。2015年"6·9国际档案日"活动以"档案与你相伴"为主题，共有《过云楼日记》首发、"2015年苏州市档案系统书画摄影篆刻作品展"、档案捐赠等10项活动。省丝绸协会副会长罗永平、中国文物学会纺织文物专业委员会会长王亚蓉、故宫博物院研究员苑洪琪等10位专家现场接受聘书，组成中国丝绸档案馆（筹）专家组。

第二章　档案教育与科学研究

苏州市档案业务培训自1956年开始，根据不同时期档案业务工作的需要举办多种专题、多种形式的短训班，对档案人员进行新业务、新知识、新技能、新方法学习培训。1984年起，苏州市档案局对全市档案岗位在岗或新上岗人员进行岗位（资格）系统培训，要求在岗或新上岗的档案人员必须取得档案岗位培训资格合格证书。1985~2004年，苏州市各级档案行政部门与高校联合办学，举办档案专业大专班、专业证书班、档案职业班。2004年开始，苏州市档案局对取得专业技术职务的档案人员举办继续教育培训班，档案的教育培训为苏州市档案事业的发展提供了人才保证。

苏州市档案科研工作起步于20世纪90年代，2010年以后，苏州市档案局在全市大力推动档案工作创新发展，档案科研工作得到快速发展。至2015年底，全市档案部门获国家档案局、省档案局科技项目计划立项共42项。

第一节　档案教育

1956年，苏州地市党委、政府的办公室，遵照国务院关于"分层负责地开办短期训练班，加强在职干部的业务学习，结合实际工作，提高业务水平"的指示，分别举办以会代训等形式的专兼职档案干部培训，使苏州专兼职档案干部普遍受到档案专业的应知应会教育。"文化大革命"期间，档案教育被迫停止。1979~1982年，苏州档案事业经过恢复整顿，较好地实现档案工作着重点的转移，发挥了档案工作在社会主义现代化建设中的作用。随后，苏州档案教育呈现岗位培训与专题教育，在职培训与学历教育并举，以岗位培训、在职培训为主的新格局。2004年起，市档案局实施"持证上岗"制度，档案教育突出以补充、拓展、更新档案知识为目的的继续教育。在教育培训中注重创新形式、改进方法、充实内容，提高培训质量和实效，使基层档案人员的业务素质得到切实优化，有效促进档案业务工作的开展，为苏州档案事业的发展提供有力的人才支撑。档案教育的全面发展，提高了苏州档案干部的整体水平。

短期（专题）培训

苏州档案行政管理部门根据档案队伍实际对上岗（在岗）、转岗档案人员进行短期训练，使其掌握档案工作的基本技能、基本要求以尽快适应工作需要，或根据档案工作的新标准、新规范、新领域、新要求，进行专题教育。

1956年3月22~27日、4月9~13日，市委办两次组织机关文书、档案人员业务学习会，进行文书立卷和编制案卷类目的实习。5月上旬，地两办召开地专机关文书档案工作会议。参会的33名文书档案员进行4天业务学习，学习国家档案局出版的《档案工作》《苏联机关的文书处理工作》等材料。10~12月，市委办对市机关文书档案人员进行3次集中讲课，讲授文书档案立卷和编制案卷类目的知识。

1958年4月24~30日，专署、市人委联合举办档案干部训练班，参加学习的有专区、市机关、工厂、学校等从事档案工作两年以上的专兼职档案干部共166人（专区80人、苏州市86人）。这次训练班用6天时间学习业务基础知识，1天半时间现场观摩。

1959年5月14日，市两办举办文书档案业余训练班。每隔两星期集中上课一次，共七课。第一课，由市人委秘书长马崇儒作题为《关于作一个又红又专的档案工作者》的报告。参加学习的共有250人。

1961年5月，市委办公室分别举办技术档案和文书档案专题学习班，共有100多人参加。

1964年6月，市档案馆在苏州阀门厂试办技术档案干部专题实习班，组织苏州林业机械厂、苏州电瓷厂、潭山硫铁矿等6个单位的技术档案干部学习。实习班为时半个月。

1965年3月10日，专署档案管理科对各县11名新调配的档案干部进行业务培训，为时一个月。5月，专区档案处对地县直属单位、县档案馆的档案干部83人进行集训，为开展地县核心档案的清理工作做准备。5月24日至6月3日，市档案管理科对市区机关档案清理鉴定人员进行集中培训。

1966年3月1~5日，市档案管理科在市文化宫小剧场举办全市文书档案业务训练会议。市委副秘书长洪波作动员报告，市档案管理科上业务课，试验仪器厂、绸缎炼染厂作经验介绍。参会人员到农业药械厂实习3天。

1972年6月，市两办组织机关文书档案人员进行业务知识培训，讲授文书处理和档案工作的基本知识。市培训结束后，各区和各系统分别进行基层单位档案人员的业务培训。全市累计培训1000多人次。

1978年10月17~23日，市委办公室举办市区机关和直属单位文书档案业务学习班，学习文书档案工作业务知识，参观文书档案工作先进单位，有70人参加。同年，地、县档案部门共组织26次集训。培训文书档案人员984人次。

1979年3月，地委、行署档案馆对全区文书档案人员普遍进行一次业务辅导，对业务较生疏、基础较差的单位，采取上业务课、现场练兵等形式，进行重点辅导。

1979年10月29日至11月5日，市委办公室在国营五二六厂举办全市第一期技术档案干部学习班，市工业系统主管局和基层厂矿的技术档案干部共58人参加学习。学习班讲授技术档案的知识，并组织实习和参观。

1980年，地区档案处对全区机械、化工、纺工等三系统，按专业各办一期档案业务专题讲座，共培训275名科技档案员。

1981年，地区档案处举办地区农科系统档案业务讲座，46人参加。地区档案处对全区农科系统科技档案人员的培训，采取与以往不同的方法，即地区组织，各县各自上课。

1981年，市档案局分别举办3期文书档案人员培训班和3期科技档案人员培训班，有1400多人参加。同年，市档案局在市委、市政府、市人大常委会"三办"举办的秘书工作业务讲座和桃坞业余党校文书班上，分别讲解科技档案工作和文书档案工作的基本知识。

1982年3月22日至4月22日，市档案局举办市科技档案干部骨干学习班，有125人参加。学习班系统地学习科技档案工作的基本知识，交流经验，参观科技档案展品陈列室。学习班对参学人员颁发了结业证。市档案局选出 20 多人参加省档案局在无锡举办的"科技文件材料学"学习班学习。在省、市培训的基础上，全市 16 个系统分别举办科技档案干部培训班，共有 650 人参加学习。

1983 年 6 月，市档案局举办短期训练班，宣讲中央办公厅《机关档案工作条例》和国家档案局《档案馆通则》《关于文书档案保管期限的规定》等三个文件。市档案局组织市、县档案专业骨干编写《文书工作》《文书立卷与平时归卷》《档案工作概念》《档案的收集、鉴定、利用、检索、保管》等八节讲课提纲，在内容上把四个档案法规性文件结合起来，逐件宣讲。7 月，在太仓县举办全市档案专职干部"练兵"讲座，市、县档案专职干部 20 多人参加，太仓县机关 80 多人旁听。9 月至 10 月，在苏州市区，每周抽 2~3 天时间，对市各部委办局和区等主管单位的 80 多人进行培训。各主管单位也先后举办或联办了 6 个学习班。全市 500 多人普遍受到一次文书档案及其档案法规性文件的教育。

1983 年 7~8 月，市档案局聘请业务熟悉且有科技档案知识的同志为教师，讲解《科学技术档案工作条例》，并以中国人民大学沈永年编著的《科技档案管理基本知识》为教材，共分科技档案及科技档案工作，科技文件材料，科技档案的收集整理，科技档案的鉴定保管统计利用等六课讲授。培训班先后在常熟、太仓、昆山、沙洲、吴江、吴县和市区举办 6 期，每期为 8 天。共有科技档案干部 621 人参加。每期培训班结束后都进行测验，绝大部分学员成绩优良。市各工业主管局也先后举办培训班，对科技档案专兼职人员进行业务培训。

1985 年 10 月，市档案局、市财政局举办会计档案专题培训班，共举办 9 期，每期为时一周，共有 2000 多人参加。培训班讲授会计档案的性质、种类、作用及会计档案的收集、管理、鉴定、保管、统计、利用工作和清理历年积存会计档案的具体方法步骤。12 月 1~20 日，市档案局、市乡镇工业局举办全市乡镇企业档案业务培训班，有 160 多人参加。

1987 年，市档案局先后举办 4 期有 381 人参加的文书档案培训班，3 期有 161 人参加的"档案著录规则""文献主题标引标题"培训班和有 104 人参加的档案专业系统知识培训班、古汉语培训班，培训班每期 1 周。各县（市）举办业务培训班共 40 期，有 2042 人参训。

1988 年，全市举办各种培训班 539 期，学习《档案法》，共有 1.46 万人参训。其中，苏州市区机关、企事业单位举办 311 期，有 7600 人参训。各县（市）还举办档案业务短期培训 59 期，有 2327 人参训。

1989 年，全市举办企业档案管理升级工作专题培训班共 19 期，共有 1005 人参加学习。

1991 年，市档案局、市乡镇工业局联合举办乡镇企业档案网络人员培训班，有 61 人参训。

1992 年，结合"会计档案案卷格式"的贯彻实施，举办了会计档案业务培训班。

为辅导档案人员论文写作，举办了档案论文研修班。为推行《苏州市〈工业企业管理档案分类规则〉实施细则》，举办了企业档案人员短期培训。累计培训1000多人次。

1992年6~10月，市档案局制定《苏州市〈工业企业档案分类试行规划〉实施细则》，连续举办六期短期培训，有750多名档案人员接受业务培训。

1993年，举办了企业档案信息编纂培训班、档案系列职改考前培训班、计算机操作培训班。

1993年8月，市档案局举办两期基本建设项目（工程）档案管理培训班，有240名项目负责人和档案人员参训。

1995年，举办了"照片档案管理规范"培训班。

1996年，举办了工程项目档案管理培训班1期，100多人参加培训。

1997年，举办短期培训班5期，培训577人，其中针对会计档案人员变动情况举办会计档案培训班4期，培训520多人。

1998年，围绕市级机关档案移交进馆工作的展开，举办了档案移交进馆培训班1期，100多人参加培训。

2000年，为加强机关档案工作，对档案工作为升级达标和新建的21家机关档案人员进行集中辅导和业务培训。对46家计划升级和12家复查的机关按照苏州市机关档案室升级新标准进行集中培训，举办重点工程档案培训班2期，培训人员259人。

2001年，举办"企事业单位档案工作目标管理"业务员培训班2期，252人参加培训；举办了重点工程档案业务培训班1期，57个单位参加培训。举办"专业技术人员业务考绩档案"培训班1期，104人参加培训。

2002年，举办重点工程档案培训班1期。

2003年，苏州市档案局在全市机关事业单位推行文书立卷改革，举办培训班5期，500多人参加培训。

2004年，举办民营企业档案人员培训班，共有89人参加培训。

2006年，为规范新农村建设全过程档案管理，对新农村建设示范村的村级档案员进行专业知识培训。

2007年，以贯彻国家档案局8号令为重点，规范机关档案工作。苏州市档案局举办了5期专题培训班。

2015年12月，市档案局举办为期5天的全市档案局（馆）长培训班，苏州大学教授为培训班讲授《非物质文化遗产档案化保护的理论与实践》等专题。

岗位培训

1984年起，苏州档案教育开始对档案岗位工作人员进行岗位系统培训。

1984年，市档案局输送市主管局、直属单位11人参加核工业部在苏州举办的档案干部进修班，为期4个月。同年9月25日至1985年1月，市档案局组织各县（市）档案局（馆）和基层档案干部65人，参加省档案局委托苏州大学历史系举办的省第二期档案干部进修班。进修班较系统地学习中共党史、文书学、档案管理学、科技档案管理学、档案保护技术学、档案文献编纂学等六门课程。6月，市档案局举办为期3个月的档案干部进修班。进修班采用国家档案局举办的由中国人民大学教师在中央直属机关档案干部进修班的讲课录音，系统学习文书学、档案管理学、科技档案管理学、档案保护技术学、档案文献编纂学等五门课程（以下简称"五门课程"）。经考试合格，3个进修班共181人结业。

1988年，市档案局、市档案学会和各县（市）档案局联合举办4期档案专业知识复习班，有854名档案干部参加，为期50天。复习班系统学习"五门课程"。通过闭卷考试，学员都取得了结业证书。市档案局举办一期古汉语培训班，有185人参加。培训班聘请苏州大学中文系教师授课。通过闭卷考试，对成绩合格的学员发放结业证书。张家港市档案局举办两期档案专业知识复习培训班，有251人参加。培训班聘请苏州大学教师讲授"五门课程"，经过闭卷考试，成绩及格的学员都获得了苏州大学档案专业培训班结业证。金阊区档案馆和区职教办联合举办档案专业岗位职务培训班，有30人参加。培训用2~3年时间，每周集中上课半天，系统学习"五门课程"。

1989年，全市举办学习"五门课程"培训班共15期，每期50天，培训1161人。

1991年，市档案局、市档案学会与各县（市）档案局联合举办"五门课程"的档案专业知识培训班共7期，有917名档案人员参训。其中，苏州市档案局举办1期，有209名档案人员参训。

1992年，全市举办"五门课程"的档案知识培训班7期，有816名档案人员受到系统培训。同年，市档案局举办档案论文研修班，聘请苏州大学教师授课，历时半年。市区26名企业档案人员参训，撰写的论文汇编成册。市档案局对其颁发论文证书和优秀论文证书。昆山市档案局与有关部门举办两期文秘档案职业班，80多人参加学习。

1993年，全市共举办7期培训班，系统学习"五门课程"，有476名档案人员受训。同年，市档案局举办1期档案系列职改考前培训班，对27名申报档案系列职称人员进行四门档案专业基础课程的培训。

1994年，市档案局与苏州大学联办1期"档案专业证书班"，系统学习"五门课程"，并在太仓、吴县设分班，全市有203人参加学习。经过系统学习和考试，学员在年内结业。同年，各县（市）、区档案部门结合档案工作实际，举办3期中、初级档案职称岗位培训班，有255人参训。

1995年，市档案局举办1期档案干部岗位培训班，有121人参训。

1996年，全市共举办6期岗位培训班，有362人取得省岗位培训证书。

1997年，市档案局利用馆库搬迁机会，开辟专用教室。全年共举办初、中级两个层次的档案职称岗位培训班3期，有254人参训；张家港市档案局举办1期岗位证书培训班和11期应知应会培训班，共有581人参训。常熟市、吴县市首次举办由省发证的岗位培训班，分别有 115 人参训。

1998 年，全市共举办 6 期岗位培训班，有 473 人获初级岗位证书。

1999 年，苏州市和常熟市、张家港市、吴县市分别举办档案岗位初级培训班。市档案局对各县（市）举办的岗位培训班进行检查指导。全市共有 489 名学员获得省档案局颁发的岗位培训证书。

2000 年，市档案局和 6 市（县）档案局分别举办 6 期档案岗位初级培训班，有 410 名学员获得省档案局颁发的岗位培训证书。

2002 年，全市各级档案部门认真落实基层档案人员持证上岗的要求，加强对档案人员岗位培训工作。市档案局分批派出兼职教师参加省档案局教师资格培训，统一使用省档案局编印的"五门课程"教材，保证岗位培训质量。3 月 25 日至 6 月 9 日，市档案局先后举办 4 期档案人员岗位培训班，其中相城区 1 期 46 人，市区 3 期 312 人，共 358 人参训。从 3 月份开始，市档案局对市区 1996 年到 2000 年度档案岗位人员进行上岗资格证书换证工作。至年底，共换证 421 人。

2003 年，市档案局举办档案人员岗位培训班，市区 136 名学员参加学习，135 名学员获得省人事厅、省档案局联合颁发的岗位培训证书。

2009 年，常熟市档案局的《档案整理跟我学》出版，成为苏州档案业务指导与档案培训的新亮点。

2014 年，市档案局开展档案岗位培训和继续教育网上教育，全市培训 3500 人；同时，结合岗位培训，对学员进行务实操作短期培训。

学历教育

地市档案部门合并后，市档案局针对苏州档案干部的文化、知识结构现状，与高校联办档案专业大专班，培养档案人才。这些学员毕业后，充实苏州档案部门，为苏州档案队伍增添骨干，推动苏州档案事业的发展。

1985 年 9 月，市档案局与苏州电视大学联合开设中央广播电视大学档案专业 8 个班，在籍生 153 人，自学视听生 459 人（凡符合报考条件，经工作单位同意并经考试达到分数线录取的为在籍生；凡未经入学考试而参加学习的为自学视听生）。在籍生通过业余或半脱产 3 年学习，全脱产 2 年学习，学完规定全部课程，经考核合格发给大专文凭，并承认其学历。自学视听生与在籍生的唯一区别在于，自学视听生没有每个学期的补考机会，其所有补考科目，只在毕业考试时给予一次性补考机会。如若补考学分仍不及格，需重修再考，直至全部合格才发给毕业证书，毕业时间按最后通过时间计算。电大档案专业班授课以录音、录像传播为主，面授辅导为辅。教材均使用中央广播电视大学统一发行的教材。必修课有：中国革命史、现代汉语、中国通史、基础写作、文书学、档案管理学、科技档案管理学、档案文献编纂学、档案保护与复制、社科情报概论、外国档案工作、档案管理与计算机等 12 门。选修课有：哲学、逻辑学、目录学、中文工具书、古代汉语、自然科学发展概论、法学概论等 7 门。1988 年该档案专业班毕业190人。1986年秋季停止招收电大档案专业班的自学视听生。

1988年，吴县档案局、县文教局联合举办文秘档案职业班。职业班从参加高中、中专统一考生中择优录取43名学生，经过3年学习，毕业后充实到乡镇企事业单位。

1995年，市档案局协助省档案局组织"江苏省自学考试档案专业助学班"。

1996年，张家港市档案局与扬州大学历史系联办一期文秘档案大专专业证书班。经省教委批准，有42名学员参加学习7门课程。1998年，34名学员在六月结业。常熟市继续办好3个职业高中、中专档案班，有在校学生150人。太仓市档案局与太仓市一中联办档案秘书中专班，挂靠在工业学校。44名在校生户口实行了农转非。

1999年，市档案局组织推荐13人参加省局组织的档案专业专升本考前辅导班学习，有12人被录取为本科段学生。

继续教育

自2004年开始，苏州市档案局依据《档案法》《江苏省档案管理条例》和《苏州市档案管理办法》的规定，对具有档案专业技术职务的人员和已取得档案人员岗位培训证书的人员开展继续教育培训，培训内容主要为档案专业及相关专业的新理论、新知识、新技术、新方法。培训大多采取与高校或市人事局联办的方式进行，聘请专家、教授讲课。

2004年8月，苏州市档案局与苏州大学社会学院联合举办为期4天的档案继续教育培训班，培训内容包括《档案信息以网络化与数字化》等8个专题。培训结束后，由苏州市档案局与苏州大学颁发继续教育证书，有169人参加培训。

2005~2007年，苏州市档案局与苏州大学社会学院联合举办档案人员继续教育培训班，内容包括"知识经济时代的档案信息资源管理""档案工作中的创新思维与创效益""中外文件与档案管理比较""新型档案载体的保护"等。2007年开始，继续教育面向全市包括所辖各市（县）、区，其中市区1个班，市（县）、区3个班。

2008~2009年，苏州市档案局与苏州市人事局联合举办档案人员继续教育培训班，培训内容为"创新机制与档案管理""档案与文化""档案应用写作""数字档案管理"等。培训结束后，统一颁发"专业技术人员继续教育证书"，2008年培训473人，2009年培训547人。

2010~2011年，苏州市档案局独立举办档案人员继续教育培训班，聘请有关专家、教授或学者讲课，培训的内容有"电子时代档案管理新思路""办公室工作纵论""论文写作""吴文化漫谈"等。培训后，颁发"专业技术人员继续教育证书"。2010年培训421人，2011年培训727人。

2012~2013年，苏州市档案局与苏州大学社会学院合作举办档案人员继续教育培训班，培训内容有"档案史料中的苏州文化与历史""信息时代下的档案工作""明清宫廷生活与皇家档案中的苏州""生态工程档案学解读"等。2012年培训565人，2013年培训751人。

2015年，苏州市档案局独立举办档案人员继续教育培训班，培训内容有"谈档案职业的扩展""中华五千年历史启示"等，培训281人。

第二节　档案科研工作

苏州市档案局（馆）自成立以后，在很长一段时间内，因各种因素的限制，没有开展档案科研工作。在20世纪90年代初，苏州市档案局开始实施档案信息化建设，与计算机软件设计单位联合开发研制档案管理系统，进行项目立项。1992年12月5日，苏州市档案馆与江苏省档案馆联合开发"市、县级档案馆计算机档案管理系统"，通过江苏省科委组织的专家鉴定。这是苏州市档案局（馆）首次参与立项、研究开发，并通过专家鉴定的档案科研项目。进入21世纪，尤其是2010年以后，苏州市档案局在全市大力推动档案工作创新发展，新观念、新思路、新技术、新方法不断涌现，档案科研工作进入丰产期。2001~2015年底，全市档案部门获国家档案局、省档案局科技项目计划立项共42项，其中，获国家档案局科技项目计划立项数18项，获江苏省档案局科技项目计划立项数24项。获国家档案局档案优秀科技成果奖10项，其中一等奖1项，三等奖9项。获江苏省档案局档案优秀科技成果奖6项，其中一等奖3项，二等奖1项，三等奖2项。

科研项目选介

产权制度改革大背景下改制企业档案资源整合与共享模式研究　该项目由苏州市档案局于2006年申请立项。2006年列入国家档案局科技项目计划，项目负责人卜鉴民。2010年3月，经国家档案局技术部审查确认结题。2011年获国家档案局档案优秀科技成果奖一等奖。该项目主要解决产权制度改革大背景下改制企业档案资源整合与共享的思想认识问题，改制企业档案归属流向问题，管理体制问题，管理模式问题，资源共享问题。在项目研究的关键技术上，筛选改制企业档案资源管理定位方式，探索改制企业档案资源集约化管理之路，建立改制企业档案资源管理的实体，确定改制企业档案资源整合方法，实现企业退休人员档案的集中统一管理，开展抢救性的档案征集工作，创新和完善公共档案信息服务体系等，项目研究成果达到国家档案局计划任务书要求。

苏州工业遗产档案资源抢救与保护方法研究　该项目由苏州市工商档案管理中心于2011年8月申请立项，2011年10月被江苏省档案局列入2011年度科技项目计划，项目负责人卜鉴民。2014年11月19日通过了江苏省档案局鉴定（评审）委员会鉴定。该项目采用多种保护方法和技术，整合了政府、高校、企业和社会等各方资源，较好地解决了苏州市工业遗产中档案抢救与保护问题，在工业遗产档案的收集整理中的保护、抢救中的保护、数字化中的保护、开发利用中的保护等方面有针对性地形成了一系列科学合理的保护方法和措施，总结出了苏州工业遗产档案抢救与保护的独特模式。2015 年，该项目获国家档案局档案优秀科技成果奖三等奖。

丝绸样本档案纳米技术保护研究及应用　该项目由苏州市工商档案管理中心于 2012 年申报并列入江苏省档案局科技项目计划立项，项目负责人卜鉴民。2013 年 8 月 1 日通过江苏省档案局专家鉴定委员会鉴定。2013 年获江苏省档案局档案优秀科技成果奖一等奖，2014 年获国家档案局档案优秀科技成果奖三等奖。该项目较好地解决了丝绸档案样本抗菌、防霉、抗紫外线的保护问题，针对丝绸类纺织品档案的特性，将活性纳米颗粒的抗菌能力和多功能纳米载体的高效催化活性、无毒、稳定性好等优点进行结合，并通过协同作用，研究并开发成功具有优异物理化学性能的新型复合保护剂，具备良好的外延扩展性和可持续发展性。运用现代高科技手段，突破了传统保护手段的局限，创新了档案抢救保护新方法，丰富了档案保护技术的新途径。

档案社会化管理规范研究　该项目由苏州市档案局申报，于 2013 年 3 月被列入国家档案局科技项目计划立项，项目负责人肖芃。2013 年 9 月 26 日通过国家档案局专家评审委员会鉴定。该项目对国内外的档案社会化服务机构的性质、形式、内容及档案安全保管方式进行了调查和研究，分析了档案社会化服务的模式、运行方式等相关业务问题，对档案社会化寄存保管服务机构的资质、监管、权利和义务等方面进行了前瞻性探索。该项目首次系统地提出建立我国档案社会化寄存保管的行业规范，首次为档案社会化寄存保管需方和供方提供服务的规范和标准，首次提出了我国档案社会化寄存保管行业的监管机构及监管依据和办法，首次提出了一整套较完善的档案存管服务的管理要求。

构建区域性大档案格局研究　该项目由苏州市档案局申报，于 2013 年 11 月被列入江苏省档案局科技项目计划立项，项目负责人肖芃。2014 年 11 月 19 日通过江苏省档案局专家组鉴定。2015 年获国家档案局档案优秀科技成果奖三等奖。该项目探索了区域性大档案格局构建的相关问题，尝试就区域性大档案格局建设中的法制建设、档案馆体系建设、管理体制创新、档案信息共享利用等方面的实践，在地方性法规、国家档案馆网建设、专业档案馆建设、镇村档案馆建设等方面取得了突破，在档案信息资源整合、城乡一体化档案格局、共享利用等方面取得进展，充实和丰富了区域性大档案格局建设的内涵，初步建成了以各级国家综合档案馆为核心，涵盖专业档案馆、行业档案馆、系统档案馆、开发区档案馆、乡镇档案馆、村级档案馆乃至民营企业档案馆的档案馆网系统，管理了独特的苏州市大档案格局的构建模式。

宋锦样本档案工艺传承与产业化开发研究　该项目由苏州市工商档案管理中心于 2013 年申请立项，2013 年 11 月被江苏省档案局列入 2013 年度科技项目计划，项目负责人卜鉴民。2014 年 11 月 19 日通过江苏省档案局专家组鉴定。该项目通过对传统宋锦织造工艺进行继承、创新，并与企业合作使之产业化，宋锦工艺面料用于 2014 年 APEC 北京会议上各国领导人的中式礼服，产生了轰动效应，使传统宋锦工艺得到了新生。由此总结出苏州丝绸档案开发利用的独特方式，即传统工艺的继承、创新，与企业合作使传统工艺产业化，多方合作开发，推向市场，扩大影响，探索出了档案管理部门开发利用档案，弘扬传统文化，促进地方经济发展的新途径。

科研项目立项、获奖情况

表2-2　2003~2015年苏州市档案系统获国家档案局科技项目立项情况表

序号	时间	项目名称	承担单位	负责人	完成情况
1	2003	多媒体电子文件归档技术方法研究	吴江市档案局、苏州大学档案数字研究所	王伯泉	已结题
2	2006	产权制度改革大背景下改制企业档案资源整合与共享模式研究	苏州市档案局	卜鉴民	已结题
3	2006	基于内容管理的数字档案管理技术方法研究	苏州市档案局	陈兴南	已鉴定
4	2007	基于OAIS模型的县级数字档案馆的建设与核心技术的应用研究	太仓市档案局	朱丹	已鉴定
5	2010	面向公众服务的档案信息安全保障策略研究	苏州工业园区档案管理中心	李敏	已鉴定
6	2010	建立县级民生档案资源保障体系的应用研究	太仓市档案局	朱丹	已鉴定
7	2011	基于RFID的档案实时安全管理体系适用性研究	太仓市档案局	朱丹	已鉴定
8	2012	苏州数字档案馆、室集群体系构建及区域化管理模式研究	苏州市档案局	陈兴南	结题中
9	2012	实体档案馆与数字档案馆档案安全立体防范一体化研究	太仓市档案局	顾建新	已鉴定
10	2013	档案社会化管理规范研究	苏州市档案局、苏州仁通档案管理咨询服务有限公司	肖芃	已鉴定
11	2013	县级电子文件（档案）一体化管理的探索和实践	太仓市档案局	顾建新	已鉴定
12	2014	"人口"、"法人"、"地理"数据库切片归档研究与实践——以苏州工业园区"三大库"切片归档为例	苏州工业园区档案管理中心	吕洁	进行中
13	2014	基于数字档案馆（室）系统的民生档案查阅新模式建设与推广	太仓市档案局	顾建新	已鉴定
14	2014	智慧云档案管理体系研究	张家港市档案局、激扬软件公司	黄慧珍	进行中
15	2015	百丝绸档案公共数据平台建设	苏州市工商档案管理中心	卜鉴民	进行中
16	2015	基于民生档案的分析挖掘技术方法与应用实现	昆山市档案局	蔡坤泉	进行中
17	2015	不动产档案的集约化管理与利用	苏州高新区档案局	陈永生	进行中
18	2015	档案数据安全监管中心建设探索与研究	太仓市档案局	顾建新	进行中

表2-3 2007~2015年苏州市档案系统获江苏省档案局科技项目计划立项情况

序号	时间	项目名称	承担单位	负责人	完成情况
1	2007	电子政务环境下档案馆室一体化建设研究	常熟市档案局	李光亮	已结题
2	2007	创新县级数字档案馆综合管理模式的应用研究	太仓市档案局	朱丹	已鉴定
3	2008	县域地方档案分类监管研究	常熟市档案局	陆乾元	已结题
4	2008	探索县级民生信息资源共建共享有效途径的应用研究	太仓市档案局	朱丹	已鉴定
5	2009	档案信息资源的优化与研究	太仓市档案局	顾建新	已鉴定
6	2011	改制企业工业遗产档案资源抢救与保护方法研究	苏州市工商档案管理中心	卜鉴民	已鉴定
7	2011	基于RFID技术档案实时安全管理体系实用性研究	太仓市档案局	朱丹	已结题
8	2012	"大档案"理念下开发区档案管理模式研究	苏州工业园区档案管理中心、苏州大学	吕洁	鉴定中
9	2012	丝绸样本档案纳米技术保护研究及应用	苏州市工商档案管理中心	卜鉴民	已鉴定
10	2012	基于SOA的档案馆流媒体管理系统研究与应用	张家港市档案局	黄慧珍	已结题
11	2011	民生档案"基层查阅窗口"模式的建立和推广应用研究	太仓市档案局	顾建新	已结题
12	2012	税收业务档案集约化管理	苏州市地税局	张志忠	已鉴定
13	2013	苏州丝绸样本档案开发利用研究——以宋锦样本为例	苏州市工商档案管理中心	卜鉴民	已鉴定
14	2013	构建区域性大档案格局研究	苏州市档案局	肖芃	已鉴定
15	2013	城市化进程中开发区档案服务功能研究	苏州工业园区档案管理中心、苏州大学	吕洁 项文新	进行中
16	2013	电子时代的档案信息安全风险评估方法研究	张家港市档案局	黄慧珍	已结题
17	2014	中国丝绸档案馆定位与建设研究	苏州市档案局	肖芃	进行中
18	2014	破产非公企业档案流向处置研究	苏州市档案局、虎丘区人民法院	肖芃	进行中
19	2014	电子文件管理系统及其核心数据库安全体系建设探索与研究	太仓市档案局	顾建新	进行中
20	2014	基于全程控制的电子文件集成管理模式研究	苏州市国土资源局相城分局	燕杨	已鉴定
21	2015	常熟市档案行政信息化监管系统	常熟市档案局	顾志强	进行中
22	2015	智慧城市中地方历史文化传播研究	苏州市吴江区档案局	沈卫新	进行中
23	2015	馆藏档案开发利用创新模式研究——以建立档企合作基地为例	苏州市工商档案管理中心	卜鉴民	进行中
24	2015	电子档案检校系统研究	张家港市档案局、苏州激扬软件有限公司	黄慧珍	进行中

表2-4 2007~2015年苏州市获"国家档案局档案优秀科技成果奖"情况

序号	项目名称	获奖年度	获奖单位	获奖等级
1	基于内容管理的数字档案管理技术方法研究	2007	苏州市档案局	三等
2	基于OAIS模型的县级数字档案馆的建设与核心技术的应用研究	2008	太仓市档案局	三等
3	产权制度改革大背景下改制企业档案资源整合与共享模式研究	2011	苏州市档案局	一等
4	基于无线射频的档案实时安全管理体系适用性研究	2012	太仓市档案局	三等
5	智能化档案馆信息安全保障策略与应用研究	2012	苏州工业园区档案管理中心	三等
6	丝绸样本档案纳米技术保护研究及应用	2014	苏州市工商档案管理中心	三等
7	实体档案馆与数字档案馆档案安全立体防范一体化研究	2014	太仓市档案局	三等
8	苏州工业遗产档案资源抢救与保护方法研究	2015	苏州市工商档案管理中心	三等
9	构建区域性大档案格局研究	2015	苏州市档案局	三等
10	基于数字档案馆（室）系统的民生档案查阅新模式建设与推广	2015	太仓市档案局	三等

表2-5 2005~2013年苏州市获"江苏省档案局档案优秀科技成果奖"情况

序号	项目名称	获奖年度	获奖单位	获奖等级
1	张家港市电子文件中心系统建设	2005	张家港市档案局	三等
2	县域地方档案分类监管研究	2009	常熟市档案局	一等
3	创新县级数字档案馆综合管理模式的应用研究	2009	太仓市档案局	二等
4	探索县级民生信息资源共建共享有效途径的应用研究	2011	太仓市档案局	一等
5	丝绸样本档案纳米技术保护研究及应用	2013	苏州工商档案管理中心、苏州大学、苏州中景信息技术有限公司	一等
6	实体档案馆与数字档案馆档案安全立体防范一体化研究	2013	太仓市档案局	三等

第三章 监督指导

　　苏州解放后档案工作建立初期，档案工作的业务监督指导是由苏州市委、市政府办公室，苏州地区地委行署（专署）办公室实施的。1959年8月，苏州市档案馆成立。1965年4月，苏州地区专署设立档案处，苏州市和苏州地区档案工作的业务指导监督职能分别由苏州市档案馆和苏州地区档案处实施。1983年3月，苏州地市合并，成立苏州市档案局，苏州市档案工作的业务监督指导职责由苏州市档案局履行实施。

苏州市档案局在履行档案业务监督指导职责中，认真贯彻党和国家有关档案工作的方针、政策，积极推行国家档案局、省档案局有关档案业务工作的规定、规范、标准、办法，不断调查和研究苏州市经济社会发展情况以及党委、政府和人民群众对档案事业的实际需求，制定具体的档案业务工作实施方案、细则、措施。从 20 世纪 80 年代至 2015 年，市档案局通过建立档案工作协作组，组成全市档案工作管理网络，定期开展网络活动，推动档案工作。加强与市（县）、区档案局（馆）和市各主管部门的联系合作，条块结合，齐抓共管，苏州市档案馆工作、机关档案工作、企事业档案工作、农业农村档案工作、专门（专业）档案工作、重点工程档案工作、开发区以及其他档案工作得到快速发展。

第一节　档案馆工作

1959 年，苏州市及苏州地区所属各县档案馆先后成立。建馆初期，两级档案馆重点是制定和完善档案馆各项制度，组织接收撤并单位档案进馆工作，征集革命历史档案，丰富档案馆馆藏。1962 年后，档案馆贯彻实施国家档案局颁布的《档案馆通则》《县档案馆工作暂行通则》，开展业务工作，加强基础建设。建立全宗卷，编写全宗介绍，编制案卷目录、专题文件目录、重要文件索引，实施馆藏档案清理鉴定工作。1965 年 5 月，苏州地区机关档案馆成立，与专区档案处合署办公。

"文化大革命"期间，苏州各级档案馆工作人员调离工作岗位。苏州市档案馆遭到冲击，所藏档案遭受破坏。

1977 年 12 月 30 日，地委印发《批转地委办公室〈关于恢复档案馆建制和档案干部编制的请示报告〉》。苏州市、苏州地区及所属各县档案馆恢复建制，任命档案馆馆长，逐步配齐档案馆工作人员，建立档案馆各项制度，开展历史档案和"文化大革命"期间档案的收集、征集工作。1984 年，市、县档案馆贯彻国家档案局颁布的《档案馆通则》，开展馆内各项业务工作，对馆藏历史档案划分控制使用和非控制使用范围，对非控制使用的历史档案进行开放。开展档案利用服务和档案史料编研工作。1979~1984 年，全市 6 个县（市）档案馆（除沙洲县外）累计接收历史档案 31500 余卷，市、县两级馆藏档案达到 336500 余卷。

制定实施《一九八六年县（市）档案馆业务建设标准》

苏州市档案局认真贯彻全国档案馆工作会议精神，根据国家档案局颁布的《档案馆工作通则》，制定印发苏州市《一九八六年县（市）档案馆业务建设标准》，加强对县（市）档案馆工作的业务指导，推进县（市）档案馆业务建设。该标准分六个方面共 23 条，内容包括：1. 进行了广泛的收集（征集）工作；2. 对馆藏档案资料进行了系统的整理编目；3.改善了档案保管条件，做好保管工作；4.统计工作较为完善；5.有利用档案资料的较好基础和良好的服务效果；6.有比较健全的规章制度。1986年11月，苏州市档案局组织各县（市）、区档案馆巡回观摩，总结评比，检查档案馆业务建设标准落实情况。该年，全市两级档案馆接收档案32000卷，征集了一批名人档案、照片档案，丰富了馆藏，复制抄写字迹褪变档案260000字，《苏州年鉴》《吴江年鉴》等一批编研成果编制完成或出版发行。

指导苏州市城区档案馆工作

1985~1986年，苏州市城区（平江区、金阊区、沧浪区和苏州郊区）档案馆相继正式成立。苏州市档案局于1986年5月10日召开各区档案馆负责人座谈会，就档案馆馆藏档案的全宗划分、案卷编号、排列、档案馆库房管理等具体业务问题进行现场指导。1986年5月29日，苏州市档案局印发《区档案馆座谈会纪要》。

档案馆定级升级、目标管理工作

1989年，《江苏省市、县档案馆定级升级暂行办法》和《江苏省市、县档案馆定级升级试行标准》颁布。苏州市档案局在年初档案局（馆）长会议上作了研究部署。5月25日，苏州市档案局在太仓又召开档案馆定级升级工作会议，学习省档案局有关档案馆定级升级文件，讨论档案馆定级升级工作中的有关问题，对档案馆定级升级工作进一步宣传和发动。各县（市）、区档案局（馆）长等20人参加会议。为了推动城区档案馆定级升级工作，会后，苏州市档案局针对区档案馆实际，制定并印发了《苏州市区档案馆定级升级试行办法》，并选择金阊区档案馆进行试点。12月中旬，苏州市档案局针对各档案馆在定级升级创建过程中出现的问题，再次召集各县（市）档案局（馆）长开会，研讨业务，统一认识，明确做法，进行业务指导。至1991年底，全市11家综合档案馆全部实现定级升级，其中晋升省一级标准档案馆1家，省二级标准档案馆5家，省三级标准档案馆3家，定为省四级标准档案馆2家。苏州市档案馆于1990年底晋升为省三级标准档案馆，吴县档案馆晋升为全省唯一的省一级标准档案馆。至1995年，吴县市、张家港市、常熟市、吴江市4家档案馆晋升为省一级标准档案馆。苏州市档案馆于1994年10月，以总分92.985的成绩，成为全省第一家晋升省二级标准的地级市档案馆。

1998年，《江苏省市、县（市、区）档案馆目标管理考评办法》出台，根据省档案局新旧办法接轨、全面重新认定的要求，苏州市、县（市）两级档案馆积极响应，采取措施，向新标准靠拢。吴县市档案馆在全省首家率先通过省一级档案馆复查。昆山市档案馆于12月晋升省二级档案馆。至12月底，苏州市及辖6市（县）档案馆全部达到省二级标准以上档案馆，其中省一级档案馆4家，省二级档案馆3家。2000年，苏州市档案馆、太仓市档案馆、昆山市档案馆先后晋升省一级档案馆。至2000年12月底，苏州市、县（市）两级全部晋升省一级档案馆或通过省一级档案馆重新认定。

2008年，国家档案局制定的《市、县国家综合档案馆测评办法》颁布，档案馆等级创建成为全国文明城市测评考核的条件之一。苏州市档案局多次邀请省档案局、国家档案局有关专家对苏州市及各市（县）、区档案馆现场指导。市委、市政府两办印发《关于进一步加强新时期档案工作的意见》，解决了档案馆保管经费问题，为档案馆晋级和苏州档案事业发展创造条件。至2008年底，常熟市档案馆晋升为国家一级档案馆，苏州市、张家港市、太仓市、昆山市、吴江市、吴中区、相城区、沧浪区档案馆晋升为国家二级档案馆。2010年，吴江市、张家港市、太仓市档案馆通过国家一级档案馆测评。2011年，苏州市档案馆、苏州工业园区档案馆相继晋升国家一级档案馆。2012年，昆山市、相城区档案馆又双双晋升为国家一级档案馆。至此，全市拥有国家一级档案馆8家，其数量居全国城市前列，占全省三分之一。

组织国家重点档案抢救补助经费申报工作

2006年8月，根据财政部、国家档案局和江苏省财政厅、省档案局关于《国家重点档案抢救和保护补助费管理办法》的通知精神，市档案局、市财政局制定并印发《关于贯彻〈国家重点档案抢救和保护补助费管理办法〉的实施办法》。明确国家重点档案抢救和保护经费以本级财政投入为主，中央和省级财政适当补助，对抢救和保护经费使用，严格程序，严格管理，实行专款专用，档案部门每年将档案抢救、保护所采取的措施、方法，抢救的数量、效果以及经费使用情况形成专题书面报告，并作为下一年国家重点档案抢救和保护项目申报的附件上报，县（市）级国家重点档案抢救和保护项目经费由地级市档案局汇总，统一申报。2006年10月，市档案局会同市财政局召集各市、区档案局、财政局分管领导及有关科室负责人开会，学习文件，正确领会文件内容，会议还对补助费申报软件的使用进行培训。2006~2014年，苏州市档案局累计组织9次全市国家重点档案抢救补助经费的申报。

《苏州市珍贵档案文献》评选活动

2006年，苏州市档案局为了加强全市档案资源管理和建设，制定并印发《苏州市珍贵档案文献评选办法》，在全市范围开展珍贵档案评选活动。《苏州市珍贵档案文献评选办法》共六章24条，确定了苏州市珍贵档案文献的含义、申报范围、评选标准、申报要求、评选工作程序等内容。2006年9月，苏州市档案局印发《关于〈苏州市珍贵档案文献〉评选结果的通报》，确定20件（组）档案文献列入首批《苏州市珍贵档案文献》名录。其中，苏州市档案馆8件（组），太仓市档案馆6件（组），吴江市档案馆1件（组），常熟市档案馆1件（组），苏州市房地产档案馆1件（组），其他单位3件（组）。2007年12月，苏州市档案局印发《关于第二批〈苏州市珍贵档案文献〉评选结果的通报》，确定21件（组）档案文献列入《苏州市珍贵档案文献》名录。其中，苏州市档案馆4件（组），常熟市档案馆2件（组），太仓市档案馆6件（组），中国昆曲博物馆8件（组），其他单位1件（组）。2011年11月，苏州市档案局印发《关于第三批〈苏州市珍贵档案文献〉评选结果的通报》，确定14件（组）档案文献列入第三批《苏州市珍贵档案文献》名录。其中，苏州市档案馆2件（组），张家港市档案馆1件（组），常熟市档案馆1件（组），太仓市档案馆2件（组），昆山市档案馆1件（组），吴江市档案馆2件（组），苏州园林档案馆1件（组），苏州市工商档案管理中心3件（组），其他单位1件（组）。至2011年底，全市累计评选确定列入《苏州市珍贵档案文献》名录共55件（组）档案。

指导推进镇、村档案馆建立

2010年10月1日，《苏州市档案条例》正式施行。《苏州市档案条例》第二章第七条规定，"有条件的镇（街道）设立档案馆"。2011年，苏州市档案局制定印发《苏州市乡镇档案馆设置与管理暂行办法》，苏州市档案局在全市有条件的乡镇指导和推进档案馆建设。2011年4月20日，常熟市古里镇档案馆开馆，为全省首家乡镇档案馆。4月23日，国家档案局局长杨冬权在常熟考察时，为常熟市古里镇档案馆揭牌。同年，张家港市经济开发区（杨舍镇）档案馆、常熟市虞山镇档案馆、太仓市城厢镇档案馆相继建成开馆。2012年，常熟市梅李镇等5家乡镇档案馆建立。2013年，建成3家乡镇档案馆。2015年，建成4家乡镇档案馆。2014年，苏州市档案局印发《乡镇档案馆业务建设规范》，从业务上加强对乡镇档案馆规范建设。

2010年6月28日，张家港市南丰镇永联村档案馆揭牌，国家档案局副局长李和平，省档案局局长谢波，苏州市档案局局长肖芃等出席揭牌仪式。2013年11月15日，常熟市支塘镇蒋巷村档案馆成立。至2015年底，全市累计建立乡镇档案馆16家，村级档案馆2家。

表2-6　2011~2015年苏州市镇、村级档案馆建立一览表

级别	建立时间	档案馆（档案中心）名称	级别	建立时间	档案馆（档案中心）名称
镇级档案馆（16家）	2011	常熟古里镇档案馆（全省第一个镇级档案馆）	镇级档案馆（16家）	2013	常熟董浜镇档案馆
		张家港杨舍镇档案馆			常熟支塘镇档案馆
		常熟虞山镇档案馆			吴中城区档案中心
		太仓城厢镇档案馆		2015	张家港锦丰镇档案馆
	2012	常熟海虞镇档案馆			常熟碧溪新区档案馆
		常熟尚湖镇档案馆			昆山淀山湖镇档案馆
		常熟梅李镇档案馆			吴中木渎镇档案馆
		常熟辛庄镇档案馆	村级档案馆（2家）	2010	张家港永联档案馆
		太仓璜泾镇档案馆		2013	常熟蒋巷村档案馆

推进数字档案馆建设

2005年下半年，苏州市档案馆启动数字档案馆项目。2006年，苏州市政府拨款612万元投资建设苏州市数字档案馆。2006年11月，苏州市数字档案馆项目通过由国家档案局组织的项目验收。

2008~2015 年，苏州市档案局每年召开全市档案信息化会议，推进全市档案馆数字化建设，总结交流经验，确定数字档案馆建设目标。2008 年，太仓市数字档案馆项目建设启动，常熟市档案馆开发了数字档案馆应用平台，张家港市、吴中区制定了数字档案馆建设方案。2009 年，苏州工业园区数字档案馆项目通过验收。2010 年，沧浪区档案馆启动数字档案馆建设。2011 年，全市有 5 家数字档案馆项目通过验收。2012 年，太仓市档案馆建成全省 AAAAA 级数字档案馆。2013 年，苏州工业园区档案中心 AAAAA 级数字档案馆通过省验收。2014 年、2015 年，太仓市城乡建设档案馆、张家港市档案馆、昆山市城建档案馆 AAAAA 级数字档案馆通过省档案局验收。2015 年，太仓市在全国县级档案馆中获评"全国示范数字档案馆"。至 2015 年底，全市综合档案馆累计完成数字加工 190828027 页。自 2012 年开始，常熟市、太仓市档案馆在乡镇试点全省第一批档案基层查阅平台，方便居民就近查阅档案。

表2-7　2012~2015年苏州市被评为省数字档案馆等级单位名录

档案馆（档案中心）名称	省数字档案馆等级	获评时间	档案馆（档案中心）名称	省数字档案馆等级	获评时间
太仓市档案馆	AAAAA	2012	苏州市工商档案管理中心	AAA	2015
苏州工业园区档案中心	AAAAA	2013	张家港市档案馆	AAAAA	2015
昆山市档案馆	AAAA	2014	昆山市城建档案馆	AAAAA	2015
太仓市城乡建设档案馆	AAAAA	2014			

第二节　机关档案工作

苏州解放初，苏州专区和苏州市及 5 县党政机关办公室各设文书，保管文件、电报。1950 年，苏州专署办公室制定《档案管理办法（草案）》。1951 年 3 月，苏州市政府印发《苏州市人民政府公文处理试行办法》。苏州地委、专委和苏州市委、市政府两办分别设立档案室，由办公室副主任或副秘书长分管，档案员负责文件的收发和归档。1951 年下半年，苏州市各市级机关在开展清理解决以前积存文件的基础上，配备专职或兼职档案干部，建立档案工作。1952 年 12 月 29 日，苏州市政府针对档案管理方法混乱，档案、资料不分，制度不健全等问题，印发《苏州市人民政府档案管理办法（草案）》，市政府办公室设立总档案室，所属各单位文书案卷（除税务局、公安局、法院、房管处外）统一交总档案室存储，各单位不再另设档案室，只指定一人，专司文卷工作，与总档案室联系。1954 年，苏州市推行文书处理部门立卷，运用全宗理论，改行"文电合一"，实行集中统一管理，建立档案室工作体系。1956 年 5 月，苏州地委专署两办召开文书档案工作会议，传达省委 2 月第一次档案工作会议精神，研究专区机关文书档案工作任务和会后 3 年规划。1957 年，按照《中共江苏省委机关文书处理工作和档案工作暂行细则》及《江苏省人民委员会档案管理暂行办法》，苏州专区及市、县党政机关、群众团体、企事业单位集中管理档案材料，以"全宗"为单位进行整理和保管，推行文书处理部门立卷。

1958 年 4 月，苏州专署办公室档案室制定《苏州专区国家机关 1958 年文书工作规划》，提出："来一个文书档案工作大跃进，抓住档案材料利用之纲，卸掉积存档案的包袱，轻装快马，紧赶先进。"苏州市人委档案室制定 1958 年工作规划，提出"四快、四学、四防、四保证"口号。1958 年 1 月，苏州专区、苏州市召开档案干部跃进大会。7 月，苏州地委专署两办在青浦县召开以利用为主的文书档案现场会，总结青浦档案工作经验。至 1958 年底，地区机关和各县机关完成清理积存文件及立卷工作，全区编制各种利用工具、资料汇编 80 余万件。苏州市委系统 14 个单位中已有 8 个单位结束积存的文件处理，苏州市人委系统 34 个单位中，清理结束的有 23 个单位，全市共清理零散文件 200 余万件，组成 1.8 万卷案卷，编制各种利用工具和参考资料 35 种，卡片 250 万张。

1959 年，苏州党政机关档案实行统一管理，各机关档案室将党、政、工、团档案分开整理。苏州市召开文书档案干部会议，提出继续跃进计划，市委秘书长马崇儒到会作指示。1963 年，苏州地区及苏州市、县组织档案干部学习国家档案局《机关文书档案保管期限表（草稿）》、省档案局的《县级机关文书档案保管期限表（草稿）》。

1965~1966 年上半年，苏州市有 135 个单位完成文书档案清理鉴定任务，共清理鉴定 45919 卷档案。据苏州专区统计，县以上机关自苏州解放 15 年来积累了 17 万卷档案材料，其中地委、专署等部门核心档案材料 4 万卷。1965 年 5 月 21 日，苏州专区印发《中央苏州地委、苏州专员公署批转专区档案管理处关于档案清理鉴定工作的部署报告》，全区集中 83 名干部，首先开展地委、专署核心档案清理鉴定工作，再分两批完成县一级核心档案清理工作。共剔除无保管价值档案 5 万卷，保留 119850 卷，其中永久 8876 卷，长期 17008 卷，短期 93966 卷。

苏州与徐州开展档案工作对口竞赛

1977 年 7 月，徐州地区档案干部向苏州地区档案干部提出档案工作竞赛《倡议书》，7 月 12 日，苏州地区档案干部作出"应战书"，决心"大治快上赶徐州，奋战两年见成效，地、县都成先进馆（室）"。苏州地区在内部组织县与县，机关的口与口，基层的片与片同时开展对口竞赛，"比思想、比干劲、比作风、比贡献"。并且实行半年初评、年终总评、互查互评和流动红旗、大会授奖等方式，在全区形成你追我赶、力争上游的局面。1977 年，全区评出地、县档案工作先进单位 42 个，先进工作者 79 人。1978 年，评出先进单位 135 个，先进工作者 249 人。1978 年 8 月，省委办公厅档案处在苏州地区召开档案工作现场会，苏州地区和常熟县在会上介绍经验。

机关档案工作恢复整顿

1979 年，苏州市、苏州地区开展机关档案工作的恢复整顿。苏州市、区级机关有三分之二的单位建立了档案室,普遍增添了档案设备,改善档案的保管条件,建立和健全文书处理和档案工作制度,各机关及基层单位突击清理多年来的积存文件,上半年基本完成文书档案清理立卷工作,大多数机关在 5 月底就已结束,为苏州市立卷归档工作最早记录。苏州地区文书档案工作恢复得比较早。1979 年,地区 400 多家机关应建档单位,按照"四个有"的标准,全部建立了档案室,大部分应建档单位推行"四个平时",即平时收集、平时鉴定、平时分类、平时立卷。1979 年,立卷归档工作进度快于往年,质量好于往年,档案收集比较齐全,案卷数量比上年增加30%~50%。

贯彻实施《机关档案工作条例》

1982 年,中央办公厅颁布《机关档案工作条例》,苏州市档案局组织进行学习、贯彻。1985 年 3 月,苏州市档案局制定并发出《关于印发一九八五～一九八六年苏州市级机关档案工作业务建设标准的通知》。根据《机关档案工作条例》规定,结合苏州市级机关实际提出了六个方面 33 条具体要求。《通知》同时附有《案卷质量标准》《机关档案室收集资料的范围》《编写大事记的要求》《全宗介绍编写的要求》等 4项标准、要求。1986 年,苏州市档案局制定印发了机关档案工作年终检查评比标准,推进全市机关档案室规范化和标准化建设。1990 年 5 月,苏州市档案局根据国家档案局颁发的《机关档案工作业务建设规范》要求,印发《关于实行机关档案综合管理的通知》,在全市机关中推行各种门类、各种载体档案的集中统一管理。市及各县(市)、区档案行政部门积极落实《通知》要求,抓典型,树样板,收到较好效果。同年,苏州市档案局在机关档案工作中,推行机关档案管理定级升级活动,以此为抓手,加快机关档案综合管理步伐。到 1991 年底,全市 70% 机关各类档案已实行综合管理。至 1992 年,机关档案室综合管理面已达到 80%。

机关档案工作定级升级、目标管理、规范建设活动

1989 年,苏州市档案局拟定《关于机关档案工作升级暂行办法》(讨论稿)。1990 年 2 月,苏州市政府办公室《印发市档案局〈关于全市党政机关开展档案工作创优争先、升级达标活动的请示〉的通知》。1990 年 3 月,苏州市档案局制发《关于印发〈苏州市机关档案室定级升级评分试行标准〉的通知》,将机关档案室升级分为一至四个等级,其中一级为最高标准。同年,苏州市档案局在苏州市交通局、轻工局机关档案室进行二级档案室升级试点,并在市轻工局召开机关档案升级管理工作现场经验交流会。1990 年 8 月 21 日~9 月 1 日,市档案局组织对县(市)级机关档案工作观摩,在县(市)机关中推行档案室定级升级工作。1991 年,全市共有 206 家机关档案室晋升了等级。至 1992 年底,全市机关档案室升级达标面已达到 70%。其中苏州市级机关档案室达标升级 90 家,升级达标率为 85%。1993 年,苏州市各县(市)、区继续在乡镇机关、街道办事处档案室开展升级达标活动。1996 年,苏州市

档案局结合贯彻《机关档案工作业务建设规范》，印发机关档案室升级达标新标准。至 1996 年底，全市各级机关档案室依新标准达标升级的有 100 家，其中一级 26 家，二级 34 家，三级 40 家，另有升级满三年的 153 家机关档案室通过新标准复查。1997 年，全市有 131 家机关档案室按新标准升级达标，其中一级 33 家，二级 54 家，三级 44 家。1998~2000 年，全市累计有 589 家机关档案室升级达标，另有 517 家机关档案室通过复查验收。

2000 年 4 月，省档案局印发《江苏省机关、事业单位档案工作目标管理考评试行办法》，从 2001 年起在全省全面开展机关、事业单位档案工作目标管理活动。苏州市档案局于 2001 年召开各市（县）、区档案局（馆）参加的档案工作目标管理标准讲解会。在全市机关中贯彻实施省档案工作目标管理办法。2001 年，机关档案工作目标管理达省一级 17 家。2002 年，全市机关档案工作目标管理达省级标准 90 家，其中，达省一级 28 家、省二级 34 家、省三级 28 家。2003 年，全市机关档案工作目标管理达省级标准共 207 家，其中达省一级 46 家、省二级 59 家、省三级 102 家。2004 年，省档案局在机关档案工作目标管理标准中增加了"特一级、特二级"标准。2004 年，全市机关档案工作达省标有 230 家，其中达省特一级 1 家、省特二级 1 家、省一级 61 家、省二级 98 家、省三级 69 家。2005 年，全市机关档案工作目标达省标 296 家，其中达特一级 7 家、特二级 1 家、省一级 80 家、省二级 131 家、省三级 77 家。2006 年，全市机关档案工作目标管理达省标 252 家，其中达省特一级 12 家、特二级 4 家、省一级 86 家、省二级 101 家、省三级 49 家。

2009 年 3 月，省档案局颁发《江苏省机关团体企业事业单位档案工作规范》，在全省全面推行档案工作五星级测评（五星级为最高标准）。当年苏州市共有 369 家单位完成星级标准创建工作，其中达五星级 9 家。

表2-8　2009~2015年苏州市机关团体企事业单位档案工作规范省五星级标准测评情况一览表

单位：家

年度	五星级	四星级	三星级	二星级	一星级	年度	五星级	四星级	三星级	二星级	一星级
2009	9	2	106	127	125	2013	12	3	134	188	47
2010	20	9	87	165	230	2014	18	3	112	166	41
2011	18	5	83	219	186	2015	13	7	128	106	23
2012	18	3	76	107	196						

推行《归档文件整理规则》

2000 年，中华人民共和国行业标准《归档文件整理规则》发布。这是文书立卷方法和程序的一次重大变革，将档案的整理、分类、编号、编目、统计由以卷为单位改为以件为单位。2003 年 2 月，江苏省档案局印发《江苏省〈归档文件整理规则〉实施办法》，苏州市档案局于 2003 年 6 月印发《苏州市〈归档文件整理规则〉实施细则》，要求苏州市、区两级机关、事业单位于 2003 年必须全面推行《苏州市〈归档文件整理规则〉实施细则》，对 2002 年度的归档文件统一按照实施细则规定整理归档。苏州市档案局同时研制开发《归档文件整理规则》计算机软件并于 2003 年在全市机关推行应用。2003 年 3 月，苏州市档案局举办了 5 期培训班，对《苏州市〈归档文件整理规则〉实施细则》进行系统讲解，全市近 500 人参加了培训。当年市、区两级机关对 2002 年度归档文件全部按新规则整理。经检查，机关归档按时完成率达 87.3%。2004 年，苏州市档案局以电子政务建设为契机，将电子政务环境下的电子文件归档与管理工作作为档案信息化重点，与南大苏富特公司共同研发了档案管理软件和电子文件归档平台。苏州市档案局会同市信息办、保密局制定了《苏州市电子文件归档及管理暂行办法》，并经市委、市政府两办转发。在此基础上，苏州市档案局与市信息办、保密局、机要局联合制发《苏州市市级机关电子文件归档管理实施意见（试行）》，并举办了 3 期电子文件归档管理业务培训班，对自行研制开发的"归档文件整理软件"进行了 6 次升级，进一步完善功能。自此，苏州市机关文件归档实行纸质文件和电子文件双轨制。

机关档案工作年检、年度评价

苏州市档案局自 20 世纪 80 年代后期开始每年对机关文书档案立卷归档工作进行年度通报。2005 年 4 月，苏州市档案局制发《关于印发〈苏州市市级机关档案工作年度检查意见（试行）〉的通知》，《通知》同时附有《苏州市市级机关档案工作年度检查意见》《档案工作年检评分标准》《档案工作年检登记表》，2006 年，对该意见进行了修订。

2005 年 7~9 月，苏州市档案局分三批对市级机关、直属企事业单位档案工作进行了年检，共检查 138 家，其中达优秀标准的单位 47 家，达合格标准的 89 家，2 家未通过年检。苏州市档案局印发了《关于苏州市市级机关 2005 年度档案工作年度检查情况的通报》。

表2-9　2005~2010年度苏州市市级机关、直属企事业单位档案工作年检一览表

单位：家

年度	列入年检单位	优秀	合格	未通过	年度	列入年检单位	优秀	合格	未通过
2005	138	47	89	2	2008	124	91	31	2
2006	144	93	49	2	2009	53	21	31	1
2007	52	20	32	—	2010	98	67	30	1

2011 年 9 月，苏州市档案局根据《苏州市档案条例》规定，制发《苏州市档案工作年度评价制度》，成立档案工作评价委员会对苏州市级机关、社会团体、企事业单位和其他组织进行档案工作年度评价。评价工作程序分自检自评、现场评价、审核通报。自 2011 年开始，苏州市档案局每年选择部分市级机关（或立档单位）开展年度档案工作评价并通报评价结果。

表2-10 2011~2015年苏州市市级机关（立档单位）档案工作评价情况一览表

单位：家

年度	列入评价单位数	优秀单位	合格单位	整顿单位	年度	列入评价单位数	优秀单位	合格单位	整顿单位
2011	18	11	7	—	2014	85	48	32	（5家因故未评价）
2012	22	16	6	—					
2013	108	83	24	1	2015	39	28	11	—

贯彻国家档案局第8号令

2006年12月18日，国家档案局第8号令《机关文件材料归档范围和文书档案保管期限规定》正式发布实施，该规定是加强档案信息资源建设的纲领性文件。江苏省档案局印发了《关于转发〈机关文件材料归档范围和文书档案保管期限规定〉的通知》。苏州市档案局于2007年3月和4月，分别面向市级机关、直属企事业单位和各市（县）、区档案局印发《关于贯彻实施国家档案局〈机关文件材料归档范围和文书档案保管期限规定〉的意见》，要求2008年上半年，全市各机关档案部门在进行2007年文件归档整理时，全部实施新的归档范围和保管期限表。2007年6月5日，苏州市档案局印发《关于建立市级机关"文件材料归档范围和保管期限表"审查委员会的通知》。审查委员会主任为祖苏，副主任为虞平健、陈兴南，委员有沈慧瑛、陈攻、卜鉴民、谈隽、陈进锋。审查委员会下设审查工作小组，沈慧瑛为组长。2007年6月，苏州市档案局在试点工作的基础上，组织召开了宣贯会，对国家档案局第8号令逐条讲解，对文件材料归档范围和文书档案保管期限表编制过程中应注意的问题进行解答，市级机关档案人员参加了学习培训。至2007年12月底，苏州市级机关（除垂直管理机关外）及各市（县）、区机关基本完成文件材料归档范围及保管期限表的审批。

推进机关数字档案室建设

2007年，苏州市档案局在推进市数字档案馆建设的同时，推进机关数字档案室建设。市级机关普遍加大室藏档案数字化力度。苏州市档案局于2008年10月6日制发《关于印发〈苏州市数字化档案室考核标准（试行）〉的通知》，同时印发《苏州市数字化档案室考核评分标准（试行）》《苏州市纸质档案数字化加工标准（试行）》，规范室藏档案数字化工作，指导全市机关创建苏州市数字档案室。至2009年底，苏州市级各机关档案室基本完成2001年以来所有永久、长期（30年）档案的数字化，经考核审定，确认苏州市建设局等20家单位为苏州市数字档案室。2010年，认定苏州市发展和改革委员会等20家单位为苏州市数字档案室。2011年，认定中共苏州市纪律检查委员会（监察局）等15家单位为苏州市数字档案室。至2011年，全市共建成苏州市数字档案室55家。

2012年，省档案局印发《江苏省数字档案馆（室）等级评估办法》，苏州市档案局在全市贯彻省数字档案室等级标准。2014年，全市建成省AAAAA级数字档案室

5家。2015年,全市建成省AAAAA级数字档案室11家。

第三节　企业(科技事业)档案工作

国有、集体企业(科技事业)档案工作

苏州解放初期,市工矿企业、科研机构的技术资料分散在各业务科室,无统一的技术资料整理方法,只有各保管科室按生产程序或习惯办法编流水号。随着企业的发展、档案材料增多、利用频率加快,这种分散的管理体制和粗糙的整理方法直接影响企业的生产建设。

技术档案工作及技术档案室的建立　1958年4月,苏州专署办、市人委办联合举办档案干部训练班,全市工矿企业的兼职档案人员参加培训。经过七天半的学习,大家初步掌握了档案业务基本知识。1959年4月,市人委办在市建工局召开技术档案工作会议,研究开展技术档案工作的意见。1959年5月,市两办在苏州第一丝厂召开技术档案资料工作现场会,第一丝厂党委书记乔焕文、办公室钱毓珍介绍技术档案工作经验。1960年,苏州市档案馆在苏州阀门厂、苏纶纺织厂进行建立技术档案的试点。1960年4月,市人委印发《关于加强技术档案管理和领导的通知》,同时转发国务院颁布的《技术档案工作暂行通则》。5月,苏州市两办在苏州阀门厂召开全市技术档案工作会议,市各工业局、厂矿企业的秘书、技术档案员近200人参会。会议传达全国、全省技术档案工作会议精神,苏州阀门厂、苏纶纺织厂在会上介绍建立技术档案室的经验。会后,市各工业局党委、区委分别召开会议,推动全市技术档案工作的开展。据统计,至1960年7月,市重工、纺工系统和平江区,已成立技术档案室30个,配备专兼职档案人员75人。1961~1962年,全市贯彻《国营工业企业工作条例(草案)》和省人委关于加强技术档案工作的指示,技术档案工作又前进了一步。至1962年11月,市重工系统44家工厂中,有15家工厂建立技术档案室,配备专兼职档案干部32人。1963年10月,市人委印发《关于专业主管部门应加强对所属单位技术档案工作领导的通知》,对市工交、城建、商业、粮食等主管部门提出进一步加强技术档案工作的五点意见。1964年3月,市档案管理科对部、省属和市属较大的64家工厂调查,已建立档案机构,实行档案集中统一管理的单位有16家,占25%。7月,苏州市委、市人委批转市档案管理科《关于当前技术管理工作情况和改进意见的报告》,要求全市各专业主管局、工业企业和科研单位进一步重视技术档案工作。1965年10月,根据中共中央、国务院关于加强技术档案备战工作的指示,江苏省档案局和苏州市档案馆组成工作组在苏州试验仪器厂进行技术档案清理鉴定的试点工作。此后,全市各工矿企业和科研机构全面开展技术档案的清理鉴定和核对工作。至1966年6月,据全市143家单位的不完全统计,完成1063个重点项目档案的核对配套工作和3139个一般项目档案的清理鉴定工作。通过清理,大部分工厂技术档案从无到有,从不完整到基本完整,从不系统到基本系统,苏州市技术档

案工作开始走上轨道。

科技档案工作恢复整顿 苏州市科技档案恢复整顿工作于 1979 年开始。苏州市档案局在五二六厂先行试点，并组织档案骨干进行培训。1980 年 5 月，科技档案恢复整顿工作在全市 560 家企事业单位中全面铺开，先后召开全市性科技档案工作会和现场会 7 次，举办短期学习班和业务讲座 15 期，累计培训人员 1875 人次。1981 年底，全市组织了 62 个验收小组对 506 家单位的科技档案恢复整顿工作进行验收，合格 434 家，需要补课 72 家。全市科技档案恢复整顿工作基本告一段落，转入巩固整顿成果提高管理水平阶段。在科技档案恢复整顿期间，全市共整理档案 11 万卷，解决档案库房 430 多间，添置档案箱、柜 6000 多只，建立科技档案室或综合档案室 463 家，配备专兼职档案人员 649 人（其中工程技术人员 131 人），苏州市人民政府关于恢复整顿科技档案工作情况向省政府作了专题报告。1981 年 11 月 16 日，江苏省人民政府办公厅向全省各市县、地区行署及省各有关委办厅局《转发〈苏州市人民政府关于恢复整顿科技档案工作的情况报告〉的通知》。

苏州地区于 1980 年 12 月召开全区科技档案工作会议，全面部署科技档案恢复整顿工作。至 1982 年 10 月，全区 540 个县属企业等单位，已建立和恢复科技档案工作的单位有 449 家，占 83%；配备专兼职科技档案人员 589 人，其中，工程师 6 人，助理工程师 34 人，技术员 61 人；对积存的科技文件材料突击整理，组成科技档案 65400 余卷（袋），底图 879200 余张。据 7 个县（缺无锡县）222 个农科站统计，已建立农科档案的有 171 家，占应建数的 77%，共整理档案 6662 卷。地区举办机电、化工、轻纺、冶金、农业和多种经营系统科技档案业务讲座，培训档案干部 400 余人次，各县也举办科技档案业务讲座 26 次，培训 600 多人次。

全市科技档案工作会议 1980 年 10 月 28 日，苏州市革命委员会召开了全市科技档案工作会议，传达了全国、全省科技档案工作会议精神和中央领导的讲话，市档案局副局长黄玉飞作《苏州市科技档案工作情况和会后意见的报告》，市科委副主任刘展巽就加强苏州市工交系统科技档案工作提出四点意见。市经委、市建委及市各主管局（区、分局）领导，基层企事业单位领导，工程师，科技部门负责人和科技档案干部共 800 余人出席。1982 年 11 月 16 日，苏州市召开全市第二次科技档案工作会议，出席会议的有市经委、建委、科委、有关主管局（分局）及基层企事业单位领导、总工程师、技术科员、办公室主任及科技档案人员近千人，市委副秘书长兼市档案局局长谢效正传达了江苏省第二次科技档案工作会议精神，回顾总结了全市科技档案工作情况，提出了今后科技档案工作意见。苏州市副市长戴坤生出席会议并讲话。市丝绸分局等 6 家单位在会上进行了交流发言。1987 年 11 月 28 日，苏州市召开第三次科技档案工作会议，主要内容是传达贯彻江苏省第三次科技档案工作会议精神，研究部署"七五"期间全市科技档案工作。各县（市）、区政府办公室负责人，经委、科委、建委（城建局）、档案局负责人，市各有关委办局（分局）、直属单位、大专院校办公室（技术科）负责人参加会议。苏州市政府副秘书长黄士奇作《坚持改革开放总方针,大力加强科技档案工作》的报告。苏州市经委副主任蒋志杰、市科委副主任卢怀根、市建委副主任徐民苏等领导到会并讲话。会上印发国家档案局颁布的《科学技术研究档案管理暂行规定》《国营企业档案管理暂行规定》《企业档案管理升级试行办法》,以及江苏省档案局与江苏省外经委联合颁布的《江苏省对外经济技术档案管理暂行规定》等文件。

1980年12月22~24日,苏州地委、行署联合召开由各县办公室、经委(工办)、农工部(农办)、科委、基建局、档案局(馆)和地区机关部委办局、直属企事业单位负责人参加的科技档案工作会议,传达学习了全国、全省科技档案工作会议精神,分析了全区科技档案工作的现状,对全区科技档案恢复整顿工作进行了部署。

制定、贯彻《苏州市企事业单位科技档案工作业务建设标准》 1985年6月29日,苏州市档案局为巩固和发展全市科技档案恢复整顿工作成果,大力开发档案信息资源,更好地为企事业服务,制定印发了1985~1986年《苏州市企事业单位科技档案工作业务建设标准》(试行稿)。全市各专业主管机关将该标准作为企业档案恢复整顿工作补课和复查验收内容进行检查。从1985年开始,市、县(市)两级档案行政部门依据该标准对企业档案实行综合管理试点,市化工局要求化工系统党总支以上单位实行档案工作综合管理。至1986年底,化工系统有9家单位建立综合档案科(室),市丝绸系统有11家单位建立了综合档案室。全市各企事业单位档案部门根据该标准要求,采取缺什么补什么的方法加强业务建设,企事业单位档案工作基础业务水平得到提高。

开展创《最佳科技档案》活动 苏州市档案局为了提高科技档案内在质量,确保科技档案的完整、准确、系统、规范,于1987年10月印发《关于开展创〈最佳科技档案〉活动的通知》,《通知》附《关于开展创〈最佳科技档案〉活动的意见》《〈最佳科技档案〉评选标准》《〈最佳科技档案〉奖申请表》。1988年1月,苏州市档案局成立了以局长陈明琍为组长的《最佳科技档案》评选领导小组。1988年11月,市档案局在轻工、丝绸系统开展评选试点的基础上,印发《关于开展创〈最佳科技档案〉的补充通知》。1991年,苏州市档案局又印发《关于深入开展创〈最佳科技档案〉活动的通知》,对《最佳科技档案》评选范围、评选标准和评选方法进行修订,推动《最佳科技档案》评选活动的深入开展。至1993年,全市累计评选出《最佳科技档案》项目档案279项。

表2-11 1987~1993年苏州市评选的《最佳科技档案》一览表

单位:项

年份	科技档案项目总数	其中				年份	科技档案项目总数	其中			
		科研档案	产品档案	设备档案	基建档案			科研档案	产品档案	设备档案	基建档案
1987	13	2	5	5	1	1991	61	4	30	12	15
1988	44	7	15	15	7	1992	46	7	18	8	13
1989	49	8	20	9	12	1993	10	—	—	—	—
1990	56	7	20	13	16						

企业档案管理升级活动　苏州市档案局根据国家档案局、省档案局的文件精神,会同市经委于1987年联合转发了《企业档案管理升级试行办法》。1988年7月,市档案局又会同市经委联合印发《关于印发〈苏州市企业档案管理升级暂行办法〉的通知》,对企业档案管理升级工作要求,考核内容,等级划分,评定标准和考核办法,升级工作程序等作了详细说明,同时附《企业档案管理升级标准实施细则》和《企业档案管理升级考核办法》。1988年5月,江苏省档案局在苏州市苏纶纺织厂召开全省企业档案管理升级(国家二级标准)模拟考评现场会。同年10月,苏州市档案局在张家港市钢铁厂举行县属企业档案管理升级(省级标准)考评现场会。同年12月,苏州市档案局又在苏州硫酸厂举行市属企业档案管理升级(省级标准)考评现场会。通过三个现场会,树立了不同类型企业档案管理工作升级样板,既培训了企业档案管理升级评审员,又对企业档案管理升级工作进行了宣传和发动,全市企业档案管理升级工作由此全面展开。1989年,苏州市档案局针对乡镇企业档案管理现状和特点,为促进乡镇企业档案管理工作上台阶、上等级、上水平,会同苏州市乡镇工业局制定印发了《苏州市乡镇企业档案管理升级试行办法》,设置了苏州市级标准。至1991年国家档案局通知企业档案管理升级工作暂停为止,全市企业档案管理升级累计650家(次),其中达国家一级标准19家次,达国家二级标准85家次,达省级标准314家次,达苏州市级标准222家次。

表2-12　1988~1991年苏州市企业档案管理升级情况一览表

单位:家

年度	国家一级	国家二级	省级	苏州市级	年度	国家一级	国家二级	省级	苏州市级
1988	0	10	8	0	1991	4	35	136	127
1989	6	25	72	48	合计	19	95	314	222
1990	9	25	98	47					

贯彻《工业企业档案分类试行规则》　1992年,苏州市档案局依据国家档案局颁布的《工业企业档案分类试行规则》,制定印发了《苏州市〈工业企业档案分类试行规则〉实施细则》,对企业档案分类、编号方法、案卷格式标准做出明确规定。在此基础上,苏州市档案局选择机械、化工、纺织、工艺等不同类型的4家企业进行试点,并于同年7月举办3期企业档案分类培训班,全市700多名市属企业档案人员参加培训。当年,《苏州市〈工业企业档案分类试行规则〉实施细则》在市属企业中得到全面实施。同年10月,市档案局组织对120多家企业贯彻执行档案分类规则情况进行了抽查,全部符合规则要求。苏州市成为江苏省第一个全面推行企业档案分类规则及国家标准《科技档案案卷质量构成的一般要求》的地区。

企事业档案工作目标管理活动　1995年,江苏省档案局印发《企业档案工作目标管理办法》,在全省企业中开展档案工作目标管理活动。苏州市档案局于1996年8月印发《关于转发〈企业档案工作目标管理办法〉的通知》。1996年12月,苏州市档案局又印发《关于开展苏州市企事业单位档案管理达标工作的通知》，把目标管理活动作为推进企业、科技事业单位档案建设，提高管理水平的一项重要举措，在全市广泛实施。1995年，全市达省级标准80家。1996年，全市有88家次企事业单位档案管理达标，其中，国家一级2家，国家二级3家，省级74家，苏州市级9家。1997年，全市有156家企事业单位档案管理达标，其中，国家一级1家，国家二级3家，省级95家，苏州市级57家。1998年，全市有96家企事业单位档案管理达标，其中，国家一级3家，国家二级12家，省级48家，苏州市级33家。1999年，全市有111家企事业单位档案管理达标，其中，国家一级4家，国家二级9家，省级60家，苏州市级38家。2000年，全市有102家单位达标，其中，国家一级1家，国家二级13家，省级42家，苏州市级46家。2002年，有75家单位达标，其中，国家一级1家，国家二级6家，省级68家。

参加全省档案管理最佳企业、标兵企业评选活动　1995年3月，省档案局、省计划与经济委员会联合组织开展全省档案管理最佳企业和档案管理标兵企业评比活动。评比在企业自愿报名、层层推荐的基础上，组织专家评审委员会评审，最终评出全省档案管理最佳企业10家，档案管理标兵企业90家。苏州市档案局积极组织和推荐企业参加评选活动。苏州的江苏沙钢集团公司、苏州新苏丝织厂被评为江苏省档案管理最佳企业，江苏化工农药集团公司、苏州西门子电器有限公司、国营五二六厂、常熟市供电局、苏州振亚集团公司、苏州丝绸印花厂、苏州市苏纶纺织厂、吴江新联丝织厂、江苏苏钢集团公司、江苏长城电器集团股份有限公司被评为江苏省档案管理标兵企业。1995年12月，全省档案管理最佳企业和标兵企业表彰大会在张家港市江苏沙钢集团公司召开。省档案局和省计划与经济委员会向获奖单位颁奖。

企事业单位产权制度改革档案处置工作　2002年，苏州市委、市政府统一部署，用两年半的时间分三个阶段按照"四到位一基本"标准全面完成市属国有（集体）企业产权制度改革任务，同步推进生产经营型事业单位转企改制工作，加快国有资本从一般竞争性领域和中小企业退出。至2005年6月，全市累计完成1034家企事业单位改制工作。苏州市档案局为加强企事业单位在产权制度改革中档案的处置工作，确保档案的完整与安全，会同苏州市中级人民法院、苏州市经济体制改革办公室、苏州市经济贸易委员会于2003年2月印发《苏州市国有破产企业档案处置暂行办法》。2003年6月，苏州市档案局又会同苏州市经济体制改革办公室、苏州市经济贸易委员会制定印发《苏州市国有（集体）企业产权制度改革中档案处置暂行办法》，会同市委组织部、市人事局、市劳动和社会保障局印发《关于在市属国有（集体）企业改制中做好人事档案处置工作的通知》。2004年4月，市委办公室、市政府办公室转发市档案局、市经济体制改革办公室拟定的《关于进一步做好全市国有集体企事业单位产权制度改革中档案处置工作的意见》。面对全市改制企事业单位档案处置工作面广量大的现实，苏州市档案局确定统一领导、分级负责的原则，实施突出重点、分类处置的工作方法，明确企事业单位主管部门是档案处置工作的第一责任部门。

2003年7月，苏州市档案局与市体改办、经贸委联合召开全市改制企业档案处置工作会议进行部署。2003年8月，苏州市档案局会同市人大教科文卫委员会、市法制办等部门对全市改制企业档案处置工作进行执法检查。2004年5月，苏州市档案局印发《关于做好企事业产权制度改革中档案接收进馆工作的通知》，确定49家具有地方传统特色、百年老厂等档案进馆名录，并开展档案进馆工作。2004年6月，市档案局又与市体改办、经贸办、监察局再次召开会议，对全市改制企业档案处置工作进行督办。苏州市工业投资发展有限公司、苏州创元（集团）有限公司、苏州物资控股集团有限公司、苏州市商业局等相继建立了改制企业档案管理中心，集中统一管理所属企事业单位档案，其他系统诸如市交通、国发、供销、粮食、房管、建设、进出口、教育等部门也都将所属撤并、改制企事业单位档案集中管理。苏州市工业投资发展有限公司（简称工投公司）承担着全市三分之二（250多家）改制的工业企业累计100余万卷档案处置任务。2004年8月，苏州市工投公司向市委办公室提交《关于恳请解决工投系统企业档案集中管理中几个问题的请示》，就档案管理中心筹建、房屋改建、经费使用等问题恳请市委办公室协调解决。2004年10月26日，根据市委常委、市委秘书长徐国强批示，市委副秘书长翟晓声主持，召集市财政（国资）、体改、经贸委、档案和工投公司等部门会商，一致认为实施工投系统内改制企业档案集中管理的做法是可行的，应积极帮助创建必要条件予以支持，会议并就工投公司需要解决的问题提出具体意见。会后形成会议纪要，市委副书记黄炳福，市委常委、常务副市长汪国兴，市委常委、市委秘书长徐国强分别在会议纪要上签字。工投公司选定位于齐门路原锦绣丝织厂厂房（占地23亩，建筑面积2.5万平方米）改建筹建工投档案管理中心。两期改造共投入资金1156.38万元，配置密集架2993.5立方米，设档案库房楼一幢，面积9000平方米，设置档案接收大厅、档案利用大厅、消防室、监控室、档案展示厅、办公室和辅助用房，档案保管"八防"设施基本齐全。2005年3月开始，工投档案管理中心对全公司改制企事业单位档案实施统一管理集中入库，前后组织400余人，历时一年，进行整理、编目、搬运，累计入库档案137万卷。工投公司档案管理中心的成立和运行，是苏州市改制企业档案处置工作的一大突破。但在实际运行中存在着诸多困难。2007年7月18日，市委常委、市委秘书长王少东主持，召集市政府办公室、国资委、财政局、编办、档案局、工投公司等部门领导参加的协调会，会议决定成立苏州市工商档案管理中心，为财政全额拨款事业单位，划归苏州市档案局管理，编内编制拟定15人，编外聘用编制45人，工投档案管理中心的档案、资产移交市工商档案管理中心管理。会议形成纪要。市编办于2007年9月正式发文，同意建立苏州市工商档案管理中心。2008年1月17日，工投公司与市档案局举行了档案中心资产交接仪式，在市国资委、财政局领导的见证下，市工投公司董事长董柏与市档案局局长肖芃分别在资产移交协议上签字，苏州市工商档案管理中心正式挂牌运行，成为全国首家由政府建立管理改制企事业档案的专门机构。2011年，苏州市档案局召开全市改制企业档案整合工作座谈会,推进全市各系统、各部门改制企事业单位档案移交工商档案管理中心集中管理。至 2015 年底,工商档案管理中心共接收入库企事业档案 171 万余卷、人事档案 9.5 万余份,另有 4500 余箱档案待整理。苏州市档案局处置改制企业档案管理工作的做法得到国家档案局、省档案局的充分肯定。2011 年,被列为全国"档案管理服务创新最佳案例",并作为"苏州模式"在全国推广。

贯彻实施国家档案局第 10 号令 国家档案局第 10 号令《关于企业编制文件材料归档范围和保管期限表规定》颁布后,2013 年 12 月,苏州市档案局与市国资委联合召开全市贯彻落实国家档案局第 10 号令宣贯会,全市各级档案行政部门,国资部门及苏州市、区(不含吴江区)属国有企业有关人员参加会议,市档案局局长肖芃、市国资委副主任张伟兴出席会议并讲话。2013 年有 6 家试点企业报送《企业文件材料及保管期限表》的申请。至 2015 年底,全市 15 家市属国有企业编制的《企业文件材料及保管期限表》由苏州市档案局全部审批完成。

乡镇企业档案工作

苏州市乡镇企业是 20 世纪 70 年代初期逐步兴办起来的。1983 年以前,绝大多数乡镇企业没有建立档案工作,少数企业虽然注意收集和保管档案资料,但都没有按规范进行管理。1983 年,苏州地区和苏州市合并,实行市管县新体制后,市、县(市)档案局和乡镇工业局把适应改革为农村发展经济服务作为重点,对乡镇企业档案工作进行调研。同年 7 月,市档案局向市委、市政府报送《关于加强农村档案工作的意见》,首次对乡镇企业档案工作提出要求。市委、市政府转发至各县(市)和苏州郊区执行,市、县(市)、乡三级都加强了对乡镇企业档案工作的领导,提出分阶段的目标和要求,落实建档的各项具体措施,乡镇企业档案工作在一年多的时间里取得很大成绩。至 1984 年底,全市已有 1826 家乡镇企业建立了档案工作,占全市乡镇企业应建档总数的 65%,另有 617 家村办企业建立了档案工作。

1984 年 12 月,市档案局与市乡镇工业局联合在沙洲县召开全市乡镇企业档案工作经验交流会。1985 年后,全市乡镇企业档案工作重点是加快建档进度,搞好"巩固提高"。1985 年 9 月,省档案局和省乡镇企业局联合在太仓县召开全省乡镇企业档案工作经验交流会,苏州市档案局和市乡镇工业局在会上作了题为《搞好乡镇企业的档案工作,提高乡镇企业的管理水平》的交流发言。至 1987 年底,全市有 2470 家乡镇企业建立了档案工作,占应建档总数的 85%,有各类档案 475401 卷(册),底图 268098 张,有专兼职人员 2753 人,另有 1096 家村办企业建立了档案工作。1988 年 12 月,苏州市档案局和市乡镇工业局为进一步巩固发展乡镇企业建档成果,联合在常熟召开了全市乡镇企业档案工作会议,提出乡镇企业档案工作要纳入企业各项管理和发展规划,企业档案升级与企业管理升级同步。会议讨论并印发了《苏州市乡镇企业档案工作一九八九年至一九九零年业务建设标准》。1988 年,苏州市档案局和苏州市乡镇工业局联合制定印发《苏州市乡镇企业档案管理升级试行办法》,在全市乡镇企业中开展档案管理升级工作。1989 年 8 月，苏州市档案局会同苏州市乡镇工业局组织开展乡镇企业档案工作观摩活动，对各县（市）及苏州郊区的 7 家乡镇企业档案工作进行现场检查。1991 年 5 月，苏州市档案局与乡镇工业局联合召开全市第三次乡镇企业档案工作会议，推动乡镇企业档案工作上等级，业务建设上水平。至 1991 年底，全市有 337 家乡镇企业档案管理晋升苏州市以上先进，其中国家二级 7 家，省级先进 108 家，市级先进 222 家。1992~1995 年，全市乡镇企业档案工作以建档合格验收为抓手，实施档案规范化建设，推行《苏州市〈工业企业档案分类试行规则〉实施细则》。1994 年 4 月，苏州市档案局、苏州市乡镇工业局联合对 14 家乡镇企业档案工作先进集体和 19 名先进个人进行表彰。1996~1999 年，全市集中力量加强对乡镇企业集团和重点骨干企业开展业务指导，推行档案工作目标管理活动。全市销售收入在千万元以上乡镇企业建档率达 100%。2000 年，苏州市实行乡镇企业改制，苏州市档案局与市委农工部、体改委、乡镇工业局联合制定《关于加强企业产权制度改革中档案管理工作的意见》，并请市委、市政府办公室转发。2000 年 5 月，市委、市政府召开全市乡镇企业改制档案管理工作会议，落实改制过程中档案工作。至 9 月底，此项工作全面完成，共涉及改制企业 481 家，档案 237589 卷，由镇机关接收企业改制前的档案 246 家共 101858 卷，接收企业改制过程中形成的档案 700 卷。

外商投资企业档案工作

1992 年 10 月，苏州市档案局首次召开全市中外合资合作经营企业档案工作研讨会，研究探讨开展"三资"企业建档工作思路和方法，并进行建档试点。苏州市档案局拟定《苏州市中外合资合作经营企业档案管理暂行规定》（草案），印发各县（市）档案局讨论修改。1993 年，苏州市档案局选择 4 家外商投资企业进行建档试点。1994 年 9 月，市档案局首次召开市区外商投资企业建档试点工作总结交流会。1995 年，苏州市档案局会同苏州市外经委、计委、经委联合转发国家档案局、国家经贸委、外贸部联合印发的《外商投资企业档案管理暂行规定》。依照此规定，苏州市档案局确定"先重点后一般"的工作原则，重点指导 1000 万美元以上外商投资企业建档。至 1996 年底，沙迪克特种设备有限公司等 11 家外商投资企业建立了档案工作。

民营企业档案工作

2000 年，苏州市档案局为适应非公经济发展需要，做好服务工作，向市区部分民营企业法人代表发出建档信，得到民营企业的积极响应。市档案局确定 3 家企业开展建档试点，摸索适应民营企业需要的档案管理方式方法。2005 年，苏州市档案局与市工商联联合召开民营企业建档工作座谈会，听取民营企业法人代表对建档工作的意见。当年，市区完成 8 家企业建档工作，全市（包括市［县］、区）共建档 30 家。2006 年，市档案局与市工商联联合发出《致民营企业法人代表的一封公开信》，组织全市民营企业档案工作观摩活动,扩大民营企业建档范围。

第四节 农业农村档案工作

苏州的农业农村档案工作始于1958年吴县陆慕公社试点公社档案资料利用工作。至"文化大革命"前,各公社均建立档案工作,有些大队也建起大队档案工作。1975年,逐步恢复农业农村档案工作。1983年,市委、市政府转发《关于加强农村档案工作意见》。至1984年底,全市行政村基本完成建档任务。1989年,农村乡镇建立综合档案室。至2015年,全市建成12个乡镇档案馆(中心)、2个村级档案馆。常熟市、太仓市为"全国社会主义新农村建设档案工作示范县"。

农村档案

1957年9月,苏州地委办公室在吴县陆慕公社进行公社档案资料利用工作的调查研究,提出开展全区公社档案工作的意见,并在江阴周庄公社、昆山蓬阆公社、吴县黄埭公社、太仓群众公社、震泽洞庭公社进行试点。1963年8月,省档案局对省委唯亭公社社教工作团的档案工作进行调研,并写出调查报告。9月,省委办公厅转发省档案局的唯亭公社社教工作团档案工作调查报告。同月,苏州市委办印发《关于郊区人民公社的文书档案工作情况和今后意见》,苏州专署档案管理科拟订《人民公社文书档案工作暂行办法(草案)》。1964年7月,省档案局印发《转发昆山县档案馆关于花桥公社如何做好档案工作的情况报告》,向全省推广花桥公社的档案工作经验。同年9月、10月,苏州地委批转专署档案管理科两次关于加强公社文书档案工作的报告。要求全区执行《关于人民公社文书档案工作的暂行管理办法》,集中力量做好公社档案材料整理工作。1964~1965年,苏州专区和苏州市各公社及时收集和整理好社教运动的档案材料。1965年12月,苏州专区档案管理处转发《太仓县茜泾公社清理文书档案工作的情况报告》。1966年2月底,各县进行公社档案清理工作。至5月初,全区公社(镇)227个已全部结束档案清理工作。有的县在通过公社档案清理的同时,也抓紧大队的档案清理,建立起大队档案工作。

"文化大革命"中,苏州农业农村档案工作遭到破坏,一些公社把公社档案当成废纸送到废品收购站出售,造成泄密失密。

1978年8月,省档案工作现场会议在苏州地区召开,恢复农村建档工作。会议代表参观吴县木渎镇、洞庭公社档案室。木渎镇、洞庭公社档案室严格执行制度,坚持平时立卷,确保文件齐全,并且收集、汇编一些指导生产和工作的有关资料。这个经验在全省推广。至年底,苏州地区248个公社、镇、场中已有173个完成文件立卷归档工作,占总数的70%。

1979~1982年,苏州地区狠抓农村档案室建设,在档案保管期限表上施行长、短期两级期限。在全区开展文书档案竞赛,吴县木渎镇、太湖公社、跨塘公社、光福公社、枫桥公社，常熟兴隆公社、周行公社，昆山新镇公社、成茂公社，吴江妙港公社，沙洲县乐余公社，太仓鹿河公社等被评为先进档案室。至 1982 年底，地区 6 县农村 201 个公社、镇、场、圃已全部建立档案室，室藏档案 97106 卷；苏州地区 6 县农村大队 3243 个，其中 576 个大队建立档案工作，有档案 15577 卷。

1983 年 5 月，苏州市委副秘书长谢效正率市档案局负责人，先后到 6 县（市）了解农村档案工作情况。6 月，市档案局转发常熟市档案局《关于认真做好农村政社分设文书档案工作意见》。7 月，市档案局起草《关于加强农村档案工作意见》，苏州市委、市政府两办转发各县（市）、郊区执行。同月，苏州市档案局与市委农工部在昆山联合召开全市乡村档案工作经验交流会，会议决定今冬明春完成村建档任务。至年底，全市 3331 个村，已有 1291 个村建档。至 1984 年底，全市有 2372 个村建档，占总数的 66.9%。太仓、昆山、吴县已达 90% 以上。1985 年，县（市）档案局帮助农村经济联合体、专业户建档，常熟市琴南乡元和村 4 个家庭农村、吴县光福乡春生农场、昆山陆杨乡种田大户俞三男等建起档案工作。1985 年 12 月，吴县北桥乡党委档案室、昆山花桥乡石头村档案室被评为省档案工作先进集体，常熟市兴隆乡党委秘书杨国梁被评为省档案工作先进个人。

1989 年，苏州市档案局在全市推行机关档案综合管理。1990 年，苏州市档案局在全市机关中（包括乡镇机关）开展档案室定级升级活动。至 1991 年底，已有 70% 的乡镇机关档案室实行综合管理，有 70% 的乡镇档案室升级达标。

1994 年，苏州市各市（县）档案部门，根据农村经济发展变化，对重点村的建档工作提出新标准。张家港、吴县、常熟等县（市）开展党委村、亿元村、村级集团的建档工作试点。1996 年，吴县市完成现代化试点 5 镇 8 村和全部亿元村的建档工作。吴江市在全国人大常委会原副委员长费孝通访问江村 60 周年之际，完成庙港镇开弦弓村档案室建设任务。常熟市开展任阳镇蒋巷村建档试点工作。

1997 年，常熟市被确定为全省农村档案工作试点市（县）。年内，常熟市 32 个镇档案室全部实现晋升苏州市机关档案室三级以上标准，村建档率达 100%。37 个示范村、先行村建档工作全部达到常熟市村级建档合格标准。涉农部门建档率超过 90%。市、镇两级农科档案全部建立，顺利完成省试点工作。1998 年 8 月，由省档案局、省农工部联合组织的全省农业农村档案工作现场会在常熟市召开，江苏省副省长姜永荣到会讲话，全省各市档案局、农工部分管领导参加了会议。

1998 年 12 月，市档案局与市委农工部在吴县市胥口镇联合召开全市农业和农村档案工作总结交流会，会上印发《苏州市村民委员会档案工作基本要求》《乡镇档案工作试行办法》等文件，提出苏州市农业和农村档案工作到 2000 年的目标。1999 年，市档案局组织 6 市（县）2 区（郊区、新区）档案局（馆）领导参加的全市农业和农村档案工作巡回观摩。至年底，全市有 2818 个行政村建档，建档率为 85%。至 2000 年，全市 2834 个行政村全部建档，全面完成全市农业和农村档案工作三年既定目标任务。

2001~2004年，市档案局针对撤并镇、村较多，行政区划调整较大的特殊情况，及时抓好镇、村撤并过程中的档案工作。并加大档案行政执法力度，巩固镇、村建档成果。

　　2004年4月，由国家档案局、农业部主持的全国农业农村档案会议在南通和苏州两地召开，会议代表参观了张家港永联村档案室、常熟市波司登档案馆。4月21日，国家档案局局长毛福民在常熟会议上作工作报告，江苏省委常委、苏州市委书记王珉参加会议并致词，全国各省、自治区、直辖市档案部门和农业部门的负责人参加了会议。

　　2004年3月，江苏省档案局制定并印发《江苏省农业农村档案工作省级示范单位命名与管理办法》。苏州市档案局于2004年4月转发了该文件。2004年12月，江苏省档案局印发《关于命名首批农业农村档案工作省级示范单位的通知》，6家单位为首批农业农村档案工作省级示范单位。苏州常熟波司登股份有限公司、江苏永钢集团有限公司（张家港市南丰镇永联村村民委员会）、常熟市虞山镇人民政府名列其中。

　　2005~2007年，张家港市市委发文，将档案工作列入乡镇千分考核内容，要求配齐各镇档案员，从根本上理顺和解决乡镇档案工作问题。常熟市档案局组织5家单位申报省级农业农村档案工作示范单位。张家港市永联村、常熟市蒋巷村成为全省农业农村档案工作示范村，虞山镇、海虞镇、锦丰镇机关档案工作达省特一级标准。

　　2008年，市档案局与市民政局、农办联合印发《关于加强苏州市社会主义新农村建设档案工作实施意见》，把做好新农村档案工作作为档案服务民生的重要内容，通过召开现场会、纳入村责任制考核等方式稳步提高村级建档水平。各市（县）档案部门按照江苏省机关企事业单位工作目标管理标准对示范村进行指导，年内，全市示范村达省级标准189个，达标率为73%。其中张家港、常熟、太仓、吴江市示范村档案工作全部达省三级标准。

　　2009年，市委办公室、市政府办公室印发《关于加强苏州市镇村两级档案管理工作的实施意见》，加大全市新农村建设档案工作的监管力度。年内，全市乡镇（街道）、行政村（社区）档案工作达江苏省级标准374个，较上年翻了一番。

　　2010年，全市92%的镇（街道、开发区）、89%的新农村建设示范村档案工作达省级标准。张家港市南丰镇永联村建成全省第一个村级档案馆。

　　2010年6月，苏州市档案局、中共苏州市委农村工作办公室联合印发《关于命名苏州市社会主义新农村建设档案工作示范镇村及表彰先进的通知》，命名张家港市杨舍镇等10个镇为"苏州市社会主义新农村建设档案工作示范镇"，张家港市锦丰镇建设村等20个村为"苏州市社会主义新农村建设档案工作示范村"，徐平等30名档案人员为苏州市社会主义新农村建设档案工作先进工作者。同年12月，江苏省档案局印发《关于命名第二批社会主义新农村建设档案工作示范镇村的通知》，苏州市吴中区横泾街道等10个镇（街道）、苏州市吴中区临湖镇湖桥村等17个村名列其中。

2011年，市档案局与市农办联合转发上级关于加强农村土地承包档案工作的意见。常熟通过验收成为"全国首批新农村建设档案工作示范县"。苏州市档案局制定并实施《苏州市乡镇档案馆设置与管理暂行办法》。常熟市古里镇档案馆、张家港经济开发区（杨舍镇）档案馆、常熟市虞山镇档案馆相继成立，并晋升省特一级档案工作标准。

2012年，常熟、太仓在乡镇试点全省第一批档案基层查阅平台，实现村镇居民就近查档的愿望。

2014年，继相城区、苏州工业园区、太仓、常熟、张家港市之后，昆山市建成基本覆盖乡镇的民生档案远程共享查阅平台。张家港市将档案查阅平台延伸至11个村；常熟市利用共享平台，共享独生子女、土地承包档案220万页；太仓市利用政务网"村村通"将共享平台延伸至全部村（社区），把查档服务内容加载至广电网络，送到每户安装数字电视的家庭，实现群众查档"足不出户"。2014年，太仓市获评"全国社会主义新农村建设档案工作示范县"。至年底，苏州市所辖市（县）利用馆藏档案服务延伸到53个镇（街道），85个村（社区）。

2015年，常熟蒋巷村成为全省首家创建五星级规范的村级档案室，为全省农村档案工作树立了新标杆。全市镇、村档案馆达18家，"百姓身边档案馆"继续向基层延伸。

农业科技档案

苏州农业科技档案工作是从1958年5个公社试点档案工作开始的。这农业科技档案包括种植业科技档案、养殖业科技档案、水利科技档案和农业区划档案。

"文化大革命"中，农业科技档案工作遭受破坏。1979年，随着地区档案工作的恢复、整顿，苏州农业科技档案工作得到恢复、整顿。1984年，市农业局编印3种适合不同农业科技户记录的表格《农业技术示范户示范田栽培管理记载表》《水稻栽培技术档案记载表》《县、乡测土施肥联系户基本情况表》。至1987年，全市已初步建成三级农业科技档案工作体系。

1993年，市档案局会同市农业局、多管局开展农科档案两年一次的复查工作，验收结果全部合格。档案局联合市农业局表彰全市农业系统12个先进集体、14名先进工作者。吴江市农业科技示范户赵林宝建立家庭科技档案这一先进典型得到及时总结推广。

1997年，省农业厅、省档案局组织农业科技档案第三次大检查，市农业局被评为省先进单位。

2001年，苏州市农业结构进行调整，确定沿太湖和阳澄湖周边为水产养殖区，丘陵山区为花果林木区，沿长江为创汇蔬菜种植区，阳澄淀泖为优质水稻区；确定优质水稻、特色园艺、优质高禽、特种水产为主导产业。其中最为著名的有阳澄湖大闸蟹、苏太猪、洞庭碧螺春茶叶、"水八仙"（即莲藕、水芹、茭白、鸡头米［芡实］、茨菇、荸荠、莼菜、水红菱）、"太湖三白"（即白鱼、白虾、银鱼）。一批农业产业园和农业示范园纷纷建立。

2004年，市档案局制定《农业示范园区档案管理办法》，指导和规范农业示范园建档工作，为促进农业示范园区可持续发展服务。

种植业科技档案 1958年，苏州专区不少公社编制出历年农业产量等基本数字资料。苏州专区、苏州市档案干部跃进誓师大会后，各公社围绕党的中心运动，开展档案资料利用工作。1960年4月，苏州地委批转苏州专区科委《关于吴江县盛泽公社建立田间档案制的情况报告》。1964年7月，省档案局向全省推广昆山花桥公社档案工作经验。公社利用统计材料，编制公社历年来经济情况变化、病虫害、治螟等资料20多种，做到死材料活利用，发挥了不少的作用。

"文化大革命"中，苏州种植业科技档案工作遭受破坏。望亭农科所曾保存许多水稻高产良种和大量栽培技术资料，遭到严重破坏，给水稻研究带来了无法弥补的损失。1971年，随着地区档案工作的恢复、整顿，种植业科技档案工作重新起步。1979年，常熟兴隆公社的兼职档案干部，把公社成立20年来的农作物产量、社员分配、集体积累以及历年的水利、气象等情况，整理成11种资料，主动提供给公社党委和各大队党支部参考指导生产。吴县洞庭公社的文书档案人员，根据公社特点，把粮食、花果、茶叶、水产等各业生产发展和社员生活改善的情况，整理汇编成参考资料，为领导和外事部门的工作提供方便。有关部门利用这些参考资料，编成《太湖之滨一公社》的特色小册子，用7国文字出版发行。

1981年1月，苏州地委、行署两办发出《关于转发〈科技档案工作会议纪要〉的通知》，要求农业科技档案更要抓紧抓好。8月，地区档案处在《关于全区科技档案工作情况和意见的报告》中指出："农科档案是个薄弱环节。全区只有少数农科单位和气象台（站）建立了科技档案室，配备了专兼职人员，开展了档案的收集、整理工作，而大多数农水单位的农科档案（包括水资源、土地资源、气象资源、生物资源的科技档案）尚未收集、整理起来。"地区档案处决定，根据农业生产季节的情况，分两批突击整理农科档案，即"双抢"后搞一批、秋收秋种后再搞一批，争取年内基本完成恢复、整顿任务。当年，地、县农科所、气象台及县水利局都建立科技档案室。地区农科所把整理后立好卷的农科档案目录发给各组，方便利用，尝到农科档案集中管理的甜头。昆山花桥农科站把档案资料的积累作为每个农技员评定工资标准的重要条件。

1982年，地区档案处、农业局以吴县光福、枫桥农科站为点，各县建立自己的点，通过召开各种现场会、经济交流会，推动全区的农科档案工作。组织全区8个县分4个组进行互查，促进农科档案工作的恢复和发展。至年底，苏州地区（6县）应建农业科技档案单位191个，已建118个，整理档案10611卷、资料4091册。当年，地区各县普遍反映大元麦早熟，根据以往经验，早熟可能减产，地委很重视，多次到吴县光福公社农科站档案室作调查，农科站档案室人员研究了收藏的历年农科档案资料，与当年的情况进行对比分析，得出了虽早熟但不减产的结论。麦收结束，大元麦不仅没有减产，还增了产。

1983 年，苏州实行市管县体制。在农村体制改革中，全市通过业务培训和检查评比，加快农业科技档案的建档速度。年内，据市、县（市）、乡 250 个农科单位统计，农业科技档案有近 2 万卷。太湖地区农科所把科技档案的完整、档案人员参加成果鉴定列入《科技档案干部考核制度》《农业科技档案工作细则》。至 1985 年底，全市从市到乡 195 个应建档单位已全部建档，配备专兼职档案人员 195 人，共有农科档案及资料 2.24 万卷（册），土壤底图 1.1 万张，录音磁带 32 盒，照片 10 册。建立起来的农科档案在农业生产中发挥了效益，为制定农业生产措施、技术总结、科学研究、编写教材、申报技术改进及推广成果奖提供了依据和参考。据不完全统计，1985 年全市借阅农科档案 2322 人次，调阅档案 2957 卷次。市档案局、农业局还帮助农村 12 个专业户、科技示范户建立家庭农科档案 43 卷、农技资料 42 册。至 1987 年，全市已初步建成三级农业科技档案工作体系。

养殖业科技档案　1958 年，苏州专区各渔业公社编出历年水产品产量等基本数字资料。苏州地区水产研究所曾实施不同水系的家鱼繁殖科研项目，由于技术资料没有集中统一管理，加上两次调动科研人员，致使进行了 9 年的科研项目被迫中断。1981 年，地、县多管局和水产局建立档案室，养殖业科技档案工作纳入正常轨道。至 1983 年底，全市多管、水产系统有 36 个单位建立档案工作，占应建档单位的85.7%，配备专兼职档案人员 47 人，整理科技档案 1620 卷、资料 610 册。其中市区7 个单位都建立档案工作，配备专兼职档案人员 7 人，整理科技档案 589 卷、资料98 册，并建立档案保管制度。这些档案为养殖业的发展起到推动作用。如昆山湖泊水面资源利用情况档案，为开发阳澄湖"清水大闸蟹"资源申报农牧渔业部丰收计划提供了可靠依据。苏州市畜牧兽医站的太湖猪育种的各项数据输入微机后，每年为各县选种提供方案。昆山县种猪场在研究梅山猪繁殖的过程中，利用档案中的原始记录（配料、分娩、生长发育）数据，解决了选种问题；从饲养记录分析，解决配料成本核算，证实了豆饼养猪可以降本增益；利用档案防治记录，解决出口猪检疫疑问，保证了国家的信誉。

水利科技档案　1958 年，苏州地区有关单位、公社整理一部分水利科技档案资料。"文化大革命"开始，这部分水利科技档案资料移交地区档案馆。"文化大革命"中，由于机构撤并，水利科技档案资料散失严重。1981 年春，地区水利局成立科技档案室，将大量分散在各科室和个人手中的技术资料进行收集、整理，并实行集中统一管理。1983 年 8 月，推进县（市）、区和乡级水利科技档案的建档工作。1984 年，市水利局根据水利专业特点，汇编《全市大中型水利工程沿江涵闸基本情况》，为提高水利工程质量和加快进度发挥了作用。1984 年、1985 年，市水利局连续被评为全市档案工作先进集体。至 1985 年底，全市应建档的市、县（市）水利局及直属单位 34 个，已建档 32 个，占 94%；应建档的乡级水利站 155 个，已建档 136

个,占88%。全市共整理水利科技档案6607卷、底图20.83万张、资料2002册,其中市区4个单位都已建档,整理水利科技档案783卷、底图2269张、资料420册。市、县(市)、乡三级水利部门都配备专兼职档案人员,从事水利科技档案的收集、整理、编目、保管和提供利用工作,水利科技档案为制定水利规划、进行工程设计、安排施工维修、组织防汛抗洪、编写水利史提供大量的数据和科学依据。

农业区划档案 1979年,地区、市农业区划办公室贯彻中共中央、国务院的"开展农业区划作为发展农村经济的战略措施和实现农业现代化的基础工作"指示,开展全区、全市性的农业自然资源调查和农业区划工作。1982年上半年,全面铺开土地普查档案工作。吴县原计划发展10万亩柑橘,后来根据土壤普查的档案资料分析,发现有些地方不适宜种植柑橘,就及时调整计划,改为2万亩,克服了盲目性。1983年苏州实行市管县体制后,市、县(市)档案部门加强对农业区划档案工作的业务指导,进行分类、组卷、归档。至1985年底,全市有农业区划档案2170卷、图件2349幅、航片1981张、照片222张,配备兼职档案人员8人。其中市区有农业区划档案175卷、照片154张,配备兼职档案人员2人。1985年,市档案局与市区划办贯彻《江苏省农业资源调查和农业区划档案管理办法》,拟定《苏州市农业区划档案工作实施意见》,明确农业区划档案工作收集、整理、鉴定、保管、统计、利用六个环节的具体做法和规定。年底,开展全市农业区划档案工作"五查五看"活动:一查人员落实、设备配置、经费开支情况,看单位领导重视档案工作的程度;二查档案材料收集是否齐全、完整,看档案能否达到完整、准确、系统的要求;三查分类组卷情况,看档案资料归档质量有否提高;四查规章制度建立和档案利用情况,看执行制度和利用效果;五查库房有无防火、防潮、防虫等措施,看档案安全保管条件。

第五节 专门(专业)档案工作

专门(专业)档案是社会各专门(专业)领域业务活动的真实记录。新中国成立后,各行各业在生产建设、社会事业各项活动中产生了众多的专门(专业)记录材料。20世纪60年代,苏州市初步对艺术档案、诉讼档案进行了统一管理。进入20世纪80年代,苏州市档案局与各专业主管部门合作,广泛开展艺术档案、会计档案、专业技术干部业务考绩档案、土地管理档案等建档工作。至1994年,已建立专门(专业)档案22种以上,涉及19个专业主管机关。

会计档案清理工作

1984年11月26日,苏州市档案局、苏州市财政局转发省档案局、省财政厅《关于贯彻执行〈会计档案管理办法〉的通知》。1985年5月6日,苏州市档案局、苏州市财政局转发省档案局、省财政厅《关于抓紧清理1966年以前积存会计档案的通知》,要求市各主管局(公司)、直属单位、各区财政科、档案馆,组织力量,抓紧对

1966 年以前的会计档案进行清理。1985 年 10 月 5 日，苏州市档案局、财政局印发《关于清理积存会计档案工作的意见的通知》，确定会计档案的清理范围、清理方法和步骤，要求全市行政、事业、企业单位在 11 月底前完成对 1966 年以前（不含 1966 年）积存会计档案的清理工作。1985 年 10 月 11 日，苏州市档案局与市财政局在光明丝织厂召开全市会计档案工作会议。会上，光明丝织厂和常熟市水利局分别汇报清理积存会计档案工作情况，市委副秘书长谢效正、市财政局副局长颜凤其分别讲话，市档案局副局长姜贤明布置下一阶段清理会计档案工作。1985 年 10 月 14~19 日，苏州市档案局、财政局分批对全市机关、企事业单位进行会计档案业务培训。1985 年 11 月 18 日，苏州市档案局、财政局印发《关于会计档案管理工作检查评比的通知》，在全市开展会计档案管理工作的检查评比。全市成立以市档案局、财政局为主的检查评比小组，负责全市会计档案管理的检查评比工作。各县（市）、区，市各主管部门也分别成立检查评比小组，负责所属辖区、系统单位会计档案管理的检查评比工作。

1986 年 3 月，市档案局、市财政局再次召开全市会计档案工作会议，回顾总结会计档案清理工作情况，对进一步清理会计档案工作提出要求，并宣布了全市第一批清理会计档案工作合格单位，各县（市）、区财政局、档案局（馆）及市级机关、大专院校、直属单位办公室主任、财务科长计 500 人参加会议。

1986 年 6 月 21 日，苏州市召开会计档案清理、整顿工作总结表彰大会，对全市在会计档案清理、整顿工作中成绩突出的 124 个先进系统和先进单位进行表彰。至 1986 年底，全市会计档案清理工作全面结束，全市 2467 个单位，发动 3 万人，建立会计档案 254 万卷，有 2421 个单位验收合格。其中，市区 782 家单位，发动 5807 人，建立会计档案 1589685 卷，708 家单位验收合格。

1991 年，《会计档案案卷格式》颁布，1992 年 5 月，苏州市档案局、财政局制定印发苏州市会计档案案卷格式标准，并分期举办会计档案培训班，全面推行会计档案案卷格式标准。

广播电视新闻报道档案工作

1987 年，中共中央宣传部、国家档案局印发《新闻单位宣传报道档案管理暂行办法》。1987 年，苏州市档案局会同市委宣传部在常熟市召开全市新闻宣传报道档案工作会议，研究贯彻《新闻单位宣传报道档案管理暂行办法》，交流常熟市开展新闻报道档案工作的经验，部署全市新闻宣传报道档案工作。市委宣传部副部长苏简生、市档案局局长陈明琍分别主持会议并讲话。全市宣传、档案部门及新闻单位共 40 余人参加会议。1994 年，苏州市档案局会同市广播电视局开展新闻报道档案建档工作，选择张家港市广播电视局作为试点单位。张家港市档案局与张家港市广播电视局联合开会发动，发文引导，制定制度，建立了"三台三站"（电视台、有线电视台、广播电台，塘桥广播站、南沙广播站、乐学广播站）档案，9 月份，苏州市档案局、苏州市广播电视局在张家港市召开了全市广电系统现场会,推广张家港市广播电视局经验和做法。1995年9月20日,苏州市档案局、广播电视局印发《关于在全市范围内开展乡镇广播电视站合格档案室验收工作的通知》,在全市乡镇广播电视站建立档案工作,制定验收标准并开展合格验收工作,考核得分在90分以上为合格档案室。1997年11月17~21日,苏州市档案局、市广播电视局对各市(县)、郊区广播电视局和市电台、电视台、有线电视台等单位档案工作进行检查,全市评出优秀单位5个,良好单位3个,合格单位2个。至1998年,全市60%的乡镇广播站建立了档案。

专业技术人员业务考绩档案工作

1990年,苏州市档案局与苏州市委组织部、市人事局、市科委、市职称改革领导小组办公室联合印发《苏州市专业技术人员业务考绩档案管理暂行办法》,在全市企事业单位中建立专业技术人员业务考绩档案。1991年5月20日,市档案局与市科委联合召开会议,对业务考绩档案的建立进行业务培训。6月,市档案局和市委组织部、市科委、市人事局联合组成评审小组,对全市企事业单位专业技术人员业务考绩档案的建档工作情况进行抽查。1992年,市档案局会同市委组织部、市科委、市人事局、市职称改革领导小组办公室,召开全市专业技术人员业务考绩档案工作会议,对建档工作进行总结,对今后工作提出要求,会议表彰了75家先进单位。

土地管理档案工作

1992年,苏州市档案局与市土地管理局联合制定了《苏州市土地档案管理办法》,11月25~27日,在太仓召开全市土地管理档案工作会议,统一认识和做法,观摩试点单位,在全市全面推行土地管理档案建档工作。1993年,市档案局与市土地管理局在太仓举办土地管理档案培训班,贯彻土地档案管理标准。至1993年底,全市土地管理档案建档工作基本结束。其中吴江、吴县、太仓土地管理局档案室晋升为苏州市机关档案室二级标准,昆山市土地管理局档案室晋升为苏州市机关档案室三级标准。1994年,吴江市档案局与吴江市土地管理局联合开发的《乡镇土地管理档案资料信息开发利用》项目获国家土地管理局科技成果三等奖。苏州市土地管理档案工作自此步入规范化管理轨道。1995年,市档案局与市土地管理局联合对所属6市(县)土地管理档案工作进行检查,召开流动现场会。至1998年,全市乡镇土地管理所建档工作也全部达到省土地管理局制定的建档合格标准。

社区档案工作

2004年2月,苏州市档案局、苏州市民政局和苏州市经济体制改革办公室联合制发《关于印发〈苏州市社区档案管理实施意见〉的通知》,在全市社区组织开展建档工作,规范社区档案管理。7月13日,苏州市档案局会同苏州市民政局、苏州市经济体制改革办公室联合召开了全市社区档案工作会议,交流社区档案工作经验,研究布置社区建档任务,参观了沧浪区湄长社区建档试点工作现场。各市(县)、区档案局、民政局、经济体制改革办公室及苏州市区各街道共 60 余人参加会议。2004年 7 月 8 日,苏州市档案局印发《关于湄长社区居委会等五家社区建档工作达苏州市优秀标准的通报》。2007 年 10 月 20 日,苏州市档案局印发《关于公布 2007 年度苏州市社区建档工作优秀单位名单的通知》,相城区 10 个街道经苏州市和相城区两级档案局检查审核,达到苏州市优秀标准。各市(县)及吴中等区把社区建档纳入行政村建档范围,同步实施。2010 年,苏州市档案局与市民政局联合制发《关于进一步加强苏州市社区档案工作的意见》,推动社区档案工作,服务全市和谐社区建设。

家庭档案建档工作

2009 年,苏州市档案局在全市范围内开展家庭档案的建档工作,服务百姓、服务民生。家庭是社会的细胞,随着经济社会发展和家庭物质文化生活水平的提高,许多家庭积累了大量有保存价值的材料,这些材料以独特的视角记录着社会的发展。苏州市档案局编制、印发家庭建档小常识,举办家庭建档知识讲座,吸引 1000 余人参加听讲;利用"苏州档案日"活动,开展家庭建档咨询;为建档家庭印制、免费提供档案卷盒、卷皮等档案装具。2009 年 5 月 10 日,苏州市档案局印发《关于开展苏州市家庭建档及展览评比活动的通知》,制定《苏州市十佳家庭档案评比标准》《苏州市家庭档案整理规则》,共有 100 多户家庭报名参加,2009 年 11 月 8 日评出的"十佳家庭档案"在苏州市首个"档案日"活动中进行了颁奖。2010 年 1 月,苏州市档案局会同市地税局、苏州日报社联合主办"地税杯'家·春秋'家庭档案征文比赛"活动,征文以每个家庭保存的一幅照片、一篇日记、一封书信、一个奖品、一份笔记、一张收据、一本家谱、一件礼品为线索,以散文、随笔描写个人成长、亲情友谊、家庭发展、社会变迁。活动共收到百余篇参赛征文。10 月 9 日,征文比赛活动结果公布,经专家组评审,共评出一等奖 4 篇,二等奖 5 篇,三等奖 10 篇,优秀奖 8 篇。苏州市档案局将 27 篇获奖征文编辑成《让时光停留片刻》一书出版。2010 年,苏州市档案局又专门印制《苏州市家庭档案实用操作手册》,免费发放给市民,指导市民建立家庭档案。

第六节　重点建设项目(工程)、开发区档案工作

重点建设项目(工程)档案工作

20 世纪 80 年代初,随着苏州的改革开放,城市发展步伐加快,建设项目(工程)档案得到了市领导和市有关部门的重视和关注。1984 年 5 月 31 日,市政府召开了工程项目档案工作座谈会,市委办公室、市政府办公室、市计委、市城建办公室、市重点工程指挥部、市开发公司,及城建、建工、交通、房管、化工、物资、园林、档案等14 个单位的负责人参加会议。会议对全市已建、在建重点工程(苏州火车站客运

站、白洋湾货物工程、彩香新村工程、园林建设工程、煤气管道工程、房产建设项目）档案的收集、整理、归档作了分工并提出要求。1984 年 6 月 11 日，苏州市政府办公室印发了《苏州市工程建设项目档案工作座谈会纪要》。

1992 年，苏州市档案局会同市计委、建委联合制定了《苏州市建设项目（工程）档案验收实施办法（试行）》，该办法共十五条，对工程档案的完整、准确、系统及竣工图的编制和工程档案验收要求均作出明确规定。1992 年 11 月 7 日，苏州市人民政府办公室印发《关于转发〈苏州市建设项目（工程）档案验收实施办法（试行）〉的通知》，在全市贯彻实施。

1993 年 9 月 13 日，苏州市档案局印发《关于做好一九九三年度建设项目（工程）档案验收工作的通知》，决定将列入市经委 1993 年度技术改造、技术引进和市区新兴工程竣工计划中的 35 项竣工档案作为重点验收对象。苏州炭黑厂"1.5 吨/年新工艺炭黑生产线"项目竣工档案首先通过验收。1993 年 12 月，苏州市档案局在苏州炭黑厂召开了全市"重点建设项目（工程）档案工作现场会"，介绍推广苏州炭黑厂开展重点建设项目（工程）档案工作的经验。市区各工业主管局（公司）、重点项目建设单位参加了会议。

1994 年，苏州市档案局为了进一步推动重点建设项目（工程）档案工作的开展，提高管理水平，会同市计委、经委、建委印发《关于开展争创〈苏州市优秀建设项目（工程）竣工档案〉活动的通知》，在全市项目建设单位开展竣工档案创优活动。至 1994 年 12 月底，全市有 7 个建设项目（工程）竣工档案被评为"苏州市优秀竣工档案"。1995 年 4 月 25 日，苏州市档案局与市计委、经委、建委联合召开全市建设项目（工程）档案工作总结交流会。会议总结 1992 年以来苏州市重点建设项目（工程）档案工作情况，表彰了优秀竣工项目档案建设单位，交流了经验，对工程竣工档案创优工作提出要求。市各有关主管局（公司）、建设项目单位负责人计 110 余人参加了会议。1995 年 12 月 5~7 日，苏州市档案局与市计委、经委、建委及市有关主管局（公司）分两组对白洋湾水厂"二期 15 万吨/日"项目等 9 项重点建设项目（工程）档案进行了观摩、检查，督促和指导项目建设单位抓好工程档案工作。

1996 年，苏州市档案局举办建设项目（工程）档案管理培训班，聘请规划、建筑、设备安装和质量监督等部门工程技术人员，从工程技术管理角度，讲授工程文件形成的规范性、完整性、准确性，全市工程建设单位项目管理人员、档案人员 100 余人参加了学习。

1997 年，省委常委、市委书记杨晓棠对古城街坊改造档案工作作出批示，苏州市档案局与苏州市建委联合制定印发《关于进一步加强城市建设档案工作的通知》，召开苏州市古城街坊改造档案工作会议，全面启动古城街坊改造档案工作。

1999 年 7 月，苏州市档案局与市计委、经委联合印发《关于做好一九九九年度重点建设项目（工程）档案登记工作的通知》，从 1999 年起，凡列入苏州市及以上重点建设项目（工程）都要建立档案管理登记制度。各建设单位向苏州市档案局报送重点建设项目（工程）档案登记表，市档案局依此跟踪档案工作的监督指导。1999~2015 年，苏州市档案局与市计委、经委等部门连续印发重点建设项目（工程）档案登记、验收和创优的通知，对评为苏州市优秀竣工档案的建设单位进行通报。2007 年，苏州市政府印发《市政府关于表彰 2007 年重点项目建设与服务先进单位的通报》，苏州市档案局被表彰为"支持重点项目建设优秀单位"。2008 年，苏州市档案局再次被市政府表彰为"支持重点项目建设优秀单位"。2008 年，四川省汶川地区发生大地震，苏州市开展对口支援四川绵竹地震灾区恢复重建工作。2009 年，苏州市档案局与苏州市灾区援建指挥组联合制定出台援建项目档案工作指导意见，并选派业务骨干赴绵竹市 6 个乡镇（苏州援建对口乡镇）指导援建项目建档。当年，苏州援建的 38 个项目档案实现与项目（工程）全部同步验收、移交。2011 年，苏州市政府表彰"苏州市对口支援四川绵竹地震灾区恢复重建先进单位和个人"，苏州市档案局被表彰为"服务保障先进单位"。

表2-13　苏州市获评"优秀竣工项目档案"情况一览表

年度	优秀竣工项目档案数（项）	年度	优秀竣工项目档案数（项）	年度	优秀竣工项目档案数（项）
1994	6	1999	9	2004	6
1995	3	2000	10	2006	3
1996	5	2001	7	2007	2
1997	8	2002	2		
1998	3	2003	3		

开发区档案工作

1992 年，国务院总理李鹏亲临张家港视察，并为张家港保税区题写区名。同年，昆山经济技术开发区、苏州太湖国家旅游度假区、张家港保税区、苏州国家高新技术产业开发区相继被国务院批准，列入国家级开发区序列。到 1995 年，全市共建立国家级开发区 5 家，省级开发区 10 家。1993 年，苏州市档案局进行开发区建档指导准备，组织开展调研，了解开发区的管理体制、管理方式、开发功能和建设情况，研究开发区建档工作的基本思路。1993 年 8 月，苏州市档案局组织所辖 6 市（县）档案局分管局长赴上海，学习上海市档案局参与帮助浦东开发区建立档案工作的做法。1994 年，苏州市档案局派人进驻苏州国家高新技术产业开发区（苏州新区），帮助开展建档工作。常熟、太仓、吴县等市档案局也加强了对所在开发区建档工作的指导。1994 年 6 月，苏州新区经市编委批准，建立档案馆，核定人员编制 8 名，履行对全区档案工作的规划、组织、指导、监督，接收、保管和开发利用新区管委会及开发建设档案资料，为苏州新区各项工作服务。1995 年 12 月，苏州市档案局与市政府开放办联合在苏州新区召开了全市开发区档案工作会议，苏州新区档案馆、常熟经济技术开发区等单位在会上作了交流发言。会议根据国家档案局、国务院特区办和国家科委联合颁布的《开发区档案管理暂行规定》，结合苏州市开发区档案工作实际，提出了五年计划。

至 1998 年底，全市已有 10 家省级以上开发区对区域内档案工作实行集中统一管理。

1999 年，江苏省档案局和省人民政府对外开放办公室制定印发《江苏省开发区档案工作目标管理暂行办法》。9 月 15 日，苏州市档案局和苏州市人民政府对外开放办公室召开全市开发区档案工作会议，总结交流全市开发区档案工作，布置开发区档案工作目标管理任务。各市（县）和苏州郊区档案局（馆）及国家级、省级开发区参加了会议。当年，苏州新区档案馆顺利通过江苏省开发区档案工作目标管理一级标准认定，成为全省 79 家省级以上开发区中第一家获得省一级标准认定的单位。1999 年，苏州太湖国家旅游度假区、吴江经济技术开发区通过省二级认定，昆山经济技术开发区、吴县经济开发区通过省三级认定。

2000 年 3 月 29~30 日，苏州市档案局会同苏州市人大教科文卫委员会、法制局、市政府对外开放办公室分组对全市部分开发区档案工作进行联合执法检查，重点对建档工作难度较大的开发区进行督查。2003 年，常熟经济开发区、太仓港口开发区档案工作通过省级目标管理验收。2005 年，浒墅关经济开发区档案工作晋升江苏省开发区档案工作目标管理特一级标准。2007 年，张家港保税区档案工作晋升江苏省开发区档案工作目标管理特一级标准。2011 年，苏州工业园区档案中心晋升国家一级档案馆标准，张家港经济技术开发区、常熟经济技术开发区档案工作晋升江苏省五星级标准。2013 年，太仓港经济技术开发区建立档案馆，其档案工作晋升江苏省五星级标准。2014 年，常熟高新技术产业开发区建立档案馆，当年，常熟高新技术产业开发区、吴江经济技术开发区档案工作晋升江苏省五星级标准，吴江汾湖高新技术产业开发区档案工作晋升江苏省四星级标准。至 2015 年，全市 16 家省级以上开发区（其中国家级开发区 13 家、省级开发区 3 家），档案工作达国家一级标准 1 家，达江苏省五星级（特一级）标准 7 家，达四星级（特二级）标准 1 家，达三星级（省一级）标准 3 家，达省二级标准 1 家。

第四章　交流交往

组织档案工作国内交流、国际交往也是档案行政管理部门的职责之一。苏州市档案行政管理部门通过开展国内交流，承办全国和全省档案工作会议，接待国内、国际档案界的同仁，既增进相互了解、沟通信息，又促进档案工作交流与合作。同时，苏州还学到了先进的档案管理经验和新兴的档案技术，提升苏州档案工作水平。

第一节　国内交流

自 1956 年省委办公厅召开全省地市委和省委机关工作会议，以及举办第一期地县委以上机关档案干部业务训练班后,苏州全面启动档案工作。在工作中,注重学习外地的先进经验,结合苏州实际,运用外地先进经验,推动苏州档案工作不断提升水平。同时,也欢迎外地相关部门前来苏州考察,互相观摩,相互交流。苏州在档案工作中的创新,为国家档案局、省档案局提供实践经验,使全国、省档案会议得以在苏州召开,进一步促进苏州档案工作走上规范化、标准化轨道,形成"大档案"格局。

学习先进

1958 年 12 月,市两办组织 11 个单位的同志分两路赴南通、无锡、镇江市和昆山县学习档案工作经验。

1963 年 2 月,市档案馆组织技术档案人员赴上海市学习技术档案工作,历时 4 天半。苏州技术档案人员参观了杨浦棉纺织厂、上海自行车厂、上海电表厂、上海锅炉厂、上海电焊机厂、上海矽钢片厂等 7 家工厂和上海市化工局。

1965 年 4 月,市档案管理科组织市工业主管局和大中型工厂 35 个单位的科技档案人员赴上海参观技术档案展览会。

1966 年 2 月,苏州专区档案处组织档案人员赴徐州学习公社档案清理经验。

1975 年 4 月,地区档案工作会议代表参加省档案工作座谈会,参观学习江都、江宁县和南京市的先进经验。

1980 年 5 月,市委、市革委会办公室档案科组织市区机关、直属单位文书档案各业务学习组组长赴常州市参观学习。

1983 年 3 月,苏州实行市管县体制,市档案局重视学习外地先进经验,并创造性地开拓苏州档案工作,实现高质量的发展。

表2-14　1985~2015年苏州市档案局赴外地学习选年简况表

时间	地点	学习内容
1985年上半年	南通、扬州市仪征县、无锡市	建立综合档案馆
1985年下半年	北京	城建档案工作
1993年	上海浦东金桥开发区	开发区档案管理
2000年	山东省日照市	档案局机关考核制度
2002年	广州、深圳、珠海	档案立卷改革、档案工作服务创新
2004年	青岛、大连	档案立卷改革
2006年	北京、浙江和江苏省南京市	数字档案馆项目建设
2008年	国家档案局	历史档案征集
2008年	青岛、常州、江阴	解放思想、科学发展
2008年	广州、东莞、沈阳、内蒙古区馆	新馆建设
2009年	第二历史档案馆,南京市、南通市档案馆	档案管理模式
2011年	天津,宁夏银川,山东青岛、济南、泰安	档案编研,陈列展示,新区档案管理模式及档案数据异地备份工作,档案信息化建设
2012年	山东青岛、济南、泰安,河南洛阳	档案信息化建设及档案数据异地备份工作
2013年	新疆伊犁州	对口交流

续表

时间	地点	学习内容
2014年	浙江省丽水市龙泉市	全国档案系统先进典型、龙泉市档案局局长朱志伟事迹
2015年	无锡、南京	档案特藏展示和宗教档案工作

外地到访

1982年前，除徐州档案同仁1977年专程到苏州之外，尚无其他外地档案同仁到苏交流经验。1977年7月，徐州地区19名档案干部专程到苏州，向苏州地区提出开展档案工作竞赛的提议，苏州地区做出"应战书"。省委办公厅转发徐州、苏州两地的倡议、应战书，号召全省开展对口竞赛，"比思想、比干劲、比作风、比贡献"。

1983年3月苏州实行市管县体制后，每年都有外地档案同仁到访，互相交往，相互学习。

表2-15　1983~2015年外地到访人数汇总

年份	批	人次	年份	批	人次
1983	57	346	2008	22	—
1984	97	653	2009	38	388
1985	—	583	2010	48	465
1986~1990	240	1500	2011	29	344
1991	58	600	2012	30	287
1996	34	390	2013	29	168
1998	25	245	2014	34	371
1999	19	142	2015	30	204
2003	22				

注：1.1996年、1998年内包含外宾数。

　　2.其余年份无汇总统计。

第二节　对口援助

根据中央、省委安排，苏州对口支援新疆伊犁州。2011年9月1日，苏州市档案局局长肖芃与伊犁州档案局局长甄敬庭在伊犁签订《江苏省苏州市档案局与新疆伊犁州档案局缔结友好单位协议书》。《协议书》在交流往来、人员培训、项目合作、工作互动等四方面作出明确协议。2012年4月9日，根据《协议书》，市档案局在市局二楼会议室举行捐赠仪式，肖芃、甄敬庭在捐赠书上签了字。市档案局及辖市工商档案管理中心向伊犁州档案局捐赠扫描仪1台、笔记本电脑2台。同年6月15~22日，苏州市档案局为伊犁州档案局在苏州市农村干部学院举办档案培训班。伊犁州档案局副局长李刚别克（哈萨克族）等20名伊犁州档案人员参加学习，并考查苏州园林档案馆、山塘街商会博物馆、市工商档案管理中心、吴中区档案局、苏州工业园区档案中心。2013 年 8 月 14 日，市档案局组织援疆工作组赴伊犁州档案局进行对口交流。根据伊犁州局的安排，苏州市档案局局长肖芃向伊犁州局全体人员作题为《群众路线在苏州档案工作中的实践》报告。市档案局并赠送伊犁州局笔记本电脑一台。伊犁州档案局局长徐斌与苏州市档案局工作组就开展丝绸档案工作合作进行交流。2013 年 11 月 3 日，伊犁州档案局局长徐斌一行 4 人出席第五个"苏州档案日"活动，并参观考察苏州档案工作。2015 年 8 月 20~23 日，市档案局局长肖芃赴伊犁，参加"江苏·伊犁州档案部门对口支援合作共建座谈会"，考察伊犁档案工作，并获赠当地桑皮纸税票档案。

此外，市档案局对苏州市援建绵竹工程档案工作进行指导。

专记

绵竹归来话援建
——苏州市档案局加强四川绵竹灾后援建档案工作纪实

林忠华

为了配合苏州市对四川绵竹地区地震灾后援建工作的深入开展，加强对灾后援建档案工作的规范管理，苏州市档案局迅速展开行动，切实采取积极有效的措施，深入援建第一线，及时地为援建档案的规范管理提供有效服务。这是苏州档案行政管理部门把深入学习实践科学发展观理论运用到实际工作中，从而达到认识与实践的辩证统一，从科学援建的角度，使档案工作能更好地为援建工作服务。

首赴绵竹，共商援建档案工作大计

2009 年 4 月 25 日，由苏州市档案局局长肖芃亲自挂帅，成立四川灾区援建档案工作指导慰问团，组织各市、区档案局奔赴四川绵竹灾区援建前线，对绵竹灾后援建档案工作进行现场指导。档案工作指导慰问团到达绵竹市孝德镇，受到了苏州对口援建绵竹指挥组的热烈欢迎。指挥组副总指挥姜超陪同参观了苏州援建规划展示馆，介绍了苏州援建工作的总体情况，随后双方召开了第一次工作会议。姜副总指挥代表援建指挥组对档案部门的到来表示感谢，他说苏州对绵竹的援建工作已经到了关键时期，入驻灾区 8 个月，各项工作进展顺利，大部分在建项目今年年底完成，其中学校 7 月份就可交付使用，其余项目最晚至明年 5 月全部建成。在援建工作过程中产生了大量的文件资料，包括纸质、音像、照片、实物等，这些材料全面反映援建工作全貌，是历史的真实记录，也是今后建设项目管理、维护、使用的重要依据，但是现有的工作人员对档案管理不熟悉，对档案业务规范标准及具体分类整理的办法都不清楚，这将直接影响档案管理的质量，同时也不利于项目建设和援建工作的正常开展。档案工作指导慰问团的现场指导无疑是一场及时雨，是雪中送炭。

苏州市档案局肖局长也发表了热情洋溢的讲话，她为苏州援建工作取得的巨大成绩感到骄傲，同时也被援建工作人员的无私奉献、辛勤工作深深感动。"作为苏州市档案行政管理部门，我们有义务、有责任做好援建档案的业务指导工作，苏州的援建工作'有一流的规划，有一流的设计，有一流的建设，有一流的速度'，必将建成'一流的档案'，为此我们将全力以赴。"会议商定，苏州市档案局与指挥组要联合下发文件，建立援建档案工作组织体系，对归档的档案门类、范围，整理的标准，今后档案的流向、档案的接收工作等作明确规定。同时还将免费为各援建指挥组安装专业档案管理软件，免费提供各类档案用品、装具，共同将这项工作做好，提升援建档案管理水平。

绵竹市档案局李旭海局长也一起参加了会议，他表示绵竹、苏州是一家，绵竹市档案局一定协助配合做好援建档案的规范化管理工作。

会后，肖局长一行实地参观了建设中的孝德新城，和绵竹市档案局就具体业务工作进行了交流和探讨。受全局同志委托，肖芃局长将苏州市档案局全体同志对受灾的绵竹档案局的自愿捐助款 5000 元整交到绵竹市档案局李旭海局长手中，虽然是微薄的捐款，但代表着苏州档案人对灾区人民的一份心意。

4 月 27 日，根据事先的安排，在苏州援建指挥组驻地举办了一次档案管理知识技能培训，苏州市、张家港市、常熟市、吴江市、昆山市、太仓市对口援建指挥组的办公室人员、项目建设管理人员参加了培训。苏州市档案局业务指导处的同志重点讲解了档案工作的建档标准，重大建设项目档案的组织管理，部分档案门类（包括文书档案、会计档案、照片档案、建设项目档案）的整理方法，档案管理专用软件的安装和使用方法等内容。这次培训，帮助大家学习和掌握档案管理的一些基础知识、业务标准和操作技能，受到了档案管理人员的欢迎。

在接下来的时间内，苏州档案工作指导慰问团在苏州援建指挥组、绵竹市档案局的陪同下，深入援建一线，分别对太仓市援建的齐天镇、吴江市援建的兴隆镇、张家港市援建的东北镇、常熟市援建的土门镇、昆山市援建的广济镇、苏州市援建的孝德镇指挥组进行了现场的业务指导。一是针对综合档案室的建档问题，实地察看了档案管理的现状，指出规范建档的要求，特别是要保证材料的收集齐全；二是与项目建设施工单位、监理单位进行座谈，针对项目建设工期紧、要求高的实际情况，提出项目档案要与项目建设同步进行，在项目交付使用的同时，做好项目档案的验收移交工作；三是与当地乡镇档案人员进行磋商，希望做好协助配合工作，保证今后档案材料的顺利交接。同时还为基层单位安装了档案管理软件。

4 月 28 日下午，苏州档案工作指导慰问团与苏州对口援建指挥组召开了第二次工作会议，根据前期对各援建指挥组实地业务指导检查中发现的情况，分析目前存在的突出问题，双方就以下三个方面达成了共识。一是苏州各对口援建指挥组作为政府派出的一个临时机构，行使政府相关职能，其工作过程中形成的档案必须妥善保管，因此必须出台相关档案工作的规范、意见，建立相关档案工作机构，健全档案管理体制，制定各类援建档案的归档范围等业务标准，保证档案工作的顺利开展。会议明确，成立苏州市对口援建绵竹档案工作组，由苏州援建指挥组副总指挥姜超、苏州市档案局副局长陈兴南任组长，各市援建指挥组办公室、各市档案局业务部门相关人员为组员，负责指导援建档案的归档整理工作。二是考虑到今后档案的归属流向问题，特别是项目档案今后的移交，因此各援建指挥组要加强与各市档案局的联系，与城建档案部门加强沟通、加强配合，同时对项目施工单位、监理单位提出明确的要求，保证项目档案与项目建设的同步管理。三是考虑到援建工作的特殊性，现场工作任务重、人员少，因此苏州各市、区档案局要加强配合，明确援建档案工作责任人和联系人，定期或不定期地深入援建现场，指导帮助，共同完成档案的归档整理任务。

经过四天紧张而又有序的工作，苏州市对口援建四川绵竹档案工作指导慰问团圆满完成各项任务，启程返苏。

制定意见，统一灾后援建档案规范

根据双方工作会议的精神，回苏后，苏州市档案局与苏州市对口援建绵竹指挥组联合出台了《关于加强苏州市对口四川绵竹灾后援建档案管理的意见》，要求各市档案行政管理部门和援建指挥组充分认识援建档案工作的重要性，明确援建档案工作目标，建立健全档案管理机制，加强援建档案基础业务建设。将档案工作纳入援建工作考核评比，并在建设单位中积极开展争创苏州市优秀建设项目竣工档案活动，以提升援建项目的档案管理水平。《意见》中对援建档案业务管理工作也提出了要求，特别是对各类援建档案的归档范围，归档要求，整理标准和今后的移交、接收等工作作了明确规定。同时成立了苏州市对口援建绵竹档案工作组，明确具体档案责任人，确保将各项工作落到实处。

经过近三个月的努力，苏州市各援建指挥组严格按照文件精神，加强了对援建档案工作的组织领导，把档案工作作为一项基础性管理工作纳入援建活动之中，使苏州援建档案工作的面貌发生了根本性的改变。

一方面，各县、市援建指挥组建立健全了档案管理体制，明确分管领导和相应的档案工作责任人。配置了必要的档案保管的设施，注重档案工作的平时常态化管理，加强档案材料的收集归档，使之基本能全面真实地反映援建工作的实际。各援建指挥组按要求及时将2008年度的管理类文件材料向当地档案部门进行了移交，完成了归档的任务，援建档案工作的整体管理水平有了较大地提高。

另一方面，各县、市援建指挥组加强了对各参与援建的建设、监理等单位档案工作的指导，将档案的归档整理工作纳入项目建设程序，加强项目档案工作与项目建设的同步管理，强化档案材料的收集，统一档案整理的标准和要求，为项目档案的同步验收和移交工作奠定了坚实的基础。由苏州市援建的部分项目档案的收集整理工作也得到了当地城建档案工作机构的认可。

协助整理，档案为援建工作添助力

考虑到各援建指挥组援建任务重、人手少的实际情况，苏州市档案局组织各县、市档案局业务骨干，成立档案工作组，于2009年8月3日再次赴绵竹灾区，现场指导，帮助援建档案的归档整理工作。档案工作组按照既定的工作方案，分成三个小组深入一线基层，帮助各市援建指挥组对2008年形成的文书档案、声像档案、实物档案、会计档案等档案门类进行规范的分类、编号，并且将整理的结果输入电脑，利用档案专业管理软件，建立各类档案的目录数据库，以方便今后的检索和利用，顺利地完成了今年的归档整理任务。同时档案工作小组来到各援建项目施工现场，对建设项目档案的规范管理进行了检查指导，特别是针对苏州市即将交付使用的第一批 38 个项目，包括［中小］学校、幼儿园、卫生院等涉及民生的实事项目，各组成员凭借深厚的档案业务功底和丰富的工作经验，不厌其烦地就材料的及时收集、规范地组卷、档案的装具格式等进行耐心的讲解，使施工单位、监理单位的相关人员能够掌握标准、顺利完成任务，从而保证援建档案与援建项目的同步移交和验收。今年 9 月秋季开学绵竹全市80% 的学校将交付使用，届时将有上万名学生能够搬进安全美丽的永久性新校舍内，苏州市的援建工作也是功不可没，当然这其中也有档案人员的辛劳。

经过一个星期的努力工作，档案工作组圆满地完成了既定的各项任务并顺利返苏。

两次绵竹之行，不仅仅是现场的业务指导，不仅仅是档案工作的现场宣传，它的意义在于拉近了苏州档案人与灾区人民的距离，体现了苏州档案行政管理部门按照中央、省的精神和苏州市委的要求，在深入学习实践科学发展观活动中，结合苏州对口援建四川绵竹的档案管理实际工作需要，本着服务项目建设，服务灾区重建，为绵竹人民谋福利而采取的一个重要举措。通过这样一个实践载体，能实现高效援建、科学援建的目标，特别是让党员干部能够直接受到正面教育引导，促进学习实践活动的深入开展。

（原载《苏州档案》2009 年第 2 期）

第三节　在苏档案会议

1958 年至 2015 年，国家档案局在苏州市召开档案工作会议 12 次，省档案局在苏州召开档案工作会议 24 次。会议代表参观指导苏州档案工作，推广苏州经验。

全国档案工作苏州会议

1986 年 6 月 25~30 日，国家档案局和国家经委在苏州联合召开企业档案工作研讨会，市档案局陈明琍、吴雁南、黄介眉参加会议。市经委副主任蒋志杰作大会交流发言。

2004 年 4 月，国家档案局、农业部主持的全国农业农村档案工作会议在南通和苏州两地召开，会议代表参观了张家港市永联村档案室、常熟市波司登档案馆。4 月21 日，国家档案局局长毛福民在常熟作工作报告。全国各省、自治区、直辖市档案部门和农业部的负责人参加了会议。

2008 年 7 月 5~6 日，2008 年"中国·苏州实现'两个转变'建立'两个体系'高层论坛"在吴江同里湖大酒店举行。国家档案局局长杨冬权、中国档案学会六届八次常务理事会理事长冯鹤旺及各地档案专家共 37 人参加论坛。出席论坛人员还参观波司登档案馆、蒋巷村荣誉档案室、苏州市工商档案管理中心。8月，国家档案局在苏州召开档案工作机制创新座谈会。9月，中共中央组织部浦东干部学院档案领导干部研修班80多名学员到苏州进行档案现场教学。

2010年11月，全国《数字档案馆建设指南》宣传贯彻会议在苏州召开，国家档案局副局长李和平等出席。与会代表考察太仓市、苏州工业园区两地数字档案馆建设情况，认为这为全国数字档案馆建设提供了心得模版与经验。会议指出加快推进纸质档案数字化转换，使档案查阅更为方便快捷，广大利用者成为最终受益人。10月29日，国家档案局局长、中央档案馆馆长杨冬权和副局长、副馆长李明华率国家档案团一行65人考察苏州档案工作，实地参观苏州工业园区档案中心、圆融时代广场、科技文化艺术中心、市工商档案管理中心。

2013年6月23~26日，国家档案局在苏州召开全国档案馆测评与档案教育基地建设研讨会。国家档案局副局长李明华及全国各档案馆负责人共75人参加会议。会上，苏州市档案馆作为全国创建国家一级档案馆的先进典型作了经验介绍。

省档案工作苏州会议

1958年8月，省委办公厅和省政府办公厅在苏州专区青浦县召开档案工作现场会，总结推广青浦县档案利用工作经验。

1975年4月，省委办公厅在苏州地区召开全省档案工作座谈会，讨论修订《机关文书档案保管期限参考表（试行草案）》。

1978年8月，省委办公厅档案处在苏州地区召开全省档案工作现场会，各地、市和部分县的档案部门负责人共50多人参加会议。与会人员参观了苏州地区、常熟县、昆山县档案馆和吴县木渎镇、洞庭公社档案室。

1985年9月，省乡镇企业局、省档案局在太仓县联合召开全省乡镇企业档案工作现场经验交流会，各市和部分县（市）乡镇企业局、档案局及一些乡镇企业的代表共84人参加。会议推广沙洲、太仓县乡镇企业档案工作经验，讨论修改《江苏省乡镇企业档案管理暂行规定》。

1998年6月，省委农工部、省档案局在常熟市联合召开全省农业和农村档案工作会议，副省长姜永荣，省委副秘书长、省档案局局长陆军，省档案局副局长谈宝忠、齐丽华，省委农工部副部长张小刚，苏州市委常委、秘书长黄炳福，以及全省档案、农业、水利、乡镇企业、多种经营等管理部门和单位的代表170多人参加会议。会上，常熟市作农业和农村档案工作试点情况汇报，推出电视片《功在当代，利在千秋——常熟市农村档案工作巡礼》，分发《常熟市农村档案业务建设规范选编》。与会代表参观常熟市虞山镇机关及青莲村、兴福村，兴隆镇杨荡村，大义镇农技站等5个窗口单位的档案工作。

2004年6月22日，省档案局、省电子政务建设协调指导小组在苏州召开会议，研讨和交流在电子政务环境下电子文件的归档与管理的做法和经验，市委副秘书长、市档案局局长翟晓声在会上介绍苏州市的做法。

2008 年 7 月，省档案局在常熟市召开"深入解放思想，推动科学发展"全省档案局长座谈会，对苏州市档案部门解放思想、改革创新的做法予以充分肯定。8 月，全省开发区和乡镇档案工作集体调研及机关文档中心建设座谈会在苏州召开。会议分享苏州经验，探索档案管理新模式。

2012 年 7 月 21~22 日，江苏省档案局和省商务厅在苏州工业园区档案管理中心举行全省开发区档案工作会议。全省 26 家国家级开发区和 103 家省级开发区共 130 名代表参加会议。苏州工业园区档案管理中心代表在会上进行了交流发言。与会代表参观了苏州工业园区档案管理中心，省档案局局长谢波和省商务厅厅长马明龙出席会议并讲话。

2014 年 11 月，全省档案事业综合发展推进会在苏州市会议中心召开，省档案局局长谢波以及全省各区、县级以上档案局（馆）长共 160 多人参加。会议推广苏州构建"大档案"格局的经验，并明确"十三五"期间将构建全省范围的"大档案"格局。会议代表参观张家港永联村档案馆、常熟市古里镇档案馆和常熟市档案馆。

第四节　国际交往

苏州档案工作的国际交往始于中共十一届三中全会之后的 1985 年。这种国际交往由一般礼节性的接待发展为国际间的交流与合作以及档案业务工作的研讨。从 1991 年起，苏州市作为国际档案理事会东亚地区分会理事单位，走出国门，进行考察和参加国际档案理事会的学术活动，促进苏州档案事业的发展。

出国（境）开会、学习

1993 年 12 月 9~11 日，林植霖赴中国香港参加"中国教会大学历史文献国际研讨会"。

1995 年 12 月 4~8 日，姜贤明、徐金元赴中国澳门参加国际档案理事会东亚地区分会第二次全体会议。

1995 年 10 月 12~27 日，市档案局副局长黄介眉参加国家档案局组团，赴美国、奥地利考察企业档案工作。

1997 年 5 月 24 日~6 月 2 日，陈进锋随省经济信息系统日贷项目赴新加坡参加计算机软件培训（地理信息）。

1997 年 10 月，市档案局局长黄介眉赴日本参加国际档案理事会东亚及东南亚地区分会会议。

1999 年 10 月，黄介眉赴香港参加国际档案理事会东亚地区分会第四次会员大会。

2002 年 12 月 1~6 日，严浩翔赴中国澳门参加"档案法律事务和本地区档案馆所面临的挑战"研讨会。

2006年8月7~13日，肖进赴中国香港参加江苏省人事厅在香港大学举办的"江苏省档案管理人员培训学习班"。

2007年4月，祖苏赴中国香港参加在香港理工大学举办的江苏公共管理人员赴港培训班。

2007年10月21~26日，国家档案局副局长段东升率中国档案代表团赴日本东京，参加国际档案理事会东亚地区分会第八次大会暨电子政务和数字文件管理研讨会，市档案局副局长虞平健随团参会。

2008年8月7~13日，沈慧瑛赴中国香港参加江苏省档案局在香港大学举办的江苏省档案人员培训学习班。

2008年10月，国家档案局组团赴韩国首尔参加国际档案理事会东南亚地区分会第九次大会，苏州市档案局副局长陈兴南参会。

2009年6月9~15日，王仁斌参加省档案管理学习交流团赴中国香港学习。

外宾到访

1985年10月18日，加拿大国家档案馆馆长J.P.沃洛博士、巴基斯坦国家档案局局长扎法尔先生以及中国香港学者杨启樵、蔡海云夫妇，在国家档案局副局长冯子直、中国第一历史档案馆副馆长徐艺圃的陪同下，从上海抵达苏州，参观苏州市档案馆。省档案局副局长鞠文华、苏州市政府副秘书长沙剑刚在苏州市档案馆接待。市档案局局长陈明琍介绍苏州档案工作概况和市馆现状。贵宾参观市档案馆的历史档案和档案陈列室，并分别题词。沃洛博士的题词为："在结束迷人的中国之行前安排参观组织得这样好的市级档案馆是非常适宜的。"扎法尔先生的题词为："陈列得如此之好的档案资料使我很感兴趣，并给我留下了深刻的印象。"杨启樵、蔡海云夫妇的题词为："苏州档案馆有异于他馆的特色。"下午，外宾游览苏州园林名胜。当天离苏返沪。

1989年11月24~26日，根据中南两国教育文化合作年度执行计划，南斯拉夫联邦档案馆馆长泽赛维奇等两人组成的档案展览团，在国家档案局办公室副主任张义顺和苏州市档案局局长殷海智、副局长姜贤明的陪同下，参观苏州市档案馆、吴县档案馆及苏州刺绣研究所、丝绸印花厂，游览虎丘、西园、留园、拙政园和观前街。苏州市副市长冯大江在苏州饭店会见并宴请代表团。南斯拉夫档案展览团参观苏州市档案馆后题词："南斯拉夫档案代表团来苏州档案馆参观访问，苏州市档案馆以盛情友好的接待表达了他们的重视。他们在档案材料的保管领域内取得了成就。你们所保存下来的几千年的历史给我们留下了深刻的印象。愿你们继续向前迈进。泽赛维奇·斯维特拉娜　1989年11月24日。"贵宾还与苏州市档案馆接待人员合影留念。

1991年10月30日，出席东亚及东南亚地区档案保护技术研讨会的各国代表

16 人，由国家档案局安排到苏州访问，参观了吴县档案馆，外宾对吴县档案馆的结构、设施、档案管理及庭园环境表示十分赞赏。

1993 年 4 月 24 日，以巴基斯坦国家档案馆馆长 A.Z. 希克为团长的巴基斯坦档案代表团一行 5 人，在国家档案局丁文进司长、上海市档案馆馆长助理吴法胜的陪同下，从上海到苏州参观访问。苏州市档案局副局长徐敏、吴县档案局局长朱芹在吴县档案馆迎接贵宾。巴基斯坦贵宾参观吴县档案馆并了解开展档案缩微等情况。下午，贵宾游览虎丘后返回上海。5 月 23 日，应国家档案局局长冯子直的邀请，国际档案理事会主席、加拿大国家档案馆馆长瓦洛博士及夫人到中国了解筹备 1996 年第 13 届国际档案大会的情况。在国家档案局副局长张成良、国家档案局办公室副主任张义顺的陪同下，瓦洛一行从上海到太仓参观访问，参观太仓市人事局档案室和微机房，听取太仓市人事局局长吴介眉、太仓市档案局局长陆黎明的情况介绍。瓦洛博士盛赞太仓人事局档案室的工作条件和管理水平，并在留言簿上写道："我参观了人事局档案室，使我对中国的档案系统有比较全面的了解。另外，从国际标准来讲，这也是一个学习的榜样。"太仓市副市长郑银林接待并宴请贵宾。苏州市档案局副局长徐敏陪同参观访问。太仓参观结束时，贵宾与太仓接待陪同人员合影留念。下午，贵宾参观苏州刺绣研究所，游览留园，后返回上海。

1995 年 10 月 22 日，应第 13 届国际档案大会组委会副主席、国家档案局局长王刚的邀请，美国国家档案与文件管理局专业发展与培训部主任唐·尼尔由第 13 届国际档案大会组委会副秘书长张义顺陪同抵达苏州，参观苏州市档案馆，听取苏州市档案工作情况介绍，并为市馆题了词："我高兴地衷心祝愿你们的出色服务，档案是人们的记忆，档案工作要保持这些记忆的完好和有用。我期待着访问你们的新馆大楼，也许我能帮助你们在那里种花。"参观结束，唐·尼尔参观苏州刺绣研究所，观看一年一度的虎丘庙会。后贵宾赴上海。

1998 年 5 月 27~28 日，以美国马里兰大学人文学院院长吉姆·哈里斯教授、马里兰大学图书与信息服务学院院长安·普伦蒂斯教授为首的参加第四届中国地方国际研讨会的 15 名代表，参观访问苏州市档案馆。11 月 12~13 日，美国密歇根大学本特利历史图书档案馆馆长弗朗西斯·布劳因一行 2 人，参观苏州市档案馆。

1999 年 8 月，"'99 海峡两岸档案交流会"和"21 世纪的地方档案馆：挑战与策略"国际学术研讨会代表共 19 批 142 人次到苏州参观游览。

2008 年 5 月 10~11 日，斯洛文尼亚共和国档案馆代表团一行 4 人由馆长马蒂斯·科索尔率领，由国家档案局外事办处长赵丛陪同访问苏州，参观市馆，听取市馆的情况介绍，并游览苏州园林。10 日晚，市委常委、秘书长王少东在吴宫喜来登大酒店新竹厅接见并宴请贵宾。

国际档案苏州会议

1998 年 9 月 21~24 日，国际档案理事会东亚地区执行局会议暨档案教育和培训研讨会由国际档案理事会东亚地区分会、中国国家档案局主办，苏州市档案局承办，在苏州市会议中心举行，来自韩国、蒙古、日本等国和中国香港、澳门的档案馆馆长，以及国家档案局、中国人民大学、四川、江苏、上海等地共 60 多名档案界官员、专家、学者出席会议。苏州市及所辖各县（市）、区局，市各专业档案馆负责人以观察员身份列席会议，国家档案局副局长郭树银，江苏省档案局副局长程世祥，苏州市委常委、秘书长黄炳福出席研讨会开幕式。受国际档案理事会主席、中国国家档案局局长王刚的委托，郭树银宣读王刚的致词，黄炳福和国际档案理事会东亚地区分会主席、日本国家档案馆馆长高冈完治先后致词，祝贺研讨会的召开。研讨会上，加拿大不列颠哥伦比亚大学杜兰蒂教授作题为《档案教育和亚洲的档案工作者》的主报告，苏州大学教授张照余作题为《中国档案教育培训发展策略分析》的主报告。与会代表围绕档案教育与培训这一主题，展开充分交流和探讨。在此次东亚分会执行局会议上选举日本国家档案馆馆长高冈完治和中国澳门历史档案馆馆长刘美仪为东亚分会新任主席和副主席。执行局会议还修改东亚分会章程、确定会徽、通过出版会刊等事项。23 日，与会全体代表参观苏州市档案馆，市档案局局长黄介眉致欢迎词，代表们观看市馆的电视录像片，实地察看馆内管理工作。研讨会结束，东亚地区分会秘书长、中国香港历史档案馆馆长朱福强对苏州研讨会作出较高评价，说："这次会议取得了圆满的成功。会议的整个过程组织得很好，代表们在苏州地区也过得很愉快。""苏州是个美丽的城市，既有传统的一面，也有现代化的一面。""通过这次会议，我们加深了对苏州这方面的印象。我认为，苏州市的档案工作有很好的基础和优势；我相信，他们一定能够在未来取得更大进步。"

2005 年 10 月 21~22 日，苏州市档案馆、华中师范大学中国近代史研究所在苏州饭店联合举办"近代中国社会群体与经济组织暨纪念苏州商会成立 100 周年国际学术研讨会"。江苏省档案局局长韩杰，华中师大校长马敏，市政协副主席姚东明，市委副秘书长、办公室主任翟晓声以及 37 名境内专家（其中苏州 8 名），日本、美国、新加坡 3 名专家，中国台湾、香港 4 名专家参加会议。会议由市档案局局长祖苏主持，华中师大中国近代史研究所章开沅教授作主题演讲。研讨会共举行七场学术研讨会，有 37 名专家作学术报告。

2011 年 4 月 18~22 日，中俄企业档案管理研讨会在苏州召开。中国国家档案局局长杨冬权，俄罗斯联邦档案署署长阿尔基佐夫，省档案局局长谢波等出席。中、俄档案部门 160 名代表参加研讨会。省委副秘书长姚晓东，市委副书记、市长阎立到会讲话。苏州市档案局代表中方介绍改制企业档案管理的"苏州模式"。杨冬权在接受记者采访时指出，"苏州模式"是成功的，可以向全国推广。会议期间，国家档案局和俄罗斯联邦档案署举办中俄档案合作小组第八次会议，签署中俄档案合作小组第八次会议纪要，中俄两国档案专家就企业档案工作所面临的问题进行广泛交流和讨论。研讨会结束后，5 月 20 日，国家档案局办公室给苏州市档案局发出《感谢信》说"此次会议得到苏州市委和市政府领导的关心和大力支持，市长阎立同志专门抽出时间会见中俄档案合作工作小组成员，请向他转达我局最诚挚的谢意"，"苏州市档案局对参会中俄代表的热情接待，对会务工作的细致周到，保证了会议的圆满成功。你们的出色工作，得到了中俄代表的高度评价。感谢你局对此次会议的大力支持，特此感谢肖芃局长及各位同志在会议筹备和召开过程中的辛勤工作"。

2015年3月24~26日，由国家档案局主办的"联合国教科文组织世界记忆工程亚太地区工作坊"在苏州市举办。联合国教科文组织世界记忆工程项目①负责人伊斯卡拉·潘诺娃斯基女士，世界记忆名录专家和来自所罗门群岛、印尼、中国等国家的37位代表参加会议。会议交流区域内文献遗产保护的工作经验，并对如何申报世界和亚太地区名录进行案例分析，对一些提名材料进行点评。国家档案局局长杨冬权、苏州市有关领导出席了工作坊。3月25日，与会有关专家在国家档案局副局长李明华等陪同下，参观筹建中的苏州中国丝绸档案馆。会议结束后，国家档案局向市档案局发出感谢信。

---

①：世界记忆工程项目于1992年由联合国教科文组织发起，世界记忆工程亚太地区委员会成立于1998年，服务于亚太地区的43个国家。《世界记忆名录》和《世界记忆亚太地区名录》，都是两年评审一次。中国于1995年成立世界记忆工程中国国家委员会，建立中国档案文献遗产名录评选机制。至2015年底，已有113件（组）档案入选《中国档案文献遗产名录》，中国的《本草纲目》、《黄帝内经》、"元代西藏官方档案"等6份文献遗产入选《世界记忆亚太地区名录》，9份文献遗产入选《世界记忆名录》。

第三篇

档案馆业务

苏州档案
Suzhou archives

苏州市档案馆建立后，认真贯彻国家档案局颁布的《档案馆通则》，结合苏州实际，制定《苏州市档案馆业务实施细则》，积极开展档案的收集、鉴定、划控、保管保护、服务利用及信息化建设等工作，档案馆馆藏档案数量不断增加，各项业务水平不断提高。江苏省档案局、国家档案局开展档案馆工作等级创建活动后，苏州市档案馆对照创建标准，努力夯实馆内各项业务基础，改进管理，一步一个台阶，档案馆工作得到质的提升。自1996至2012年，苏州市档案馆先后晋升为江苏省（市县）档案馆工作三级、二级、一级标准，国家档案局档案馆工作二级、一级标准。苏州市档案馆在强化基础业务工作的同时，大力开发档案信息资源，组织开展档案编研工作，开展爱国主义教育，于2000年被命名为苏州市爱国主义教育基地，2007年被命名为江苏省爱国主义教育基地。经过50多年的努力，苏州市档案馆已经建设成为苏州市党政机关、直属企事业单位档案储存基地和苏州市社会各界利用档案的中心。

第一章　接收与征集

苏州市档案馆对档案的收集工作常抓不懈，不断丰富馆藏资源。在档案接收方面，既坚持按制度、法规正常接收，又针对机构变化、工作需要做到随时接收；既接收文书档案，又接收在经济建设和社会各项事业发展中形成的专门档案、科技档案及其他档案。在档案征集方面，着力对重大活动档案、地方重要代表性人物档案以及体现地方历史、地方文化、地方特色等方面档案，广开渠道，广泛征集。截止到2015年度，苏州市档案馆馆藏档案总数为358350卷、39600件，资料40422册，已经形成一个资源丰富、门类齐全、结构合理、地方特色鲜明的国家永久保存档案基地。

第一节　接　收

苏州市档案馆建立前，档案资料的收集由苏州市委办公室负责。1959年8月8日，苏州市档案馆建立时，接收21个全宗16200卷档案及少量报刊资料。苏州市档案馆建立后，依据《档案馆通则》，编制《苏州市档案馆收集档案范围实施细则》《收集档案单位名册》，制定《苏州市档案馆档案接收进馆标准》，苏州市委办公室、市政府办公室多次印发文件组织开展机关、企事业单位等档案进馆。1959年、1969年两次接收原平江、沧浪、金阊、北塔、中区、郊区区委，区人委的档案进馆，胥江区委、桃坞区委的档案也于1965年、1969年两次接收进馆。

机关档案接收

1959年8月12日，苏州市档案馆印发《关于机构撤销和变动时档案材料的处理》的通知，明确提出：凡机构撤销和变动，单位的档案材料必须按照《国家机关文书立卷工作和档案室工作暂行通则》的规定，办理移交或合并保管手续，防止混乱和散失现象的发生。

1961年12月21日，苏州市委办公室、市人委办公室发出《关于机关机构变动时档案材料的处理的通知》，要求撤并机关的档案，统一移交苏州市档案馆。

1962年6月5日，苏州市委办公室印发《关于本市机关、企事业在调整单位中档案材料处理问题的通知》。要求各机关、企业、事业单位在调整时，不论撤销或合并，都必须将应该归档的文件材料（包括保存在单位和个人手边的文件材料）一律向市档案馆移交。

1963年，苏州市档案馆制定了《档案馆档案接收暂行规定（草案）》，明确档案馆接收市委、市人委、市级机关群众团体保存已超过三年、保管期限在十年以上的档案及撤销单位的全部档案。至1963年底，苏州市档案馆共接收54个全宗11964卷档案。

1981年11月24日，苏州市档案馆印发《关于做好向市档案馆移交档案的通知》，要求将保存在市、区机关的1976年之前的永久、长期档案向市档案馆移交。各机关须编写单位历史沿革，填写案卷目录，随同档案一并移交市档案馆。此次档案移交工作计划分两年实施，实际至1985年完成，共接收档案22542卷。

1983年4月15日，苏州地市合并，苏州市档案馆印发《关于原地区机关、企事业单位有关档案材料进馆等问题》的通知，部署地、市合并机构撤并中档案进馆工作，凡原地区机关、企事业单位形成的全部文书档案和具有长远保存价值的财务档案及各种内部资料，应整理立卷后移交给市档案馆。至当年年底，共接收原苏州地区机关档案11460卷，资料443册。苏州市档案馆馆藏档案累计达106204卷。

1990年，苏州市档案馆实施市级机关1977~1982年档案进馆任务。在年初召开的全市档案工作会议上，分管领导、苏州市副市长冯大江专门到会作了动员。市档案馆在市体委开展档案进馆工作试点，以点带面。档案局（馆）人员分片负责，落实档案进馆进度和质量，督促各单位做到档案进馆工作。至当年年底，全部完成档案进馆任务，共接收59家市级机关档案，计15262卷。

1998年6月8日，苏州市委办公室、市政府办公室转发市档案局《关于做好市级机关档案移交进馆工作的意见》，计划用3年时间完成各机关1990年前形成的档案进馆任务。为确保进馆档案符合国家标准，1998年10月13~16日，市档案局（馆）举办档案移交进馆培训班，在市总工会召开试点现场会，对市级机关档案人员进行现场培训辅导。至2000年10月，累计进馆102家，接收档案68777卷。

2009年5月，苏州市档案馆制定了《关于做好市级机关档案移交进馆工作的意见》，中共苏州市委办公室、市政府办公室进行了转发，决定对本市101家机关1990~2000年所形成的档案（包括文书档案、科技档案、照片档案、磁性载体档案）及资料接收进馆。文件要求各立档单位移交档案时，同时移交立档单位检索工具，包括案卷目录、全引目录、数字档案光盘、全宗卷、组织机构沿革及规范性文件汇编等。在数字化方面，要求各立档单位必须按照《苏州市纸质档案数字化加工标准》，对案卷目录、文件目录及移交进馆档案进行数字加工，并做好链接，在移交纸质档案的同时，移交相应的电子档案数据光盘。为提高进馆质量，统一标准，苏州市档案馆制定了进馆档案检查标准，并对全市档案进馆单位集中培训，细化要求。市档案馆工作人员对档案进馆单位分工包干，上门指导，逐家落实进馆工作。2011年，苏州市档案馆为了把好档案进馆关，又制定了档案进馆接收标准。至2013年底，全市101家单位档案进馆工作准备就绪，因苏州市档案馆新馆（齐门路）建设于2015年完工，该轮机关档案大批进馆接收工作延迟至档案馆搬迁后实施。

历史档案接收

1965年1月11日，中共苏州市委办公室印发《关于进一步对历史档案加强管理》的通知，对分散在图书馆、博物馆、机关、工厂、学校等单位的旧政权历史档案和革命历史档案进行调查统计，分期分批移交苏州市档案馆。

1965年2月19日，苏州市档案馆接收原保存在市文物保管委员会的"吴县商会档案"，市文物保管委员会廖志豪、范放与市档案馆吴玉英等具体负责交接。市文物保管委员会对"吴县商会档案"逐卷编号，共有档案2822号（卷），移交市档案馆时缺92号（卷）。据文管会会员陆尹甫先生提供情况，其中，市工商联借用56号（卷），请市档案馆与工商联点收；南京博物馆借去10号（卷），据说调去北京历史博物馆使用；另有文件26号（卷）不知下落。

1981年，苏州市档案馆将保存在市公安局的历史档案，包括国民党党部、县政府、警察局、吴县地方法院、参议院、三青团吴县团支部等一批旧政权档案共6000多卷接收进馆。

1982年，苏州市档案馆接收了保存在市公安局的一批旧报纸、杂志资料，其中书刊1795册、报纸891册、历史档案检索卡片5万余张。

1986年，苏州市文化局在仓库内发现一批记录苏州解放前文化企业的历史档案，其中有书场56家、茶社6家、电影院8家、剧场11家、歌场2家、弹子房3家等86家娱乐场所，包括演职人员名单、企业性质、规模、开业、营业等情况。共整理成案卷49卷，移交苏州市档案馆。

企事业单位档案接收

苏州市档案馆建馆后在历次机关、企事业单位撤并、调整中及时收集企事业单位档案进馆。1990年，苏州市档案馆编制了《档案馆档案接收名册》，将市属相关企业家列入了接收范围。至1994年，苏州市档案馆已接收26家企事业单位档案1717卷。

2000年，苏州市政府开始实施国有集体企事业单位产权制度改革。2004年，苏州市档案局印发《关于做好企事业单位产权制度改革中档案接收进馆工作》的通知，列出49家具有百年历史或苏州传统产业特色企业档案接收进馆名单。至2005年，共接收企业档案18家18853卷（其余31家企业档案由苏州市工商档案管理中心接收）。

2006年，苏州市档案馆组织开展对市级机关直属单位档案室藏情况的调研，并提出《苏州市级机关直属事业单位档案移交进馆工作的实施意见》，确定教育、卫生等11个系统42家单位档案进馆。自2007年1月启动，至2008年底共完成38家档案进馆（另有4家因故经市档案局同意暂缓进馆）。

专题接收

1980年5月，苏州市委办公室档案科就苏州市和意大利威尼斯市结为友好城市，苏州市代表团出访威尼斯市期间形成的文件、拍摄的照片、收到赠送的礼物，均应作为档案保存，向中共苏州市委、苏州市革命委员会提出建议，得到了市领导的同意，苏州市档案馆接收了市政府在此活动中形成的全部档案。

1986年，苏州市庆祝建城2500周年并开展系列纪念活动。苏州市档案馆接收纪念活动形成的照片260张，文字材料43件，反映新中国成立35年来苏州市建设成就照片17册，友好城市赠送苏州市的各种纪念品79种127件。

2001年，苏州市档案馆接收并整理市公证处公证档案17458卷，计算机录入公证档案目录10156条。2004年，苏州市档案馆接收市公证处1995~2000年公证档案、原市公证二处1993~2000年公证档案共15000余卷。

2005年，苏州市档案馆接收苏州市广电总局新闻档案3164卷，苏州市民政局涉外婚姻档案318卷；接收市政府办公室移交的新浪网、中央电视台颁给苏州市的"新浪2004网络中国城市奖杯""2004CCTV十大最具经济活力城市奖杯""2004CCTV中国年度城市奖杯"。

2004年6月，苏州市档案馆接收苏州市广电总台拍摄的26集文化系列片《手艺苏州》。苏州作为传统工艺大市，千年以来积累了多门绝妙工艺。26集文化系列片《手艺苏州》实地采访了30多位手工艺人，涉及的手艺种类达20余种，详细记录了每一门手艺神秘的制作过程及艺人们富于传奇色彩的人生之路。

2004年6月28日，第28届世界遗产大会在苏州召开。为迎接大会召开，真实记录苏州历史上这一辉煌时刻，苏州广播电视总台、中国三一重工股份有限公司和苏州市档案局联合发起了"'三一重工杯'苏州影像·百年珍藏全民摄影大赛"。大赛以"铭刻千年盛会"为理念，以"全民参与、传承文明"为诉求，号召全市人民记录古城苏州风貌，为百年之后的世人留下今日的苏州影像。大赛要求参赛作品集中在 6 月 22~28 日（即第 28 届世界遗产大会开幕前一周）期间拍摄，真实反映苏州世界文化遗产的风貌，以及具有苏州特色的古城古镇、民风民俗现状，力求全面体现苏州的古韵今风。大赛共有 4 万多人报名参加，收到作品 4000 多幅。经评选，获大赛银奖 1 幅，并列第三名 2 幅，20 幅作品获优秀奖，77 幅作品获得入围奖。大赛闭幕式于 7 月 16 日在苏州市档案局举行。100 幅获奖及入围作品被制作成极具苏州特色的典藏版影集移交苏州市档案馆百年珍藏。

2005 年 1 月 13 日，苏州市档案局在苏州园林档案馆举行"第 28 届世界遗产委员会会议档案验收会议暨进馆交接仪式"。对收集整理的第 28 届世界遗产委员会会议所有档案资料进行了验收，并由苏州园林档案馆向苏州市档案馆交接档案。第 28 届世界遗产会议文件由苏州园林档案馆负责全程收集整理，会议共形成纸质档案 1096 件，照片 677 张，声像档案 337 盒，实物 80 件，宣传资料 102 册。

2008 年 5 月 12 日四川汶川发生大地震后，苏州市人民政府组织赴四川绵竹市灾区开展援建工作。首批投资 6 亿元，共 38 个援建项目，包括学校、幼儿园、卫生院等民生实事工程。2009 年 6 月 19 日，苏州市政府四川绵竹灾区援建指挥部将 38 个援建项目档案 1500 卷、2000 件移交市档案馆。

2011 年 2 月，苏州市档案局依据《苏州市档案条例》，发函联系苏州市博物馆，要求苏州市博物馆将保存的苏州对外交往过程中收到的礼品档案移交苏州市档案馆保存。2011 年 5 月 4 日，苏州市博物馆正式向苏州市档案馆移交礼品档案 609 件。

苏州市档案馆自 2012 年至 2014 年先后接收到钱吉虎等当时华东人民革命大学学生自发组织捐赠的档案 331 件，照片 163 张，实物 27 件，光盘 4 张。内容主要是记载 1950 年左右华东人民革命大学学员在校内外生活学习情况、学习计划、各期学员联系表，舒同校长、华东军政委员会人事部长胡立教在华东人民革命大学开学典礼上的讲话稿等。华东人民革命大学成立于 1949 年 5 月上旬，在镇江丹阳筹建，校长由华东局宣传部长、华东军区政治部主任舒同兼任。1950 年 3 月迁至苏州。

表3-1　1959~2015年苏州市档案馆档案、资料进馆数量情况表

时间	进馆档案全宗数（个）	进馆档案数	当期资料进馆数（册）
1959.9~1980.12	193	46075（卷）	2357
1981.1~1983.12	93	60088（卷）	4998
1984.1~1985.12	16	10059（卷）	7063
1986.1~1990.12	29	30974（卷）	11195
1991.1~2001.12	5	65032（卷）	3928
2002.1~2005.12	17	108741（卷）	1577
2006.1~2010.12	71	10059（卷）	6624
2011.1~2015.12	54	43557（卷）39600（件）	12502

第二节 征 集

苏州市档案馆于 1981 年开始档案征集工作。1981 年 5 月，市档案馆向市委报告开展党史和革命历史档案资料征集，苏州市委印发《关于征集党史和革命历史的范围和办法》。1981 年 5 月 26 日，苏州市委印发《关于成立苏州市委党史资料征集小组》的通知，决定成立苏州市委党史资料征集小组，在市委统一领导下，具体负责党史资料征集工作，办公地点设在市档案馆内。历史文件、资料方面的整理保管工作由市档案馆办理。

1986 年，市档案馆设专人从事档案征集工作。1987 年 6 月 16 日，苏州市人民政府办公室转发市档案局《关于广泛征集档案资料的意见》。1991 年 1 月，市编办同意市档案局（馆）增设征集编研科，进一步加强档案的征集工作。

1991 年，市档案馆开始征集重大活动档案，当年征集了"'91 中国苏州国际丝绸旅游节"全部档案。同年，征集到省级以上领导人到苏州的活动照片 84 张。

1996 年，市档案局与市新闻出版局、市文学联合会印发《关于开展对苏州市作家、艺术家作品征集工作》的通知，启动知名人物档案征集工作。

1997 年，市档案馆召开征集工作会议，聘请 9 名特约征集员。

2000 年，市档案馆在《苏州日报》和"市政府信息网"上刊登征集通告，调整充实征集工作网络，聘请了 29 位义务征集员。2012~2015 年，市档案馆建立征集顾问队伍，聘请在苏州各个专业领域有一定影响并热心档案工作的知名人士为市档案馆征集顾问，发放聘书。至 2015 年底，市档案馆征集重大活动档案 37 项次，苏州知名人物档案 38 人，特色资料 2702 册，光盘 31 件，谱牒资料 50 种 257 卷册，礼品档案 1089 件。

表3-2 1991~2015年苏州市档案馆档案征集数量一览表

年份	文书档案	照片	实物	拓片	其他
1991	10卷	84张	—	—	—
1992	7卷	—	—	—	—
1993	15卷	—	—	—	—
1994	—	109张	—	—	—
1996	5卷	—	—	—	录像带34盘
1997	4卷	—	—	—	—
1999	29卷	—	2件	—	7件
2000	—	—	4件	—	书画27件
2001	11卷、112件	12卷	—	—	—
2002	4卷、542件	1000余张	4件	—	10件
2003	56卷、324件	140张	40余件	—	276件
2004	70件	—	—	—	1019件

续表

年份	文书档案	照片	实物	拓片	其他
2005	30卷、475件	—	163件	—	—
2006	83件	—	29件	—	13件
2007	192件	—	—	—	—
2008	1444件	—	8件	300张	32件
2009	206卷、3302件	—	18件	—	1件
2010	175卷、701件	—	15件	400余张	2件
2011	1672件	—	214件	—	24件
2012	2751件	196张	233件	—	21件
2013	496件	382张	63件	—	18件
2014	2105件	3699张	152件	—	57件
2015	2卷、1552件	815张	142件	—	11件

领导人照片档案征集

1985年，苏州市档案馆起草了《关于及时收集中央和省领导同志来苏州检查和视察工作有关材料》的文件，8月5日，苏州市委办公室、市政府办公室联合印发《关于及时收集中央和省领导同志来苏州检查和视察工作有关材料》的通知。

1991年，苏州市档案馆征集到省级以上领导人来苏州活动照片84张，其中有江泽民视察太浦河、胥江变电站等照片。

1994年，苏州市档案馆与市外事办公室、苏州新区管委会办公室合作，征集到党和国家领导人到苏州视察、外宾来苏州活动访问照片109张。

2002年，苏州市档案馆与中共苏州市委党史工作委员会办公室联合举办"关怀——党和国家领导人与苏州"大型展览，在全市成功征集到各个时期党和国家领导人在苏州视察或与苏州相关的照片1000余张。

2003年，苏州市档案馆从苏州市委办公室征集到党和国家领导人视察苏州的照片118张。

2009年，苏州市档案馆与苏州市外事办、苏州市接待办和苏州日报社建立了党和国家领导人到苏州视察、活动照片征集工作渠道，2009年征集照片13张，2010年征集照片15张，2011年征集照片4张，2012年征集照片25张，2013年征集照片10张，2014年征集照片31张，2015年征集照片2张。

重大活动档案征集

1991年，苏州举办第一届"中国苏州国际丝绸旅游节"。当年，苏州市档案馆征集到"'91中国苏州国际丝绸旅游节"档案11卷。

1992~1999年，市档案馆先后征集到"'92中国苏州国际丝绸旅游节"档案7卷、"'93中国苏州国际丝绸旅游节"档案15卷、"'97中国苏州国际丝绸旅游节"档案4卷、"'99中国苏州国际丝绸旅游节"档案23卷。

此后，苏州市档案局将征集重大活动档案工作制度化，通过与活动主办方的联系或直接参与重大活动,取得活动举办方的支持。至2015年底,累计征集重大活动档案37项次。

表3-3　1991~2015年征集重大活动档案一览表

序号	重大活动名称	活动时间	征集档案数量	载体形式	征集时间
1	'91中国苏州国际丝绸旅游节	1991年	11卷	文书档案	1991年
2	'92中国苏州国际丝绸旅游节	1992年	7卷	文书档案	1992年
3	'93中国苏州国际丝绸旅游节	1993年	15卷	文书档案	1993年
4	'97中国苏州国际丝绸旅游节	1997年	4卷	文书档案	1997年
5	'99中国苏州国际丝绸旅游节	1999年	23卷	文书档案、特殊载体档案	1999年
6	2001年中国苏州国际丝绸旅游节	2001年	12卷	文书档案	2001年11月
7	2002年中国苏州国际丝绸旅游节	2002年	4卷	文书档案	2002年9月
8	第一届中国(苏州)电子信息博览会	2002年10月	142件	文书档案、实物	2002年12月
9	江苏省第十五届运动会	2002年10月	354件	文书档案、光盘、实物	2002年12月
10	2003年中国苏州国际丝绸旅游节	2003年9月	125件	文书档案、光盘、实物	2003年10月
11	第二届中国(苏州)电子信息博览会	2003年10月	137件	文书档案	2003年11月
12	第三届中国(苏州)电子信息博览会	2004年10月	70件	文书档案、实物	2005年1月
13	第28次国际科学理事会全体大会	2005年10月	213件	文书档案、光盘、实物	2006年11月
14	人口与发展国际援助研讨会	2005年10月	262件	文书档案、光盘、照片、实物	2006年11月
15	2006中国国际循环经济博览会	2006年7月	51件	文书档案	2007年1月
16	第一届中国·苏州美食节	2006年10月	20件	文书档案、光盘	2007年
17	2007中国国内旅游交易会	2007年	192件	文书档案	2007年8月
18	第三届全国体育大会	2006年5月	1130件	文书档案、光盘、实物	2008年3月
19	第十六届中国金鸡百花电影节	2007年10月	442件	文书档案、实物	2007年
20	第二届中国·苏州美食节	2007年9月	17件	文书档案、光盘	2008年3月
21	第七届中国国际民间艺术节	2007年9月	76件	文书档案、照片、实物	2008年3月
22	第十届中国戏剧节	2007年12月	84件	文书档案、照片、实物	2008年3月
23	第十一届中国苏州国际旅游节	2008年	137件	文书档案	2008年6月
24	北京奥运会火炬接力苏州境内传递活动	2008年	184件	文书档案、照片、实物	2009年1月
25	第三届中国·苏州美食节	2008年9月	12件	文书档案、光盘	2009年3月
26	第十二届中国苏州国际旅游节	2009年	157件	文书档案	2009年6月
27	苏州市学习实践科学发展观活动	2009~2010年	1309件	文书档案	2010~2011年
28	"东方水城"第十三届中国苏州国际旅游节	2010年	47件	文书档案	2010年6月

续表

序号	重大活动名称	活动时间	征集档案数量	载体形式	征集时间
29	2010年上海世界博览会（苏州馆）	2010年	681件	文书档案、特殊载体档案	2011年4月
30	太湖文化论坛	2011年	94件	文书档案	2011年
31	第二届中非民间论坛	2012年7月	75件	文书档案、光盘、实物	2012年
32	中国创博会	2012年	15件	文书档案、光盘	2012年
33	第四届中欧政党高层论坛	2013年	124件	文书档案、照片、实物	2013~2014年
34	李光耀世界城市奖（苏州获奖）	2014年3月	21件	文书档案、光盘、实物	2014年
35	世界语言大会	2014年	137件	文书档案、照片	2015年
36	世界记忆工程亚太工作坊	2015年	110件	文书档案、照片	2015年
37	第五十三届世界乒乓球锦标赛	2015年	840件	文书档案、实物	2015年

知名人物档案征集

苏州市档案馆于1996年启动名人档案的征集，征集到苏州作家亢彩屏档案5卷。2000年，征集到苏州市高级工艺美术师、画家、中国非物质文化遗产（桃花坞木刻年画）传承人张晓飞作品27件。2001年，征集到苏州著名昆剧演员王芳的获奖证书、照片、实物等112件。2002年，征集到苏州著名滑稽戏表演艺术家、国家一级演员顾芗档案46件。

2002年，苏州市档案局制定印发《苏州市名人档案管理暂行办法》。进一步加大名人档案征集力度。

2007~2008年，苏州市人大常委会原主任周福元将其在工作、学习中的有关笔记，撰写的书稿等274卷档案捐赠市档案馆。

2010~2015年，苏州市档案馆通过与苏州市或苏州籍知名人士及亲属的联系、走访，档案征集工作成效显著。至2015年底，累计征集知名人物档案38人。

张晓飞档案 张晓飞，中国工艺美术大师、中国美术家协会会员、苏州大学艺术学院兼职教授。苏州市档案馆于2000年征集到张晓飞版画作品27幅，其中有《刺绣姑娘》《水乡四季》《园林行》《走亲戚》《时鲜货》《娃娃乐》《双狮迎春》《老屋边的小池塘》《莲塘乐》《春浓》等。

王芳档案 王芳，苏州著名昆剧演员、第十届全国人民代表大会代表、江苏省剧协理事、苏州市文联副主席、苏州市剧协名誉主席、江苏省苏州昆剧院副院长、国家一级演员，1992年获国务院政府特殊津贴。苏州市档案馆于2001年征集到王芳个人档案资料112件，内容包括个人简介、评论报道、剧目单、获奖证书、个人活动及出演剧目照片等。

顾芗档案 顾芗，苏州著名滑稽戏表演艺术家、国家一级演员，现任江苏省戏剧家协会副主席、苏州市文联副主席、中国戏剧家协会理事、苏州市滑稽剧团名誉团长,1992年获国务院政府特殊津贴,曾领衔主演40多台大型戏剧。苏州市档案馆于2002年征集到顾芳个人档案资料46件,内容包括个人简介、报道评论、演讲稿、个人证书、个人作品光盘等。

周福元档案 周福元,苏州市人大常委会原主任,长期担任市、县、乡领导职务。他在领导岗位上积累了大量学习,调研,工作笔记,日记,讲话稿,各类出版著作及著作原稿,经整理共274卷,周福元退休后将这些档案全部捐赠苏州市档案馆。2008年,苏州市档案馆举行"周福元先生个人档案捐赠仪式"。

汪毓和档案 汪毓和(1929~2013),音乐理论家,苏州市人,曾任中央音乐学院教授、音乐研究所所长、《人民音乐》副主编、中国音乐史学会副会长、北京音乐家学会理论创作委员会主任等职。苏州市档案馆于2014年征集到汪毓和个人档案17件,内容包括汪毓和的著作、作品、获奖证书、李岚清署名的贺卡、阎肃署名的明信片等。

冯康、冯端档案 冯康(1920.9.9~1993.8.17),数学家、应用数学和计算数学家、中国现代计算数学研究的开拓者,曾任中国科学院计算中心主任、研究员,1980年当选为中国科学院院士。冯端(1923.4~   ),物理学界泰斗、教育家,曾任中国物理学会会长,历任南京大学教授、博士导师、研究生院院长等职,1980年当选为中国科学院院士,1993年当选为第三世界科学院院士。苏州市档案馆于2014年征集到冯康、冯端纸质档案126件、照片84份、幻灯片4件852张、光盘2张。内容包括信函、手迹、作品、印刷品等。

过云楼顾氏家庭档案 过云楼是清代怡园主人顾文彬收藏文物书画、古董的地方。顾文彬(1811~1889),钟情古书画的收藏,他一生殚精竭力,积累书画墨迹达数百件之多,其中不少为传世名迹。2013年,苏州市档案馆征集到过云楼顾氏家庭档案25卷,内容包括过云楼主人顾文彬日记,他和儿子顾丞之间的书信,顾柔日记,《过云楼书画录》,《金石录》等。

陆振岳档案 陆振岳,江苏武进人,1926年生,1949年6月毕业于无锡国专,先后在苏州工业专科学校、西安交通大学、苏州大学等校任教工作,出版论著《方志学大纲》《苏州史志研究》《清代公头羊学研究》《史籍训诂》,参与编写《方志学概论》《江苏旧方志提要》《广清碑传集》《清代文学家辞典》等,校点《吴郡志》《丹午笔记》。曾在国内十余种学校刊物上发表论文80余篇。苏州市档案馆于2014年征集陆振岳个人档案44件、照片23张。内容包括陆振岳的毕业证书;红学家冯其庸,文史专家郑学弢、江辛眉,文学翻译家屠岸等人的书函;《方志学研究》一书全部手稿(含钱仲联所题书名)及出版物;个人照片等。

张问清档案 张问清(1910.4~2012.4),苏州市人,原同济大学水工系、勘察系、地下工程系主任,校工会主席,是中国土木工程界和岩土工程界知名的专家学者,长期从事结构工程、岩土工程学科教学的教育家。苏州市档案馆2014年征集到张问清个人档案32件,光盘16张,照片1张,内容包括张问清的手迹、信函、请柬、杂志、书籍,《紫东珍藏昆曲手折》等。

表3-4　1996~2015年征集名人档案情况一览表

姓名	身份	征集档案种类及数量	征集方式	征集时间
亢彩屏	苏州作家	作品、各类证书等5卷	征集	1996年
张晓飞	高级工艺美术师、画家	作品27件	征集	2000年
王 芳	著名昆曲演员	文书档案、照片、实物等共112件	征集	2001年
顾 芗	著名滑稽戏表演艺术家、国家一级演员	文书档案、照片、光盘等共46件	征集	2002年
吴作人（1908~1997）	画家	照片140张	征集	2003年
顾颉刚	著名历史学家	文书档案62件	征集	2003~2011年
郭绍虞（1893~1984）	中国语言学家、文学家	文书档案、著作等共56卷	征集	2003年
陆鸿仪（1880~1952）	清光绪翰林院庶吉士、最高人民法院委员兼民庭庭长	文书档案30卷	征集	2005年
周福元	原苏州市人大常委会主任	文书档案、照片等共274卷	捐赠	2008年
谢孝思（1905~2008）	著名国画艺术家	文书档案2581件、照片287张	征集、捐赠	2009~2015年
陈素英	高级工艺师（核雕）	文书档案、照片等3卷	征集	2009年
金国荣	苏州民间剪纸艺人	剪纸作品316件	捐赠	2010~2015年
张幻尔（1912~1965）	滑稽戏表演艺术家	光盘1卷、照片46张	征集	2011年
汪毓和（1929~2013）	音乐理论家	文书档案28件、照片3张	征集	2011~2015年
翁惠成	中国钱币学会理事	文书档案、照片等共70卷	征集	2012~2014年
钱玉成	苏州博物馆副研究员			
沈 寿（1874~1921）	刺绣大师	实物、手迹共6件	征集	2012年
余 觉（1868~1951）	画家			
沈起炜	著名历史学家、教育家	文书档案及实物共187件，照片36张	征集	2012~2013年
周士心	画家	文书档案、书籍等38件	征集	2013年
陶冷月（1895~1985）	画家	文书档案79件、实物51件、照片227张	征集	2013~2015年
过云楼顾氏家族	顾文彬、顾丞、顾柔	文书档案25卷	征集	2013~2015年
刘涤民	苏州大学教授、著名摄影家	文书档案及实物共37件，照片52张	征集	2013年
沈菊隐	画家	文书档案36件、光盘1卷	征集	2013年
张寰和	苏州乐益女中创办人、张冀牖之子	照片1497张	征集	2014年
陆振岳	大学教师	文书档案44件、照片23张	捐赠	2014年
沈祖棻（1909~1977）	当代优秀女词人	文书档案及著作共37件，照片2张	征集	2014年
费新我（1903~1992）	著名书法家、画家	文书档案及实物共60件，照片35张	征集	2014年

续表

姓名	身份	征集档案种类及数量	征集方式	征集时间
张问清 （1910~2012）	同济大学教授、 知名学者	文书档案32件、光盘16 张、照片1张	征集	2014年
冯 康 （1920~1993）	数学家	文书档案130件、光盘2 张、照片84张	征集	2014年
冯 端 （1923~ ）	物理学家、教育家			
潘昌煦 （1873~1958）	近代书法家、诗人	文书档案2件、光盘1卷、 照片37张	征集	2014年
李娥瑛	中国工艺美术大师（刺绣）	文书档案48件、实物58 件、照片42卷、光盘2卷	征集	2014~2015年
蔡金兴	中国工艺美术大师（制砚）	文书档案47件、实物2 件、照片77张、光盘3卷	征集	2014年
陈沧泉	中国摄影家协会江苏 分会会员	文书档案1件、照片1085 张、实物2件、光盘7卷	征集	2014年
高书林	离休老干部（参加过孟良崮 战役，后从事文学创作）	文书档案1卷	征集	——

苏州市地方特色资料征集

苏州市档案馆自建馆之日起，就重视资料的收集工作。1998年，苏州市档案馆加强了对苏州地方传统特色资料的征集，内容涉及苏州历史名人的介绍和研究，苏州园林、名胜的介绍，苏州吴文化的介绍和研究，苏州老照片等。至2015年，共征集特色资料2792册、光盘31件。

表3-5　1998~2015年征集苏州市地方特色资料一览表

征集 时间	资料 （出版物） （册）	光盘 （件）	内容
1998年	22	9	苏州文库《虎丘》等8册、《话说苏州·历史名人篇》等
1999年	8	3	——
2000年	11	——	——
2001年	6	——	《中国历史文化名城——苏州》《寒山寺碑刻集》等
2002年	13	1	《姑苏书简》《老苏州》《吴音流韵》《苏州名人故居》等
2003年	146	3	《文化遗产苏州古城》《桃花坞年画》《吴中工艺名家》等
2004年	37	2	《苏州胜景》《手艺苏州》《吴门画派》《苏州评弹》等
2005年	80	——	《古都苏州新天堂》《苏州昆曲》《苏州乡土食品》等
2006年	12	4	《孙子兵法》传世典藏本、《沧浪十八景咏》、《江苏省苏州地名录》等
2007年	15	9	宣传片《沧浪》《千秋端午》《江南丝竹》《苏园六记》、 弹词《大脚皇后》等
2008年	24	——	《天堂琼楼玉宇——苏州雕花楼》《阳山文萃》等
2009年	20	——	《苏州古桥文化》《苏州历史名贤》《耦园诗文集》《苏州百姓图案》等
2010年	30	——	《徐福东渡与吴地》《古城记忆》《昆曲漫笔》《苏州楹联集成》等
2011年	677	——	——
2012年	263	——	《苏州影剧史话》《南社沉钩》《柳亚子家书》《苏州士绅》等
2013年	543	——	《园冶》《吴侬软语话评弹》《园粹艺术》《走读苏州》等

续表

征集时间	资料（出版物）（册）	光盘（件）	内容
2014年	264	—	《苏州民间工艺家》《吴门梦忆》《昆曲与民俗文化》《宗教文化在苏州》等
2015年	531	—	《苏州百座寺观教堂》《苏州老井》《苏州城门城脚那些事》《周瘦鹃文集》等

谱牒资料（家谱、宗谱、族谱）征集

苏州市档案馆自1999年开始征集谱牒资料（家谱、宗谱、族谱），接收谱牒资料的捐赠。至2015年底，累计征集（或接受捐赠）谱牒资料50种257卷册。

《大阜潘氏支谱》 2005年10月，由清代工部尚书潘世恩六世孙潘玉博、潘玉洽、潘裕达、潘裕果、潘裕嘉捐赠苏州市档案馆。

《江阴李氏宗谱》 2009年由李志范先生捐赠苏州市档案馆，江阴李氏一世祖名李嘉那，是辅助元世祖忽必烈定天下的行军元帅，他的夫人是成吉思汗的女儿越姬。《江阴李氏宗谱》共38册。

表3-6 1999~2015年征集谱牒资料选年表

征集时间	谱牒名称	数量（卷、册）
1999年	中国孙氏世系源流	1
2002年	苏州汪氏支谱	1
	东汇潘氏族谱	5
2003年	慎终追远：无锡杨氏（杨菊仙系）创业纪实	1
	陆氏世谱（无锡蒋洞桥陆巷分支）	1
2005年	大阜潘氏支谱（上、下）	2
	浙江上虞罗恩绶家谱及纪念册	1
	洞庭东山叶翰甫家庭吴中叶氏文德堂支族谱补阙	1
	肥西张公荫穀后裔谱资料汇编（上）	1
	海陵王氏族谱	4
2007年	武进梁氏宗谱	8
2008年	中泉冠氏宗谱	1
	李氏家谱	1
2009年	中华陆氏通鉴	5
	江阴李氏宗谱	38
	苏州钱氏创刊号	1
	中华陆氏宗谱	1
	苏州程氏支谱（表一、表二）	2
	吴郡陆氏春秋	1
	周氏陶氏族谱	1
2010年	临湖谢氏家谱	6
	江苏无锡梧塍徐氏宗谱	15
	斗山尤塘支	8
	江震殷氏族谱补修本	1

续表

征集时间	谱牒名称	数量（卷、册）
2011年	江苏靖江义门陈氏宗谱	1
	钦贤张氏宗谱	26
	钦贤张氏皋岸萧公支族谱	10
	龙溪盛氏宗谱	1
	苏氏族谱	6
	无锡杨氏	1
2012年	无锡陡门秦氏宗谱（归厚堂）	5
	大桥张氏宗谱（培川堂）	18
	苏州钱氏	1
	园塘徐氏宗谱	20
	安徽贵池南山刘氏瑞芬公世珩公支系史乘（上、下）	2
2013年	尤氏家谱（零散资料）	1
	古吴阙氏宗谱	8
	陡门秦氏壬辰宗谱补遗	1
	葛氏宗谱（顿丘堂）	1
	海虞宋氏支谱（继忠堂）	12
2014年	陶氏支谱（五柳堂）	1
	无锡凌氏宗谱	4
	歙县迁苏潘氏家谱	1
	莫釐王氏家谱（上、下）	2
	莫釐王氏家谱续集	1
	晋陵沈氏宗谱	1
2015年	娄东孙氏家集	6
	中华乐安孙氏总谱	32

第二章　档案保护与管理

　　苏州市档案馆建馆后按照档案保管要求，不断改善档案保管条件，采取各项措施，加强对馆藏档案的保管保护。对不同保管期限、不同保存价值的档案分库存放，分级管理；加大投入，组织力量，对字迹褪变、纸张破损档案进行复制、修裱和抢救；对珍贵档案文献，实施重点保护。在档案管理中，按档案全宗性质分设全宗群，分类编号、科学管理，编制馆藏档案全宗名册；制定档案鉴定工作计划、方案，对保管期限到期档案及时鉴定，去粗取精，优化馆藏档案质量；制定《苏州市档案划控开放实施细则》，对形成满30年的文书等档案及时组织划控解密，为档案的提供利用奠定基础。至2015年底，苏州市档案馆共有档案全宗487个，档案总数达356350卷、33268件，照片档案45162张，实物档案2979件，音像档案887件。

第一节　档案保护

档案安全是档案的生命。苏州市档案馆自建立，就把档案安全保管保护放在工作的首位。在硬件上，争取政府的支持，不断加大对档案保管保护设施的投入，改善档案的保管条件，保证档案的安全。在管理上，建立健全档案保管制度，采取各种抢救保护措施，延长档案的使用寿命。

档案保管条件

1959 年 8 月苏州市档案馆成立时，有档案库房 6 间、木箱 35 只、木橱 19 顶。

1965 年，苏州市档案馆添置金属档案箱 250 只。

1966 年 9 月 8 日，为保护档案安全，避免"造反派"冲击，苏州市档案馆将重要档案转移至中国人民解放军 6307 部队保存。档案馆全体人员实行 24 小时驻守值班。同年 11 月 3 日，苏州市档案馆又转移一批档案至 6307 部队，两次共转移档案 531 箱、388 麻袋。1967 年 7 月 12 日，苏州市档案馆将尚未转移的短期档案、旧政权档案等一起移交至苏州市人民武装部库房。同年 7 月 27 日，苏州市内两派武斗升级，在军代表刘松泉的安排下，将市档案馆库房贴上封条和国务院关于不准冲击档案馆的公告后，工作人员就撤离了。同年 7 月 30~31 日，两派武斗队伍都到人民武装部抢枪，将市档案馆移交至人民武装部的 24 只金属档案箱撬开，20 多只麻袋档案全部倒出，库内库外满地都是档案材料，致使档案遭受很大损失。同年 8 月 5 日，苏州市档案馆遭市轻工司令部"造反派"冲击，他们将所有库房档案箱砸开，档案抛散落地。同年 8 月 14 日，市级机关串联会组织机关档案人员到市档案馆作了一般现场清理后，以机关串联会名义贴了一张公告，禁止任何人进入市档案馆。同年 9 月 5 日，又到市人民武装部清理市档案馆被破坏的档案。经多次清点复查，缺少档案 328 卷，另有 200 多件档案材料被泥土、石灰等杂物污染。1968 年 11 月底，将移交至 6307 部队的档案，全部运回市档案馆。1969 年，为适应战备的需要，市革命委员会发出《关于暂停查阅档案的通知》。1970 年 1 月 3 日，苏州市档案馆将全部档案转移至后库（灵岩山战备油库）。同年 4 月 15 日，苏州市档案馆将转移到后库的档案全部运回人民路 80 号市委大院档案馆库房。

1972 年，苏州市档案馆添置金属档案箱 375 只。

1978 年，苏州市档案馆翻建，面积为 1760 平方米。

1983 年，苏州地区档案馆与苏州市档案馆合并，档案库房分设两处，总建筑面积为 2851 平方米，其中库房面积为 1196 平方米。

1985 年，苏州市档案馆有金属档案箱 1965 只、木箱 325 只、木架 40 只、去湿机 2 台、空调 11 台、报警装置 1 套。

1990 年，苏州市档案馆有铁箱 464 套（2320 只）、木箱 60 套（300 只）、木架 37 只、资料木橱 30 套、卡片木橱 17 套、空调机 10 台、去湿机 11 台、温湿度自动控制仪 4 台、防盗报警装置 1 套。

1997 年，苏州市档案馆搬迁至三香路行政中心 7 号楼（档案馆楼），建筑面积 5600 平方米，其中库房 2000 平方米，共装有档案密集架 5 联 56 列（计 560 立方米），金属图书架 32 只；库房内全部安装中央空调，有货梯 1 台；安装监控探头 4 只。

2000 年，苏州市档案馆更新金属档案箱 125 套，添置档案陈列柜 8 只。在阅档室安装监控探头 2 只、监视器 1 只。

2004 年，苏州市档案馆因库区楼顶积水，墙体开裂，渗水现象严重，向市级机关事务管理局提交《关于抢修档案库房屋顶的紧急报告》。同年 9 月，市级机关事务管理局对档案馆库房楼顶进行翻修。

2005 年，苏州市档案馆更新金属档案箱 125 套，添置档案陈列柜 8 只。

2011 年，苏州市档案馆分别在三层库房入口处各安装监控探头 1 只。

2015 年，苏州市档案馆新馆在苏州市北园路建成，建筑总面积约 29061.7 平方米。档案库房全部安装金属密集架，共 7224.55 立方米。温湿度控制、安全监视实行 24 小时管理。

消防安全

1959~1996 年，苏州市档案馆的防火设施主要是配置各种气体、粉剂灭火设备。

1997 年，苏州市档案馆搬迁后，库房内全部安装防火自动报警装置和自动灭火装置。

2000 年，苏州市档案馆添置 3 公斤 CO_2 灭火器 50 只，灭火箱 12 只。

2002 年，苏州市档案馆被列入江苏省消防安全重点单位。市公安局对档案馆 CO_2 气体灭火系统进行了检查验收。同年 3 月，苏州市档案局（馆）制定了消防安全管理实施细则，建立了局（馆）消防工作小组，实行消防安全责任制，从库区、机房、办公区到公共部位，分区包干，明确管理要求，落实消防责任，分级负责，责任到人。

2004 年 11 月 6 日，苏州市档案局（馆）和市级机关事务管理局联合举行了 CO_2 自动灭火系统模拟演练。中国核工业总公司四〇四厂及南京消防器材厂股份有限公司分别派出工程师对这次演练进行技术指导。上午 9 时 30 分，档案馆一间库房发出"火警"，在 30 秒钟人员安全疏散后，大量的白色浓雾随即从天花板上自动灭火装置内喷出，冰冷的 CO_2 强气流在短短几十秒内瞬间充满库房。5 分钟后，打开库房门，大火已经彻底熄灭，一个个档案柜、一卷卷档案安然无恙。

2006 年 6 月，苏州市档案局（馆）邀请苏州安居防火教育培训中心教官来馆进行消防知识培训，增强局馆工作人员安全防火意识和灭火逃生技能。局（馆）全体人员参加了培训。

2008 年 6 月，苏州市档案局制定了《苏州市馆突发事件应急救援预案》，内容包括事故应急预案启动的条件和范围，事故应急预案指挥组织机构，事故报告和现场保护,事故应急处理方案,事故应急措施,其他事项等六个方面。

重点档案抢救

由于历史原因,馆藏部分档案出现破损、字迹褪变现象,尤其是 1980 年以前的永久、长期档案中,有一些使用复印纸打印,圆珠笔或蓝色墨水书写的档案,字迹模糊,已不能对外提供利用。自 1983 年开始,苏州市档案馆向市政府申请专项经费,聘请人员,组织力量开展对永久、长期档案进行抄写、抢救、复制。至 1991 年底,共复制、裱糊珍贵档案副本 213 卷,抄写档案 46110 页。

1991 年,苏州市档案馆购买日本美能达缩微设备 1 套(缩微摄影机 2 台、冲洗机 1 台、阅读机 2 台)。1992 年,设备安装调试到位,并开展对馆藏苏州商会档案、新中国成立前老报纸进行缩微拍摄,至 1995 年,共拍摄缩微画面 50000 余幅。

1991 年 8 月 7 日,国家档案局、财政部印发《关于"八五"期间进一步加强国家重点档案抢救工作的通知》。苏州市档案馆对馆藏重点档案进行了全面清理统计,制定抢救工作计划方案,并会同市财政局向江苏省财政厅、江苏省档案局申请档案抢救经费。1991 年 9 月,江苏省财政厅和江苏省档案局拨给苏州市档案馆重点档案抢救补助经费 1 万元。

1993 年 7 月,江苏省财政厅和江苏省档案局拨给苏州市档案馆重点档案抢救费 0.5 万元。

2002 年,江苏省财政厅和江苏省档案局联合印发《江苏省财政厅和江苏省档案局关于下达 2002 年重点档案抢救补助费的通知》,补助"苏州商会"档案抢救费 36 万元。

2006 年 10 月,苏州市档案馆根据财政部、国家档案局关于国家重点档案抢救和保护补助费通知精神,会同苏州市财政局向江苏省财政厅、档案局和国家财政部、国家档案局申请重点档案抢救补助。2006 年,苏州市档案馆获中央财政关于国家重点档案抢救保护补助经费 5 万元,江苏省财政补助 13 万元,苏州市财政配套 30 万元,合计 48 万元。此后,苏州市档案馆会同市财政局连续向财政部、国家档案局,以及江苏省财政厅、江苏省档案局申请国家重点档案抢救保护补助费。2006~2011 年,共获中央财政保护补助 54 万元,获江苏省财政补助 111 万元,获得苏州市财政配套 152 万元,共计 317 万元。

2006 年,苏州市档案馆全面启动对馆藏重点档案抢救工作。对苏州商会等档案逐卷逐件登记、拆检、整平、修复托裱,补抄文件目录,使用无酸卷盒装盒,全文扫描,至 2008 年底,共完成 90 万页的重点档案数字化加工,编写目录 6 万条,将 25 万条目录输入计算机,修复托裱破损档案 7000 余张。

2008 年开始,苏州市档案馆组织对全市宗教场所、苏州园林、大王山等古碑、砖刻、御碑和摩崖石刻等进行拓印装裱,至 2012 年,共拓印 1179 通。

2010 年 8 月,因设备老化,馆藏缩微胶片无法阅读利用,苏州市档案馆与上海市浦东档案馆联系，将37卷约18000幅缩微胶片送上海市浦东档案馆进行数字化转换。至2011年2月，转换工作全部完成，实现了缩微信息的计算机阅读和利用。

2013年，苏州市档案馆对馆藏新中国成立前《时报》《申报》等老报纸进行抢救，使用纳米加工涂层技术加以保护。2013年2月，苏州市档案馆与苏州工业园区百腾公司正式签订合同，从2013年3月开始实施，至2014年11月止，共加工保护老报纸1705册。

表3-7　2006~2011年度国家、省、苏州市财政下拨苏州市
档案馆重点档案抢救经费一览表

单位：元

年份	中央	江苏省	苏州市	合计
2006	50000	130000	300000	480000
2007	90000	180000	300000	570000
2008	80000	160000	300000	540000
2009	100000	200000	300000	600000
2010	190000	380000	210000	780000
2011	30000	60000	110000	200000
合计	540000	1110000	1520000	3170000

第二节　档案鉴定

苏州市档案馆自1959年起，按照上级关于档案保管期限的规定开展档案鉴定工作，针对馆藏实际，制定档案鉴定计划，秉持严肃认真、审慎细致的工作态度，定期实施对保管期限到期档案的鉴定，对应上升保管期限的档案及时调整保管期限，对失去保管价值的档案及时剔除，并严格履行档案鉴定、销毁手续，使馆藏档案始终处于优化状态。

1959年11月15日，苏州市档案馆印发《苏州市人民委员会机关档案材料保管期限表（草案）》。该保管期限表是根据江苏省人民委员会1957年12月31日批准的江苏省人民委员会办公厅《江苏省市、县级机关档案材料保管期限表》并结合苏州市具体情况制定的，保管期限分为三种，即永久、十年以上、十年以下。该保管期限表是作为苏州解放后1949~1959年十年间档案进行全面、科学鉴定的依据，是苏州市颁布的首份档案保管期限表。

1964年2月28日，苏州市档案管理科（苏州市档案馆）将江苏省档案局印发的《江苏省县（市）级机关文书档案保管期限参考表（草案）》翻印至市区各机关秘书室，要求各机关以此作为立卷鉴定的依据。该保管期限表将文书档案的保管期限分为永久、长期和短期（十五年和十五年以下）三种。凡是具有长远利用价值的档案，都应该永久保管；凡是在一个相当长的时期内（比如三五十年或更长一点的时期内）具有查考利用价值的档案都应该定为长期保管；凡是不记述和反映本机关主要职能

活动的，只在比较短的时期内需要利用的档案，作为短期保管。

1965 年 2 月，中共苏州市委员会、苏州市人民委员会《市委、市人委批转市档案管理科关于开展档案材料鉴定工作的计划》，首次提出对苏州市解放近 16 年所形成的 50000 余卷档案（其中保管在各机关 35000 卷，保管在档案馆的 15000 余卷）进行鉴定，分清"玉""石"。鉴定的总体要求是"少而精""少而全"，计划用三年至三年半的时间完成鉴定工作。苏州市档案管理科（苏州市档案馆）同时翻印了国家档案局 1956 年 1 月 11 日颁布的《机关文书档案保管期限表（试行草案）》。1965 年 4 月 25 日，苏州市档案管理科（苏州市档案馆）又印发了《关于档案清理鉴定工作计划的补充意见》，对清理鉴定任务、完成时间进行了调整，要求市区机关年底前完成鉴定工作，基层单位于 1966 年上半年结束。至 1965 年 12 月，共清理鉴定了 130 家单位档案（其中大专学校 2 家，撤销单位 72 家，鉴定档案 23272 卷，剔除 13689 卷，另剔除无保管价值的文件 46174 份）。

1972 年 3 月~1974 年 8 月，苏州市档案馆组织对馆藏 28642 卷短期档案进行鉴定。通过鉴定，继续留存的有 17467 卷，其中上升为永久保管的有 257 卷，上升为长期保管的有 3698 卷，继续作为短期保管的有 13452 卷，剔除 11235 卷。

1991 年，苏州市档案馆组织对"文化大革命"期间剔除待销毁的 21152 卷短期档案进行重新鉴定。经过一年多时间的工作，至 1992 年基本结束。经鉴定有保管价值的档案重新整理组成案卷，计 1347 卷，分别归入相应全宗。剔除无保管价值的档案 20896 卷，除 2008 卷档案移交给苏州大学历史系作教学实验材料外，其余全部待销毁。1993 年 1 月，苏州市档案局向苏州市人民政府办公室提出《关于销毁馆藏"剔除档案"的请示》，苏州市人民政府副秘书长黄士奇作出批示，"剔除销毁无保留价值的档案材料，属档案局（馆）的正常业务工作，请局（馆）按有关规定自行处理"。

2000 年 2 月，苏州市档案馆制定了《馆藏档案鉴定工作计划》，决定对馆藏已超过保管期限的苏州市和原苏州地区各机关、企事业单位 1949~1983 年形成的短期档案 222 个全宗计 36059 卷档案进行鉴定，并成立了档案鉴定领导小组。以国家档案局 1987 年发布的《关于机关档案保管期限的规定》《文书档案保管期限表》和《机关文件材料的归档和不归档的范围》等文件为标准，本着"全面、历史、发展"的观点和保管从宽、销毁从严、孤本从宽、副本从严的原则，采取直接鉴定法，抽调人员集中时间，集中精力，逐卷逐件认真鉴定，截止到 2000 年 7 月上旬，完成了馆藏短期档案的鉴定工作，共保留 30115 卷，剔除 5944 卷，对保留的档案均重新编目上架，对剔除的档案登记造册，办理销毁手续。

2011 年 4 月，苏州市档案馆在创建国家一级档案馆过程中，鉴定短期到期档案 5879 卷，保留 460 卷，剔除 5419 卷。

2013 年 3 月，对馆藏 34 个全宗 7822 卷短期到期档案进行鉴定，其中上升保管期限 1237 卷，对上升保管期限的档案重新编号，粘贴标签，并调整相关数据、目录。

第三节 档案解密和划分控制

苏州市档案馆根据国家档案局、国家保密局于1991年9月27日联合印发的《各级国家档案馆馆藏档案解密和划分控制使用范围的暂行规定》，从1993年开始组织实施馆藏档案的解密和划控工作。1999年11月5日，苏州市档案局、苏州市保密局联合发布了《关于印发〈苏州市档案馆馆藏档案解密和划分控制使用范围的工作细则〉的通知》。从馆藏档案实际出发，对档案解密和划控工作作出具体规定。至2015年12月，苏州市档案馆对1993年及以前到期档案累计划控开放75400余卷，占馆藏到期档案总量的60%以上；开放资料27489册，占馆藏资料总数的96%。

1990年10月30日，苏州市档案局向苏州市各市级机关、团体、企事业单位印发《苏州市档案馆贯彻执行国家档案局〈档案馆开放档案暂行办法〉的实施细则》的通知。苏州市档案馆开放档案实施细则共六章十七条，分总则，开放的期限和范围，开放档案的利用手续，档案的公布与出版，利用档案收费原则和标准、附则。

1993年，苏州市档案馆依据国家档案局关于《各级国家档案馆馆藏档案解密和划分控制使用范围的暂行规定》，首次对馆藏1949~1960年满30年的140个全宗5393卷永久、长期文书档案进行划控，划出2845卷档案向社会开放，并编制开放档案案卷目录，做好开放档案案卷标记。

1996年，苏州市档案馆完成了馆藏1964~1966年间形成的档案鉴定划控工作，鉴定档案11482卷，划出开放档案4094卷。

2000年，苏州市档案馆制定划控开放工作计划，实施对馆藏1967~1972年到期档案101个全宗5669卷的鉴定划控，开放2864卷。

2003年，苏州市档案馆对馆藏1971~1976年间形成的93个全宗5593卷档案进行划控解密，开放档案3350卷。

2004年，苏州市档案馆对28063册馆藏资料实施划控，开放资料27489册，占馆藏资料总数的96%。

2005年7月18日，苏州市档案馆在《苏州日报》发布消息《六成旧档开放，市民凭身份证可到市档案馆查询》，告之广大市民，苏州市档案馆新中国成立前历史档案和馆藏新中国成立后满30年（1977年前）苏州市党政机关、人民团体、部分企事业单位等档案已分期分批向社会开放，内容涉及政治、经济、科技、文化等。开放档案卷目录全部上网公布，需要查询的单位和市民凭合法证明均可办理查阅。

2006~2010年，苏州市档案馆对馆藏1977~1985年间形成的95个全宗37860卷档案进行划控解密，拟到期开放档案17792卷。

2011年1月20日，苏州市档案馆在苏州市档案局（馆）网站上发布开放档案公告，告之档案开放范围，即1977~1981年馆藏档案，涉及97个全宗。其中有关科技、经济、文化、卫生、教育等方面的档案提前开放至1985年，共计案卷17792卷。查阅方法：

凡中国公民和社会组织持有效合法证明，均可办理查阅手续。外国人或外国组织利用开放档案，须持有相关主管部门介绍信，经档案馆同意后方可利用。公告明确了档案开放利用的时间和地点。

第三章　档案资源开发利用

　　档案资源开发利用是档案工作价值的重要体现，是档案馆工作的最终目的。苏州市档案馆坚持把档案提供利用、服务社会作为工作重点，建立完善的档案检索体系，不断改进服务方式，提高服务质量和服务效率。档案馆在做好查档接待的同时，变被动服务为主动开发，利用丰富的馆藏档案资源，开展档案编研，汇编出版专题资料，举办各种形式的主题陈列展览，开展社会主义核心价值观教育和爱国主义教育。档案馆利用档案为党和政府中心工作服务，为社会各项事业建设服务，为广大百姓服务发挥了不可替代的作用。

第一节　档案查阅

　　提供档案查阅，是档案部门面向社会服务的最基本方式。苏州市档案馆认真做好窗口查档接待工作，充分利用窗口服务平台，树立档案局（馆）的良好形象。加强档案馆基础业务管理，编制各种检索工具，健全档案检索体系，提高档案检索速度和服务效率。至 2015 年底，苏州市档案馆编制有馆藏档案案卷目录 2129 册、文件级目录 2758 册、专题卡片 28 万张、电子目录 400 余万条，形成馆藏档案计算机检索、手工检索全覆盖。苏州市档案馆在查档接待中，正确处理保密与利用，控制与开放的关系，认真执行国家档案局关于档案利用的有关政策和规定，对保密和控制使用的档案严格履行档案利用审批手续，对开放档案的利用则尽量方便广大人民群众。数据统计，自 1980 年至 2015 年底，苏州市档案馆共接待查档 6.17 万人次，提供档案逾 50 万卷次，提供资料 16884 册次。为落实政策、编史修志、学术研究、工作查考、职工身份证明等发挥了独特作用。

档案利用制度、规定、办法

　　1959 年 10 月 19 日，苏州市档案馆制定了第一个档案资料借阅制度，即《苏州市档案馆档案资料借阅制度（草案）》，该制度共七条，于 1959 年 11 月印发实施。制度规定，借阅者借阅本单位档案资料，需经馆长或馆内负责同志批准。凡需调有指定阅读范围的重要文件和绝密文件，需经本单位同意，并写明调阅人政治情况和调阅目的、期限，再由市委、市人委负责同志或办公室主任批准后始得借阅。如确系工作需要摘录卷内机密内容，须经档案馆同意后方可摘抄，所摘内容须经档案馆审阅后才能出馆。凡将档案调离档案馆阅读，借阅时间不得超过一星期。

1963年，苏州市档案馆制定了《关于档案资料借阅的暂行规定（草案）》，该规定共八条。借阅档案资料必须持单位介绍信，借阅重要档案资料时，借阅人需经单位审查，政治上绝对可靠，并经市委秘书长同意后方能借阅。机密档案必须摘录的，须征得档案馆同意，摘录的材料需经档案馆审阅校对。利用档案资料举办展览会须请示市委批准。档案一般不外借，外借档案资料一般不得超过十天。

1981年6月，中共苏州市委办公室《印发〈关于查阅市档案馆档案资料的规定〉的通知》。根据中央书记处关于开放历史档案的指示和中共江苏省委、省政府转发省档案局关于开放和利用历史档案问题的两个文件精神，对原查阅档案规定作了必要的修订。一、根据查阅档案资料的内容密级，分级审批。涉及未公布发表，又不宜扩大阅读范围的档案，市委常委和市政府党组会议记录，中央、国务院、省委印发的未扩大阅读范围的绝密材料等，由市委秘书长或转报市委常委会审批。属中央、省委印发的机密文件，市机关党组会议记录等，由市档案馆馆长批准或报请市委秘书长批准。属一般性业务文件或一般历史档案，由市档案馆直接提供利用。二、外国学者（包括留学生）暂不予接待。三、到市档案馆查阅档案资料，须持县（团）级以上党政机关介绍信。四、凡摘录、复制机密、重要档案，均使用档案馆统一纸张，并由档案馆送寄查档单位。查档单位要严格登记，并交机关办公室统一保存。

1984年3月28日，中共苏州市委办公室《转发市档案局〈关于查阅"文化大革命"中形成的档案材料的暂行规定〉的通知》。根据中央整党工作指导委员会办公室和省整党办公室有关查阅档案的指示精神，因整党和清理"三种人"工作需要到档案部门查阅"文化大革命"档案，必须持有县（团）级以上单位的正式介绍信，查档人员必须政治可靠，查用"文化大革命"材料必须严格履行审批手续，摘录档案材料原则上限组织、人事部门或核查办公室使用。

1985年8月，苏州市档案馆制定《档案材料查阅制度》，制度共有八个条款。规定查阅档案材料必须持有县（团）级以上党政机关正式介绍信，写明查档人员政治身份和调阅档案范围。查阅绝密档案，需经市委秘书长审批。复制的重要档案由市档案馆送寄查档单位，查档单位收到后交机关档案室保管，私人不得保管。

1985年8月，苏州市档案馆出台了《关于查阅历史档案的规定》，根据中央开放历史档案的要求，从既有利于利用历史档案，又能更好地保护历史档案，作出六条具体规定。档案馆保存已整理好的历史档案除少数限制使用外，一律向机关、学校及有关人员开放。查阅非限制使用范围的档案史料，需持有单位介绍信，注明查档人员身份；查阅限制使用范围内的档案，需由县（团）以上党委出具报告，报市委秘书长审批同意后始可查阅。大量引用历史档案进行研究的单位和个人须将课题计划、查档要求，连同介绍信事先送档案馆，以便具体准备和安排查阅时间。摘录档案内容，均需注明出处（全宗号、案卷号、页号），交档案馆工作人员过目。利用档案的单位和个人只可在撰写论文中摘引档案内容，无权原文公布、出版和陈列。

1988 年 2 月 25 日，苏州市档案局、苏州市物价委员会联合将《关于利用档案收费有关规定的通知》印发至苏州市档案馆及市辖区档案馆。收费范围，凡利用本单位或个人形成、移交、捐赠、寄存的档案和上级机关为工作查考利用档案应无偿提供服务。除上述情况外利用档案均属收费范围。收费项目包括证明费、复制费、档案保护费、咨询服务费等。外国人利用档案，收费标准按国内标准两倍收费。珍贵档案利用收费酌情提高。

1990 年 10 月 30 日，苏州市档案局颁发《苏州市档案馆贯彻执行国家档案局〈档案馆开放档案暂行办法〉的实施细则》，共六章十七条。《细则》规定，馆藏档案自形成之日起满 30 年，除未解密或需要控制使用的部分外，均应分期分批向社会开放。经济、科学、技术、教育、文化等档案的开放期限，可少于 30 年。利用开放档案，中国公民和组织持有合法证明，经档案馆同意均可利用。港、澳、台同胞和侨胞利用开放档案，由市港澳办、台办和侨办介绍，经市政府分管秘书长同意后方可查阅。外国人利用开放档案由市外办或有关主管机关介绍，经省档案局同意后方可查阅。《实施细则》还对开放档案的公布与出版，利用档案收费原则与标准等作出具体规定。

2000 年，苏州市档案馆制定了《关于外国组织和个人利用馆藏档案的暂行办法》。接待外国组织和个人利用苏州市档案馆档案，严格执行党和国家有关政策，坚持内外有别和对我有利原则，严防档案中的国家秘密和非宜事项对外泄露，确保国家利益不受损害。外国组织和个人可以凭合法证明直接到档案馆阅览、复制、摘录或以函、电等方式利用苏州市档案馆已开放的档案。外国组织和个人与中国各级政府及工作部门签订的有关文化交流协定而利用苏州市档案馆馆藏档案，可通过签订协定的有关部门介绍。以其他途径利用苏州市档案馆馆藏档案，可向国家档案局和江苏省档案局提出申请。对利用课题广泛或利用目的不明确以及对我国社会、政治、经济、科技等进行系统调查的外国组织和个人，在履行有关批准手续后，有选择、有节制地提供少量档案。苏州市档案馆收藏的珍贵档案、珍贵照片、名人手迹等档案，不向外国组织和个人提供复制。

2000 年，苏州市档案馆根据《中华人民共和国档案法》等有关法律法规，修订《苏州市档案馆档案利用制度》，共七条。规定查阅开放档案应持有效身份证明，查阅未开放档案，须持有单位介绍信。阅览档案必须在阅览室进行，外借档案须经局馆领导同意，办理外借手续。经同意后摘抄或复制的档案，工作人员要认真审核，并加盖复制专用章。

档案查阅利用的重点时期

1977~1979 年，苏州市档案馆为"三案"复查平反服务，接待查档人员 457 人次，调阅档案 481 卷次，为"文化大革命"中施加给许多人头上的"帽子"和诬陷不实之词进行平反提供依据；为右派改正工作服务，接待查档人员 942 人次，调阅档案

1064 卷次；为落实知识分子政策、工商业政策，解决房屋及工资待遇等服务，接待查档人员 344 人次，调阅档案 1161 卷次；为编史修志和历史研究服务，1979 年，适逢苏州市各有关企业编写 30 年发展史，苏州市档案馆接待 61 家单位，提供档案资料 641 卷。

1982~1991 年，苏州市机关、企事业进入第一轮编史修志阶段。苏州市档案馆 1982 年为编史修志提供档案 7049 卷次，1983 年提供档案 10 万余卷次，1986 年提供档案 1 万余卷次，1987 年提供档案 9304 卷次，1988 年提供档案 13521 卷次，1989 年提供档案 15485 卷次，1990 年提供档案 10278 卷次，1991 年提供 9716 卷次，10 年累计提供档案 175350 余卷次。

2008 年 4 月 7 日，苏州市人民政府下发了《关于对独生子女父母光荣证企业退休人员实行一次性奖励的实施意见》，由于一部分企业退休人员独生子女证遗失，到苏州市档案馆查找独生子女审批表的人员络绎不绝。至 2008 年底，苏州市档案馆共接待 1800 余人次，调阅、复印档案 10000 余卷次，保证了苏州市独生子女持证企业退休人员一次性奖励工作的稳步开展。苏州市人口和计划生育委员会为此向苏州市档案局发了感谢信。

2010~2015 年，苏州市国有集体企业产权制度改革后，原企业职工进入退休高峰期，因企业转制和职工频繁转岗等因素，致使相当一部分职工个人档案遗失，很多职工到苏州市档案馆查询，补办身份证明或衔接工龄。苏州市档案馆窗口接待工作人员利用馆藏原企业主管机关档案查找职工个人信息，共接待 8270 人次，调阅复制档案 42514 卷次。

档案利用窗口建设

为了提高服务质量，掌握利用工作的动态，做好查档接待工作预案，苏州市档案馆于 1998~2003 年、2011 年分别进行档案利用预测调查分析。1998~1999 年向机关、事业、企业、社会团体共发出问卷 50 份，收回 46 份。从反馈的情况看，编史修志占 43.18%，为领导决策提供依据的占 7.73%，解决身份证明、工龄、党龄的占 34%，学术研究占 15.9%。

2000~2001 年，苏州市档案馆向机关、企事业单位发放档案利用调查表共 50 份，收回 38 份，预测利用分析结果是：编史修志占 47%，工作查考占 39%，学术研究占 13%。2002 年，苏州市档案馆向团体、企事业单位发放《苏州市档案馆档案利用工作调查问卷》122 份，问卷的主要内容是了解市民对苏州市档案馆的认知、馆藏情况，以及对查找档案的范围，苏州市档案馆的服务态度、服务水平的评价等，回收 66 份，回收率 54%。2003 年，苏州市档案馆召开了 2003 年档案利用预测座谈会，了解社会各界对档案的需求，参加会议的有机关、企业的代表。2011 年，苏州市档案馆发放档案利用工作预测调查问卷 60 份，回收 41 份，回收率为 68%，其中机关 13 份、企业 10 份、学校 6 份、个人 12 份。问卷的主要内容是：了解市民对档案的需求情况，查找档案的途径和方式，苏州市档案馆的服务质量，以及对档案馆窗口接待工作的建议等。

2005年，苏州市档案局（馆）作为全市59个纳税人行风评议单位之一，在《苏州日报》专版《阳光下的承诺》专栏，向社会公开服务承诺。

2005年5月，苏州市档案馆查档接待窗口被苏州市总工会表彰为"五一文明岗"。

表3-8 1980~2015年苏州市档案馆档案利用情况表

年份	利用人次	利用档案卷次	利用资料册次	年份	利用人次	利用档案卷次	利用资料册次
1980	1612	16643	25	2000	870	—	1333
1981	545	2815	86	2001	1118	12540	1333
1982	3088	8200	—	2002	896	5020	886
1983	6182	159227	143	2003	2582	16546	1249
1986	2282	11115	127	2004	2100	15265	1239
1987	3725	15048	187	2005	2200	9868	510
1988	2873	15664	233	2006	1829	11251	377
1989	2162	18263	539	2007	1770	14221	1288
1990	1524	13368	172	2008	2661	16726	691
1991	2063	13123	416	2009	2242	12322	464
1992	752	3605	270	2010	3093	14216	1102
1993	624	6438	—	2011	2148	13996	430
1994	534	4781	195	2012	2088	7637	372
1995	573	4206	748	2013	2687	10458	810
1996	525	2775	715	2014	3046	20707	351
1998	531	16370	542	2015	2087	10667	375

第二节　档案编研

苏州市档案馆在建馆之初，由于工作人员少，力量薄弱，编研工作主要以报纸剪贴、专题索引为主。自1980年开始，苏州市档案馆加强编研力量，充实人员，建立编研队伍，制订编研工作计划，编研工作有了量的提升和质的飞跃。此外，苏州市档案馆还积极与高校合作，与相关单位合作，联合开展档案编研工作。截止到2015年底，苏州市档案馆共编辑出版各种资料、书籍（包括公开出版和内部出版）34种48册。编研成果在国家档案局、江苏省档案局及苏州市有关评奖活动中，多次获得奖励，其中，在中国档案学会第五次档案学优秀成果评选中（2001~2005）获二等奖1项、三等奖3项，在江苏省档案文化精品评选中获特等奖3项、一等奖5项、二等奖8项、三等奖4项，有1项编研成果被苏州市社科联评为二等奖。苏州市档案馆还与新闻媒体合作，在报纸上开辟专栏，以新闻说档案，用故事讲历史。从2009年至2014年，分别在《苏州日报》《姑苏晚报》开辟《苏州解放档案解密》《古城春秋》《档案春秋》《珍档解密》等专栏，登载文章99篇。

独立编研

苏州市档案馆利用自身力量独立开展编研工作,自1980年至2015年共出版专题资料24种。

《苏州市民公社档案编选》　1980年,苏州市档案馆根据馆藏市民公社档案资料,编辑《苏州市民公社档案选辑》专题汇编,并于1980年7月在《辛亥革命史丛刊》第四辑公开发表,这是苏州市档案馆首次通过学术刊物公布档案史料。1986年,苏州市档案局(馆)以《苏州市民公社档案资料汇编》为书名将其内部铅印出版。2011年,时值辛亥革命100周年,苏州市档案局(馆)在原基础上,增补了8万字的新材料,并对篇章结构进行了微调,将全书分为上篇和下篇。上篇为苏州市民公社档案选辑,主要反映苏州各市民公社的组织架构、活动内容;下篇为苏州市民公社报刊资料选辑,主要反映苏州及常熟、吴江等地市民公社活动情况。全书共22万字,由文汇出版社公开出版。

《苏州丝绸档案汇编》　1996年,由江苏古籍出版社出版,为32开精装本。苏州市档案馆从20世纪80年代初就组织力量对馆藏苏州商会档案和丝绸业同业公会等历史档案进行系统梳理,汇编而成此书。全书分上下两册,介绍了苏州丝绸业的组织概况、生产经营、劳资关系、调查统计四大部分,时间跨度自1547年至1949年。全书约131万字,以大量丰富的第一手原始资料向人们展现了一幅苏州丝绸工业曲折发展的兴衰图。苏州市市长章新胜为该书写了序。

《苏州市档案馆指南》　于1996年列入"中国档案馆指南丛书",由中国档案出版社公开出版发行。《苏州市档案馆指南》是根据国家档案局制定的《档案馆指南编制规范》编写而成,全面介绍了苏州市档案馆基本情况和馆藏342个全宗、11.9万余卷档案及1.5万余册资料内容,是指导利用者查阅利用苏州市档案馆馆藏档案、资料的工具书。全书共分五个部分:第一部分,档案馆概况;第二部分,中华人民共和国成立前档案介绍;第三部分,中华人民共和国时期(1949~1982)档案介绍;第四部分,馆藏资料介绍;第五部分,附录。苏州市常务副市长冯大江为《苏州市档案馆指南》写了序。1996~2001年,苏州市档案馆馆藏档案数量、结构均发生重大变化,部分档案全宗进行了撤并。全宗群编号和全宗号也进行了统一、规范,原有的《苏州市档案馆指南》已不能客观反映苏州市档案馆馆藏情况。为了方便广大读者了解苏州市档案馆的全面情况,2004年,苏州市档案馆对《苏州市档案馆指南》进行了修订,并由苏州古吴轩出版社出版发行,中共苏州市委副书记黄炳福作序。新出版的《苏州市档案馆指南》,全面介绍了馆藏360个全宗、26万卷档案及2.1万余册资料基本情况,编制了新的《馆藏档案全宗名册》,为社会各界了解苏州市档案馆馆藏、开发利用档案信息提供了便利。

《馆藏名人少年时代作品选》　由苏州市档案馆编纂,苏州古吴轩出版社于2004年公开出版发行。该书收录馆藏包括费孝通、匡亚明、张青莲、张充和、钱钟书、杨绛、彭子冈、钱伟长、何泽慧等20位名人的80篇文章、诗歌等,彭子冈之子、作家徐城北为书写了序,书法家、昆曲名家张充和题写了书名。为编辑出版此书,提高编纂质量,扩大社会影响,苏州市档案局(馆)召开《馆藏名人少年时代作品选》专题座谈会,邀请中共苏州市委宣传部,市新闻出版局,苏州市文学联合会,古吴轩出版社,苏州市教育局及有关学校领导、专家座谈,广泛听取意见和建议,并向各位名人或名人家属征求意见,取得了他们的认可和支持。2006年,苏州市档案局(馆)在苏州市第十中学举办了《馆藏名人少年时代作品选》赠书仪式,向苏州市第十中学等学校赠书,为未成年人提供优秀精神食粮。2005年,在江苏省档案文化精品评选中,《馆藏名人少年时代作品选》获得二等奖。

《苏州市珍贵档案文献名录》 2008年,苏州市档案馆编纂的《苏州市珍贵档案文献名录》出版,是苏州市档案局(馆)在2006年、2007年连续两年对全市珍贵档案进行评选的基础上整理编纂的。该书收录介绍的36件档案文献,以简明的文字、直观的图片向社会进行集中展示,让人们从中看到苏州的厚重、苏州的韵味和苏州的魅力。

《苏州解放六十年》 2009年,在新中国成立60周年之际,苏州市档案馆编纂出版了《苏州解放六十年》画册,向国庆60周年献礼。该画册是苏州市档案馆利用馆藏资源,对苏州解放60年来重要历史事件和重大历史成就进行的浓缩和再现。画册按时间分为七个历史时期,即实施新民主主义建国纲领和恢复国民经济时期(1949~1952),社会主义基本制度建立时期(1953~1956),开展全面建设社会主义时期(1956~1966),"文化大革命"时期(1966~1976),改革开放起步和全面展开阶段(1977~1991),初步建立社会主义市场经济体制阶段(1992~2001),坚持改革开放和全面建设小康社会时期(2002~2009)。画册精选300余幅珍贵图片,有的还是首次对外公布,从不同侧面记载着苏州发展的历程。

《媒体话苏档——新闻报道中的苏州档案》 2011年,苏州市档案局(馆)编纂的《媒体话苏档——新闻报道中的苏州档案》公开出版。该书收录了2008~2010年苏州媒体对苏州档案工作的新闻报道专题栏目文章,其中,新闻报道45篇,专题栏目26篇("苏州解放档案解密"10篇,"古城春秋"14篇,"档案春秋"2篇)。该书内容集中展示了苏州市档案工作成果、档案工作品牌、档案文化和档案人风采。

《馆藏苏州名人相册》 2012年,由苏州市档案局(馆)编纂、山东画报出版社出版的《馆藏苏州名人相册》面世。该书以名人照片集的形式,辅以名人简历,记录名人的成长经历、人生轨迹,选录了近现代以来,在社会、文化、科技或其他领域做出重要贡献的、在国内外有一定影响力的苏州籍或在苏州长期工作活动过的非苏州籍的已逝世重要人物和知名人士57位,选用照片800余幅。中共苏州市委常委、市委秘书长王少东为《馆藏苏州名人相册》作序。

《江苏省明清以来档案精品选》(苏州卷) 2013年,由江苏省档案局统一策划指导,苏州市档案局(馆)具体组织编纂,所辖有关市(县)、区及专业档案馆共同参与实施的《江苏省明清以来档案精品选》(苏州卷)公开出版。作为《江苏省明清以来档案精品选》十四卷之一的苏州卷，精选了苏州市档案系统保管的档案精品24项，其中，涉及中国档案文献遗产3项，江苏省珍贵档案文献19项，苏州市珍贵档案文献2项，其他档案精品2项。这些档案在一定程度上反映了苏州市档案资源建设的历史深度和地方特色。2015年，在江苏省档案文化精品奖评选中获特等奖。

《档案里的老苏州》 于2014年7月由古吴轩出版社出版。该书是将苏州市档案馆、苏州市档案学会在《苏州日报》"老苏州"版面《珍档解密》栏目中自2012年1月6日至2013年12月27日两年间刊登的85篇文章汇集而成。全书共分四辑，第一辑——近现代苏州政治，第二辑——近现代苏州经济，第三辑——近现代苏州社会，第四辑——近现代苏州人文。此书意在以珍贵历史档案为基础，从政治、经济、社会和人文四个方面解读旧时苏州，以档案为线索，用故事讲历史，既追溯往昔，寻找苏州发展脉络，又以史为鉴，聚焦当下热点问题，具有一定的文化价值与现实意义。2015年，该书在江苏省档案文化精品奖评选中获二等奖。

合作编研

苏州市档案馆自1983年起与学校、机关等单位合作开展编研工作，共编纂出版专题资料10种。

《苏州商会档案丛编》 2012年，近800万字的《苏州商会档案丛编》一至六辑十二册全套出版。该书的编辑工作起自1983年，在著名史学家、华中师范大学教授章开沅先生的倡导支持下，苏州市档案馆与华中师范大学联合编纂《苏州商会档案丛编》，计划共编辑出版六辑。1991年，《苏州商会档案丛编》第一辑清末商会部分（1905~1911），由华中师范大学出版社出版发行。全书分组织沿革和分会概况，振兴实业，商会展览与赛会，调解商事、劳资纠纷，社会公益，商学活动，维护权利，裁厘认捐和反对统捐、捐税抗争，抢来风潮、金融风潮，苏省地方自治，国会请愿及苏州光复等十二个方面，共精选1238件档案文献。后因工作调整，人员变动，《苏州商会档案丛编》编纂工作一度中断。2003年，已停滞了12年的《苏州商会档案丛编》编纂工作重新启动。2004年，《苏州商会档案丛编》第二辑（1912~1919）由华中师范大学出版社出版，华中师范大学校长马敏为该辑出版写了序。此后，苏州市档案馆为编辑该丛编充实力量，加快编纂进度。2006年，完成了《苏州商会档案丛编》第三辑（1919~1927）的编辑工作，2007年完成了《苏州商会档案丛编》第四辑（1928~1937）的编辑工作，2008年完成了第五辑（1938~1945）的编辑工作，2009年完成第六辑（1945~1949）的编辑工作。2009年6月，由华中师范大学出版社对第三辑、第四辑分别以上下两册出版发行。2010年，苏州市档案馆又对第一辑和第二辑内容进行增补，至2012年，《苏州商会档案丛编》第一至六辑全部以上下两册出版，全书共十二册。此书凝聚了苏州市档案馆几代档案人的心血，实现了苏州市档案馆几代档案人的夙愿，著名历史学家章开沅先生给予了高度评价。2013年，《苏州商会档案丛编》第一至六辑在江苏省档案文化精品评选中获特等奖。

《苏州商团档案汇编》　　由苏州市档案馆和华中师范大学联合编纂，列入国家清史编纂委员会文献丛刊，于 2008 年由四川出版集团巴蜀书社公开出版发行。《苏州商团档案汇编》编纂工作起步于 20 世纪 80 年代初，在著名历史学家、华中师范大学教授章开沅的主持下，苏州市档案馆和华中师范大学历史研究所共同组织人员进行编辑加工，后因故一度中断。2004 年，苏州市档案馆又重启《苏州商团档案汇编》的编纂工作，并于 2008 年公开出版。《苏州商团档案汇编》是全国第一部以商团为主题的汇编资料。全书分上、下册，共 180 万字，具体内容分 12 个部分：1.商团组织沿革；2.商团选举及官佐任免；3.商团训练给凭及奖惩；4.商团主要活动；5.与各方面的关系与矛盾；6.商团城区支部；7.商团乡镇支部；8.商团军备械弹；9.商团基本情况调查统计；10.虎丘纪念碑林；11.经费来源及收支举例；12.附录。内容十分丰富，涉及相关的许多问题，称得上是研究近代中国商团珍贵的第一手资料。2009 年在江苏省档案文化精品评选中获特等奖。

《百年商会》　　由苏州市档案馆与苏州市工商业联合会（商会）联合编纂，苏州古吴轩出版社于 2005 年 11 月出版面世。这是苏州市档案馆和苏州市工商业联合会（商会）给苏州商会百岁生日的贺礼。苏州商会作为旧中国著名的八大商会之一，参与了苏州政治、经济、社会生活等多个方面活动。新中国成立后，苏州市工商业联合会积极参与苏州经济建设，为恢复经济、繁荣商贸、促进民营经济发展做出了积极贡献。《百年商会》画册以图文形式将苏州商会百年历史浓缩成册，分苏州商会（1905~1949）和苏州工商联（商会）（1949~2005），每个部分又分若干个小栏目，以便读者对苏州商会活动及其作用一目了然。2005 年，在江苏省档案文化精品评选中获得一等奖。

《让时光停留片刻》　　2010 年，苏州市档案局（馆）、苏州市地方税务局、苏州市档案学会和苏州日报社联合开展"家·春秋——家庭档案征文比赛"，旨在宣传档案，让人们重视家庭档案的管理，提升全社会的档案意识。征文要求以每个家庭的档案为线索，以散文、随笔的风格描写家庭的发展历史，亲情友谊的可贵，个人成长的经历，优良家风的传承等家庭生活的方方面面。比赛活动收到征文 100 余篇，其中《苏州日报》刊登 27 篇，在此基础上，苏州市档案馆收集其中 80 篇征文，编辑并公开出版了《让时光停留片刻》一书，以此期待提升市民对建立家庭档案的浓厚兴趣，启发社会各界积极参与到家庭档案的整理中去。2011 年，《让时光停留片刻》在江苏省第二届档案文化精品评选中获一等奖。

《苏州院士》　　2013 年，由苏州市档案局（馆）和苏州市科学技术协会共同编纂的《苏州院士》上、下册出版。苏州是吴文化的发源地，既是历史闻名的"状元之乡"，更是当代著名的"院士之乡"。苏州院士（即中国科学院院士、中国工程院院士）多达 110 余位，他们或出生在苏州，或祖籍在苏州，或成长在苏州，或工作在苏州。《苏州院士》一书收录了 109 位苏州院士个人资料，首以院士当选时间，次以院士出生时间为序，每位院士资料单独成篇，全方位记载了他们的成长历程。该书编纂目的，既是展示苏州院士的个人风采，汇聚科学家们的精神财富，又让社会大众走近科学家，了解科学家的梦想，弘扬科学家的精神。中共江苏省委常委、苏州市委书记蒋宏坤为《苏州院士》作序，市委副书记陈振一担任《苏州院士》编纂委员会主任。2015年，该书在江苏省档案文化精品奖评选中获二等奖。

《不断新我》 费新我（1903~1992）是中国当代著名书法家、画家、美术教育家，中国美术家协会会员，中国书法家协会理事，中国历史文化名城书画家协会名誉主席，江苏省书法家协会副主席、顾问，江苏省国画院一级画师。2013年，值费新我诞生110周年，苏州市档案局（馆）组织编纂出版了《不断新我》一书，以资纪念。全书收录费新我相关照片120余张、画作60余幅、书作40余幅、印章10余方、其他资料40余件，以反映费新我先生挑战自我、奋斗不懈的一生。全书分为七章，每章以费新我生前藏印一方作为标题：1."吴兴费氏"；2."心鹅向笼"；3."游艺吴下"；4."新我画记"；5."左手书画"；6."缘木求鱼"；7."人书未老"。费新我弟子、中国书法家协会主席张海为此书题写书名。

《过云楼日记（点校本）》 由苏州市档案局（馆）、苏州市过云楼文化研究会编纂，文汇出版社于2015年4月出版。过云楼，是由第一代楼主顾文彬发起建造的私家藏画楼，取意苏东坡所言"书画于人，不过是烟云过眼而已"。顾文彬，字蔚如，号子山、紫珊，晚号艮庵。清元和人，道光二十一年（1841）进士，历任刑部主事、湖北汉阳知府、武昌盐法道、浙江宁绍台道，词坛名家。2015年5月，苏州过云楼后人、苏州市过云楼文化研究会顾问顾笃璜先生将其高祖顾文彬所撰十册《过云楼日记》捐赠苏州市档案局（馆）。苏州市档案局（馆）拨出专门经费对手稿进行整理、扫描与摘录，并与苏州市过云楼文化研究会共同合作开发这部分史料。《过云楼日记（点校本）》（清同治九年至光绪十年［1870~1884］）以自然年度分卷，共分十五卷，其中同治九年至光绪六年（1870~1880）为顾氏手稿，光绪七至十年（1881~1884）原稿现藏上海图书馆，为瞿济沧抄录，并有所删改，因此，点校本中光绪七至十年的格式也随之有所变化。《过云楼日记（点校本）》的内容主要涉及宦海生涯、士绅生活、收藏雅趣、诗词对联、建造怡园五个方面，对后人了解怡园修建、过云楼收藏及晚清文人仕宦交游等情况都有很高的价值。2015年，该汇编书在江苏省档案文化精品奖评选中获一等奖。

表3-9　1980~2014年苏州市档案局（馆）编研成果一览表

序号	编研成果名称	出版方式	出版时间	编纂单位
1	《苏州市民公社档案选辑》	《辛亥革命史丛刊》登载	1980	苏州市档案馆
2	《中华商会第一次代表会议史料选》	《苏州大学学报》登载	1984	苏州市档案馆
3	《五四运动在苏州档案选辑》	内部资料	1984	苏州市档案馆
4	《苏州丝绸档案汇编》（上、下册）	江苏古籍出版社	1995	苏州市档案馆
5	《苏州商会档案丛编》（第1~6辑）12册	华中师范大学出版社	1991~2012	苏州市档案馆、华中师范大学中国近代史研究所
6	《苏州市民公社与辛亥革命》	内部资料	1984	苏州市档案馆
7	《苏州阊门兵变档案选辑》	内部资料	1984	苏州市档案馆

续表

序号	编研成果名称	出版方式	出版时间	编纂单位
8	《苏州商团档案汇编》（上、下册）	巴蜀书社	2005	苏州市档案局、华中师范大学中国近代史研究所
9	《五卅运动在苏州档案选辑》	内部资料	1984	苏州市档案馆
10	《七君子在狱中》	内部资料	1986	苏州市档案馆、苏州市党史办、苏州市纪委
11	《苏州中药堂号志》	内部资料	1985	苏州市档案馆、苏州市方志办
12	《苏州市档案馆指南》	中国档案出版社	1996	苏州市档案馆
13	《苏州古城保护工作文件汇编》	内部资料	1995	苏州市档案馆
14	《苏州市档案馆指南》（修订本）	古吴轩出版社	2004	苏州市档案馆
15	《关怀——党和国家邻导人与苏州》	内部资料	2002	苏州市档案局（馆）、苏州市党史办
16	《馆藏名人少年时代作品选》	古吴轩出版社	2005	苏州市档案馆
17	《百年商会》	古吴轩出版社	2005	苏州市档案馆、苏州市工商联
18	《苏州市珍贵档案文献名录》	古吴轩出版社	2008	苏州市档案局（馆）
19	《苏州解放六十年》	苏州大学出版社	2009	苏州市档案局（馆）
20	《馆藏名人手迹选》	古吴轩出版社	2010	苏州市档案局（馆）
21	《让时光停留片刻》	山东画报出版社	2010	苏州市档案局（馆）
22	《媒体话苏档——新闻报道中的苏州档案》	山东画报出版社	2011	苏州市档案局（馆）
23	《苏州市民公社档案选编》	文汇出版社	2011	苏州市档案局（馆）
24	《馆藏名人相册》	山东画报出版社	2012	苏州市档案局（馆）
25	《苏州旧时商标选》	古吴轩出版社	2012	苏州市档案局（馆）
26	《剪下生辉——金国荣剪纸作品选集》	山东画报出版社	2012	苏州市档案馆、苏州市工商档案管理中心、苏州市沧浪区档案馆
27	苏州城墙	古吴轩出版社		苏州市档案馆参与编纂
28	《苏州院士》（上、下册）	文汇出版社	2013	苏州市科协、苏州市档案局（馆）
29	《不断新我》	文汇出版社	2013	苏州市档案局（馆）
30	《江苏省明清以来档案精品选》（苏州卷）	江苏人民出版社	2013	苏州市档案局（馆）
31	《档案里的老苏州》	古吴轩出版社	2014	苏州市档案局（馆）
32	《过云楼日记（点校本）》	文汇出版社	2015	苏州市档案局（馆）、过云楼文化研究会
33	《一个远征军战士的从军日记》	文汇出版社	2015	苏州市档案局（馆）
34	《清正长留》	文汇出版社	2015	苏州市档案局（馆）

第三节　档案陈列展览

苏州市档案局（馆）自1986年以来，紧密结合档案工作自身发展需要，结合苏州市党和政府的中心工作,结合重要的节庆、纪念活动,深入挖掘档案馆馆藏档案信息,采取自办、主办、承办、联合办展等方式,举办各种专题陈列展览。2006 年,苏州市档案局(馆)首次尝试运用网络技术,利用网络空间,在苏州市档案局(馆)网站上举办虚拟档案陈列展览获得成功。截至 2015 年底,苏州市档案局(馆)共举办各种专题陈列展览 24 次,其中,实体档案陈列展览 13 次,网上陈列展览 11 次,有效地发挥了档案宣传教化、资政育人的功能,扩大了档案的社会影响力,提高了苏州市档案局(馆)的知名度。

实物展陈

苏州市档案工作成就陈列 1986 年 10 月 20 日,"苏州市档案工作成就陈列"在苏州市档案馆展出。陈列内容分为四个部分:第一部分,党和国家对档案事业的重视和关怀;第二部分,档案是历史的真实记录,是党和国家的宝贵财富;第三部分,档案工作是各项建设事业必不可少的环节;第四部分,档案工作是一项重要的专门事业。陈列共有 56 个版面、26 个展柜,展出图片 524 张、实物 456 件。该陈列是苏州市档案局(馆)建立以来首次举办的大型陈列,得到了苏州市领导、档案界同仁及社会各界的认可。中共苏州市委副书记黄俊度为此题词:"搞好档案工作,为两个文明建设服务。"中国档案学会副理事长、中国人民大学档案学院教授吴宝康题词:"档案馆事业是永恒的。"截至 1986 年 12 月底,共接待参观者 3200 余人次。

世纪回眸——苏州市档案馆百年馆藏选展 2000 年,苏州市档案馆在创建"江苏省一级档案馆"过程中,利用馆藏档案举办了"世纪回眸——苏州市档案馆百年馆藏选展"。陈列共有 24 块版面、4 个陈列柜。内容分政治、经济、科教文化、社会生活四大专题。从 1895 年《马关条约》签订,苏州被辟为对外通商口岸起,至 1999 年新加坡内阁资政李光耀一行参观苏州工业园区止,通过档案史料陈列展览让人们了解苏州百年沧桑,历史巨变。

关怀——党和国家领导人与苏州图片展 2002 年 9 月 25 日~10 月 15 日,由中共苏州市委宣传部、市委党史办、苏州日报社、市档案局、市广播电视总台等 6 家单位联合举办的"关怀——党和国家领导人与苏州"大型图片展在苏州市革命博物馆展出,市领导包国新、周向群、陈炳斯、宋胜龙、孟焕民等出席开幕式并剪彩,周向群致词。展览共有 187 个版面,展线长约 230 米,展出图片 400 余幅。该展览通过系统回顾,展示了新中国成立以来党和国家领导人亲临苏州视察指导或与苏州有关活动的重要史实和生动情景,反映了党的三代领导集体对苏州的亲切关怀。同时反映 50 多年来苏州进行社会主义革命和建设,特别是党的十三届四中全会以来 13 年间推进社会主义现代化建设的历史进程和所取得的辉煌成果,激励全市干部群众为苏州率先基本实现现代化开拓创新,奋发有为。该展览于 10 月 18 日后到张家港、常熟、太仓、昆山、吴江等市(区)巡展,每地展出 3 天,共有 20000 余人参观了展览。

苏州对外交往礼品展 2004年3月17日~5月8日，为庆祝新中国成立55周年和苏州解放55周年，向广大市民宣传、展示新中国外交工作和我市对外开放的成果，激发干部群众的爱国热情，由中共苏州市委党史工作办公室和苏州市档案局（馆）联合主办的"新中国外交礼品展暨苏州对外交往礼品展"于苏州革命博物馆正式展出。"新中国外交礼品展"的150件展品系苏州革命博物馆向中国友谊博物馆租借。"苏州对外交往礼品展"的100余件展品由苏州市档案馆提供，展示了苏州市自1980年与意大利威尼斯缔结首家友好城市以来，相继与15个国家29个城市缔结友好城市。展出的礼品，既是各国艺术瑰宝，又是苏州对外开放和友好交往的见证。市领导出席了开幕式并参观了展览。该展览共接待7500余人次参观。

苏州商会博物馆 2005年是苏州商会成立100周年，为继承和弘扬爱国尚德、尊商惠民、包容开放、务实创新的"苏商精神"，苏州市档案局（馆）与苏州市工商联（苏州市商会）联合筹建苏州商会博物馆。11月18日，苏州商会博物馆在山塘街原泉州会馆馆址上开馆。江苏省政协副主席、省商会会长李仁，中共苏州市委副书记杜国玲等领导出席开馆仪式。苏州商会博物馆布展定位是以苏州商会发展史为主线，以传统苏商文化为主导，坚持厚古薄今的原则，陈列展出的是苏州商会成立100周年的档案史料，重点是1905~1949年的苏州商会档案史料。陈列分八个部分，即苏州商会的创建与沿革，商务活动，同业分会，苏州商团，苏州市民公社，苏州老字号，名人手札，苏州解放后的工商联（商会）。通过图文版面、实物陈列、多媒体影像、人物雕塑等手段，形象介绍了苏州商会诞生以来的风采历程，展现了苏州民间商会在创新中转型、开拓中发展的历史脉络，全方位展示了苏州商会的功能运作机制，真实还原了当时苏州商会与世界工商组织联系的历史。

苏州商会博物馆是继山西平遥中国商会博物馆后的全国第二家商会博物馆。苏州商会博物馆的落成，为苏州市工商企业界人士和中小学生提供了学习、教育的场所，同时也为山塘街增添了新的旅游亮点。2006年1月，苏州商会博物馆正式移交苏州山塘街旅游发展有限公司管理。

2009年5月25日上午，中共中央政治局委员、国务院副总理王岐山，商务部部长陈德铭等领导在视察山塘历史街区时视察了苏州商会博物馆。王岐山指出，历史上的民间商会虽是自发形成，但具有完整的组织体系和制度，我们搞社会主义市场经济，就是要从组织和制度入手，淡化"官味"，充分发挥商会民间组织和同业分会的重要作用。王岐山副总理指示有关部门要重点加强这方面的研究。

2010年，苏州市档案局（馆）与苏州市工商联（商会）联合对苏州商会博物馆进行了改版。改版的指导思想是，以丰富生动的内容、百姓少见的实物（指旧公文、旧凭证、旧商标、旧招牌、老照片等）和形式多样的表现手段来吸引游客和市民参观。改版后的内容分：苏州——古代工商业中心，苏州的会馆公所，苏州商会的创建与沿革，商务活动，同业分会，苏州商团，苏州市民公社，名人手札。

苏州市档案馆馆藏珍品档案展 2005年8月，苏州市档案馆以馆藏特色档案、精品档案为主题，以实物（复制件）、图片、文字等为载体，以版面、陈列柜等为布展形式，举办了"苏州市档案馆馆藏珍品档案展"，展览地点在档案局（馆）二楼。展览内容分苏州商会档案、苏州商团档案、苏州市民公社档案、契约文书档案、教育档案、碑刻拓片档案、友好交往档案、重要活动档案等八个部分。展厅面积虽然仅 69 平方米，但布展内容和形式精致活泼，成为苏州市档案馆对外展示的一个重要窗口。

抗战胜利 60 周年图片展　2005 年 9 月，由中共苏州市委宣传部、党史办主办，苏州市档案馆承办的"抗战胜利 60 周年图片展"在苏州市革命博物馆开展。展览分"伟大的胜利"和"抗战在苏州"两部分，通过 350 余幅珍贵历史照片，真实反映了中国人民艰苦卓绝的抗战历程，有力揭露了日军在苏州烧杀抢掠的滔天罪行。苏州市档案馆为承办好这个展览，制订了详细的工作计划，从馆藏档案中精选"七君子""太湖游击队"等抗战图片资料，其中部分档案和图片为首次公开展出。展览参观人数达 42489 人次。

时代先锋——保持共产党员先进性教育图片展　2005 年 4 月，为配合开展"保持共产党员先进性教育活动"，中共苏州市委组织部、宣传部，市级机关党工委，市党史办，市档案局（馆）联合举办了"时代先锋——保持共产党员先进性教育活动图片展"。展览地点在市革命博物馆，分三个展厅：第一展厅，展示中国共产党人的光辉历程（1921~1949）；第二展厅，展示苏州市中国共产党人新时期的时代风采（1949~2004）；第三展厅，展示苏州市先进性教育的初步成果。苏州市档案局（馆）负责第二展厅图片的提供，并将苏州市获得的各种荣誉、奖牌、奖杯拍摄成照片。全市共有 5 万多人参观了展览。

苏州市改革开放 30 周年成就展　2008 年，是我国改革开放 30 周年。苏州市档案局（馆）与中共苏州市委宣传部联合举办了"苏州市改革开放 30 周年成就展"。1800余幅照片全面展示了党的十一届三中全会以来苏州市在经济、政治、文化、社会等各方面的历史进程、重大事件和丰硕成果。苏州市档案馆为展览提供了大量历史照片，并派出人员全程参与照片的筛选、分类，文字说明的起草编写等工作。

奋斗的历程，辉煌的成就——纪念苏州解放 60 周年图片展　2009 年 4 月，在苏州解放 60 周年之际，苏州市档案局（馆）与市党史办等单位联合主办的"奋斗的历程，辉煌的成就——纪念苏州解放 60 周年图片展"在苏州革命博物馆开幕。600余幅珍贵照片，再现了苏州解放初期的历史面貌，浓缩了苏州解放以来社会主义革命与建设的奋斗历程，展示了新时期苏州改革开放的辉煌成就。作为展览主办单位之一的苏州市档案局（馆），利用馆藏资源，发挥馆藏优势，为展览提供照片 300 余张、档案文献 300 余份，保证了展览的成功举办。

牵手世博——2010 苏州国际友城交往 30 周年成果展　2010 年 5 月，借上海世博会开展之机，苏州市档案局（馆）会同苏州市人民政府外事办公室共同在市图书馆三楼举办了"牵手世博——2010 苏州国际友城交往 30 周年成果展"，展出图片450 余幅、珍贵外交礼品 15 件，反映了苏州自 1980 年至 2010 年与 15 个国家 29 个城市缔结友好城市以及双方交往活动情况。展览开幕当日，来自国际友好城市、友好交流城市的 24 个代表团共 100 余名嘉宾参观了展览。该展览也成为苏州国际友城交往 30 周年系列庆祝活动的一个亮点。

表3-10　1986~2015年苏州市档案局（馆）委办档案陈列展览一览表

陈列展览主题	办展方式	办展时间	办展地点	参观人次
苏州市档案工作成就陈列	独办	1986.10	苏州市档案馆（饮马桥）	3200余人次
世纪回眸——苏州市档案馆百年馆藏选展	独办	2000.12	苏州市档案馆（三香路）	—
关怀——党和国家领导人与苏州	联办	2002.9	苏州革命博物馆（三香路）	20000
费新我作品选展	联办	2003	苏州市图书馆（饮马桥）	6000
苏州对外交往礼品展	联办	2004.3	苏州革命博物馆（三香路）	7500余人次
时代先锋——保持共产党员先进性教育图片展	联办	2005.4	苏州革命博物馆（三香路）	50000余人次
苏州市档案馆馆藏珍品档案展	独办	2005.8	苏州市档案馆（三香路）	—
费新我抗战漫画公展	联办	2005.9	苏州市图书馆（饮马桥）	—
苏州商会博物馆	联办	2005.11	山塘街泉州会馆	—
抗战胜利60周年图片展	联办	2005	苏州革命博物馆（三香路）	42489人次
苏州市改革开放30周年成就展	联办	2008	苏州高新区	—
奋斗的历程，辉煌的成就——纪念苏州解放60周年图片展	联办	2009.4	苏州革命博物馆（三香路）	—
牵手世博——2010苏州国际友城交往30周年成果展	联办	2010.5	苏州市图书馆（饮马桥）	—
纪念谢孝思先生诞辰110周年书画展	联办	2015.9	苏州市图书馆（饮马桥）	—

网上陈列

苏州商团陈列　2006 年，为纪念苏州商团成立 100 周年，苏州市档案馆首次尝试运用网络技术，在苏州市档案局（馆）网站上开辟"档案展览"专栏，成功举办了"苏州商团陈列"网上展。陈列展览内容以苏州商团 30 年发展为主线，以图片和文字等方式介绍苏州商团的历史面貌。陈列分四个部分，即组织沿革、维护治安、军事训练、商团人物。共展出图片 147 幅。

表3-11　2006~2013年苏州市档案局（馆）举办网上陈列展览一览表

陈列展览主题	网站名称	办展时间	上挂图片（幅）
苏州商团陈列	苏州市档案局（馆）网站外网	2006.11	147
苏州商会百年展览	苏州市档案局（馆）网站外网	2006.11	118
馆藏名人手迹选展	苏州市档案局（馆）网站外网	2008.11	24
"工商档案馆"——全市档案书画摄影作品展	苏州市档案局（馆）网站外网	2008.12	50
苏州市十佳家庭档案展	苏州市档案局（馆）网站外网	2009.11	10
张晓飞桃花坞木刻年画展	苏州市档案局（馆）网站外网	2010.8	30
名人相册网展	苏州市档案局（馆）网站外网	2011.11	56

续表

陈列展览主题	网站名称	办展时间	上挂图片（幅）
"唯唯亭亭杯"苏州市档案系统书画摄影展	苏州市档案局（馆）网站外网	2011.11	50
"美在山塘"摄影展	苏州市档案局（馆）网站外网	2012.7	11
苏州市档案馆馆藏旧时商标选展	苏州市档案局（馆）网站外网	2012.8	18
费新我展览	苏州市档案局（馆）网站外网	2013.12	120

第四章 档案信息化建设

苏州市档案信息化工作起步于 20 世纪 80 年代末。为了适应苏州市经济社会现代化建设步伐，推动档案事业的快速发展。自 1989 年始，苏州市档案局（馆）即把信息化建设列入议事日程，引进计算机管理专业人才，申请计算机管理项目，争取市政府对档案信息化建设所需设备、经费的支持，研制机关档案室和档案馆档案管理软件，不断开展计算机管理档案的探索，学习借鉴外地开展档案信息化工作的思路和成功经验，制定实施档案信息化工作计划、规划，组建专门科室，配备人员，建立档案信息化工作队伍。2004 年，苏州市档案馆组织对苏州市数字档案馆方案论证。2005 年，苏州市档案馆向市政府申报数字档案馆项目立项。2006 年初，苏州市数字档案馆启动建设，"基于内容管理的数字档案管理技术方法研究"课题同时立项。2006 年 11 月，苏州市数字档案馆项目通过专家验收，"基于内容管理的数字档案管理技术方法研究"课题通过专家鉴定，并获得 2007 年度国家档案局优秀科技成果三等奖。2008 年 1 月，苏州市档案局（馆）成为江苏省信息化协会会员单位。2012 年，市政府拨款 1000 万元实施馆藏档案数字加工。2012 年 3 月 30 日，苏州市档案局（馆）向新浪网申请注册官方微博，由苏州市档案馆注册。至此，苏州市档案馆信息化建设迈上了新台阶。

第一节 档案信息化管理

苏州市档案局（馆）紧随苏州市经济、社会现代化建设进程，积极推动档案管理现代化，将进馆单位档案信息化、档案馆信息化、档案局（馆）网站建设有机结合起来，共同发展，不断摸索计算机管理档案的方法、路径。

进馆单位档案信息化建设

机关档案是档案馆进馆的主体。

1991 年 8 月，苏州市档案局（馆）与苏州新技术交流推广站签订协议，共同合作研制计算机管理档案系统软件。1995年，基本完成机关档案计算机管理系统编制工作，并在市交通局、平江区纪律检查委员会、平江区皮市街道办事处等机关安装使用。1997~1998年，该系统在全市50家晋升苏州市档案管理一级机关档案室推广使用。2000年，苏州市档案馆对机关档案管理软件进行升级，做到馆室衔接。2001年，国家档案局颁布《归档文件整理规则》，为适应机关文书立卷工作改革，苏州市档案馆自行研制开发"归档文件整理规则管理软件"，在文书立卷改革试点单位试用。2002年，该软件在全市市级机关中推广。

2007年，苏州市档案局（馆）为适应"数字苏州""数字档案馆"建设需要，规范机关室藏档案数字化工作，在市级机关、直属事业单位中全面推进"数字档案室"建设。2008年颁布了《苏州市数字化档案室考核标准（试行）》，考核标准为组织管理与设备，档案数据库建设，档案数字化建设，档案保管利用等4个大项及18个小项。同时还颁布了《苏州市纸质档案数字化加工标准（试行）》，确定了档案数字化基本要求及原则，纸质档案数字化几个重要环节（包括档案整理、目录建库、档案扫描、图像处理、图像存储、数据质检、数据挂接、数据验收、数据备份、成果管理等）。与此同时，苏州市档案局（馆）选择了几家机关进行试点。至2011年，中共苏州市纪律检查委员会（监察局）等15家市级机关、直属事业单位通过苏州市数字档案室认定。

苏州市档案馆信息化建设

1992年，苏州市档案馆与江苏省档案馆联合开发《市、县级档案馆计算机档案管理系统》，1992年12月15日，该项目通过了江苏省科委组织的专家鉴定，认为该系统达到了国内同类软件先进水平，具有推广应用价值。同年，苏州市档案馆运用该系统对馆藏4个全宗档案目录进行计算机管理，提高了档案检索速度和质量。至2000年，苏州市档案馆共完成了172个全宗档案案卷级和文件级目录录入工作，建立了馆藏档案目录数据库。

1998~2000年，苏州市档案馆组织市级机关、直属事业单位档案进馆，在《关于做好市级机关档案移交进馆工作的意见》文件中规定，各单位在移交档案进馆的同时，移交文件级目录数据软盘一套。至2000年底，苏州市档案馆共接收进馆单位档案案卷级目录和文件级目录数据近60万条，丰富了馆藏档案目录数据库。

2005~2006年，苏州市档案馆聘请人员专门进行档案目录录入工作，加快录入步伐，共录入文件级目录71万余条。

苏州市档案局（馆）网站建设

1999年，苏州市档案局（馆）争取到市财政专项拨款，添置服务器1台，初步建立了局域网，并在市政府网站上设置了苏州市档案局（馆）主页。

2001年，苏州市档案馆向中国互联网络信息中心提交"苏州市档案馆"通用网址注册申请,完成了互联网域名注册工作。2002年12月10日,苏州市档案局(馆)获得国际域名注册证书。

2002年,苏州市档案局(馆)筹建计算机中心,市财政拨款28万元专项资金,添置了IBM服务器、X360服务器硬盘陈列卡等设备。

2003年,苏州市档案局(馆)档案信息网主页进行了改版,主页栏目做了调整,增加了信息发布量,以全新的面貌出现在苏州市政府外网上,为市民了解档案及苏州市档案工作动态增添了新的渠道。

2005年,苏州市档案局(馆)添置了2台大容量高性能服务器和不间断电源,对局域网内终端提供实时病毒防护。在软件上,采用动态页面与数据库相结合技术,对网站进行改版,与"办公自动化系统""档案管理系统"无缝对接,增加了"全文级"搜索功能。

2007年,苏州市档案局(馆)网站改造升级为苏州档案门户网站,在完善门户网站发布信息功能的同时,强化网上办事功能。

档案信息化建设规划、实施计划

苏州市档案局(馆)自2001年始,将全市档案信息化纳入指导范围,制定全市档案信息化建设规划和实施计划。

《苏州市档案信息化建设"十五"规划》 2002年10月16日,苏州市档案局制定印发了《苏州市档案信息化建设"十五"规划》。《规划》确定了"十五"期间苏州市档案信息化建设的指导思想、发展目标、主要任务、实施措施。发展目标:"十五"期间,从基层档案室入手,加强计算机应用工作和档案信息管理系统软件推广工作,把机关档案信息化纳入机关办公自动化总体布局;开展电子文件归档和电子档案接收进馆工作;加快馆藏档案目录数据库建设,到2005年末,基本完成馆藏永久、长期档案目录的输入工作。力争到"十五"末,在文件档案管理一体化、档案信息存储数字化、档案信息传输网络化、档案信息利用在线化等方面有新的突破。主要任务:加强机关、企事业单位档案信息化建设,加强局(馆)档案信息网络建设,建立苏州市档案信息中心。

《苏州市档案信息化建设实施计划(2005~2010)》 于2005年6月8日由苏州市档案局印发。主要目标:解决电子政务环境下电子文件的处理、归档、进馆、利用一体化、规范化管理技术和业务问题,稳步实施馆藏档案数字化,建立数字化综合应用平台,开展已公开现行文件和档案信息网上查询服务,积极推进数字档案馆建设,全面提高档案工作质量和效率,满足社会各界各层次日益增长的档案信息利用需求。主要任务:依托电子政务数据交换平台,在线采集接收和利用归档的电子文件,建立已公开的电子文件中心,建立安全和永久保存国家档案信息资源的数据备份基地。以"苏州档案信息网"为平台,建立面向社会、面向公众的档案网站群。逐步建成以苏州市为龙头的全市数字档案馆网络,加强以围绕政务公开为主要内容的数字档案资源建设，推动馆藏档案数字化和分布式数据库建设持续、稳步发展。

《苏州市档案信息化"十二五"发展规划》 于 2012 年 8 月 31 日由苏州市档案局印发实施。总体目标：加快全市数字档案馆建设及其功能建设。加快馆藏档案数字化进程，建成一个覆盖全市范围的分布式、规范化、可共享的馆藏档案全文数据库。把档案门户网站与档案资源建设、档案文化建设结合起来，让民生档案、开放档案在档案网站窗口为百姓服务。深入开展全市数字化档案室工作，确保数字化档案室认证工作有序开展。工作重点：加强《数字档案馆建设指南》的宣传贯彻，加快各类电子档案资源开发及纸质档案数字化进程，加快机关、团体、企事业单位数字档案室建设，全方位提高全市档案信息化科研水平，加强档案信息安全保障体系建设。

档案信息化工作会议

"十一五""十二五"是全市档案馆（室）信息化建设快速发展期，苏州市档案局（馆）于 2008~2015 年，每年召开档案信息化会议，推动全市档案馆（室）信息化、数字化发展进程。

2008 年 3 月 12 日，苏州市档案局召开了全市档案信息化推进会，总结交流 2007年全市档案信息化工作，研究部署 2008 年全市档案信息化重点任务。2007 年是苏州市档案信息化加速推进的一年，全市各级档案部门加大硬件投入，加快馆内外档案数字化加工进程，取得明显成效。苏州市、吴江市基本建成数字档案馆，太仓市数字档案馆项目已接近尾声。至 2007 年底，全市档案馆已完成案卷级目录 120 万条、全市数据库 1600 万页，全市有 10 个档案局（馆）建立了档案网站，点击率达 100 余万人次。会议确定了 2008 年全市档案信息化重点。

2009 年 3 月，全市档案信息化工作会议召开，会议总结了 2008 年全市档案信息化工作成绩。数字档案馆建设方兴未艾。吴中区数字档案馆建设获区政府批准。太仓市《基于 OAIS 模型的县级数字档案馆建设及核心技术的应用研究》通过江苏省档案局鉴定。扩充数字档案馆功能，完善档案信息内外网发布系统，充实完善馆藏数据库。至 2008 年底，全市档案馆目录数据库总容量达 1620 万条，全文数据超过 2400 万页。苏州市、太仓市、常熟市等档案馆建立了视频采集系统，开展视频采集工作。探索数据备份方式，全市截至 2008 年底已备份数据 150G。在全市开展数字档案室试点工作，全市已建成数字档案室 112 家。会议明确了 2009年信息化工作要点。

2009 年 11 月，全市档案信息化工作会议召开。会议回顾了 2009 年全市档案信息化工作。2009 年，苏州市档案馆对外网进行调整充实，苏州档案网流量达393394 次，现行文件网页点击率达 110348 人次。充实完善馆藏数据库，至 2009 年10 月底，苏州市档案馆目录数据库总容量 400 万条，全文数据库 400 余万页。会议确定了 2010 年全市档案信息化工作要点。

2011 年 3 月 4 日，苏州市档案信息化工作会议召开。会议回顾了全市"十一五"

档案信息化工作情况。苏州市、吴江市、太仓市、常熟市分别建成数字档案馆，苏州工业园区、张家港市、昆山市、相城区、吴中区数字档案馆建设已接近尾声；全市各级档案局(馆)均建立了档案门户网站；馆藏档案数据库进一步充实完善，到"十一五"末，全市档案馆目录数据库总容量2033万条，馆藏档案全文数据3204万页(其中照片168739张)，苏州市档案馆共采编《苏州新闻》18822条。会议分析了档案信息化建设存在的问题，确立了"十二五"档案信息化工作思路。

2013年3月，苏州市档案局召开了全市档案信息化工作会议，对2012年全市档案信息化工作进行了回顾总结。2012年，全市数字档案馆建设初具规模，已基本完成数字档案馆平台建设。全市馆藏档案案卷级目录数据库449.4万条，文件级目录数据库3301.23万条；全文扫描8600万页(其中苏州市档案馆完成数字加工1000万页)，数据存储量达29.86T；全市电子照片47.178万张，极大地提高了档案利用查询的效率和正确率。太仓市在优化数字档案馆功能的同时，与条形码管理系统、PFID安全实时管理系统紧密整合，实现了实体档案与数字档案一体化管理新模式。张家港市数字档案馆系统基本实现与基层档案室系统的无缝连接。全市各级档案局(馆)不断完善网站功能，增加网站信息量，并设置了开放档案、现行文件网上查询功能。根据各馆馆藏特色举办网上展览。苏州档案网2012年网站发布信息211条，网站总点击率1429372人次，日均浏览人数超300人次。太仓市数字档案馆于2012年初通过江苏省首家5A评估。会议研究布置了2013年全市档案信息化工作重点任务。

2015年3月，苏州市档案信息化工作会议召开。会议总结了2014年全市档案信息化工作，研究确定了2015年全市档案信息化工作重点。2014年，苏州市全部完成数字档案馆平台建设，形成数字档案馆集群。2014年度，全市总计投入档案数字化经费534.2万元，新增加工馆藏全文数据3160万页，累计馆藏全文数据1.5亿页，完成馆藏总量的62.4%，完成了全市综合档案馆数据异地备份。

第二节 数字档案馆

数字档案馆项目建设

数字档案馆是档案馆为适应信息社会日益增长的对档案信息资源管理、利用需求，运用现代信息技术对数字档案信息进行采集加工、存储管理，并通过各种网络平台提供公共档案信息服务和共享利用的档案信息集成管理系统。2003年，苏州市档案局(馆)借助苏州市电子政务网建设契机，将电子文件归档管理纳入全市电子政务系统建设，市信息办拨款20万元专门用于开发档案馆档案管理网络版软件，在OA系统中整合进了电子移交及归档流程，解决了各机关电子文件的在线归档及向档案馆移交接收问题。苏州市档案局(馆)与南大苏富特科技有限公司签订开发合同，开发了办公自动化及档案业务管理系统，2003年10月该系统安装使用，苏州市档案馆由此开始数字档案馆建设的探索。2004年，苏州市档案局（馆）决定建设苏州市数字档案馆，并请苏州南大苏富特公司和北大方正公司分别对苏州市数字档案馆进行方案设计。2004年11月19日，苏州市档案局（馆）邀请国家档案局科研所所长赵中新及有关专家对两家公司设计的苏州市数字档案馆建设方案进行论证。论证会由赵中新主持，专家们结合当下数字档案馆建设成果对两家设计方案进行科学分析、比较，建议采用北大方正公司设计方案，并提出了修改完善意见。

2004年12月15日，苏州市档案局（馆）向苏州市计划委员会信息办公室提交《关于苏州市数字档案馆建设项目立项的请示》。2005年6月22日，苏州市档案局（馆）向苏州市人民政府办公室提交《关于苏州市数字档案馆建设项目立项的请示》。2005年下半年，市政府批准建设苏州市数字档案馆，苏州市财政拨款612万元。

2005年12月，苏州市档案局（馆）为加强数字档案馆建设项目的组织领导，保障项目的顺利实施，建立了数字档案馆建设项目领导小组，档案局局长祖苏任组长，副局长虞平健、陈兴南任副组长，各处（室）处长、主任为成员。领导小组下设项目组，分管副局长陈兴南任组长。

2006年4月，苏州市数字档案馆项目正式启动。项目分三期实施，第一期进行软件招标、开发设计、测试、调试、数据整理倒入，第二期进行数字档案馆整个系统基本运行所需的硬件设备招标，第三期主要解决整个系统所需的安全系统和电子文件备份所需的存储设备招标。北大方正技术研究院作为开发方中标，苏州工业园区软件测评中心作为项目监理方和评测单位中标，硬件招标由江苏金智公司中标。

苏州市档案局（馆）为建立高水平、高质量的数字档案馆，把好项目需求这个关键，在软件开发设计之初，邀请北大方正、南大苏富特、欧索软件、美国美迈、苏州工业园区软件测评中心、江苏国泰等软件企业参与项目需求设计，邀请国家档案局科研所、江苏省档案局技术专家对项目需求作进一步论证完善，提出建设三大系统，即数字档案馆系统、数字档案室系统、档案信息内容管理发布系统；建设五个应用功能模块，即档案数据采集与加工，档案数据存储与管理，档案数据的查询利用，档案信息在线发布，现行文件的网上采集与发布等五个功能。通过运用"内容管理"技术，实现文档一体化、馆室一体化、馆网一体化和档案工作业务流程的网上协同，为未来档案信息的海量存储和档案信息的高效利用进行有益探索并提供技术保障。2006年11月16日，苏州市数字档案馆系统通过了由国家档案局组织的项目验收。2007年底，苏州市数字档案馆项目基本建成。

数字档案馆课题研究

在苏州市数字档案馆建设的同时，《基于内容管理的数字档案管理技术方法研究》进行了课题立项。2006年11月16日，国家档案局技术部组织专家对该课题进行了鉴定。鉴定委员会听取了课题组所作的工作报告和技术报告，观看了现场演示，经过质询和讨论,认为课题研究达到预期目的,研发的档案信息管理系统技术先进,实用性强,具有普遍的应用价值,达到国内目前同类研究的先进水平,鉴定委员会一致同意通过鉴定。2007年,该课题被国家档案局评为优秀科技成果三等奖。

2012年2月,苏州市档案局(馆)开展"苏州数字档案馆、室集群体系构建及区域管理模式的研究"并申报课题,获准列入2012年国家档案局科技项目立项计划。该项目研究主要内容为研究并完善数字档案室的认定标准;研究和改进数字档案室的管理模式,对区域模式下数字档案馆、室的管理应如何展开等。

馆藏档案数字加工、数据备份

2010年10月21日,苏州市档案局(馆)向中共苏州市委办公室提交《关于苏州市档案馆馆藏档案数字化转换及其安全保障体系建设工程作为2011年市立项目的请示》,拟在"十二五"期间,对苏州市档案馆馆藏档案数字化转换及其安全保障体系建设进行立项,列入市立项目。2011年,苏州市档案馆馆藏档案数字化项目获市政府批准,市财政拨款1000万元。2011年7月,苏州市档案馆全面启动馆藏档案数字化加工工作。2011~2012年完成11786114页档案数字加工任务,2013~2014年数字加工18510674页,2015年完成944900页,至2015年底,累计完成数字加工31241688页。

2012年11月21日,苏州市档案局(馆)经调研考察,与河南省洛阳市档案局签订了《档案数据互备基地协议书》。2013年8月8日,苏州市档案局与新疆乌鲁木齐市档案局签订了《档案数据备份基地协议书》。

2013年5月15日,苏州市档案馆接收了洛阳市档案馆移交的档案数据备份(包括目录、文书档案、照片、音频视频档案数据)光盘158只。

2013年11月28日,苏州市档案局向洛阳市档案局移交档案数据备份移动硬盘27盘,容量54T(档案数据包括苏州市档案馆及张家港市、常熟市、太仓市、昆山市、吴江区、吴中区、相城区、姑苏区、苏州工业园区档案馆备份数据。)

第五章　政务信息公开

苏州市档案局(馆)为拓展和强化档案部门的服务功能,于2005年7月2日,在中共苏州市委、市政府的支持下建立了现行文件查阅中心,把档案服务延伸到提供政府已公开现行文件查阅服务。为广大市民了解政府相关政策、规定和信息提供统一的现行文件查阅平台。现行文件查阅中心工作场所设在苏州市政府政务服务中心。

2005年11月2日,苏州市市长阎立签署苏州市人民政府第86号令,颁布《苏州市政府信息公开规定》,确定档案馆、现行文件查阅中心等为政府信息公开场所。苏州市档案馆现行文件查阅中心自此走上依章履职的轨道。自 2005~2015 年底，现行文件查阅中心收集或接收各级机关、单位报送的已公开现行文件 31372 份，文献汇编和资料汇编近 3200 册，接待群众查阅 5247 人次，提供文件 3618 份，已公开文件传输上网 28563 份，点击次数达 196034 次。

现行文件查阅中心自挂牌之日起，坚持以服务为宗旨，推行规范服务，树立为民、便民、亲民形象，努力打造服务品牌。在 2005~2015 年市行政服务中心历次检查评比中，现行文件查阅中心获"优秀窗口"11 次，"优秀个人"16 次，"先进窗口"1 次，"十佳明星"2 次，先进个人 3 次。

2010 年，以江苏省政务公开办公室、省监察厅、省保密局和省法制办公室组成的 2010 年度江苏省政务信息公开工作考核小组来苏州检查考核苏州市现行文件查阅中心，评价苏州市建立现行文件查阅中心及其所做的工作，体现了苏州特色，富有创意，走在全省前列。

中央纪委常委、全国政务公开领导小组副组长干以胜，中共江苏省委常委、苏州市委书记王荣，国家档案局和江苏省档案局领导分别视察考察了苏州市现行文件查阅中心，全国各地档案部门也纷纷来到苏州市现行文件查阅中心参观学习。

第一节　文件收集

政务信息公开规定、办法、通知

2004 年 7 月 23 日，中共苏州市委办公室印发《市委办公室市政府办公室转发市档案局〈关于做好市级机关公开性现行文件、资料收集报送工作的意见〉的通知》，明确公开性现行文件、资料的收集、报送的原则，收集、报送的内容，收集、报送单位，收集、报送要求，收集、报送职责和报送地点。

2005 年 11 月 2 日，由苏州市市长阎立签署的苏州市人民政府第 86 号令《苏州市政府信息公开规定》颁布实施，内容包括总则，政府信息公开的范围，政府信息公开的程序和形式，监督与救治，附则。《规定》明确政府机关是信息公开义务人，公民、法人和其他组织是信息公开权利人，依规定享有获取政府信息的权利。政府信息以公开为原则，不公开为例外。第三章第二十八条规定："政府信息公开方式包括档案馆和现行文件查阅中心。"第三十三条："政府机关的规章、规范性文件应自发布之日起 30 日内将文件正文及电子版本报送现行文件查阅中心并在互联网上的政府网站上公开。"第三十四条："政府公报应当备置于政府机关办公地点的适当位置、档案馆、现行文件查阅中心、图书馆等地点，方便公众免费阅览。"

2006 年 12 月 15 日，苏州市政务公开领导小组办公室印发《苏州市政务公开工作考核和责任追究办法（试行）》。政务公开考核工作纳入各级政府及其工作部门的年度工作目标管理，并作为政府绩效考核、机关作风建设及领导干部年度检查考核的重要内容之一。政务公开考核工作实行百分制量化考核，对政务公开组织领导，制度建设、公开形式、公开程序和时限、公开效果等内容进行考核。

2008 年 4 月 2 日，苏州市政务公开领导小组办公室、苏州市档案局印发《关于开展对市级机关、单位政府信息报送工作进行专项督查的通知》，对市级机关各部门各有关单位关于政府信息报送工作制度、责任部门、责任人的落实情况及已公开政府信息的纸质文本和电子文本报送情况进行检查。

2009 年 10 月 22 日，苏州市人民政府办公室印发《市政府办公室关于加强政府信息查阅场所建设的通知》，市政府在档案馆、市图书馆和市行政服务中心的现行文件查阅中心设立政府信息查阅场所。现行文件查阅中心增挂"苏州市政府信息查阅中心"牌子。《通知》要求自 2009 年 11 月起，苏州市各级有关部门和单位应将主动公开的政府信息报送苏州市档案局现行文件查阅中心（苏州市政府信息查阅中心）和苏州市图书馆这两个政府信息查阅场所，市政府办公室每年对本级和各地政府信息查阅场所建设和政府信息送报工作组织检查，通报结果，并将其纳入政府信息公开工作的评议、考核内容。

政府信息报送情况通报

2005 年 6 月 15 日，苏州市档案局印发《关于进一步加强已公开现行文件、资料报送工作的通知》，对 2004 年已公开现行文件报送、利用情况进行通报，对今后加强文件、资料报送工作提出要求。至 2005 年 6 月，苏州市现行文件查阅中心接收各类现行文件 3000 余份、资料汇编 800 余册，接待市民查阅 300 多人次，查阅现行文件、资料近千份。《通知》强调，开展已公开现行文件利用工作是打造"阳光政府"的实际行动，是推进政务公开建设政治文明的一项重要内容，要求各单位切实提高认识，加强领导，落实文件报送工作的部门和人员，严格标准，注重实效，切实提高已公开现行文件报送质量，强化管理，定期检查，保证已公开现行文件报送工作的顺利进行。

2007 年 1 月 20 日，苏州市档案局、苏州市政务公开领导小组办公室印发《关于 2006 年度市级单位现行文件报送及利用情况通报》，截至 2006 年底，现行文件查阅中心接收全市 75 个部门、单位报送的纸质文件和电子文件共 8086 份，资料汇编 2538 册，为 1523 位市民提供了查阅服务。《通报》也指出了文件报送工作存在问题，少数单位对现行文件报送工作不重视，有 6 家机关、单位一年未报送一份文件；对政府信息"以公开为原则，不公开为例外"理解不清，对本机关形成的文件未划定公开范围，导致公开现行文件报送不及时；少数机关信息公开制度不健全，工作随意性大；有的单位文件报送人员更换频繁，造成文件报送工作脱节。通报对 2007 年政府信息公开报送工作提供要求。2 月 7 日，市长阎立在此《通报》上作批示："请将此文发各部门一把手阅，并限期补齐。"市各有关机关收到文件和市长批示后，迅速布置落实。截至 2007 年 3 月底，收到 19 家单位补报的纸质文件 266 份、电子文件 284 份。绝大多数市级机关与现行文件查阅中心建立了文件报送联系方式，畅通了文件报送渠道。

2009 年 4 月 1 日，苏州市政务公开领导小组办公室、苏州市档案局印发《关于 2008 年度现行文件报送工作情况通报》，2008 年共有 78 个部门和单位报送文件 4106 份。文件报送工作呈现报送率高、报送数量大的特点。全市行政机关文件报送率为 100%，现行文件查阅中心接收文件与上年相比增长 158%。《通报》强调在 2008 年文件报送工作中仍然存在报送及时性差，报送的文件信息不符合政府信息公开的规定，报送工作没有实现常态化等问题。

2010 年 2 月 3 日，苏州市政务公开领导小组办公室、苏州市档案局印发《关于 2009 年度市级单位现行文件报送情况通报》。2009 年度，共有 75 个单位报送纸质文件 2660 份、电子文件 2562 份、资料 139 份。

2010 年 12 月 31 日，苏州市政务公开领导小组办公室、苏州市档案局通报了 2010 年度市级单位现行文件报送工作情况。2010 年度有 79 家市级单位报送纸质文件 2926 份、电子文件 2874 份、资料 202 份。《通报》要求各单位对已经废止的公开文件信息，应以文件废止告知函的形式及时通知现行文件查阅中心。

2012 年 1 月 11 日，苏州市政务公开领导小组办公室、苏州市档案局印发《关于 2011 年度市级单位现行文件报送情况通报》。2011 年有 75 家市级单位报送纸质文件 3308 份、电子文件 3217 份，其中有 2 家报送的文件超 400 份，有 5 家报送的文件超过 200 份。市交通运输局将现行文件查阅中心列入发文抄送单位。从 2011 年开始，现行文件查阅中心对各单位文件报送数量实施双月通报提示机制，以便各单位及时掌握本部门文件报送情况。

2013 年 1 月 28 日、2014 年 1 月 18 日，苏州市政务公开领导小组办公室和苏州市档案局分别对 2012 年度、2013 年度市级机关单位现行文件报送情况进行通报。2012 年度有 65 家单位报送纸质文件 2901 份、电子文件 2779 份。2013 年度有 71 家单位报送纸质文件 3320 份、电子文件 3308 份。

现行文件、资料报送情况统计

表3-12　2000~2015年现行文件查阅中心收集文件资料一览表

年份	文件（份）		资料（册）	年份	文件（份）		资料（册）
	纸质文件数	电子文件数			纸质文件数	电子文件数	
2000~2004	4879	3058	800	2010	2666	2425	202
2005	1321	1024	1200	2011	3290	3158	—
2006	1204	951	538	2012	3029	2905	—
2007	1498	1276	—	2013	3155	3143	—
2008	1998	1818	—	2014	2710	2727	—
2009	2608	2325	139	2015	2976	2966	200

第二节　文件查阅

现行文件查阅服务接待

2005 年 4 月 18 日，现行文件查阅中心正式挂牌对外开展文件查阅服务。开张之日，中心推出一套服务规范，对服务用语、服务态度、服务仪表、服务设施及服务质量均提出了要求。高标准起点，塑造现行文件查阅中心服务规范、便民亲民形象，打造服务品牌。

为方便广大市民查阅现行文件，现行文件查阅中心编制了文件查阅指南。内容包括查阅范围，"九五"（2000 年）以来苏州市党政机关、社会团体、企事业单位制发的政策性、法规性、公益性和公开性现行文件和汇编；查阅方法，文件按发文单位，或文号，或文件标题，或成文日期等途径实施手工检索或计算机检索；服务方式，分开架阅览、网络服务，以及电话、信函、传真等查询服务。

现行文件查阅中心在文件阅览室张贴《阅览须知》，告知利用者查阅利用已公开现行文件须凭有效证件填写《查阅登记表》；中心只提供文件、资料查阅，不负责解释；保持阅览室卫生和秩序。

2005 年 5 月 10 日，现行文件查阅中心在《苏州日报》对文件查阅利用者做出公开服务承诺：服务中做到热情接待、周到服务、文明用语；接待利用者"六个一样"；对咨询者做到主动耐心，百问不厌；查阅文件、资源一律实行免费服务。

2009 年 2 月，现行文件查阅中心推出便民服务新举措。从 2 月 14 日开始，实施星期六不休息和利用者预约服务两项服务措施。社会各界在星期六仍可全天上门查阅文件，如有特殊情况，还可以预约服务，即平时中午休息时间、17 点至 20 点、周日上午前来窗口查阅文件。

送资料上门。现行文件查阅中心针对特殊人群提出上门服务。彩香一村 82 幢402 室一位患有中风行走不便的市民顾老先生想了解有关政策规定，于 2005 年 11月 10 日打电话求助市行政服务中心。仅半个小时，现行文件查阅中心主任王仁斌就将一份复印好的资料送到了他家，顾老先生十分感动。《姑苏晚报》以"星级服务，感动市民"为题报道了这条信息。此后，只要顾老先生有需求，现行文件查阅中心都坚持送资料上门，连续十年，从未中断。

现行文件查阅中心内部建设

2008 年 8 月，苏州市行政服务中心推行 ISO9001 质量体系，提高中心各窗口服务质量和服务水平。现行文件查阅中心积极参与市行政服务中心 ISO9001 质量体系认证工作，编制了《文件查阅窗口服务接待作业指导书》《文件查阅中心受控文件清单》《文件查阅窗口工作人员职责》《文件查阅窗口工作人员岗位任职要求》《文件查阅窗口质量目标》等质量控制文件，并在工作中按照质量体系标准认真实施。

2008 年 8 月 18 日，现行文件查阅中心为全面提高处置各种突发公共事件和风险的能力，最大限度地预防和减少突发公共事件对现行文件查阅中心造成的损害和社会影响，保障中心国家财产和党政信息安全，制定了《现行文件查阅中心应急预案》。内容包括指导思想，预案实施人，突发公共事件的定义和分类，突发公共事件的分级，工作原则，应急响应和组织，调查总结，责任与奖惩，实施时间等九个方面，为应付和处置突发公共事件提供指导。

宣传进社区。2006 年 9 月 6 日，现行文件查阅中心在金阊区山塘社区开展了"公开政务信息，服务人民群众"宣传活动，工作人员向市民介绍了现行文件查阅中心的服务范围、服务流程以及运行基本情况，通过宣传，让市民更加清楚自身应该享有的信息知情权，自觉利用现行文件来维护自己的合法权益。

媒体关注

现行文件查阅中心，是在政务信息公开中应运而生的新生事物，受到媒体的广泛关注，苏州地方媒体及外地媒体多次报道。

2005 年 4 月 19 日，《苏州日报》以《"红头文件"向百姓开放——3000 平方米行政服务中心新大厅让市民感觉一个"爽"》为题报道了包括现行文件查阅中心在内的苏州市建设服务型政府的消息。

2005 年 4 月 18 日，苏州《城市商报》在"今日焦点"栏目《行政服务中心今起大扩容》文章中，以"红头文件不再神秘，普通百姓随到随看"为小标题，专门介绍了现行文件查阅中心工作。文章链接"'红头文件'怎样走"中介绍了现行文件查阅方法。

2005 年 8 月 22 日，《中国档案报》第二版刊登了苏李的文章《苏州市现行文件中心打造优秀服务窗口》，介绍苏州市档案局（馆）设立现行文件中心，充分发挥档案部门汇集信息、集中服务的优势，下大力气推进已公开现行文件利用，满足人民群众日益增长的了解政务信息、查阅现行文件的需求。

2007 年 2 月 7 日，CCTV 海外中心、美联社、路透社、《朝日新闻》、《联合早报》等 20 多家国内外新闻媒体来苏采访现行文件查阅中心。苏州市档案局副局长陈兴南向记者介绍了设立现行文件查阅的服务窗口的起因及运行情况，新加坡《联合早报》、日本共同社、CCTV 海外中心等媒体还现场采访了查阅文件的市民。在现场，国内外媒体记者还接受了苏州媒体的采访。《联合早报》记者认为有关拆迁条例、房屋改造条例等都是民生问题，在电子政务没有办法使社会弱势群体受惠的情况下，开设文件查阅窗口，可以保留他们最基本的知情权，苏州市文件开放工作做得很好。日本共同社记者认为目前中国政务越来越公平，苏州市的文件中心工作非常出色。

2011 年 7 月 5 日，《苏州日报》在第二版"要闻·贴士"栏目，登载了《民生文件可随时查阅》通讯，介绍现行文件查阅中的纸质档案集中汇编方便查询，网上检索24 小时为市民服务。

2012年2月9日,《苏州日报》A07版"观点·声音"栏目"今日谈"中以"挑开'红头文件'神秘面纱"为题,对现行文件查阅工作进行了专题评论。

第六章 《苏州年鉴》

《苏州年鉴》是苏州市档案局(馆)于1985年创刊的。1985年1月4日,苏州市档案局向中共苏州市委、苏州市人民政府提出《关于编辑苏州地方年鉴的请示报告》,拟从1983年开始,由苏州市档案局具体负责逐年编辑《苏州年鉴》,为各级领导及全市各部门提供一本全市综合性、编年性详实可靠的资料和数据,帮助大家了解苏州历史情况,研究苏州现实问题,总结经验,制定规划,指导工作,促进苏州市社会主义经济体制改革和"两个文明"建设。1985年1月21日,中共苏州市委办公室批复同意苏州市档案局的报告。1985年1月26日,由中共苏州市委办公室、市人民政府办公室印发通知,召开所辖各县(市)、区委(或县[市]、区政府),市级各有关单位分管文字工作的办公室(秘书科)负责人会议,苏州市档案局局长陈明琍就《苏州年鉴》编辑撰稿工作进行了专题布置。自此,《苏州年鉴》编辑工作正式启动。1986年,首部《苏州年鉴(1983)》以内部资料铅印出版。1988年10月,《苏州年鉴(1987)》首次公开出版。《苏州年鉴》成为全国最早创刊的地方综合性城市年鉴之一,也是首部由档案部门创刊编纂的城市年鉴。著名学者、中国人民大学档案学教授吴宝康评价《苏州年鉴》:由档案部门主持、负责组织和承担以市(包括若干县)为范围的地方年鉴的编撰任务,这恐怕还是少有的勇敢行为。至2015年,《苏州年鉴》累计编辑出版33本,编纂质量日臻成熟。中共苏州市委、苏州市人民政府领导对《苏州年鉴》编纂出版工作给予了重视和支持,多次为《苏州年鉴》出版作序、批示和题词,参加《苏州年鉴》首发仪式,担任《苏州年鉴》编纂委员会主任、副主任,积极为《苏州年鉴》编纂工作出谋划策。中国出版协会年鉴工委的领导、专家也多次对《苏州年鉴》编纂工作给予指导,推动《苏州年鉴》编纂质量的不断提高。2004年,《苏州年鉴》被中国出版协会年鉴研究会授予一期入库年鉴"中国年鉴资源全文数据库核心年鉴"称号。2013年,《苏州年鉴》由中国出版协会年鉴工委理事单位晋升为常务理事单位。《苏州年鉴》在第二至第五届全国年鉴评比中屡次获奖。2009年、2014年,《苏州年鉴(2009)》和《苏州年鉴(2014)》连续在第四届、第五届全国年鉴评比中获城市年鉴综合特等奖及框架设计、条目编写、装帧设计三个单项特等奖。2015年11月在西安召开的第14次全国年鉴学术年会暨中国年鉴学会组织建立30周年座谈会上,哈幸凌、肖进获"明鉴春秋"铜质镀金纪念章。2015年11月28日,《苏州年鉴》被中国出版协会年鉴工作委员会确定为网络年鉴建设试点单位。

第一节 《苏州年鉴》发展沿革

《苏州年鉴》编辑机构及编辑人员

1985 年，《苏州年鉴》编辑工作由苏州市档案馆编研组负责。1986 年在苏州市档案局（馆）设置内部机构时，《苏州年鉴》编辑工作划入编研室职责范围。

1988 年 10 月，《苏州年鉴（1987）》首次由上海社会科学院出版社公开出版。特约审稿谢效正、陈明琍，编辑部主任叶万忠、副主任屠雪华，编辑严浩翔。

1990 年 7 月，《苏州年鉴（1988）》由上海人民出版社出版。特约审稿黄士奇、殷海智，主编叶万忠，编辑部副主任屠雪华，编辑严浩翔、哈幸凌。

1991 年 3 月，《苏州年鉴（1989）》由中国大百科全书出版社出版。特约审稿黄士奇、殷海智，主编叶万忠，副主编屠雪华，编辑朱伟民、严浩翔、哈幸凌。

1993 年 4 月，《苏州年鉴（1991）》由江苏古籍出版社出版。特约审稿黄士奇、殷海智，主编叶万忠，编辑部主任严纪明，编辑部副主任屠雪华、朱伟民，编辑叶万忠、朱伟民、严纪明、哈幸凌、屠雪华。

1995 年 9 月，《苏州年鉴（1994）》由江苏年鉴杂志社出版。特约审稿黄永麟、黄介眉，主编叶万忠，副主编严纪明，编辑部主任朱伟民，编辑部副主任沈慧瑛，编辑叶万忠、朱伟民、肖进、严纪明、沈慧瑛、哈幸凌。

1996 年 12 月，市档案局编研室改称年鉴编辑室，2000 年 3 月对外称年鉴编辑部。

2000 年 11 月，《苏州年鉴（2000）》由古吴轩出版社出版。主审殷忠，主编徐敏、叶万忠（特邀），副主编肖进（常务）、朱伟民（兼）、周建生（特邀），编辑部主任朱伟民，编辑部副主任哈幸凌，编辑叶万忠、朱伟民、孙达权（特约）、肖进、吴培源（特约）、沈积芝（特约）、哈幸凌、徐敏。

2003 年 5 月，《苏州年鉴（2002）》由古吴轩出版社出版。主审孟焕民，主编黄介眉，副主编肖进（常务）、朱伟民（兼），编辑部主任朱伟民，编辑部副主任哈幸凌，编辑朱伟民、孙达权（特约）、肖进、吴培源（特约）、沈积芝（特约）、哈幸凌、徐敏。

2004 年 10 月，《苏州年鉴（2004）》由古吴轩出版社出版。主审徐国强，主编翟晓声，特约审稿徐伟荣、戴贤良、黄介眉，副主编祖苏、肖进（常务）、朱伟民（兼），编辑部主任朱伟民，编辑部副主任哈幸凌，编辑朱伟民、肖进、陈亮、哈幸凌、徐敏，特约编辑沈积芝、徐仁官。

2005 年 9 月，《苏州年鉴（2005）》由古吴轩出版社出版。主审翟晓声，主编徐蕙、祖苏，特约审稿戴贤良、顾全元，副主编肖进（常务）、朱伟民、哈幸凌，编辑部主任肖进，编辑部副主任哈幸凌，编辑朱伟民、肖进、陈亮、哈幸凌、徐敏，特约编辑沈积芝。

2006年9月，《苏州年鉴（2006）》由古吴轩出版社出版。主审王少东，主编徐蕙、祖苏，特约审稿戴贤良、顾全元，副主编肖进（常务）、朱伟民、哈幸凌，编辑部主任肖进，编辑部副主任哈幸凌，编辑朱伟民、肖进、陈亮、哈幸凌、徐敏，特约编辑沈积芝、周珠琴。

2008年10月，《苏州年鉴（2008）》由古吴轩出版社出版。主审王少东，主编王新华、肖芃，特约审稿戴贤良、顾全元，副主编肖进（常务）、严浩翔、哈幸凌，编辑部主任肖进，编辑部副主任哈幸凌，编辑肖进、严浩翔、哈幸凌，特约编辑徐敏、沈积芝、周珠琴。

2011年10月，《苏州年鉴（2011）》由上海社会科学院出版社出版。主审王少东，主编肖芃，特约审稿戴国兴、顾九生，常务副主编哈幸凌，编辑部主任谈隽，编辑谈隽、哈幸凌、严浩翔、俞怡梦，特约编辑戴国兴、沈积芝、周珠琴、甘戈。

2012年10月，《苏州年鉴（2012）》由上海社会科学院出版社出版。主审王少东，主编肖芃，特约审稿虞平健、顾九生，副主编哈幸凌，编辑部主任哈幸凌，编辑部副主任俞菁，编辑哈幸凌、俞菁、魏福堂、俞怡梦，特约编辑肖进、谈隽、甘戈、沈积芝、周珠琴、胡颖、胡振芳。

《苏州年鉴》编纂委员会

2003年12月26日，《苏州年鉴》编纂委员会正式成立。编纂委员会主任委员黄炳福，副主任委员徐国强、朱永新、王少东，办公室主任祖苏（兼）。编纂委员会委员40名由市有关部门负责人担任。

2005年，《苏州年鉴》编纂委员会人员进行了调整。编纂委员会名誉主任徐国强、黄炳福，主任委员王少东，副主任委员朱永新、陈振刚、翟晓声，办公室主任祖苏（兼）。编纂委员会委员40名由市有关部门负责人担任。

2008年，《苏州年鉴》编纂委员会名誉主任王荣，主任委员王少东、王鸿声，副主任委员陶孙贤、程华国、陆俊秀，办公室主任肖芃（兼）。编纂委员会委员36名由市有关部门负责人担任。

2009年，《苏州年鉴》编纂委员会名誉主任蒋宏坤，主任委员王少东、王鸿声，副主任陶孙贤、程华国、王新华、陆俊秀，办公室主任肖芃（兼）。编纂委员会委员36名由市有关部门负责人担任。

2014年，《苏州年鉴》编纂委员会名誉主任石泰峰，主任委员王少东、王鸿声，副主任陈雄伟、申爱军、蔡公武、陆俊秀，办公室主任肖芃（兼）。编纂委员会委员47名由市有关部门负责人担任。

2015年，《苏州年鉴》编纂委员会名誉主任石泰峰，主任委员王少东、王鸿声，副主任陈雄伟、蔡公武、王辉斌、陆俊秀，办公室主任肖芃（兼）。编纂委员会委员47名由市有关部门负责人担任。

《苏州年鉴》庆典活动

1990年，《苏州年鉴（1988）》出版，《苏州年鉴》创刊五周年（1985年编纂出版）。著名社会学家、全国人大常委会副委员长费孝通为《苏州年鉴》题词：前事不忘，后事之师。中共顾问委员会委员江渭清，国家档案局局长冯子直，著名学者、中国人民大学名誉教授吴宝康，中共苏州市委书记高德正，江苏省档案局局长瞿光枢，苏州市人大常委会主任戴心思，苏州市市长俞兴德先后为《苏州年鉴》创刊五周年题词祝贺。

《苏州年鉴（1993）》于1994年12月出版。1995年4月27日，苏州市档案局（馆）召开了《苏州年鉴》创刊十周年（1985年编纂出版）暨改版工作座谈会。《苏州年鉴》主编叶万忠回顾总结了《苏州年鉴》走过的十年不平凡历程，十年编纂的十本《苏州年鉴》，累计800万字，1.4万个条目，忠实记载了苏州市改革开放、"两个文明"建设的基本情况和社会经济及各领域发展的新特点、新趋势。苏州市副市长冯大江、市人大常委会副主任杨炳双、市政协副主席范廷枢、市委办公室主任殷忠、市政府办公室主任顾全元等领导出席了会议。江苏省年鉴及扬州市年鉴的领导到会祝贺，中国年鉴研究会会长尚丁、副会长陈汝鼎向《苏州年鉴》致函祝贺。

2003年12月，《苏州年鉴（2003）》出版。2003年12月26日，苏州市档案局（馆）召开了《苏州年鉴》编纂委员会第一次会议暨庆祝《苏州年鉴》编辑出版二十周年座谈会。会议听取了各位编纂委员会委员的意见和建议，着重研究了《苏州年鉴》今后发展创新大计。市领导黄炳福、徐国强、朱永新，中国出版协会年鉴研究会陈仁礼等出席了会议。

2008年6月6日，中共苏州市委常委、秘书长王少东对《苏州年鉴》编纂委员会办公室批示：《苏州年鉴》是苏州市综合性年刊，是市委、市政府对外宣传、交流的重要窗口之一，也是各级领导和社会各界了解苏州、研究苏州、建设苏州的重要新闻载体之一。希望苏州市档案局（馆）和《苏州年鉴》的全体编纂人员以科学发展观统领全局，进一步解放思想，围绕大局，更新观念，不断提高年鉴办刊水平，为实现苏州经济社会又好又快发展做出更大贡献。

2008年6月10日，在《苏州年鉴》创刊二十五周年之际，中共江苏省常委、苏州市委书记王荣为《苏州年鉴》创刊二十五周年题词：《苏州年鉴》创刊二十五年以来，锐意进取，积极创新，已成为市委、市政府对外宣传、交流的重要窗口之一。望在新的发展时期，坚持以科学发展观为指导，进一步解放思想，不断提高编纂质量，为服务全市"两个率先"和建设"和谐苏州"发挥更大作用。

2013年，《苏州年鉴》创刊三十周年。中共江苏省委常委、苏州市委书记蒋宏坤为《苏州年鉴》题词：记载历史，知往鉴来，把握脉搏，科学发展。苏州市市长周乃翔为《苏州年鉴》题词：努力办好《苏州年鉴》，让昨天的历史，今天的镜子，明天的见证服务于民。中国出版协会年鉴工作委员会主任许家康为《苏州年鉴》题词祝贺：记录现实，明鉴春秋。《苏州年鉴》编辑室在《苏州年鉴》创刊三十年之际，建立了《苏州年鉴》三十年全文数据库，总字数 3740 万字，收录了 1983~2013 年《苏州年鉴》全部内容，可全文检索，在全国年鉴界尚属首家。

《苏州年鉴》工作相关会议

1999 年，《苏州年鉴》分别参加了'99 昆明全国部分城市年鉴展示会，全国年鉴、方志展览会，'99 纽约书刊、音像制品展览会，努力扩大《苏州年鉴》的社会知名度和影响力。

2004 年 12 月 7 日，苏州市档案局（馆）举行《苏州年鉴》编纂委员会第二次会议暨《苏州年鉴（2004）》首发式。中共苏州市委副秘书长、市档案局局长、《苏州年鉴》主编翟晓声介绍了《苏州年鉴（2004）》编纂情况及《苏州年鉴（2005）》工作设想。中共苏州市委副书记黄炳福，中共苏州市委常委、秘书长徐国强，副市长朱永新及《苏州年鉴》编纂委员会委员等 46 人出席了会议。

2005 年 11 月 8~9 日，苏州市档案局（馆）承办了由中国出版协会年鉴研究会主办的"中国出版工作者协会年鉴研究会成立二十周年庆典暨第十届全国年鉴学术年会"。中国出版协会年鉴研究会会长许家康，副会长许进禄、陈仁礼及 150 多位代表参加会议。会议收到论文 60 多篇，中国出版协会年鉴研究会副会长孙关龙作会议主题报告。中国出版协会研究会副秘书长周兴俊、江苏省地方志办公室副主任蔡金良到会致贺词，中共苏州市委副书记徐国强到会祝贺并讲话。

2008 年 11 月 21 日，苏州市档案局（馆）在苏州市会议中心举行《苏州年鉴（2008）》首发式。中共江苏省委常委、苏州市委书记、《苏州年鉴》编纂委员会名誉主任王荣为《苏州年鉴（2008）》首发揭幕并签字。中国出版协会年鉴工委副主任王守亚、市领导王少东等出席首发式。

2009 年 12 月 11~19 日，由苏州市档案局（局）承办的第四届全国年鉴编纂出版质量评奖地方年鉴评审工作会议在苏州市举行，各类地方年鉴共 230 种年鉴参评，数量为历次之最。此次会议共评出省级年鉴特等奖 5 个，城市年鉴特等奖 11 个，地州区县年鉴特等奖 5 个，地方专业年鉴特等奖 3 个。

2011 年 11 月 7 日，苏州市档案局（馆）首次召开《苏州年鉴》专家审读会。会议邀请全国年鉴界著名专家、学者许家康等人对《苏州年鉴（2011）》进行点评，提出改进意见和建议。

第二节　《苏州年鉴》编纂出版

《苏州年鉴》框架设计、装帧设计、改版

《苏州年鉴（1983）》于 1986 年以内部资料铅印出版，为 32K 简装本。其框架体例以《中国百科年鉴》为蓝本，共分概况、政治、法制、财政金融、建设环保、工业、交通邮电、农林水利、贸易、科学、教育、文化、卫生体育、园林名胜、社会生活、附

录等 16 篇,并采用分类编辑法,分类目、分目、条目 3 个层次,为三级构架模式。《苏州年鉴》框架主体结构雏形由此基本形成。

1988 年 10 月,《苏州年鉴(1987)》由上海社会科学院出版社出版。《苏州年鉴》自此起采用国内外通行的版号标注时间,即下一年编纂上一年的内容。《苏州年鉴(1987)》为 32K 漆布封面精装本。

1992 年 6 月,《苏州年鉴(1990)》由江苏古籍出版社出版。《苏州年鉴(1990)》在装帧设计上,采用漆布封面外加彩色塑料封套。在框架设计上增加了《大事记》《军事》《经济》《旅游》《区县建设》《人物》《文献法规》《统计资料》等部类,共分 26 个部类。

1994 年 12 月,《苏州年鉴(1993)》由江苏古籍出版社出版。《苏州年鉴(1993)》在版本设计上,由 32K 改为 16K。在装帧方面,仍采用漆布封面外加彩色塑料封套。在框架设计上,增加《特载》《社会生活》《企业介绍》等部类,另设《开发区特辑》和《庆祝〈苏州年鉴〉创刊十周年》专辑。

2001 年 11 月,《苏州年鉴(2001)》由古吴轩出版社出版。《苏州年鉴(2001)》首次实现当年编辑当年出版。《苏州年鉴(2001)》封面改为亚光贴面。

2004 年 10 月,《苏州年鉴(2004)》由古吴轩出版社出版。《苏州年鉴(2004)》在框架设计上作了重大调整。为了编好 2004 版《苏州年鉴》,年鉴编辑部将《苏州年鉴(2004)》框架设计讨论稿印发给《苏州年鉴》编纂委员会各位领导和委员,广泛征求意见和建议。2004 年 1 月 18 日,中共苏州市委副书记、《苏州年鉴》编纂委员会主任黄炳福在讨论稿上批示:框架设计一定要把 2003 年苏州最大的闪光点、亮点突现出来,要真正体现苏州 2003 年的特点。其余各条综述,也应把最亮之点突出来,不要面面俱到。在 2004 年《苏州年鉴》组稿工作会议之后,黄炳福召集《苏州年鉴》编辑人员,对《苏州年鉴(2004)》框架设计再次作出指示:"特辑"部类要放在整个框架结构的最前面,从而突出苏州各方面建设的闪光点和亮点。"特辑"内容要体现"梳理回顾,总结评价",不能只报喜,不报忧。"特辑"部分可以"苏州之最""苏州之誉""苏州之拐""苏州之忧"等为题,把 2003 年苏州经济社会发展的成效、存在问题等在年鉴中得到真正反映。2004 年 3 月 18 日,《苏州年鉴》编纂委员会办公室召开了《苏州年鉴(2004)》框架结构创新研讨会,特邀中国出版协会年鉴研究会会长许家康,中国出版协会年鉴研究会副会长许进禄、陈仁礼,城市年鉴工作部主任谭惠全,北京大学信息管理系教授李国新等来苏指导。《苏州年鉴(2004)》框架结构共分 42 个部类:特辑,特载,党和国家领导人在苏州,苏州概况,中国共产党苏州市委员会,苏州市人民代表大会,苏州市人民政府,政协江苏省苏州市委员会,民主党派和工商联,人民团体,军事,政法,外事民族宗教侨务台务,苏州工业园区及各开发区,对外开放,体制改革,私营个体经济,工业,农业,商务物流,经济管理与监督,城市建设与管理,苏州园林,交通,信息化建设,水利水务,财政税收，金融，科学，教育，文化，新闻出版，医药卫生，体育，社会生活，市（县）区概况，人物，地方法规，大事记，统计资料，附录，索引。《苏州年鉴（2004）》在装帧设计方面，封面选用清代宫廷画家徐扬的传世之作《姑苏繁华图》截取一部分作为外观设计的背景，环绕封面、书脊、封底，并用苏州丝绸纹理图案相衬，使《苏州年鉴（2004）》外观显得典雅、古朴、庄重，充满苏州文化元素。

2010 年 11 月，《苏州年鉴（2010）》由上海社会科学院出版社出版。《苏州年鉴（2010）》在外观上进行了改版，采用国际标准 A4 开本印刷，外观仍截取部分《姑苏繁华图》作为封面背景，沿袭《苏州年鉴（2008）》的做法，镶嵌了苏州城市精神，"崇文、融合、创新、致远"字样。对新闻图片和随文图片在编排上进行了改进，分成七个部分，并采编城市风貌、社会民生照片，以通版形式表现，扩大视觉冲击效果。

《苏州年鉴（2015）》于 2015 年 11 月由古吴轩出版社出版。《苏州年鉴（2015）》在框架设计、条目编写及装帧设计方面作了大的调整。在框架设计上，原特载篇取消，其内容归并至附录篇中的"文献·法规"分目；原概览篇改为苏州概况篇，原"苏州概况"类目取消，改设"市情概要"类目；原专辑篇中的"党和国家领导人在苏州活动"类目取消，其内容与大事记合并；原附录篇中的"法规·规章·文件题录"改为"文献·法规"。在编纂内容上从重点记录政绩转向全面记录社会现实。在装帧设计方面，改变封面图案，选用 18 位当代苏州画家合作的《锦绣苏州》图长卷（部分）作为主题图案，向世人展示当今苏州繁华盛世的新景象。整体风格仍然保持苏州历史文化名城特色。

参加全国年鉴评选

1999 年，《苏州年鉴（1998）》参加了第二届全国地方年鉴评奖活动，获得了二等奖及框架设计、条目编写二等奖，装帧版式设计一等奖。

2004 年，《苏州年鉴（2004）》在中国出版协会第三届全国年鉴质量评比中，获得"中国年鉴奖"暨城市年鉴系列综合一等奖（总分列一等奖首位），同时获得"框架设计""装帧设计"特等奖，"条目编写"一等奖。

2007 年 5 月，《苏州年鉴（2006）》在中国出版协会年鉴工作委员会主办的第三届全国年鉴质量检查评比活动中，获得全国年鉴编校质量评比一等奖。

2009 年 12 月，《苏州年鉴（2009）》参加了第四届全国年鉴编纂出版质量评比活动，获得"城市年鉴综合质量"特等奖及"框架设计""条目编写""装帧设计"三个单项特等奖。

2014 年 12 月，《苏州年鉴（2014）》在中国出版协会第五届全国年鉴编纂出版质量评比中，再次获得"城市年鉴综合质量"特等奖及"框架设计""条目编写""装帧设计"三个单项特等奖。

专记

在改革中发展，在发展中创新

《苏州年鉴》创刊 30 周年回顾

从 1983 年 3 月 1 日起，苏州实行地市合并、市管县的新体制。根据这一重大改革，经苏州市委、市政府同意，自当年开始，由苏州市档案局具体负责逐年编辑出版《苏州年鉴》，旨在全面、系统、翔实地反映苏州市经济、文化建设发展情况和社会基本面貌，为社会各界了解苏州、研究苏州、建设苏州提供基本资料。至今，《苏州年鉴》已经逐年连续编辑出版 30 卷，总字数 3740 万字。

作为 20 世纪 80 年代全国最早创刊的地方综合性年鉴之一，30 年来，《苏州年鉴》经历了多次框架体例的调整、主要内容的完善及装帧设计等编撰工艺的优化，编纂质量逐年提高，以其鲜明的地方特色、与时俱进的丰富内容，在全市各界和全国年鉴界享有良好的声誉。《苏州年鉴》先后获得中国年鉴奖以及全国年鉴评奖的多个单项特等奖、综合一等奖和省、市社科类评比奖。在《苏州年鉴》创刊 25 周年之后，全体编撰人员虚心学习，锐意进取，在第四届全国年鉴编纂出版质量评比中，《苏州年鉴》获得全国城市年鉴系列综合特等奖，同时获得框架设置、条目编写、装帧设计 3 个单项特等奖；另外还获得江苏省档案文化精品奖，实现了苏州年鉴编纂工作新飞跃。回眸 30 年，《苏州年鉴》全体编撰人员深切体会到邓小平同志在 1979 年曾说的"编辑出版年鉴，很有必要。这是国家的需要，四化建设的需要"的深刻含义。《苏州年鉴》是我国改革开放的产物，它的成长几乎与改革开放同步，30 卷《苏州年鉴》记录了苏州改革开放和现代化建设的发展历程，为全市的发展起到了积极作用。

一、框架设计的日臻完善与地方特色体现

《苏州年鉴》创刊之初，正值我国年鉴事业发展伊始。据统计，到 1982 年，全国共出版 28 种年鉴，其中除《世界经济年鉴》《中国百科年鉴》等专业（行业）年鉴外，地方性综合年鉴几乎没有。在中国人民大学档案系名誉主任吴宝康教授的鼓励和江苏省档案局的支持下，《苏州年鉴》开始进行编撰。"由档案部门主持，负责组织和承担以市（包括若干县）为范围的地方年鉴的编撰任务，这恐怕还是少有的勇敢行为。"（吴宝康语）在克服种种困难后，首卷《苏州年鉴（1983）》终于以内部出版的形式问世（自 1987 卷公开出版起，采用国内外通行的版号标注时间，即下一年编撰上一年的内容），而其框架体例基本以《中国百科年鉴》为参照蓝本，共分概况、政治、法制等 16 篇，并采用分类编辑法，分为类目、分目、条目 3 个层次，即为三级构架模式。由此，《苏州年鉴》框架主体结构雏形已成。

随着改革开放的深入，经济和社会呈现多元化发展趋势，原有的思想理念被不断更新。从《苏州年鉴（2005）》开始至今，原框架设计三级构架模式改为现在的四级构架模式。这是基于在实践中发现后者更具有包容性、操作性，更易于凸显地方特色，更易于归类的缘故。特别是"特载"部分，最能彰显当年城市发展亮点，在具体操作时更

能体现个性。2011年11月7日，苏州年鉴专家审读会首次举行，会议邀请全国年鉴界著名专家、学者对《苏州年鉴》进行点评，提出继续改进的方法和建议，从而使《苏州年鉴》——这张"苏州名片"能发挥更好的作用。《苏州年鉴（2012）》框架设置在13个方面又有新的调整。如特载篇"聚焦苏州"类目增设"庆祝中国共产党成立90周年""民生热点关注"分目，综览篇"苏州概况"类目中增设"政治文明建设"分目等，经济篇"工业"类目增设"发电供热行业""集成电路产业""光伏产业"等16个分目等。2012年10月，苏州市行政区划进行重大调整，《苏州年鉴（2013）》为记载这一重大历史事件，在特载篇"专文·专记"类目特设"行政区划重大调整"分目，在市（县）区篇中增设"苏州工业园区""苏州高新区·虎丘区""姑苏区"分目，原"平江区""沧浪区""金阊区"分目取消，"吴江市"分目更名为"吴江区"分目。

经过30年的发展，《苏州年鉴》的框架主体已经基本形成（《苏州年鉴（2013）》全书共设8个篇目、42个类目、281个分目、1992个条目），并根据每年苏州经济和社会的发展变化，科学、合理地调整结构，力求做到规范与创新相结合，共性和特性相结合。

二、主要内容的时代特征与城市底蕴相融和

苏州是国务院首批命名的历史文化名城和重要的风景旅游城市，同时又是长江三角洲重要的中心城市之一。改革开放30年以来，苏州取得了令人瞩目的成就，创造出无数个奇迹。在30卷《苏州年鉴》的主要内容中，记载了苏州的古韵与今风。

1983年是新中国成立以来苏州历史发展进程中的一个重要转折点，市管县的新体制打破了过去城乡分割的局面，有利于原本商品生产和商品经济就比较繁荣的苏州地区发展。因此，作为应时代发展而产生的首卷《苏州年鉴（1983）》，理应承担起记载历史的重任。在该卷年鉴的"特载"中，首先选登《国务院关于江苏省改革地市体制调整行政区划的批复》《中共江苏省委办公厅关于苏州、无锡、镇江等10个省辖市按新体制行使职权问题的通知》《苏州市人民政府工作报告》以及时任苏州市委书记、市长在地市机关党员领导干部大会上的讲话稿等，从宏观上反映历史改革的原因。为具体反映这一改革过程，设置"顺利完成地市机构合并""选拔优秀中青年干部到各级领导岗位"等条目。其次，选择体现地方经济和社会发展有特色的内容。如，在"经济发展概况"分目下设置"苏州的经济地位和特点""市区经济发展历史回顾""三中全会以来的主要经济活动"等条目。苏南的乡镇工业在改革开放初期如火如荼。在《苏州年鉴（1983）》中，"乡镇工业"与"轻工业""丝绸工业""纺织工业""工艺美术工业"等苏州传统工业一样，被设置为分目内容，并在很长一段时间内被作为特色内容来选择，直至其消亡。另外，"进一步落实私房政策""城乡个体工商业的恢复和发展""全市档案工作恢复整顿任务基本完成"等条目内容也鲜明地反映了时代特征。其三，注重体现城市文化底蕴和多元化文化发展。崇文是全国历史文化名城苏州的鲜明特征，在《苏州年鉴（1983）》中，苏州历史简述，各行各业发展历史概貌，苏州园林名胜及苏绣、檀香扇、桃花坞木刻年画等著名工艺美术品等内容均占一定篇幅。

光阴荏苒。在之后的29卷《苏州年鉴》中，反映全市改革开放进展、经济建设成

就、生态环境建设、人民生活水平提高等时代特征的内容是全书的主旋律，而这主旋律依托的不但是深厚的传统文化背景，而且是现代苏州多元化的文化内涵。近几年来，关注民生成了各级各部门的工作重点和大众热门话题。作为资料性工具书的地方综合年鉴，客观、真实反映年度内容是历史责任。在编纂《苏州年鉴（2011）》时，编者发现相关部门对于因部分老动迁村民对拆迁补偿款政策变动不满而引起的"通安等地群体性事件"都没有反映，为此，编者查阅了报纸、网络及权威机构相关文件，最终在与多方沟通后，在领导的大力支持下，以"妥善处置通安等地群体性事件"条目形式，较为客观地反映了这起影响颇大、涉及民生的重大问题。《苏州年鉴（2012）》继续加大反映民生力度。如在特载篇中增设"民生热点关注"分目，对涉及百姓切身利益的南环新村危旧房解危改造工程等三大民生关注热点内容予以客观记载，并在《苏州年鉴（2013）》"民生热点关注"分目中对此内容继续进行跟踪记载。对于原来的"专文·专记"类目中"领导访谈"分目，从 2012 卷起，改为"媒体专访"分目，2012 卷选择内容是媒体专访市委、市政府主要领导有关社保、食品安全的问题，2013 卷选择内容是媒体专访市委、市政府主要领导有关农民收入等问题。另外，还设"《对话苏州》栏目开办"（《苏州年鉴（2012）》）"'寒山闻钟'论坛建立"（《苏州年鉴（2013）》）等条目内容，记载政府与民众之间直接沟通、交流情况，以推动苏州整个社会和谐发展、可持续发展。此外，凝聚着苏州人文化修养、智慧艺术、科学技术的古典园林、昆剧、苏绣、书画、评弹、丝绸工艺等文化遗产内容继续被重点记载，新建的独墅湖高教区和国际教育园的内容则体现了现代苏州文化与国际接轨的趋势。在《苏州年鉴（2012）》"教育"类目中，对原有的分目进行了调整，使内容安排更加合理。

三、不断增强精品意识，编撰工艺水平逐年提高

苏州素以精致著称。为体现苏州文化特色，《苏州年鉴》不断增强精品意识，编撰工艺质量逐年提高。

首先，《苏州年鉴》外观装帧设计经历了多次变化。一是从 32 开本、大 32 开本变为标准 16 开本，二是从简单的漆布封面变为彩色封面，三是从烫塑护封过渡为亚光贴面，四是内芯单色印刷变为全彩印刷。为了与时俱进，与现代工具书籍外观装帧要求及国家新闻出版署对工具型出版物要求相吻合，从 2010 卷至今，从标准 16 开本改为国际标准 16 开本（即 A4 纸张标准）。

其二，为从直观上反映苏州特色，从 1990 卷开始，封面图片基本上选用苏州园林、苏州新貌等特色图片。从 2004 卷到 2013 卷《苏州年鉴》，选择了清代苏州宫廷画家徐扬的著名传世之作《盛世滋生图》（即《姑苏繁华图》）作为整个外观设计的主旋律，每年截取《姑苏繁华图》的一部分画面作为铺垫，环绕整个封面、书脊、封底的上半部分或中间部分或下半部分，其余部分则采用著名的苏州丝绸纹理图样相衬，封面"苏州年鉴"字样则采用行楷字体，并在字样旁用篆体印章作为修饰，《苏州年鉴（2009）》的封面还沿用上本年鉴的做法，镶嵌了"苏州城市精神：崇文、融和、创新、致远"字样，

独树一帜。《苏州年鉴(2010)》在上述基础上，又有了改进。因考虑到版面扩大的因素，苏州年鉴编辑部委托南京师范大学艺术系一位有名的美术设计师进行封面设计。在继续保持苏州文化元素的基础上，封面色彩变得清新、淡雅，画面结构为虚实相间，给人以耳目一新的感觉。年鉴的新闻图片采用铜版纸，而内芯正文纸张改用对眼睛有一定保护作用的雅质纸。《苏州年鉴(2013)》封面选择了红色，新闻图片前除刊登领导题词外，还设计了"走过30"的宣传彩页，在苏州元素图案的衬托下，30本年鉴的封面图案构成了心字型，寓意苏州年鉴的发展历程，其中的辑封也隐含了"30"的字样。

其三，图文并茂，把握好精神产品的视觉效果。从《苏州年鉴(2010)》开始，增加彩色图片和随文图片的数量，并注重图片的印刷质量。从《苏州年鉴(2011)》起，新闻图片和随文图片的编排设计较以往有所调整和改进，改变以往新闻图片编排分类上过细的缺点，将图片内容简化成主要领导活动等七大块。为进一步反映全市各方面的建设发展成就，采编的城市风貌、社会民生的照片数量和质量超过往年，多幅城市风貌照片采用通版形式来表现，给人很强的视觉冲击力。此外，还重新设计了新闻图片页面的页眉。注意随文图片与条目内容相匹配，改变以往采用大幅补白照片来填补文字空白的情况。

另外，从《苏州年鉴(2004)》开始，制作与书内容一致的多媒体光盘，其中除了包含纸质版所有文字、图表外，还精选了宣传苏州文化的视频。为庆祝《苏州年鉴》创刊30周年，制作了《苏州年鉴(1983~2013)》全文检索数据库(光盘)，以弥补之前的缺憾，方便读者查找资料，在全国年鉴界也属创新。

其四，精益求精，减少水分，控制文字量。由于机构改革和新陈代谢的关系，近几年撰稿人队伍发生了很大的变化，有些单位一年换一个撰稿作者，这对年鉴编辑规范的掌握和年鉴稿源质量有所影响。为了让广大撰稿作者能更好地了解年鉴编纂规范，从源头上提高年鉴质量，年鉴编辑部改进组稿方法。2010年，制定《苏州年鉴编写规则》，印发《出版物上数字用法的规定》《国家标准标点符号用法》《校对符号及其用法》。2011~2013年，年鉴编辑部采取以会代训的方法，分别对重点单位撰稿作者进行业务辅导。

此外，注重检索系统的编制，从《苏州年鉴(1994)》起，编制英文目录及主题索引。近年来，还在索引中增加了"附见"功能，索引量较往年提高。

《苏州年鉴》已经走过了30个春秋，在这30年里，始终得到了各级领导、专家学者、年鉴界同行及社会各界的关心和帮助，也得到了各位撰稿作者的大力支持和配合。同时我们也清醒地认识到《苏州年鉴》还存在许多缺点和不足，前进道路上还会遇到种种困难，但我们相信在大家的努力和支持下，这部凝聚着几代人心血的"苏州名片"会越办越兴旺！

2013.11

第七章 创建工作

1989 年，江苏省档案局颁布《江苏省市、县档案馆定级升级暂行办法》《江苏省市、县档案馆定级升级试行标准》。2008 年，国家档案局制定颁布《市、县国家综合档案馆测评办法》。苏州市档案馆积极贯彻实施，坚持把档案馆等级创建与加强馆内基础业务建设结合起来，与提高档案馆服务质量、服务水平结合起来，与提高馆内工作人员业务素质和业务能力结合起来，通过档案馆等级晋升，达到馆内业务建设的跨越发展。1991 年苏州市档案馆被批准为江苏省三级档案馆，1994 年晋升为江苏省二级档案馆，2000 年晋升为江苏省一级档案馆，2008 年被认定为国家二级档案馆，2011 年晋升为国家一级档案馆。

苏州市档案馆在创建等级档案馆的同时，加强档案馆爱国主义教育基地建设，充分利用馆藏优势，宣传社会主义核心价值观，弘扬爱国主义精神，推广档案文化。与高校挂钩，将档案馆作为大学生的教育实践基地；与市、区教育部门签订共建协议，组织中小学生到档案馆参观，开展爱国主义教育。2001 年，苏州市档案馆被中共苏州市委宣传部批准为苏州市爱国主义教育基地；2007 年，苏州市档案馆被中共江苏省委宣传部批准为江苏省爱国主义教育基地。

第一节 档案馆等级创建工作

晋升江苏省三级档案馆

1989 年，江苏省档案局颁发了《江苏省市、县档案馆定级升级试行标准》，在全省范围内开展档案馆定级升级工作。苏州市档案局为加强对档案馆定级升级工作的监督和指导，于 1989 年 6 月 15 日成立了苏州市档案馆定级升级领导小组，局长殷海智任组长，副局长姜贤明、黄介眉任副组长。苏州市档案馆根据《江苏省市、县档案馆定级升级试行标准》对馆内工作进行全面梳理，重点在档案的划控开放、褪变档案的抢救复制、档案检索工具的完善、档案馆内部制度建设等方面进行补课。1990 年 12 月，苏州市档案馆在整改、自检合格的基础上，向江苏省档案局提出晋升为江苏省三级档案馆的申请。1991 年 1 月 10~11 日，江苏省档案局鞠文华副局长带领专家评审组一行 8 人对苏州市档案馆进行了现场检查考核，认为苏州市档案馆各项指标均符合《江苏省市、县档案馆定级升级试行标准》规定的省三级档案馆要求。江苏省档案局于 1991 年 1 月 12 日批准苏州市档案馆为江苏省三级档案馆。

晋升江苏省二级档案馆

苏州市档案馆在晋升江苏省三级档案馆后，1991~1994年，针对评审组在考核中指出的问题和提出的建议进行了全面整改和提高。修订《苏州市档案馆接收档案单位名册》《苏州市档案馆档案管理规范实施方案》；调整档案库房，将原苏州地区档案与苏州市档案合为一处，统一管理；鉴定档案2.2万余卷，对馆藏满30年到期的档案进行划控解密，划出开放档案30980卷，对2.5万册馆藏资料进行清理分类，剔除1万余册；组织开展档案编研工作，编辑了《苏州商会档案丛编》第一辑、《苏州丝绸档案汇编》、《苏州市民公社档案汇编》等资料；研制开发档案馆计算机管理档案系统。经过三年多时间的努力，1994年苏州市档案馆向江苏省档案局提出晋升省二级馆的申请。1994年10月25日，江苏省档案局组成考评组，由任遵圣副局长带队一行9人对苏州市档案馆进行了现场考核，考评组依据《江苏省市、县档案馆定级升级试行标准》逐项检查打分，总得分为92.98分，认定苏州市档案馆工作已达到省二级标准。1994年11月1日，江苏省档案局批准苏州市档案馆为江苏省二级档案馆。

晋升江苏省一级档案馆

2000年，苏州市档案馆将晋升江苏省一级档案馆列为年度工作重要目标，对照《江苏省市、县(市、区)档案馆目标管理考核标准》制订了详细工作计划。在此次创建工作中，改进馆藏档案全宗设置，撤销、合并了一批临时机构全宗；规范统一馆藏档案全宗编号，将原"苏州市档案馆"档案、"苏州地区档案馆"档案两种不同编号方式规范为统一编号方式，统一档案标签颜色，涉及档案40000余卷；调整档案保管库房，按档案门类、保管期限分库存放，对185141卷档案重新倒架排序；建立档案陈列室，举办了"世纪回眸——苏州市档案馆百年馆藏选展"；组织对馆藏档案进行了一次全面检查，对重号、漏号档案进行了调整，对馆藏满30年到期档案进行了划空解密；建立开放档案阅览室，编制了开放档案检索工具；健全完善档案馆内部各项制度，编制了《苏州市档案馆馆藏档案全宗名册》；申报苏州市爱国主义教育基地；对馆藏345个全宗的全宗卷全部按照《全宗卷规范》进行分类，补充相关内容；对馆藏照片档案重新分类，按全宗整理，涉及34个全宗，整理照片10021张，组卷398卷，并集中保管。苏州市档案馆在自检合格的基础上，向江苏省档案局提出申请。2000年12月26日，以江苏省档案局副局长谈宝忠为组长的省一级档案馆考评组一行7人来苏州市进行档案馆考评。苏州市档案馆以99.2分通过考核。中共苏州市委常委、市委秘书长黄炳福出席了考评会。2005年9月20日，苏州市档案馆在晋升江苏省一级档案馆满五周年之际，又迎来省档案馆等级评定委员会复查组的复查，复查组察看了现场，检查了台账，尤其对苏州市档案馆在晋升省一级后5年来的工作进行了重点检查和评议，复查组认为苏州市档案馆的各项工作巩固并发展了省一级馆水平，复查顺利通过。江苏省档案局局长韩杰，中共苏州市委常委、市委秘书长王少东到会并对苏州市档案馆通过江苏省一级档案馆复查表示祝贺。

晋升国家二级档案馆

2008 年初，苏州市档案馆提出了创建国家二级目标。是年，中共苏州市委、市人民政府召开全市动员大会，创建全国文明城市。在全国文明城市测评体系，档案馆晋升国家二级占有一定分数。为保障档案馆创建工作的顺利推进，苏州市档案局（馆）成立了创建国家二级档案馆工作领导小组，局长肖芃任组长，副局长虞平健、陈兴南任副组长，各处室主要负责人为成员，统一组织协调创建工作。制定档案馆创建工作责任分解表，各部门分工落实，局馆上下通力合作，经过半年多时间的努力，创建工作取得实效。苏州市档案局（馆）正式向国家档案局、江苏省档案局提出申请。2008 年 6 月 27 日，受国家档案局委托，江苏省档案局组织测评组对苏州市档案馆进行现场测评。测评组依据国家档案局颁发的《市、县级国家综合档案馆测评办法》及其测评细则，通过听取汇报、实地核查、现场咨询、审核材料、测评打分，苏州市档案馆得分为 88.1 分，达到了国家二级档案馆标准。2008 年 8 月 31 日，国家档案局正式批准苏州市档案馆为国家二级档案馆。苏州市档案馆的成功创建，为苏州市成功创建全国文明城市做出了应有的贡献。当年，苏州市档案局（馆）被中共苏州市委、市人民政府表彰为"苏州市创建全国文明城市先进集体"。

晋升国家一级档案馆

2011 年是苏州市全国文明城市复评之年。"市档案馆为国家一级档案馆"是文明城市复评的硬性标准。为配合苏州市全国文明城市复查，2011 年 3 月，苏州市档案馆决定创建国家一级档案馆。局党组、局机关党委动员局（馆）全体工作人员，组建志愿者突击队，局（馆）领导班子成员亲自带头。自 2011 年 3~6 月，每周星期六志愿者不休息，按照分工，开展档案检查、档案目录输入计算机、台账资料整理等工作。做到创建工作与常规工作两不误。2011 年 6 月 11 日，国家档案局组织测评组，由国家档案局档案馆（室）司司长孙刚带队，一行 5 人，对苏州市档案馆进行了测评，苏州市档案馆综合得分 97.6 分，达到了国家一级档案馆指标。江苏省档案局谢波局长到会表示祝贺，中共苏州市委常委、市委秘书长王少东出席了测评会并讲话。中共江苏省委常委、苏州市委书记蒋宏坤会见了测评组一行，对市档案馆顺利晋升国家一级档案馆表示祝贺。2011 年 6 月 15 日，国家档案局批准苏州市档案馆为国家一级档案馆。

第二节　爱国主义教育基地创建工作

苏州市爱国主义教育基地

2000 年初，苏州市档案馆在创建江苏省一级档案馆工作中，把申报和创建苏州市爱国主义教育基地作为一项重要工作指标同步实施。将中共苏州市委宣传部关于苏州市爱国主义教育基地建设所必须具备的"五有标准"逐项落实,利用丰富的馆藏档案资源,编辑出版爱国主义教育宣传资料;腾出专门用房,布置档案陈列室,举办"世纪回眸——苏州市档案馆百年馆藏选展",作为参观教育场地;编写档案陈列解说词;建立以保管利用处为主的专兼职讲解员队伍;制定了接待参观学习的制度和办法。2000年5月,苏州市档案局向中共苏州市委宣传部正式申报苏州市档案馆为苏州市爱国主义教育基地。2000年11月,中共苏州市委宣传部高志罡副部长等一行到苏州市档案馆检查验收爱国主义基地建设情况,给予充分肯定。2000年12月20日,中共苏州市委宣传部印发《关于命名第二批"苏州市爱国主义教育基地"的决定》,苏州市档案馆名列其中。

2001~2005年,为了充分发挥档案馆独特的宣传教育作用,苏州市档案馆加强对爱国主义教育基地的建设和管理。对档案馆阅览区、走廊进行布置,张挂苏州历代地图,营造浓厚的历史、文化氛围。主动联络,共建共教,与市教育局、市级机关团工委、市职业大学、苏州市经贸职业技术学院、市青少年活动中心等单位签订爱国主义共建协议;与苏州大学、苏州科技学院、苏州职业大学、苏州市经贸职业技术学院等学校签订学生实习基地协议。加大投入,扩充展区。2001年苏州市档案馆申请财政专项经费10万元筹建档案精品室,将馆藏精品档案集储藏、展示于一体;2003年,苏州市档案馆设置礼品档案室,将档案馆历年接收的283件对外交往礼品进行清理、核对、登记、陈列展示,既彰显了苏州市档案馆馆藏特色,又为爱国主义教育基地增加了新的内涵。加强征集,丰富教育资源,苏州市档案馆坚持把重大活动档案、名人档案以及苏州市地方特色档案的征集作为一项重要工作,丰富馆藏,为爱国主义教育基地建设不断提供新的素材。编辑档案文化精品,为未成年人提供精神食粮。苏州市档案馆充分利用馆藏档案资源,围绕未成年人思想道德教育特点,编撰《馆藏名人少年时代作品选》等专题资料,弘扬爱国主义精神,广受各界好评。

省级爱国主义教育基地

2007年,苏州市档案馆对照江苏省爱国主义教育基地建设的各项标准,认为已具备省级爱国主义教育基地的各种条件,在中共苏州市委宣传部的推荐下,正式申报江苏省爱国主义教育基地。经中共江苏省委宣传部综合考察,苏州市档案馆在众多申报者中脱颖而出,被中共江苏省委宣传部命名为江苏省爱国主义教育基地。

2008年,中共江苏省委宣传部等14个部委办厅局联合印发《关于全国公共博物馆、纪念馆和爱国主义教育基地免费开放的通知》,苏州市档案馆认真贯彻通知精神,积极做好免费接待的各项准备。2008年5月,苏州市档案馆成立了免费开放工作领导小组,领导小组下设展览接待组、后勤保障组和应急组。休息日和节假日专门安排人员值班,做好参观接待工作。为了做好档案馆开放区域各项安全工作,维护参观秩序,保障档案和参观者安全,防止突发事件的发生,苏州市档案馆制定了《苏州市档案馆免费开放应急方案》。

2014~2015 年，苏州市档案馆以"家在苏州·筑梦兰台"为主题，创新爱国主义教育和档案服务工作，让公众走进档案馆，感受苏州深厚的历史文化内涵。档案馆利用"七一"和"十一"节假日，抗战胜利纪念日等时机，走进社区、企业，走向基层百姓，开展多种形式的教育互动。共有学生、市民等 300 余人次走进档案馆参观，档案馆到山塘、虎阜等社区活动 10 余次，向苏州市教育系统 45 家共建单位赠送档案馆编纂出版的档案文化图书 6 种 400 余册。"家在苏州·筑梦兰台"项目于 2015 年被苏州市机关党工委评为服务品牌优秀奖。

第四篇

馆藏档案资料

苏州档案
Suzhou archives

苏州是著名的历史文化古城，档案繁杂，内容丰富。但因屡遭战火或人为的破坏，苏州档案流失严重，损失惨重。

新中国成立后，苏州各级档案部门收集和保管了大量的档案和资料。1983年3月，地、市档案工作部门合并，苏州市档案馆馆藏全宗290个，其中新中国成立前全宗89个、新中国成立后全宗201个；馆藏档案66513卷，其中新中国成立前13323卷、新中国成立后53120卷、革命历史70卷，另剔除26110卷；馆藏照片332张，录音带50盒，资料2864册。经过1959年、1963年、1965年、1978年、1981~1985年、1990年、1998年、2001~2005年这几次档案进馆工作，至2015年，市档案馆馆藏档案全宗群10个、全宗489个，案卷355350卷、39201件。其中，按时间分：新中国成立前档案16147卷、177件；新中国成立后档案342203卷、39024件。按载体分：文书档案249962卷、33268件；科技档案7564卷；专门档案（含书画、印章）100824卷、2065件；照片档案45283张，底片档案45283张；实物档案2981件；声像档案887件。

第一章　新中国成立前档案

市档案馆收藏了一定数量的、颇具特色的历史档案。其内容涉及江、浙、沪特别是苏南地区近代的政治、经济、军事、外贸、税赋、建设、文化、教育及风俗民情等史实，一些中国近代史上重大事件，在档案中都有不同程度的反映。最早的档案是明正统十二年（1447）一方"买地券"砖刻档案。

第一节　商会社团档案

苏州市档案馆保存的"苏州商会"档案全宗，起自清光绪三十一年（1905），迄于1949年苏州解放，共有3326卷、照片档案331张。苏州商会是一个准官方组织，其管辖范围涉及苏州、松江、常州、镇江四府和太仓直隶州，档案内容涉及江浙一带的政治、军事、经济、外贸、交通、邮电、文化、教育、卫生及风俗民情等。

苏州商会档案中还有一些珍贵史料,如全国商会第一次代表大会、五四运动、五卅惨案、江浙军阀战争、武昌首义、苏州独立、阊门兵变等。2002年,苏州商会档案(晚清部分)被列入首批《中国档案文献遗产名录》。

市民公社档案

市民公社起自清宣统元年(1909)五月,止于民国十七年(1928)二月,是苏州基层街道区域性的、市民参与的市政自治社团。其先后成立的有53个基层公社和2个市民公社联合会,其中苏州市有观前、道养、金阊等31个基层公社和1个公社联合会,常熟有虞南、九里等15个基层公社和1个公社联合会,吴江有黎里、同里等7个基层公社。馆藏市民公社档案共11卷,内容包括办社缘起、章程细则、机构设置、职员名册、公社选举、办理学务、道路工程以及举办公益善举、城防治安、军需杂捐、参与政治活动等史料。2005年,苏州市民公社档案列入江苏省第一批珍贵档案。2010年,列入第三批《中国档案文献遗产名录》。

同业公会档案

苏州各同业公会起自清乾隆三十六年(1771),止于1949年,涉及丝织业、布厂业、针织纱线业、鲜果山地货业、茶食糖果业、酱工业、绍酒业、榨油业、面馆点心业、饴糖业、茶业、粮食业、皮业、豆腐业、畜产皮革业、腌腊业、鲜肉业、绸布业、典当业、颜料业、丝号业、图书文具业、戏院业、瓷料器业、机磨晶片业、运输业、人力车业、煤矿业、汽车业、机械五金钟表业、银钱业、金银业、华洋杂货卷烟业、皂烛业、电料业、药业、茶馆业、香业、砻糠业、浴室旅馆业、柴行业、木业、瓮业、营造业、竹业、石灰砖瓦窑业、钢铁业等47个同业公会,馆藏同业公会档案共1131卷,内容有各个同业公会的组织章程、会员名册、登记注册、行业调查、生产经营、劳资关系、财务契据等。2007年,同业公会档案被列入江苏省第二批珍贵档案。

商团档案

苏州商团创办于清光绪三十三年(1907)八月,结束于民国二十五年(1936)二月。其为苏州商会领导的一种准武装组织,为江浙诸省中组织最庞大、持续时间最长的一个商团。其辖41个城乡支部(队),另辖无锡县大墙门、后宅、严家桥及太仓县南泾等4个支部(队)。商团团本部设立机构和军职,还辖基本队、常备队、游巡队、义勇队等。民国三十八年(1949)2月,在中共苏州地下党的策动下,成立吴县工商自卫队,辖9个区中队。至1949年4月30日终止。馆藏商团档案175卷,内容包括商团章程,职员名册,经费开支,枪支管理,出防情况,防堵溃兵抢劫闹事,商团与官府、总商会等来往文书,记录商团历史的碑拓,商团人员的照片和反映辛亥革命江浙战争期间商团活动等史料。2005年,苏州商团档案列入江苏省第一批珍贵档案。

第二节　清、民国企业档案

苏州是中国著名的"丝绸之府"，历史上就有"日出万绸、衣被天下"之说；明清时，苏州棉织业已兴盛，有"苏布名称四方"之誉；到明清时，苏州工艺美术发展到鼎盛时代，被世人称为"苏"字头的工艺美术产品达到它的历史最高峰。清代，苏州成为与佛山、汉口、北京齐名的"天下四聚"之一。在经济活跃的过程中，苏州筹建众多工矿企业。苏州市档案馆馆藏一批清、民国企业档案，如苏州鸿生火柴厂、东吴丝织厂、振亚丝织厂、太和面粉厂、华盛造纸厂、苏州电气公司、苏纶纺织厂、太湖煤矿公司、苏州实验代缫丝厂、苏湖嘉长途汽车股份有限公司、锡沪长途汽车股份有限公司、青沪长途汽车股份有限公司等。其中，有3家企业档案入选苏州市珍贵档案文献。

苏纶纺织厂（新中国成立前部分）档案

清光绪二十一年（1895），清代状元陆润庠集资筹建官督商办的苏纶纱厂、苏经丝厂。清光绪二十三年（1897）7月，苏纶纱厂投产。民国十六年（1927），严裕棠组设光裕公司，收购改组该两厂，改名苏纶纺织厂。民国二十年（1931），苏纶厂还开办中国实业社。民国二十六年（1937）11月苏州沦陷，苏纶厂被日方侵占。民国二十九年（1940），失火烧毁一半纺纱设备，中国实业社则被日军作为"战利品"拆走。民国三十四年（1945）11月抗战胜利后，苏纶厂复工。民国三十七年（1948）1月，组建苏纶纺织厂印染股份有限公司。1950年起，国营商业公司对苏纶厂采取加工订货和委托加工、统购产品。1954年9月，实行公私合营。

馆藏苏纶纺织厂档案（新中国成立前部分）有691卷，起自清乾隆三十六年（1771），止于1955年。主要内容有组织章程、生产经营、与商业及同业公会往来文函。2006年，苏纶厂档案新中国成立前部分入选第一批苏州市珍贵档案文献。2007年，入选第二批江苏省珍贵档案文献。

鸿生火柴厂（新中国成立前部分）档案

民国九年（1920）10月1日，刘鸿生创办华商鸿生火柴无限公司。民国二十九年（1940）7月1日，鸿生厂与上海中华，浦东陆家渡燮昌一厂、二厂，镇江燮昌三厂合并为大中华火柴公司，成为中国"火柴大王"。后又有九江裕生厂、杭州光华厂等加入。鸿生厂亦名大中华火柴公司苏州鸿生厂。民国十九年（1930），鸿生厂梗片部迁沪并入上海浦东东沟梗片厂。抗战胜利后，鸿生火柴厂一度被国民政府经济部宣布为敌产没收，经申述发还。民国三十四年（1945）11月复工。1950年，产品由国营公司经销，火柴生产始渐恢复。1956年，私营鸿生火柴厂与中南火柴厂等4家企业合并，改组为公私合营鸿生火柴厂。1966年，改名苏州火柴厂。

馆藏鸿生火柴厂档案（新中国成立前部分）96卷，起自1917年，止于1951年，主要内容有开办注册、商标批准书、工人工资调查表、厂方与政府往来文书、厂规厂约、股东会议记录、工友名册、职员名单、账略等。2007年，鸿生火柴厂新中国成立前部分档案入选第二批苏州市珍贵档案文献。

苏州电气公司档案

民国八年（1919）11月13日，苏州总商会推宋友蓁等8人为发起人，筹资成立苏州电气公司筹办处。民国九年（1920）5月27日，苏州电气股份有限公司成立。企业性质为民营商办，只招华股，不招外资。发电厂址在胥门外枣市街（铜元局旧址东侧）。民国十年（1921）2月7日正式发电营业。苏州电气公司收买振兴电灯公司后，至民国二十五年（1936），由三类电厂跃为全省最大民营电厂。营业范围已发展到吴县、吴江、无锡、昆山、嘉兴5县27个乡镇。民国二十九年（1940）3月14日，日军对苏州电气公司实行军管，6月，成立华中水电公司苏州办事处。民国三十四年（1945）9月30日，由国民政府经济部接收。民国三十五年（1946）4月30日发还商办民营。1949年4月，苏州解放，实行军管。1951年11月实行公私合营。

馆藏苏州电气公司全宗档案138卷，起自1920年，止于1951年，主要内容有公司与政府往来文函、董事会股东会记录、日军侵占公司资料、职员名册、职工福利、电气事业统计、业务报告、《苏电月刊》等。2007年，苏州电气公司档案入选第二批苏州市珍贵档案文献。2010年，入选第三批江苏省珍贵档案。

第三节　教育档案

市档案馆馆藏教育档案较为丰富，体现了苏州"文萃之邦"的特色。自北宋范仲淹创建府学、倡导兴学后，苏州教育事业日益发展，府、县学相继建立。南宋后又出现书院，知名学者不断涌现，蔚然成为东南文教之邦。第二次鸦片战争后，教会学校随着外国势力的入侵一起进入苏州，出现了不同教派的外国传教士创办的小学、中学、职业中学和大学，其中著名的有东吴大学、桃坞中学、萃英女中等学校。与此同时，地方上出现了苏州中学、苏州女子中学等公立中学和振华中学、伯乐中学、乐益女中等私立中学。

东吴大学档案

东吴大学堂由美国基督教监理公会创办于光绪二十七年（1901）3月20日，前身是在天赐庄的博习书院。辛亥革命后改名东吴大学。宣统三年（1911），上海中西书院并入，改名东吴大学，分文、理两学院。民国四年（1915）增设法科于上海（民国十六年［1927］改称法学院）。东吴大学尤以法学院闻名全国。民国二十六年（1937）抗战爆发后，部分师生内迁曲江、重庆，另一部分留沪的文理两院师生与之江大学合办华东大学。民国三十四年（1945），东吴大学在上海复课。民国三十四年（1945）12月12日返回苏州东吴大学原址复校上课，法学院在上海昆山路办学。首任校长为孙乐文，二任校长为葛赉恩，三任校长为文乃史，均为美国传教士；四任校长为东吴早期毕业生杨永清。1949年，苏州解放，东吴大学归华东军政委员会教育部、苏南行署教育处领导。1951年3月，学校割断与美国教会的联系，不再接受教会津贴。1952年8月，全国高等院校进行院系调整，东吴大学语文、物理、化学、生物四个系和江南大学数理系并为苏南文化教育学院；12月，定名为江苏师范学院（1982年6月改名苏州大学）。

馆藏东吴大学全宗档案共135卷，起自1907年，止于1950年。其内容有校务会议记录、学生名册、年刊、来往函件等，涉及众多中外教育界人士和其他著名人物。2007年，东吴大学档案列入第二批江苏省珍贵档案。

私立江南大学档案

民国三十六年（1947）秋，无锡荣氏实业的荣德生、荣一心创办私立江南大学，初设文学、农学、理工学三学院；民国三十七年（1948）8月增设面粉专修科。民国三十八年（1949）4月废院设系，分设工业管理、数理、机械工程、电机工程、化学工程、食品工业、农艺七个学系及面粉专修科。1952年10月停办。

馆藏私立江南大学全宗档案共11卷，起自1947年，止于1952年。其内容有校董会组织规程及校董名册，学校组织系统表，校招生委员会组织规程及名单，校务会议记录，师生名册，教学计划及师生影集，年刊，校闻集锦。2006年9月，私立江南大学档案入选第一批苏州市珍贵档案文献。

苏州振华女学校档案

光绪三十二年（1906），王谢长达女士创办振华两等小学堂。校址设在严衙前（今十梓街东段）。民国三年（1914），王谢长达三女王季玉硕士由美国学成回国，在振华女子小学及简易师范科基础上增设中学部。民国十七年（1928）秋，在织造署原址上兴建的新校舍落成，中学部迁入，旧址仍办完全小学，中小学分办。自此，学校改称振华女中（现为苏州市第十中学）。

馆藏苏州振华女学校全宗档案49卷，起自1905年，止于1948年。其内容有校史概况、校规校旨、学校刊物、学生名册、教员薪支、捐款征信等。校刊保存较完整，有费孝通、杨绛、何泽慧、彭子冈等名人的作品；档案中存有叶楚伧、张一麐、陈果夫等著名人士的信函。2007年12月，苏州振华女学校档案入选第二批苏州市珍贵档案文献。

吴县教育局档案

宣统三年（1911）春，长洲、元和、吴县三县劝学所设立。民国二年（1913），教育由吴县县公署第二科办理。民国十二年（1923）7月改设教育局。民国十七年（1928）7月至民国十九年（1930）4月，建置苏州市政府期间，设苏州市教育管理处，划吴县第一学区（即城区）各校归管理处接办。市政府裁撤，管理处并入吴县教育局。民国二十六年（1937）11月至民国三十四年（1945）8月，日汪统治期间设立"苏州地方自治委员会学务处"。民国三十五年（1946）设吴县教育局，划为一等局。

馆藏吴县教育局全宗档案652卷，起自1906年，止于1949年。其内容有各学校校史概况、人事任免、经费财产、教育概况、教师聘书、学生成绩单和同学录，存有各类教学杂志、学校的特刊、纪念刊。2007年12月，吴县教育局档案入选第二批苏州市珍贵档案文献。

第四节　钱庄银行档案

苏州钱庄发轫于明代而盛于晚清，民国初年始现银行。苏州市档案馆馆藏苏州鸿源钱庄、元裕钱庄和上海元盛清记钱庄等3个钱庄1936~1949年全宗档案37卷；馆藏中央银行苏州分行、中国银行苏州分行、交通银行苏州支行、中国农民银行苏州办事处、中央信托局苏州办事处、邮政储金汇业局苏州办事处、江苏银行苏州分行、吴县县银行等8家国家银行1923~1953年全宗档案622卷；馆藏吴县田业银行、中国通商银行苏州支行、信孚商业储蓄银行苏州分行等14家私营银行1762~1955年全宗档案500卷。

吴县田业银行档案

民国十一年（1922）8月，苏州部分地主集资创办开业。民国十七年（1928）12月，向国民政府全国注册局领取执照。民国二十六年（1937）11月苏州沦陷后停业。民国三十五年（1946）11月14日复业。民国三十六年（1947）9月，呈准删去"吴县"二字改称田业银行股份有限公司，同时在无锡前竹场巷设立分行。民国三十七年（1948），改称苏州市第一商业银行股份有限公司。1949年，改称苏州田业银行股份有限公司。1955年停业。吴县田业银行为私营商业银行兼办储蓄业务。

馆藏吴县田业银行全宗档案442卷，起自1922年，止于1955年。其主要内容有董事股东会议记录、收发文函留底、营业登记执照、房地契约合同、存放款账册、董监事资历表、职员工役名册等。

第五节　碑刻拓片档案

苏州自古以来人文荟萃，有大量的碑刻遗存。苏州市档案馆馆藏部分碑刻拓片全宗档案，共588通，起自1122年，止于1936年。其内容主要涉及闻名全国的三大宋碑《天文图》《地理图》《平江图》；各会馆工所修建情况及其业规、寺庙、神像、人物等，绝大部分为工商经济拓片。

著名的三大宋碑中《天文图》《地理图》刻于南宋淳祐七年（1247），《平江图》刻于南宋绍定二年（1229），反映天、地、城三方面内容。这三幅碑刻形成年代久远，距今已有 700 余年，为国内罕见。其所记载的内容真实反映中国宋代科技发展的水平和江南城市建设的面貌，具有极高的社会历史和科学研究价值。

苏州共有会馆、公所 260 处。会馆最初的作用是"联乡语、叙乡情"，以"恭祀神明，使同乡之人，聚集有地"。随着工商业的发展，会馆逐渐成为商贾存货、居住、议事的重要场所，公所则是同行业中办理善举、议定行业条规章程、实施行业管理的组织机构。市档案馆馆藏会馆、公所的拓片档案主要有修建会馆、公所情形，制定业规，办理善举，禁止假冒商品等内容，同时有地方政府对行业中出现的问题，如踹匠罢工、踹布定价及地区滋扰等的规定。

第六节　民国党政社团档案

民国党政社团档案，是指 1912 年中华民国成立后至 1949 年 4 月 27 日苏州解放之间的国民党吴县县党部、县政府及社会组织的档案。苏州市档案馆馆藏主要是1945 年 8 月抗战胜利后的档案，共有 21 个全宗，7769 卷。

国民党吴县县党部档案

民国十四年（1925）11 月 4 日，国民党苏州市党部执行委员会成立。民国十六年（1927）3 月 21 日，北伐军抵苏，国民党省党部派人筹备吴县县党部。7 月，国民党吴县县党部特别委员会成立，其职能为"贯彻上级党部指示，办理全县党务，推行三民主义"。苏州市档案馆馆藏国民党吴县县党部全宗档案 853 卷，照片档案 1 张，起自 1929 年，止于 1948 年。其主要内容有省党部密令、训令、指示、代电、通报，青年运动、妇女运动文件；县党部人事任免、工作人员名册、党部工作日记、会议记录，县党代会代表候选人名单、大会记录、提案、宣言，下级党部组织概况、党员名册、清查名册，复查王阿毛等汉奸案、政治案及王渔洋包庇汉奸渎职罪等；县政府人事任免、财政经费、工作报告，公职候选，奸商财产及日汪组织人员调查，发动修建中山堂文件；有关商会、工会、农会、妇女会、教育会、同乡会及其他社团的文函、人员名单；县宣传委员会及其活动文件，处理日汪文物、书刊文件，取缔进步刊物文件；有关印刷、汽车、丝织、锡箔等行业劳资纠纷文件；兵役、组训的文稿，反苏防共、治安、清剿文件。

吴县县政府档案

辛亥革命武昌首义后，清宣统三年九月十五日（1911 年 11 月 5 日），苏州和平光复。1912 年，中华民国成立，改江苏巡抚署为江苏都督府（驻苏州）。苏州废府，设军政分府，最高长官称苏州民政长。1月18日，并吴县、长洲、元和三县及太湖、靖湖二厅为吴县，设苏州民政长署。8月13日，易名为吴县民政长署。12月10日，奉令改为吴县知事公署，县民政长改称县知事。民国十六年（1927）3月21日傍晚，国民革命军第21师光复苏州；24日，该师召集各界代表会议，成立吴县临时行政委员会。5月，南京国民政府成立江苏省政府。6月6日，省政府议决撤销吴县行政委员会，成立吴县县公署。其职能为"奉行国民政府和省府训令、指示，办理全县行政，推行三民主义的自治"。民国十七年（1928）11月，苏省府呈准中央划吴县城厢成立苏州市政府，实行县、市分治。民国十九年（1930）4月1日，复以紧缩政策撤市，市辖区回归吴县。民国二十二年（1933）3月，省政府为"清剿匪共，整饬吏治，增进县政率起见"，在省、县之间设行政督察专员公署，全省分为十三区，区以辖境大小又分为一、二、三等。吴县、常熟、昆山、吴江为第三区（二等），专署驻吴县，吴县县长为法定专员。12月，苏署撤销。民国二十五年（1936）3月，省府又于无锡设第二区（一等），包括吴县等8县。民国二十六年（1937）11月19日，日军侵占苏州，吴县县政府迁至无锡荡口等地，成为流亡政府。12月3日，日汪组织的苏州地方自治委员会（苏州维持会）成立。民国二十七年（1938）2月，改组为吴县县政府。6月，改称吴县知事公署。民国二十九年（1940）10月，复称吴县政府（一等县）。民国三十四年（1945）8月15日，抗战胜利，由安徽绩溪迁来的江苏省政府江南行署在苏州成立，吴县隶属之。10月，江南行署撤销，吴县仍为一等县。民国三十八年（1949）4月25日，吴县县长逃离苏州，吴县县政府结束。

苏州市档案馆馆藏吴县县政府全宗档案730卷，主要内容有吴县乡镇长、保甲长及机关职员花名册，县长工作报告，机关会计人员调查表，常备队人事任免，司法、会计、监狱、秘书、民事、总务法令汇编；吴县商业、服务业工会改组整理等往来文函，佛教会、中教道义会、理教会、四教协会、道教会改组整理材料，救济院、救火联合会、健康学会章程，同乡会材料；查处朱炳威等60余名"共党嫌疑"案件，逃兵违反军纪材料，吸毒贩卖调查，偷盗、抢劫、欺诈、倒卖黄金材料，镇长贪污、渎职案件，军事突击队官佐名册，在乡军官、分会会员退（除）职简历表；乡镇建设、户籍身份证、卫生防疫、市容管理、社会治安。

表4-1 民国吴县机关社团档案一览表

全宗名称	档案年份		档案卷数	全宗名称	档案年份		档案卷数
	起	止			起	止	
吴县警察局	1927	1949	820	吴县抗战蒙难同志会	1946	1949	18
吴县税务机关	1945	1949	1430	吴县工厂联合会	1947	1949	21
吴县电信局	1937	1949	442	吴县乡农会	1914	1948	18
吴县邮政局	1897	1949	1627	吴县律师公会	1922	1947	10
吴县地方法院	1910	1949	589	吴县医师公会	1926	1949	35
吴县参议会	1946	1949	49	中国回教协会江苏省吴县支会	1946	1949	4
支警总队	1946	1949	40				

续表

| 全宗名称 | 档案年份 | | 档案卷数 | 全宗名称 | 档案年份 | | 档案卷数 |
	起	止			起	止	
吴县保安大队	1946	1948	76	吴县各党派社团	1920	1949	111
三青团苏州分团部	1943	1949	78	吴县卫生院	1940	1949	298
吴县总工会	1927	1949	419	公路总局第一运输处	1945	1949	121

第七节　革命历史档案

馆藏该全宗文书档案 89 卷、照片 5 张，起自 1929 年，止于 1949 年。主要内容有《苏州明报》《大光明》有关苏州解放的报道、布告；告浦东人民书，《解放日报》《东进报》等零散报纸材料；苏州解放前夕中共地下党编印的苏州及苏州各县概况；城市政策、土改政策等汇编刊物；中共中央的有关决议；中国近代社会政治研究、调查刊物，"江抗"同志留影，全民图书馆成员演出照片；吴建功（原名吴中杰，上海南汇人，生于 1911 年，逝于 1951 年，1929 年加入中国共产党。苏州解放初任松江专署副专员、中共松江地委委员）革命活动及苏州解放初期工作的有关材料、复印件；历年革命活动复印件及老同志信札来往复印件。

第二章　新中国成立后档案

1949 年 4 月 27 日，苏州解放。苏南行政公署颁布训令，决定划苏州市及吴县、常熟、昆山、吴江、太仓 5 县为苏州行政区。4 月 30 日，中国人民解放军华东军区同意中共苏州市委员会成立，中国人民解放军苏州市军事管制委员会命令苏州市人民政府成立；中共苏南区委员会批准中共苏州地方委员会成立，中共苏南区委员会、苏南行政公署批准苏州行政区专员公署成立。1983 年 1 月 18 日，国务院批准江苏省关于改革地市体制调整行政区划的报告，决定撤销苏州行署，将原苏州地区的吴县、吴江、昆山、太仓、沙洲、常熟 6 县（市）划归苏州市。苏州市档案馆馆藏新中国成立后档案主要有苏州市党政机关档案和苏州地区党政机关档案两大部分。这些档案内容全面地反映苏州解放后尤其是 1979 年改革开放后，苏州政治、经济、文化、教育、社会生活等诸方面的历史轨迹。

第一节　苏州市党政机关档案

1949 年 4 月 30 日，中共苏州市委、市人民政府成立，隶属中共苏州地委、苏州专署（苏州市行政区划为吴县城厢）。6月，城市接管工作结束，改属中共苏南区委、苏南行署领导。9月，划归苏州地委、苏州专署领导。1953年1月，省委、省政府决定，苏州市为省辖市。1958年7月，划归苏州地委、苏州专署领导。1962年6月，苏州市为省辖市。1967年1月，市委、市人委被"造反派"夺权。1968年3月，市革命委员会成立。1970年11月，市委成立。1981年1月，市革命委员会改称市人民政府。1983年1月，实行市管县体制，苏州地区所辖吴县、吴江、昆山、太仓、沙洲、常熟6县（市）划归苏州市；苏州市区辖沧浪、平江、金阊区和郊区。

中共苏州市委档案

中共苏州市委是中共在苏州市的地方领导机关，主要任务是宣传、贯彻、执行中共中央的路线、方针、政策和省委的指示、决定，动员和组织全市各级党组织和党员以及人民群众，完成上级党委交给的各项任务，共同推进全面建成小康社会、全面深化改革、全面推进依法治国、全面从严治党。至2001年，馆藏中共苏州市委（含办公室）全宗档案7889卷、477件，照片893张。主要内容有：

会议综合 中共中央、华东局、省委有关决定、指示、规定、通知及市委贯彻的意见、报告。中央、省委领导在各种会议上的讲话和中央、省委领导人视察苏州的讲话。1951~1956年间召开的中共苏州市第一至四次代表会议和1956~2001年中共苏州市第一至九次代表大会的通知、报告、总结、决议、大会发言、代表名单，市委召开各种会议材料。市委全会、市委常委会会议记录，市委领导在各种会议上的讲话。市委办公室编印的简报、信息、内部资料。

组织人事 中共苏州地下党活动情况。市委机构设置、精简整编、人事任免、局级以上干部调整的通知、决定；市委关于整党、建党，培养中青年干部、知识分子政策，大中专和中小学毕业分配的指示、规定、意见，市委关于"三讲"党性党风教育、"双思"教育的指示、意见。市委组织工作座谈会会议记录。历年党、团组织和党员、干部名册及统计年报，党员干部工资年报。加强对领导班子推进干部制度改革材料。市委关于政务公开、"两推一选"等文件。先进党支部、优秀党员、优秀干部、优秀公务员材料。老干部离休、享受待遇、更改革命工作时间的批复；关于劳动就业，精简城镇人口，城市知青和闲散人员下放农村，安置下放人员的指示、规定、通知；知识青年上山下乡工作会议材料；关于调整工资的通知。关于实施"再就业工程"、制定职工最低工资标准、建设社会养老保障体系的通知、办法。

纪检政法 关于清理与林彪有关的人和事，清查林彪两次到苏及选美情况的通知、报告；关于平反冤假错案、地富摘帽、错划右派改正、干部甄别、复查纠错、落实各项政策的通知、决定；关于清理"三种人"、开展打击经济领域中违法活动的意见、情况报告；严厉打击刑事犯罪活动的材料；关于对陆兰秀平反并追认革命烈士的报告、决定；加强党风廉政建设的意见，禁止党政机关和党政干部、领导干部子女配偶经商的通知，清查空关房、私房和党员干部违纪查处及专项治理的文件，关于制止奢侈浪费、"三禁"（禁止收送礼金、酒后驾车、赌博）的规定。苏州市被中央纪委确定为《廉政准则》试点城市，被国务院纠风办确定为全国推行社会服务承诺制试点城市，被中央综治委评为全国社会治安综合治理先进单位的经验材料。

宣传教育　关于党的基本路线教育，毛主席著作和无产阶级专政理论学习的计划、总结；关于活学活用毛主席著作先进代表大会材料；关于抗美援朝，学习《宪法》《婚姻法》，学大庆、学大寨、学人民解放军的宣传工作计划、意见；开展文明礼貌、五讲四美、真理标准大讨论补课、满意在苏州、创建国家卫生城市等活动的指示、通知、总结；市委推广"张家港精神""昆山之路""园区经验"的文件，苏州市建成全国创建文明城市工作先进城市的经验。市委关于加强农村思想政治工作的意见、通知。市委关于干部理论学习、开展干部教育培训（形势教育、党史教育、主题活动、党校教育）、社会宣传（新闻宣传、文化工作、网络宣传）和对外宣传的材料。

统战外事　中共中央、省委关于侨务、统战、民族宗教、对台工作指示，统战、侨务、民族宗教工作报告，外事、统战、民族宗教工作会议材料。市委常委讨论统战工作的会议纪要；统战理论政策的学习和宣传材料；加强非中共代表人士工作、帮助培养民族宗教人才、开展两岸交流等材料。苏州市与意大利威尼斯等11个国外城市结为友好城市的报告、协议书。

计划体改　中共中央、省委、市委关于体制改革的决定、通知，各行各业经济体制改革的调查、研究材料、情况汇报。国民经济和社会发展计划、草案、建议、通知。城市经济体制改革、企业改革、发展外向型经济及外贸体制改革的材料。

开发区　国务院、省政府对苏州各开发区的批复。市委、市政府关于开发区建设的调查、规划、开发方案、鼓励外商投资规定。

工交邮电　中共中央、省委、市委关于工业生产，调整工业结构，贯彻工业七十条、手工业三十条、八字方针的指示、通知、报告；关于民主改革、反霸斗争、改善劳资关系、克服经济困难发展生产的指示、报告；关于开展爱国主义劳动竞赛、工业学大庆、增产节约、安全生产的指示、决定、意见、报告；企业"三制一联"（企业承包制、厂长负责制、职工浮动工资制和横向经济联合）改革、放开经营试点、现代企业制度试点及清理"三角债"、能源煤电工作、邮电通信工作的意见、报告、措施；工业生产统计表；对苏州电厂、一丝厂、面粉厂等调查材料。

农村经济　市郊农业合作社、人民公社化、贯彻农村工作六十条的调查报告，实行以生产队为基本核算单位的试点、推行生产责任制的意见、报告、批复；郊区整风整社的报告、批复；市委关于农村经济政策、产业结构调整、发展农村商品生产、减轻农民负担的通知、批示、调研材料，发展小城镇、发展乡镇企业的意见；农村经济建设、先进乡村交流材料。土地规模经营试点、"三大合作"（农村社区股份合作、农村承包土地股份合作、农村专业合作经济组织）改革的材料。水利工作计划、意见，抗洪救灾紧急通知。菜篮子工程建设，年终分配和承包合同签订意见等。

商业贸易　市委关于加强市场管理、城乡物资交流、平稳物价、棉布计划供应、粮食统购统销的计划、指示；关于调整商业，节约粮食，发展农副业食品生产，整顿菜场和粮店的通知、意见；零售商业、外贸体制改革的意见；关于外贸若干问题的通知、规定、发展规划；外贸工作汇报、总结、调研材料、统计表等。

财政金融 苏州市财政、金融体制改革的意见，财政工作会议材料，财政完成情况资料，整顿金融秩序的措施，信贷支持农村商品生产政策等。

城建环保 中共中央、省委关于苏州城市建设问题的指示，城市建设专题调查材料。吴亮平、匡亚明和市委办公室关于苏州遭受破坏的严重情况和建议采取措施的报告及给胡耀邦的信。苏州市总体规划、推进城市化建设的意见。创建国家卫生城市的意见。旅游事业规划，旅游环境整治、旅游队伍建设的指示。丝绸旅游节、建城2500年等活动的材料。

人民生活 市委实施扶贫帮困、富民工程的意见、措施，实现养老金社会化发放目标，实施基本医疗保险、大额医疗费社会共济、补充医疗保险"三位一体"的社会医疗保险体系。

科教文卫 市委关于科教文卫工作的意见、通知，会议材料，体制改革意见；科技发展、文化建设、体育事业规划；关于科教兴市、文化强市的决定，加强农村文化中心建设的意见、通知及典型材料。

党派群团 市工会、团委、妇联的报告、各种情况统计表，劳动模范、先进个人、优秀工作者表彰会议材料及名单、登记表，"新长征突击手""三八红旗手"名单。打击拐卖妇女儿童的意见。市委协助民主党派、工商联组织建设，制定培养选拔党外领导干部工作规划，支持民主党派、工商联参政议政。

政治运动 市委关于剿匪肃特、镇压反革命、土地改革、抗美援朝、"三反五反"、"对私改造"、肃反、整风反右、"大跃进"、人民公社化、城乡社会主义教育（"四清"）、清查"五一六"、清理阶级队伍、"一打三反"、整党、批林批孔、批陈整风、"反击右倾翻案风"、追查"总理遗言"、揭批查"四人帮"、整党整风、打击经济领域中的违法犯罪活动、反对资产阶级自由化、查处各类经济犯罪案件、"严打"等政治运动的指示、规定、计划、总结、报告；全面整党材料，"六四"情况材料。

表4-2 市委主要机构及社团全宗档案一览表

全宗名称	单位起止年份		档案起止年份		文书档案		
	起	止	起	止	卷	件	张
中共苏州市委组织部	1949	—	1949	2012	5809	141	904
中共苏州市委宣传部	1949	—	1949	2009	1601	2	165
中共苏州市纪律检查委员会	1950	—	1950	1990	2566	0	0
中共苏州市委统战部	1951	—	1949	1990	1446	0	411
中共苏州市委工交政治部	1952	1985	1952	1985	660	0	0
中共苏州市委郊区工委	1954	1966	1954	1966	333	0	280
中共苏州市委财贸部	1955	1966	1955	1966	707	0	1
中共苏州市委政法部	1956	1957	1956	1957	21	0	0

续表

全宗名称	单位起止年份		档案起止年份		文书档案		
	起	止	起	止	卷	件	张
中共苏州市委教育卫生部	1956	1962	1956	1962	133	0	0
中共苏州市委手工业部	1956	1958	1956	1957	19	0	0
中共苏州市委交通邮电部	1956	1962	1956	1962	56	0	0
中共苏州市委劳动工资部	1959	1962	1959	1962	21	0	0
中共苏州市委党校	1951	—	1952	1990	264	0	0
中共苏州市委保密委员会	1954	—	1954	2001	298	0	0
中共苏州市委社教办公室	1963	1966	1963	1966	2018	0	0
中共苏州市市级机关工委	1952	—	1952	2001	1513	0	13
中共苏州市工交口各委员会	1956	1964	1956	1964	100	0	0
中共苏州市城建口各委员会	1954	1967	1954	1967	128	0	0
中共苏州市金融贸易委员会	1952	1958	1952	1956	33	0	0
中共苏州市文教口各委员会	1949	1965	1949	1965	246	0	0
中共苏州市委老干部局	1980	—	1980	1990	41	0	0
中共苏州市委政法委员会	1977	—	1976	1990	287	0	0
中共苏州市委城市工作部	1986	—	1986	2004	681	990	0
中共苏州市委农村工作部	1983	—	1983	1990	214	0	0
中共苏州市委接待办公室	1985	—	1985	1990	16	0	1553
中共苏州市委党史工作办公室	1981	—	1981	1990	137	0	2
中共苏州市委对台工作办公室	1978	—	1980	1990	122	0	0
苏州市总工会	1950	—	1949	2000	3077	0	5
共青团苏州市委员会	1949	—	1949	1990	1142	0	237
苏州市妇女联合会	1949	—	1949	2001	1539	0	174
苏州市贫下中农协会	1949	1966	1949	1966	38	0	0
苏州日报社	1949	—	1949	1990	322	0	0

市人大档案

根据五届全国人大二次会议通过的《中华人民共和国地方各级人民代表大会和地方各级人民政府组织法》规定，1981 年 1 月，苏州市第八届人民代表大会第一次会议举行，决定设立苏州市人民代表大会常务委员会（简称市人大常委会）。市人大常委会是市人民代表大会的常设机关，对市人民代表大会负责并报告工作。

市人大常委会依法履行的职责是：领导或主持市人大代表的选举；定期召开市人代会议，讨论、决定全市行政辖域内的重大事项和群众关心的、迫切需要解决的问题；制定地方性法规；听取、审议、监督市政府和市法院、检察院工作；依法决定市级行政机关领导的任免。至 2001 年，馆藏市人大常委会全宗档案 1413 卷，照片 115 张。主要内容有：

换届选举 市八届人大常委会关于提前换届的请示报告和名额分配方案，筹备换届领导小组关于换届准备工作会议记录；县、乡两级人大换届选举材料；市九至十二届人大代表登记表。

会议综合 市八届至十二届人大各次会议工作报告、开幕词、闭幕词，决议、简报,主席团名单、代表名单;市八届至十二届人大常委会各次会议材料。市(县)、区人大常委会办公室主任会议材料。全市人大工作座谈会材料,市人大代表工作经验交流会材料,市乡镇人大主席团常务主席会议材料。联络员工作会议材料。市九届至十二届人大常委会主任会议记录。全国人大五届四次至九届四次会议文件,省五届至九届人大会议文件。全国人大、省人大领导视察苏州的情况。市人大常委会关于设立各工作委员会的决定和工作意见,内设机构设置、印章启用、编制任免、工作程序的请求、通知;全国、省人大会议精神通知、传达提纲,各工作委员会对有关条例、办法修改意见的汇报、工作总结。大事记,苏州人大简讯。干部、党员名册及统计年报,工资调整审批表,工作人员离退休登记表。

地方立法 1993 年 4 月,苏州市被国务院批准为"较大的市",开始拥有地方立法权。9 月,市十一届人大常委会三次会议审议通过《苏州市人民代表大会关于制定地方性法规的规定》,经省八届人大常委会四次会议批准。2001 年 2 月,市十二届人大常委会四次会议制定《苏州市制定地方性法规条例》,经省九届人大常委会二十三次会议批准,同时废止《苏州市人民代表大会关于制定地方性法规的规定》。1993~2001 年,市人大常委会共制定地方性法规 26 件。

依法监督 市八届至十二届人大常委会听取和审议"一府两院"(市政府及市法院、检察院)工作报告,涉及农业、环保、水污染、水源保护、农村饮水、食品卫生、兵役、婚姻、义务教育、行政诉讼、民事诉讼、渔业、税收、市场物价、菜篮子工程、再就业工程、住房制度改革、街坊改造、住宅小区管理、防洪、消费者权益保护、中外合资企业、独资企业等。市人大常委会对群众来信来访进行梳理,并进行个案督办的材料。

人事任免 市人大常委会任免国家机关工作人员名单、任命书发放名单。"一府两院"述职评议材料。人大代表的补选、罢免、辞职。

代表工作 实施《代表法》材料,组织人大代表专题视察活动材料。人大代表议案登记、议案办理情况,代表建议答复情况。

党组 市人大常委会党组会议记录;党组及党组成员对照检查、小结、整改部署、整党情况报告;市人大机关整党、"三讲"、"双思"教育的日程安排,征求意见座谈会,学习情况汇报。

市政府档案

1949 年 4 月 30 日,苏州市人民政府成立,时属苏州专署领导。6 月,城市接管工作结束后,改属苏南行署领导;9 月,划归苏州专署领导。1953 年 1 月,苏州市为省辖市。1955 年 3 月,改称苏州市人民委员会。1958 年 7 月,苏州市划归苏州专署领导。1962 年 6 月,苏州市改为省辖市。1968 年 3 月,建立苏州市革命委员会。1981年 1 月,恢复市人民政府名称。1983 年 1 月,国务院批准撤销苏州行政公署,所辖吴县、吴江、昆山、太仓、沙洲、常熟 6 个县(市)划归苏州市,实行市管县体制。

苏州市人民政府是市人民代表大会的执行机关。主要职能是，贯彻中共中央、国务院的路线、方针、政策，执行省委、省政府的指示、决议，落实市委的指示、决定，领导全市国民经济和社会发展的各项政务，推动苏州改革开放和社会主义现代化建设迈上新台阶。至2011年，馆藏苏州市人民政府（含办公室）全宗档案共10008卷、433件，照片1774张。此全宗档案包含市革委会办事组、政治工作组、生产指挥组、政法组1968~1973年档案。主要内容有：

会议综合　市军管会接管情况。市人民委员会会议、市长办公会议、常务会议、全体会议、市政府党组会议记录、纪要、材料，市政府办公会议、秘书会议记录、决定；"文化大革命"期间市革委会办事组、政工组、生产指挥组会议记录、材料；全市性大会、专题会议材料；市政府每年向省政府报告工作的材料、向市人民代表大会作《政府工作报告》；市长、副市长在各种会议上的讲话；市政府及各区局、市（县）历年工作总结；市一届至七届人民代表大会材料，议案处理情况，选举结果，代表发言，主席团、代表名单；市劳模及先进集体、先进生产者表彰会议材料；国务院、省政府领导视察苏州情况；市政府关于发展外向型经济和民营经济、开发区建设、农业现代化试点、科技兴市、教育强市、建设新城、行政审批制度改革、为民办实事、抗洪救灾等报告、批复、意见；市政府办公室等部门编印的内部信息、简报、公报。

经济建设　市政府关于工业、交通、邮电、财政、金融、商业、手工业、工艺、外经、物价、工商、税务、物资、农业、粮食、供销方面的指示、规定、意见、通知、批复；关于经济体制改革的决定、意见；关于国民经济计划、年度财政预决算表；蚕桑、蔬菜、副食品基地建设及棉花体制方面的材料，电博会材料。

人事劳动民政　关于机构设置、精简、改名、撤并，启用印章，干部任免、处分的报告、批复、通知、决定；干部年报；干部情况、领导班子情况的报告、汇报；干部政历、成分、落实政策的批复、决定；劳动力调配、工资调整、技术职称、转正定级、上山下乡、子女顶替、下放人员回城、大中专毕业生分配、高级知识分子使用、"农转非"、社会劳动保险、福利、整顿劳动纪律的报告、规定、通知、批复；离退（休）、退职人员批复、登记表；各县知青招工分配花名册；职工调配介绍信存根。调整行政区划，更改区名、路名、地名，人口普查、户口整顿的报告、批复；控制城镇人口、优抚、救济、征兵（征飞）、军人安置、贯彻《婚姻法》及涉外婚姻管理的意见、报告、通知；社会著名人士捐献财产材料。

城建环保园林旅游　关于基本建设、市政建设、古城保护、房管、园林、绿化、旅游、环保、城市管理、市容环境整治、无线电管理的意见、规定、通知。市政府对各系统、县征用土地的批复。关于矿山、厂房、仓库、校舍建设、航道、马路拓宽的报告、批复。街坊改造、新村建设、城镇规划、落实私房政策、房屋分配、房地产市场整顿、旅游市场整顿的意见、规定。丝绸旅游节活动材料。

教科文卫体　关于科技、文化、教育、卫生、体育、计划生育工作的报告、通知、规定、批复。关于文物保护的报告、条例、通知。关于接办私立学校、创办大学、学校改名的报告、批复。关于市一届至十届运动会及各类市运动会材料。市政府关于教科文卫体方面改革材料。

外事交往 关于苏州市与威尼斯等 5 个外国城市结为友好城市的往来文书及协议书。外宾接待材料。关于出国出境访问、交流的报告、计划、批复。

表4-3 市政府主要部门全宗档案一览表

全宗名称	单位起止年份		档案起止年份		文书档案		
	起	止	起	止	卷	件	张
市人事局	1950		1950	2001	4158	0	0
市民政局	1949		1949	2003	1133	0	38
市劳动和社会保障局	1949		1949	2000	4034	0	187
市财政经济委员会	1951	1955	1951	1955	60	0	0
市发展和改革委员会（市计划委员会）	1954		1954	2001	2643	0	372
市统计局	1953		1949	1990	2095（统计）113（三产普查）28（农业普查）519（工业普查）145（人口普查）		
市物价局	1959		1959	1990	430	0	38
市物资局	1958	2001	1961	2001	1999	0	48
市经济委员会	1964		1964	2001	4130	0	181
市工业局	1951	1956	1952	1957	73	0	0
市纺织工业局	1955	2001	1955	1999	4179	0	0
市第二轻工业局（手工业局）	1955	1983	1955	1983	1455	0	0
市工艺美术公司	1958	2002	1958	2002	2554	0	0
市轻工业局	1956	2001	1956	2001	5890	0	19
市机械工业局	1956	2001	1956	2000	5736	0	2521
市冶金局	1958	2001	1957	2001	297	0	0
市化学工业局	1960	2000	1960	2000	4346	0	17
市电子工业局	1964	2000	1964	2000	4756	0	100
市交通局	1952		1952	1990	1673	0	1
市农林局	1960		1949	1968	311	0	0
市城市建设局	1949	1983	1949	1985	1065	0	20
市房产管理局	1949		1949	1990	927	0	0
市建筑工程局	1953	2001	1953	2001	1881	0	47
市园林管理局	1954		1954	1990	524	0	95
市建设委员会	1958		1959	1990	466	0	54
市税务局	1949	1994	1949	1994	2089	0	0
市市场管理委员会	1957	1962	1949	1962	29	0	0
市财政局	1949		1949	2000	2377	7	130
市粮食局	1950		1950	2001	2533	0	0
市商业局	1949		1949	1990	2865	0	154
中国人民银行苏州分行	1949		1949	1990	1093	0	116
市农产品采购局	1956	1957	1955	1957	21	0	0
市工商行政管理局	1949		1958	1990	615	0	0

续表

全宗名称	单位起止年份		档案起止年份		文书档案		
	起	止	起	止	卷	件	张
市教育局	1949		1949	1992	4790	0	128
市卫生局	1949		1949	2001	2949	0	630
市文化广电新闻出版局	1954		1949	2000	2120	0	267
市文物管理委员会	1950	1959	1951	1965	12	0	0
市体育局	1953		1953	1990	758	0	3
市科学技术委员会	1958		1958	1991	2650	0	72
市民族宗教事务局	1951		1950	1990	986	0	261
市外事办公室	1955		1952	1990	517	0	3616
市广播电视总台	1949		1954	2001	1423	0	8
市档案局	1959		1957	1990	579	152	3404
市财贸办公室	1977	1983	1977	1983	111	0	94
市人口和计划生育委员会	1958		1974	1990	367	0	0
市职工教育办公室	1981	1989	1981	1989	168	0	63
市城市管理局	1980		1986	2001	796	3793	345
市重点工程指挥部	1983	1996	1983	1996	107	0	0
市农村能源办公室	1983	1996	1983	1996	64	0	0
市旅游局	1983		1983	2012	794	41	1835
市文化教育卫生革命委员会	1969	1970	1969	1970	77	0	0
市煤矿建设指挥部	1969	1975	1969	1975	131	0	0
市民政劳动局	1977	1978	1977	1978	59	0	0
市对外经济贸易合作局	1958		1952	1990	1315	0	33
市国土资源局			1951	1951	246	0	0
市技术监督局	1978		1978	1990	363	0	0
市食品药品监督管理局	1979		1979	2000	2466	0	0
市建筑材料工业公司	1981	2001	1981	2001	1211	0	0
市丝绸工业局（公司）	1980	1996	1980	1996	2679	0	115
市司法局	1980		1981	1990	361	0	0
市民防局	1958		1969	1990	247	0	0
市侨务办公室	1960		1978	2000	280	1	11
市监察局	1988		1988	1992	477	0	0
市环境保护局	1979		1979	1990	1128	0	170
市市级机关事务管理局	1978		1978	1990	132	0	0
市水产局	1983	1996	1983	1996	1226	0	0
市经济研究中心	1984	1996	1983	1996	168	0	0
市审计局	1983		1983	2005	1536	0	369
市信访局	1983		1984	2000	327	0	0
市地方志办公室	1981		1981	1990	132	0	0
市经济协作办公室	1983	2001	1983	2003	736	0	0
市农业局	1983		1983	1990	164	0	3
市多种经营管理局	1983	2001	1983	2000	1241	0	0
市水利局	1983		1983	2000	1123	0	0
市城市规划局	1983		1983	2001	283	0	0
市市政公用局	1986	2008	1986	2008	1239	3083	419
市无线电管理委员会	1983		1983	2009	164	1393	0

续表

全宗名称	单位起止年份		档案起止年份		文书档案		
	起	止	起	止	卷	件	张
市乡镇工业局	1983	2001	1983	2001	1366	0	0
市烟草专卖局（公司）	1983		1983	1990	144	0	0
市地震局	1983		1983	2000	350	0	0
市地质矿产局	1988	2001	1988	2001	497	0	0
市蔬菜副食品办公室	1980	2001	1980	2001	193	0	0
市老龄工作委员会办公室	1985	2001	1985	2001	262	0	123
市社会保障局	1993	2000	1993	2000	280	0	118
市住房公积金管理中心	1992	2001	1992	2001	208	0	0
市国有资产管理局	1994	2001	1994	2001	309	0	0
市地方税务局			1994	2000	730	0	165
市版权局			1997	2007	128	1798	0
市对口援建绵竹指挥组			2008	2010	1747	1422	1926
市供销合作总社	1949		1950	1990	1567	0	0
苏州邮电局	1949		1949	1976	886	0	0
苏州电信局	1970		1970	1973	66	0	0
苏州供电局	1962		1949	1962	29	0	0
中国工商银行苏州分行	1984		1984	1990	616	0	0
交通银行苏州分行	1956		1956	1957	10	0	0
中国人民建设银行苏州分行	1954		1958	1990	484	0	0
中国农业银行苏州分行	1964		1964	1990	387	0	0
中国人民保险公司苏州分公司	1950		1950	1996	679	0	0

市政协档案

1949 年 9 月至 1954 年 10 月，依据《中国人民政治协商会议共同纲领》，苏州市共召开四届九次各界人民代表会议，选出四届市政治协商委员会。1955 年 10 月至 2001 年 12 月，根据《中国人民政治协商会议章程》，苏州市共召开十届三十四次政协委员会议，选出十届市政协常委会（简称市政协）。市政协作为团结全市各民族、各阶层、各民主党派、各人民团体、国外华侨和各界爱国民主人士的统一战线组织，其主要职责是，在中共苏州市委的领导下，开展政治协商、民主监督、参政议政。至 2001 年，馆藏市政协全宗档案 1518 卷，照片 907 张。主要内容有：

会议综合　市一至四届各界人民代表会议历次会议文件。市政协一至十届历次会议文件。出席苏南区各界人民代表会议名单、省政协会议委员名单。全国政协、省政协领导人视察苏州讲话。市政协常委会会议、主席会议、党组会议、秘书长会议、办公会议记录和各种专题协商会议、通报会议记录、材料。市政协年度工作要点，工作总结、汇报。市政协常委会工作报告。中共苏州市委关于市政协建立党组、机构设置、干部任免的通知、批复。干部、中共党员年报表，工资审批表，政协干部名单。联系社会人士登记表。落实统战、私房政策情况。大事记。接待外国代表团访问材料。

政治协商　市政协通过全委会议集中协商、常委会议专题协商、主席会议及时协商、专门委员会对口协商的四个层次协商议政，在全市经济和社会发展战略设想、城市总体规划意见、保护古城建设新区方案、改革开放措施、精神文明建设、落实统战政策、群众生活、水环境综合治理、结合街坊改造调整中小学布局、三农问题、重大建设项目、弘扬优秀历史文化、古城申报世界文化遗产等问题的建议、意见。

民主监督 市政协接待全国政协、省政协委员视察材料。组织市政协委员参加工农业生产检查及专题视察情况汇报。组织政协委员对市政府环境保护工作开展专题民主监督活动材料。政协委员担任特约监督员材料。

参政议政 市政协围绕中共苏州市委、市政府的中心工作，以常委会议为重点，就每个五年计划、出口创汇、社会治安、市场、基础教育、山塘街开发保护、城区经济、科教兴市、发展旅游业、市区道路交通等工作提交的书面建议材料（被市委、市政府吸收采纳）。

提案工作 1986~2001年，市政协共有提案8540件，其中立案约63%。1993~2001年，评选出优秀提案63件。

联络联谊 市政协委员学习党和国家的路线、方针、政策，学习时事形势，学习统一战线理论及学习活动材料。市政协委员开展"三胞"（台湾同胞、港澳同胞、海外侨胞）工作的材料。市政协开展重大事件和重要人物纪念活动材料。

文史工作 出版《苏州文史资料》《苏州经济史料》《衣食住行的百年变迁》《同心谱》等。

第二节　苏州地区党政机关档案

1949年4月30日，中共苏州地方委员会、苏州行政区专员公署成立，为中共苏南区委、苏南行署的派出机构。1953年1月，江苏省成立，苏州地委、苏州专署为省委、省政府派出的督导性质机构（实际上为一级行政机构）。1967年1月，地委、专署被"造反派"夺权。1968年3月，成立苏州专区革命委员会。1971年4月，成立中共苏州地委。1978年7月，恢复苏州地区行政公署。1983年1月，苏州地区撤销，苏州行署、苏州地委的工作部门随之并入苏州市委、市政府有关工作部门。

苏州地区行政区划变化频繁：1949年4月，辖苏州市及吴县、常熟、昆山、吴江、太仓5县。1953年1月，辖常熟市、常熟县、吴县、吴江县、太仓县、昆山县、无锡县、宜兴县、江阴县、太湖办事处（1953年3月改为震泽县）。1956年2月，宜兴县划归镇江专区，武进县划归苏州专区。1958年2月，松江专区撤销，原辖的松江县、金山县、青浦县、南汇县、川沙县、奉贤县划归苏州专区。时苏州专区辖1市15县。同年4月，撤销常熟市，改建成虞山镇，划归常熟县。同年7月，无锡县划归无锡市，武进县划归镇江专区。同年8月，苏州市划归苏州专区。同年11月，松江县、金山县、青浦县、南汇县、川沙县、奉贤县划归上海市。时苏州专区辖苏州市及江阴县、常熟县、太仓县、昆山县、吴县、震泽县、吴江县。1959年3月，震泽县撤销，其辖地划归吴县。1962年1月，划出常熟县14个公社和1个农场，江阴县9个公社，建立沙洲县。同年6月，苏州市划为省辖市,无锡县划归苏州专区。是时起,苏州专区行政区划稳定至1983年2月,其辖8县:江阴县、无锡县、沙洲县、常熟县、太仓县、昆山县、吴县、吴江县。1983年2月,撤销苏州地区,江阴县、无锡县划归无锡市,常熟市和沙洲县、太仓县、昆山县、吴县、吴江县划归苏州市。

馆藏苏州地区档案95个全宗,23812卷。

中共苏州地委档案

1949年4月30日,中共苏南区苏州地方委员会成立,为中共苏南区委派出机构。1951年2月,改称中共苏州地方委员会。1953年1月,江苏省成立,地委为省委派出机关。1971年3月,改称中共苏州地区委员会(简称地委)。地委的主要职能为,在其辖区内贯彻执行中共中央的路线、方针、政策和省委的指示、决定,领导、督导辖区内各中共组织团结人民群众完成党的各项任务。至1983年2月,馆藏中共苏州地区委员会(含办公室)全宗档案2034卷,照片971张。主要内容有:

会议综合 中央、省委领导视察苏州时讲话。中央、省委对苏州工作的指示、批示。中央、省委对地委领导干部的任免决定,地委贯彻上级指示的规划、计划、总结、请示、报告。地委常委会议、全委会议、县委书记会议、地委扩大会议、办公会议记录。中共苏州地区第一次代表大会材料。地委领导讲话。地市合并动员材料。地委办公室编印的《工作通报》《工作通讯》《工作动态》《内部情况》《参阅资料》等。

组织人事 苏州解放时,接管苏州的1792名干部名单。地委关于省管干部任免的请示及省委批复。地委机关机构设置、人事任免的决定、通知。地委关于基层党委、机关党组、县委等组织机构设置、干部任免、组织关系的决定、批复、通知。对犯错误干部进行组织处理的决定、通知。对干部冤假错案的平反、复查、复议的批复;精简、整编的方案。干部调整工资的批复。整党、建党及党员组织工作、组织生活的规定、制度。干部、党员、党组织统计年报。干部名册。表彰先进的决定、登记表册。出席全国、省党代表大会代表名册。

纪检政法 中央、省委关于纪检、监察、政法工作的指示。地委关于监察、政法工作的计划、报告和总结。处理违纪人员、违纪案件的材料,处理刑事案件讨论的材料。

宣传教育 地委关于各项政治运动、国际国内时事形势宣传教育工作的指示。开展学习马列主义、毛泽东思想的部署。贯彻中央关于开展社会主义教育、批林整风、基本路线教育的指示。《人民苏州》报创停刊材料。学习《宪法》《婚姻法》,学大庆、学大寨、学人民解放军的工作计划、意见。开展文明礼貌、五讲四美、真理标准讨论补课等活动的指示、讲话。地委关于学洪泾大队、华西大队宣传材料。

经济工作 地委关于生产救灾,春耕秋征,粮棉统购统销,发展农副业生产,贯彻上级党委关于农业生产、农村工作指示的有关文件。水利建设、建设吨粮田、"双三制"、发展社队企业、小城镇建设、出口商品生产综合基地建设的指示、决定、批复。

关于战胜三年经济困难的指示、决定。建立工业经济体系的指示、决定。

科教文卫　地委关于血吸虫病防治，计划生育及学校教育，医疗卫生，科技，体育工作的指示、批复。地委关于以上工作的报告和对各县委的指示、报告、通知。

统战外事　苏州地区是江苏省宗教工作的重点地区。地委在宗教民族界开展爱国主义教育运动的指示、总结。对海外侨胞、港澳同胞、台湾同胞的调查材料、登记表，归侨、侨眷登记、统计材料。地委关于落实统战、宗教、民族、侨务政策的指示、批复、工作总结。统战、外事、宗教、民族、侨务工作会议的材料。

减轻农民负担　地委贯彻1960年中央"十二条"和1978年中央37号文件的调查报告、贯彻意见、落实情况材料。

政治运动　地委关于剿匪肃特、镇压反革命、土地改革、抗美援朝、肃清反革命、"三反五反"、民主改革、农业合作社、统购统销、"新三反"、"对私改造"、整风反右派、"大跃进"、人民公社化、工业学大庆、农业学大寨、社会主义教育运动、渔业社会主义改造、清查"五一六"、清理阶级队伍、"一打三反"、整党、批陈整风、批林批孔、"一学三批五大讲一消除"、"反击右倾翻案风"、追查"总理遗言"、基本路线教育、揭批查"四人帮"、打击经济犯罪等政策规定、实施计划、情况汇报、工作总结。地委在各项运动中派出工作组（队）的专题材料，工作组（队）员名册。

表4-4　地委主要机构及社团全宗档案一览表

全宗名称	单位起止年份		档案起止年份		文书档案		
	起	止	起	止	卷	件	张
中共苏州地委组织部	1949	1983	1949	1983	810	0	0
中共苏州地委宣传部	1949	1983	1949	1983	212	0	0
中共苏州地委统战部	1951	1983	1951	1983	130	0	0
中共苏州地委农村工作部	1950	1983	1951	1983	356	0	0
中共苏州地委政法委员会	1956	1983	1955	1982	60	0	0
中共苏州地委工业部	1952	1962	1952	1962	59	0	0
中共苏州地委交通部	1958	1962	1958	1962	26	0	0
中共苏州地委财贸部	1954	1964	1954	1964	50	0	0
中共苏州地委劳动工资部	1959	1962	1959	1967	56	0	0
中共苏州地委保密委员会	1951	1983	1961	1966	7	0	0
中共苏州地委 对台工作小组办公室	1978	1983	1978	1983	26	0	0
中共苏州地区直属机关委员会	1954	1983	1953	1983	345	0	0
中共苏州地委纪律检查委员会	1950	1983	1950	1983	677	0	0
中共苏州地委党校	1951	1983	1951	1982	129	0	0
苏州地区老干部局	1980	1983	1980	1983	12	0	0
省总工会苏州地区办事处	1950	1983	1954	1983	319	0	0
共青团苏州地区委员会	1949	1983	1949	1983	199	0	0
省妇联苏州地区办事处	1950	1983	1950	1982	176	0	0
省贫下中农协会 苏州地区工作委员会	1965	1983	1965	1983	37	0	0

苏州行署档案

1949 年 4 月 30 日,苏南苏州行政区专员公署(简称专署)成立,为苏南行署派出机关。1950 年 10 月,改称苏南人民行政公署苏州专员公署。1953 年 1 月,江苏省成立,专署为省人民政府派出机关。1955 年 3 月,改称江苏省苏州专员公署。1968 年 3 月,江苏省苏州专区革命委员会成立。1971 年 4 月,改称江苏省苏州地区革命委员会(简称地区革委会)。1978 年 7 月,撤销地区革委会,建立江苏省苏州地区行政公署(简称行署)。行署是苏州地区的行政权力机关,属督导性质。行署的主要职能是,在地委领导下,贯彻执行中共中央、国务院和省委、省政府的各项方针政策、指示决定,着重抓好全区国民经济计划实施。至 1983 年 2 月,馆藏苏州地区行政公署(含办公室)全宗档案 1733 卷,照片 74 张。此全宗档案中包含地区革委会办事组、政治工作组、生产指挥组、政法组 1968~1973 年档案。主要内容有:

会议综合　专署历年工作总结。专署领导会议讲话。专员办公会议、党组会议、处局长办公会议记录。宗教、民族、侨务、外事工作的报告、意见。清查美籍私产、查封地主财产等问题的报告、批复。农村饥荒(巴城事件、湘城事件)问题的调查报告、处置意见。专署与金城银行订立租房的租约。北京八大学教授参观吴江土地改革、昆山县西宿乡合作化、苏州机场移民安置的材料。苏州专区革命委员会成立批复、各县革命委员会成立批复。征用土地报告、批复。整治环境污染材料。江阴、无锡两县移交无锡市材料。行署工作日志、行署办公室编印的《情况简报》《内部情况》。全国人大代表、政协委员视察地区情况及行署汇报材料。

政权民政　搞好接管、建立新政权、组织生产、支援前线、剿匪肃特工作的意见、报告、总结;生产救灾、减租减息、改造基层改权、普选、征兵的通知、意见、报告;社会救济、制止人口外流的意见、办法;区划调整、地名、长江滩涂归属、东太湖纠纷的报告、意见、通知、批复;人口普查材料;苏州专区支援津浦复线工程、支援新疆农业建设文件;省政府、行署关于地区革命烈士的批复。

劳动工资　知识青年上山下乡、居民下放、增设民警、教师支藏通知、意见;招工、劳动工资、劳保福利、转复军人安置、临时工转正报告、批复、规定;职称评定、授聘的意见、批复。

农业生产　全区粮食工作会议、多种经营会议、副业生产会议文件。互助合作、春耕、抗灾保秋、棉花收购、种子、蚕桑工作通知、报告;调整农业结构、搞好农业生产的调查报告;地区耕作制度改革情况、"双三制"讨论意见;农业增产措施、三麦高产栽培、试行粮食大包干、四级农科网情况、报告。全国、省在苏州地区召开水稻科研协作、水稻生产会议文件,农业部在苏州召开南方水稻生产会议文件,苏州地区代表在全国、省农业学大案会议上发言材料。地区农村工作会议,棉花现场会议,水稻生产技术经验交流会,农机和水利管理工作经验交流会,单季稻生产现场会,四夏四秋誓师大会等有关材料。水利基本建设计划、农田基本建设、围垦草荡、安排渔民的情况报告;严禁浪费土地的通知。国家农委、省政府关于苏州地区经济发展中有关问题的调查材料。农业机械化试点工作总结、陈永康水稻生产经验。调整生产大队、生产队规模文件；公社、大队的命名、更名通知。省农业劳动模范登记表、全区农业高产单位登记表。

工交财贸　全区计划工作会议、工业生产会议、财贸工作会议文件。工交生产、基本建设和轻纺工业调整意见、资料；年度国民经济计划和财政预决算。工业、交通、财税、商业、银行工作的通知、规定、意见、报告；推行公债国库券、实施商品购货券供应的报告、意见、办法。扭亏增盈、安全生产、市场供应、统购换购、畜产品收购、试办外贸基地、张家港开放报告、批复、通知、规定；公路运输、公路建设计划批复。地区"工业学大庆"典型材料。

文教卫体　科技、文教、卫生、计划生育、名胜保护、电视广播、体育工作的指示、通知；招生委员会调整、教育改革、金家坝教育革命、耕读学校、职工教育、开办职大的情况报告、意见、批复；省政府、行署关于建立苏州师范专科学校报告、批复；地区中等教育机构改革会议文件。

表4-5　行署主要部门及两院全宗档案一览表

全宗名称	单位起止年份		档案起止年份		文书档案		
	起	止	起	止	卷	件	张
苏州地区司法局	1981	1983	1981	1983	85	0	0
苏州地区民族宗教事务处	1954	1983	1953	1983	54	0	0
苏州地区民政局	1949	1983	1949	1983	205	0	0
苏州地区人事局	1950	1983	1949	1983	586	0	0
苏州专署人民监察处	1953	1957	1953	1957	192	0	0
苏州地区档案处	1963	1983	1964	1983	50	0	0
苏州地区外事办公室	1978	1983	1978	1983	55	0	0
苏州地区侨务办公室	1978	1983	1978	1983	45	0	13
苏州地区计划生育办公室	1976	1983	1976	1983	26	0	0
苏州地区农水处（农水办）	1962	1978	1962	1980	443	0	0
苏州地区农业局	1958	1983	1949	1983	386	0	0
苏州地区水利局	1949	1983	1956	1983	934	0	0
苏州地区多种经营管理局	1954	1983	1956	1983	259	0	0
苏州地区水产局	1980	1983	1981	1983	81	0	0
苏州地区农业区划办公室	1980	1983	1981	1983	29	0	0
苏州地区农机局	1959	1983	1960	1983	171	0	0
苏州地区科技技术委员会	1958	1983	1958	1983	333	0	0
苏州地区地震办公室	1976	1983	1975	1983	51	0	0
苏州地区计划委员会	1956	1983	1955	1983	1061	0	0
苏州地区统计局	1964	1983	1952	1983	171（人口普查）507（统计）		
苏州地区物资局	1960	1983	1960	1983	330	0	0
苏州地区劳动局	1964	1983	1963	1983	497	0	0
苏州地区环境保护局	1978	1983	1978	1983	24	0	0
苏州地区经济委员会	1964	1983	1963	1983	124	0	0
苏州地区第一工业局	1954	1983	1954	1983	715	0	0

续表

全宗名称	单位起止年份		档案起止年份		文书档案		
	起	止	起	止	卷	件	张
苏州地区交通局	1950	1983	1949	1983	596	0	0
苏州地区第二工业局	1975	1983	1976	1983	166	0	0
苏州地区国防工业办公室	1970	1983	1970	1983	43	0	0
苏州地区煤炭工业局	1958	1979	1958	1979	101	0	0
苏州地区社队企业管理局	1980	1983	1980	1983	36	0	0
苏州地区基本建设局	1980	1983	1980	1983	50	0	0
苏州地区财贸办公室	1950	1980	1950	1980	62	0	0
苏州地区财政局	1949	1983	1950	1983	661	0	0
苏州地区粮食局	1949	1983	1949	1983	609	0	0
苏州地区商业局	1949	1983	1949	1983	1109	0	0
苏州地区供销合作社	1949	1983	1949	1983	480	0	0
苏州地区农产品采购局	1956	1957	1956	1957	14	0	0
苏州地区对外贸易局	1977	1983	1977	1982	166	0	0
苏州地区财贸局	1970	1972	1968	1971	49	0	0
苏州地区工商行政管理局	1975	1983	1979	1983	195	0	0
苏州地区教育局	1949	1983	1949	1983	810	0	0
苏州地区体育运动委员会	1958	1983	1958	1983	49	0	0
苏州地区卫生局	1949	1983	1949	1983	711	0	4
苏州地区文化局	1974	1983	1974	1983	161	0	0
苏州地区广播事业局	1969	1983	1969	1983	108	0	0
中国人民银行苏州地区中心支行	1949	1983	1949	1983	287	0	0
中国农业银行苏州地区中心支行	1980	1983	1980	1982	97	0	0
中国人民建设银行苏州地区中心支行	1973	1983	1980	1980	34	0	0
省人民检察院苏州分院	1951	1983	1950	1983	327	0	0
苏州地区中级人民法院	1949	1983	1949	1983	501	0	0

第三节　"文化大革命"档案

　　1966 年 5 月 16 日，中共中央政治局扩大会议通过《中国共产党中央委员会通知》（即《五一六通知》），"文化大革命"全面爆发。苏州学校、机关、工矿、农村，自发组织起"红卫兵"组织。6 月，苏州长风机械总厂少数人贴出大字报，攻击市委有关"文化大革命"运动的指示是"反毛泽东思想的毒草"。围绕长风厂大字报，苏州群众分裂为对立的两种观点。一时，都自称"造反"的群众组织（战斗队）林立。1967 年 1 月 26 日、27 日，"苏州市革命造反派联合总指挥部""苏州专区革命造反派联合总指挥部"分别夺权，成立"毛泽东思想苏州市革命委员会""江苏省苏州专区革命造反派联合会筹备委员会"。由于各群众造反组织为争权产生矛盾，苏州形成支持"苏革会"的"支派"和反对"苏革会"的"踢派"两大派。"支派"组成"苏州市革命造反联络站""苏州地专文革联络站"（简称联络站），"踢派"组成"（苏州市）工学运动革命串联会"（简称串联会）、"江苏省苏州专区革命造反第三司令部"（简称苏专三司）。1968年3月，市、专区革委会分别成立，原"支派"组织头头身居革委会要职，"踢派"组织头头遭到处理。1974年底，苏州开展"批派性"活动（即"一学三批五大讲一消除"），原"支派"组织头头受到批判。1976年揭批查"四人帮"运动中，原"支派"组织头头受到清算、清理。至1975年，馆藏"文化大革命"造反组织档案2个全宗，566卷。

苏州市群众造反组织档案

至1967年7月，苏州市有群众造反组织（战斗队）130多个。至1971年，馆藏苏州市"文化大革命"群众造反组织全宗档案530卷。主要内容有战斗队成立公告，大字报，宣言，声明，通告，会议记录，战斗队成员名册，揭发批判领导干部及对立派的材料，传单，学习材料，武斗材料，统计材料，情况汇报，刊物及底稿，大事记，文攻武卫日记，审讯记录，审查表，武斗死亡名单等；"支派"夺权签字单，夺权公告，致敬电，解放军支持声明；两派综合材料有资料汇编，大字报，专刊底稿，登记表，揭发材料，调查材料，北京上海谈判材料，发言稿，简报，名单，信函，通知，照片；两派大联合材料；外调介绍信存根；外地造反组织材料有参加苏州武斗材料，名册，传单，调查材料，照片。

苏州地区群众造反组织档案

至1967年1月，仅地专机关有群众造反组织（战斗队）近百个。至1975年，馆藏苏州地区"文化大革命"群众造反组织全宗档案36卷。主要内容有各战斗队成立公告、声明；大字报及传单；"苏州地专机关革命造反派联合总指挥部"成立会议记录、夺权签字单、夺权公告、致敬电、解放军支持声明；"苏专三司"人员名册、大事记、会议记录、情况汇报；批斗会、学习班通知、讲话，交代、揭发材料；两派武斗，北京、上海谈判材料，大联合材料；外调介绍信存根。

第四节　事业单位档案

市档案馆馆藏新中国成立后事业单位档案全宗72个，档案总数110407卷（件）。

苏州市社会福利院档案

苏州市社会福利院于康熙四十九年（1710）建立，原名普济堂。后依次改名为吴县第一养老院、吴县救济院男养老所、吴县救济院养老所、吴县救济院安老所、苏州救济院安老所、苏州老残教养院、苏州市社会福利院、苏州市救济院。1979年，再次更名为苏州市社会福利院。主要承担政府供养无家可归、无依无靠、无生活来源孤老残幼职能，是苏州市民政局所属的综合型社会福利机构。近二十年来，该院先后开办老年病医院、老年公寓、伤残儿童康复中心，面向社会提供服务。1993年，被江苏省民政厅评为首批"一级福利院"。馆藏苏州市社会福利院全宗档案397卷，照片37张，起止年代为1949~2001年。主要内容：福利院改革、变动、发展过程中党群管理、行政管理、财务管理以及各项业务管理文件材料。

苏州市环境卫生管理处档案

1949年5月，苏州市公安局接收苏州市清洁大队。1953年，苏州清洁管理所成立。1956年6月，撤销苏州清洁管理所，正式建立苏州市环境卫生管理处，隶属苏州市卫生局，逐步转向为公共卫生事业服务。1981年，划归苏州市建设局管辖。1985年，划入苏州市市政公用局，区科级建制。馆藏苏州市环境卫生管理处全宗档案948卷，照片档案164张，起止年代为1956~2001年。主要内容：大事记，工作意见、总结，党总支、处务会议记录，干部任免、退离休、转正定级、人员调动、停薪留职等通知、决定，职工离职、辞退、处分、事故处理材料，职工工资调整材料，职工退休及子女顶替审批表，精简下放人员清单，职工花名册，劳动合同、社会保险方面的材料，劳动工资、干部、财务、环卫、基建、物资等报表，七子山垃圾处理工程材料，建房、购房等文件，经济承包责任书及考核办法，新发公司章程、理事会、股东大会等材料，各区环卫站工作总结、劳动人事、业务管理、统计报表等材料，职代会、党代会等材料，公厕、垃圾分类等材料，职工工资单、工资名册、会计报表、总账，领导视察照片、荣誉奖牌。

苏州市血吸虫病防治站档案

1951年12月，苏州市血吸虫病防治站成立。后几经撤并，于1978年重建。1983年3月，苏州地区卫生防疫站并入苏州市血吸虫病防治站。2001年10月，该站与市防疫站、皮防所、健教所等单位一起被撤销，组建成立苏州市疾病预防控制中心。苏州市血吸虫病防治站是市卫生局直属事业单位，是血吸虫病、寄生虫病、地方病防治的专业机构。市档案馆馆藏苏州市血吸虫病防治站全宗档案234卷，照片79张，起止年代为1978~2001年。主要内容：大事记，组织机构沿革，党支部工作计划与总结、会议记录、党员年报等材料，工会工作计划与总结。会议记录、劳动竞赛等材料，其他会议记录，血防工作计划与总结，指导、检查各县（市）开展血防工作的材料，血防业务培训材料，血防试点、科研、交流材料，城区查蚴灭蚴、查病等有关材料，血吸虫病日常门诊工作、收治等材料，寄防、地防工作计划与总结等材料；机构设置，人员编制，招录调配，离退休，转正定级，工资调整与转移，职务任免，职称聘任，奖惩等方面材料；人事年报、职工名册、财务预决算、财产清理等材料。会计总账、年度财务报告、工资单。

江苏省新苏师范学校档案

江苏省新苏师范学校前身为 1912 年建立的江苏省第二女子师范学校。后历经变迁，于 1949 年 12 月由江苏省立苏州女子师范学校和江苏省立苏州师范学校合并，成立苏南新苏师范学校。1952 年，苏南幼稚师范本部并入，苏南幼稚示范初中部交振华女中接办。1953 年，学校更名为江苏省新苏师范学校。1958 年，在学校校址开办苏州地区师专；1960 年，学校在葑门十全街建新校舍；1962 年，苏州地区师专撤销，学校搬回原址。1965 年，开办盘新民办初中；1968 年学校改办普通中学，更名为苏州玻璃厂遵义战校；至 1971 年初，改名为苏州市第十三中学。1970 年底，苏州市教育局筹办苏州市第四十二中学；至 1971 年 4 月，四十二中学正式开学。1973 年 8 月，学校改名为苏州师范学校。1981 年 2 月，苏州市教师进修学院初教部并入学校成立进修处，同年 3 月，经江苏省教育厅批准，在苏州师范学校的基础上恢复江苏省新苏师范学校。市档案馆馆藏江苏省新苏师范学校全宗档案 1315 卷，起止年代为 1949~1984 年。主要内容：学校计划总结、管理制度、人事任免、工资福利等材料，教学工作计划，教职工名册，毕业生登记表，学生成绩统计表等。

苏州市农业科学研究所档案

苏州市农业科学研究所于 1950 年成立，1983 年遵照省政府按农区设所要求，改称为江苏太湖地区农科所，属苏州市人民政府、江苏省农科院双重领导，即业务工作、事业经费由江苏省农科院管理，党政关系属市政府领导。单位性质为全额拨款的农业科研事业单位。主要职能：承担省、市农业科技项目，包括水稻新品种选育，油菜新品种选育，农作物重大病虫害防治技术，农药生物测试，无公害标准化生产技术，生物安全检测，土壤耕作技术及农业资源与环境，农业生态等方面的课题研究与科技服务。市档案馆馆藏苏州市农业科学研究所全宗档案 541 卷，起止年代为 1950~2002 年。主要内容：工作计划、总结，大事记，机构设置、人员编制文件，会议记录，职工名册，人事调动、任职通知，干部报表、名册，技术职务评级、工资调整审批材料，离退休决定、子女顶替表，职代会材料，独生子女花名册，各类合同协议等。作物育种研究，现代农业研究，农业资源与环境研究等材料。

表4-6　事业单位全宗档案一览表

全宗名称	档案起止年份		档案总数（卷、件）
	起	止	
苏州教育学院	1951	2007	2586
苏州市船舶管理所	1951	1951	6
苏州市航运管理处	1956	1959	10
苏州市标准计量检定所	1959	1977	54
苏南文化教育学院	1950	1952	11
苏州建筑工程学校	1953	1970	365
苏州市工业专科学校	1956	1961	9

续表

全宗名称	档案起止年份		档案总数（卷、件）
	起	止	
苏州市中医专科学校	1958	1962	4
苏州市三十四中学	1969	1979	15
苏州市社会主义学校	1956	1965	52
苏州市手工业干训班	1961	1965	11
苏州市"五七"干部学校	1968	1979	77
苏州市第三康复医院	1950	1954	6
苏州市农村干部学校	1983	1990	88
苏州市广播电视大学	1978	1990	513
苏州市公证处	1978	2005	56660
苏州电视台	1984	2001	2741
苏州有线电视台	1993	2001	926
苏州市农业科学研究所	1950	2002	541
苏州市第二人民医院	1952	2001	818
苏州市第三人民医院	1950	2001	629
苏州市第四人民医院	1975	2002	970
苏州市第五人民医院	1970	2001	757
苏州市中医医院	1956	2002	1678
苏州市广济医院	1950	2001	957
苏州市卫生防疫站	1951	2001	1286
苏州市红十字中心血站	1974	2001	395
苏州市博物馆	1974	1999	486
苏州市妇保院	1979	2001	570
苏州图书馆	1949	1994	313
苏州市社会福利院（苏州市儿童福利院）	1949	2001	434
苏州市救助管理站（苏州市流浪儿童保护教育中心）	1963	2001	122
苏州市市政公用监察所	1995	2006	137
苏州市市政设施管理所	1982	2001	760
苏州市环境卫生管理处	1956	2001	1113
苏州市环境监测中心站	1982	2001	1486
苏州市桑蚕站	1949	2003	124
苏州市畜牧兽医站	1958	2002	940
苏州市公路管理处	1980	2002	738
苏州市航道管理处	1974	2001	674
苏州市海事局	1987	2002	238
苏州市运输管理处	1986	2002	360
苏州市客运管理处	1992	2002	199
苏州市实验小学校	1950	2001	874
苏州市第六中学校	1950	2002	1567
江苏省苏州幼儿师范学校	1976	2002	1040
苏州市高级工业学校	1960	2003	1330
江苏省苏州中学校	1943	2001	2141
苏州市第十中学校	1950	2002	1866
苏州市第一中学校	1940	2001	1875
苏州市第三中学校	1953	2001	1480

续表

全宗名称	档案起止年份		档案总数
	起	止	（卷、件）
江苏省苏州职业教育中心校	1950	2001	1532
江苏省新苏师范学校附属小学	1981	2002	677
苏州市自学考试指导委员会办公室	1983	2001	816
苏州市招生工作委员会办公室	1974	2002	1460
苏州市排水管理处	1986	2002	566
苏州市机械学校	1963	2003	1250
苏州市虎丘中等专业学校	1983	2003	967
苏州市血吸虫病防治站	1971	2001	313
苏州市皮防站	1982	2001	56
苏州市拆迁办	1987	2001	169
江苏省新苏师范学校	1949	1984	1315
苏州市横塘中学校	1962	2009	5328
苏州市第三十三中学	1962	2010	3746

第五节　企业档案

市档案馆馆藏新中国成立后企业档案全宗 72 个，档案总数 45891 卷（件）。

苏州太和面粉厂档案

民国二十五年（1936）8 月，苏州太和面粉厂正式建成投产。民国二十六年（1937）11 月苏州沦陷后，太和面粉厂被据为营地，厂房被毁大半。民国二十七年（1938）6 月，正式复工。民国三十四年（1945），因无法维持，全年停工。民国三十五年（1946），太和面粉厂又再次复工。民国三十七年（1948）底宣告停业，解散职工，仅有少数职工留守。民国三十八年（1949）4 月苏州解放后，太和面粉厂重新投入生产。1955 年 11 月，太和面粉厂和元和面粉厂合并。1956 年 4 月，公私合营，太和面粉厂正式并入国营苏州面粉厂。1994 年 3 月，经市工商行政管理局批准，苏州太和面粉公司为第一名称，苏州面粉厂为第二名称。1999 年 8 月，苏州太和面粉公司改制为有限责任公司。2002 年 6 月，由苏州粮食食品有限公司收购太和面粉有限公司转让的股份，以控股地位行使企业的经营管理权。馆藏苏州太和面粉厂全宗档案 944 卷，起止年代为 1949~2002 年。主要内容：会议记录、工作总结、工作计划，大事记，机构调整、职务任免、除名的决定，党员年报、名册，劳动工资年报、职工名单，统计年报；规章制度，职代会材料，表彰先进材料，精简下放、上山下乡材料，退休登记、学徒转正定级审批表，调资花名册，干部和职工调动介绍信，房改材料，"三反"、"五反"、整风运动材料，面粉、小麦购销合同；劳动合同书和养老保险缴费结算情况表；历年财务报表、会计报表、工资单。

苏州第一光学仪器厂档案

苏州第一光学仪器厂建于 1958 年 8 月，是由公私合营苏州眼镜厂与江苏师院物理系仪器工厂合并而成，取名为苏州光学仪器厂。接着改名为江苏师院教学仪器厂，后经变化再改名为苏州模具厂。1963 年 9 月，苏州化工机修厂并入苏州模具厂。1964 年 11 月，苏州模具厂一分为二，生产仪器的一块分出单独建厂，取名苏州华昌光学仪器厂。1965 年 1 月，"华昌"正式挂牌营业。至 1967 年 1 月，"华昌"改名为苏州第一光学仪器厂。苏州第一光学仪器厂隶属于苏州市机械工业局，为国家机电部光学测量仪器重点专业制造厂，能生产高新精密光学仪器。馆藏苏州第一光学仪器厂全宗档案 921 卷，起止年代为 1962~1998 年。主要内容：工作意见、总结，会议记录，大事记，表彰先进材料；干部、职工的处分材料，干部年报、任免、离休的批复决定，干部登记表；调动介绍信存根；调资花名册，机构设置的批复、决定、通知，专业技术职务任职资格批准、聘任的决定、通知，全厂人员花名册，集体转全民人员花名册，退休工人登记表，外事接待、出国考察的请示、批复，各类年报，职代会材料，历年会计年报、工资单。

苏州华盛造纸厂档案

苏州华盛造纸厂于民国八年（1919）3 月正式开工投产，初名华盛纸版厂，生产以凤凰牌为商标的 8 号黄版纸，是苏州较早的民族工业企业，企业性质为股份有限公司。至民国十二年（1923），成为全国造纸厂中黄版纸产品产量最多的一个厂。民国十三年（1924）冬，该厂倒闭，全部资产抵押于苏州维顺银团。民国十六年（1927），王一亭、王叙贤父子向维顺银团承租华盛造纸厂生产经营权，租赁期为二年，企业改名上海竞成造纸厂苏州分厂。民国十八年（1929）秋，再度关闭。随后，曹廉逊与维顺银团达成协议，承租华盛造纸厂的经营权，租期一年，民国十九年（1930）4 月，华盛造纸厂又恢复了生产，继而将厂名更换为华盛益记造纸厂。民国二十六年（1937）抗日战争爆发后，华盛造纸厂关闭，9 月，被日军占据。民国二十七年至三十四年（1938~1945），日商强租该厂，并将厂名改为华盛版纸工场。1954 年 11 月，实行公私合营。1967 年 3 月，企业更名为东方红造纸厂，撤销凤凰牌商标。1978 年 1 月，恢复华盛造纸厂原名，翌年恢复凤凰牌商标。1999 年 5 月，因太湖流域污水治理被迫关门停产。2004 年关闭歇业。馆藏苏州华盛造纸厂全宗档案 2175 卷，起止年代为 1949~2005 年。主要内容：工作打算、工作总结，会议记录，大事记，历年工厂发文，先进表彰材料，职代会材料，调资花名册，干部任免文件，党员、干部年报，党员介绍信，整党工作、"五反"运动、整风运动、党建材料，各类年报，全厂干部职工花名册，劳动合同书、解除劳动合同的决定，劳模登记表，党代会、团代会材料，环保、"三废"处理材料，质量分析材料，购销合同，职工购房契约，劳资协商材料，劳动调配、除名决定、工资转移单、干部调令，重大工伤事故报告，企业关闭歇业材料，协保人员材料，历年职工工资名册，厂志厂史。

苏州市月中桂日用化工总厂档案

苏州市月中桂日用化工总厂创建于清咸丰三年(1853),原名为香粉店。1959年3月,月中桂香粉工场与苏州金星化工厂合并成立月中桂化工厂。1960年10月5日,又与金闾区创办的冷香日用化工厂合并,后开始生产芝兰香牙膏、洗发香波、发蜡、染发水、香水、香脂等产品。1966年,改名为苏州日用化工厂。1982年,改名为苏州月中桂日用化工厂。1985年,改为苏州市月中桂日用化工总厂,隶属于苏州市轻工局。馆藏苏州市月中桂日用化工总厂全宗档案834卷,起止年代为1963~2004年。主要内容:工作打算、总结,大事记,机构组建、干部任免、先进表彰的报告、批复、通知,会议记录,生产年报表,生产计划、产品订单,职代会材料,职工调动介绍信、工资证明、劳动工资年报表,调整工资申请表、花名册,工资表、财务年报,党员干部名册、组织关系转移介绍信、职工违纪处分、职工辞退除名处理的决定、通知,产品开发等相关材料。

苏州茶厂档案

1950年春,中国茶业公司华东区公司在苏州设立窨花工作组,以委托加工形式负责对苏州市制茶工业进行领导。1952年冬,筹建苏州茶厂。1953年建成投产,设计年产花茶1000吨,当年产量480吨,业务受华东区公司领导,行政属市商业局。1955年冬,市合作社茶叶加工厂并入苏州茶厂。1956年归口省、市农产品采购厅、局领导,当年20家茶厂、茶行公私合营,成立久华茶厂。1957年5月,农产品采购系统撤销,归口省、市供销社领导,不久改由商业厅、局领导。从1959年开始,试制外销茶,至1961年销量达130吨。1965年12月,市商业局、供销社、粮食局撤销,成立苏州市财贸委员会,苏州茶厂划归市粮油棉麻公司领导。1988年,建苏州茶叶公司,与苏州茶厂两牌子一套班子。2001年6月,苏州茶厂和市副食品总公司合并。2002年,苏州茶厂不再办理工商年检手续,下半年被市工商局吊销企业营业执照。苏州茶厂生产的花茶为地方土特产品,1979年,在全国花茶质量评比中,有四只产品被评为全国第一。1982年,在全国花茶、乌龙茶评比中,虎丘牌一级茉莉花茶荣获国家优质食品银质奖,茉莉花苏萌毫被评为全国名茶。1989年,一级茉莉花茶获中国首届食品博览会金奖。馆藏苏州茶厂全宗档案465卷,照片63张,起止年代为1951~2002年。主要内容:年度总结,会议记录,党员、干部、工资统计年报,机构设置、干部任免、职工处分报告批复、职工工资调整、退休、转正审批表,职工代表大会材料,大事记,财务年报、账册等。

表4-7 企业全宗档案一览表

全宗名称	档案起止年份		档案总数(卷、件)
	起	止	
苏州邮电局	1949	1976	886
苏州电信局	1970	1973	66

续表

全宗名称	档案起止年份		档案总数（卷、件）
	起	止	
苏州供电局	1949	1962	29
中国工商银行苏州分行	1984	1990	616
交通银行苏州分行	1956	1990	10
中国人民建设银行苏州分行	1958	1990	484
中国农业银行苏州分行	1964	1990	387
中国人民保险公司苏州分公司	1950	1996	679
苏州市供销合作总社	1950	1990	1567
苏州物产贸易公司	1951	1956	32
苏州市搬运公司	1952	1959	26
苏州市航运公司	1929	1963	41
苏州市运输公司	1959	1966	71
苏州市日用杂品公司	1960	1982	612
苏州市农副产品供销经理部	1962	1963	30
苏州市果品公司	1962	2000	548
苏州市钟表工业公司	1977	1986	202
苏州市塑料工业公司	1978	1987	163
苏州市家具工业公司	1978	1987	142
苏州市服装皮革工业公司	1979	1987	205
苏州市五金工业公司	1983	1987	234
苏州市家用电器工业公司	1982	1987	149
苏州市日用品工业公司	1984	1987	243
苏州市日用机械产品工业公司	1984	1987	170
苏州鸿生火柴厂	1951	2004	1327
苏州益农化肥厂	1953	1962	17
苏州西山煤矿	1957	1981	50
苏州陶瓷厂	1959	1966	14
苏州横山铌铁矿	1965	1965	5
苏州塑料总厂	1965	1970	29
苏州金山煤矿	1970	1979	27
苏州眼镜总厂	1980	1983	25
苏州东吴丝织厂	1950	1953	49
苏州医药采购供应站	1977	1982	110
苏州饮食服务公司	1962	2002	952
苏州市糖业烟酒公司	1951	2002	649
苏州市食品公司	1954	2002	730
苏州市物资回收利用公司	1972	2001	624
苏州市五金交电采购供应站	1970	2002	589
苏州市纺织品采购供应批发站	1950	1982	111
苏州市劳动服务公司	1981	1982	32
苏州市土产棉麻公司	1979	1982	65
苏州振亚厂	1951	2002	11046
苏州太和面粉厂	1949	2002	944

续表

全宗名称	档案起止年份		档案总数（卷、件）
	起	止	
苏州蔬菜集团公司	1975	2003	798
苏州砂轮厂	1955	2003	634
苏州电瓷厂	1959	2003	2582
苏州铸件厂	1965	2003	934
苏州市第一光学仪器厂	1962	1998	921
苏州纱纶纺织厂	1949	2004	7383
华东公司	1980	2003	482
苏州市公共交通有限公司	1954	1994	734
苏州华盛造纸厂	1949	2005	2175
张小全剪刀厂	1959	2004	315
苏州月中桂日用化工总厂	1963	2004	834
苏州建设（集团）有限责任公司	1997	2003	242
苏州蜜饯厂	1956	2003	295
苏州农业生产资料公司	1983	2008	327
苏州茶厂	1952	2002	528
苏州汽车客运集团有限公司	1960	2000	1337

第六节　重大活动档案

苏州市档案馆至 2015 年底馆藏重大活动档案有中国苏州国际旅游节（中国·苏州国际丝绸旅游节）、中国（苏州）电子信息博览会、江苏省第十五届运动会、第二十八届世界遗产大会、第 28 次国际科学理事会全体大会、第三届全国体育大会、中国·苏州美食节、人口与发展国际援助研讨会、2006 中国国际循环经济博览会（苏州）、第十六届中国金鸡百花电影节、第十届中国戏剧节、第七届中国国际民间艺术节、北京奥运会火炬接力苏州境内传递活动、太湖文化论坛首届年会、第二届中非民间论坛、中国苏州文化创意设计产业交易博览会、第三届李光耀世界城市奖、世界语言大会、第四届中欧政党高层论坛、世界记忆工程亚太工作坊、第五十三届世界乒乓球锦标赛、第 4 次中国—中东欧国家领导人"16+1"会晤等档案，共 75 卷、7199 件、489 张。

中国苏州国际旅游节（中国·苏州国际丝绸旅游节）档案

1990 年 9 月，'90 中国（苏州）丝绸节在苏州举行。此后，该项活动成为苏州的固定节庆活动，定名为中国苏州国际丝绸旅游节，由中国纺织总会、国家旅游局、国家航天局、中国丝绸工业总公司和苏州市人民政府联合主办。从 1999 年开始，丝绸节和旅游节开始分开举行。从 1999 年开始举行的中国苏州国际丝绸节由中国纺织工业协会、中国丝绸工业总公司、苏州市人民政府联合主办，后来该项节庆活动停办。

1999 年 4 月 3 日,由苏州市人民政府主办的'99 苏州旅游节在苏州乐园开幕,该届旅游节推出了 9 项大型旅游活动。首届旅游节试办成功后,2000 年正式确定于每年 4 月至 5 月间举行中国苏州国际旅游节,由中国国家旅游局和苏州市人民政府联合主办,市旅游局承办。2008 年起,中国苏州国际旅游节由国家旅游局、江苏省旅游局、苏州市人民政府联合主办,苏州市旅游局承办。中国苏州国际旅游节以"天堂苏州,东方水城"为主题,以打造国内旅游知名品牌为目标,突出活动的国际性、创新性和游客、市民的参与性,已成为中国最具影响力的节庆活动。

馆藏中国苏州国际旅游节档案 75 卷、599 件,照片 489 张,主要内容:节庆活动的通知;总体方案,活动总结;工作分工一览表;筹备工作情况汇报,筹备工作会议材料;领导在开幕式及各项活动上的主持稿、致词、讲话,在招待会上的主持词,各项活动的议程;指挥部后勤组、接待组、宣传组等工作组的工作方案;嘉宾邀请、接待和安全保卫等方面的保障方案;节庆活动一览表;参加节庆活动的人员名单;节庆工作简报;彩船巡游安排材料,巡游手册;节庆请柬、信封、工作证、嘉宾证、采访证、通行证、宣传册、签到簿、参展指南等;大型水上表演、大型彩船巡游活动等。

中国(苏州)电子信息博览会档案

2002 年,首届"中国(苏州)电子信息博览会"于 10 月 15~18 日在苏州举行。办会宗旨为进一步扩大苏州的对外科技交流与合作,发挥苏州开放型经济的独特优势和信息产业的资源优势。2003 年 10 月举行第二届,2004 年 10 月举行第三届。馆藏活动档案资料共 348 件。主要内容有活动的请示、批复,承办方案,会议纪要,情况介绍,活动日程安排,媒体采访,布展、租赁协议,工作简报,研讨会及各个论坛等材料;博览会证件、票样等实物。

江苏省第十五届运动会档案

2002 年 10 月 19~26 日,江苏省第十五届运动会在苏州举行。这是江苏省在新世纪首次举办的大型综合性运动会,共设 25 个大项,18492 人参赛,金牌总数和总分数分别达到 688 枚和 21868 分。南京市、苏州市、徐州市获金牌总数和总分前三名。馆藏运动会档案 354 件,内容包括运动会筹建、备战方案、请示、批复、会议纪要、会徽、吉祥物、会歌、竞赛规则、项目设置、体育邮展、火炬传递、开闭幕式活动安排、领导讲话、大会秩序册、成绩册等。

第 28 次国际科学理事会全体大会档案

2005 年 10 月 18~22 日,第 28 次国际科学理事会全体大会在苏州召开,国务委员陈至立在开幕式上讲话,国际科联主席卢布琴科主持大会。来自 63 个国家和地区的 226 名代表出席大会。大会通过国际科联未来 6 年战略发展规划,正式启动

"2007~2008 国际极地年研究计划"和"预防和降低自然、人为灾害计划"两大国际跨学科合作项目，并通过多个计划以促进科学数据与信息的管理和传播，印度科学院院长格尔德汗·默赫达教授当选为国际科联新任主席。馆藏大会活动档案 213件，内容包括会议筹备材料，工作情况汇报，各类会议纪要，配套活动及相关论坛材料，代表背景介绍，论文汇编，纪念邮册等。

第三届全国体育大会档案

2006 年 5 月 20~30 日，第三届全国体育大会在苏州举行，来自全国 31 个省、自治区、直辖市共 55 个代表团（队）4085 名运动员参加了 28 个大项 268 个小项的比赛。大会期间还同时举办了江苏省首届老年人体育节、苏州太湖体育论坛、优秀选手进社区进乡镇进学校、全国中等城市体育协会年会、体育收藏品展览、体育摄影大赛等活动。馆藏大会活动档案 1130 件，包括各工作机构的工作方案、各类汇报材料、总结、计划、会议纪要、竞赛规则、工作简报、成绩册、大会宣传画、奖章、吉祥物等。

"中国·苏州美食节"档案

2006 年 10 月 27 日~11 月 5 日，第一届"中国·苏州美食节"在苏州东园广场举行，来自全国各地的 250 余家餐饮企业参展。2007 年 9 月举办第二届，2008 年 9 月举办第三届。馆藏活动档案共 49 件，内容包括活动通知，宣传、布展活动方案，企业宣传，美食介绍，美食节特刊，活动指南，活动总结等。

第十六届中国金鸡百花电影节档案

2007 年 10 月 23~28 日，第十六届中国金鸡百花电影节在苏州举行。电影节期间，还举办了《苏州与中国电影》首发式、"中国电影论坛"、历届金鸡百花奖优秀奖影片展映、"金鸡国际影展"等 30 余项活动。本届电影节宣布，金鸡奖评奖基地永久落户苏州。苏州市档案馆馆藏第十六届金鸡百花电影节活动档案 442 件，包括活动总体方案、主要活动日程安排、总结表彰、影片初评、媒体宣传、新闻报道、开幕式闭幕式活动方案、专题会议纪要、门票、证件、海报、礼品实物等。

第十届中国戏剧节档案

2007 年 12 月 3~7 日，第十届中国戏剧节暨首届中国戏剧奖·梅花表演奖颁奖典礼在苏州举行，来自全国 20 个省、自治区、直辖市和军队的 30 台剧目汇聚戏剧节，共涉及 17 个剧种。其间还召开了演出剧目研讨会，举办了第四届中国昆曲国际学术研讨会。馆藏第十届中国戏剧节档案 84 件，内容包括各类邀请函，活动行程安排，活动通知，领导致词、讲话，主要活动一览表，各类节目单，剧目介绍，工作证，戏剧节徽章和获奖演员、专家评委合影等。

第七届中国国际民间艺术节档案

2007年9月25~30日，第七届中国国际民间艺术节在苏州举行，来自五大洲22个国家近800位中外艺术家共襄盛举，竞相献艺，22支中外艺术团体分获艺术友谊奖和艺术成就奖。馆藏第七届中国国际民间艺术节档案76件，内容包括邀请函、接待计划、活动总体方案、筹备情况、开幕式闭幕式演出方案、领导致词讲话、工作汇报、会刊、海报、节目单和照片等。

第三届李光耀世界城市奖档案

第三届李光耀世界城市奖于2014年3月24日在新加坡正式揭晓，中国苏州从全球36个申报城市中脱颖而出，获得这一殊荣。"李光耀世界城市奖"是新加坡政府2009年6月22日设立的，是一项国际性奖项，每2年颁发一次，被喻为城市规划界的"诺贝尔奖"。馆藏第三届李光耀世界城市奖文书档案9件，光盘档案10卷，实物2件，内容包括申报材料汇编、申报书、问卷回复、其他证明材料、李光耀世界城市奖新闻发布会相关视频、美丽苏州宣传片、主题演讲苏州宣传片等。

第二届中非民间论坛档案

由中国民间组织国际交流促进会、非洲联盟（非盟）委员会联合主办的第二届中非民间论坛于2012年7月10~11日在苏州太湖国际会议中心举办，第一届中非民间论坛于2011年在肯尼亚内罗毕举办。来自中国和非洲国际民间组织、学术界、企业界、新闻界的300位代表齐聚苏州。国家副主席习近平出席论坛开幕式，并以"推进中非新型战略伙伴关系新发展"为题发表主旨讲话。论坛启动了"中非民间友好伙伴计划"，通过了《致中非合作论坛第五届部长级会议建议书》。馆藏论坛活动档案82件，内容包括会议筹备、接待、工作方案，活动安排，领导讲话，中外嘉宾名单，邀请函，海报和相关照片、光盘等。

世界语言大会档案

世界语言大会是经国务院批准，教育部、国家语委、中国联合国教科文组织全委会、江苏省人民政府和联合国教科文组织联合举办的国际性会议。该会议于2014年6月5~6日在苏州市举办，全球近百个国家和地区的400余名代表参会。世界语言大会以"语言能力提升与语言教育"为主题，旨在发挥联合国教科文组织在促进世界各国语言学习与文化交流，维护全球语言生态和文化多样性方面的重要作用，增进各国在加强语言教育、提升语言能力、促进文化理解、推进人类文明发展和社会进步方面的共识。该会议设三个分论题：1.语言能力与社会可持续发展；2.语言能力与语言教育创新；3.语言能力与国际交流合作。会议形成了成果性文件《苏州共识》。

馆藏"世界语言大会"文书档案116件、照片120张，内容包括会议手册（中文版、英语版、法语版、西班牙语版）、国务院副总理刘延东致词、苏州市市长周乃翔讲话稿、志愿者名单、国外代表名单、苏州会务承办工作会场保障组各单位工作方案、媒体报道、《苏州共识》及会场照片等。

"世界记忆工程亚太工作坊"档案

"世界记忆工程"项目于 1992 年由联合国教科文组织发起，旨在唤起人们对世界范围内濒危、散失或正在遭受厄运的文献遗产的关注。该项目通过建立《世界记忆名录》、授予标识等方式，宣传保护珍贵文献遗产的重要性，鼓励通过国际合作和使用最佳技术手段等，对珍贵文献遗产开展有效保护和抢救，进而促进人类文献遗产的广泛利用。世界记忆工程亚太地区委员会成立于 1998 年，服务亚太地区 43个国家。为推动世界记忆工程的开展，宣传我国的灿烂文化，我国于 1995 年成立了"世界记忆工程中国专家委员会"，并建立了中国档案文献遗产名录评选机制。目前已有 113 件（组）档案文献入选《中国档案文献遗产名录》，6 份文献遗产入选《世界记忆亚太地区名录》，9 份文献遗产入选《世界记忆名录》。

2013 年 3 月 24~26 日，由国家档案局主办的"联合国教科文组织世界记忆工程亚太地区工作坊"在苏州举行。37 位世界记忆名录专家和中国、印度、所罗门群岛等国代表交流了文献遗产保护的工作经验，并对如何申报世界和亚太地区名录进行案例分析。国家档案局杨冬权局长、苏州市周乃翔市长、联合国教科文组织世界记忆工程项目负责人伊斯卡拉·潘诺娃斯基等出席会议。

馆藏"世界记忆工程亚太工作坊"文书档案 20 件、实物档案 5 件、照片 84 张、光盘 1 张，档案内容包括世界记忆工程亚太地区工作坊宣传册、目录、指南（中文版、英文版）、报名表、代表名单、会务须知（中文版、英文版）、候选表、领导讲话稿、剪报、会议照片等。

第五十三届世界乒乓球锦标赛档案

第五十三届世界乒乓球锦标赛单项赛于 2015 年 4 月 26 日 ~5 月 3 日在苏州国际博览中心举行。苏州是继北京、天津、上海、广州之后，中国首个举办该赛事的地级市，也是苏州首次承办的国际性体育赛事。共有 134 个国家和地区的 1300 多名运动员、教练员和官员参加，共有 169 个国家和地区进行电视转播。在比赛项目上，各个国家和地区共有 546 名运动员参加。中共中央政治局委员、国务院副总理刘延东出席开幕式。比赛结果：男单冠军马龙（中国）、女单冠军丁宁（中国）、男双冠军张继科 / 许昕（中国）、女双冠军刘诗雯 / 朱雨玲（中国）、混双冠军许昕（中国）/梁夏银（韩国）。

馆藏第五十三届世界乒乓球锦标赛文书档案 883 件、光盘档案 13 卷、实物档案 35 件、照片 369 张。内容包括收发文，各类合同及场馆建设投标书、图纸；奖牌、服装、邮币卡；马龙等国家队运动员照片，开幕式及各类会议照片；第五十三届世界乒乓球锦标赛苏州城市运动宣传曲试听版等。

第七节　人物档案

苏州是人文荟萃之地。市档案馆馆藏各类代表人物的档案全宗 48 个，6332 卷、5148 件、6000 张。

陆鸿仪档案

全宗 30 卷。陆鸿仪（1880~1952），字棣威，号立盦，苏州人。光绪二十九年（1903）进士，授翰林院庶吉士。光绪三十二年（1906），选送日本中央大学，攻读法律。宣统三年（1911）夏，学成归国。辛亥革命后，先后任北京政府司法部佥事，大理院推事、庭长，修订法律馆总纂、副总裁。民国十二年（1923），因曹锟贿选总统，愤然辞职南归故里，在苏设立律师事务所。民国二十五（1936），救国会"七君子事件"发生后，他担任章乃器辩护律师。八一三事变后，他携眷入川，受聘任重庆新华日报社法律顾问。抗日战争胜利后，回苏仍操旧业。民国三十四年（1945），中共苏州地下党建立文心图书馆，他出任董事长。民国三十六年（1947），上海同济大学爱国学潮案中，他出任辩护律师，配合中共地下组织营救被捕学生。苏州解放后，他受邀为市第一届各界人民代表会议特邀代表。1949 年 10 月，赴京任最高人民法院委员兼民事审判庭庭长。1952 年 2 月 3 日，病逝于北京，终年 73 岁。时最高人民法院院长沈钧儒撰写"洁己奉公，守法不渝"挽词。陆鸿仪档案形成于晚清、民国、新中国等不同历史时期，尤其是其中"七君子"案资料较完整地保留了当时的审理记录、辩护意旨书、答辩状、起诉书等。陆鸿仪全宗档案被评选为第一批（2006）《苏州市珍贵档案文献》。

谢孝思档案

谢孝思（1905~2008），著名国画艺术家，曾任苏州市人大常委会副主任、市政协副主席、民进中央委员、全国政协委员、民主促进会苏州主任委员等职。苏州市档案馆馆藏谢孝思档案 2642 件，照片 287 张。内容包括书信、笔记、日记、园林品赏、藏品、各类证书、奖牌、纪念文章、印模、七十自造像、众罗汉像、磁带、DVD 等。

李娥瑛档案

李娥瑛，中国工艺美术大师，高级工艺美术大师，1926 年 11 月出生，苏州木渎人。1954 年，进入苏州市文联刺绣小组，次年合作刺绣成功中国第一幅正反两面纹饰色彩相同、两面均具观赏价值的双面绣艺术品——《五彩牡丹》，因此出席全国先进生产者代表大会。1956 年，首创双面施套针法，绣成第一幅单面《双鲤鱼图》（由故宫博物院收藏）。1959 年，指导绣成第一幅大型双面绣《十鹤图》，陈列于北京人民大会堂江苏厅。1961 年，主编苏绣针法汇编，把苏绣针法系统归结为 9 大类 43 种。同年主编的《苏绣技法》一书，由轻工业出版社出版。1977 年，研究成功用一只色线、以三种角度的丝理能产生不同的明暗反光的戳纱绣法。1979 年，被授予"中国工艺美术家"称号。1988 年，被授予"中国工艺美术大师"称号。2007 年，李娥瑛成为第一批国家级非物质文化遗产项目苏绣代表性传承人。

苏州市档案馆馆藏李娥瑛个人档案 48 件，实物 58 件，照片 1160 张。内容包括双面绣戳纱《石榴》台屏等刺绣精品，"国家级非物质文化遗产传承人""中国工艺美术终身成就奖"等证书、奖牌、奖杯，《苏绣技法》等著作；反映李娥瑛工作、生活的照片，尤其是受到党和国家领导人接见的照片及赴海外表演的照片等。

表4-8　馆藏人物档案一览表

全宗名称	档案起止年份		文书档案		
	起	止	卷	件	张
华林森	1965	1979	87（诉讼档案）		
赵宝康	1976	1979	50（同上）		
邹学琪	1976	1979	51（同上）		
曹根男	1976	1979	11（同上）		
汪永珠	1976	1979	56（同上）		
死亡干部档案	1952	2002	517（副处级以上干部）		
老干部档案汇集	1943	2013	238	157	0
职工档案汇集	1990		5002（人事档案）		
陆兰秀烈士	1978	1982	11（诉讼档案10卷）		
顾芗、张克勤	1989	2001	5	1	184
王　芳	1986	2001	10	0	0
吴作人等照片档案	1921	1997	0	0	140
张晓飞			0	27件书画	
亢彩屏	1981	2001	5	0	0
郭绍虞			57	0	0
翁惠成、钱玉成	1976	2009	91	194	71
周福元	1977	2007	269	2	63
高林书			1	0	0
谢孝思	1940	2009	0	2626	336
陈素英			0	0	84
张寰和	1996	2013	0	11	1497
金国荣			0	318	0
叶圣陶			0	0	125
顾颉刚	1920	1980	0	62	0
李根源			106	0	0
沈寿、余觉			0	7	30
沈祖棻	1963	2013	0	37	2
沈起炜	1924	2012	0	187	36
费新我	1987	2013	0	60	36

续表

全宗名称	档案起止年份		文书档案		
	起	止	卷	件	张
过云楼顾氏家族			25	0	0
陶冷月家族	清	2013	0	882	771
党和国家领导人档案汇集			0	2	0
陆振岳	1937	2013	44	0	23
周士心	1981	2013	0	38	0
刘涤民	1958	2013	0	36	17
张问清			0	48	1
汪毓和	2000	2013	0	28	3
冯康、冯端			0	133	84
张幻儿	1950	1982	0	1	46
潘昌煦	1904	1999	0	3	37
沈菊隐	1991	2013	0	37	0
李娥瑛	1962	2013	0	108	1095
蔡金兴	2001	2014	0	52	77
陈沧泉			0	10	1085

第八节　特殊载体档案

市档案馆馆藏的特殊载体档案,有照片、书画印章、实物、声像这几种形式。这些载体档案散存于中共苏州市(地委)办公室、市政府(行署)办公室、市外事办公室、苏州日报社、苏州广电总台等全宗卷内。

照片档案

主要有:中央党政领导人刘少奇视察常熟农村、苏州工厂的照片,周恩来、朱德在苏州的照片,陈云多次到苏州视察、休养的照片,邓小平在苏州的照片,华国锋、胡耀邦等视察苏州的照片。省领导人江渭清、惠浴宇、彭冲、许世友、韩培信、顾秀莲等视察苏州的照片。馆藏中共中央政治局委员、候补委员,中央书记处书记,国务院副总理、国务委员,全国人大常委会副委员长,全国政协副主席,中央军委副主席等领导人在苏州的照片798张。馆藏外事活动照片,有30多位国家元首到苏州参观访问的照片以及外国代表团、访问团、观光团到访的照片。其中,陈沧泉个人捐赠外事活动照片1085张。

书画印章档案

主要有李根源、朱德、费孝通、叶飞、韦国清等题词,苏州籍书画家捐赠的书画、印章等共690件。

实物档案

主要有国外友好城市和外国政府代表团赠送的外交礼品，国内兄弟城市赠送的礼品。市档案馆对馆藏礼品实物进行整理，设礼品陈列室，展出礼品 161 件。这些礼品档案形成于 20 世纪 90 年代至 21 世纪初，跨度 20 多年。礼品以日本、意大利赠送居多，美国、加拿大次之。礼品从材质分，有陶瓷类、水晶类、玻璃类、金属类、木质类、玉石类、皮草类、漆器类、刺绣类、织锦类、布艺类、纸质类。礼品从形态分，有花盘、果盘、花瓶、酒杯、茶壶、城徽、神像、木偶、仕女、锦旗、和服、战车、图腾、花鸟、动物、金钥匙、纪念章、纪念币、寺庙模型、瓷画、书画等。馆藏实物档案中还有港澳台访问团赠送的礼品，苏州个人捐赠的实物。

声像档案

主要有苏州市重要会议录音、学术报告录音、重大活动录像，反映苏州的新闻纪录片（复制）。

友好城市档案

主要有苏州市与 13 个国家的 14 个城市缔结友好城市的友好交流与合作协议、互访安排、交流协作项目等照片、录音录像、文件、代表团名单等。

第三章　馆藏资料

资料是档案的补充，是市档案馆收藏的重要内容之一。市档案馆收藏种类繁多的资料（含报刊），其来源大部分由各立档单位随档案移交进馆，部分为购买、征集、交换和捐赠进馆，共有 40422 册，分为法规、党群、政权、统计、文史、档案、图书、刊物、征集资料、新中国成立后报纸、新中国成立前报纸、特殊载体等大类。

第一节　地情方志

馆藏清代至 2015 年地情方志共 2665 种。新中国成立前主要有：

府州志：《同治苏州府志》、《松江府志》（嘉庆二十二年刻本）、《太仓州志》（民国八年刻本）。

县志：《康熙昆山县志稿》、《张家港旧志汇编》、《道光吴江县志汇编》、《万历昆山县志》、《嘉靖昆山县志》、《吴县志》（民国二十二年铅印本）、《吴江县志》（乾隆十二年刻本）、《吴江县续志》、《华亭县志》、《江阴县志》（光绪四年刻本）、《震泽县志》（光绪四年刻本）、《元和县志》、《常昭合志》、《昆新两县续修合志》、《三国志·吴志》、《镇洋县志》（民国八年刻本）。

乡镇志：《常熟乡镇旧志集成》《平望志》《儒林六都志》《木渎小志》《黎里志》《同里志》《光福志》《浒墅关志》《甫里志》《黄埭志》《相城小志》《震泽志》《唯亭志》。

图城：《江苏省舆图》《长江图说》《吴县画图》《元和郡县图志》。

山水：《太湖备考》、《吴江水考》、《盛湖志》、《灵岩山志》（民国三十七年铅印本）、《穹窿山志》（民国三十二年铅印本）、《邓尉山志》、《香山小志》、《阳山志》、《沧浪小志》。

寺庙观堂：《寒山寺志》《邓尉山圣恩寺志》《开元寺志》《重印玄妙观志》《玄妙观志》《虞山藏海寺志》《虞山兴福寺志》《虞山普仁寺志》《常熟三峰寺志》。

新中国成立后出版的地方志书主要有：

苏州市志：《苏州市志》《苏州市志（1986~2005）》。

县（市）、区志：《张家港市志》《昆山市志》《平江区志》《金阊区志》《沧浪区志》《苏州郊区志》《高新区虎丘区志》《苏州工业园区志》《吴中区志》等。

乡（镇）志：《乐余镇志》《兆丰镇志》《虞山镇志》《沙家浜镇志》《福山镇志》《周庄镇志》《同里镇志》《芦墟镇志》《光福镇志》《阳澄湖镇志》《藏书镇志》《陆慕镇志》《娄葑镇志》《虎丘镇志》等。

村志：《永联村志》《陆巷村志》《李巷村志》等。

厂志：《苏州振亚丝织厂厂志》《东吴丝织厂厂志》《苏州嘉美克纽扣厂厂志》《苏州香料厂厂志》《苏州肥皂厂厂志》《苏州张小全剪刀厂厂志》《华盛造纸厂厂志》《苏州自行车厂厂志》《苏州缝纫机厂厂志》《苏州手表厂厂志》《苏州锅炉厂厂志》《苏州第三光学仪器厂厂志》等。

其他志：《苏州市粮食志》《苏州卫生志》《苏州钟表行业志》《苏州化工志》《苏州冶金工业志（1949~1985）》《苏州教育志》《苏州市工会志》《苏州对外经济志》《苏州市检察志（1910~1985）》《苏州市人民防空志》《虎阜志》《拙政园志》《苏州老街志》《香山小志》等。

第二节　家谱宗牒

市档案馆馆藏家谱宗牒共 48 种。主要有：《平原宗谱》《皋庑吴氏家乘》《苏州长元吴三邑科第谱》《国朝三邑诸生谱》《陆氏宗谱》《吴中叶氏文德堂支族谱补阙》《肥西张公荫谷后裔谱资料汇编》《陆氏世谱·无锡蒋洞桥陆巷分支》《中泉寇氏宗谱》《李氏家谱》《大阜潘氏支谱》《东汇潘氏族谱》《苏州汪氏支谱》《苏州程氏支谱》《吴郡陆氏春秋》《周庄陶氏族谱》《临湖谢氏家谱》《古吴阙氏宗谱》《海虞宋氏支谱（继忠堂）》《歙县迁苏潘氏家谱》。

第三节　新中国成立前苏州报纸

馆藏报纸种类较多，新中国成立前苏州及外埠报纸有 131 种 892 册，其中苏州发行于 20 世纪 20~30 年代的《爱克斯光报》《英雄》《橄榄》《大光明》《晶报》，清末民初上海发行的《黄报》《南方报》等报纸，各地都付阙如，苏州尚有藏存。馆藏新中国成立前苏州报纸 30 种。

表4-9　馆藏新中国成立前苏州报纸一览表

报纸名称	刊期	开张	负责人	创停时间	报社地址	馆藏时间
苏州日报	日刊	对开	主办：石雨声 主编：吴瑞书、毕公天	1912~1949	东中市	1930~1949.4
吴县市乡公报	日刊	对开	主办：颜心介 主编：陈幹明	1916~1937	宫巷41号	1924
吴语	日刊	4开	主办：马飞黄 编辑：戚饭牛	1916~1928	高师巷6号	1916.10~1928.10
平江日报	日刊	对开	主办：柳济安	1919~1925	东中市	1919~1924
苏州商报	日刊	4开	主办：方益荪 主编：高笑凡	1919~1924	桂和坊	1925~1937
吴声	日刊	4开	主办：陆蕴伟、洪野航	1919.8~1924	都亭桥23号	1923~1924
东吴日报	日刊	对开	主办：方半隐 主编：沈晴虎	1919.11~?	阊门外大马路	1919
苏州中报	日刊	对开	主办：王伟公、洪笑鸿	1921.1~1931	东中市	1930~1931
晨报	日刊	4开	主办：沈　钢 主编：汪遗恨	1924~1936	宋仙洲巷7号	1925.7~1935
苏州明报	日刊	对开	社长：张叔良 总编：洪笑鸿	1925~1949	九胜巷	1929.9~1949.4
星报	三日刊	4开	主办：范烟桥	1926~1928	温家岸29号	1926.6~1950.6
新吴语	日刊	4开	主办：时介玉	1927~?	东中市19号	1928
吴县日报	日刊	对开	经理兼总编：胡觉民	1928~1937	东中市虹桥口	1928.2~1937.11
大光明报	日刊	4开	经理：梅晴初 主编：颜益生	1929~1937	洙泗巷	1929.8~1933.3
大吴语	日刊	4开	主办：郭子良 主编：陆秋心	1929~1936	阊门外横马路	1931
晚报	日刊	4开	主办：周愁天	1929~?	阊门西街	1925.8~1925.9
爱克斯光报	三日刊	4开	主编：汪逸庵	1929.10~1930	东中市28号	1929.10~1930.1
英雄	三日刊	4开	不详	1930.7~?	钮家巷40号	1930
吴县晶报	日刊	4开	主办：吴国熊	1930~1937	桃花坞大街116号	1936
橄榄	三日刊	4开	主办：徐其斐 主编：倪勉之	1931~?	景德路176号	1931
苏州民声报	日刊	4开	主办：马如鹏 主编：张梦鹃	1932~1937	申庄前梅园弄	1935

续表

报纸名称	刊期	开张	负责人	创停时间	报社地址	馆藏时间
小苏报	三日刊	4开	主办: 苏小素 主编: 陆诗魂	1932~1935	铁瓶巷33号	1935
苏民新闻	日刊	对开	主办: 屈季洪 主编: 庞独笑	1932~1934	北寺塔	1934
大风报	日刊	4开	主办: 李容申、李鸿善	1933~1935	景德路	1933~1935
大华报	日刊	4开	主办: 仇昆厂	1934~1946	东中市	1935.1~1946.9
早报	日刊	对开	经理: 朱庆增 主编: 颜益生、夏旦初	1935~1937	护龙街	1935~1936
苏州新报	日刊	对开	社长: 顾天锡 编辑部长: 闵绥之	1938.8~1941.9	西中市	1938.8~1941.9
苏州晚报	日刊	4开	社长: 顾天锡	1938.10~1939.1	西中市	1938~1939.1
江南日报	日刊	对开	社长: 王钝根 总编: 陶凤子	1939.5~1945.8	东中市	1938~1941.8
清乡新报	日刊	对开	社长: 汪正禾 主编: 史训迁	1941~1945.8	元和路	1942.2~1942.12
江苏日报	日刊	对开	社长: 冯 节 总编: 陈方中	1941.10~1945.6	西中市	1941.10~1945.1
东南正报	日刊	4开	社长: 章 健 总编: 沈虎子	1945.8~1946.7	景德路	1945~1946
苏报 (苏州版)	日刊	对开	社长: 纽长耀 总编: 沈芷痕	1945.9~1949.4	西中市	1945~1949
力行日报	日刊	4开	社长: 徐澄本	1945.9~1945.10	承天寺乐志里	1945.10
大江南报	日刊	对开	主办: 冯英子 总编: 沙仲虎	1946.3~1948.4	观前街 承德里	1946~1948
苏州商报	日刊	4开	社长: 陆绍芬	1946.6~1946.11	护龙街	1946
宁绍 通讯报	三日刊	4开	社长: 胡裕成 总编: 胡吟秋	1947.6~1948.4	北局中新里	1948
法声日报	日刊	4开	社长: 严欣淇	1948.1~1948.6	观前街	1948.1~1948.4
江东日报	日刊	对开	社长: 严欣淇 总编: 沙仲虎	1948.5~1949.4	平门路	1948.5~1949.4
苏报	日刊	对开	主办: 陈去病、朱梁任	1911.12~?	不详	1919~1920

第四节　新中国成立后资料

馆藏新中国成立后资料有12大类138小类。

法规

共704册 (1951~2015年)。分综合法规、专项法规、公报等3小类。有中央人民政府、中华人民共和国法规法令汇编, 江苏省法规规章汇编; 全国人大常委会公报、国务院公报; 有关劳动工资、保险、人事、职称、奖惩、财政、民政、民族政策、教育、科技、交通、基建、粮油、林业、土地、侨务等法规汇编。苏州市法规性文件汇编。

党群

共 1274 册（1921~2015 年）。分文件汇编、组织宣传监察、政协统战群团民主党派、政治运动等 4 小类。有中共中央、省委文件、会议公报、简报；组织、宣传、监察文件；全国、省政协会议文件、汇刊，统战工作文件，总工会、共青团、妇联文件。苏州市历次党代表大会文件，苏州地区第一次党代表大会资料，市委文件、市委领导工作活动大事摘记，市区局以上机关及相当县级以上企事业单位领导班子名册，苏州地区县、社（镇）党委主要领导成员名册，市委关于各项工作的指示、调研材料；先进党组织、优秀共产党员事迹经验选编；苏州市及各县（市）、区组织史资料；《苏州情况简报》《苏州通讯》《苏委办通讯》等内部刊物。新中国成立后苏州市委、地委对历次政治运动的文件、资料汇编、简报。

政权

共 1778 册（1949~2015 年）。分文件汇编、劳动人事工资财经工商税务物价、工农业交通建设房产商业外经、文化教育卫生科技、民政司法外事军事法制等 5 小类。有全国人大会议文件、国务院文件、新中国成立以来重要文献选编，省人大会议文件汇编、省政府文件，省劳动模范先进集体授奖大会名册，省信访工作文件汇编、省政府公报。国务院、省政府有关各项工作文件选编。市政府文件，市各界人民代表大会资料，市人大常委会会报、市政府公报，苏州市城市总体规划，市先进生产者代表会议纪念册，市政府有关各项工作文件，有关调查报告。

统计

共 1778 册（1930~2015 年）。分全国及外国统计资料，江苏省统计资料，苏州市统计资料，苏州市辖市（县）统计资料，外省统计资料等 5 小类。有全国、江苏省及外省统计局编印的统计资料，国外人口、工资、经贸统计资料。苏州市、苏州地区国民经济统计资料，苏州市与全国 10 市对比资料，苏州市及辖市（县）各类统计资料。

文史

共 5926 册（清代~2015 年）。分中共党史革命斗争史、世界史中国史、人物传记、文史刊物、苏州史志资料、古籍、家谱宗牒等 7 小类。有中共历次重要会议案、党史事件人物录、党史大事年表，江苏党史资料、江苏革命史料选辑，江苏改革开放纪事；世界史大事汇编、中国通史、江苏财政史料、清代职官年表；中外历史名人，中共党史人物；《文献》《历史研究》《近代史研究》《人物》《民国春秋》等文史杂志；苏州市地下党史、大革命时期抗战时期苏州地下党主要人员情况，五四运动苏州档案史料专题概要,七君子在苏州狱中、苏州革命烈士传,《新四军太湖游击队创建与发展》;《苏州历史名人》《孙武与吴地》《苏州近现代人物》《吴中名贤图传》《道德模范——中国好人(苏州名录)》;周福元《做人与做事——我的四十年从政感受》《储江关心下一代文集》《上善若水——王敏生同志传记画册》《厚德为民——高德正传略》,孟金元《岁月清音——从农民到市长》,毛育人《感恩·难忘》,《尤旭回忆录》《岁月清韵——陈振刚印记》《常德感》《费新我传略》《行履影录 2013:蒋宏坤》《行履影录 2013:周乃翔》《一个人和一座城市——记全国优秀市委书记秦振华》《诗情画意,锦绣人生——顾文霞回忆》《戴心思口述历史》,杜国玲《吴山点点幽》;《苏州文史资料选辑》《苏州史志资料选辑》;《苏州市志》《苏州市志(1986~2005)》及各县(市)志、各行业志、厂志、镇志。

档案

共 2000 册(1953~2015 年)。分档案期刊、档案学理论书籍等 2 小类。有国家、省和苏州市编辑出版的各类档案期刊;档案史、文书学、档案文献编纂学、档案保护技术学、声像档案管理、中国档案分类法,各地档案馆指南、论文选编。

图书

共 4341 册(1930~2015 年)。分马列主义毛泽东思想、政治哲学经济军事、文化教育卫生科技、工具书、年鉴等 5 小类。有马恩列斯毛邓的著作,诗词、手迹、研究、参考资料;哲学史、心理学、美学、文学史、姑苏风物集锦、姑苏风物传说、苏州历代园林录、文徵明书画简表、吴门画派;《辞海》《辞源》《辞通》,苏州城市标准地名图、苏州市退田还渔分布图、苏州市区图、苏州各市(县)乡镇地图;《苏州年鉴》(1983~2015)及各类各地年鉴。

刊物

共 6958 册(1918~2015 年)。分良友新青年(新中国成立前)、红旗求是、《支部生活》及江苏期刊、内参、《瞭望》、《半月谈》、《新华月报》、《新华文摘》、《人物》、《全国报刊索引》、《人民日报(缩印本)》、《解放日报文汇报(缩印本)》、《解放军报(合订本)》、新华日报光明日报(索引本)、苏州市各类期刊、外省市期刊等 16 小类。其中苏州市各类期刊,有《苏州旅游》、《苏州园林》、《苏州丝绸工学院学报》、《铁道师院学报》、《改革与发展》、《苏南乡镇企业》、《弘化》、《苏州餐饮》、《调研与参考》、《苏州楼市》、《现代苏州》、《物理教师》、《寒山寺》、《水》、《徐福研究资料》、《苏州经济研究》、《昆曲之友》、《紫阳学刊》等。

征集资料

共 1713 册(1982~2015 年)。分期刊,剧本,苏州籍作家作品,苏州报纸,苏州重大会议与活动,世遗会图片资料,苏纶纺织厂,市政府等部门移交等 8 小类。有苏州《大学学报》、《苏州科技学院学报》、《国外丝绸》、《电工电气》、《现代丝绸科学与技术》、《非金属矿》。苏州报纸有《苏州广播电视报》及企业报纸。

报纸（新中国成立后）

共 6038 册（1951~2015 年）。分大陆（内地）：《人民日报》、《解放军报》、《光明日报》、《文汇报》、《解放日报》、《新华日报》、《工人日报》、《中国青年报》、《苏州日报》、《参考消息》、《新民晚报》、《经济参考》、《中国档案报》、《中国旅游报》、《姑苏晚报》、《建新报》、《城市商报》、《名城早报》、《其他杂报》、《现代快报》、《城市早 8 点》、"文化大革命"期间小报。港台:《中央日报》《大公报》《自立晚报》《中央时报》《联合报》《香港时报》。其中"文化大革命"期间小报,有《新苏州》《斗批专刊》《工学战线》《苏州红卫兵》《苏城风雷》《文攻武卫》《五六战刊》《红色师院》《红太阳战报》《大批判专刊》《工人造反报》《工人通讯》《新苏州红苏州联合报》《苏州工人》《教育革命》等。

特殊载体资料

共 440 盘（1966~2015 年）。分光盘、邮卡等 2 小类。有国家档案局局长讲话、学术报告录音磁带,苏州道教音乐录音磁带,祈祷赞美诗唱片,苏州市档案馆陈列室录像带,苏州园林录像带,院士风采录像带,昆曲《牡丹亭》《长生殿》录像带 CD,评弹精华 CD,市四中十中 CD,手艺苏州光盘,环古城风貌保护工程系列电视片,苏州市对口援建绵竹市考德镇专题片,馆藏新中国成立前报纸光盘等;明信片有苏州水城全景图、苏州太湖全景图、名城苏州邮册、苏州档案珍藏集萃明信片集等。

附: 档案文献遗产名录（苏州部分）

中国档案文献遗产名录

苏州商会档案（晚清部分）（2002 年第一批）

苏州市民公社档案（2010 年第三批）

晚清、民国时期百种常熟地方报纸（2010 年第三批）

近现代苏州丝绸样本档案（市工商档案管理中心）（2015 年第四批）

江苏省珍贵档案名录

吴伟业书法作品（太仓）（2005 年第一批）

王掞书法作品（太仓）（2005 年第一批）

清代娄东画派绘画作品（6 件）（太仓）（2005 年第一批）

宋文治绘画作品（2 件）（太仓）（2005 年第一批）

朱屺瞻绘画作品（2件）（太仓）（2005年第一批）

苏州商团档案（苏州市）（2005年第一批）

苏州市民公社档案（苏州市）（2005年第一批）

清代乾隆年间状纸（市房地产馆）（2005年第一批）

苏州商会档案（中国档案文献遗产）（2005年第一批）

东吴大学档案（苏州市）（2007年第二批）

苏纶纺织厂档案（苏州市）（2007年第二批）

同业公会档案（苏州市）（2007年第二批）

大还阁琴谱（殷继山个人，太仓）（2007年第二批）

晚清、民国时期常熟地方报纸（常熟）（2007年第二批）

鸿生火柴厂档案（苏州市）（2010年第三批）

陆鸿仪档案（苏州市）（2010年第三批）

清、民国时期契约档案（常熟）（2010年第三批）

王淦昌档案（常熟）（2010年第三批）

娄东画派画作（太仓）（2010年第三批）

新黎里报（吴江）（2010年第三批）

苏州绸缎样本档案（市工商档案管理中心）（2012年第四批）

中国科学院院士李强档案（常熟）（2012年第四批）

唐人写经《度世品经》残卷（太仓）（2012年第四批）

陈云致吴江县信三封（吴江）（2012年第四批）

苏州市珍贵档案文献名录

苏州商会档案（民国部分）（苏州市）（2006年第一批）

苏州商团档案（苏州市）（2006年第一批）

苏州市民公社档案（苏州市）（2006年第一批）

东吴大学档案（苏州市）（2006年第一批）

陆鸿仪档案（苏州市）（2006年第一批）

私立江南大学档案（苏州市）（2006年第一批）

苏纶纺织厂档案（苏州市）（2006年第一批）

同业公会档案（苏州市）（2006年第一批）

宋文治绘画作品（2件）（太仓）（2006年第一批）

朱屺瞻绘画艺术档案（太仓）（2006年第一批）

清代娄东画派绘画作品（6件）（太仓）（2006年第一批）

吴伟业书法艺术档案（太仓）（2006年第一批）

王掞书法艺术档案（太仓）（2006年第一批）

洪泾大队与顾阿桃档案（太仓）（2006年第一批）

清代档案汇集（吴江）（2006 年第一批）

晚清、民国时期常熟地方报纸（常熟）（2006 年第一批）

清代乾隆年间状纸（市房地产馆）（2006 年第一批）

名人书画作品（市立医院东区）（2006 年第一批）

《弇山园》图稿（殷继山）（2006 年第一批）

《大还阁琴谱》（殷继山）（2006 年第一批）

苏州振华女学校档案（苏州市）（2007 年第二批）

吴县教育局档案（苏州市）（2007 年第二批）

鸿生火柴厂档案（苏州市）（2007 年第二批）

苏州电气公司档案（苏州市）（2007 年第二批）

王淦昌档案全宗（常熟）（2007 年第二批）

清、民国时期常熟地方契约档案（常熟）（2007 年第二批）

新黎里报、新盛泽报（吴江）（2007 年第二批）

方环山山水图（清·方士庶）（太仓）（2007 年第二批）

兰花图（清·王愫）（太仓）（2007 年第二批）

山水（清·王昱）（太仓）（2007 年第二批）

仿黄鹤老樵紫芝山房图（清·王宸）（太仓）（2007 年第二批）

虞山二痴（清·王玖）（太仓）（2007 年第二批）

《太仓江南丝竹十大曲总谱手稿》（太仓）（2007 年第二批）

祁豸佳米派山水立轴国画（明）（中国昆曲博物馆）（2007 年第二批）

俞粟庐书法作品（晚清）（中国昆曲博物馆）（2007 年第二批）

昆曲名伶徐小香双面鼓（晚清）（中国昆曲博物馆）（2007 年第二批）

昆曲名伶周凤文曲笛、唱片（晚清）（中国昆曲博物馆）（2007 年第二批）

《纳书楹曲谱》（清）（2007 年第二批）

沈寿林《西游记曲谱》手抄本（清）（中国昆曲博物馆）（2007 年第二批）

"全福班"收支帐册（晚清）（中国昆曲博物馆）（2007 年第二批）

《看戏六十年》（徐凌云口述遗作）（中国昆曲博物馆）（2007 年第二批）

谢孝思档案（苏州市）（2011 年第三批）

《平江图》碑拓档案（苏州市）（2011 年第三批）

《向党献礼——苏州百名老干部、书画家百米书画长卷》（中共苏州市委老干部局）（2011 年第三批）

《杨舍堡城志稿》（张家港）（2011 年第三批）

李强档案（常熟）（2011 年第三批）

明清吴门画派书画作品（8 件）（太仓）（2011 年第三批）

唐人写经《度世品经》残卷（太仓）（2011 年第三批）

中央领导视察昆山照片档案（昆山）（2011 年第三批）

陈云手迹（吴江）（2011 年第三批）

清代、民国吴江地契档案（吴江）（2011 年第三批）

苏州园林碑拓档案（苏州园林档案馆）（2011 年第三批）

苏州绸缎样本档案（市工商档案管理中心）（2011 年第三批）

清代、民国苏州丝织业契约档案（市工商档案管理中心）（2011 年第三批）

民国苏州企业会计凭证档案（市工商档案管理中心）（2011 年第三批）

第五篇

苏州市工商档案管理中心

苏州档案
Suzhou archives

第一章 发展沿革

2007年9月18日，为了顺应苏州市国有企事业单位产权制度改革后改制企事业档案资源管理的新形势和新要求，苏州市机构编制委员会办公室（以下简称"市编办"）发文同意建立"苏州市工商档案管理中心"。市档案局于2007年10月10日建立市工商档案管理中心筹建组，2008年1月17日，市工商档案管理中心正式挂牌运行。2010年6月24日，市工商档案管理中心顺利通过了江苏省质量认证中心的认证，成为江苏省档案系统首个通过ISO9001质量管理体系认证的单位。2014年1月22日，市编办批准同意市工商档案管理中心增挂"苏州市市级机关文档管理中心"牌子。2013年7月25日，国家档案局档办函〔2013〕155号，同意市工商档案管理中心加挂"中国丝绸档案馆"牌子。2015年12月，中华人民共和国国务院办公厅国办函〔2015〕149号，同意市工商档案管理中心加挂"苏州中国丝绸档案馆"牌子。

市工商档案管理中心为市档案局下属事业单位，机构规格相当于正科级，分类定性为公益类事业单位，经费渠道为财政全额拨款。

第一节 职责与编制

主要职责

市工商档案管理中心主要职责是负责统一管理全市改制企事业单位档案及应该集中统一管理的其他历史档案、资料；负责对库藏改制企事业单位档案进行规范整理、编目、鉴定，对价值珍贵、破损严重的档案组织开展抢救、保护、数字加工等工作；负责改制企事业单位档案信息资源开发，为社会各界和职工个人提供查档服务；负责本市工业史料和相关历史资料的研究和编撰工作；负责相关档案史料陈列，展示本市民族工业、国有企业发展历史和重要成果；对部分委托民营企业管理的国有改制企事业单位档案进行跟踪监督、检查。

人员编制

2007年，市编办核定市工商档案管理中心事业编制为15名，公益性岗位45名。

2010 年, 公益性岗位增加至 46 个。2012 年, 事业编制增加至 18 名。2014 年, 市工商档案管理中心 (市级机关文档管理中心) 人员编制调整为 23 名。2015 年, 市编办核定市工商档案管理中心事业编制为 28 名, 公益性岗位 46 名。至 2015 年底, 中心实有人员 57 人 (事业编制 20 人、公益性岗位 37 人)。其中, 研究生学历 3 人, 本科学历 35 人, 大专学历 15 人, 高中学历 3 人, 初中学历 1 人; 高级技术职称 3 人, 中级技术职称 7 人, 初级技术职称 29 人。拥有档案、文史、计算机等多方面人才。

内设机构

2008 年市工商档案管理中心成立之初, 设办公室、保管利用科、征集编研科。

2009 年 12 月, 内设机构调整为办公室、档案管理科、信息技术科、资源开发科、物业安保科。

2013 年 7 月, 增设档案整理科、征集编研科两个科室。

2015 年 1 月, 内设机构调整为办公室、档案管理科、信息技术科、档案编研科 (丝绸档案文化研究中心)、征集开发科、物业安保科 6 个科室。

历任领导

表5-1　2007年10月~2015年12月市工商档案管理中心领导一览表

职务	姓名	任职时间	职务	姓名	任职时间
主任	虞平健	2007.10~2012.3	副主任	陈　亮	2011.11~2012.3
	卜鉴民	2012.3~		方玉群	2012.3~2014.12
副主任	王仁斌	2008.2~2010.6		许　治	2012.10~2014.12
	谈　隽	2010.1~2011.2		孙玉婷	2014.12~
	徐志华	2010.6~2011.11		甘　戈	2015.10~
	卜鉴民	2011.2~2012.3			

第二节　设施经费

馆库建设

2008 年 1 月 17 日, 市工商档案管理中心用房为市工业投资有限公司移交的原苏州市锦绣丝织厂部分厂房改建而成, 位于苏州市姑苏区齐门桥南堍齐门路 166 号, 毗邻苏州博物馆和拙政园。占地近 20 亩, 有库房面积 9000 平方米, 办公区域和功能用房面积 2500 平方米。

设施设备

市工商档案管理中心各库房都安装独立空调、火灾自动报警和灭火系统, 每个库房都装有去湿机, 对库区温湿度实行定人定时监控、记录; 市工商档案管理中心安全保卫工作实行 24 小时专人值班制度,中心区域装有室内外闭路电视监视系统,库房、查阅大厅等主要场所及室外通道都设置有监视点,并由监控中心进行控制和视频记录。市工商档案管理中心还配有复印机、扫描仪、数码相机、摄像机、投影仪等设备。

随着市财政加大投入档案事业费,市工商档案管理中心逐年增添设备,改善档案保管条件,完善服务手段。

档案经费

苏州市工商档案管理中心作为财政全额拨款事业单位,从 2008 年开始,列入财政预决算,经费内容包括人员工资、档案保护。2013 年开始,市财政局按每卷每年 2元标准拨给市工商档案管理中心作为档案保管经费。

表5-2 市工商档案管理中心事业经费表

单位:万元

年份	财政拨款	预算外资金	合计	年份	财政拨款	预算外资金	合计
2008	324.93	——		2012	502.07	——	
2009	389.06	——		2013	685.56	——	
2010	379.04	——		2014	684.67	——	
2011	442.10	——		2015	1083.20	——	

第三节 主要荣誉

市工商档案管理中心建立后,全体职工不畏艰难困苦,勇于开拓创新,取得了一定成绩,自 2008 至 2015 年,多次获得国家、省档案局,市人民政府和市档案局等表彰、奖励。

表5-3 苏州市工商档案管理中心获国家级荣誉一览表

序号	荣誉称号	颁发部门	授奖年份
1	国家二级档案馆	国家档案局	2012
2	全国五一巾帼标兵岗(查档接待组)	中华全国总工会	2013
3	中国丝绸品种传承与保护基地	中国丝绸协会	2013
4	丝绸档案文化研究中心	中国档案学会	2014
5	《苏州工业遗产档案资源抢救与保护方法研究》项目获国家档案局优秀科技成果三等奖	国家档案局	2015
6	近现代苏州丝绸样本档案成功入选中国档案文献遗产名录	"中国档案文献遗产工程"国家咨询委员会	2015

表5-4 苏州市工商档案管理中心获省级荣誉一览表

序号	荣誉称号	颁发部门	授奖年份
1	江苏省档案管理与服务创新优秀案例评选活动中的最佳案例	江苏省档案局	2011
2	江苏省五一巾帼标兵岗（查档接待组）	江苏省总工会	2012
3	江苏省巾帼文明岗（查档接待组）	江苏省妇女联合会、江苏省城镇妇女"巾帼建功"活动领导小组	2013
4	江苏省AAA级数字档案馆	江苏省档案局	2015
5	江苏省档案科技工作先进单位	江苏省档案局	2015
6	"中国丝绸档案馆档企合作与征集成果展"荣获江苏省档案文化精品三等奖	江苏省档案局	2015

表5-5 苏州市工商档案管理中心获市级荣誉一览表

序号	荣誉称号	颁发部门	授奖年份
1	巾帼文明岗（查档接待组）	苏州市妇女联合会、苏州市"巾帼建功"活动领导小组	2010
2	"民国苏州企业会计凭证档案"列入第三批《苏州市珍贵档案文献名录》	苏州市档案局	2011
3	"清代、民国苏州丝织业契约档案"列入第三批《苏州市珍贵档案文献名录》	苏州市档案局	2011
4	2008~2011年度苏州市档案工作先进集体	中共苏州市委、苏州市人民政府	2012
5	"苏州市民族工商业档案史料展"获苏州市档案编研优秀成果三等奖	苏州市档案局	2013
6	"苏州市档案法制网络知识竞赛"组织奖	苏州市档案局	2013
7	"丝绸样本档案之'宋锦织造技艺创新研发'"项目获苏州市2011~2012年"厂会协作优秀项目奖"	苏州市科学技术协会、苏州市经济和信息化委员会	2013
8	《档案管理单位导入ISO9001质量管理标准》《国有集体改制企业会计档案价值鉴定问题思考》2篇论文荣获苏州市自然科学优秀学术论文三等奖	苏州市人民政府	2014
9	《拂去岁月的封尘》（上、下）荣获苏州市哲学社会科学优秀成果三等奖	苏州市人民政府	2014
10	"建立中国丝绸档案馆"项目入选苏州市市级机关"五个最佳"项目	苏州市人民政府	2014
11	苏州市档案局给予苏州市工商档案管理中心通报嘉奖	苏州市档案局	2015
12	《苏州工业遗产档案资源抢救与保护方法研究》项目荣获苏州市第二届"社科应用研究精品工程"优秀成果评奖三等奖	苏州市哲学社会科学界联合会	2015
13	建立中国丝绸档案馆获苏州市"最佳项目推进"奖	苏州市人民政府	2015
14	中国丝绸档案馆项目被列为苏州市政府2015年度重点项目	苏州市人民政府	2015
15	中国丝绸档案馆"真丝绸十四大类面料样本"荣获第四届中国苏州文化创意设计产业交易博览会优秀丝绸创意产品奖	中国苏州文化创意设计产业交易博览会组委会、苏州丝绸行业协会	2015
16	"中国丝绸档案馆档企合作与征集成果展"获苏州市档案文化精品评选二等奖	苏州市档案局	2015

第二章　主要业务

第一节　收集工作

接收工作

2008 年 1 月 17 日,市工商档案管理中心接收苏州市工业投资发展有限公司移交的转制、关闭、撤销、破产的 283 户国有集体企事业单位档案 140 多万卷(件、张)。

同年 1 月,市工商档案管理中心组织对市交通、创元、国发建设、外经、房管、文化、物资、商业、供销等系统转改制、撤销、关闭国有(集体)企事业单位档案进行接收,至 2015 年底,已接收入库的企事业档案共 1712974 卷(其中文书档案 314585 卷、科技档案 85099 卷、照片档案 1425 卷、底片档案 101 卷、实物档案 15865 卷〔袋〕、音像档案 204 卷、会计档案 1295695 卷),人事档案共 95631 份(其中无主档案 46892 份、死亡档案 48739 份)。接收未整理的档案 4500 箱。

征集工作

市工商档案管理中心自成立后,采取多种方式开展征集工作,与苏州本地企业家、热心档案事业的个人取得联系,并与周边地区的领导和专家取得联系,征集到众多珍贵档案。广泛宣传征集工作,借助报纸、媒体、网站的力量寻求支持,均取得良好效果。2011 年至 2015 年底,共征集工商业档案 247 件。

第二节　整理工作

市工商档案管理中心制定了馆藏档案和资料的分类方案,建立了各种馆藏档案资料登记簿、统计台账。馆藏档案共有 22 个全宗群,截至 2015 年底,编写了《苏州市工商档案管理中心全宗指南——纺织卷》《苏州市工商档案管理中心全宗指南——丝绸卷》《苏州市工商档案管理中心全宗指南——建材卷》《苏州市工商档案管理中心全宗指南——化工卷》《苏州市工商档案管理中心全宗指南——轻工卷》5 本检索工具书,编制案卷目录 3754 册,文件级目录 962 册。

表5-6　2011~2015年市工商档案管理中心档案整理一览表

年度	文书(卷)	科技(卷)	照片(张)	底片(张)	实物(件)	音像(盒)	会计(卷)
2011	26411	512	39	0	239	0	110672
2012	15686	1047	733	0	458	0	138858
2013	11761	0	0	0	89	5	74954

续表

年度	文书（卷）	科技（卷）	照片（张）	底片（张）	实物（件）	音像（盒）	会计（卷）
2014	6832	4692	389	105	7380	39	42122
2015	20193	1420	0	0	1007	0	39724

第三节　保护与科研

保护工作

市工商档案管理中心针对部分档案字迹褪色、纸张变黄等问题，积极采取措施对珍贵档案和破损、褪变档案开展抢救修复工作。2013年完成了新中国成立前25件珍贵历史档案的复制，对3件破损严重的珍贵档案进行了修复。2014年5月，市工商档案管理中心派专人赴陕西省档案局学习档案保护技术，重点学习了档案字迹褪变修复技术和丝网加固技术。是年，珍贵档案抢救保护工作取得突破，仿真复制档案135件，字迹固化151页，抢救修复珍贵档案4件；实施对宋锦实物、样本和资料的整理与数字化处理工作；丝织物的修复试验工作取得初步成功。2015年全年字迹固化手写纸质档案262页。

科研工作

市工商档案管理中心重视档案的科研工作，从2014年起，围绕工业遗产档案的抢救与保护、改制企事业档案资源处置等课题做了深入的研究，截至2015年底，有4个项目通过评审或获奖。

表5-7　市工商档案管理中心科技项目评审及获奖情况表

序号	项目名称	评审或获奖情况	颁发部门	授奖年份
1	苏州工业遗产档案资源抢救与保护方法研究	通过专家评审	江苏省档案局	2014
2	苏州工业遗产档案资源抢救与保护方法研究	优秀科技成果三等奖	国家档案局	2015
3	苏州工业遗产档案资源抢救与保护方法研究	苏州市第二届"社科应用研究精品工程"优秀成果评奖三等奖	苏州市哲学社会科学界联合会	2015
4	改制企业档案资源归属与流向、价值鉴定与处置原则或操作细则等课题	通过国家验收	国家档案局	2015

第四节　利用工作

市工商档案管理中心自2008年起设有档案查询接待窗口，通过窗口接待、电话和信函咨询查询等多种方式做好档案利用工作，为社会各界和职工个人提供查档利用服务。市民可持有效身份证件查阅与个人相关的工龄、独生子女等各类民生档案。

2014年6月，市工商档案管理中心在查阅大厅安装了自助查询一体机，可以查询无主档案和死亡档案。查档人员凭借第二代居民身份证进入查询界面，通过关键词检索，只需几秒钟便可快速定位到所需档案。相比以前传统的手工查询方式，一体机的使用大大简化了查档流程，提高了查档效率。

自2008年至2015年12月，市工商档案管理中心累计接待各类查档人员25362人次，提供各类档案157245卷（份），为广大企事业职工办理身份证明、独生子女证明、工龄衔接证明。

表5-8　2008~2015年市工商档案管理中心档案利用统计表

年份	查档接待（人次）	有效查阅（人次）	利用各类档案（卷/份）
2008	3445	2859	16329
2009	4218	3501	17631
2010	3034	2518	13655
2011	2266	1881	13817
2012	2792	2317	21142
2013	3294	2734	24187
2014	3308	2746	24517
2015	3005	2495	25967
合计	25362	21051	157245

第五节　编研展览

市工商档案管理中心建立初期即设置档案编研部门，配备人员，开展档案编研工作，制订编研计划，利用库藏档案资源，组织编写出版各种专题汇编。至2015年底，共汇编17种资料，其中5种公开出版，并有5种汇编资料在省、市有关评奖活动中获奖。

表5-9　市工商档案管理中心主要编研成果一览表

名称	出版单位	出版年份	所获奖项	备注
记忆——党和国家领导人、中外名人与苏州市区民族工业	内部资料	2009	2009年江苏省档案文化精品三等奖	苏州创元投资发展（集团）有限公司、市档案局、市工商档案管理中心合编
璀璨的一页——苏州市民族工业获国家金银质奖产品档案史料选编	古吴轩出版社	2009	2009年江苏省档案文化精品优秀奖	苏州创元投资发展（集团）有限公司、市档案局、市工商档案管理中心合编
创新的历程——苏州市改制企事业档案资源整合五周年回顾	内部资料	2009		苏州创元投资发展（集团）有限公司、市档案局、市工商档案管理中心合编

续表

名称	出版单位	出版年份	所获奖项	备注
苏州市区民族工商业特色档案选编	文汇出版社	2011	苏州市第十一次哲学社会科学优秀成果三等奖、2013年度江苏省档案文化建设精品二等奖	市档案局、市工商档案管理中心合编
苏州民族工商业史料研究工作研讨会论文集	内部资料	2011		市工商档案管理中心、市企业史料研究会、市档案学会合编
剪下生辉——金国荣剪纸作品选集	山东画报出版社	2012		市档案馆、市沧浪区档案馆、市工商档案管理中心合编
苏州工业遗产档案资源抢救与保护学术研讨会论文集	内部资料	2012		市工商档案管理中心、市企业史料研究会、市档案学会合编
苏州市工商档案管理中心全宗指南——纺织卷	内部资料	2012		
苏州市工商档案管理中心全宗指南——丝绸卷	内部资料	2012		
心系兰台　梦圆中心——中心成立五周年纪念	内部资料	2013		
拂去岁月的封尘——苏州市区民族工商业旧迹（上、下）	文汇出版社	2013	2013年苏州市档案编研优秀成果二等奖、苏州市第十二次哲学社会科学优秀成果三等奖、2015年度苏州市档案文化精品一等奖、2015年江苏省档案文化精品三等奖	
苏州工业遗产档案文化与服务民生学术研讨会论文集	内部资料	2013		市工商档案管理中心、市企业史料研究会、市档案学会合编
苏州民族工商业百年往事	苏州大学出版社	2014	2015年度苏州市档案文化精品二等奖、2015年江苏省档案文化精品三等奖	
苏州工业遗产档案开发与服务产业转型升级学术研讨会论文集	内部资料	2014		市工商档案管理中心、市企业史料研究会、市档案学会合编
苏州市工商档案管理中心全宗指南——建材卷	内部资料	2014		
苏州市工商档案管理中心全宗指南——化工卷	内部资料	2014		
苏州市工商档案管理中心全宗指南——轻工卷	内部资料	2014		

表5-10 2008~2013年市工商档案管理中心主要展览情况一览表

展览名称	展出时间	展出地点	展览形式
苏州工业企业实物展示陈列展	2008.3	苏州市工商档案管理中心	固定展
苏州工业企业档案史料陈列展	2008.3	苏州市工商档案管理中心	固定展
苏州市民族工业档案史料展	2011.4	苏州市工商档案管理中心	固定展
征集成果展	2011.10	苏州市工商档案管理中心	临时展
老企业家沙龙活动暨民族工商业捐赠会展	2012.10	苏州市工商档案管理中心	临时展
"剪下生辉——金国荣先生剪纸艺术展"	2012.10	苏州市工商档案管理中心	临时展
老企业家沙龙活动暨民族工商业捐赠会展	2013.4	苏州市工商档案管理中心	临时展
老企业家沙龙活动暨民族工商业捐赠会展	2013.11	苏州市工商档案管理中心	临时展

第六节　信息化建设

2009年12月，市工商档案管理中心启动档案信息化工作。组织实施库藏档案案卷级目录、文书档案文件级目录的计算机录入工作。至2015年底，目录数据库共录入案卷级目录1714200条，文件级目录1788383条，全文数据库有932456件电子文件。

数字化加工

从2012年起，市工商档案管理中心按标准开展档案信息数字化扫描工作，逐步实现库藏档案全文数字化。至2015年底，库藏档案扫描总量达2871299页，其中，库藏民国和民国前档案及其他历史档案全部数字化。加强数字化工作的监督和管理，认真做好质量检查工作，全文数据与目录数据挂接成功率达到100%。

表5-11 库藏档案数字化扫描统计表

时间	文书档案			照片档案（张）
	卷数（卷）	JPG（张）	PDF（件）	
2012	1634	145479	10720	3043
2013	6307	544198	156778	34462
2014	13786	1202506	412634	22970
2015	15298	1040262	363034	0
合计	37025	2932445	943166	60475

网站建设

2010年8月建立了网站，及时发布各类信息，并设立了专门的网上展览版块，以专题形式展示馆藏的一些珍贵实物档案或照片档案，如"苏州民族工业史料展""金国荣剪纸作品展""馆藏特色主题展"等，为社会了解苏州民族工业发展史提供了又一良好途径。2014年8月，网站改版，新版网站设置了中心概况、馆藏介绍、网上展览、编研成果和查档指南等6个栏目，并开辟了中心馆藏企业名录、馆藏荟萃、名企名档等多个特色板块。升级改版后的网站功能更加全面，内容更加丰富，栏目设置更加便民利民。

微信公众平台建设

2015 年 11 月, 市工商档案管理中心开通了"苏州市工商档案管理中心"微信公众平台, 及时向公众发布最新的工作动态, 更好地发挥宣传、服务的职能。

第三章　馆藏档案

至 2015 年底, 市工商档案管理中心集中保管了苏州市属转制、破产、关闭的国有 (集体) 企事业单位, 涵盖纺织、丝绸、轻工、工艺、化工、建材、医药等共计 22 个行业的 532 个全宗近 200 万卷档案, 比较完整地保存了苏州市区百年民族工业的历史文献和各类实物。

库藏档案有文书档案、人事档案、专门档案、科技档案和特殊载体档案等。其中, 文书档案 30 万余卷, 主要为改制企事业单位在党组织建设、行政管理、生产管理和经营管理等活动中形成的档案材料; 人事档案 9 万余卷, 主要为改制企事业单位的死亡和无主职工档案; 会计档案 129 万余卷; 科技档案 (科研档案、产品档案、基建档案) 8 万余卷; 特殊载体档案 1 万余件, 主要为各个行业重大活动和领导视察等形成的照片档案、音像档案以及在各项工作中取得荣誉的实物档案等。

第一节　珍贵特色档案

市工商档案管理中心在馆藏 200 余万卷档案中, 拥有大量珍贵特色档案, 内容包括近现代中国苏州丝绸档案, 民国苏州企业会计凭证档案, 清代、民国苏州丝织业契约档案, 苏州工业产品商标广告档案, 像锦织物档案等。

近现代中国苏州丝绸档案

市工商档案管理中心馆藏的近现代中国苏州丝绸档案总数达 29592 卷, 其中丝绸样本 302841 件, 主要是近现代苏州丝绸产业在技术研发、生产管理、营销贸易、对外交流过程中直接形成的, 由纸质文字记录和丝绸样本实物组成的, 具有保存价值的原始记录。形成于 19 世纪和 20 世纪之间, 包含纺、绉、缎、绫、纱、罗、绒、绡、锦、呢、葛、绨、绢、绸等 14 大类丝绸样本。最早的有晚清时期苏州织造署使用过的丝绸花本, 有民国时期的风景古香缎、真丝交织织锦缎、细纹云林锦, 有列入国家级非物质文化遗产名录和人类非物质文化遗产代表作名录的宋锦, 有列入江苏省级非物质文化遗产名录的纱罗、四经绞罗、漳缎及其祖本, 有荣获国家金质奖章、代表国内当时丝绸业最顶尖工艺的织锦缎、古香缎、修花缎、涤花绡、真丝印花层云缎、真丝印花斜纹绸，有 20 世纪 50~60 年代织制的以苏州园林为题材的风景像锦织物，有反映现实政治的领袖人物、南京长江大桥、南湖、向日葵等时代特征题材的像锦织物，有在国际舞台上大放异彩、为英国王室所钟爱的真丝塔夫绸等诸多样本档案等，蕴含着中国丝绸行业发展的精华。

库藏近现代中国苏州丝绸档案比较集中地反映了近现代国内传统丝绸业发展轨迹，其数量之多、质量之高、品种之全为国内乃至世界所罕见，为市工商档案管理中心的"镇馆之宝"。2011 年 12 月，经苏州市珍贵档案文献评选委员会审议，该组档案被列入第三批"苏州市珍贵档案文献"名录；2012 年 10 月，经江苏省珍贵档案文献评审委员会审议，被列入江苏省第四批"江苏省珍贵档案文献"名录；2015 年 5 月，经中国档案文献遗产工程国家咨询委员会审定，入选"中国档案文献遗产名录"。

民国苏州企业会计凭证档案

该档案主要来自苏州市区纺织、丝绸、建材行业的几家民族企业——苏纶纺织苏州第一丝厂和苏州光华水泥厂等，合计 269 卷。

档案时间跨度为 1933~1949 年，形成两个相对比较独立又比较完整的体系，一个是以股票金融类为主，一个是以财务现金、转账收入传票为主，各成体系，又相得益彰。最主要的是内容上十分完整，上下连接，非常流畅，是不多见的民国时期遗留下来的民族工业企业会计类档案。2011 年 12 月，该档案被列入第三批"苏州市珍贵档案文献"名录。

清代、民国苏州丝织业契约档案

市工商档案管理中心比较完整地保存了一批清代道光、咸丰、同治、光绪、宣统和民国年间苏州地产丝织行业契约档案 97 件。这些契约档案主要源于苏州光明丝织厂，有地契，又有房契，还有当时官府的税单和印章，对研究苏州丝织业的起源与发展史具有重要意义。2011 年 12 月，该档案被列入第三批"苏州市珍贵档案文献"名录。

苏州工业产品商标广告档案

市工商档案管理中心库藏 142 种苏州工业产品商标档案，形成于民国初年至 20 世纪 90 年代，极富苏州地方特色。包括张小全昌记商标广告，瑞丰丝厂"天坛牌"商标广告，苏纶厂"金天官""天官为记""飞鹰"商标广告，苏州光华水泥厂"白熊牌"商标广告，苏州"宝塔牌"火花，香雪海电器各类粘贴商标等。

像锦织物档案

市工商档案管理中心库藏 820 件像锦织物，既有黑白像锦，又有彩色像锦，既有 20 世纪 50~60 年代织制的以苏州园林为题材的风景像锦织物，又有马克思、恩格斯、列宁、斯大林、毛泽东等人物像锦织物，还有反映时代特征的南京长江大桥、南湖、向日葵等时代特征题材内容的像锦织物。内容丰富多彩，形象栩栩如生，具有极高的艺术价值和观赏价值。

第二节　地方名企档案

市工商档案管理中心库藏27家苏州地方知名企业档案，涵盖苏州市区纺织、丝绸、轻工、医药等行业，主要包括清末及民国时期建立的老企业档案、苏州老百姓熟知的"四大绸厂"（东吴丝织厂、振亚丝织厂、光明丝织厂和新苏丝织厂）档案，以及俗称"四大名旦"（孔雀电视机、长城电扇、香雪海电冰箱和春花吸尘器）生产企业的档案。除此以外，还有姜思序堂有限公司、张小全剪刀厂、雷允上制药厂、恒孚首饰集团有限公司等多家地方知名企业的档案。

苏纶纺织厂（新中国成立后部分）档案

苏纶纺织厂是中国最早的民族资本企业之一（新中国成立前部分档案见186页）。1954年9月，苏纶纺织染厂与苏州纱厂合并合营，称"公私合营苏纶纺织染厂"。1966年9月，更名为"苏州市人民纺织厂"，1978年9月，重新恢复苏纶纺织厂厂名。1998年苏纶纺织厂依法实施政策性破产。1999年年初，组建"新苏纶纺织有限公司"。2004年4月，苏州市政府决定对新苏纶纺织有限公司实施关闭，年末，苏纶厂彻底关门停产。库藏苏纶纺织厂档案37719卷（件、张），起止年代1905~2006年。其中，文书档案1719卷（永久59卷、长期1660卷），会计档案19522卷，科技档案16366卷，实物档案69件，照片档案1张，音像档案42件。主要内容为新中国成立后省、市等有关部、委、办、局下达的文件通知及苏纶纺织厂内部形成的文书、技术设备、会计类档案，还有少量的新中国成立前苏纶纺织厂形成的有关文书档案、会计档案及民国年间的"金天官""天官为记""飞鹰"等商标档案。

苏州第一丝厂有限公司档案

苏州第一丝厂有限公司前身为日商的瑞丰丝厂，创建于民国十五年（1926）5月。民国二十七年（1938）11月改名为苏州丝厂，民国三十五年（1946）春改名为苏州第一实验丝厂，1949年6月定名为国营中国蚕丝公司第一丝厂，1953年2月定名为地方国营苏州第一丝厂，2001年7月企业实行整体改制，建立苏州第一丝厂有限公司。库藏苏州第一丝厂有限公司档案12377卷（件），起止年代1947~2002年。其中，文书档案3300卷（永久490卷、长期2810卷），会计档案9073卷，实物档案4件。主要内容有厂志，大事记，各类工作计划和总结，与业务往来单位签订的各类协议及合同，工资单、财务报表等会计档案。

苏州振亚（集团）有限责任公司档案

苏州振亚（集团）有限责任公司前身为振亚织物股份有限公司，创建于民国六年（1917），在清光绪三十二年（1906）开设的苏州华纶福纱缎庄的基础上增吸股金改组而成。1949年11月更名振亚织物有限公司，1954年10月定名为公私合营振亚丝织厂，1966年8月改名为红卫丝织厂，1978年9月恢复振亚丝织厂厂名。1995年组成苏州振亚（集团）有限责任公司，2002年，该公司被列入国家政策性企业破产项目。库藏苏州振亚（集团）有限责任公司档案4646卷（件），起止年代1985~2002年。其中，文书档案55卷（永久），会计档案4589卷，实物档案2件。主要内容有振亚丝织厂及各分公司的会计凭证。

江苏光明丝绸集团档案

江苏光明丝绸集团成立于1956年1月，原名苏州光明丝织厂，1995年改组成为江苏光明丝绸集团有限公司。2002年8月，该集团被列入国家政策性企业破产项目，同年12月，破产清算终结。库藏江苏光明丝绸集团档案12106卷（件、张），起止年代1956~2005年。其中，文书档案4729卷（永久3761卷、长期968卷），会计档案6594卷，科技档案644卷，实物档案78件，照片档案59张，底片档案2张。主要内容有会议记录，上级机关发文，向上级机关的请示、报告及批复，各项管理制度，江苏光明丝绸集团有限公司设立登记的申报材料、财务报表等。

苏州新苏丝织厂档案

苏州新苏丝织厂成立于1950年，前身为苏州第一丝织厂，是中小型纱缎庄过渡和部分"现卖机户"逐渐发展起来的15家丝织厂联营组成的，原名苏州丝织第一联营股份有限公司。1953年1月改名为苏州第一丝织厂股份有限公司，企业性质属私营；1955年8月定名为公私合营新苏丝织厂。1993年该厂在丝绸行业出现全面经济滑坡的过程中，经济效益逐年下滑，至1997年，企业已陷于资不抵债、难于维持的境地。经苏州市丝绸集团公司报请上级批准，正式列入国家非试点城市重大结构调整项目。库藏苏州新苏丝织厂档案7974卷（件），起止年代1954~1998年。其中，文书档案2044卷（永久517卷、长期1527卷），会计档案5262卷，实物档案668件。主要内容有工厂生产计划、工作总结，各类会议记录，部分年份的大事记、年鉴，企业关闭歇业的批复、审批报告、设备资产台账，职工工资月报、年报等。

苏州东吴丝织厂有限公司档案

苏州东吴丝织厂有限公司最早筹建于民国八年（1919），民国十年（1921）取得营业执照，正式开业，厂名为东吴丝织厂，前身是开设于清光绪二十四年（1898）的上久坎纱缎庄。1966年改为东方红丝织厂，1978年恢复东吴丝织厂厂名。2001年实施债权转股权政策，企业更名为苏州东吴丝织厂有限责任公司，2004年企业性质由国有转为民营。库藏苏州东吴丝织厂有限公司档案 13386 卷（件、张），起止年代 1952~2005 年。其中，文书档案 4870 卷（永久 1337 卷、长期 3533 卷），会计档案 6652 卷，科技档案 1673 卷，实物档案 127 件，照片档案 63 张，底片档案 1 张。主要内容有机关发文，党和工会的工作总结，企业审批报告，会计凭证、账册、财务报表等，各类塔夫绸样本。

苏州香雪海电器公司档案

苏州香雪海电器公司的前身是成立于 1978 年 5 月的苏州电冰箱厂。1986 年 12 月，苏州电冰箱厂更名为苏州香雪海股份有限公司。1988 年 5 月，苏州香雪海电器股份有限公司更名为苏州香雪海电器公司。1995 年 4 月，该公司与韩国三星株式会社合资成立苏州三星电子公司。苏州香雪海电器公司主要生产冰箱、冷柜、陈列柜三大系列制冷产品。库藏苏州香雪海电器公司档案 8328 卷（件、张），起止年代 1985~2005 年。其中，文书档案 1181 卷（永久 377 卷、长期 804 卷），会计档案 6857 卷，实物档案 284 件，照片档案 6 张。主要内容有企业年报，花名册，董事会会议纪要，厂务工作会议记录、总结、大事记，市轻工局关于香雪海公司建立组织机构、公司更名、兼并的报告、批复、决定，各年度党、政、工、团工作总结、大事记，产品销售、外贸出口年报，订货合同、进出口合同，各类粘贴商标，工资单、会计凭证等。

苏州火柴厂（新中国成立后部分）档案

苏州火柴厂原名鸿生火柴厂，由刘鸿生创办于民国九年（1920）。1956 年，苏州中南火柴厂、新光梗片厂、无锡锡华梗片厂、明大火柴工业社、同鸿生火柴厂 5 家合并成立苏州公私合营鸿生火柴厂。1966 年，鸿生火柴厂更名地方国营苏州火柴厂。1992 年 12 月，苏州火柴厂和苏州娄葑乡新湖村签订联营协议，成立苏州鸿生火柴有限公司。1998 年 7 月公司解体，2004 年企业关门歇业。库藏苏州火柴厂档案 1143 卷（件），起止年代 1978~2004 年。其中，会计档案 1136 卷，实物档案 7 件。主要内容有厂部会计凭证，宝塔牌火花等。

江苏春花电器集团股份有限公司档案

江苏春花电器集团股份有限公司前身是 1959 年建立的苏州长江五金厂。1980 年 3 月改为苏州家用电器一厂，1984 年 5 月定名为苏州吸尘器厂，1988 年更名为苏州春花吸尘器总厂，1994 年 5 月改制设立苏州春花电器股份有限公司，1996 年 9 月增资扩股并更名为江苏春花电器集团股份有限公司。2005 年 4 月，江苏春花电器集团股份有限公司与广东美的电器股份有限公司合资并更名为江苏美的春花电器股份有限公司。库藏江苏春花电器集团股份有限公司档案 11411 卷（件），起止年代 1958~2004 年。其中，文书档案 2105 卷（永久 372 卷、长期 1733 卷），会计档案 8836 卷，科技档案 453 卷，实物档案 17 件。主要内容有企业法人申请变更登记注册书,总厂成立大会材料,企业管理标准,职工花名册,销售订货合同,厂部会议记录,各类统计年报,江苏春花集团公司简史,与有关公司签订的合作合同协议书,工资单、会计年报、住房公积金凭证等会计档案。

苏州雷允上制药厂档案

苏州雷允上制药厂前身是雷允上诵芬堂药铺,由吴门名医雷允上(名大升,号南山)创始于清代雍正十二年(1734),地址苏州阊门内天库前周王庙弄口。除在苏州设总号外,在上海增设雷允上诵芬堂南号、北号、西号药铺,名声遐迩。

1955年,苏州雷允上总店改组为雷允上诵芬堂国药股份有限公司。1958年8月,在原有制药工场的基础上扩建成为一个较完整的中药炮制和中药制剂的雷允上制药厂,位于西中市127号。1995年,苏州雷允上制药厂和苏州药材采购供应站合并成立苏州雷允上药业集团公司,隶属于苏州医药集团公司。1997年10月,苏州医药集团公司与中国远大发展总公司共同发起,设立雷允上(苏州)药业有限公司。2001年3月,雷允上(苏州)药业有限公司更名为雷允上药业有限公司,是年,公司搬迁至高新区横山路86号。

该厂主要产品有六神丸、诸葛行军散、大活络丹、药酒等。

库藏苏州雷允上制药厂档案8652卷,起止年代1949~1996年。其中,文书档案1494卷(永久127卷、长期1367卷),会计档案6926卷,科技档案232卷。主要内容有厂史概况,大事记,各项规章制度,上级来文,内部发文,厂务会议记录,成药统计月报、质量月报等各类报表,六神丸启事,膏滋、糖浆、药酒、片剂等使用说明,工资单、各类账册。

表5-12 苏州市工商档案管理中心名企档案

企业名称	单位起止时间		档案总数		
	起	止	卷	件	张
苏纶纺织厂	1895	2006	37607	111	1
苏州第一丝厂有限公司	1948	2002	12373	4	0
苏州振亚(集团)有限责任公司	1986	2002	4644	2	0
江苏光明丝绸集团	1956	2005	11967	78	61
苏州丝绸集团公司	1965	2007	6193	66	3
苏州新苏丝织厂	1954	1998	7306	668	0
苏州东吴丝织厂有限公司	1952	2005	13195	127	64
苏州锦绣丝织厂	1961	2003	6164	3	0
苏州丝绸印花厂	1959	2001	30704	597	0
苏州香雪海电器公司(巨润营销公司)	1987	2005	8038	284	6
苏州电冰箱厂	1956	2006	4749	0	0
苏州月中桂日用化工总厂(月中桂合作公司)	1850	2008	2898	18	0
苏州嘉美克钮扣厂	1956	2004	4054	12	1

续表

企业名称	单位起止时间		档案总数		
	起	止	卷	件	张
苏州火柴厂	1920	2004	1136	7	0
苏州张小全剪刀厂	1956	2004	597	2	0
苏州东吴酿酒总厂（东吴酒厂）	1951	2003	5551	0	0
江苏春花电器集团股份有限公司	1959	2004	11394	17	0
苏州剧装戏具厂（国际时装公司）	1960	2006	5367	37	1
苏州市恒孚首饰集团有限公司（金属工艺厂）	1976	2002	3672	0	0
苏州湖笔厂（金鼎湖笔厂、艺宫制笔公司）	1956	2008	1597	0	0
苏州红木雕刻厂	1954	1999	4866	0	1
苏州姜思序堂书画用品有限公司	1966	2005	2606	2	0
苏州光华水泥厂	1947	2003	9673	3	0
苏州雷允上制药厂	1949	1996	8652	0	0
苏化集团有限公司	1991	2003	18448	511	33
苏州孔雀电器集团有限责任公司	1953	2004	18467	116	51
江苏长城电器股份有限公司（电扇厂）	1970	2011	7407	234	52

第四章　苏州市市级机关文档管理中心

第一节　筹备建设

2013 年 7 月 24 日，市委常委、市委秘书长王少东召集市编办、档案局、财政局、人社局领导召开协调会，研究建立市级机关文档管理中心有关问题，会议形成一致意见，同意在苏州市工商档案管理中心挂牌成立"苏州市市级机关文档管理中心"，同意行使市级机关未到期档案的集中管理职能，增加事业编制 10 名。会议形成纪要。

2014 年 1 月 22 日，市编办印发文件《市编办关于同意市档案局（馆）及下属事业单位机构编制事项的批复》，同意苏州市工商档案管理中心增挂"苏州市市级机关文档管理中心"牌子，由其统一行使市级机关未到期档案的集中管理职能。

主要职责

市级机关文档管理中心（以下简称"文档管理中心"）主要职责为统一行使市级机关未到期档案的集中管理职能，依法定期接收有关市级机关单位按规定移交的档案资料；负责对有关市级机关年度归档工作进行指导；负责对零散的档案文件材料进行规范整理；负责开展档案资料的抢救工作，对破损、霉变的档案资料进行修裱、加固、复制等技术保护；负责指导各档案室档案信息资源的开发利用工作；负责研究和制定有关市级机关档案工作业务建设规范和标准；负责提供库藏档案的查档服务及窗口接待；负责库藏档案的保管、鉴定、统计等工作；负责到期档案向苏州市档案馆移交工作；承担大专院校学生实习基地的组织管理工作；负责库藏档案信息化建设与日常维护工作；负责对有关市级机关年度归档信息化工作进行指导。

机构人员设置

2015年1月，文档管理中心工作正式启动。2015年1月8日，市工商档案管理中心向市档案局提交《关于苏州市市级机关文档管理中心机构设置的报告》，文档管理中心设三个业务部门，分别为接收指导科、信息管理科、窗口接待科。

接收指导科职责为依法定期接收有关市级机关单位按规定移交的档案资料；负责对有关市级机关年度归档工作进行指导；负责对零散的档案文件材料进行规范整理；负责开展档案资料的抢救工作，对破损、霉变档案资料进行修裱、加固、复制等技术保护；负责指导各有关市级机关档案信息资源的开发利用工作；负责研究和制定有关市级机关档案工作业务建设规范和标准；负责起草本部门业务文件；负责做好本部门组织的各项活动。

信息管理科工作职责为负责文档中心办公自动化建设与日常维护工作；负责库藏档案信息化建设与日常维护工作；负责对有关市级机关年度归档信息化工作进行指导；负责对零散的档案文件材料进行数字化；负责起草本部门的业务文件；负责做好本部门组织的各项活动。

窗口接待科工作职责为负责提供库藏档案的查档服务及窗口接待；负责库藏档案的保管、鉴定、统计等工作；负责到期档案向市档案馆移交工作；承担大专院校学生实习基地的组织管理工作；负责库房的管理和安全工作；负责起草本部门业务文件；负责做好本部门组织的各项活动。

2015年1月，文档管理中心配置工作人员6名。

制度建设

2015年，文档管理中心围绕工作职能制定了各项管理制度和各科室工作流程。制度主要有《苏州市市级机关文档管理中心档案保管制度》《苏州市市级机关文档管理中心档案保密制度》《苏州市市级机关文档管理中心档案查阅利用制度》及《查档须知》。

设施设备

文档管理中心设在市行政中心（三香路998号）11号楼4楼，总面积为873.7平方米，其中办公和技术用房为398.64平方米，库房为354.74平方米，查档大厅为120.32平方米。

文档管理中心安装有消防自动报警、自动灭火装置，并与市行政中心消防控制室、保安监控室联网。

文档管理中心安装有精密空调，集恒温恒湿于一体。

文档管理中心库房安装有金属档案密集架 730 立方米。

文档管理中心配置有台式电脑 7 台、笔记本电脑 1 台，A4 激光打印机 6 台、A4 彩色激光打印机 1 台，A3 平板扫描仪 1 台、A4 高速扫描仪 1 台，A3 黑白复印机 1 台，激光传真机 1 台，身份证阅读器 1 台；配置办公桌椅 14 套，金属文件柜 10 套，木质文件柜 2 套；查档大厅配置会议桌 2 套，椅子 14 把，茶水柜 6 只。

2015 年市行政中心 11 号楼因未验收使用，文档管理中心在市行政中心 7 号楼 3 楼临时办公。

第二节　主要业务

2015 年 1 月 30 日，市委办公室、市政府办公室转发市档案局《关于做好有关单位档案向市级机关文档管理中心移交工作的通知》。文件确定了移交单位范围，移交档案范围，移交档案质量，移交工作要求和移交程序与时间安排。

2015 年 3 月 5 日，文档管理中心召开了档案移交动员培训会，市档案局局长肖芄出席会议并作了档案移交动员讲话，驻行政中心办公的 27 家机关（后搬走 1 家）参加会议。会议通报了文档管理中心成立的背景、运作模式，当前工作的重点及档案移交的要求。会议对档案移交的具体要求作了详细讲解和培训。

2015 年 4 月和 8 月，文档管理中心两次召开档案移交推进会，通报档案移交准备工作情况，进一步督促各机关做好实体档案移交准备和档案数据的移交工作，加快档案移交工作的进度。

档案移交工作指导

文档管理中心接收指导科依照市委办公室、市政府办公室文件精神，对驻行政中心的 26 家机关上门指导档案移交工作。至 2015 年底，累计上门指导服务 139 次，26 家机关中，4 家已符合档案移交条件，20 家基本符合移交条件，2 家待整改。市档案局对 2015 年度档案移交工作情况进行了通报。

档案数据接收

因行政中心 11 号楼尚未验收使用，实体档案暂不能接收入库，文档管理中心对各机关数字档案先行接收，至 2015 年底，文档管理中心信息管理科核对并接收数据 134062 条，拷贝市经信委、发改委、审计局、知识产权局、市级机关党工委和市委宣传部等 6 家单位服务器数据（其中归档文件 57643 件），并导入文档管理中心数据管理平台。

第五章　苏州中国丝绸档案馆

第一节　筹备建设

2012年，苏州市政府编制出台了《苏州市丝绸产业振兴发展规划》，作出"传承发展苏州丝绸产业，提高苏州丝绸品牌和形象，重振苏州丝绸文化的影响力"的重要战略部署。

2013年5月，市档案局向市委、市政府提出建立"中国丝绸档案馆"的建议，得到市领导的支持。5月21日，市档案局向国家档案局提交《关于建立中国丝绸档案馆的报告》，7月25日，国家档案局办公室批复同意市工商档案管理中心加挂"中国丝绸档案馆"牌子。8月30日，市委常委、常务副市长周伟强率市发展和改革委员会、财政局、国土局、规划局等部门领导到市工商档案管理中心调研。

2014年7月21日，市人民政府向江苏省人民政府递交《苏州市人民政府关于建立中国丝绸档案馆的请示》。2014年8月18日，江苏省人民政府向国务院提交《江苏省人民政府关于建立中国丝绸档案馆的请示》。2015年12月16日，中华人民共和国国务院办公厅发文，同意市工商档案管理中心加挂"苏州中国丝绸档案馆"牌子。至此，中国丝绸档案馆正式落户苏州，是国内首家丝绸专业档案馆。

主要职责

苏州中国丝绸档案馆主要职责是集收藏、保护、利用、研究、展示、教育、宣传、旅游、休闲等功能于一体的国家级档案馆，担负着对丝绸档案进行收集、接收、整理、保管并提供利用和进行研究的重要职责。具体包括：管理全国丝绸档案资源，服务社会公众；开发馆藏丝绸档案资源，助推产业升级；开展国内外交流合作，实现传承创新；普及丝绸历史文化知识，做好宣传教育；推广丝绸文化休闲旅游，助力城市建设。

馆库建设

2014年1月11日，"筹建中国丝绸档案馆"列入市第十五届人大三次会议政府工作报告，为2014年市政府八项重点工作之一。5月19日，市政府召开中国丝绸档案馆建设筹备工作专题协调会，确定中国丝绸档案馆的选址用地方案。2015年2月26日，市发展与改革委员会发文，批复同意筹建中国丝绸档案馆项目，批复确定选址，规划用地面积3770平方米，拟建总面积12334平方米，总投资约1.5亿元人民币，所需资金由市财政局安排解决。2015年4月28日，市政府印发《市政府关于下达苏州市 2015 年全社会固定资产投资和重点项目计划目标的通知》，"中国丝绸档案馆项目"被列为市政府 2015 年度民生建设重点项目，项目总投资 1.8 亿元，分 3 年期完成。

2014 年 9 月 18 日，市工商档案管理中心"中国丝绸档案馆建设项目专家研讨会"召开，研究中国丝绸档案馆的设计理念、功能定位。2014 年 12 月 29 日，市发展与改革委员会印发《关于中国丝绸档案馆建设项目立项的反馈意见》，中国丝绸档案馆建设项目用地规划范围由现市工商档案管理中心和原苏锦街道办事处地块构成。

第二节　主要业务

征集工作

苏州中国丝绸档案馆自 2013 年筹建之初即启动了征集工作，以苏州为中心，向全国各重点丝绸产地辐射。截至 2015 年 12 月，已征集到各类丝绸档案近 5000 件。

苏州中国丝绸档案馆依托各类活动举办丝绸档案捐赠会，仅 2014 年一年就举办了 3 次老企业家沙龙活动，该沙龙的主要参加人员多为苏州市原工业企业的老厂长、老书记等领导或高级技术人员，其中不少人都在丝织企业工作过。沙龙活动中，苏州中国丝绸档案馆布置了临时的丝绸档案展览，将征集到的各类丝绸档案精品展现在老企业家面前，同时还举办丝绸档案史料捐赠会展，老企业家们将珍藏的丝绸实物或史料赠予档案馆，他们认为苏州中国丝绸档案馆是这些丝绸档案最好的归宿，希望借此留存苏州丝绸的发展历史。

除了苏州本地外，征集的丝绸档案史料及实物还有来自北京、上海、辽宁、四川、青海、西藏、广东、广西、新疆等地，一些丝绸界的领导、专家、非遗传承人和各界人士无偿捐赠出了自己的档案史料和作品，库藏资源得到不断充实和丰富，筹建工作取得持续进展。

2013~2015 年，中国丝绸档案馆征集到众多极富特色的珍贵丝绸档案，如：

"米黄色地万字双鸾团龙纹宋锦"残片

该残片由民间收藏家李品德先生捐赠，源自明代，上面的金色丝线由真金制成。残片采用宋锦中比较经典的团龙、双鸾、万字纹纹样，突出展现了宋锦的特点，是非常珍贵的丝绸档案。

《丝绸笔记》全套

档案由该套书籍的作者、一生从事丝绸事业的王庄穆先生捐赠，分别为《丝绸笔记》、《丝绸笔记》（续）、《丝绸笔记》（再续）、《丝绸笔记》（三续）（上册）、《丝绸笔记》（三续）（下册），书籍的扉页均有王庄穆的亲笔签名。该套丝绸专业书籍内容广泛而丰富，资料齐全而翔实，采用了融中外史料、科学技术、生产经营、诗词书画于一体的编写手法，具有较强的知识性和可读性。笔者将毕生的实践经验上升到理论和政策策略的高度，给人以深刻启迪，具有很高的参考和实用价值。

Textile Designs中文手写译稿

该档案由高级设计师、流行色协会原理事丁伟先生捐赠。*Textile Designs*（《纺织品设计：欧美 200 年图典》）一书汇集了大量丰富的资料，以图典的形式向全世界展示印花设计 200 年的历程，是一本研究印花设计前所未有的鸿篇巨著。丁伟曾在天津丝绸印染厂从事印花设计，后在江苏省纺织、丝绸进出口公司工作，主管全省出口印花绸花样设计，他既熟悉丝绸，又精通英语，娟秀清晰的文字体现了译者一丝不苟的精神，他耗费数年心血完成此书的翻译工作，原汁原味地展现了欧美的印花设计理念，对中国纺织业的印花设计工作具有极大的借鉴作用。

丝绸名人档案

苏州中国丝绸档案馆征集到一批丝绸名人档案，包括钱小萍、顾文霞、蒋雪英、周晨阳、周德华、董文政、黄能馥等人物档案。

钱小萍：国家级丝绸专家，全国茧丝绸行业终身成就奖获得者，中国非物质文化遗产宋锦技艺的国家级传承人。曾任苏州丝绸博物馆馆长、名誉馆长，苏州大学兼职教授，苏州市女知识分子联谊会会长，苏州科技史学会名誉会长，苏州台属联谊会副会长等，被聘为台湾中华文化馆技术顾问和法国维也纳丝绸博物馆名誉主席。钱小萍带领她的团队首创全国第一座丝绸博物馆——苏州丝绸博物馆，成立了中国第一家丝绸织绣文物复制中心。参加设计和研制成功的机织涤纶人造血管于 1964 年获国家新产品二等奖；研制成功的机织纶毛绒型人造血管，被专家鉴定为"理想的血管代用品"。第二代人造血管于 1983 年获国家发明三等奖，1986 年在日内瓦荣获第14 届国际发明镀金奖，在第 35 届布鲁塞尔尤里卡国际发明博览会上荣获银质奖。

顾文霞：中国工艺美术大师，国家级非物质文化遗产苏绣技艺代表性传承人，曾荣获毛泽东主席接见，也是在 20 世纪 50 年代以一本《苏绣针法的种类及绣制方法》成为将刺绣艺术以文字形式传播海外的第一人，叶圣陶曾为其《宋孔雀羽绣》原件作诗歌一首。

蒋雪英：国家级非物质文化遗产苏绣代表性传承人，工艺美术行业五十年终身成就奖获得者，研究员级高级工艺美术师，日用刺绣艺术开拓者和传承人。

周晨阳：新疆维吾尔自治区和田丝绸厂原厂长，高级工程师。

他们向中国丝绸档案馆捐赠了大量珍贵的丝绸史料，如获得的各类荣誉证书、聘书、个人证件，照片以及珍藏的丝绸实物，极大地丰富了馆藏。如钱小萍荣获国家级、省级、市级的各类荣誉证书、聘书、个人证件，相册，光盘，宋锦钱包，人造血管的实物、纸质资料和照片及钱小萍编著的书籍《丝绸实用小百科》《中国宋锦》，"全国茧丝绸行业终身成就奖"候选人推荐表等；顾文霞在 1957 年 5 月赴北京出席中国共产主义青年团第八次全国代表大会时受到毛主席接见的合影照片；蒋雪英的日用绣、服饰绣、和服腰带和艺术绣等设计稿和图稿，精品力作《富士山》，获奖证书及与中国工艺美术大师的合影照片等。

表5-13　2013~2015年苏州中国丝绸档案馆档案征集数量一览表

年份	2013	2014	2015	合计
数量(件)	532	2485	1979	4996

保护和修复工作

苏州中国丝绸档案馆重视珍贵档案的保护和修复工作，2014年5月，苏州中国丝绸档案馆派专人赴陕西省档案局学习档案保护技术，重点学习了档案字迹褪变修复技术和丝网加固技术。是年，实施宋锦实物、样本和资料的整理与数字化处理工作，丝织物的修复试验工作取得初步成功。

科研开发

科研工作　苏州中国丝绸档案馆围绕丝绸档案开展科技创新，自2013年至2015年，列入国家档案局科研计划项目2个，列入江苏省档案局科研计划项目5个，列入苏州市科研项目13个。20个立项，6个获奖。

表5-14　2013~2015年苏州中国丝绸档案馆科技项目评审及获奖情况表

序号	项目名称	评审或获奖情况	授奖部门	授奖年份
1	丝绸样本档案纳米技术保护研究及应用	江苏省档案优秀科技成果一等奖	江苏省档案局	2013
2	苏州丝绸样本档案的重生	苏州市首届"社科应用研究精品工程"优秀成果奖	中共苏州市委宣传部、苏州市哲学社会科学界联合会	2013
3	丝绸样本档案纳米技术保护研究及应用	国家档案局优秀科技成果三等奖	国家档案局	2014
4	苏州丝绸走向世界——中国丝绸档案馆定位研究	结题并获评优秀项目	苏州市科学技术协会	2014
5	宋锦样本档案工艺传承与产业化开发研究	江苏省档案优秀科技项目一等奖	江苏省档案局	2015
6	漳缎祖本技术破解与产品复制	苏州市2013~2014年度"厂会协作"优秀项目奖	苏州市科学技术协会、苏州市经济和信息化委员会	2015

开发工作　自2014年起，苏州中国丝绸档案馆与丝绸生产企业开展了多领域合作，通过建立档企合作基地的形式，对传统丝绸品种进行抢救、保护和开发利用，拓展档案资源利用新途径。

截至2015年底，苏州中国丝绸档案馆已与苏州天翱特种织绣有限公司、苏州锦达丝绸有限公司、苏州工业园区家明织造坊、苏州蒋雪英刺绣有限责任公司等9家丝绸企业建立了合作关系。通过合作，完成了对宋锦、漳缎、纱罗等传统丝绸品种及其工艺的恢复、传承和发展，开发出了纱罗宫扇、宫灯、宋锦、纱罗书签，新宋锦箱包、服饰等不同织物属性的产品和衍生产品。

表5-15　2014~2015年苏州中国丝绸档案馆与企业及科研院所合作开发项目一览表

序号	合作企业	开发产品	时间
1	苏州市天翱特种织绣有限公司	蓝色缂金银万字地蝠寿纹罗、绿色团龙纹暗花真经纱	2014.12.1
		宋锦色织《百子图》《玄机图》《唐卡》	2015.1.1
2	苏州工业园区家明织造坊	明三枚缎宋锦	2014.11.15
		明黄地团花宋锦	2014.12.15
		黄地蟠龙禽鸟万字八达晕宋锦	2015.6.20
3	苏州锦达丝绸有限公司	本白色二龙戏珠暗花实地纱（清）	2015.1.1
		宋锦、纱罗书签及封套	2015.5.10
		蓝色缂金银万字地蝠寿纹罗	2015.6.20
		纱罗宫灯	2015.6.20
		鸳鸯瑞花纹宋锦证书、回纹宋锦证书	2015.11.10
4	苏州工艺美术职业技术学院、中国工艺美术研究院、苏州桃花坞木刻年画社	原始访谈口述资料录音、顾文霞个人档案电子版	2015.6.1
		木刻江南制造图	2015.10.20
5	南京康达丝绸工艺品厂	漳缎祖本	2015.5.29
6	苏州市相城区元和周建妹缂丝工作室	清代文、武官补子	2015.9.20
7	苏州蒋雪英刺绣有限责任公司	苏州刺绣针法60种实物资料	2015.10.25
8	墨竹工卡县直孔米次民间艺术有限公司	唐卡《松赞干布迎娶文成公主图》《文成公主》	2015.11.16
9	苏州兰亭工艺品有限公司	缂丝山水画系列作品	2015.11.25

编研展览

自2013年筹建以来，苏州中国丝绸档案馆积极开展编研工作，除了公开出版丝绸类书籍，内部编印丝绸档案征集成果画册及丝绸类论文集以外，2015年还与中国期刊方阵双效期刊、全国中文核心期刊《档案与建设》合作开辟《档案中的丝绸文化》专栏，获得广泛好评。研究人员还在《档案学研究》《中国档案》《档案与建设》《江苏丝绸》等专业期刊上发表丝绸档案相关文章共计30余篇。

表5-16　苏州中国丝绸档案馆主要编研成果一览表

名称	出版单位	出版年份	所获奖项
丝绸档案征集成果（2013.7~2014.6）	内部资料	2014	2015年度苏州市档案文化精品优秀奖
丝绸档案征集成果（2014.7~2015.6）	内部资料	2015	2015年度苏州市档案文化精品优秀奖
苏州丝绸档案与丝绸文化学术研讨会论文集	内部资料	2015	
丝绸艺术赏析	苏州大学出版社	2015	

苏州中国丝绸档案馆自筹建以来，充分利用征集来的各类丝绸档案，举办了各类展览共计7次，向广大社会公众展示丝绸艺术，普及丝绸历史文化知识。

表5-17　2014~2015年苏州中国丝绸档案馆主要展览情况一览表

序号	展览名称	展出时间	展出地点	自办/联办
1	苏州丝绸工艺档案珍品展	2014.11	苏州市工商档案管理中心	自办
2	苏州创博会——中国丝绸档案馆十四大类样本展	2015.4	苏州市会展中心	自办
3	国际档案日——中国丝绸档案馆馆企合作与征集成果展	2015.6	苏州革命博物馆	联办
4	国际档案日——中国丝绸档案馆档企合作展	2015.6	苏州市工商档案管理中心	自办
5	中国丝绸档案馆科普图片展	2015.6	苏州市工商档案管理中心	自办
6	苏州档案日系列活动：刘立人先生捐赠档案——像锦织物展	2015.11	苏州工业园区档案馆	联办
7	苏州档案日系列活动：2015中国丝绸档案馆征集成果展	2015.11	苏州工业园区档案馆	联办

第六篇

苏州市档案学会

　　苏州市档案学会是依法成立的学术性群众团体，在苏州市档案局和上级档案学会、市科协的指导下开展工作，主要任务是加强学会组织建设，发展学会会员，组织会员开展学术交流，探索在新形势下档案工作规律、方法和途径，积极协助档案行政部门开展档案宣传、档案知识普及。苏州市档案学会和学会工作已成为苏州市档案事业发展重要组成部分。1994年苏州市档案学会成为国际档案理事会东亚地区分会C类会员单位。2013年在社会组织规范化建设评估中被苏州市民政局评为AAAA级。1994年4月29日，会员卜鉴民、沈慧瑛、赵雪琴获江苏省档案学会第一届青年档案学术奖。1994年10月31日，会员卜鉴民获中国档案学会第一届青年档案学术奖。2014年9月，中国档案学会批准苏州市档案学会建立"丝绸档案文化研究中心"。

第一章　学会建设

第一节　学会组织

学会会员代表大会
组织筹建

　　1984年2月，在江苏省档案局和苏州市委分管领导的重视和指导下，开始酝酿成立苏州市档案学会，并将此项工作列入1984年全市档案工作计划。

　　1984年7月10日，成立由谢效正（市委副秘书长）、陈明琍（市档案局局长）、卞长生（市档案局副局长兼馆长）、吴雁南（市档案馆副馆长）、王家健（市档案局秘书）、严纪明（市档案局秘书）、张关雄（苏州大学历史系档案专业副组长）、王李苏（苏州大学历史系档案专业教师）、李祖华（常熟市档案局副局长兼馆长）、何维淑（吴县档案局副局长兼馆长）、姜建平（市郊区区委办公室主任）、王铭和（市劳动局秘书科长）、张守正（市电子局档案干部）等13人组成的苏州市档案学会筹委会。是日，筹委会举行第一次会议，推选谢效正为主任委员，陈明琍、卞长生为副主任委员；成立筹委会的秘书班子，由张关雄、严纪明、王家健3人组成，任务是起草苏州市档案学会章程,起草学会第一次代表大会会议文件,组织撰写学术论文、发展会员工作和会务组织工作。

筹委会第一次会议后,有229人申请加入市档案学会,经初步审查,有215人符合入会条件。

学会成立大会及第一届理事会

苏州市档案学会成立大会暨第一次档案学术讨论会于1984年10月26~27日在苏州召开,参加这次会议的正式代表有86名,特邀代表22名。26日上午举行成立大会。苏州市委副秘书长、市档案学会筹委会主任谢效正致开幕词。省档案局副局长、副研究馆员任遵圣,市政协副主席、市社科联副主席陈晖和市科协副主席赵文超出席大会并先后讲话。会议听取市档案学会筹委会副主任陈明琍所作的《关于苏州市档案学会筹备工作情况报告》和《苏州市档案学会当前工作意见的报告》,审议通过《苏州市档案学会章程》,审议并通过苏州市档案学会理事候选人建议名单。

第一届苏州市档案学会名誉理事长、理事长、副理事长、顾问、理事会组成人员名单(34人):

名誉理事长:张从先(苏州市政协副主席)

理事长:谢效正

副理事长:陈明琍、卞长生、张关雄

秘书长:吴雁南

副秘书长:王家健、严纪明、王李苏

顾　问:

许甫如(苏州市人大常委会副秘书长)

沙剑刚(苏州市政府副秘书长)

朱维灏(苏州市政协副秘书长)

段本洛(苏州大学历史系主任)

刘秉衡(苏州市城建局总工程师)

颜怀本(原苏州地区档案处处长)

黄玉飞(苏州市档案局原副局长)

理　事:

卞长生(苏州市档案局副局长兼档案馆馆长)

王正如(昆山县档案局副局长)

王李苏(苏州大学历史系档案专业教师)

王家健(苏州市档案局秘书)

王铭和(苏州市劳动局秘书科科长)

叶万忠(苏州市档案局秘书)

李淦明(苏州市城建档案馆第一副馆长)

李祖华(常熟市档案局副局长兼档案馆馆长)

李德钧（金阊区委档案员）

严纪明（苏州市档案局秘书）

杨　美（望亭发电厂科技档案室负责人）

杨国梁（常熟市兴隆乡党委秘书）

何维淑（吴县档案局副局长兼档案馆馆长）

吴根荣（吴江县档案局副局长兼档案馆馆长）

吴雁南（苏州市档案馆副馆长）

张月英（太仓县档案局副局长兼档案馆副馆长）

张关雄（苏州大学历史系档案学教研室副主任）

张守正（苏州电子局技术员）

张威黎（苏州市纺织工业公司助理工程师）

张耀奎（苏州市机械局秘书科科长）

陈明珂（苏州市档案局局长）

金乃根（苏州市丝绸公司秘书科科长）

姜建平（苏州郊区区委办公室主任）

夏志石（沙洲县档案局局长）

谢效正（苏州市委副秘书长）

蔡　铁（苏州市乡镇工业局生产计划科干部）

学会第二次会员代表大会及第二届理事会

市档案学会第二次会员代表大会于1989年10月20~21日在苏州召开。出席这次会议的代表有102名。代表中，有市、县（市）档案局（馆）的领导和档案工作者，有机关和企事业单位档案工作人员，有分管档案工作的秘书长、办公室主任等领导干部，有苏州大学历史系从事档案专业教育的教师，也有工程技术人员。

20日上午，第一届理事会副理事长、市档案局原局长陈明珂代表理事长谢效正作《在改革中前进，在改革中发展》的工作报告。市档案学会名誉理事长、市政协原副主席张从先，市科协主席马广宇和省档案学会秘书长、省档案局处长保自澄先后讲话。第一届理事会副秘书长严纪明作关于修改学会章程的说明。

20日下午，会议审议通过《苏州市档案学会章程》《第一届理事会工作报告》，选举产生苏州市档案学会第二届理事会。

名誉理事长：谢效正（苏州市委原副秘书长）

理事长：黄士奇

副理事长：殷海智、姜贤明、黄介眉、张关雄

秘书长：严纪明

副秘书长：严浩翔

常务理事：李淦明、严纪明、严浩翔、周志高、姜贤明、张关雄、殷海智、黄士奇、
　　　　　黄介眉

理　事：

王龙福（苏州市化工局秘书科副科长）

王佐才（苏州市医药公司秘书科副科长）

叶万忠（苏州市档案馆编研室主任）

马巧根（吴江县档案局副局长）

朱美英（苏州冶金机械厂档案科副科长）

严冰怡（苏州市机械局科员）

严纪明（苏州市档案馆副馆长）

严浩翔（苏州市档案局秘书科副科长）

李淦明（苏州市城建档案馆馆长）

李秀兰（苏州市平江区档案馆副馆长）

李德钧（苏州市金阊区档案馆馆长）

宗全保（常熟市档案局局长）

周志高（苏州市科委科长）

周秀玲（吴县档案局局长）

陆黎明（太仓县档案局局长兼档案馆馆长）

秦文淦（昆山县档案局副局长兼档案馆馆长）

杨　　晋（苏州市沧浪区档案馆馆长）

夏志石（张家港市档案局局长兼档案馆馆长）

倪玉泉（新苏丝织厂办公室主任）

殷海智（苏州市档案局局长）

姜贤明（苏州市档案局副局长）

宦瑾华（苏州市纺织工业公司秘书科副科长）

黄士奇（苏州市政府副秘书长）

黄介眉（苏州市档案局副局长）

张关雄（苏州大学历史系档案教研室副主任）

张守正（苏州市电子局技术科科员）

钱杏珍（苏州戏曲艺术研究所副所长）

奚士元（苏州郊区档案馆副馆长）

赫贵兰（苏州市轻工局科员）

潘正言（常熟轴承厂中心档案室副主任）

学会第三次会员代表大会及第三届理事会

市档案学会第三次会员代表大会暨第七次档案学术交流会于 1994 年 11 月 15 日在苏州召开。本次大会的主要议程：一是审议第二届理事会工作报告，二是审议学会章程，三是选举产生市档案学会第三届理事会，四是进行学术报告和学术交流。出席这次会议的代表有 115 名，代表着全市 811 名档案学会会员。省档案局副局长任遵圣，苏州市委常委、秘书长黄炳福，市政府副秘书长黄永麟出席大会并发言。出席大会的还有市委办公室副主任董玉文，市科协学会工作部部长林同斌，市档案学会名誉理事长谢效正和省《档案与建设》杂志社编辑部副主任桂若棣等。

会议审议通过《苏州市档案学会章程》《第二届理事会工作报告》。选举产生黄永麟等40人为第三届理事会理事。

理事长：黄永麟

副理事长：黄介眉、姜贤明、徐敏、张关雄

秘书长：严浩翔

副秘书长：陈　攻

顾　问：谢效正、黄士奇、陈明琍、殷海智

常务理事：严纪明、严浩翔、张关雄、李淦明、姜贤明、徐敏、黄介眉、黄永麟、
　　　　　董玉文

理　事：

卜鉴民（苏纶纺织厂办公室副主任）

王家健（苏州市档案局业务指导科科长）

朱　芹（吴县档案局局长）

刘长有（苏州市化工局办公室副主任）

陈　攻（苏州市档案局办公室副主任）

陈克昌（张家港市档案局局长）

陈惠珠（苏州新区档案馆主任）

严纪明（苏州市档案馆副馆长）

严浩翔（苏州市档案局办公室主任）

李淦明（苏州市城建档案馆馆长）

李德均（苏州市金阊区档案馆馆长）

张关雄（苏州大学历史系副主任）

张守正（苏州市电子局技术质量科科员）

冷　坚（苏州刺绣厂档案室主任）

杨　晋（苏州市沧浪区档案馆馆长）

陆黎明（太仓市档案局局长）

宗全保（常熟市档案局局长）

周迅由（苏州市交通局办公室主任）

周志高（苏州市科委科技成果科科长）

周坤生（苏州市环保局档案室主任）

周建平（苏州钢铁厂档案科科长）

林植霖（苏州市档案馆副馆长）

相志雄（苏州市经委办公室副主任）

姜贤明（苏州市档案局副局长）

赵雪群（苏州市机械局档案室负责人）

徐　敏（苏州市档案局副局长）

凌锦良（吴江市档案局局长）

奚士元（苏州市郊区档案馆馆长）

徐亚林（苏州市交通银行办公室副主任）

倪玉泉（苏州新苏丝织厂厂长助理兼办公室主任）

秦文淦（昆山市档案局局长）

钱杏珍（苏州市戏曲博物馆副馆长）

曹　政（苏州市轻工局办公室副主任）

黄介眉（苏州市档案局副局长）

黄永麟（苏州市人民政府副秘书长）

董玉文（中共苏州市委办公室副主任）

韩金妹（江苏省太湖地区水利工程管理处科员）

虞平健（苏州市档案局业务指导科副科长）

蒋纪序（苏州市平江区档案馆馆长）

潘晨倩（苏州香雪海电器公司档案信息中心主任）

学会第四次会员代表大会及第四届理事会

苏州市档案学会第四次会员代表大会于2006年10月27日在苏州市行政中心大院6号楼第二会议室（三香路998号，市政府大院内）召开。应到会员代表80名，实到会员代表78名。市档案学会第三届理事会部分理事、市档案学会的会员代表、市科协副主席柏京红出席会议，江苏省档案学会写来贺信。

会议主要内容有三项：一是审议通过第三届理事会工作报告，二是审议通过《苏州市档案学会章程（修正案）》，三是选举产生第四届理事会。会议通过《关于第三届理事会工作报告的决议》《关于苏州市档案学会章程（修正案）的决议》，选举产生苏州市档案学会第四届理事会。

在四届一次理事会议和常务理事会议上，选举产生常务理事和正副理事长、正副秘书长。

市档案学会第四届理事会正副理事长、正副秘书长、常务理事、理事名单（40人）：

理事长：祖　苏

副理事长：虞平健、陈兴南、沈秋农、张照余、周小明

秘书长：严浩翔

副秘书长：卜鉴民、张海雷

常务理事：张照余、陈兴南、沈秋农、严浩翔、周小明、祖苏、虞平健

理　事：

祖　苏（苏州市档案局局长）

虞平健（苏州市档案局副局长）

陈兴南（苏州市档案局副局长）

严浩翔（苏州市档案局办公室主任）

陈　攻（苏州市档案局业务指导处处长）

丁月宝（苏州市档案局法规宣教处处长）

沈慧瑛（苏州市档案局保管利用处处长）

谈　隽（苏州市档案局征集编研处处长）

祝泓平（苏州市档案局计算机中心主任）

肖　进（苏州市档案局年鉴编辑室主任）

王仁斌（苏州市档案局现行文件查阅中心主任）

张海雷（苏州市档案局办公室副主任）

卜鉴民（苏州市档案局业务指导处副处长）

沈秋农（常熟市档案局局长）

陈志芳（张家港市档案局局长）

朱　丹（太仓市档案局局长）

王建东（昆山市档案局局长）

费云林（吴江市档案局局长）

龚润元（苏州市吴中区档案局局长）

陶　洪（苏州市相城区档案局局长）

唐荣媛（苏州高新区档案局局长）

吕　洁（苏州工业园区管委会办公室主任助理）

沈志强（苏州市平江区档案局局长）

韩　宁（苏州市沧浪区档案局局长）

袁洪滨（苏州市金阊区档案局局长）

周小明（苏州市城建档案馆副馆长）

唐小祥（苏州市房地产档案馆科长）

张文英（苏州园林档案馆副馆长）

张照余（苏州大学社会学院副院长）

姜　伟（苏州市交通局办公室副主任）

陈　鹰（苏州市教育局办公室主任）

郁永龙（苏州市民族宗教事务局处长）

沈林妹（苏州市卫生局办公室副主任）

周　平（苏州市中级人民法院办公室副主任）

张　静（苏州市农林局办公室副主任科员）

李　琴（苏州市工投公司办公室副主任）

王啸峰（苏州供电局办公室副主任）

张　　峰（苏州移动分公司综合部副经理）

钱万里（苏州大学档案馆副馆长）

张丽霞（昆山经济技术开发区文印档案室主任）

学会第五次会员代表大会及第五届理事会

苏州市档案学会第五次会员代表大会于 2010 年 5 月 24 日在苏州市行政中心 6 号楼第二会议室召开。市档案学会四次理事会理事，全市档案系统、市级机关、各行各业和基层单位档案工作会员代表参加会议。本次大会应到会员代表 123 名，实到会员代表 118 名。省档案学会秘书长于晓庆，市科协副主席张亿锋出席会议。

会议主要有两项任务：一是报告和审议第四届理事会工作报告，二是选举产生第五届理事会。会上，市档案局局长、第四届理事会理事长肖芃致开幕词，省档案学会秘书长于晓庆致贺词，市科协副主席张亿锋讲话，第四届理事会副理事长虞平健代表四届理事会作工作报告，进行学会换届选举。会议通过《苏州市档案学会第五届理事会理事选举办法》，选举并产生市档案学会第五届理事会。

在第五届理事会第一次会议上，选举产生了常务理事和正副理事长、秘书长。经市档案学会第五届理事会第一次会议审议一致同意：聘请中共苏州市委副秘书长、市档案局党组书记王新华，市档案局局长肖芃为市档案学会第五届理事会名誉理事长。

苏州市档案学会第五届理事会名誉理事长、正副理事长、正副秘书长、常务理事和理事名单（40 人）：

名誉理事长：

王新华（中共苏州市委副秘书长、市档案局党组书记）

肖　　芃（苏州市档案局局长）

理事长：虞平健

副理事长：陈兴南、沈慧瑛、陆乾元、张照余、周小明

秘书长：卜鉴民

副秘书长：相明洁

常务理事：虞平健、陈兴南、沈慧瑛、陆乾元、周小明、张照余、卜鉴民

理　　事：

虞平健（苏州市档案局副调研员、苏州市工商档案管理中心主任）

陈兴南（苏州市档案局副局长）

沈慧瑛（苏州市档案局副局长）

卜鉴民（苏州市档案局办公室主任）

陈　　攻（苏州市档案局法规宣教处处长）

张小明（苏州市档案局保管利用处处长）

谈　　隽（苏州市档案局征集编研处处长）

陈进锋（苏州市档案局计算机中心主任）

肖　　进（苏州市档案局年鉴编辑室主任）

王仁斌（苏州市档案局现行文件查阅中心主任、苏州市工商档案管理中心
　　　　副主任）

相明洁（苏州市档案局办公室副主任）

陆乾元（常熟市档案局局长）

陈志芳（张家港市档案局局长）

朱　丹（太仓市档案局局长）

郭秧全（昆山市档案局局长）

张志远（吴江市档案局局长）

陆卫平（苏州市吴中区档案局局长）

顾敏华（苏州市相城区委办副主任、档案局局长）

陈永生（苏州高新区虎丘区档案局局长）

李　敏（苏州工业园区档案管理中心主任）

吕国英（苏州市平江区档案局主任科员、副局长）

罗　红（苏州市沧浪区档案局副局长）

王　增（苏州市金阊区档案局局长）

周小明（苏州市城建档案馆副馆长）

唐小祥（苏州市房地产档案馆科长）

包　兰（苏州园林档案馆副馆长）

张照余（苏州大学教授）

钱万里（苏州大学档案馆副馆长）

颜建良（苏州市交通运输局办公室副主任）

陈　鹰（苏州市教育局办公室主任、副调研员）

周　平（苏州市中级人民法院办公室副主任）

张　静（苏州市农委办公室副主任）

吕勤雄（苏州市地税局办公室副主任）

章　宏（苏州市国土资源局档案处副处长）

郭　筠（苏州市国资委办公室副主任）

蔡跃进（苏州市人力资源和社会保障局办公室副主任）

孙如瑢（苏州创元投资发展［集团］有限公司办公室副主任）

陈　豪（苏州市浒墅关经济开发区管委会办公室主任）

丁建新（常熟市波司登集团办公室主任）

李世富（张家港市永联村办公室主任）

学会第六次会员代表大会及第六届理事会

苏州市档案学会第六次会员代表大会于 2014 年 11 月 2 日下午在市会议中心丰乐宫三楼会议室召开。出席会议的有五届理事会理事，全市档案系统、市级机关、各行各业和基层单位档案工作会员代表。本次大会应到会员代表 100 名，实到会

员代表 91 名。中国档案学会秘书长方鸣，江苏省档案学会理事长、巡视员齐丽华，省档案学会副理事长兼秘书长于晓庆，中共苏州市委常委、秘书长王少东，市委副秘书长、市档案局党组书记蔡公武，市科协党组书记、主席、博士生导师纪顺俊等出席并讲话。

会议主要任务：一是报告和审议第五届理事会工作报告，二是选举产生第六届理事会。会议通过《苏州市档案学会第六届理事会组成原则和产生办法》和《苏州市档案学会第六届理事会理事选举办法》，选举并产生了第六届市档案学会理事。

当日，第六届理事会第一次会议和第一次常务理事会议召开，选举产生常务理事和正副理事长、正副秘书长。经苏州市档案学会第六届理事会第一次会议审议通过，聘请中共苏州市委副秘书长、市档案局党组书记蔡公武为苏州市档案学会第六届理事会名誉理事长。

苏州市档案学会第六届理事会名誉理事长、正副理事长、正副秘书长、常务理事和理事名单（42 人）：

名誉理事长：蔡公武（中共苏州市委副秘书长、市档案局党组书记）

理事长：肖　芃

副理事长：陈兴南、沈慧瑛、陆乾元、张照余、周小明、卜鉴民

秘书长：卜鉴民（兼）

副秘书长：林忠华、谢静、周济

常务理事：肖芃、陈兴南、沈慧瑛、陆乾元、周小明、张照余、卜鉴民

理　　事：

肖　　芃（苏州市档案局局长）

陈兴南（苏州市档案局副局长）

沈慧瑛（苏州市档案局副局长）

施　　开（苏州市档案局副调研员）

肖　　进（苏州市档案局机关党委副书记）

陈　　亮（苏州市档案局办公室主任）

谈　　隽（苏州市档案局监督指导处处长）

张小明（苏州市档案局法规宣教处处长）

林忠华（苏州市档案局保管利用处处长）

贾　　莉（苏州市档案局征集编研处处长）

陈进锋（苏州市档案局信息技术处处长）

哈幸凌（苏州市档案局年鉴编辑室主任）

王仁斌（苏州市档案局现行文件查阅中心主任）

卜鉴民（苏州市档案局文档管理处处长、苏州市工商档案管理中心［苏州市市
　　　　级机关文档管理中心］主任）

方玉群（苏州市档案局文档管理处副处长、中心副主任）

顾志强（常熟市档案局局长）

黄惠珍（张家港市档案局局长）

顾建新（太仓市档案局局长）

蔡坤泉（昆山市档案局局长）

沈卫新（苏州市吴江区档案局局长）

陆卫平（苏州市吴中区档案局局长）

顾敏华（苏州市相城区委办副主任、档案局局长）

陈永生（苏州高新区虎丘区档案局局长）

吕　洁（苏州工业园区档案管理中心主任）

吕国英（苏州市姑苏区档案局局长）

周小明（苏州市城建档案馆馆长）

赵承俊（苏州市房地产档案馆科长）

包　兰（苏州园林档案馆副馆长）

张照余（苏州大学教授）

钱万里（苏州大学档案馆馆长）

周晓荷（苏州市交通运输局办公室副主任）

赵　琳（苏州市教育局办公室主任、副调研员）

张志宏（苏州市中级人民法院办公室副主任）

王　芳（苏州市农委办公室副主任）

许　峰（苏州市地税局档案管理中心主任）

屠　铮（苏州市国土资源局档案处副处长）

王晓东（苏州市国资委办公室主任）

蔡跃进（苏州市人力资源和社会保障局办公室副主任）

孙如瑢（苏州创元投资发展［集团］有限公司办公室副主任）

徐　诚（常熟市波司登集团行政副总监）

范红专（张家港市经济技术开发区档案馆负责人）

丁建新（常熟市古里镇企业党工委副书记兼文秘综合办主任）

学会会员发展及基层组织建设

在市档案学会成立前，全市档案系统参加省档案学会会员已有 86 人。

1984 年 3 月，市档案学会筹备委员会就会员发展工作向各县（市）档案局、市区机关和直属单位进行布置。在筹委会第二次会议召开时，全市已有 230 多人提出申请，筹委会推荐其中 32 人参加省档案学会。经市筹委会审查批准的市档案学会会员有 184 人，加上中国档案学会和省档案学会在苏州的会员，累计 302 人。

第一届理事会期间（1984年10月26日~1989年10月20日）

1984~1989 年累计发展 554 名，加上原有的省档案学会会员 86 名，共有会员

640 名。至 1989 年底,全市实有会员 619 名。

学会按地区和系统分别建立学会中心组和学会小组。6 个县(市)成立 6 个会员中心组,市区成立 22 个学会小组。1989 年 6 月,太仓县筹备成立了档案学会,成为市档案学会的团体会员。1988 年,为推动学术研究活动开展,提高苏州市档案学术研究水平,在市档案学会下建立文书档案、科技档案、档案编研和档案馆四个专业学组。

第二届理事会期间(1989年10月20日~1994年11月15日)

1989 年 10 月 20 日,苏州市档案学会常务理事会召开第 11 次会议,吸收 252 名符合会员条件的个人会员入会,学会组织进一步壮大。1991 年,苏州市档案学会对会员进行重新登记,实有会员 811 名。至 1993 年底,苏州市共有省档案学会会员 101 名。

1990~1991 年,张家港市、常熟市、吴江县、吴县先后成立档案学会,1993 年金阊区也成立档案学会,并作为苏州市档案学会的团体会员。

苏州市区的会员按系统和区域在原先 18 个会员小组的基础上扩建 6 个小组,累计 24 个学会小组。学会组织已涉及县(市)、区和大部分行业,会员已发展到机关、团体、企事业和乡镇的档案人员。

1991 年 6 月,苏州市档案学会经苏州市民政局批准登记,领取了"江苏省社会团体登记证"。

1994 年 1 月 28 日,成立"苏州市档案学会企业档案工作研究分会",1994 年 9 月 26 日,成立"机关档案工作研究分会",作为苏州市档案学会的分支机构,分别从事企业档案和机关档案的学术研究活动,分支机构的建立,使档案学会活动更加专业化、具体化。

1994 年,根据省档案学会的工作安排,筹建"江苏省档案学会档案馆工作研究会苏州会员组",开展对档案馆工作方面的研究,时有会员 9 名。

第三届理事会期间(1994年11月15日~2006年10月27日)

1995 年以来,苏州市档案学会理事会加强组织领导,坚持正常工作制度,每年召开 2~3 次常务理事会或理事碰头会,总结工作,制订计划,研究问题,审批发展会员。

1997 年,根据市政府关于社团清理整顿的要求,学会认真组织自查,按时完成社团清理整顿工作,对学会下属的档案馆、机关、企业档案研究分会 3 个分支机构实施撤销处理。

2002 年上半年,苏州市档案学会对会员进行重新登记,同时发展一批新会员。经过登记,共有个人会员 315 名,团体会员 7 个。对苏州市区的会员按系统和区域划建 17 个学会小组。

第四届理事会期间(2006年10月27日~2010年5月24日)

2008 年 12 月 24 日,苏州市档案学会召开四届二次理事会会议,根据《苏州市档案学会章程》,增补理事 12 人,调整常务理事会成员。四届理事会全体理事,增补的理事候选人共 50 余人出席。市档案局副局长、市档案学会副理事长陈兴南作学会四届二次理事会增补理事和常务理事会成员调整情况说明。经会议审议通过，市档案局局长肖芃等 12 人增补为学会四届理事会理事，肖芃同时担任市档案学会四届理事会常务理事、理事长，卜鉴民担任常务理事、秘书长。会议还审议通过《苏州市档案学会团体会员管理办法》。

第四次会员代表大会召开以后，理事会把会员重新登记列为工作重点，专门印发《关于开展会员重新登记工作的通知》，抓好发展新会员工作，至 2010 年 5 月，全市档案学会共有会员 635 人。

第五届理事会期间（2010年5月24日~2014年11月2日）

2013 年，市档案学会按照市民政局全面推行社会组织规范化建设评估工作的要求，在健全管理制度、加强基础管理、提升管理能力等方面得到新的提高，成功晋升 4A 级，学会创建 4A 经验和做法在苏州市科协相关会议上作现场交流。

第六届理事会期间（2014年11月2日~　　）

2015 年，六届理事会二次会议通过姑苏区、相城区、苏州工业园区和苏州新区建立学会小组的决定。

第二节　学会活动

参与《档案法》宣传贯彻活动

《档案法》1987 年 9 月 5 日颁布后，市档案学会积极配合各级档案行政管理部门，把组织学会会员和档案工作人员学习、宣传、贯彻《档案法》作为一项重要工作抓紧落实，不断强化全社会档案意识和依法治档观念，努力改善开展档案工作的社会环境，推动全市档案事业健康发展。举办《档案法》学习培训专题训练班 539 期，有 1460 人参加学习；利用各种途径、采取多种形式宣传《档案法》。全市共编写黑板报 760 期，宣传橱窗 230 个版面，制作宣传《档案法》的标语幻灯片，在各影剧院电影放映前进行宣传，仅据张家港市统计，共放映 520 场次，观看者达 23 万人次；编写广播稿，在地方电台和单位广播站进行广播宣传。

1990 年 10 月，市档案学会邀请原江苏省档案科研所所长李统祜作《档案法学》的学术报告。1991 年 9 月，市档案学会组织以宣传《档案法》为主题的系列活动。一是举办专题报告会，邀请苏州大学历史系讲师张照余介绍美国档案工作；二是组织黑板报联展，各学会小组制作了 33 块黑板报，先后在市委、市政府附近展出 3 天，观看者达上万人次；三是播放由电台播音员录制的《档案法》及其《实施办法》的录音，散发《档案法》及其《实施办法》的宣传材料 2000 多份；四是组织观看科普电视录像片 6 部。此次活动准备充分，组织严密，影响较大。

1995 年，时值《档案法》颁布 8 周年之际，市档案学会组织平江区、金阊区、沧浪区 3 个档案学会团体在市区举办黑板报联展活动。

1996年,恰逢修改后的《档案法》颁布和第13届国际档案大会在北京召开这两件盛事,市档案学会积极配合并参与档案行政管理部门开展的"迎十三大"为主题的"档案宣传周"活动,在市区工业品商场、亚细亚商场、泰华商厦等3个广场开设宣传窗口,设摊摆台,举办黑板报联展56块,接受群众咨询433人次,发放《第13届国际档案大会简介》小册子3000余册。

1997年,市档案学会抓住《档案法》颁布和江泽民视察上海市档案馆的讲话发表"双十周年"机会,组织开展档案知识宣传活动,确定"档案与你同行"宣传主题,以"首届青年档案学术交流会"拉开序幕,邀请省档案学会副理事长、研究馆员任遵圣作《档案你我他》学术报告,组织金阊区、平江区档案学会和房地产档案馆在市饮马桥设摊,开展"家庭档案""婚姻档案""房地产档案"黑板报展示,发放宣传材料1000多份。当年,市档案学会被市科普协调小组评为"科普工作先进集体"。

2003年、2004年,市档案学会借全市"12·4"法制宣传日活动之际,从档案系统实际出发,组织开展档案法制科普宣传活动。结合《苏州市档案管理办法》正式实施,联合吴中、相城、平江、沧浪四城区及园林、城建、房地产3个专业档案馆,制作宣传展板,先后在观前与石路地区设摊展示,还将宣传展板陈列在"市人代会、市政协会议"会场,扩大档案工作的影响;组织会员参加全市《行政许可法》知识竞赛和省档案局组织的华东六省一市档案法律法规知识网络竞赛,有350人次参加;为纪念《江苏省档案管理条例》颁布5周年,组织会员参加"昌盛杯"档案法制知识宣传活动,向全市发放竞赛试题1500份。

2007年,全市各级档案学会围绕《档案法》颁布20周年开展一系列形式多样的纪念活动。市档案学会在《苏州日报》刊登《为"和谐苏州"创建历史记忆空间》的档案工作宣传专版。张家港、常熟、太仓等地档案学会在当地日报开辟专版,宣传档案法律法规,集中展示近年来档案工作取得的成就。

"科普宣传周"和"全国科普日"活动

苏州市档案学会结合自身专业,组织会员以"科普宣传周"为载体,参加市科协自1989年起在9、10月期间举行的全市"科普宣传周"活动,重点突出宣传普及《档案法》和档案工作知识,做到每年宣传重点不重复,活动形式多样化。在1992年、1993年全市第四、第五届"科普宣传周"期间,市档案学会除运用黑板报、宣传橱窗等形式宣传外,还分别组织两场学术报告会。1992年以"中国档案发展史"为主题,邀请苏州大学历史系副教授张关雄等作报告,使会员了解中国档案发展历史,增强全市档案人员从事档案工作的光荣感和责任感。1993年以"关贸总协定"为主题,请专家作报告,具体讲解其原则、内容及入关对我国的利弊和档案工作如何与国际接轨等问题,帮助会员增长知识,拓宽视野。

1998年,在市第十届"科普宣传周"活动期间,正值"国际档案理事会东亚地区分会执行局会议暨档案教育与培训研讨会"在苏州召开,市档案学会抓住这一难得的历史机遇，把"科普宣传周""国际档案宣传周"紧密结合起来，积极配合档案行政部门开展多种形式的宣传苏州、宣传档案知识的活动。组织部分会员听取加拿大不列颠哥伦比亚大学杜兰蒂教授关于《档案教育和亚洲的档案工作者》、苏州大学张照余教授关于《中国档案教育培训发展策略分析》主题报告及东亚各国（地区）关于档案教育事业发展与培训的报告，协助组织会议代表观看《江南服饰晚会》，组织参观市档案馆、戏曲博物馆、丝绸博物馆、刺绣研究所及古典园林。当年，市档案学会被省科协评为"江苏省第十届科普宣传周"先进集体。

1999年，市档案学会制发"第十一届科普宣传周"活动计划，在"科普宣传周"期间，邀请苏州大学副教授周毅作《信息时代与档案工作》专题学术报告，组织会员参加市科协举办的"科普宣传周"开幕式、系列学术报告会、市民广场展示会等活动。

2000年，在"科普宣传周"期间，市档案学会举办"档案事业改革与发展"学术报告会，组织会员参观"反对封建迷信，崇尚科学文化"展览和"预防青少年犯罪展览"，组织会员参加"世纪'科怡杯'档案知识竞赛"答题活动，发放档案宣传材料2000余份。

2001年4月26日，市档案学会举行"崇尚科学　拒绝邪教"签名活动。全市档案学会会员和广大档案工作者积极响应，通过召开座谈会等各种形式，在签名簿上庄重签名。截至4月5日，共有414名会员参加签名活动，向社会各界作出市档案学会拒绝邪教的庄重承诺。

2002年，市档案学会专门制订"科普宣传周"活动计划，组织会员参加"科普宣传周"广场开幕式活动和广场咨询活动。9月份，积极组织会员参与由市档案局、市委宣传部联合主办，市城建档案馆、市房地产档案馆、相城区档案馆、苏州烟草分公司、市公路管理处等协办的"档案知识竞赛"活动，共收到有效答题卡1148张。市政协副主席、市委秘书长孟焕民等领导出席抽奖仪式，抽出一等奖1人、二等奖5人、三等奖10人、纪念奖100人。

2003年2月21日，市档案学会在府前社区举办"如何建立家庭档案"知识讲座，邀请苏州大学副教授蒋卫荣主讲；4月11日，市档案学会邀请苏州大学副教授吴品才在市科协礼堂，就"文件生命周期理论"作专题报告。在2003年科普宣传周期间，正值全国上下抗击"非典"的非常时期，学会以宣传、普及"抗非"知识为主，组织会员收看"非典"知识电视讲座，散发抗击"非典"宣传资料，配合档案行政管理部门做好档案系统的"抗非"工作。

2005年3月3日，市档案学会联合市国土局、苏州移动分公司、市城建档案馆等单位在全市开展的为期一个月的档案法律法规知识竞赛落下帷幕，共回收答题卡1878份，《中国档案报》作专题报道。

2006年9月6日全市"科普宣传日"，市档案局与市档案学会联合在金阊区虎丘街道山塘社区举办"宣传档案知识，服务千家万户"为主题的档案知识进社区活动。向社区居民讲授馆藏档案及查阅利用方法,介绍现行文件查阅程序,解答档案法制知识,发放"家庭档案小知识"彩页宣传资料。

2010年,市档案学会组织会员参与"12·4"大型法制宣传教育和法律咨询活动,发放宣传材料逾2000份,现场解答市民咨询。

2013年9月14日,"全国科普日"活动在苏州市图书馆会场举行,由市科协和市档案局共同编撰的《苏州院士》一书进行首发,600多项科普知识宣传内容同时亮相。省档案学会副理事长、市档案学会名誉理事长、市档案局局长肖芃及市档案学会、市工商档案管理中心的代表参加开幕式。市科协组织全市一百余家市级学会、协会等学术团体提供的百余册科普图书集中展示,市档案局、市档案学会和市工商档案管理中心将近三年来编撰出版的《创新的历程》、《璀璨的一页》、《苏州市工商档案管理中心特色档案选编》、《拂去岁月的封尘》(上、下册)、《苏州市区便民查档手册》等档案科普、档案文化书籍参加展示活动。

2014年9月12日,"全国科普日"的苏州主场围绕"创新发展、全民行动"活动主题,市科协在市会议中心举办第二届全市青少年科技创新市长奖颁奖仪式和苏州院士回乡活动。市档案学会借此举办的"苏州丝绸业发展史科普图片展"对社会和市民开放,印制宣传册向市民免费发放。市档案学会被苏州市全民科学素质工作领导小组授予优秀组织单位称号。

展览展示活动

2008年11月6日,由市档案局(馆)、市档案学会主办,市工商档案管理中心承办的"工商档案杯"全市档案系统书画摄影作品展览开幕式在苏州革命博物馆举行。市档案局局长肖芃出席开幕式并讲话,市档案局副局长虞平健主持开幕式,市委宣传部、市级机关工委、市总工会、市党史办、市文联等部门领导为展览剪彩。本次展览先后收到作品229幅,其中书画类作品55幅、摄影类作品174幅,展期7天。

2011年8月~11月6日,市档案局(馆)、市档案学会于8月下旬启动"唯唯亭亭杯"苏州市档案系统书画摄影比赛,各市、区档案局(馆),苏州工业园区档案中心组织档案工作分管领导、档案系统离退休人员、档案工作者参加比赛,共收到书法217幅、画作31幅、照片389张。10月14日,由苏州市美术家协会、书法家协会、摄影家协会等专业人士组成评委会,对全部作品进行评选,共评选出优秀书法80幅、画作20幅、照片80张,其中一等奖5个、二等奖20个。11月6日,优秀作品展在苏州工业园区档案大厦与公众见面。

2014年10月9日,为配合2014年苏州市科普宣传周活动,市档案学会联合市工商档案管理中心以"苏州丝绸业发展史"为主题,制作一批科普图片流动展板,在苏州市齐门路166号正式向社会公众展出。"苏州丝绸业发展史"科普流动展是2014年市科协科普项目"科普活动类"立项资助项目。图片展包括丝绸简介、苏州丝绸发展史、苏州丝绸行业主要企业简介、中国丝绸档案馆(筹)简介、丝绸档案实物样本、馆藏丝绸实物档案珍品、丝绸档案史料征集成果以及丝绸在百姓日常生活小常识等九大部分，采用图片与文字说明相结合的形式，集中反映古老苏州丝绸业的发展史。

2014年11月2日，由市档案局（馆）主办，市档案学会协办，市工商档案管理中心和中国丝绸档案馆（筹）承办的"苏州丝绸工艺档案珍品展"在第六届"苏州档案日"上展出。珍品展设在苏州市工商档案管理中心6号楼一楼，内容包含馆藏丝绸史料展，像景织物艺术展，真丝剪纸艺术展，古织机和织机模型展四个展区，展出丝绸精品、丝绸样本、真丝剪纸、像景织物、丝织工具、标本、古织机及其模型等各类实物档案近两百件。

2015年6月9日上午，为庆祝"6·9"国际档案日，市档案局（馆）、市档案学会、市工商档案管理中心等在苏州革命博物馆联合举办"国际档案日——档案与你相伴"主题活动，同时举行"2015年苏州市档案系统书画摄影篆刻作品展""苏州市档案文化精品展"展出仪式，"2015年苏州市档案系统书画摄影篆刻作品展"，共展出83件作品。

同日，市档案局（馆）、市档案学会、市工商档案管理中心、中国丝绸档案馆（筹）联合举办的"中国丝绸档案馆档企合作与征集成果展"在苏州革命博物馆展出并向社会开放。400平方米展厅里依次展示依据丝绸祖本解密恢复生产的漳缎，参照档案资料复制的明代织物残片，2014年APEC会议领导人服饰采用的宋锦面料、成衣，还有精美的宋锦、刺绣、缂丝、吴罗、罗灯、髹金吴罗雕绘纨扇、世乒赛礼服等丝绸工艺品等。

第二章　学术研讨与学术交流

档案学术研究和学术交流是苏州市档案学会工作重点，苏州市档案学会积极开展工作，创新思路，积极搭建各种载体平台，为学会会员开展学术研究和参加学术交流提供条件。

1984~2015年，学会共举办各种学术研究交流40次，各种学术报告（讲座）18次，与高校合作举办专题研讨班4次。

苏州市档案学会会员的论文（成果）被江苏省档案学会推荐给中国档案学会并荣获一等奖1篇（项），二等奖2篇（项），三等奖6篇（项）（其中1篇论文作者待考证），优秀（入选）论文6篇；参加江苏省档案学会组织的论文交流活动并荣获一等奖6篇，二等奖11篇，三等奖21篇；荣获苏州市政府表彰论文一等奖1篇，二等奖11篇，三等奖36篇；荣获苏州市科协（科学技术委员会）表彰论文一等奖2篇，二等奖16篇，三等奖30篇。

第一节 学术研讨

学术研讨会

1984~2015 年，苏州市档案学会共召开学术研讨会 17 次，专题研讨会 23 次，学术报告会（讲座）18 次，专题研讨班 4 次。在全市档案系统中营造了浓厚的学术氛围，形成一批优秀的学术研究成果。

表6-1 1984~2015年苏州市档案学会举办学术研讨（交流）会议一览表

召开时间	学术（交流）会议名称	参加人数（人）	征集论文（篇）	录用论文（篇）	优秀（交流）论文（篇）
1984.10.26~27	第一次学术讨论会	108	54	27	—
1985.7.16~18	第二次学术讨论会	29	10	—	—
1986.12.11	第三次学术讨论会	—	52	49	—
1989.10.20	第四次学术讨论会	102	61	42	—
1991.12.24	第五次学术讨论会	—	76	64	—
1993.12.17	第六次学术讨论会	—	59	42	18（优秀论文）
1994.11.15	第七次学术交流会	115	42	33	—
1996.12.26	第八次学术讨论会	—	66	28	—
1999.8.13	第九次学术交流会	—	—	28	—
2001.9.19	第十次学术交流会	—	34	29	—
2009.6.29	全市档案学术研讨会	50	100	41	10（会议交流）
2010.6.21	全市档案学术交流会	30	100	60	20（优秀论文）
2011.7.12	全市档案学术交流会	50	150	60	9（会议交流）
2012.7.30	全市档案学术交流会	90	159	79	16（优秀论文）
2013.7.26	全市档案学术交流会	70	122	64	10（优秀论文）
2014.8.19	全市档案学术交流会	100	137	90	10（优秀论文）
2015.8.18	全市档案学术交流会暨首届青年档案论坛	80	190	71	22（优秀论文）

专题研讨会

表6-2 1985~2015年苏州市档案学会举办专题研讨会一览表

召开时间	研讨会名称	参加人数	征集论文（篇）	录用（交流）论文（篇）
1985.7.16~18	档案馆工作专题讨论会	29人	10	—
1986.12.11~13	档案工作改革学术讨论会	—	—	—
1991.10.31~11.2	企业档案管理深化工作研讨会	—	—	—
1992.2.25~26	档案馆业务工作研讨会	30余人	—	—
1992.4.14	企业档案分类研讨会	22人	—	—
1992.8.20~22	三资企业和开发区档案工作研讨会	—	—	—
1992.10.5~6	企业开发档案信息资源工作研讨会	30人	—	—
1993.6.24~26	档案馆征集工作研讨会	—	—	—
1993.10.28	中外合资合作经营企业建档工作交流研讨会	—	—	—

续表

召开时间	研讨会名称	参加人数	征集论文（篇）	录用（交流）论文（篇）
1995.3.17	学会工作专题研讨会	22人	9	—
1995.10	《大事记》编撰工作研讨会	16人	—	—
2005.6.8	全市档案法制工作研讨会	—	—	—
2006.2.28	全市档案法制工作研讨会	—	—	—
2006.6.27~28	全市档案馆馆内基础业务工作研讨会	—	14	—
2006.11.16	改制企业档案管理研讨会	—	—	—
2007.5.17	档案馆保管利用工作研讨会	—	—	—
2008.3.17	档案馆保管利用工作研讨会	20余人	—	—
2009.11.27	民生档案工作研讨会	50余人	52	21
2011.7.5	苏州民族工商业史料研究工作研讨会	50余人	20	12
2013.7.5	苏州工业遗产档案文化与服务民生学术研讨会	50余人	26	5
2014.6.16	苏州工业遗产档案开发与服务产业转型升级学术研讨会	50余人	28	4
2015.7.28	苏州丝绸档案与丝绸文化学术研讨会	50余人	22	4
2015.9.6	搭建城区档案学会会员之家暨学会工作研讨会	30人		3

学术报告会（讲座）

表6-3　1984~2014年苏州市档案学会举办学术报告（讲座）一览表

时间	学术报告（讲座）名称	主讲人	地点	参加人数
1984.11.19	档案学术报告	中国人民大学教授吴宝康	苏州大学礼堂	600余人
1985.5.6	我国档案工作现状和今后几年档案工作任务	国家档案局副局长李凤楼	苏州阀门厂剧场	
1985.6.19	关于美国档案管理技术考察报告	中国人民大学副教授冯耘乐	苏州大学礼堂	—
1986.3.15	关于科技档案工作学术报告	中国人民大学副教授沈永年	葑门招待所	
1986.3.22	关于档案史料编纂工作	中国人民大学副教授曹喜琛	—	
1986.9.29	关于当前档案学现状及其发展趋势	中国档案学会副理事长吴宝康	苏州大学礼堂	
1988.9.14	介绍赴法国参加"国际档案工作会议"情况	国家档案局教务处长姚峰、苏州光明丝织厂厂长俞开泉	苏州大学礼堂	—
1990.10	档案法学报告	省档案局科研所所长、副研究馆员李统祜	—	600余人
1991.9.12	关于美国档案工作概况	苏州大学历史系副教授张照余	科技大楼礼堂	
1996.8.27	档案工作与科教兴国	省档案学会副理事长、研究馆员任遵圣		600余人
1996.10.11	美国信息高速公路、苏州市国民经济信息化进程、赴法国学习考察学习EDI技术	苏州市委机要局长费元龙、市经济信息管理中心主任丁亚成、市计划委员会主任戎柏林	—	

续表

时间	学术报告（讲座）名称	主讲人	地点	参加人数
1997.9.15	档案你我他	省档案学会副理事长、研究馆员任遵圣	—	—
2000.9.21	档案事业改革与发展	苏州大学教授、硕士生导师谭玠培	—	70人
2001.9.19	档案信息的网络化和数字化	苏州大学副教授张照余	—	—
2003.4.11	文件生命周期理论学术讲座	苏州大学副教授吴品才	市科技大楼礼堂	—
2008.10.23	档案文化与文化自觉漫谈讲座	苏州大学教授余同元	—	—
2009.11.8	档案信息资源在经济社会发展中的综合贡献力及开发利用	中国人民大学副校长、教授冯惠玲	苏州会议中心	400余人
2014.8.19	档案职业状况与发展趋势、档案集中统一原则、近年来苏州档案事业发展等	中国人民大学教授胡鸿杰、湖北大学教授覃兆刿、苏州大学教授张照余	—	100余人

专题研讨班

苏州市档案学会自 2010 年开始，与高校合作举办中、高级档案专业技术人员专题研讨班，研究探索新时期档案事业科学发展面临的新情况、新问题。专题研讨班集理论学习、研讨于一体，拓展档案专业技术人员视野，提高档案专业技术人员理论水平。

表6-4　2010~2013年苏州市档案学会与高校合作举办专题研讨班一览表

时间	学习研讨主题	合作高校	参加人数
2010.11	知识管理背景下的档案管理理论与实践	湖北大学	20余人
2011.10	新时期企业档案管理工作探讨	云南大学	20余人
2012.6	档案信息化建设与数字鸿沟问题研究、网络信息归档保存理论与实践	湘潭大学	23人
2013.9	文化建设中档案工作发展对策和法制宣传	黑龙江大学	20余人

第二节　学术成果

1984~2015 年，苏州市档案学会有 14 篇论文（专题资料）入选中国档案学会交流论文（专题资料）或评为成果奖；在省档案学会学术奖论文评选中，获一等奖 6 篇，二等奖 11 篇，三等奖 19 篇；有 96 篇论文获苏州市人民政府，苏州市科委、科协的奖励。

参加中国档案学会论文交流成果奖情况

表6-5 1999~2015年获中国档案学会学术论文（成果）奖一览表

获奖时间	论文（成果）名称	作者及所在单位	获奖名称（等级）
1999.8.21~22	知识和信息新时代对档案信息服务方式变革及发展趋势的影响	卜鉴民 苏州市档案局	中国档案学会"'99海峡两岸档案学术交流会"入选论文
2008.9.25	常熟老报刊	常熟市档案局（馆）	中国档案学会第六次档案学优秀成果评奖档案文献史料汇编类优秀成果一等奖
2008.9.25	企业档案管理史的一个创举——对苏州市建立改制企业档案资源管理中心的思考	卜鉴民 苏州市档案局	中国档案学会第六次档案学优秀成果评奖学术论文类优秀成果二等奖
2008.9.25	常熟市档案馆指南	常熟市档案馆	中国档案学会第六次档案学优秀成果评奖档案学工具书、翻译著作类优秀成果二等奖
2008.9.25	常熟乡镇旧志集团	常熟市档案馆	中国档案学会第六次档案学优秀成果评奖档案文献史料汇编类优秀成果三等奖
2008.9.25	吴江市档案馆指南	吴江市档案局（馆）	中国档案学会第六次档案学优秀成果评奖档案文献史料汇编类优秀成果三等奖
2008.9.25	苏州年鉴（2007）及光盘	苏州市年鉴编纂委员会（苏州市档案局）	中国档案学会第六次档案学优秀成果评奖档案文献史料汇编类优秀成果三等奖
2008.9.25	江苏省常熟县农村实态调查报告书（译著）	常熟市档案馆	中国档案学会第六次档案学优秀成果评奖档案文献史料汇编类优秀成果三等奖
2008.9.25	吴江年鉴（2007）	吴江市年鉴编纂委员会	中国档案学会第六次档案学优秀成果评奖档案文献史料汇编类优秀成果三等奖
2010.11.17~20	"档案监督审计"方法的研究与实践	丁耀琪 常熟市档案局	全国档案工作者年会优秀论文
2010.11.17~20	大力推进新农村建设档案工作，服务苏州市城乡一体化建设	肖芃 苏州市档案局	全国档案工作者年会优秀论文
2014.9.17~19	关于"公开为原则不公开为例外"理念对档案公开"牵引热"的冷思考	殷士俊 张家港市委组织部	全国档案工作者年会优秀论文
2015.6.15	以数字档案馆为中枢搭建"百姓身边的档案馆"	苏州市档案局	中国档案学会2015年全国青年档案学术论坛入选论文
2015.6.15	对推进政府购买档案服务的思考	昆山市档案局	中国档案学会2015年全国青年档案学术论坛入选论文

参加省档案学会论文评奖情况

表6-6　1985~2014年获江苏省档案学会学术奖论文一览表

获奖时间	论文（成果）名称	作者及所在单位	获奖等级（称号）
1985.2.5~7	编纂苏州商会档案史料的体会	叶万忠　苏州市档案局	二等奖
1985.2.5~7	试论利用科技档案提高经济效益的途径	吴雁南　苏州市档案局	三等奖
1985.2.5~7	纺织工业科技档案工作的几个问题	张威黎　苏州市纺织工业公司	三等奖
1998.11.23~25	企业档案与知识产权保护若干问题	卜鉴民　苏州市档案局	第二届青年档案学术奖三等奖
2001.12.5	坚持以人为本、争创一流佳绩	蔡玉清　太仓市档案局	二等奖
2001.12.5	迎接民营企业档案工作的春天	吴红红　常熟市档案局	二等奖
2001.12.5	企业档案工作要创新	卜鉴民　苏州市档案局	二等奖
2001.12.5	档案馆基础工作与档案开放	庄建勋　吴江市档案馆 强建英　吴江市环保局	三等奖
2001.12.5	网络与档案利用服务	丁耀琪　常熟市档案局	三等奖
2001.12.5	网络环境下城建档案馆的信息服务	陆慧　常熟市城建档案馆	三等奖
2001.12.5	试论城建档案的历史文化价值及其开发	张勇坚　苏州市城建档案馆	三等奖
2012.10.30	乡镇机关建立"部门归档"模式的实践	夏建红、张蔼琦 常熟市虞山镇政府 丁耀琪　常熟市档案局	一等奖
2012.10.30	行政村文书档案归档范围和收集路径研究	吕肋　常熟市尚湖镇政府	一等奖
2012.10.30	浅谈乡镇特色档案资源建设	姚冠群　太仓市璜泾镇政府	二等奖
2012.10.30	高校成教生档案管理工作规范化	任红燕　常熟理工学院	二等奖
2012.10.30	村级档案业务监管方式探索	王燕娟　常熟市辛庄镇政府	二等奖
2012.10.30	行政村档案收集工作节点的控制	韩冬梅　常熟市海虞镇政府	二等奖
2012.10.30	乡镇档案馆业务平台的研究和建设	杨爱芳　常熟市梅李镇政府	二等奖
2012.10.30	多元化全民档案资源体系的建立、管理和开发利用	王雅静 苏州市吴中区木渎镇政府 刘明侠　苏州市吴中区档案局	三等奖
2012.10.30	加强新形势下基层公安档案工作的思考	支建芬　常熟市公安局	三等奖
2012.10.30	现代医院档案信息需求分析与对策	杜晓蓉 常熟市第一人民医院	三等奖
2012.10.30	弘扬档案文化精神，致力检察文化精神	曹春英　太仓市人民检察院	三等奖
2012.10.30	税收业务档案集中化管理的现状及对策研究	孙振华、张志忠、王艳 苏州地方税务局	三等奖
2012.10.30	医院"大档案"格局面临的问题及策略分析	郜翀 苏州大学附属第一医院	三等奖
2012.10.30	"三个体系"背景下医院档案管理刍议	朱曼丽 苏州大学附属第一医院	三等奖

续表

获奖时间	论文（成果）名称	作者及所在单位	获奖等级（称号）
2013.11.5	苏州丝绸样本档案的重生——苏州丝绸样本档案的抢救性保护与开发	卜鉴民、皇甫元、陈鑫 苏州市档案局	一等奖
2013.11.5	"以公众为中心"的档案利用理论初探	姚金利　常熟市档案局	一等奖
2013.11.5	发挥档案馆网集群体系规模效应　服务苏州档案强市建设	肖芃、林忠华、卜鉴民 苏州市档案局	二等奖
2013.11.5	关于加强档案文化建设的思考	钱建良　昆山市档案局	三等奖
2013.11.5	房产档案数字化建设中的问题及对策	季萍 张家港市房产交易产权登记中心 徐利　张家港市杨舍房产管理所	三等奖
2013.11.5	优化县级档案馆馆藏的思考	徐同　昆山市档案局	三等奖
2013.11.5	"归档文件目录"著录质量分析和业务操作要程	蒋卉　常熟市档案局	三等奖
2014.10.14~15	档案工作在创新社会管理中的功能定位——基于张家港市档案工作实际	黄惠珍、严武、孙晓霞 张家港市档案局	一等奖
2014.10.14~15	引领服务变革 打造"百姓身边的档案馆"	肖芃、周济、谢静、卜鉴民 苏州市档案局	一等奖
2014.10.14~15	改制企业档案资源管理导入ISO质量体系认证的探索与实践	卜鉴民、陈鑫、吴芳、方玉群	二等奖
2014.10.14~15	用法治思维推进档案工作	蔡坤泉　昆山市档案局	三等奖
2014.10.14~15	档案编研为资政服务的思考	苏晔　昆山市档案局	三等奖
2014.10.14~15	试论节约型校园建设与基建档案的有效利用	高国华　苏州大学档案馆	三等奖

参加苏州市人民政府、市科委、市科协论文评奖情况

表6-7　1988~2014年苏州市学术交流活动获奖论文一览表

获奖时间	获奖论文标题	作者及所在单位	获奖等级	授予单位
1988.10.15	开发科技档案信息资源满足社会需要	章维梁 苏州勤俭制药厂	二等奖	苏州市科学技术协会
1988.10.15	改革档案利用方式实现档案管理现代化	孙丹卡 苏州电视机厂	三等奖	苏州市科学技术协会
1992.6	市县年鉴应着力编出地方特色	叶万忠 苏州市档案局（馆）	一等奖	苏州市科学技术委员会
1992.6	关于进一步推进企业档案工作的思考	张道洲 苏州振亚丝织厂	一等奖	苏州市科学技术委员会
1992.6	地方年鉴与特色	徐立乐 吴县档案局	二等奖	苏州市科学技术委员会
1992.6	浅谈档案馆（室）开展编研工作的意义和作用	仇怀耕 吴江市档案局（馆）	二等奖	苏州市科学技术委员会
1992.6	编辑《苏州年鉴》的几点尝试	叶万忠 苏州市档案局（馆）	二等奖	苏州市科学技术委员会

续表

获奖时间	获奖论文标题	作者及所在单位	获奖等级	授予单位
1992.6	企业档案的综合管理	吴坤荣 苏州市化工局	三等奖	苏州市科学技术委员会
1992.6	抓住有利时机，加快企业档案管理升级步伐	马巧根、董扣宛 吴江市档案局	三等奖	苏州市科学技术委员会
1992.6	浅谈编写《苏州市档案志》的做法和体会	严纪明 苏州市档案局（馆）	三等奖	苏州市科学技术委员会
1992.6	企业档案信息管理的基本要求与开发途径的探讨	严浩翔 苏州市档案局（馆）	三等奖	苏州市科学技术委员会
1992.6	浅议丰富档案馆馆藏的途径	丁月宝 苏州市档案局（馆）	三等奖	苏州市科学技术委员会
1992.6	谈谈照片档案的管理	杨淦林、孙梁 吴江新联丝织厂	三等奖	苏州市科学技术委员会
1992.6	浅谈高校档案信息资源的开发与利用	张菊兰 苏州大学	三等奖	苏州市科学技术委员会
1992.6	基层单位如何创最佳科技档案	孙丹卡 苏州电视机厂	三等奖	苏州市科学技术委员会
1992.6	业务考绩档案初探	丁洁 苏州苎麻纺织厂	三等奖	苏州市科学技术委员会
1992.6	谈企业档案编研	周正家 苏州化工农药集团公司	三等奖	苏州市科学技术委员会
1992.6	谈谈熟悉馆藏	庄建勋 吴江市档案局	三等奖	苏州市科学技术委员会
1995.4	企业荣誉档案的建立及管理初探	彭国芳 苏州依俐法化工有限公司	二等奖	苏州市科学技术协会
1995.4	"微机文档一体化管理系统"开发中几个问题的认识	赵雪群 苏州市机械局	二等奖	苏州市科学技术协会
1995.4	简论厂史的编写	冷坚 苏州刺绣厂	二等奖	苏州市科学技术协会
1995.4	县（市）档案馆编研工作的实践与思考	仇怀耕 吴江市档案馆	二等奖	苏州市科学技术协会
1995.4	档案普查的六个功能	董扣宛 吴江市档案馆	二等奖	苏州市科学技术协会
1995.4	对城建档案开发的探讨	李淦明 苏州市城建档案馆	二等奖	苏州市科学技术协会
1995.4	论城建总图及其建立的对策	李耀炳 苏州市城建档案馆	二等奖	苏州市科学技术协会
1995.4	古典园林网师园建立园林档案的尝试	颜亚平 苏州市城建档案馆	二等奖	苏州市科学技术协会
1995.4	依托文献信息中心优势，开发企业档案信息中心	卜鉴民、彭成浩 苏纶纺织厂	二等奖	苏州市科学技术协会
1995.4	浅谈企业档案信息资源开发	卜鉴民 苏纶纺织厂	二等奖	苏州市科学技术协会
1995.4	谈企业设备档案的形成及管理特点和要求	钱莉 苏州汽车配件厂	二等奖	苏州市科学技术协会
1995.4	试析全宗理论对档案管理工作的指导作用	顾孝英 苏州电瓷厂	二等奖	苏州市科学技术协会

续表

获奖时间	获奖论文标题	作者及所在单位	获奖等级	授予单位
1995.4	关于加强县级档案馆基础管理建设的思考	庄建勋 吴江市档案馆	三等奖	苏州市科学技术协会
1995.4	科研文件材料的形成规律初探	韩金妹 苏州太湖农科所	三等奖	苏州市科学技术协会
1995.4	也谈计算机在企业档案管理中的应用	李志东 苏州硫酸厂	三等奖	苏州市科学技术协会
1995.4	地方研究所逐步完善科研档案"四同步"管理工作的探讨	王雅典、丁传鹤 苏州自动化仪器仪表研究所	三等奖	苏州市科学技术协会
1995.4	论销售档案在企业生产经营中的作用	徐育勤 苏州铸造机械厂	三等奖	苏州市科学技术协会
1995.4	档案效益与档案工作效益刍议	游本德 苏州晶体元件厂	三等奖	苏州市科学技术协会
1995.4	企业档案管理升级后暂停后的思考	吴坤荣 苏州市化工局	三等奖	苏州市科学技术协会
1995.4	中外合资企业档案管理初探	彭国芳、唐撰熊 苏州依俐法化工有限公司	三等奖	苏州市科学技术协会
1995.4	试论企业档案价值鉴定工作	徐玲琳 苏州照相机总厂	三等奖	苏州市科学技术协会
1995.4	花样档案的作用及其开发利用	陈生甫 苏州丝绸印花厂	三等奖	苏州市科学技术协会
1995.4	关于丰富档案馆藏的思考	李德钧 苏州市金闻区档案馆	三等奖	苏州市科学技术协会
1995.4	谈谈乡镇土地档案的收集	仇怀耕　吴江市档案馆 仲美英　吴江市土管局	三等奖	苏州市科学技术协会
1995.4	地方年鉴规范化的几点思考	叶万忠 苏州市档案馆	三等奖	苏州市科学技术协会
1995.4	试论重点工程项目档案的收集与管理	郭筠 苏州市档案局	三等奖	苏州市科学技术协会
1995.4	增强年鉴自我推销意识	哈幸凌 苏州市档案馆	三等奖	苏州市科学技术协会
1995.4	企业档案工作的现状及其对策	孙丹卡 苏州市计算机开发应用研究所	三等奖	苏州市科学技术协会
1995.4	初析企业进入市场经济运行机制后的档案工作发展趋势	陈新瑜 吴江市丝绸工业公司	三等奖	苏州市科学技术协会
1995.4	试论集团性企业档案的收集、归档立卷和利用工作	韩佩珍 苏州万马物产集团公司	三等奖	苏州市科学技术协会
1996.12	企业档案与知识产权保护若干问题	卜鉴民 苏州市档案局	二等奖	苏州市人民政府
1996.12	企业档案工作自我调整初探	潘正言　常熟轴承总厂	二等奖	苏州市人民政府
1996.12	当前（档案）法贯彻执行的制约因素	沈建青 太仓市档案局	二等奖	苏州市人民政府
1996.12	对社会主义市场经济条件下县级档案工作的思考	仇怀耕 吴江市档案馆	二等奖	苏州市人民政府
1996.12	探索市场经济下企业档案管理的新实践	卜鉴民 苏州市档案馆	三等奖	苏州市人民政府

续表

获奖时间	获奖论文标题	作者及所在单位	获奖等级	授予单位
1996.12	提高档案信息服务质量促进企业发展	孙云吉 苏州精细化工集团公司	三等奖	苏州市人民政府
1996.12	论集团企业档案管理	沈建青 太仓市档案馆 马一鸣 太仓市机电冶金局	三等奖	苏州市人民政府
1996.12	确定位置、开拓前进——浅谈市场经济体制下县（市）级档案部门的出路	冯亚明、刘鲁军、许苓 太仓市档案馆	三等奖	苏州市人民政府
1996.12	谈谈县级档案馆工作的科学化管理	仇怀耕 吴江市档案馆	三等奖	苏州市人民政府
1996.12	略谈主动开发档案信息资源的途径	董扣宛 吴江市档案局	三等奖	苏州市人民政府
1996.12	服务参与地方经济建设巩固发展档案事业	陈昆萍 吴县市档案局	三等奖	苏州市人民政府
1996.12	县（市）级档案管理现代化和办公自动化中的问题与思考	张振江 常熟市档案馆	三等奖	苏州市人民政府
1999.5.12	关于档案职业方向问题的研究	张照余 苏州大学	一等奖	苏州市人民政府
1999.5.12	试论中间性档案馆与文件中心	吴品才 苏州大学	二等奖	苏州市人民政府
1999.5.12	浅析纸张老化的原因及预防	王心琴 苏州大学	二等奖	苏州市人民政府
1999.5.12	重构企业档案管理体系——从企业档案调研中得到的启示	臧其林 苏州市教育委员会	二等奖	苏州市人民政府
1999.5.12	略论新时期企业档案工作的生长点——文献信息中心	卜鉴民 苏州市档案局	二等奖	苏州市人民政府
1999.5.12	县级档案馆信息开发利用的现状与对策	沈建青 太仓市档案局	三等奖	苏州市人民政府
1999.5.12	走出"印章档案"的误区	龚征 太仓市档案局	三等奖	苏州市人民政府
1999.5.12	企业档案执法监督刍议	潘正言、陈奇 常熟轴承总厂	三等奖	苏州市人民政府
1999.5.12	企业档案利用效益评估计算的实践与意义	潘正言 常熟轴承总厂	三等奖	苏州市人民政府
1999.5.12	实施金融档案发展战略的有益尝试——常熟交行"四位一体化"档案管理的调查与思考	陈正东 常熟市档案局	三等奖	苏州市人民政府
1999.5.12	服务"科教兴市"，档案工作大有可为	赵国洪 张家港市档案局	三等奖	苏州市人民政府
1999.5.12	论市场经济条件下的市辖区档案馆建设	兰磊、李德钧 苏州市金阊区档案馆	三等奖	苏州市人民政府
1999.5.12	苏州市金阊区档案工作的现状与发展对策	李德钧、兰磊 苏州市金阊区档案馆	三等奖	苏州市人民政府
1999.5.12	形象工程——档案部门加强精神文明建设的重要措施	张薇薇 江苏化工农药集团公司	三等奖	苏州市人民政府
1999.5.12	企业档案工作与"两个根本转变"	赵劲水 苏州炭黑厂	三等奖	苏州市人民政府
2000.12.15	中国档案教育培训发展策略研究	张照余、张建华 苏州大学	二等奖	苏州市人民政府
2000.12.15	档案信息服务方式及变革	卜鉴民 苏州市档案局	二等奖	苏州市人民政府

续表

获奖时间	获奖论文标题	作者及所在单位	获奖等级	授予单位
2000.12.15	关于档案作用的再思考	丁耀琪　常熟市档案局	二等奖	苏州市人民政府
2000.12.15	财会电算化会计档案研究	郭筠　苏州市档案局 王向阳　苏州大学	三等奖	苏州市人民政府
2000.12.15	规范年鉴索引编制之管见	哈幸凌　苏州市档案局	三等奖	苏州市人民政府
2000.12.15	浅议档案行政执法的重点、 难点及对策	李德钧 苏州市金阊区档案局	三等奖	苏州市人民政府
2000.12.15	名人档案收集的特殊性与 合法性	钱建平 苏州大学	三等奖	苏州市人民政府
2000.12.15	转制企业回头看——全面推进 转制企业档案工作的思考	潘正言 常熟市档案局	三等奖	苏州市人民政府
2000.12.15	对档案价值理论研究中存在 的问题的思考	刘宁 张家港市城建档案馆	三等奖	苏州市人民政府
2000.12.15	把科技档案工作纳入质量 管理体系	夏熔静 苏州市建筑设计研究院	三等奖	苏州市人民政府
2002.12	文化运动跳跃与回流的几个 疑点	吴品才 苏州大学	三等奖	苏州市人民政府
2002.12	数字城市与城建档案工作	周小明　市城建档案馆	三等奖	苏州市人民政府
2003.12.31	开发区档案管理研究	卜鉴民　苏州市档案局	三等奖	苏州市人民政府
2004.10.27	信用档案管理初探	卜鉴民　苏州市档案局	三等奖	苏州市人民政府
2004.10.27	中国档案文献遗产之一—— 晚清商会档案	沈慧瑛 苏州市档案局	三等奖	苏州市人民政府
2007.9.15	企业档案管理史上的一个创举 ——对苏州市建立改制企业 档案资源管理中心的思考	卜鉴民 苏州市档案局	三等奖	苏州市人民政府
2007.9.15	政府行政机构与档案馆关系 本质探索	邓敏 苏州大学社会学院档案系	三等奖	苏州市人民政府
2014.8.25	丝制品样本档案无机纳米 保护剂研究	卜鉴民　苏州市工商档案 管理中心 马艳芸　苏州大学	三等奖	苏州市人民政府
2014.8.25	构建区域性大档案格局凸现 档案馆网集群效应	肖芃、林忠华 苏州市档案局	三等奖	苏州市人民政府
2014.8.25	档案管理单位导入ISO9001 质量管理标准	彭聚营、卜鉴民 苏州市工商档案管理中心	三等奖	苏州市人民政府
2014.8.25	国有集体改制企业会计档案 价值鉴定问题思考	朱亚鹏、卜鉴民 苏州市工商档案管理中心	三等奖	苏州市人民政府

第三节　创新成果

2012年6月4日，苏州市档案局、市档案学会借势苏州市政府的《苏州丝绸产业振兴发展规划》的历史性机遇，协助馆藏有30余万件丝绸样本档案的市工商档案管理中心，通过学会条线和学术平台，拓宽渠道，广泛联系丝绸专家和热心人士，开展丝绸档案的收集、发掘和研究，与丝绸生产企业合作研发，将原本沉睡在库房里的丝绸档案复苏，华丽转身成为走向市场的丝绸产品，与苏州大学等科研机构合作,研究丝绸档案的纳米保护技术并进行合理开发。

2013年,在市档案局向国家档案局、商务部茧丝办申报建立"中国丝绸档案馆"的过程中,市档案学会与苏州丝绸协会合作,全力向国家、省丝绸协会争取建立全国唯一的"中国丝绸品种传承与保护基地",争取建立"丝绸文化档案研究中心",多次邀请国家、省丝绸协会领导来苏州指导,多方合作,吸引一批丝绸专家来苏进行丝绸档案考察,促进中国丝绸档案馆在苏州的建设。

2013年5月7日,经中国丝绸协会批准,"中国丝绸品种传承与保护基地"落户苏州,国内首家丝绸品种传承、保护基地诞生。

2014年9月28日,中国档案学会批准苏州市档案学会建立"丝绸档案文化研究中心"。

第四节　学会会刊

市档案学会自建会之初就重视编印会刊,使会刊成为宣传档案工作的新平台,总结交流档案工作信息和经验的新载体,探索深化档案工作改革思路与对策的新渠道。

1986年,《档案信息摘编》(内部刊物)不定期编印,后由于人事变动,市档案学会的《档案信息摘编》,一度中断。

1991年8月,恢复编印。1993年,《档案信息摘编》更名为《苏州档案信息》(内部刊物)。

1994年6月,改名为《苏州档案》(内部发行),定为月刊。

2003年改版,更名为《苏州档案信息》,发行时间由月刊改为根据信息采集情况随时发行,封面改为彩色,并设置"领导论坛""机关建设""业务建设""法制建设""信息化建设""档案资源开发""征集接收""档案馆工作""业务论坛""他山之石"等栏目,内容更加丰富,编排更加科学,得到各级领导和广大会员的肯定。学会加强信息的采报,建立健全信息员通讯网络,定期通报档案信息报送、录用情况,使投稿数量、质量大为提高,信息的时效性显著增强。

2009年11月8日,《苏州档案》杂志创刊号内部出版,至2015年底,已出版十五期,每期印发一千册。

《苏州档案》杂志办刊宗旨:宣传贯彻上级方针政策,研究档案业务,弘扬档案文化,密切广大学会会员和基层档案工作者的学习交流。

首期栏目设特载、局馆长论坛、理论研究、业务纵横、调查报告、基层工作、档案与文化、馆藏珍宝、档案人生等,共刊登文章32篇,近10万字。

首期刊发中央档案馆馆长、国家档案局局长杨冬权率全国档案馆工作会议代表到苏州考察的图文信息,中国人民大学副校长冯惠玲的《档案信息资源在经济社会发展中的综合贡献力及开发利用》;特载栏目刊登江苏省档案学会贺词和《档案与建设》编辑部贺词，市档案局局长肖芃在苏州市档案馆建馆50周年暨"苏州档案日"启动仪式上的讲话；理论研究栏目刊登张照余《档案信息化建设必须效益为先》，卜鉴民的《改制企业档案资源管理——苏州模式的破题与创新》；调查报告栏目刊登市档案局《发挥档案优势推动传统文化旅游的发展》；业务纵横栏目刊登张小明等9人的论文；基层工作栏目刊登许苓《积极探索社会保障档案工作，努力提升服务民生质量》等五篇经验介绍；馆藏珍宝栏目刊登沈慧瑛的《兰台奇葩——礼品档案》，苏州市区十佳家庭档案之一张寰和的家庭档案介绍等。

大事记

苏州档案
Suzhou archives

1949 年

5 月 1 日~6 月中旬　根据中共中央"各按系统,整套接收,原封不动,逐步改造"的方针,中国人民解放军苏州市军事管制委员会、苏州市人民政府(以下简称市政府)对国民党各驻苏党政军警及财政、建设、文教等系统的一切资财、档案进行全面接收。

1950 年

3 月 28 日　苏州行政区专员公署(以下简称专署)秘书处印发《档案管理办法(草案)》,共 10 条附 4 条。

是年,中共苏州地方委员会(以下简称地委)秘书处、专署秘书处及中共苏州市委员会(以下简称市委)秘书处、市政府秘书处分别成立档案室。地委、市委秘书处文书科文书兼档案员。按照《苏南行政区专员公署组织编制(草案)》,专署、市政府秘书处文书科设专职档案员。

1951 年

3 月　《苏州市人民政府公文处理试行办法》颁发。此办法由《公文的目的和要求》《公文种类与使用范围》《行文职权划分》三个部分和《机密文件的处理》《公文检查》《归档调卷之规定》《公文编号之规定》四个附件组成。

1952 年

12 月 29 日　市政府发出通知,决定自 1953 年 1 月起,执行《苏州市人民政府档案管理办法(草案)》。此办法共分《总则》《点收》《编定》《典藏》《调阅》等六章三十二条。

1954 年

6 月 14 日　地委办公室、专署办公室(以下简称地两办)印发《关于调阅档案文件的试行规则》。

6 月　市委办公室(以下简称市委办)档案室召开市委各部门文书处理工作人员座谈会,交流档案工作情况,分析各部门档案工作的状况和存在问题,提出文件交接、归案、立卷等措施。

1956 年

5 月 25 日 地委、专署和市委、市人委派员参加省委办公厅举办的第一期地、县委以上机关档案干部训练班。

6 月 4 日 地委办印发《关于文书处理和档案工作今后三年初步规划》。

11 月 19 日 根据中共中央办公厅和省委办公厅《关于搜集革命历史档案的通知》精神,市委办印发《关于贯彻搜集党的历史档案工作的意见》。

1957 年

1 月 1 日 专署办印发《1957 年案卷类目》。

7 月 地两办召开秘书、档案人员会议,传达省第一次文书、档案工作会议精神,明确清理积存文件的具体要求和方法步骤,强调撤并的单位一定要组织力量突击完成清理文件工作。至 8 月底,专区撤并单位已整理好全部积存档案。

9 月上旬 地两办分别召开地专机关文书、秘书人员会议及县人委办公室主任、县委秘书联席会议,部署征集革命历史档案工作。至 11 月底,地专机关的征集工作结束,共征集到革命历史档案 59 件 64 份、革命历史资料 157 件 205 份。至 12 月上旬,各县的征集工作基本结束。

11 月 苏州市人民委员会(简称市人委)档案室吴雁南参加省人委办公厅召开的档案工作会议。会议研究全面清理新中国成立以来的积存文件工作。

12 月 市人委办公室召开秘书、文书、档案人员会议,传达省人委办公厅召开的档案工作会议精神,研究全面清理新中国成立以来积存文件问题。

1958 年

2 月 15 日 市人委印发《关于贯彻执行江苏省市、县级机关档案材料保管期限表的通知》,提出苏州市的贯彻意见。

2 月 原松江地委办公室乔家霖调入地委办,筹办苏州专区档案管理科。

4 月 5 日 市人委办公室制定《市人委档案室 1958 年工作规划》,提出"四快、四学、四防、四保证"口号,即清理积存文件快,发现、总结、推广先进经验快,帮助下面解决问题快,调阅案卷快;学习先进经验,学习档案业务,学习中国档案史,学习语文;防霉、防蛀、防盗窃、防火;保证在年内有重点编写市人委专题索引和案卷目录,保证立卷质量高,保证在中心运动中主动提供档案资料,保证在年内改变市、区机关档案工作面貌,两年内改变苏州市档案工作面貌。

4 月 24 日~5 月 1 日 专署办与市人委办公室联合举办档案干部训练班,参加训练人数共 145 人,其中苏州市级机关、团体、学校、工矿企业的档案干部 86 人。

4 月 29 日 地委办印发《苏州专区国家机关 1958 年文书档案工作规划》,提出 1958 年的任务："贯彻多快好省方针，正确组织机关文书档案工作，抓住档案材料利用之纲，卸掉积存档案的包袱，进一步开展机关档案室工作，轻装快马，紧赶先进。"

5 月 1 日 专署、市人委联合举行专区、市文书档案干部跃进大会，提出"8 月开红花，10 月庆丰收，敢想敢为大放卫星，夺取全省红旗，力争全省第一"的口号，在专区、市掀起比先进、比干劲、突击整理积存档案的热潮。

6 月 24 日 市委办印发《关于前一时期的文书档案工作情况及今年下半年文书档案工作的意见》。

7 月 25~27 日 地两办在青浦县联合召开以利用为主的文书档案工作现场会议，各县委、县人委办公室档案员及地专、市机关文书档案员共 60 人参加。现场会讨论总结青浦县档案工作经验，检查前一时期档案工作存在的问题，并在破除迷信、解放思想，树立档案必须为机关服务、为生产服务的基础上，确定下一阶段大搞利用、进一步开展竞赛、全面贯彻档案工作的方针与任务。

9 月 1 日 市人委档案室向省人委档案管理处汇报苏州市档案工作概况。汇报说，目前苏州市共有 7 个档案室，即市人委档案室，公安局、检察院、法院档案室和三个区档案室。其中，市人委档案室成立于 1950 年，其他 6 个档案室均是 1958 年建立的。

11 月 4 日 市委批转市两办《关于今后文书档案工作意见的报告》，提出六个方面工作任务。

12 月 22 日 市委办印发《文书档案工作通报》。至 1959 年 4 月 28 日，共印发 6 期。

1959 年

2 月 16 日 市两办在苏州专区召开的文书档案工作总结评比会议期间，举办一个小型档案资料利用工作展览会，并在这个展览会基础上，增加材料，在市机关干部业余学校举办一个较大型的"苏州市档案资料利用工作展览会"，有 200 多平方米，设 9 个室，展期半年左右。

2 月 24 日 中共苏州市第二届代表大会第一次会议上，市人委秘书长马崇儒作题为《以利用为纲，大搞档案工作，为社会主义革命和社会主义建设服务》的发言。

4 月 11 日 市两办印发《关于举办文书档案训练班的计划》，训练方法以自学为主，每隔两星期集中上课一次，共上课 6 次。5 月 14 日，在市委第一会议室第一课上，市人委秘书长马崇儒作了《关于做一个又红又专的档案工作者》报告，250 人参加听讲。

4 月 23 日 市委办、市委工交办公室发出《关于建立健全厂矿文书档案制度的通知》。

4 月 张耀翔、吴雁南、嵇燕开始筹建苏州市档案馆。8 月 8 日，苏州市档案馆正式成立，馆址在人民路 36 号市委大院内，工作人员 3 人。

4月 市人委办公室在市建工局召开技术档案工作会议。市建工局王惠民作《开展技术档案资料情报交流,多快好省地为各项工作服务》的经验交流,市建工局局长刘亚到会并讲话。

5月4日 市两办在苏州第一丝厂召开技术档案资料工作现场会。第一丝厂党委书记乔焕文和厂办公室钱毓珍分别介绍该厂建立技术档案工作的经验,市委办公室副主任沈池洲到会讲话,各区有关主管局、市属工厂的技术档案人员及分管领导出席会议。

5月24~28日 市委办公室张耀翔、市人委办公室吴雁南、市委组织部钱诚安、市建工局王惠民、金阊区委吴玉英、胥江钢铁厂王大钧、苏州茶厂陈国英等七人出席在南京召开的江苏省档案资料工作先进经验交流会。张耀翔代表市委办公室副主任沈池洲向大会作《在平凡的岗位上贡献出我们的力量》的发言。

6月1~10日 市委办公室张耀翔出席在北京中南海怀仁堂召开的全国档案资料先进经验交流会。7月初,市两办召开全市档案工作会议,张耀翔传达全国档案资料先进经验交流会精神。

8月12日 市档案馆发出《关于机构撤销和变动时档案材料的处理的通知》,提出凡机构撤销和变动,单位的档案材料必须按照《国家机关文书立卷工作和档案室工作暂行通则》的规定办理移交或合并保管手续,防止混乱和散失现象的发生。

10月19日 市档案馆制定《苏州市档案馆各项制度(草案)》,包括档案资料借阅制度、档案资料接收制度、档案馆保密保卫制度、档案材料检查保管制度、档案资料统计制度等五项制度。

10月21~24日 地两办召开全区档案工作会议,参加会议的有县、市档案馆副馆长、档案员共14人。会议传达中共八届八中全会精神,进一步学习档案工作的方针,批判右倾思想,布置在全区范围内开展比先进、争上游的竞赛活动。

11月2日 市委批转市两办《关于建立苏州市档案馆以来工作情况与今后意见的报告》,指出:苏州市档案馆从4月开始筹建到8月8日正式建立,已接收保存21个全宗16200个案卷和少量报刊资料。

11月15日 市档案馆制定《苏州市市级机关档案材料保管期限表》。

11月21日 市两办发出《关于进一步开展档案材料鉴定工作的通知》。全市各级机关开始对档案进行鉴定工作并成立鉴定小组。市人委秘书长马崇儒任市鉴定小组组长,市委办公室副主任沈池洲、市委组织部葛同福任市鉴定小组副组长。

1960 年

2月1日 地两办印发《批转昆山县档案馆〈关于围绕党的中心运动,开展档案资料利用工作的情况报告〉》。

2月27日 市人委办发出《关于调查建筑技术档案的通知》,要求各单位组织力量,对本单位的建筑技术档案管理、使用等情况作一次全面检查。

3 月 1 日　市委组织部任命张耀翔为市档案馆副馆长。

4 月 18 日　地委印发《地委批转专区科委关于吴江县盛泽公社建立田间档案制的情况报告》。

4 月 21~26 日　省委办公厅、省政府办公厅在无锡市召开技术档案工作会议，传达贯彻全国技术档案工作会议精神以及中央、国务院关于加强技术档案工作的指示。会上，苏州市档案馆和市建工局介绍搞好技术档案利用工作的经验。

4 月 27 日　市人委发出《关于加强技术档案管理和领导的通知》，要求各单位加强对技术档案工作的领导，建立、健全技术档案工作制度，对技术档案实行集中统一管理。

5 月 20 日　市两办在苏州阀门厂召开全市技术档案工作会议，各工业局、厂矿单位的秘书和技术档案员近 200 人参加会议。会议传达全国、全省技术档案工作会议精神，确定全市技术档案工作任务。苏州阀门厂、苏纶纺织厂在会上介绍成立档案室的体会。市委办主任沈池洲作《关于贯彻全国、全省技术档案工作会议精神，进一步加强技术档案工作》的动员报告。

5 月 22 日　市委批转市两办《关于当前档案工作情况和今后工作意见的报告》，要求各级党委、党组责成秘书部门把档案工作抓起来，贯彻"总结经验、巩固成绩、提高工作水平"的方针。

1961 年

5 月 22 日　市委批转市两办《关于当前档案工作情况和今后工作意见的报告》。

8 月 4 日　市两办发出《关于调整全市工业、学校布局中做好文书档案工作的通知》，要求撤并调整的工厂和学校，对所有档案材料都应按照原来形成文件的单位单独整理保管，不得分散，调整前后办好移交手续；新建单位应迅速建立统一管理的档案室。

12 月 21 日　市两办发出《关于机关机构变动时档案材料的处理的通知》，提出撤并机关的档案，统一移交市档案馆。

1962 年

6 月 5 日　市两办印发《关于本市机关、企事业单位在调整中档案材料处理问题的通知》，提出四条具体措施。

9 月 22 日　市两办印发《关于当前进一步做好档案工作的意见》，提出大力加强机关档案室工作、做好技术档案工作、加强城市基建档案工作、健全人民公社文书档案工作、切实改进市档案馆工作等五项任务。

10 月 8 日　市委办向省档案局作《关于备战期间做好档案安全的情况》书面汇报。

10 月 23 日　市人委发出《关于加强工业企业技术档案工作和城市基本建设档

案工作的通知》，提出加强对技术档案工作的领导，实行集中统一管理，建立和健全各项制度等五条意见。

11月　根据国务院批转国家档案局关于"下马"企业和"下马"工程档案管理工作的指示，市档案馆对全市20个"下马"企业和"下马"工程，组织人员对其档案进行收集和整理，共花600多个劳动日，组成技术档案5780卷（册、袋），技术资料922册（袋）。

11月　市档案馆派吴玉英参加省档案局为接待阿尔巴尼亚档案参观团而举办的有关地、市档案人员业务培训班。1963年4月，学习结束。吴玉英参与省局领导接待阿尔巴尼亚档案代表团的活动。

是年，市档案馆工作人员为黄玉飞、吴雁南、叶万忠和吴玉英4人。

1963年

1月3~7日　地两办召开各县档案干部年度工作会议，各县档案馆副馆长、档案员共8人参加。

2月26日　根据省编委通知精神，经地委研究决定，专署成立档案管理科。5月13日，地委组织部任命地委办主任林瑞章兼任专署档案管理科科长。

4月16日　市两办发出《关于对"下马"企业和"下马"工程的档案整理工作的通告》，提出三条具体措施。

5月22日　市两办发出《关于当前档案工作情况和今后工作的意见》，对1962年工作进行回顾，对1963年工作提出四条意见。

8月5日　市委办印发《关于清理机密文件时结合对本单位的文件材料进行收集，以充实档案的通知》。

8月10日　市两办向省档案局呈报《关于"下马"企业和"下马"工程的技术档案整理情况的汇报》，截至7月，苏州市大部分单位已整理结束。

8月30日　市委办印发《关于对"五反"运动的文件材料认真进行收集整理的意见》。

9月28日　市委办印发《关于郊区人民公社的文书档案工作情况和今后意见》，对改进人民公社的文书处理和档案工作提出了意见。

9月29日　市委办印发《关于做好基层档案工作为"五反"运动服务的意见》。

10月4日　市编委同意建立市档案管理科，与市档案馆合署办公，两块牌子，一套班子，直属市委、市政府领导。10月7日，市委组织部批复，由市委分管副秘书长沈池洲兼任市档案管理科科长，黄玉飞任市档案管理科副科长兼市档案馆馆长。

10月18日　市人委印发《关于专业主管部门应加强对所属单位技术档案工作领导的通知》，从领导、机构设置、人员配备、制度建设、业务培训等方面提出具体要求。

10月　市档案馆印发《关于档案资料借阅的暂行规定（草案）》《苏州市档案馆

档案检查保管制度》《值班制度》《保密保卫制度》《档案接收暂行规定（草案）》等项制度。

11月23日　市委办印发《关于华盛造纸厂档案材料为"五反"运动服务的情况报告》，介绍该厂利用档案材料为"五反"运动服务的经验。

11月25~29日　专署档案管理科召开各县档案馆专职副馆长会议，传达省苏南地区档案工作会议精神，讨论档案工作与任务。会议讨论《关于人民公社文书档案暂行办法（草案）》。与会人员参观常熟县档案馆、昆山县花桥公社档案室，并交流档案工作经验。

11月25日　市两办转发市税务局《关于文书处理和立卷归档的暂行规定》，要求各单位秘书部门，建立一套健全的工作制度，作为整改的一个重要方面来抓。

12月3日　市人委办发出《关于加强基本建设档案材料收集归档的通知》，对基建工程档案收集的范围、方法、人员等提出具体要求。

1964 年

1月8日　省档案局印发《转发〈苏州专署档案管理科关于人民公社文书档案工作的暂行办法（草案）〉》。

2月28日　市档案管理科印发《江苏省县（市）级机关文书档案保管期限参考表（草案）》，要求市、区级机关秘书室立卷时参照执行。

3月14日　市委书记王人三参加市档案馆打扫环境卫生活动。借此机会，市档案馆汇报市档案馆工作情况和存在问题，以及今后工作打算。王人三对市档案馆的工作表示满意。

5月15日　市委办、市"五反"办公室印发《关于做好"五反"运动中档案材料收集整理工作的通知》。

7月2日　市委、市人委批转市两办《关于当前技术档案工作情况和改进意见的报告》。

7月4日　省档案局印发《转发昆山县档案馆关于花桥公社如何做好档案工作的情况报告》。

8月12日　市两办召开全市技术档案工作会议，省档案局鞠文华参加会议并传达国家档案局召开的华东技术档案工作座谈会精神，各区局长和有关厂的厂长出席会议。

8月12日　省档案局印发《转发吴县档案馆关于在社会主义教育运动中工作组形成的文件材料归档和移交情况的调查报告》。

8月13日　市两办在苏州铸造机械厂召开会议，各厂厂长、工程师、秘书及档案人员参加。会议由市委副秘书长沈池洲主持，市档案馆吴玉英传达华东技术档案工作座谈会精神。

9月6日　地委印发《中共苏州地委批转专署档案管理科关于加强公社文书档

案工作的报告》。

10 月 8 日 地委印发《批转专署档案管理科关于做好二批公社档案材料收集整理工作的意见》。

11 月 11 日 省档案局转发《太仓县档案馆关于为社会主义教育运动服务准备工作的情况简报》。

1965 年

1 月 11 日 市委办印发《关于进一步对历史档案加强管理的通知》，发现一些机关、学校、工厂擅自销毁、处理、出卖历史档案，使得有些珍贵历史文件受到很大损失，市委为此采取四条措施。1 月 29 日，省档案局转发这一《通知》。

2 月 9 日 地委组织部、地委办公室联合发出《关于配备档案干部缺额的通知》。至 5 月，专署档案管理处有 4 名人员，专区 8 县共有档案干部 20 人。

2 月 18 日 市档案管理科印发《关于开展档案材料鉴定工作的计划（讨论稿）》，2 月 24 日，市委、市人委批转市档案管理科《关于开展档案材料鉴定工作的计划》。4 月 25 日，市委、市人委又发出补充意见，要求全市档案材料鉴定工作于 1966 年上半年结束。

2 月 19 日 在市委办的督办下，市博物馆将其保存的苏州商会档案共 2730 件移交给市档案馆。

2 月 27 日 地委印发《中共苏州地委批转专署档案管理科关于档案材料清理档案工作的意见》。5 月 21 日，地委、专署印发《中共苏州地委、苏州专员公署批转专区档案管理处关于档案清理鉴定工作的部署报告》。10 月 15 日，地委、专署印发《转发专区档案管理处关于各县一般单位文书档案清理鉴定工作和今后意见的报告》。

3 月 23 日 市委办、市委社教办联合发出《关于面上社教工作期间建立和加强文书档案工作的通知》。

4 月 13 日 市委办召开秘书会议，贯彻档案材料清理鉴定工作。市委书记柳林、市委秘书长洪波出席会议并分别讲了话。5 月 21 日，市委办召开秘书会议，进一步部署档案清理鉴定工作。会上，市委组织部介绍档案清理工作经验。

4 月 16 日 地委组织部发出组干字〔1965〕25 号文件，5 月 14 日专署发出专人〔1965〕59 号文件，分别公布顾德清任专署档案处副处长。同年 12 月 21 日，地委组织部发文，免去林瑞章专署档案管理科科长职务。

4 月 市委副秘书长沈池洲在市委常委扩大会上作关于档案清理鉴定问题的汇报，得到市委书记柳林的支持。市委决定，在社教工作队中抽调人员帮助市档案馆进行档案清理鉴定工作。

5 月 3 日 江苏省苏州专员公署档案管理科改称江苏省苏州专区档案管理处。

5 月 6 日 苏州专区机关档案馆成立，与专区档案管理处合署办公，由地委秘书长纪凤来分管。

6月21日 地委组织部、统战部，专署人事处，专区档案管理处联合发出《关于收集、整理和管理民主人士干部档案工作的联合通知》。

9月中旬 专区档案管理处召开各县档案馆馆长座谈会，检查各县一般单位文书档案的清理鉴定工作情况，研究按时按质搞好清理鉴定工作的意见。

12月2日 市两办召开各工业主管局、各基层技术科长和技术档案员会议。市人委副秘书长许甫如主持会议并作动员报告，省档案局鞠文华在会上介绍清理鉴定技术档案的方法、步骤和苏州试验仪器厂的经验。

12月19日 市档案管理科与省、市技术档案工作组印发《关于在企业管理革命化中建立和健全技术档案工作的几点意见的报告》。1966年1月27日，市委批转这个报告。2月23日，省档案局批转这个报告。

1966年

1月26日 市档案馆重新制定《苏州市档案馆关于调阅档案材料暂行规定》。5月，又制定《苏州市档案馆保密保卫制度》。

2月4日 市档案管理科印发《关于在大中型工厂企业中开展档案清理鉴定和建立文书档案工作的意见》。

2月11日 市人委颁发《苏州市城市基本建设档案管理暂行办法》。

2月14日 市档案管理科制发《关于基层文书档案保管期限参考表（草案）》。

2月23日 省档案局在检查各地档案工作时，发现苏州市委工交政治部在春节前夕发生一起比较严重的失密、泄密事件，即原存放机密、绝密文件的房间，因办公地点迁址，被住户改作厨房。事发后，市委保密委员会、市委工交政治部和市档案管理科进行联合清查，并进行善后工作。

3月1~5日 市档案管理科在市文化宫小剧场举行全市文书档案业务训练会议。会议听取市委秘书长洪波的报告。

3月7日 省档案局转发苏州市档案管理科《关于重工系统和国营工厂的业务学习、参观的情况汇报》。

3月14日 地委印发《批转专区档案管理处关于档案清理鉴定工作情况和1966年上半年档案工作意见的报告》。

9月8日 为了保护档案安全，避免冲击，市档案馆将重要的档案文件转移到中国人民解放军驻苏6307部队保存。同日开始，市档案科、馆全体成员实行24小时驻馆值勤。11月3日，又将一批档案转移至6307部队。两次转移档案共531箱、388麻袋。

10月15日 市委办发出《关于在"文化大革命"中保护各种文件档案和机密资料安全的通知》。

是年，苏州各地"红卫兵"以破"四旧"为名，烧毁许多文献档案、碑刻档案和图书资料。

1967 年

1 月 27 日 地委、专署被专区"造反派""夺权",专区档案机构被迫停止活动。

2 月 20 日 解放军 6307 部队驻市委办公室"支左"干部刘松泉通知市档案馆,全体人员作为"苏革会"办事组档案组工作人员(除馆长黄玉飞外),宣布由王涌清临时负责。

7 月 12 日 市档案馆将暂时还没有转移的短期档案、一般国民党政权档案和"苏革会"办公室的现行档案转移至市人民武装部库房。

7 月 27 日 市内两派"造反派"武斗升级。在军代表刘松泉的安排下,将市档案馆库房贴上封条和国务院不准冲击档案馆的公告后,工作人员撤离,馆内只留有少量的一般性国民党政权档案和短期现行档案。

7 月 30~31 日 市内两派"造反派"武斗队伍都到市人武部抢枪,将市档案馆转移至人武部的 24 只档案铁箱撬开,20 多麻袋档案全部倒出,库内库外满地都是档案材料,使档案受到很大损失。

8 月 5 日 市档案馆被市"轻工司令部""造反派"冲击,将所有库房铁箱砸开,档案抛洒满地。

8 月 14 日 "机关串联会"组织机关档案人员到市档案馆,作一般现场清理后,以"机关串联会"名义贴一张公告,禁止任何人进入档案馆。

9 月 5 日 保存在市人武部的档案自受冲击后,经一个多月的风吹雨淋,霉烂不堪,有的沾满污垢。"机关串联会"组织有关人员进行整理后,捆捆扎扎,临时堆放在机关托儿所,后又转移至市公安局。

1968 年

3 月 21 日 根据中央[1968]312 号文件《关于进一步做好清查敌伪档案工作的指示》,苏州市成立清理敌伪档案办公室,对国民党档案进行接收清理。市档案馆将馆藏 5435 卷国民党政权档案移交给市公检法军管会,由市清档办公室负责清理。

3 月 26 日 苏州专区革命委员会成立,专区档案机构由专区革委会办事组分管。

4 月中旬 市档案馆"造反派大联合委员会"召开全市档案人员会议,批判档案战线"修正主义路线"。

9 月 6 日 市革委会印发《关于查阅本市保管的敌伪档案材料的暂行规定》,对调阅材料的手续、批准权限、人员审定等作出具体规定。

11 月 28 日 市革委会办事组向省革委会办事组报送《关于将转移在驻苏部队代管的档案材料运回市革委保管的请示》,经省革委会办事组电话答复同意后,11 月底将转移至 6307 部队的档案全部运回市档案馆。

12 月 30 日 市革委会发出通知,要求收集"文化大革命"中形成的各种材料,包括文字材料、照片、图画和实物等。

1969 年

12 月 23 日 市革委会发出《关于暂停查阅档案的通知》："为适应战备的需要，自 12 月 27 日起，市革委会各组保存的人事、文书档案以及市公检法军管会管理的档案，一律暂停对外查阅。何时恢复对外查阅，再行通知。"

1970 年

1 月 3 日 根据战备要求，市革委会办事组档案工作人员将原市档案馆所有档案全部转移到后库（吴县灵岩山战备油库）。4 月 15 日，转移到后库的档案全部运回市档案馆。

3 月 市革委会办事组档案工作人员并入市革委会政工组组织组档案室，受组织组领导。

12 月 10 日 地区革委会印发《地区机关文书档案保管期限划分参考表（试行）》。

1971 年

7 月 15 日 地区革委会印发《转发〈昆山县花桥公社关于文书档案工作的情况报告〉的通知》。

11 月 市档案馆人员划归市革委会办公室机要组领导。

1972 年

6 月 15 日 市革委会办公室印发《机关档案室文书档案保管期限区分参考表》。

1973 年

1 月 16 日 地区革委会印发《关于文书档案清理鉴定工作的报告》。

10 月 9 日 市革委会办公室召开全市档案工作会议，布置文书档案和保密工作检查。

1974 年

1 月 18 日 1968 年市档案馆移交至市公检法军管会的 5435 卷国民党政权档案交还市档案馆。这批档案因管理和存放不妥，造成大量霉烂。清点时又缺少 26 卷，其中包括苏州解放前糖果茶食业同业公会名册、苏纶纱厂的罢工史料、工商自卫队官佐人员名册等。

1 月 18 日 地区革委会印发《转发太仓县革委会办事组〈关于文书档案工作的情况报告〉的通知》。

1975 年

5 月 22~23 日 市委、市革委会办公室召开全市文书档案工作会议，传达省档案工作座谈会精神,总结交流档案工作,研究讨论《机关文书档案保管期限表》,布置今后档案工作任务。市委副书记曲文到会讲话。

6月22日　地委办印发《苏州地区地、县机关文书档案保管期限表(试行草案)》。

1977年

4月　苏州地区档案馆竣工,面积720平方米。1981年11月,档案馆库房东侧扩建57平方米。

7月1~6日　地委办在昆山县召开全区档案工作座谈会,检查、研究档案工作大治快上的问题。会议期间,徐州地区19名档案干部到苏州交流经验,代表徐州地区全体档案干部,向苏州地区提出开展档案工作社会主义革命竞赛的倡议。会议组织各县认真学习,拟定应战书。同时,各县之间开展对口竞赛,"比思想、比干劲、比作风、比贡献"。8月22日,省委办公厅在《参阅文件》上转发徐州地委办《关于文书档案工作开展社会主义革命竞赛活动的通知》和苏州地委办《关于响应徐州地区提出档案工作开展社会主义革命竞赛倡议的报告》。

7月7日　市革委会办公室召开全市档案工作会议,黄玉飞传达全省档案工作座谈会精神,讨论研究今后工作。

12月30日　地委印发《批转地委办公室〈关于恢复档案馆建制和档案干部编制的请示报告〉》,同意地区和各县尽快恢复档案馆建制,按"文化大革命"前省编委确定的事业编制配齐干部。

1978年

1月17日　市委办印发《关于查阅市档案馆档案材料的暂行规定》。

4月　建立市委、市革委会办公室档案科,与市档案馆合署办公,两块牌子,一套班子,配备干部5名。

6月　苏州市档案馆新馆舍竣工,总面积为1760平方米。11月7日,市档案馆搬进新馆。

8月7~12日　省委办公厅档案处在苏州地区召开全省档案工作现场会,各地、市和部分县的档案部门负责人共50人参加会议。与会代表参观苏州地区、常熟县、昆山县档案馆和吴县木渎镇、洞庭公社档案室。

10月28日　市委办转发文书档案业务学习班全体学员通过的《关于开展文书档案工作竞赛的意见》。《意见》提出"四比四赛":比思想、比干劲、比作风、比贡献,赛文件办理好、赛立卷质量好、赛保管利用好、赛执行制度平战结合好。

10月下旬~12月　市档案馆配合市公安局清理市革委会第二办公室遗留下来的约10立方米的"废纸",将有保存价值的文件接收进馆,其中含有市委常委会会议记录。

1979 年

1 月 5 日　地委任命周其禄为地委、行署档案馆馆长，卞长生为副馆长。档案馆工作由地委办主任李以奇分管。

2 月 6~8 日　地委办召开全区文书档案先进经验交流会，各县档案馆负责人、地区各机关秘书科负责人及部分先进代表共 80 多人参加会议。地委副书记林华到会讲话，并向 6 个先进集体、64 名文书档案先进工作者颁发奖状。

4 月 23 日　市委批复，同意吴雁南任市委、市革委会办公室档案科副科长。

6 月 23 日　市委办召开市区机关、直属单位办公室主任（秘书科长）及档案人员会议，对文书档案工作竞赛初评总结和布置下半年工作任务。市委副秘书长洪波到会讲话。会后，市委办转发《关于文书档案工作竞赛初评情况和下半年工作意见》。

8 月 4 日　市委办转发光明丝织厂《加强档案管理工作，更好地为"四化"服务》的经验文章。

8 月 13~17 日　地委办在常熟召开地区档案工作会议。

9 月 6 日　地委办向地委、省委办及省档案局呈送《关于召开地区档案工作会议的情况报告》。

12 月 14 日　市委任命姜贤明任市委办公室档案科副科长。

12 月 29 日　市档案科召开全市档案工作会议。市委副书记潘林儒和副市长施建农到会讲话。

1980 年

3 月 8 日　市委批转市委办《关于 1980 年档案工作的意见》，指出：各级党委务必遵照中发［1980］16 号文件的精神，进一步加强对档案工作的领导，继续抓好档案工作的恢复整顿，特别要认真抓好技术档案工作的恢复整顿和做好"文化大革命"期间散失档案和文件的收集工作。

3 月 22 日　市委办召开 1979 年度文书档案总结授奖大会。黄玉飞作《关于 1979 年档案工作情况和 1980 年档案工作要求》的发言，市委副秘书长丁群给 8 个先进单位授奖旗，给 11 位先进个人、22 个优胜单位颁发奖状。市委常委周治华到会讲话。

5 月 9 日　地委决定，恢复苏州地区档案处。地委组织部发文，周其禄任苏州地区档案处副处长兼地区档案馆馆长。

5 月 17 日　市委、市革委会办公室召开全市科技档案工作会议，部署科技档案恢复、整顿工作。市革委会副秘书长许甫如主持会议，市委副秘书长谭恩热讲话。

5 月 22 日　市委发文，建立苏州市档案局和苏州市档案馆，同时撤销市委、市革委会办公室档案科。市委副秘书长谭恩热兼任局长，黄玉飞任副局长兼档案馆馆长。5 月 24 日，市委发文，任命吴雁南、姜贤明为市档案馆副馆长。

7 月 10 日　地委发文，颜怀本任苏州地区档案处处长。地委副秘书长曾克石分管档案工作,行署副秘书长咸同德分管科技档案和档案职称评定工作。

7月11日　市档案局发出《关于开展科技档案工作社会主义竞赛的意见》。

9月22日　省经委、科委、建委和省档案局在南京联合召开全省科技档案工作会议。市档案局吴雁南在会上作题为《千方百计狠抓业务指导,把科技档案工作的恢复、整顿搞上去》的发言。

10月28日　市革委会召开全市科技档案工作会议,传达全国、全省科技档案工作会议精神和中央、省领导讲话,研究部署全市科技档案工作。市经委、市建委、市科委及主管局(区、公司)领导,基层企事业单位领导、工程师、科技部门负责人和科技档案干部共800人出席。

11月14日　市档案局、市人防办公室联合印发《关于建立人防工程技术档案的意见》。

11月27日　地委发文,卞长生任地区档案处副处长兼档案馆馆长,免去周其禄兼任档案馆馆长职务。

12月22~24日　地委、行署召开地区科技档案工作会议,传达全国、省科技档案工作会议精神,分析全区科技档案工作现状,研究1981年恢复和整顿科技档案的要求。

1981年

1月15日　地两办印发《关于转发〈科技档案工作会议纪要〉通知》,要求到年底把全区科技档案全面恢复整顿好。

1月27日　苏州市编制委员会批复苏州市基本建设委员会,同意建立苏州市城市基本建设档案馆,系事业单位,直属市建委领导,具体由市城建局负责管理。

2月25日　市政府召开全市档案工作表彰大会。市政府副秘书长许甫如主持会议,副市长张从先到会讲话,第二轻工业局、交通局、光明丝织厂的代表在大会上发言。

5月18日　地委组织部批复地委办,同意浦静君为地区档案馆副馆长。

5月27日　省档案局转发苏州市档案局《关于散存历史档案调查收集情况的汇报》,并肯定苏州市档案局调查收集历史档案的做法。

6月5日　行署办公室印发《转发地区档案处〈关于旧政权档案集中保管的意见〉的通知》。

6月9日　市档案局在新苏丝织厂召开科技档案恢复整顿验收现场座谈会,市政府副秘书长郑良玉到会讲话。

6月30日　市委办印发《关于查阅市档案馆档案资料的规定》,提出八条具体规定。

8月28日　行署印发《批转地区档案处〈关于全区科技档案工作的情况和意见〉的通知》。

8月28日　市档案局在市档案馆四楼举办文书档案工作陈列，以图表、照片与文字说明的形式，展示从文书处理工作到档案工作的收集、整理、鉴定保管、统计、利用的全过程，同时展示各单位编制的检索工具和参考资料。

9月7日　中共苏州地区直属机关委员会批准，成立中共苏州地区档案处支部，书记颜怀本，副书记浦静君。

9月25~27日　国家档案局局长张中和顾问郝化村由省档案局副局长瞿光枢陪同，到苏州检查档案工作。9月28日，张中向全市档案工作人员作报告。

10月30日　市政府向省政府作《关于恢复整顿科技档案工作的情况报告》。11月26日，省政府办公厅转发至全省各地。

1982年

2月18~20日　地区两办在昆山县召开全区档案工作经验交流会，130多人参加。会上，地委、行署表彰一个先进县和97个先进集体、26名标兵。会议期间，举办档案检索工具、编研资料成果展览，地委秘书长邬大千讲了话。

3月6日　全市档案工作表彰大会在市工人文化宫召开。市委副秘书长谢效正主持会议，副市长张从先出席会议并讲话。市档案局副局长黄玉飞作《1981年档案工作的情况和1982年工作意见》的报告。会议表彰10个文书档案工作先进单位、31个科技档案工作先进单位。

3月10日　市两办转发市档案局《一九八二年档案工作要点》。

3月16日　地区档案处、行署农业局联合印发《关于当前农业科技档案整理情况简报》。

3月22日~4月3日　市档案局举办全市科技档案干部骨干学习班，125名科技档案干部系统地学习科技档案基本知识和有关文件，并获结业证。

5月5日　国家档案局副局长韩毓虎由省档案局副局长瞿光枢陪同，到苏州检查档案工作。在听取苏州市档案工作情况汇报后，韩毓虎说："苏州市的档案工作是出色的，一是领导重视亲自抓，二是思想认识提高了，三是抓编研、抓利用，产生的效果比较明显。"

5月31日　市委、市政府转发市档案局《关于开放历史档案的情况和意见》。6月23日，省档案局转发这一文件。

6月9日　市委任命谢效正兼任苏州市档案局局长（8月30日，市政府也公布此任命）。

6月23日　市政府召开市城建档案工作会议，传达全国、全省城建档案工作会议精神，部署今后一个时期的城建档案工作任务。副市长施建农到会讲话。

6月25日　地区档案处发出《关于建立机关档案工作协作（学习）组的通知》，全区成立9个组。

9月1~5日　省政府召开全省第二次科技档案工作会议，市委副秘书长兼市档案局局长谢效正在会上作题为《巩固整顿成果,提高工作水平,为四化服务》的发言。

10月13日 地区档案处向地委、行署和省档案局呈报《两年来科技档案工作总结报告》,《报告》说,全区540个县属以上机关、企业,已建立和恢复、整顿科技档案工作的有449个单位,占83.1%。

10月23日 市档案局举办档案文献编纂学讲座,由中国人民大学二分校档案系讲师刘耿生主讲。

11月16日 市政府召开全市科技档案工作会议,出席会议的有市经委、建委、科委、有关主管局(公司)及基层企事业单位的领导、总工程师、技术科长、办公室主任及科技档案工作人员近千人。会议传达省第二次科技档案工作会议精神,部署今后科技档案工作任务。副市长戴坤生到会讲了话。

12月24日 市委办向省委办公厅呈报《关于"文化大革命"中形成的档案材料处理的报告》。

12月28日 地两办印发《转发地区档案处〈关于在机构改革中加强档案材料管理的意见〉的通知》。

1983 年

1月5日 市委办转发市档案局《关于在机构改革中加强档案材料管理工作的意见》。

3月1日 市档案局、档案馆与原地区档案处、档案馆合并,成立苏州市档案局和苏州市档案馆,两块牌子,一套班子,直属市委秘书长领导。陈明琍任局长,卞长生任副局长兼档案馆馆长。

4月24日 市两办召开全市档案工作会议,各县(市)党委办公室副主任,档案局(馆)负责人,市区机关、大专院校、直属单位和部分工矿企事业单位办公室(秘书科)负责人、档案人员共800多人参加会议。会议总结过去三年苏州档案工作,分析当前档案工作的现状,研究部署今后三年特别是1983年全市档案工作任务。市委秘书长孙源泉到会讲了话。

4月30日 市委组织部批复市档案局,同意吴雁南、姜贤明、浦静君任市档案馆副馆长(正科级)。

7月7日 市政府发出《关于建立市档案专业干部业务职称评定委员会的通知》,谢效正任主任,陈明琍、姚志迪、卞长生任副主任。

7月14日 中共苏州市机关委员会批复,同意市档案局机关支部委员会改选结果:陈明琍任书记,浦静君任副书记,姜贤明、吴雁南、朱伟民任委员。

7月28日 市档案局向市委、市政府呈报《关于加强农村档案工作的意见》,对农村人民公社体制改革中,如何加强档案工作提出了四条具体意见。8月3日,市两办将文件转发至各县(市)郊区、市委各部委办、市政府有关委办局。10月17日,省委办公厅、省人民政府办公厅转发,各市、县委,市、县人民政府参照执行。

8月19日　市政府印发《苏州市城市建设档案管理暂行办法（草案）》，共有五章 20 条。

9月23日　市档案局向省档案局呈报《关于档案专业干部业务职称评定工作情况汇报》。全市第一批档案专业干部业务职称评定工作于 1982 年分别由苏州地区、苏州市进行，共评定馆员 5 名、助理馆员 12 名、管理员 8 名。

10月10~12日　市委农工部、市档案局在昆山县联合召开全市乡村档案工作经验交流会议，参加会议的有各县（市）农工部和档案局的负责同志，市郊区工委办公室、经营管理科的负责人，部分乡党委秘书和兼管档案工作的会计共 40 余人。会上，昆山县档案局等 8 个单位交流开展乡村档案工作的经验。与会代表参观昆山县花桥乡及石头村、新镇乡农机厂的档案工作。会议听取市档案局《关于做好今冬明春乡村档案工作的报告》。市委副秘书长谢效正到会并讲话，市委农工部副部长邹汇风作会议总结。

1984 年

2月21~23日　市档案局召开全市档案工作座谈会议，各县（市）档案局、吴县档案馆和市城建档案馆负责人及各区区委分管档案工作的办公室主任参加会议，总结交流 1983 年档案工作经验，讨论和布置 1984 年档案工作计划。

3月28日　市委办转发市档案局《关于查阅"文化大革命"中形成的档案材料的规定》。

4月26日　市政府召开 1983 年度劳动模范、先进集体和先进生产（工作）者表彰大会，市档案系统的光明丝织厂科技档案室、望亭发电厂科技档案室、吴县纺织机械二厂科技档案室、吴江新华丝织厂文书科技档案室和中共太仓县城厢镇委档案室被授予先进集体。中共金阊区委李德钧、中共常熟市兴隆乡委杨国梁、沙洲县汽车修配厂陈建平和昆山县商业局郭庆芬被授予先进工作者称号。

4月27日　出席苏州市 1983 年度劳动模范、先进集体和先进生产（工作）者表彰大会的全体档案工作者给全市档案工作者发出《立志改革、勇于创新，努力开创档案工作新局面》的倡议书。

4月　市档案局（馆）被中共苏州市直属机关委员会、苏州市直属机关五讲四美三热爱活动委员会评为 1984 年市直属机关文明单位。林植霖、祝泓平被评为五讲四美三热爱活动积极分子。

5月31日　市政府召开工程项目档案工作座谈会，贯彻落实中央、省关于加强重点工程档案资料管理的指示精神。市委副秘书长谢效正、市政府副秘书长沙剑刚参加会议。

6月15日　市档案局、市社队工业局联合发出《关于建立乡镇企业档案工作的通知》。这是苏州市建立乡镇企业档案工作的第一份文件。

6月25日　市档案局发出《关于开展档案工作检查总结评比工作的通知》，组织对 1984 年度的文书档案和科技档案工作进行检查、总结、评比,对评出的先进集体和先进个人,予以表彰。

10 月 26~27 日　市档案学会召开成立大会暨第一次档案学术讨论会,选举产生由 26 人组成的第一届理事会。理事长谢效正,副理事长陈明琍、卞长生、张关雄,秘书长吴雁南。大会收到学术论文 54 篇,印发 27 篇,在会上宣读 15 篇。

11 月 13 日　市档案局发出《关于做好声象档案材料的收集、归档工作的通知》。

11 月 30 日　市直属机关工会工作委员会批复市档案局,同意成立市档案局机关首届工会工作委员会,朱伟民任工会主席。

12 月 24~26 日　市档案局、市乡镇工业局联合在沙洲县召开全市乡镇企业档案工作经验交流会。会议听取了市档案局局长陈明琍所作的《搞好乡镇企业档案工作,积极为经济建设服务》的工作报告,沙洲县档案局、吴县黄桥乡、太仓县浏河变压器厂等 11 个单位交流开展乡镇企业档案工作的经验。与会人员参观沙洲县四个乡镇企业的档案工作现场,市乡镇工业局副局长樊悦峰作会议总结。市委副秘书长谢效正参加会议并讲话。

1985 年

1 月 21 日　市委办抄告市档案局:"《关于编辑苏州地方年鉴的请示报告》悉,经请示市委领导同意,先搞资料汇编,将来是否具备年鉴条件刊印,待资料编出来后再定。"市档案局(馆)启动编辑《苏州年鉴》。

1 月 23 日　市委决定市档案局(馆)为全市第一批整党单位。9 月 25 日,市档案局(馆)机关整党结束。

3 月 2~3 日　市档案局召开 1984 年度全市档案工作经验交流会。会议由市委副秘书长谢效正主持,市委常委、副市长冯大江到会讲话。市档案局局长陈明琍作《1984 年全市档案工作情况和 1985 年档案工作意见》的报告。市政府副秘书长沙剑刚宣读 1984 年度档案工作先进集体和先进个人名单。市委、市政府领导对 113 个先进集体和 62 名先进个人颁发奖状。

3 月 3~4 日　市档案局召开各县(市)档案局和各区及城建档案馆馆长会议,传达中共中央[1985]29 号文件和省档案局召开的各市档案局长座谈会精神,总结交流 1984 年档案工作情况,研究落实 1985 年全市档案工作任务。市委副秘书长谢效正到会讲话。

3 月 5 日　市政府发文,任命姜贤明为市档案局副局长。

5 月 6 日　下午,市档案局邀请国家档案局副局长李凤楼在苏州阀门厂剧场作档案工作报告。

6 月 29 日　市档案局印发《1985~1986 年苏州市级机关档案业务建设标准》《苏州市 1985~1986 年科技档案工作业务建设标准》。

8 月 5 日　市两办发出《关于及时收集中央和省领导同志来苏州检查和视察工

作有关材料的通知》。

9月17~19日　全省乡镇企业档案工作现场经验交流会在太仓县召开。会上，苏州市档案局局长陈明珂代表市乡镇工业局、市档案局作题为《搞好乡镇企业档案工作，提高乡镇企业管理水平》的发言。

10月11日　市财政局、市档案局在光明丝织厂召开全市会计档案工作会议。会上，光明丝织厂和常熟市水利局分别汇报清理1966年以前积存会计档案工作的情况。市委副秘书长谢效正、市财政局副局长颜凤其分别讲话。市档案局副局长姜贤明布置下一步清理会计档案工作。

10月18日　加拿大国家档案馆馆长沃洛博士，巴基斯坦国家档案局局长扎法尔先生，旅居日本的中国香港学者杨启樵先生及其夫人蔡海云女士等一行，在国家档案局副局长冯子直及中国第一历史档案馆副馆长徐艺圃陪同下，到苏州市档案馆参观。省档案局副局长鞠文华、市政府副秘书长沙剑刚、市档案局局长陈明珂等接待。陈明珂向贵宾们介绍苏州市档案工作概况和苏州市档案馆现状。贵宾们参观市档案馆的历史档案和陈列室，并为市档案馆题了词。

11月13日　全市会计档案工作会议在光明丝织厂召开，交流如何结合整党搞好财务大检查的同时抓好会计档案清理工作，并进一步发动全面搞好清理积存会计档案。各县（市）、市区财政局和档案馆有关人员及市级机关、大专院校、直属单位办公室主任、财务科长参加会议。

11月28日　市档案局在市人大会议室召开全市科技档案工作会议，传达全国科技档案工作会议精神，研究总结1985年工作总结和今后工作计划。各主管局（公司）、各区、大专院校、直属单位科技档案人员参加。

12月2~20日　全市乡镇企业档案业务培训班开学，共167人参训。

1986 年

1月8~10日　全省1985年度档案工作先进经验交流会在南京召开。大会授予苏州市档案馆、苏州大学历史系档案专业教研室、常熟市档案馆、太仓县档案局、吴县北桥乡党委档案室、苏州光明丝织厂科技档案室、吴江新华丝织厂文书科技档案室、昆山县花桥乡石头村档案室省档案工作先进集体称号；授予常熟市兴隆乡党委秘书杨国梁、沙洲县汽车修配厂文书陈建平、苏州市机械局科员田也敏、苏州市金阊区档案馆秘书李德钧省档案工作先进个人称号。

1月16~18日　市档案局召开市、县（市）、区档案局（馆）长和城建档案馆馆长会议，总结、交流苏州市五年来档案馆发展情况与1985年度工作，讨论研究全市1986年度工作意见和"七五"档案事业发展规划。

3月5日~7月12日　市财政局、市档案局各抽3人联合办公，成立清理会计档案办公室。

3月13日　市财政局、市档案局联合召开全市会计档案工作经验交流会议，吴县、沧浪区清理会计档案办公室领导小组和市教育局分别介绍经验。会议宣布132家单位为全市第一批清理会计档案合格单位。

4月2日 市档案局印发《1986年县（市）档案馆业务建设标准》。

4月21日 市编委发文批复，同意市档案局（馆）设立秘书科、业务指导科、档案保管利用室、编研室等内部机构。

4月27～28日 省财政厅、省档案局在盐城市召开全省清理会计档案工作会议，市档案局王家健在会上作了交流发言。会议对苏州市档案局、苏州市财政局等15个单位给予表彰，颁发锦旗。

5月25日 市档案局发文，经研究并报市委组织部同意，林植霖任市档案馆副馆长。

6月21日 市财政局、市档案局在苏州阀门厂俱乐部召开全市会计档案清理、整顿工作总结表彰大会，授予24个系统、单位市会计档案工作先进系统、先进单位称号。

6月25～30日 国家经委和国家档案局在苏州联合召开企业档案工作研讨会，市档案局陈明珂、吴雁南、黄介眉参加会议。市经委副主任蒋志杰作大会交流发言。

10月17日 市档案局、市档案学会举办的"苏州市档案工作成就陈列展"在档案馆地下室预展，市委领导莅临指导。10月20日，正式展出。

11月5～22日 市档案局组织开展市档案馆工作检查观摩活动。各县（市）、区档案馆负责人参加。检查观摩以《1986年县（市）档案馆业务建设标准》为依据，同时检查全国档案馆工作会议精神的贯彻情况。

12月11～12日 市档案局、市档案学会召开以档案工作改革问题为主要内容的学术讨论会。讨论会收到论文和文章52篇，会上宣读14篇。会议期间，市档案学会还召开一届三次全体理事会，补选姜贤明为市档案学会副理事长。

1987年

3月16日 市档案局在西美巷招待所召开各县（市）、区档案局（馆）长工作会议，传达贯彻省档案工作会议精神，总结交流1986年度各县（市）、区档案工作经验，讨论研究1987年全市档案工作。

5月18日～6月13日 市档案局连续举办三期科技档案著录标准培训班，每期6天，参加受训的达250人次。

5月28～29日 市委宣传部、市档案局在常熟市联合召开苏州市新闻报道档案工作会议，部署全市新闻宣传报道档案工作。

6月 市档案局编印的《苏州年鉴（1984）》出版。

7月10～11日 全市档案专业职称改革工作会议在西美巷招待所召开，部署全市1987年档案职改工作。

7月31日 市职称改革领导小组发文批复，同意成立苏州市档案专业职务评审委员会,负责全市档案专业初级职务评审和中、高级职务推荐工作。由陈明琍、姜贤明、吴雁南、李祖华、李淦明、严冰怡、冯学明组成。陈明琍任主任委员,姜贤明任副主任委员。

9~12 月 市档案局在全市档案部门开展档案执法大检查。

11 月 13 日 市第三次科技档案工作会议在市科技大楼会堂召开,传达贯彻省第三次科技档案工作会议精神,研究部署"七五"期间全市科技档案工作。全市约500 人参加会议。

1988 年

1 月 市政府决定,市档案工作由市委常委、副市长冯大江分管。

2 月 5~6 日 市档案局在西美巷招待所召开县（市）、区档案局（馆）长会议,总结交流 1987 年工作和研究部署 1988 年的全市档案工作。

3 月 7 日 市计委批复同意建立苏州市档案用品服务部。服务部属集体所有制企业,经济独立核算,自负盈亏,隶属市档案馆管理。11 月 26 日,市委办发文,决定对市档案用品服务部予以撤销停办。

4 月 2 日 上午,市档案局在市委会堂召开全市档案工作会议,总结 1987 年全市档案工作,研究确定 1988 年全市档案工作任务。市档案局局长陈明琍作工作报告,市委常委、副市长冯大江到会并讲话。

5 月 3 日 省档案局发文,批准市档案局叶万忠、吴雁南具备副研究馆员任职资格。

5 月 17~21 日 省档案局在苏纶纺织厂举办企业档案管理升级现场考评培训班。其间,省档案局对苏纶纺织厂档案工作晋升国家二级进行考核评审。

5 月 30 日 市档案局职改小组发文,决定成立苏州市档案局档案专业初级职务评审委员会（简称市初评委）,姜贤明任市初评委主任,严纪明任副主任。

8 月 9~15 日 市政府办、市档案局及市经委、科委、建委、财政局、农业局、乡镇工业局等有关部门组成《档案法》联合调查组,对县（市）、区政府档案工作、档案行政管理部门工作、档案馆工作以及部分市级机关、团体、企事业单位的档案工作进行检查,共检查 27 个单位。

8 月 26~29 日 省人大科教文卫委员会副主任盛天任率省《档案法》检查组一行 7 人,对苏州学习、宣传、贯彻、执行《中华人民共和国档案法》的情况进行检查。检查组先后检查常熟市、张家港市和苏州市区。市档案局局长陈明琍等全程陪同。29 日,市政府副秘书长黄士奇及市档案局局长陈明琍向检查组汇报苏州学习、宣传、贯彻、执行《档案法》的情况,检查组还检查市档案馆、城建档案馆、戏曲博物馆、刺绣研究所。市委常委、副市长冯大江听取省检查组的意见。

9 月 14 日 下午,市档案局邀请国家档案局处长姚峰和光明丝织厂厂长俞开泉,在苏州大学礼堂作参加法国国际档案工作会议的情况报告。

10月5~6日 为推进全市县属企业档案管理升级工作,市档案局与市经委在张家港市钢铁厂联合召开县属企业档案管理升级考评现场会。部署县(市)企业档案管理升级工作。

11月7日 国家档案局副局长张成良等到苏州检查珍贵档案保护工作,市委常委、副市长冯大江,市政府副秘书长黄士奇,市档案局局长陈明琍等会见张成良一行。

11月15~18日 华东地区档案工作协作会议在市政府西美巷招待所召开。会议就贯彻《档案法》,搞好档案资源开发进行大会交流、小组讨论。苏州市委副书记黄俊度和市委常委、副市长冯大江到会看望代表。冯大江在会议开幕式上致欢迎词,市档案局局长陈明琍在会上作交流发言。会议代表参观苏州市档案馆、吴县档案馆、苏州城建档案馆、市戏曲博物馆、市刺绣研究所档案室。

11月28日 《苏州日报》刊登《苏州市档案局第1号通告》,公布苏纶纺织厂、苏州化工厂、新苏丝织厂、光明丝织厂、长风机械总厂为国家二级档案管理企业。

11月30日~12月1日 全国人大法工委、国务院法制局、国家档案局组成的《档案法》执行情况调查组,以国家档案局局长韩毓虎为组长,刘烈、王景高为副组长,成员杨富玲、任虎成、钟鞍钢及省档案局瞿光枢、省法制局苏建清等一行,到苏州检查《档案法》贯彻执行情况。市政府副秘书长黄士奇、市档案局局长陈明琍分别作汇报。检查组同时还检查了苏州市戏曲博物馆、苏州光明丝织厂等单位。

12月9~10日 市乡镇工业局和市档案局在常熟市董浜乡冷轧带钢厂联合召开全市乡镇企业档案工作会议。交流几年来乡镇企业档案工作情况,研究贯彻《江苏省乡镇企业档案管理暂行规定》,讨论制定《苏州市乡镇企业档案工作1989、1990年业务建设标准》。

1989 年

1月 市委任命殷海智为市档案局局长。

3月28~30日 市档案局在西美巷招待所召开县(市)、区档案局(馆)长会议,总结交流1988年档案工作经验,研究落实1989年全市档案工作计划。市政府副秘书长黄士奇到会讲话。

4月26日 市档案局召开机关档案综合管理和实施业务建设规范研讨会。市档案局印发《关于机关档案工作升级暂行办法(讨论稿)》,全市各单位推行机关档案综合管理。

5月17日 市政府发文,任命黄介眉为市档案局副局长。

5月25日 市档案局在太仓县档案局召开全市档案馆升级工作会议,学习档案馆升级的有关文件,讨论交流档案馆升级工作中的有关问题。会后,市档案局印发《苏州市区档案馆定级升级试行办法》,并在金阊区档案馆试点。

6月15日 市档案局发文,成立苏州市档案馆定级升级领导小组。殷海智任组长,姜贤明、黄介眉任副组长。

8月8日　市档案局在《苏州日报》上刊登第 3 号公告,公布苏州市档案管理国家一级企业 3 家、国家二级企业 4 家、省级先进企业 4 家名单。

8月22~28日　市档案局和市乡镇局联合组织对所属 6 县（市）和郊区乡镇企业档案管理升级进行巡回观摩检查,检查乡镇企业档案管理升级工作。

9月5日　市档案局发文,任命严纪明为市档案馆副馆长,免去其档案局秘书科副科长职务。

10月27日　市职改领导小组发文,批复同意调整市档案专业中级职务评审委员会。殷海智任主任委员,姜贤明任副主任委员。

11月20日　市档案局在《苏州日报》上刊登第 4 号通告,公布市 18 家省级档案管理先进企业名单。

11月24~26日　南斯拉夫联邦档案馆馆长泽赛维奇等两人组成的档案展览团,到苏州市档案馆进行参观访问。市委常委、副市长冯大江会见南斯拉夫客人。市档案局副局长姜贤明陪同贵宾参观市档案馆和吴县档案馆。外宾还游览虎丘、留园、刺绣研究所、拙政园和戏曲博物馆等。

1990 年

1月11日　市级机关团委发文,批复同意市档案局首届团支部委员会由郭筠、沈书琦、陈进锋组成,郭筠任团支部书记。

2月6日　市档案局在《苏州日报》上刊登第 6 号通告,公布全市 42 家档案管理省级先进企业名单。

2月9日　市两办转发市档案局《关于在全市党政机关开展档案工作创先争优、升级达标活动的请示》,推动全市机关的档案建设工作。

2月26~27日　省档案局在常熟市档案馆召开全省综合档案馆定级升级考核评审工作研讨会,对常熟市申报省二级档案馆进行考核评审并现场观摩。市档案局殷海智、姜贤明、徐金元参加会议。

3月17日　经市委组织部批准,市档案局祝泓平到昆山市挂职周庄镇镇长助理。至 1991 年 4 月结束。

3月20日　市档案局召开全市档案局（馆）长会议,总结 1989 年度全市档案工作,研究部署 1990 年工作任务。省档案局副局长任遵圣、市政府副秘书长黄士奇到会并讲话。

3月28日　市政府发文,任命徐敏为市档案局副局长。

8月18日　市政府办转发市档案局《关于进一步学习、宣传、实施〈档案法〉的意见》。

8月21日~9月1日　市档案局对 6 县（市）12 家档案工作定级升级试点机关单位进行现场观摩和交流。观摩组依照标准对各试点单位进行现场检查和评议,并且提出整改意见。

9月5日 市档案局在《苏州日报》上刊登文章，专题报道三年来全市档案部门学习、宣传、贯彻《档案法》的情况。

9月22日 市档案局在市轻工局召开市级机关档案室定级升级现场会。

12月13日 市档案局在《苏州日报》上刊登消息，宣布市档案馆向社会开放。凡中国公民，持有合法证明并经市档案馆同意，在办理查阅登记手续后，均可利用已开放的档案。

12月18日 市档案局局长殷海智向市人大常委会作《三年来学习、宣传、贯彻〈档案法〉的情况汇报》。

1991年

1月2日 市编委发文，批复同意市档案局增设征集科、保护技术室两个内部科室。

1月10~11日 省档案局副局长鞠文华、处长项瑞荃等人组成的省考评小组，对苏州市档案馆晋升省三级馆进行考评。经考评，省考评小组一致同意苏州市档案馆升为省三级档案馆。

4月18日 经市委组织部批准，林植霖到张家港市挂职兆丰乡副乡长。

5月8日 上午，市档案局、市人事局在市委会堂召开全市档案系统总结表彰大会。市委常委、副市长冯大江和市档案局局长殷海智到会并讲话。大会表彰张家港市乡镇工业局机关档案室等先进集体88个，邹锡林等先进工作者102名。会后，市档案局、市人事局向国家档案局、省档案局推荐先进集体和先进个人。经过层层评选，苏州市有29个单位、个人获全国、省先进称号。其中，吴县档案馆为全国档案系统先进集体，张家港市档案局局长夏志石为全国档案系统劳动模范；苏州市档案局（馆）等10个单位为省档案系统先进集体，常熟市档案馆副馆长居树棠等17人为省档案系统先进工作者。

5月20日 市档案局与市科委联合召开全市专业技术人员业务考绩档案工作会议，布置全市业务考绩档案的检查工作。

5月28日 市档案局在张家港市杨舍镇召开全市乡镇企业档案管理升级工作总结交流会，回顾和总结1988年以来全市乡镇企业档案建档与升级工作情况，部署今后三年的工作目标。

6月20日 市委组织部、市科委、市人事局、市档案局组成联合评审小组，对全市企事业单位的专业技术人员业务考绩档案的建档工作情况进行抽查。

7月10日 根据苏政府〔1991〕45号文件精神，市档案局黄介眉在1990年度工作中成绩突出，被授予升级奖励。

7月15日 市档案局发文，要求全市档案部门认真做好抗洪救灾时期的档案材料收集工作，将此期间形成的珍贵资料、照片及时归档。

8月25日 市档案局在苏州长风机械总厂主持召开"激光光盘档案管理系统

在科技档案管理中的应用"评审会。

9月10日 市档案学会在市"科普宣传周"期间,组织三天的黑板报联展,宣传、贯彻《档案法》。活动共评选出一、二、三等奖共计11名,分别是:一等奖苏州供电局,二等奖城建档案馆、化工农药集团公司、新苏丝织厂,三等奖金阊区档案馆、苏州冰箱厂、苏州刺绣厂、苏纶纺织厂、五二六厂、苏州电讯电机厂、苏州采芝斋苏式糖果厂。

9月19日 市档案局职称改革领导小组发文,对市档案专业初级职务评委会成员做出调整,姜贤明为主任委员,黄介眉、严纪明为副主任委员。

10月30日 由国家档案局安排,出席东亚及东南亚地区档案保护技术研究讨论会的各国代表16人,到苏州市档案馆、吴县档案馆参观访问。

10月 市档案馆完成档案库房大调整任务,经与市委组织部协商,实施库房置换。将保存在市委大院(五卅路)的原苏州地区档案馆搬迁到市政府大院(饮马桥)市档案馆内,实现苏州市档案馆档案与原地区档案馆档案集中统一管理。

11月9日 省教委、省计经委发文,确定苏州市档案馆为省普通高校首批校外实习基地。

1992 年

3月10日 市档案局召开全市档案工作会议,市政府副秘书长黄士奇,市人事局副局长陈昌生出席会议。会议传达省档案工作会议暨省档案系统表彰会议精神,总结1991年度全市档案工作,布置1992年档案任务。会上还举行颁奖仪式。

3月12日 苏州市档案学会荣获省第三届科普宣传周先进集体称号。

3月13日 市档案局、市农业局联合发出《关于公布苏州市农业科技档案工作达标单位暨表彰先进单位和先进工作者名单的决定》。

4月30日 市委组织部、市科委、市人事局、市职称改革领导小组办公室和市档案局召开全市专业技术人员业务考绩档案建档工作会议,对75个先进单位进行表彰。

7月16日 根据市编委文件规定,市档案局秘书科更名为办公室,更名后职级不变。

8月20~22日 市档案局在吴县东山镇召开"三资"企业和开发区档案工作研讨会。会议针对"三资"企业和开发区档案工作基本现状进行研讨,提出今后工作方向。

1993 年

3月4~5日 市档案局召开各县(市)、区档案局(馆)长会议,总结交流1992年全市工作,研究部署1993年全市档案工作任务。市档案局局长殷海智主持会议,省档案局副局长任遵圣、市政府副秘书长黄士奇到会讲话。

4月6日 市编委同意市档案局建立苏州档案咨询服务中心,为副科级建制集体所有制事业单位,实行自收自支、独立核算,隶属市档案局领导,核定集体人员编制 10 人。1994 年 8 月,中心撤销。

4 月 23 日　以巴基斯坦国家档案馆馆长 A.Z. 希克为团长的巴基斯坦档案代表团一行 5 人,在国家档案局二司司长丁文进等陪同下来到苏州,参观吴县档案馆。

5 月 23 日　应国家档案局局长冯子直邀请,国际档案理事会主席、加拿大国家档案馆馆长瓦洛博士偕夫人到中国了解筹备 1996 年第 13 届国际档案大会的有关情况。在国家档案局副局长张成良及苏州市档案局副局长徐敏等陪同下,瓦洛一行到太仓市参观访问,参观太仓市人事局档案室。

6 月 24~26 日　市档案局在昆山召开全市档案馆工作研讨会,研讨档案馆征集工作。

10 月 28 日　市档案局在吴县召开中外合资合作经营企业档案建档工作交流研讨会。

11 月 4 日　经市委常委会研究决定,免去殷海智市档案局局长职务。

11 月 6 日　经市委组织部研究决定,姜贤明任市档案馆馆长,卞长生任档案局督导员,免去其市档案局副局长、市档案馆馆长职务。

12 月 13 日　市档案局在苏州炭黑厂召开市区重点项目(工程)档案工作现场会。

12 月　市档案局副局长黄介眉主持市档案局工作。

1994 年

1 月 14~15 日　市档案局在常熟市召开全市档案局(馆)长工作座谈会。

3 月 15~16 日　市档案局在吴都饭店召开县(市)、区档案工作会议,总结全市档案系统 1993 年工作。

4 月 20 日　市档案局、市乡镇工业局联合发出通报,对吴县甪直镇农工商总公司等 14 家档案工作先进集体和吴县渡村镇农工商总公司孔禅兴等 19 名档案工作先进工作者进行表彰。

6 月 22 日　市档案局会同市群众艺术馆,吴江市文化局和档案局,在吴江市文化馆召开全市群众艺术档案管理标准化、规范化现场会。

6 月 30 日　市机构编制委员会发文,同意建立苏州市苏州新区档案馆。

9 月 6 日　市档案局召开外商投资企业档案工作总结交流会,首批 4 家试点单位交流建档工作经验。

9 月　市档案局、市广播电视局在张家港召开新闻报道档案工作现场会。

1995 年

2 月 16~17 日　市档案局召开县(市)、区档案工作会议,布置 1995 年全市档案工作任务。

3 月 20~21 日　市土地管理局、市档案局联合召开全市土地管理档案工作流动现场会。

4 月 19~20 日　市档案局在吴县档案局召开全市档案局（馆）长工作座谈会。

4 月 25~26 日　市建设项目（工程）档案工作总结交流会召开。会议回顾 1992 年以来全市重点建设项目（工程）档案工作情况，交流经验、表彰先进，并部署今后重点建设项目（工程）档案工作任务。

4 月 27 日　《苏州年鉴》创刊十周年庆贺会在新区管委会会议室召开，市政府办主任顾全元主持会议，市委、市政府、市人大、市政协等有关领导和市政府主要委、办、局负责人，《江苏省年鉴》和《扬州市年鉴》相关领导出席会议。《苏州年鉴》主编叶万忠作《苏州年鉴》创刊十周年的回顾总结。市委常委、副市长冯大江，市人大常委会副主任杨炳双，市政协副主席范廷枢及市委办主任殷忠到会并讲话。

10 月 22 日　美国国家档案与文化管理局专业发展培训部主任唐·尼尔由第 13 届国际档案大会组委会副秘书长张义顺陪同抵达苏州，参观苏州市档案馆，并为苏州市档案馆题词。

11 月 1~2 日　省委副秘书长、省档案局局长陆军到苏州市及吴县市档案局考察指导档案工作。

12 月 25~27 日　市档案局与市政府开放办在苏州新区联合召开全市开发区档案工作会议，传达全国开发区档案工作座谈会精神，研究贯彻国家档案局、国务院特区办、国家科委联合制发的《开发区档案管理暂行规定》。市政府副秘书长黄永麟、市政府开放办主任王伟林、苏州新区党工委副书记王福康等参加会议，并分别讲了话。市档案局副局长黄介眉作题为《建立健全开发区工作，为经济建设服务》的工作报告。苏州新区档案馆、常熟经济开发区档案室有关人员在会上分别作经验介绍。与会代表参观了新区档案馆。

1996 年

1 月 22~24 日　市档案局在吴江召开全市档案工作会议，研究部署 1996 年全市档案工作。

2 月 20 日　市档案局发出《关于开展苏州市企事业单位档案管理达标工作的通知》。

3 月 6 日　市档案局印发《关于苏州市级机关档案室定升级达标工作的几点意见》，重新修订《苏州市机关档案室升级达标考评标准》。

3 月 29~30 日　市档案局、市人事局联合召开全市档案工作暨表彰先进会议，对在"八五"期间全市档案系统涌现出来的 80 个先进集体和 100 名先进工作者进行表彰。市委常委、副市长冯大江到会讲话，市档案局副局长黄介眉作题为《抓住机遇，加快发展，为实现档案事业"九五"计划而奋斗》的报告。

4 月 5~6 日　市档案局在常熟市召开全市档案局（馆）长会议，讨论修订《苏州市档案事业发展"九五"计划》，布置学会、教育、职改、信息等工作。

4 月 14 日　市档案局、计委、经委、建委联合发出《关于表彰 1995 年度苏州市优秀竣工项目档案的决定》，其中苏州塑料一厂"改性塑料生产技术和关键设备技改项目"等7项竣工档案被评为1995年度苏州市优秀竣工项目档案，给予通报表扬。

4月25日 市档案局印发《苏州市档案事业"九五"计划》。

5月8~9日 省人大常委会教科文委组织部分全国、省人大代表一行8人到苏州对贯彻执行《档案法》及其实施办法情况进行检查视察。

6月17日 市文联、市档案局联合发出《关于开展对苏州市作家、艺术家作品征集工作的通知》。

7月10日 市档案局、市委宣传部联合发出《关于加强档案宣传工作的通知》，确定8月25~31日为全市"档案宣传周"。8月25日，市委常委、秘书长黄炳福发表电视讲话，拉开宣传周帷幕。市区设立3个宣传窗口。全市共发放、张贴各类档案宣传品4.3万件，展出黑板报526块，接收群众咨询133人次。《苏州日报》刊出档案专文和照片6次，苏州电视台报道档案工作16次，苏州经广台开设《苏州档案宣传周特别报道》专栏。8月27日，邀请省档案学会副理事长、研究馆员任遵圣到苏州作题为《档案工作与科教兴国》的学术报告，600多人与会。

8月30日 市档案局印发《关于做好党政机关档案管理工作的通知》，提出在市级党政机构改革中档案工作意见。

9月6日 市委发出通知：经市委常委会研究决定，黄介眉任市档案局局长、市档案馆馆长。9月25日，市政府发出通知：经研究决定，姜贤明、徐敏为市档案局副局长、档案馆副馆长。

10月11~12日 市经委、市档案局联合召开全市企业档案工作会议，传达全省企业档案工作会议精神，研究部署全市企业档案工作任务。市委常委、秘书长黄炳福到会讲话，市档案局局长黄介眉作《加强和完善企业档案工作，为企业发展和经济建设服务》的报告，市经委副主任周兴林也发表了讲话。

12月2~4日 省档案局在苏州召开全省开发区档案工作研讨会，推荐介绍苏州新区档案管理经验。

12月28日 市档案馆新馆通过竣工验收。

12月30日 市两办发出《关于印发〈苏州市档案局(苏州市档案馆)职能配置内设机构和人员编制〉方案的通知》。经市委批准的"三定"方案确定市档案局、馆合并，保留档案局牌子，为市委、市政府的副处级事业单位，由市委办公室管理，继续行使行政管理职能，内设7个正科级职能科室，事业编制40名。核定局(馆)长1人，副局(馆)长2~3人，正科长(主任)7人，副科长(副主任)8人。

1997年

1月29~30日 市档案局召开全市档案局(馆)长会议，总结交流1996年工作，研究部署1997年任务。

4 月 14~28 日 市档案局（馆）从五卅路市委大院（市档案局机关）和人民路市政府大院（市档案馆）搬迁至三香路 180 号市行政中心 7 号楼新办公楼（馆、库），共搬运 72 车 2250 箱档案资料和配套设备，馆藏 14 万卷册档案、资料安全、及时、准确到位。搬迁工作得到武警、公安等大力支持。

4 月 16~17 日 香港历史档案处主任朱福强等一行 4 人，由中国档案学会副理事长兼秘书长丁文进陪同到苏访问，参观吴县市档案馆和苏州风景名胜。市档案学会理事长黄永麟设宴款待。

8 月 13 日 市职称工作领导小组发文批复，同意对市档案专业系列中级职务任职资格评审委员会进行调整，主任委员黄介眉，副主任委员姜贤明。

9 月 9~10 日 全国人大常委会常委、全国人大常委会教科文卫委委员、海军原副司令员、军事科学院政委张序三中将率全国人大常委会教科文卫委员会检查组一行 6 人，在省人大常委会教科文卫委副主任朱楚英、省档案局副局长谈宝忠等陪同下，到苏州进行《档案法》执法检查。市委常委、副市长冯大江和市人大常委会副主任府培生接待并作了工作汇报。检查组实地视察苏州市档案馆和吴江市档案馆。

9 月 15~21 日 市档案局和市档案学会组织全市档案工作者和档案学会会员参加市第九届科普宣传周活动，确定档案系统宣传主题为"档案与你同行"。19 日上午，举办市首届青年档案学术交流会，提交论文 20 篇；下午，邀请省档案学会副理事长、研究馆员任遵圣作题为《档案你我他》的学术报告。组织开展档案咨询活动，发放宣传品 2000 份。9 月 30 日，市科普宣传协调小组发出《关于表彰苏州市科普宣传周活动先进集体的决定》，市档案学会被表彰为"近年来科普宣传先进集体"。

9 月 16 日 市委组织部和市人事局对市档案局参照公务员管理过渡工作进行联合验收。11 月 25 日，市推公办发文批复，确认市档案局参照公务员管理过渡"入轨"工作合格。

9 月 省档案局确定常熟市为全省农村档案工作试点县（市）。苏州市档案局确定吴县胥口镇为全市农村档案工作试点乡镇。

10 月 22~27 日 市档案局与市人大常委会教科文卫工委、市法制局，联合对昆山市档案馆、苏州振亚集团等 18 个单位进行《档案法》执法检查。11 月 17 日，发出检查通报。

11 月 21 日 省档案局通报，苏州市档案馆经复查组复查，审批为省二级先进档案馆合格。

1998 年

3 月 13 日 市档案局在昆山市召开全市档案局（馆）长会议，总结 1997 年工作，布置 1998 年工作任务。市委常委、秘书长黄炳福到会讲话。

3 月 26 日 市档案局与市农业局联合发出通知，公布 1997 年全市农业系统档案"一综五有"检查结果：先进单位为张家港市农业局、昆山市农业局，其余各县（市）

和郊区农业局为合格单位。

4月20日 苏钢集团经省档案局、省冶金工业厅组成的档案工作认定组现场检查，以97.5分通过国家一级标准认定，成为全市首家通过档案目标管理国家一级标准认定的企业。

5月27~28日 以美国马里兰大学人文学院院长吉姆·哈里斯教授、马里兰大学图书与信息服务学院院长安·普伦蒂斯教授为首的参加第四届中国地方档案国际研讨会的15名外国代表到苏州参观市档案馆。市委常委、秘书长黄炳福会见并宴请哈里斯一行。市档案局局长黄介眉介绍苏州市档案事业发展情况。

6月8日 市两办转发市档案局《关于做好市级机关档案移交进馆工作的意见》。

6月11~12日 省委农工部和省档案局在常熟市联合召开全省农业和农村档案工作会议，副省长姜永荣，省委副秘书长、省档案局局长陆军，省档案局副局长谈宝忠、齐丽华，省委农工部副部长张小刚，市委常委、秘书长黄炳福等参加会议并分别讲话。会议传达贯彻全国农业和农村档案工作会议精神，总结和交流全省农业和农村档案工作的试点经验，研究部署今后的工作任务。常熟市档案局作了农业和农村档案工作试点情况汇报，南通市档案局等单位作交流发言，苏州市档案局等作书面发言。与会代表170多人参观常熟市虞山镇机关及青莲村、兴福村，兴隆镇杨荡村，大义镇农技站等5个窗口单位的档案工作。

7月17日 市档案局与市委农工部联合印发《苏州市村民委员会档案工作基本要求》《村民委员会档案分类方案、文件材料归档范围及保管期限》。

9月21~24日 国际档案理事会东亚地区分会执行局会议暨档案教育与培训研讨会在市会议中心举行。韩国、蒙古、日本等国家，中国澳门、中国香港地区，中国国家档案局及人民大学、四川省、江苏省、上海市等地的60余名档案界领导、专家、学者出席会议。苏州市各市（县）、区档案局（馆）长，市专业档案馆馆长以观察员身份列席会议。国家档案局副局长郭树银，省档案局副局长程世祥，市委常委、秘书长黄炳福出席22日的研讨会开幕式。郭树银宣读国家档案局局长、国际档案理事会主席王刚的致词，市委常委、秘书长黄炳福致了词，东亚分会主席、日本国家档案馆馆长高冈完治也作致词。来自加拿大不列颠哥伦比亚大学的杜兰蒂教授和苏州大学张照余副教授分别作主报告。23日下午，客人们参观苏州市档案局（馆）新馆库，市档案局局长黄介眉致欢迎词。

11月12~13日 美国密歇根大学本特利历史图书档案馆馆长弗朗西斯·布劳因一行到苏州访问，参观市档案馆、刺绣研究所，游览虎丘、同里。市委常委、秘书长黄炳福会见布劳因一行，市档案局局长黄介眉参加会见。

11月17日 市档案局与市委农工部在吴县市胥口镇召开全市农业和农村档案工作总结交流会，市委常委、秘书长黄炳福到会讲话。市档案局局长黄介眉主持会议，市委农工部副部长陶若伦、市档案局副局长姜贤明在会上讲话。会议印发《苏州市村民委员会档案工作基本要求》等两个规范性文件。会议代表参观胥口镇档案工作。

11月18日　市爱卫委、创建国家卫生城市指挥部联合印发通知，公布市区创建第十四批达标单位，市档案局机关为达标单位。

11月18~20日　市档案局与市人大教科文卫工委、市法制局联合组织对12家单位进行档案执法检查活动。11月25日，发出检查情况通报。

11月25日　市委组织部通知，虞平健任市档案局副局长、档案馆副馆长，免去姜贤明市档案局副局长、档案馆副馆长职务。

11月　省科普宣传周领导小组办公室决定，苏州市档案局（馆）被评为江苏省第十届科普宣传周先进集体。

1999年

3月　市档案局组织市（县）2区（郊区、新区）档案局（馆）分管领导参加全市农业和农村档案工作巡回观摩。

8月21~22日　海峡两岸档案学术交流会台湾代表团一行25人到苏参观访问。在参观期间，市委常委、市委秘书长黄炳福，市政府副秘书长朱民，市台办副主任王琛，市档案局局长黄介眉等先后会见台湾代表。

9月　市档案局、市开放办在苏州新区联合召开全市开发区档案工作目标管理现场会，总结全市开发区档案工作已取得的成绩，推广苏州新区档案工作在目标管理认定工作中的经验和做法，要求全市省级以上开发区档案工作用三年时间全部达到省三级以上标准。

2000年

1月20~21日　市档案局在太仓市召开年度局（馆）长会议，总结交流1999年工作情况，部署2000年工作任务。

3月24日　市档案局成立"三讲"教育工作班子，由黄介眉、严浩翔、沈培三人组成。

3月25日　根据《中共苏州市委关于在县处级领导班子、领导干部中开展"三讲"集中教育的实施意见》，结合市档案局实际，市档案局制定实施意见。

3月31日　市档案局决定，成立市档案馆目标管理工作领导小组，黄介眉任组长，徐敏、虞平健任副组长。

5月28日~7月底　根据市委统一部署，市档案局领导班子从3月下旬起，开展"三讲"教育活动，市档案局坚持整风精神，高标准、高质量地做好各项工作，"三讲"教育进展顺利，取得明显成效，达到预期目的。

8月17日　市档案局局长黄介眉向市人大常委会第30次主任会议汇报全市档案工作情况。市委副书记、人大常委会主任黄俊度在听取汇报后，就全市国家重点档案抢救工作等作了指示。会后印发《会议纪要》。

9月1日 为加强市档案馆的各项业务建设，促进档案馆工作的制度化、规范化，市档案馆制定《苏州市档案馆业务工作制度》共16项并汇编成册。

12月20日 根据市委宣传部的《关于命名第二批"苏州市爱国主义教育基地"的决定》，市档案馆被列为市爱国主义教育基地。

12月26日 "世纪回眸——苏州市档案馆百年馆藏选展"正式开展，展览共有24块版面，4个陈列柜，展览分政治、经济、科教文卫、社会生活4个专题。

12月26~28日 省档案局副局长谈宝忠为组长的省考评组一行7人到苏州实地考评苏州市档案馆目标管理升一级档案馆。市委常委、秘书长黄炳福会见省考评组。经过考评，省考评组一致认定苏州市档案馆达到江苏省一级档案馆标准。12月31日，江苏省档案局批准苏州市档案馆为省一级档案馆。

12月30日 根据市两办文件精神，从1998年至2000年9月底，共有102家单位向市档案馆移交1983~1990年的全部档案，总计68777卷。

2001年

2月15~16日 全市档案工作暨表彰先进会议召开，市政府副秘书长朱民主持会议，市委副书记、秘书长黄炳福到会讲话。市人大教科文卫工委主任张旺健、市政协副秘书长黄永麟等出席会议。市人事局副局长薛金坤宣读表彰决定。市领导对全市档案系统60个先进集体和80名先进个人进行颁奖。

2月16~17日 全市档案局（馆）长会议在常熟市召开。会议贯彻落实全省档案工作会议精神，并结合苏州当地实际，具体研究部署2001年五项工作任务。

3月22日 根据中国档案学会《关于开展拒绝邪教签名活动的通知》，市档案学会组织各市、区档案学会、小组按通知要求组织签名，以实际行动投身到与"法轮功"斗争的前列。全市共有414名会员参加签名活动，并向全市社会各界作出市档案学会拒绝邪教的承诺。

3月30日 苏州市行政区划调整，吴县市撤市设吴中区、相城区，市档案局对吴县市撤市后的档案资料处置问题进行调研，并形成处置意见后报省档案局。省档案局批复如下：一、同意吴县市档案馆保存的档案资料由吴中区档案馆（筹）管理。二、同意原吴县市机关单位、乡镇的档案由吴中区档案馆（筹）负责接收，并按有关规定管理。

5月28日 市档案局印发《关于在市级党政机构改革中加强档案管理工作的意见》。根据统计，全市共有31家单位需要在"三定方案"下达后三个月内完成档案整理移交工作。

7月20日 市两办批准市档案局制定的《苏州市档案事业发展"十五"计划》。

9月5日 根据省档案局文件精神，市档案局对相城区委办公室《关于要求保留城区所属乡镇机关档案的请示》问题作出批复：希望该办认真落实批复精神，尽快设立相应的档案工作机构，进一步加强地方档案事业的主体建设，充分发挥档案的作用,保持档案事业健康、稳定地发展。

9月21日 经市职称工作领导小组批复,同意调整市档案专业中级资格评审委员会。评审委员会委员库由30人组成,其中黄介眉、张关雄、颜亚平三人为主任委员库成员。

9月28日 市档案局派专人参与中国苏州国际丝绸旅游节筹备组工作,对丝绸节各类活动形成的档案资料进行收集整理。

10月11日 接市委办通知,市档案局的"三定方案"经市机构编制委员会审核,已报市委批准:保留市档案局(馆),为市委直属事业单位,副处级建制,继续赋予行政管理职能。核定事业编制34名。内设7个职能科室,均为正科级建制。

10月25~26日 市档案局会同市人大教科文卫委、法制办、计委、建设局对苏州市图书馆、常熟市第三水厂等8项重点工程档案工作进行专项检查。

11月5日 根据省档案局的《关于向从事档案工作满30年人员颁发荣誉证书的通知》精神,市档案局为符合条件的11人办理审批手续,并颁发荣誉证书。

12月30日 根据市政府文件精神,按照法制统一的原则和文件清理的范围,市档案局对1980年以来所制发的档案法规、规章及规范性文件进行全面清理,其中档案行政规范性文件有16项,业务规范性文件有55项,有关部门会同市档案局联合制发的5项业务规范性文件作出了保留、废止或修订的意见。

2002 年

1月13日 市委批准,建立中共苏州市档案局(馆)党组,黄介眉任党组书记。市委组织部发文通知,虞平健任党组成员。

2月4~5日 全市档案局(馆)长会议在吴江市召开。市委秘书长孟焕民、吴江市委副书记吴菊忠到会看望与会代表。

3月26日 市档案馆申报的《苏州商会档案(晚清部分)》通过国家档案局评定,入选第一批《中国档案文献遗产名录》。

5月31日 为贯彻国家档案局、中央档案馆关于组织档案安全大检查的紧急通知精神,市档案局将文件转发到各县(市)、区档案部门,对照要求,分析安全形势,排查隐患,落实整改措施,进行档案安全自查,同时将大检查情况以书面形式向省档案局作汇报。

9月4日 市档案局印发《苏州市名人档案管理暂行办法》。

9月25日 由市委宣传部、市党史工办、市级机关工委、《苏州日报》、市广电总台、市档案局联合举办的"关怀——党和国家领导人与苏州"大型文献图片展正式展出。展览共展出120多位党和国家领导人与苏州有关的珍贵图片400余幅。展后赴各市(县)、区进行巡回展出,为中共十六大和新中国成立53周年营造气氛。11月15日,《关怀——党和国家领导人与苏州》画册出版。

9月26日 为纪念《中华人民共和国档案法》颁布15周年,市委宣传部、市档案局联合举办档案知识竞赛活动。

10 月 16 日 市档案局印发《苏州市档案信息化建设"十五"规划》。

10 月 17 日 省档案局筹建"江苏档案高级人才专家库",市档案局研究员叶万忠,副研究员沈慧瑛、肖进、陈攻、严纪明、吴雁南有关信息上报入库。

12 月 2 日 市委任命祖苏担任市档案局(馆)局(馆)长、党组书记;黄介眉任市档案局(馆)助理调研员,免去市档案局(馆)局(馆)长、党组书记职务。

2003 年

1 月 30 日 经市委同意,成立《苏州年鉴》编纂委员会,市委副书记黄炳福任主任委员,市委常委、秘书长徐国强,副市长朱永新,市政府秘书长王少东任副主任委员,市 40 个有关部门领导担任委员。委员会下设办公室,办公室设在市档案局,祖苏兼任办公室主任。

2 月 8 日 根据《中华人民共和国企业破产法》《中华人民共和国档案法》等法律法规,市档案局会同市中院、体改办、经贸局联合制定并印发《苏州市国有破产企业档案处置暂行办法》。

2 月 17~18 日 全市档案局(馆)长会议召开。会议学习贯彻中共十六大精神,总结回顾 2002 年工作,研究部署 2003 年任务。

2 月 26 日 市档案局从市政府办征集到 41 件礼品实物(越南等八个国家[地区]的珍贵外交礼品 26 件,天津市等十四个友好城市的纪念品 15 件),其中有越南总理潘文凯赠送的刺绣画,马耳他总统德马尔可赠送的工艺扇,天津市委、市政府赠送的玻璃工艺龙船等珍贵礼品。

3 月 11~28 日 市档案局印发《苏州市〈归档文件整理规则〉实施细则》,要求 2003 年度在全市范围内全面推行。市档案局自行开发研制的《归档文件整理规则》计算机管理软件,同时在全市范围内推广应用。

4 月 1~2 日 国家档案局局长毛福民率领政策法规司司长郭嗣平等 4 人组成的国家档案行政执法检查组到吴江、常熟检查指导工作,省档案局局长韩杰、副局长毕小平与市档案局局长祖苏等陪同检查。市委常委、秘书长徐国强赴吴江看望检查组。

4 月 7 日 经市委副书记黄炳福提议,市档案局局长祖苏作为第 27 届世界遗产大会筹委会委员并派征集编研科专人参加工作,对世遗会的档案资料进行收集。

4 月 21~23 日 2003 年度国家档案局科技项目立项评议会议在苏州召开。国家档案局和 11 个省(市)档案部门的分管领导共 40 多人参加会议。市委常委、秘书长徐国强向会议介绍苏州市的情况。常熟市、吴江市有 3 个项目参加立项评议。

5 月 14 日 市档案局与市防治"非典"指挥部联系,开展"防非"斗争的档案资料征集工作。

6 月 17 日 苏州市传统丝绸产业的代表——振亚丝织厂的各门类和载体档案共 7000 余卷接收进市档案馆(该厂已于 2002 年 12 月 25 日破产审理终结)。

10 月 15~17 日、10 月 24 日 市人大教科文卫委、法制办、档案局组成联合执法检查组对全市 16 家机关、事业单位以及乡镇、开发区等单位贯彻落实《档案法》的情况进行检查。

11 月 19 日 根据市编委苏编发［2003］35 号文件通知，市档案局机构规格由原副处级调整为正处级。

11 月 24 日 市委通知，翟晓声兼任市档案局（馆）局（馆）长、党组书记，祖苏任市档案局（馆）副局（馆）长、党组副书记，虞平健任市档案局（馆）副局（馆）长、党组成员（试用期 1 年）。

11 月 25 日 根据市统一部署，市档案局对 1980 年以来所印发的包括与其他部门联合制发的文件进行全面清理。经审定，共有 11 件已过时效或被新的规范性文件所替代，内容涉及业务建设、升级评定、开放档案。市档案局发文公告。

12 月 16 日 经市机构编制委员会办公室批准，市档案局的业务指导科、法规宣教科、保管利用科、征集编研科分别更名为业务指导处、法规宣教处、保管利用处、征集编研处。上述机构更名后，其建制级别及领导职级均不变。

12 月 29 日 省档案局发出《关于表彰全省档案系统先进集体和先进个人的决定》，市档案局被评为全省档案系统先进集体。获省人事厅、档案局表彰的先进集体还有太仓市档案局（馆）、先进个人 2 名（张家港市档案局蔡同寅、吴中区档案局朱翔凌）。

2004 年

1 月 17 日 《苏州日报》刊登市政府第 47 号令，发布《苏州市档案管理办法》。该《办法》自 2004 年 2 月 1 日起施行。

2 月 5~6 日 市档案局在常熟召开 2004 年全市档案局（馆）长工作会议，总结回顾 2003 年全市档案工作，研究部署 2004 年工作任务。

3 月 12 日 市档案局与市民政局、市体改办联合制定印发《苏州市社区档案管理实施意见》。

3 月 17 日 市档案局、市委党史工办联合举办的"新中国外交礼品展"及"苏州对外交往礼品展"在苏州革命博物馆开幕。

3 月 31 日 市档案局与市信息办、保密局、机要局联合制定印发《苏州市市级机关电子文件归档管理实施意见（试行）》。

4 月 9 日 市档案局与市发展计划委员会、经贸委、建设局联合发文，要求列入市级以上重点项目都要建立项目档案管理登记备案制度。

4 月 27 日 市委发出《关于表彰苏州市市属国有（集体）企事业单位产权制度改革先进集体和先进个人的决定》，市档案局被授予先进集体称号，市档案局卜鉴民被授予先进个人称号。

6 月 22~23 日 省档案局、省电子政务建设协调指导小组在苏州召开会议。市委副秘书长、市档案局局长翟晓声介绍苏州的做法。

7月2日 市机构编委会发文批复,同意市档案局增设现行文件查阅中心,为正科级建制的内设机构;同意增加内设机构正副主任领导职数各1人,所需人员编制由局内部调剂。7月14日,市政府领导同意,在市行政服务中心增设现行文件查阅中心。

7月23日 第28届世界遗产大会圆满闭幕。会务指挥部领导签发《关于做好第28届世遗会会议档案移交归档工作的意见》。

8月26日 市委常委、秘书长徐国强到市档案局调研。

9月1日 中国年鉴资源全文数据库一期工程结束。中国版协年鉴研究会决定授予《苏州年鉴》一期入库年鉴"中国年鉴资源全文数据库核心年鉴"称号。

9月15日 为配合市委、市政府加强和改进全市未成年人思想道德建设工作,市档案局(馆)编辑《小荷尖尖——苏州馆藏名人少年作品选》一书(暂名),邀请市有关领导、专家参加座谈会并听取意见。

11月16日 省委常委、市委书记王荣在市委常委、市委秘书长徐国强陪同下到市档案馆视察。

11月19~20日 受市档案局委托,国家档案局技术部召集专家对"苏州市数字档案馆建设方案"进行专题论证。

11月23日 印度国家档案馆馆长助理 K.Ksharma 和印度国家档案馆科技部馆员 Y.joshi 一行4人,在上海市档案局接待处长陪同下到苏参观访问,并考察西园寺档案室。

12月9日 市档案局(馆)与华中师范大学中国近代史研究所合编的《苏州商会档案丛编》第二辑正式出版。

12月13日 经第三届全国年鉴质量评奖小组评审,《苏州年鉴》分别获得综合、条目编写一等奖,框架设计、装帧设计特等奖项。《苏州年鉴(2004)》被评为全国城市年鉴系列综合一等奖,获全国出版工作者协会颁发的中国年鉴奖。

12月23日 市委发文通知,经市委九届第七十八次常委会研究决定,虞平健经试用一年考核合格,任市档案局(馆)副局(馆)长、党组成员,任职时间从2003年11月算起。

2005 年

1月19~20日 全市档案工作暨表彰先进会议召开,总结回顾2004年苏州市档案工作,研究部署2005年工作任务,对2001~2004年度全市档案系统的60个先进集体和101名先进个人进行表彰。

1月21日 第28届世遗会档案通过验收并向市档案馆移交,共有档案资料2292件,其中包括纸质档案1096件、照片677张、声像多媒体档案337盒、实物80件、资料102册。

1月24日　市档案局党支部召开全体党员大会，局党组书记、局长翟晓声作了局机关保持共产党员先进性教育活动的动员报告，并成立局先进性教育领导小组。

4月1~2日　国家档案局局长毛福民率政策法规司司长郭嗣平等4人组成档案行政执法检查组到吴江、常熟检查指导工作，省档案局局长韩杰、副局长毕小平等陪同。市委常委、秘书长徐国强到吴江看望国家档案局局长毛福民和省档案局局长韩杰等。

4月6日　市档案局召集各市（县）、区档案部门负责人举行座谈会，广泛征求对局领导班子（党组）工作的意见。市档案局局长翟晓声，市档案局副局长祖苏、虞平健，市委先进性教育督导组副组长薛金坤等参加会议。

4月14日　市档案局与苏州职业大学举行实习基地签约、揭牌仪式。12月22日，市档案馆与苏州科技学院举行教学实习基地和爱国主义教育基地签约仪式。

4月19日　市行政服务中心东区正式投入使用，市现行文件查阅中心同时开放。省委常委、市委书记王荣，市委副书记、市长阎立等市4套班子领导前往祝贺，并出席揭牌仪式。

4月21日　市委发文通知，免去翟晓声兼任的市档案局（馆）局（馆）长、党组书记职务，徐蕙兼任市档案局（馆）党组书记，祖苏任市档案局（馆）局（馆）长。

5月8日　根据市委先进性教育活动领导小组统一部署，市档案局党组召开分析评议阶段通报总结测评会，总结和通报市档案局保持共产党员先进性教育分析评议阶段有关情况。局党组书记徐蕙主持会议，市党组副书记、局长祖苏通报局党组专题民主生活会情况。

5月20日　市档案局召开先进性教育整改提高阶段动员大会，具体部署第三阶段工作实施意见。

6月21日　市档案局召开保持共产党员先进性教育活动总结大会，市档案局副局长虞平健代表局党组和局机关党支部作工作总结。

6月21日　市档案局召开局全体党员大会，选举成立党总支委员会。经市级机关党工委批复，同意选举结果及委员分工：虞平健、严浩翔、肖进、王仁斌、丁月宝等5人组成中共苏州市档案局机关总支部委员会委员，虞平健为总支书记，严浩翔为总支副书记。

7月19~20日　中央纪委常委、秘书长，全国政务公开领导小组副组长干以胜率全国政务公开督查调研组一行5人在省纪委副书记、监察厅厅长谢秀兰，市委副书记、市纪委书记沈荣法，市委常委、常务副市长汪国兴，市纪委副书记、市监察局局长季忠正等陪同下到市行政服务中心视察，重点视察现行文件查阅中心。市档案局局长祖苏介绍现行文件查阅中心组建以来的运行情况、查阅方法和利用效果等。

7月21日　市档案局在张家港市档案局召开全市档案信息化工作会议，各县（市）、区档案局的分管领导及部门负责人参加会议。

7月22日~10月　市档案局分三批开始对市级机关、直属企事业单位档案工作进行年度检查,列入 2005 年档案年检的单位共 138 家。经检查,达到优秀标准 47 家,达到合格标准 89 家,有 2 家不合格。

8 月 18 日 苏州市公推公选市档案局副处职领导干部民主推荐会召开。经过公开报名、民主推荐、演讲答辩、评委投票、市委决定,11 月 3 日,市委组织部在《苏州日报》上公示:相城区东桥镇党委副书记、镇长陈兴南拟任市档案局副局长。11 月 9 日,市委发文,陈兴南任市档案局(馆)副局(馆)长、党组成员。

9 月 20~21 日 省档案局副局长谈宝忠率省档案馆等级评定委员会复查认定组对苏州市档案馆省一级新标准达标情况进行复查。市委常委、秘书长王少东致欢迎词。省档案局局长韩杰作总结讲话。市档案局党组书记徐蕙出席认定会。市档案馆顺利通过省一级馆复查认定。

10 月 21~22 日 华中师范大学中国近代史研究所、市档案馆在苏州饭店举办近代中国社会群体与经济组织暨纪念苏州商会成立 100 周年国际学术研讨会。会议由市档案馆馆长祖苏主持,华中师大中国近代史研究会章开沅作主题演讲。省档案局局长韩杰、华中师范大学校长马敏、市委副书记徐国强到会讲话。研讨会共举行 7 场学术研讨会,37 名专家作学术报告。参加研讨会的有境内专家 37 人(其中苏州专家 8 人),以及美国、日本、新加坡专家 3 人,中国香港和中国台湾专家 4 人。

11 月 8~9 日 由中国版协年鉴研究会主办,苏州市档案局承办的中国版协年鉴研究会成立 20 周年庆典暨第十届全国年鉴学术年会在苏州召开。

2006 年

1 月 11 日 市档案局与市文明办在市十中联合举行赠书仪式,向三中、四中、九中、十中赠送《馆藏名人少年时代作品选》。

2 月 15~16 日 全市档案局(馆)长会议召开,总结"十五"和 2005 年度档案工作,研究部署全市档案事业"十一五"规划和 2006 年重点工作,并赴浙江进行学习考察。市委常委、秘书长王少东出席会议并讲话。

3 月 15 日 市两办印发《苏州市档案事业发展"十一五"规划》。

4 月 4~6 日 市档案局举办民营企业建档现场观摩活动,听取民营企业负责人关于建档工作情况介绍,观摩档案室,交流建档工作经验和体会,并就有关业务问题进行研讨。

4 月 27~28 日 省档案局局长韩杰一行 3 人到苏视察,专题听取市档案馆数字档案馆建设情况专题汇报。

5 月 18~23 日 市档案局党总支组织全体机关干部赴江西井冈山革命圣地接受革命传统教育。

6 月 13~14 日 国务院法制办主任、调研小组组长曹康泰,审计署审计长李金华,国务院机关事务管理局副局长高翔等在省委常委、常务副省长赵克志,市委常委、常务副市长曹福龙等省、市领导陪同下视察市档案局现行文件查阅中心。

6月21~22日　全国政协委员、国家档案局原副局长刘国能在省档案局欧阳旭明陪同下到苏调研企业档案工作。先后考察市工投公司档案管理中心、江苏波司登股份有限公司和江苏梦兰集团。

7月14~15日　全市档案局（馆）长工作会议召开，交流上半年重点工作完成情况和下半年主要工作计划，就苏州市数字档案馆建设情况进行通报。省档案局副局长齐丽华，省档案局科技处处长张姬雯、副处长钱耀明进行现场指导。

8月28日~9月29日　市档案局对151家市级机关档案工作进行年检。经检查，达到优秀的单位有93家，当年申报档案等级免检的单位有7家，达到合格的有49家，有2家未通过年检。

8月28日　市档案局与市财政局印发《国家重点档案抢救和保护补助费管理办法》实施意见。

9月6日　市档案局、市档案学会在金阊区虎丘街道山塘社区举办题为"宣传档案知识，服务千家万户"的档案知识进社区活动。

9月29日　市档案局组织开展"苏州市珍贵档案文献"评选活动。评出20件（组）档案列入首批"苏州市珍贵档案文献"名录。

10月9日　国家档案局、中央档案馆第23期《档案工作信息》刊登市档案局上报信息《江苏省苏州市创新改制企业档案管理模式》，国家档案局局长杨冬权作了批示。

10月20日　市档案局被市精神文明建设指导委员会命名表彰为全市2004~2005年度文明单位。

11月13日　市两办转发《苏州市档案馆档案接收名册》《苏州市级机关直属事业单位档案移交进馆工作实施意见》。

11月16~17日　"基于内容管理的数字档案管理技术方法研究"科技成果和"苏州市数字档案馆"项目通过国家级鉴定验收。

11月20~21日　国家档案局政策法规司司长郭嗣平、经科司副司长王岚，省档案局局长韩杰等一行9人专程到苏州市工投档案中心调研改制企业档案处置工作。

2007年

1月5日　市委分管领导在市档案局召开领导班子调整会议。市委组织部副部长朱玉文宣读市委关于市档案局党组主要领导的调整决定：徐蕙不再兼任市档案局党组书记职务，由市委副秘书长金洁兼任市档案局党组书记。市委常委、秘书长王少东出席会议并讲话。

1月16日　市档案局与市信息化办公室联合召开全市档案信息化工作推进会，总结交流2006年全市档案信息化工作情况，部署2007年档案信息化工作思路，演示介绍苏州市数字档案馆系统。

4月　经市委组织部批准，市档案局征集编研处处长谈隽到吴中区木渎镇挂职木渎镇副镇长。至同年12月结束。

6月11~12日 国家档案局副局长李和平一行在省档案局局长韩杰和市档案局局长祖苏、副局长虞平健等陪同下视察市工投档案管理中心。

7月10日 市委常委、秘书长王少东主持召开会议，就苏州市工投档案管理中心体制问题进行专题协调。会议就建立市改制企业档案管理中心，为全额拨款事业单位，划归市档案局管理，工投档案管理中心资产、档案、人员移交市改制企业档案管理中心管理等问题形成《会议纪要》。市编办发文，同意建立苏州市工商档案管理中心。

8月8日 市档案局在昆山召开全市档案宣传教育工作会议。

9月4~14日 市档案局开展市级机关档案工作标准年度检查。列入年检的单位共52家，其中达到优秀单位20家、合格32家。

10月12日 市档案局印发《苏州市档案局政务信息主动公开和依申请公开制度》《苏州市档案局政务信息公开工作考核评议制度》《苏州市档案局政务信息公开责任追究制度》《苏州市档案局政务信息公开审核制度》《苏州市档案局政务公开公示制度》《苏州市档案局政务公开听证制度》《苏州市档案局信息发布保密审查制度》。

10月18日 经局党组研究决定，虞平健兼任市工商档案管理中心主任、筹建组组长，负责筹建苏州市工商档案管理中心。

12月20日 市委分管领导在市档案局召开局领导班子主要领导调整会议。市委组织部副部长朱玉文宣读市委关于市档案局党组主要领导的调整决定：金洁不再兼任市档案局党组书记职务，由市委副秘书长王新华兼任市档案局党组书记；祖苏不再担任市档案局局长职务，由肖芃担任市档案局局长。市委常委、秘书长王少东出席会议并讲话，对档案局新领导班子和全局机关干部提出新要求。（2008年1月13日，祖苏被市十二届政协常委会一次会议提名为市政协城乡建设委员会主任。）

12月26日 市档案局局长肖芃带领局党员志愿者服务队参加环太湖林业生态工程市级机关义务植树活动。

2008年

1月16日 全国档案工作暨表彰先进会议在京召开，苏州市工业投资发展有限公司档案管理中心获全国档案工作优秀集体称号，波司登股份有限公司档案馆馆长丁建新获全国优秀档案工作者称号。

1月17日 市档案局、市工投公司举行市工投档案管理中心资产交接签约仪式。市档案局局长肖芃、市工投公司董事长董柏分别在移交协议上签字。市财政局、市国资委领导参加签约仪式。

2月22日 全市档案工作暨表彰先进会议召开。市委常委、秘书长王少东，市政协副主席陈振刚，各市（县）、区党委或政府分管领导，各级档案局（馆）局（馆）长，市各单位分管领导、办公室主任、机关档案协作组组长,先进集体代表和先进个人近 400 人参加会议。

2 月 29 日 市人大常委会副主任朱玉文带领市人大科教文卫委员会有关领导到市档案局（馆）视察指导工作。

3 月 18 日 市人大常委会原主任周福元个人档案捐赠仪式在市档案局（馆）举行,周福元将 262 件个人档案捐赠给市档案馆。局党组书记王新华主持仪式,局长肖芃向周福元颁发捐赠证书。市委常委、秘书长王少东,市人大常委会副主任朱玉文,市政协副主席陈振刚参加捐赠仪式。

5 月 10~11 日 以馆长马蒂斯·科索尔率领的斯洛文尼亚共和国国家档案馆代表团一行 4 人,在省档案局局长韩杰陪同下到苏访问。市人大常委会副主任钱海鑫,市委副秘书长、市档案局党组书记王新华,市档案局局长肖芃等陪同。

5 月 12 日 汶川大地震。14 日,市档案局全体人员参加市级机关党工委组织的捐助灾区活动,共捐款 6700 元。在支援汶川抗震救灾活动中,市档案局还援建爱心小学 1.16 万元,缴纳特殊党费 1.42 万元,市工商档案管理中心捐款 8050 元,全局共捐款 40550 元。

6 月 6 日 市委常委、秘书长王少东对《苏州年鉴》作出批示:"《苏州年鉴》是苏州市综合性年刊,是市委、市政府对外宣传、交流的重要窗口之一,也是各级领导和社会各界了解苏州、研究苏州、建设苏州的重要新闻载体之一。希望市档案局（馆）和《苏州年鉴》的全体编纂人员以科学发展观统领全局,进一步解放思想,围绕大局,更新理念,不断提高年鉴办刊水平,为实现苏州经济社会又好又快发展做出更大贡献。"6 月 10 日,在《苏州年鉴》创刊二十五周年之际,省委常委、市委书记王荣为《苏州年鉴》题词表示祝贺,题词为:"《苏州年鉴》创刊二十五年以来,锐意进取,积极创新,已成为市委、市政府对外宣传、交流的重要窗口之一。望在新的发展时期,坚持以科学发展观为指导,进一步解放思想,不断提高编纂质量,为服务全市'两个率先'和建设'和谐苏州'发挥更大的作用!"

6 月 11 日 根据民政部办公厅、国家档案局办公室联合下发的《关于加强最低生活保障档案管理的通知》精神,市民政局与市档案局联合印发《苏州市最低生活保障档案管理暂行办法》。

6 月 25 日 市两办发出《关于进一步加强新时期档案工作的意见》。进一步推进苏州档案事业科学发展,为全市"两个率先"和富民强市目标做出更大的贡献。

6 月 27~29 日 受国家档案局的委托,省档案局组织专家测评组到市档案局（馆）进行国家二级档案馆测评,同时对 8 个市（县）、区档案馆进行晋升国家二级档案馆验收。市委常委、市委秘书长王少东出席苏州市档案馆测评会并讲话。

7 月 5~6 日 由中国档案学会与省档案学会主办,市档案局与市档案学会协办的"亲民、为民、利民——实现'两个转变'、建立'两个体系'"高层论坛在吴江同里湖大酒店举行。中国档案学会理事长冯鹤旺主持论坛,中国档案学会常务理事、省档案局领导、部分省（市）档案局局长等40人出席论坛。市委常委、常务副市长曹福龙致词，市档案局党组书记王新华，市档案局副局长陈兴南等参加论坛。会上，国家档案局局长杨冬权作主题讲话，市档案局局长肖芃作主题发言。与会代表参观波司登集团档案馆、蒋巷村荣誉陈列室、苏州市工商档案管理中心。

10月21日 市档案局召开全市现行文件（政府信息集中公开）工作情况交流会。

11月6日 市档案局主办、市工商档案管理中心承办的"工商档案杯"书画摄影作品展开幕式在苏州革命博物馆举行。共收到229幅作品，其中书画类作品55幅，摄影类作品174幅，展期7天。

11月10日 国家档案局在苏召开档案工作机制创新座谈会，国家档案局经科司司长李晓明主持会议。与会人员参观苏州市工商档案管理中心。市委常委、秘书长王少东，市委副秘书长、市档案局党组书记王新华，市档案局局长肖芃等会见李晓明司长一行。

11月12~13日 省纪委常委、监察厅副厅长韩波率省委第二巡视组到苏州市档案局巡视档案工作。

11月24~26日 市委组织部、市委宣传部、市级机关工委等15个部门联合发起"送温暖、献爱心慈善一日捐"活动的倡议，市档案局机关干部、离退休干部、市工商档案管理中心的干部职工共计捐款10400元。

12月31日 市档案局机关党支部、局工会联合举行"2009畅想"演讲比赛，共29人参赛。评出一等奖1名，二等奖3名，三等奖6名。

12月 市委组织部批准严浩翔为市档案局副调研员。

2009年

1月3日 从此日起，市档案局实行局长接待日制度。接待时间为每月第一个周二，地点在市档案局保管利用处查档接待室，局长、副局长轮流挂牌接待前来查档的群众。

2月25~26日 全市档案工作会议召开。市委常委、秘书长王少东，市政府秘书长陶孙贤，省档案局局长韩杰，省档案局业务处处长欧阳旭明等400人参加会议。市委副秘书长、市档案局党组书记王新华主持会议。市档案局局长肖芃作题为《解放思想，攻坚克难，为全市档案事业又好又快发展努力奋斗》的工作报告。常熟市档案局、沧浪区档案局、苏州市交通局、苏州市地税局等4家单位在会上作经验交流。

2月27~29日 市人大常委会副主任朱玉文率市人大教科文卫工委一行7人调研市工商档案管理中心、市房地产档案馆、吴江市档案局、昆山市档案局和太仓市档案局。

3月12日 根据《苏州市委市级机关工委关于做好2009年苏州市劳动模范推荐评选工作的通知》精神，局党组在按照程序、充分发扬民主、组织全员推荐基础上，决定推荐沈慧瑛为市劳动模范。4月30日，市委、市政府表彰市劳动模范，沈慧瑛被授予市劳动模范称号。5月1日，市委常委、秘书长王少东作出批示："沈慧瑛同志爱岗敬业，默默奉献，扎根档案几十年，在平凡的工作中创出了一流业绩。这种精神值得总结学习并发扬光大。"5月13日，市档案局发出通知，号召全市档案系统干部职工向市劳动模范沈慧瑛学习。

3月17日 市档案局制定《苏州市档案局深入学习实践科学发展观活动实施方案》。18日，市档案局成立深入学习实践科学发展观活动领导小组。

3月18日 市档案局召开学习实践科学发展观活动动员大会，对档案部门的学习实践活动进行动员和安排。市委副秘书长、局党组书记王新华作动员讲话，市委第二指导检查组组长张锡九出席会议并提出要求。局党组副书记、市档案局局长肖芃主持会议。

3月18日 市档案局通报市级机关直属事业单位档案进馆工作情况，截止到2008年底，共36家单位完成38个全宗档案的移交进馆工作。

3月23日 市档案局局长肖芃率局机关"三服务"联络组赴吴中区光福镇，与镇党委进行对接，分层次召开镇领导班子和行政村、规模企业负责人代表座谈会，启动"三服务"工作。

3月29日 市档案局召开全市民生档案工作研讨会。

3月31日 市委副秘书长、局党组书记王新华在市档案局作学习实践活动系列报告会的首场报告。

4月8日 市档案局局长肖芃一行到张家港市专题调研乡镇档案工作机构与人员编制情况。

4月29日 市职称办批复，调整充实市档案专业中级资格评审委员会，主任委员库3人：虞平健、沈慧瑛、张照余。

4月25~28日 市档案局组织各市、区档案局成立四川灾区援建苏州档案工作指导慰问团赴绵竹灾区援建前线，对苏州市援建档案工作进行现场宣传和指导，市档案局向绵竹市档案局捐献5000元爱心款。

4月27日 市档案局与市党史工办等联合主办的"奋斗的历程，辉煌的成就——纪念苏州解放60周年图片展"在苏州革命博物馆开展。

5月13日 市档案局与市对口援建绵竹指挥组联合发出《关于加强苏州市对口四川绵竹灾后援建档案管理的意见》。

5月14日 经市档案局党组研究同意，局成立市档案局青年工作委员会。5月22日，局召开青年工作委员会成立大会。青工委46名成员参加成立大会。

6月5日 市档案局印发《关于加强市工商档案管理中心建设的意见》。

6月5日 市档案局印发《关于加强档案征集工作的意见》。

6月10日 根据市委组织部、市级机关党工委、市文明办、市关工委发出的《关于做好市级机关关心下一代工作的意见》，市档案局党组研究决定，成立局关心下一代工作委员会，虞平健任主任，卜鉴民任副主任。

7月1日　市档案局对机关下属企事业单位档案工作年检。全市列入检查范围的单位共39家，其中21家免检，18家受检单位中9家达到年检优秀、8家合格、1家不合格。

7月1日　全市各机关、企事业单位对照《江苏省机关团体企事业单位档案工作规范》，开展档案工作星级标准测评及复查活动，共有59家单位的档案工作通过档案工作测评及复查，其中三星级36家、二星级15家、一星级8家。

7月7日　市档案局党组召开会议，传达、贯彻市两办联合印发的《关于加强当前社会稳定工作的通知》精神，要求全局认真排查安全隐患，严格遵守各项管理制度，做好职责范围内的安全维稳工作，确保档案馆的安全。

7月20日　市档案局副局长陈兴南向市人大常委会汇报《苏州市档案管理条例》立法情况。

7月23~24日　全市档案局（馆）长座谈会暨半年度工作会在昆山召开。

7月24日　市档案局与《苏州日报》合作推出《古城春秋》连载。8月9日，市档案局与《姑苏晚报》合作推出《档案春秋》连载。8月23日，市档案局联合苏州电视台《苏州新闻》栏目推出"家庭档案"知识系列电视专题报道。9月1日，市档案局联合《苏州日报》推进《生活就是记并快乐着》一文，启动《苏州日报》的"家庭档案"系列报道。

8月24~25日　省档案局局长韩杰率省局领导班子及处级以上干部一行34人到苏州，进行考察档案工作。市委常委、秘书长王少东，市委副秘书长、市档案局党组书记王新华，市档案局局长肖芃，苏州工业园区管委会办公室主任冯建林接待考察团一行。

9月2日　市档案局召开局机关深入学习实践科学发展观活动总结大会。市档案局局长肖芃主持会议，市委副秘书长、市档案局党组书记王新华作总结报告。市委学习实践活动第二指导检查组组长张锡九到会讲话。市档案局学习实践科学发展观活动经群众满意度综合测评，满意率达到100%。

9月9日　美国密歇根大学本特利历史图书档案馆馆长弗朗西斯·泽维尔·布劳因一行11人，到苏州参观访问。

10月12日　市委常委、秘书长王少东视察市工商档案管理中心。

10月27日　市档案局评选产生"苏州市十佳家庭档案"。11月3日，市档案局召开十佳家庭档案总结表彰会议。

10月29~31日　国家档案局局长、中央档案馆馆长杨冬权，国家档案局副局长、中央档案馆副馆长李明华率全国档案局（馆）长会议代表团一行67人到苏州视察指导工作，省档案局局长韩杰陪同。省委常委、市委书记蒋宏坤会见杨冬权、李明华一行，市委常委、秘书长王少东，市委副秘书长、市档案局党组书记王新华，市档案局局长肖芃等接待并全程陪同视察。

11月8日　上午，市档案局举行市档案馆新馆奠基仪式。市委常委、宣传部长徐国强出席仪式并讲话。市委副秘书长、市档案局党组书记王新华主持仪式。

11月8日　下午,市档案局在市会议中心广场举办市档案馆建馆五十周年及首个"苏州档案日"庆典仪式。

11月10~31日　市档案局开展"查找不足、规划明年"主题活动。

12月13~19日　第四届全国年鉴编纂出版质量评比活动在苏举行。苏州市送评的6种2009版年鉴均获得奖项,《苏州年鉴》荣获综合质量特等奖和框架设置、条目编写、装帧设计三个单项特等奖。

12月23日　市档案局举办金国荣剪纸作品捐赠仪式,这是市档案馆首次收藏剪纸作品实物。

12月28~29日　全市档案局（馆）长座谈会召开,学习贯彻市委十届十一次全会精神,回顾总结2009年档案工作亮点,研究谋划2010年工作重点。

12月28日　经市档案局审定,全市有20家单位通过苏州市数字档案室认定。

12月　首届江苏省档案文化精品奖名单公布,苏州获奖23项,占比23%,获奖数列全省第一。其中,市档案局编纂的《苏州商团档案汇编》获全省唯一特等奖,《苏州商会档案丛编》（第三辑、第四辑）、《苏州年鉴（2007）》、《苏州年鉴（2008）》获一等奖（全省共10项）。此外,《苏州市珍贵档案文献名录》等14个项目获三等奖。

2010 年

1月6日　市档案局局长肖芃调研高新区档案馆新馆建设情况。

1月15~16日　全市档案工作会议召开,总结2009年工作,部署2010年任务,交流经验,表彰先进。市委常委、秘书长王少东,市政府秘书长陶孙贤等500人参加会议。

2月21日　市档案局召开局机关作风建设总结动员大会,传达市级机关作风建设暨效能建设大会精神,总结2009年局机关作风建设情况,部署2010年局作风建设任务。大会提出,2010年,局机关组织开展"更主动、更高效、更廉洁、更和谐"主题教育活动。

2月26日　市政府召开第37次常务会议,听取并讨论通过《苏州市档案条例（送审稿）》审核报告。市长阎立主持会议,并对档案工作提出要求。

3月3日　中国版协副会长、上海市地方志办副主任朱敏彦一行7人,向苏州市档案馆赠送《上海通志》《上海大辞典》,苏州年鉴编辑部向中国版协递交第四届全国年鉴评奖会议申报成果。

3月31日　市人大代表开展《苏州市档案条例》立法调研并举行立法座谈会,省档案局副局长毕小平出席并讲话。

3月　经市委组织部批准,市档案局信息技术处处长陈进锋到吴中区挂职胥口镇委副书记。至2011年1月结束。

4月12日 在市2009年度优秀广播电视节目评比中,苏州广电总台和市档案局合作拍摄的系列报道《家庭档案看变化》获得电视新闻奖连续(系列)报道项一等奖。

4月 经过民主测评,市档案局党组公开推荐市劳动模范、局保管利用处处长沈慧瑛为市档案局(馆)副局(馆)长。经市委组织部考察,市委决定,沈慧瑛于5月7日任市档案局(馆)副局(馆)长。

5月17日 市档案局召开中层干部竞争上岗动员大会。经过自愿报名、民主测评、演讲答辩、评委组评审,6月17日,局党组任命张小明、贾莉、林忠华分任三个处的处长。

5月19日 市档案局在常熟市档案局召开《企业档案工作规范》宣贯会。

6月1日 应市人大常委会邀请,国家档案局政策法规司司长郭嗣平、省档案局副局长毕小平等,参加《苏州市档案条例》立法专家咨询会议,并对苏州档案工作进行调研。

6月7日 市档案局、市民政局联合印发《关于进一步加强苏州市社区档案工作的意见》。

6月7~8日 市人大常委会副主任程惠明率市人大法工委相关人员在太仓市、吴中区,分别召开《苏州市档案条例》(草案修改稿)立法调研座谈会,为修改完善收集意见和建议。

6月24~25日 市十四届人大常委会召开第十八次会议,市档案局局长肖芃列席会议。会议听取市人大法工委主任朱清义关于《苏州市档案条例》(草案修改稿)审议结果的报告,并分组对《条例》进行审议。委员们全票通过《条例》。

6月28~29日 市档案局与市委农办在张家港市南丰镇永联村联合召开"全市新农村建设档案工作"推进会,总结近年来全市新农村建设档案工作取得的成绩,部署下一阶段任务,表彰一批新农村精神档案工作先进集体和个人。国家档案局副局长李和平,省档案局局长谢波,省委农办副主任诸纪录,市委常委、秘书长王少东等出席。会议由市委副秘书长、市档案局党组书记王新华主持,市档案局局长肖芃作题为《大力推进农业农村档案工作 服务苏州市城乡一体化建设》工作报告。

6月25~30日 "牵手世博"2010苏州国际友城交往三十周年成果展在苏州图书馆举行。展览由市政府主办,市委宣传部、市外事办公室、市档案局承办。展览以450余幅友好城市交往图片和15件珍贵外事礼品,辅以中英文介绍和电视宣传片,对各国际友城的风土人情、交往历程、交往成果、文化特色进行集中呈现。

6月28日 全国第一个村级档案馆——张家港市南丰镇永联村档案馆揭牌。国家档案局副局长李和平、省档案局局长谢波、省委农办副主任诸纪录、市档案局局长肖芃等出席揭牌仪式。

7月1日 北京奥运会女子举重58公斤级冠军陈艳青,将一枚纪念金牌捐赠市档案馆珍藏。该纪念金牌由1000克纯金打造,是2008年奥运会后香港霍英东体育基金会向获得奥运金牌的中国运动员颁发的。

8月6日 《苏州市档案条例》于7月28日经江苏省第十一届人大常委会第十六次会议批准，8月6日由苏州市第十四届人大常委会第7号公告正式公布，将于2010年10月1日起施行。

8月12日 市档案局编制印发《苏州市区便民查档手册》。

9月3日 市档案局召开《苏州市"十二五"档案事业发展规划》编制工作座谈会，征求对规划编制内容的意见和建议。

9月30日 上午9:30，市人大常委会举行新闻发布会，就《苏州市档案条例》10月1日正式施行举行新闻发布。市人大研究室主任、市人大常委会新闻发言人周文生主持，市档案局局长肖芃对《苏州市档案条例》相关特色内容进行解读，市人大常委会副主任程惠明到会并讲话。

9月30日 市档案局机关党支部组织全体在职党员签订《争当优秀共产党员承诺书》。全体28名在职党员结合工作实际作出承诺。

10月9日 市档案局、市地税局和苏州日报社联合主办的"地税杯'家·春秋'家庭档案"征文比赛活动结果揭晓。经有关专家组成评委组对百余篇参赛征文进行评选，共评出俞小红《金庸给我回信》、徐卓人《这是一列长长的火车》、沈秋农《到开鲁寻访麦新》、于海英《影集》等一等奖4篇、二等奖5篇、三等奖10篇、优秀奖8篇。市档案局将27篇获奖征文编辑出版《让时光停留片刻》。

10月10~11日 全省档案系统先进事迹巡回报告团在苏州会议中心举办报告会。

11月2~3日 全国《数字档案馆建设指南》宣传贯彻会议在苏州举行。国家档案局副局长李和平，省档案局局长谢波，市委常委、秘书长王少东等出席并讲话。来自全国各省、自治区、直辖市等档案部门的120名代表参加，江苏省辖市及苏州各市（县）、区档案部门负责人列席会议。与会代表考察太仓市、苏州工业园区数字档案馆建设情况。

11月7日 市档案局举行以"宣传贯彻《苏州市档案条例》"为主题的第二个"苏州档案日"活动。

11月21日 市档案局召开全局年度工作会议，传达市委十届十三次全会精神，会议总结2010年工作，谋划2011年任务，并讨论苏州档案事业"十二五"规划（草案）。

11月25日 朝鲜国家文献局蔡炳彧、李润铁、金革银、金香淑在国家档案局、中国第二历史档案馆有关人员陪同下，到苏州考察档案工作。

11月30日 省第三批珍贵档案文献评审结果公布，共17项档案文献入选，其中，苏州市有6项档案文献入选。

2011年

1月15日 市委办印发《市委办公室、市政府办公室关于转发〈苏州市档案事业发展"十二五"规划〉的通知》。

1月21日　市档案局召开全市档案工作会议，总结 2010 年工作，部署 2011 年重点任务，交流经验，表彰先进，为"十二五"开好局。

1月27日　市委、市政府表彰一批援建四川省绵竹市的先进集体、先进工作者和服务保障先进单位，市档案局获"苏州市对口援建四川绵竹服务保障先进单位"称号。

2月12日　市档案局召开局机关作风建设总结动员大会，传达全市作风效能建设大会精神，通报省档案局发给苏州市委、市政府关于苏州市档案工作的表扬函以及市委常委、秘书长王少东对函的重要批示。大会提出"争创一流国家档案馆，争当服务民生排头兵"。

2月25日　市档案局召开局机关党委"公推直选"工作动员会。3月17日，参选人员进行竞选演讲。经过全体党员投票，选举产生局第一届党委，陈兴南为书记，陈进锋为副书记，刘凤伟、徐志华、谢静为委员。

3月22日　省档案局公布"全省档案管理与服务创新优秀案例"评选结果。苏州市 3 个案例入选，即市档案局《中国企业档案管理史上的一个创举——苏州市工商档案管理中心领跑全国改制企业档案处置工作》，常熟市档案局《"县域档案安全体系建设"创新》，太仓市档案局《县级民生档案信息资源共建共享》。5月30日，苏州市档案局获国家档案局最佳案例奖，常熟市档案局获优秀案例奖。

3月22日　市档案馆新馆建设项目列入 2011 年苏州市十大民生工程。

3月　经市委组织部批准，市档案局法规宣教处处长贾莉到相城区挂职元和街道党委副书记。至 2013 年 2 月结束。

3~6月　市档案局组建国家一级档案馆创建工作志愿者突击队。

4月2日　市档案馆与金阊区教育局举行爱国主义教育基地共建签约暨赠书仪式。

4月20日　全省首个乡镇档案馆——常熟市古里镇档案馆开馆。

4月18~22日　中俄档案合作小组第八次会议暨中俄企业档案管理研讨会在苏州会议中心召开。国家档案局局长杨冬权，俄罗斯联邦档案署署长阿尔基佐夫，省档案局局长谢波及中俄双方档案部门的 160 余名代表参加。省委副秘书长姚晓东，苏州市委副书记、市长阎立到会分别介绍江苏省、苏州市的档案事业及经济社会发展情况。市档案局局长肖芃代表中方介绍改制企业档案管理的"苏州模式"。会议签署中俄档案合作小组第八次会议纪要。

4月23日　国家档案局局长杨冬权赴张家港、常熟、太仓市考察指导，并参加常熟市古里镇档案馆揭牌仪式。

5月3日　市档案局蒋纪序荣获苏州市五一劳动奖章，成为市档案系统首位五一劳动奖章获得者。

5月9日　著名书画家吴㐅木的弟子、立雪砚斋主人许浒将一方"买地券"砖刻捐赠苏州市档案馆，成为馆藏年代最早的档案。

6 月 11 日　市档案馆创建国家一级档案馆通过国家档案局专家组测评验收。

6 月 16 日　市档案局作为主办单位先后办结市人大代表陈建军《关于加强苏州市文化艺术界知名人士档案收集工作的建议》和市政协委员黄钟等《关于建立费新我艺术专馆的提案》，作为协办单位办结市政协委员曹源《关于法律援助应切实得到法院和全社会支持的提案》。

7 月 5 日　全市企业史料研究会成立大会暨苏州民族工商业史料研究工作研讨会在市工商档案管理中心举行。

8 月 16~17 日　市档案局联合市委农村工作办公室，对昆山市淀山湖镇及辖内红星村、苏州高新区东渚镇及辖内大寺村等 4 个单位的土地承包档案进行检查。

8 月 19 日　市两办转发市档案局制定的《关于加强农产品质量安全档案管理工作的意见》。

8 月 31 日　为贯彻落实省档案局、省对口援藏援疆工作领导协调小组办公室《关于做好对口援藏援疆档案管理的通知》精神，市档案局局长肖芃率队赴新疆伊犁州，就援疆档案管理工作与苏州市对口支援新疆工作组进行沟通联系。9 月 1 日，市档案局局长肖芃与伊犁州档案局局长甄敬庭签订《江苏省苏州市档案局与新疆伊犁州档案局缔结友好单位协议书》。

10 月 12~13 日　市人大常委会副主任朱玉文率市人大常委会检查组，对《苏州市档案条例》实施一周年情况开展执法检查。

10 月 14 日　"唯唯亭亭杯"书画摄影比赛组委会邀请市美术家协会、市书法家协会、市摄影家协会等专业人士组成评委会，为即将举办的优秀作品展评选出书法 80 幅、画作 20 幅、照片 80 张，其中一等奖 5 个、二等奖 21 个。

10 月 21 日　全市档案保管利用工作会议在张家港市档案馆召开。

11 月 6 日　市档案局在苏州工业园区档案大厦举办第三个"苏州档案日"活动。

11 月 15 日　市档案局机关党委在全市深化基层党组织统筹共建暨"双帮双比"活动推进会上，被市委创争办、市委组织部、市级机关工委授予苏州市"双结对"活动先进集体荣誉称号。

11 月 21 日　市档案局召开全体人员大会，市委组织部宣布《关于市委副秘书长蔡公武兼任市档案局（馆）党组书记的通知》。市委常委、市委秘书长王少东到会讲话。

12 月 15 日　人力资源和社会保障部、国家档案局发出《关于表彰全国档案系统先进集体和先进工作者的决定》，苏州市档案局（馆）获全国档案系统先进集体，太仓市档案局局长朱丹获全国档案系统先进工作者称号。

12 月 23 日　省第二届档案文化精品奖评选结果公布，全省共 71 个项目获奖，其中苏州市有 15 个项目获得一、二、三等奖，获奖项目数量再次名列全省第一，《苏州年鉴》《让时光停留片刻》获一等奖。

2012 年

1 月 6 日　市档案馆今起在《苏州日报》每周五《老苏州》版开设《珍档解密》专栏,全年共约 50 期。1 月 11 日,市档案馆在《姑苏晚报·人文周刊》开设《档案》专版。

1 月 14 日　省档案学会第六次会员代表大会在南京召开,肖芃当选省档案学会副理事长。

1 月 29 日　市作风效能建设大会召开。会上,市档案局荣获"2011 年度作风效能建设优胜单位"称号。

2 月 7 日　市委、市政府召开全市档案工作暨表彰先进会议。

2 月 15~16 日　全国档案工作暨表彰先进会议在京召开,苏州市档案局(馆)荣获 2008~2011 年度全国档案系统先进集体。市档案局局长肖芃作为先进集体代表在会上发言。太仓市档案局朱丹荣获 2008~2011 年度全国档案系统先进工作者。

2 月 24 日　市工商档案管理中心被命名为第 13 批苏州市科普教育基地。

3 月 5 日　省总工会庆祝三八暨女职工表彰大会在南京隆重召开,表彰先进集体及先进个人。苏州市工商档案管理中心查档接待组荣获 2010~2011 年度江苏省五一巾帼标兵岗称号。

3 月 12 日　市档案局宣布,局办公室主任卜鉴民兼任市工商档案管理中心主任。

3 月　经市委组织部批准,陈攻为市档案局副调研员。

4 月 9 日　市档案局在局会议室举行捐赠仪式,苏州市档案局及工商档案管理中心向伊犁州档案局捐赠扫描仪 1 台,笔记本电脑 2 台。市档案局局长肖芃、伊犁州档案局局长甄敬庭在捐赠协议上签字。

4 月 19~22 日　西藏自治区档案局副局长王震、拉萨市档案局局长马荣清一行 5 人,到苏州市档案局学习考察,拉萨市档案局与苏州市档案局签订数字档案异地异质备份结对协议。

4 月 20 日　市档案局召开国家档案局 9 号令宣贯会。

4 月 24 日　第八届长三角城市档案局长联席会议在苏州召开,来自长三角 17 个城市的档案局局长汇聚一堂,共商档案事业发展大计。省档案局局长谢波,市委常委、秘书长王少东出席并致词。

5 月 1 日　市档案局卜鉴民荣获省五一劳动奖章,成为苏州市档案系统首位省五一劳动奖章获得者。

5 月 10 日　市委、市政府发出《中共苏州市委、苏州市人民政府关于表彰人民满意的公务员和人民满意的公务员集体的决定》,市档案局保管利用处主任科员蒋纪序荣获苏州市人民满意的公务员称号。

5 月 18 日　市档案局青工委代表队参加市级机关工委组织的"学理论、知荣辱、明是非"主题辩论赛。

5 月 21 日　市档案馆在独墅湖畔的华文紫金会所举办首届书画艺术档案捐赠活动。

6月4日　市政府将工商档案管理中心所藏的8万余件丝绸样本档案保护列入《苏州市丝绸产业振兴发展规划》。

6月26日　市档案局机关党委组织党员、干部40余人赴常熟沙家浜革命纪念地开展主题党日活动。

6月30日　市委召开庆祝中国共产党成立91周年暨创先争优活动表彰大会，市档案局机关党支部荣获"2010~2012年苏州市创先争优先进基层党组织"称号。

7月3日　《苏州日报》第四版《苏州调查》专栏刊出整版文章《8万件绸缎珍档秘闻》，详细介绍市档案局所属的市工商档案管理中心馆藏8万余件绸缎样本档案的"前世今生"。苏州广电总台新闻综合频道也在新闻中予以介绍报道。

7月21~22日　省档案局和省商务厅在苏州工业园区档案中心举行省开发区档案工作会议，全省26个国家级开发区和103个省级开发区共130余名代表参加会议。与会代表参观苏州工业园区档案管理中心。省档案局局长谢波、省商务厅厅长马明龙出席会议并讲话。苏州工业园区作为开发区代表进行交流发言。

7月24日　全市档案局（馆）长座谈会在张家港市召开。

8月16日　湖北大学企业档案与知识管理研究中心实践基地和档案学研究生教育实习基地在市工商档案管理中心揭牌。

8月27日　市委宣传部通知，批准市工商档案管理中心为苏州市爱国主义教育基地。

8月31日　市档案局执法检查组在局长肖芃、副局长陈兴南率领下，完成对张家港市、常熟市、太仓市、昆山市、吴江市以及吴中区、相城区的国有（集体）转改制企业档案工作的执法检查。市人大常委会原副主任朱玉文，市人大教科文卫工委、市法制办等负责人全程参与执法检查的督导。

9月5日　市级机关党工委、市档案局党组、市档案局机关党委在市档案局举行共建签约仪式，签订《联手共建责任书》。

9月18日　省委常委、市委书记蒋宏坤和市委常委、秘书长王少东召集市档案局局长肖芃，就加强重要人物、重大活动档案的收集进行商议。

9月19日　市档案局陈进锋获苏州市优秀党建工作指导员称号。

10月8日　第四批江苏省珍贵档案文献评审结果公布，苏州市有4项入选。

10月23日　苏州民族工业老企业家沙龙成立暨档案捐赠仪式在市工商档案管理中心举行。

11月4日　市档案局在市会议中心举办第四个"苏州档案日"活动。省档案局局长谢波、副局长顾祖根在苏参加"苏州档案日"活动并考察市工商档案管理中心。市档案局副局长陈兴南、市工商档案管理中心主任卜鉴民陪同考察。

11月9~10日　中国丝绸协会会长杨永元，苏州丝绸行业协会会长黄玉候、秘书长商大民一行3人到市工商档案管理中心考察指导工作，市档案局副局长陈兴南陪同。

11 月 17 日　相城区档案馆、昆山市档案馆相继晋升为国家一级档案馆。至此，苏州全市国家一级档案馆增至 8 个。

11 月 29 日　市工商档案管理中心邀请著名丝绸专家钱小萍到中心参观指导。

12 月 24 日　省太湖渔业管理委员会办公室通过评估，成功创建苏州市首家 5A 数字档案室，也是全省首家机关事业单位 5A 数字档案室。

12 月 28 日　市工商档案管理中心与苏州钱小萍古丝绸复制研究所、吴江区鼎盛丝绸有限公司关于丝绸样本档案开发利用合作协议的签字仪式在中心举行。

12 月 30 日　市档案局蝉联苏州市文明单位称号。

2013 年

1 月 16 日　省委常委、市委书记蒋宏坤在《苏州市档案工作总结和 2013 年工作计划》上批示，肯定苏州档案工作"非常出色、卓有成效"。

2 月 21~22 日　全市档案工作会议召开，总结 2012 年工作，布置 2013 年工作重点。

2 月 26 日　国家档案局局长杨冬权批示：请中国档案杂志社"向苏州市档案局约一篇精炼一些的文章，择要介绍其做法和成效"。

3 月 7 日　市档案局向市儿童少年基金会捐赠一批价值 4000 元的文书档案盒和照片档案册。

3 月 8 日　市工商档案管理中心查档接待组荣获全国五一巾帼标兵岗称号。

3 月 15 日　上午，市人大常委会副主任顾仙根视察市档案局，市档案局局长肖芃、副局长陈兴南陪同。

3 月 18 日　市档案局"兰台课堂"第一课开讲，题为《学习国家档案局第 8、9 号令》。由局监督指导处处长张小明主讲。

3 月 28 日　苏州《珍档解密》专栏获省 2012 年度报纸副刊好作品专栏类二等奖。

3 月 28 日　市委常委、市委统战部部长周向群到市工商档案管理中心考察。

3 月　经市委组织部批准，市档案局保管利用处处长林忠华到虎丘区挂职浒关镇委副书记。至 2014 年 3 月结束。

3 月　市工商档案管理中心获评全国五一巾帼标兵岗、江苏省巾帼文明岗称号。

4 月 11 日　《中国档案报》以《藏在"深闺"亦能识——江苏省苏州市工商档案管理中心丝绸样本档案开发利用见闻》为题，在头版头条详细报道中心丝绸样本档案利用与开发情况。

4 月 18 日　省档案局发文表彰江苏省珍贵档案文献评选组织申报先进单位，共表彰优秀单位 3 家、先进单位 4 家、表扬单位 6 家。苏州市档案局被表彰为优秀单位。

4 月 26 日　市档案局与中国银行苏州分行签订战略合作协议。

4 月 26 日　市工商档案管理中心与苏州大学社会学院携手共建的档案学研究生工作站获得授牌。

5月14日 省委常委、市委书记蒋宏坤参观市档案馆珍贵档案陈列室。

5月14日 上午,市委副书记、市长周乃翔和市委常委、统战部长周向群,市委常委、副市长浦荣皋,到市工商档案管理中心调研。市政府副秘书长韩天伦、丝绸协会秘书长商大民及市发改委、市经信委、市财政局、市文广新局、市旅游局等主要负责人随同调研。

5月29日 市工商档案管理中心荣获新一级 ISO9001:2008 质量管理体系认证证书。

6月7日 上午,为迎接国际档案日,市档案局在市政府新闻发布厅举行题为"档案在你身边"新闻发布会。

6月23~26日 国家档案局在苏州工业园区召开全国档案馆测评与档案教育基地建设研讨会。国家档案局副局长李明华主持,全国各地档案局负责人共 75 人参会。市档案局局长肖芃应邀参加。

6月27日 省委常委、市委书记蒋宏坤和市委副书记、市长周乃翔分别为《苏州年鉴》创刊三十周年题词。

7月3日 在市级机关庆祝建党 92 周年暨创先争优表彰大会上,市档案局机关党委荣获十佳先进基层党组织称号。

7月12日 市档案局机关支部召开大会,对群众路线教育实践活动作先行先试动员。局党组副书记、局长肖芃,副局长兼局机关党委书记陈兴南分别作动员报告。

7月18日 市委常委、秘书长王少东视察市档案馆新馆建设工地。

7月24日 下午,市委常委、秘书长王少东召集市编办、档案局、财政局、人社局召开协调会,研究建立市级机关文档管理中心。协调会形成《会议纪要》。

7月25日 国家档案局印发《国家档案局办公室关于同意苏州市工商档案管理中心加挂"中国丝绸档案馆"牌子的批复》的函。

8月5日 市档案局局长肖芃应省档案局邀请,在省局报告厅作题为《群众路线与苏州档案工作》的专题报告。

8月16日 市委、市政府召开全市军转工作表彰大会暨 2013 年军转安置工作会议,市档案局被授予军转安置工作先进单位。

8月26日 市档案局印发《关于开展践行党的群众路线、深入推进领导干部下基层"三方三促"活动的实施方案》。

10月10~11日 全国数字档案馆(室)建设推进会在太仓市召开。

10月11日 市档案局印发《关于对全市从事档案工作满三十年人员颁发荣誉证书的决定》,全市共有 5 人获得荣誉证书。

10月30日 西园寺三宝殿项目档案获市优秀建设项目竣工档案。

11月3日 市档案局在市会议中心举办第五个"苏州档案日"暨《苏州年鉴》创刊三十周年纪念活动。

11月3日 市档案局、市工商档案管理中心与苏州大学社会学院达成战略合作框架协议，与市职业大学达成合作意向协议。

11月12日 市档案局根据市政府办《加强政府信息查阅场所建设的通知》要求，在市行政服务中心（北区）现行文件查阅中心窗口增挂"苏州市政府信息查阅中心"牌子。

11月26日 市档案馆与市文联在苏州图书馆联合举办费新我先生诞辰110周年纪念活动。

11月29日 省档案局公布第三届全省档案文化精品奖获奖名单，苏州市荣获特等奖1项，一等奖5项，二等奖8项，三等奖12项。

12月10日 市档案馆举办第二届书画艺术档案捐赠活动。

12月24日 省委常委、市委书记蒋宏坤视察市档案局（馆），市委常委、秘书长王少东，市委副秘书长、市档案局（馆）党组书记蔡公武，市档案局局长肖芃等陪同。

12月25日 市委宣传部发文公布，市档案馆被授予市首批爱国主义教育示范基地称号。

2014年

1月10日 市两办转发《苏州市档案馆收集档案范围细则》。

1月11日 市长周乃翔在市十五届人大三次会议上作政府工作报告，提出2014年八个方面的重点工作，"筹建中国丝绸档案馆"是工作重点之一。

1月16日 市总工会命名第三批苏州市劳模创新工作室，市工商档案管理中心"卜鉴民劳模创新工作室"获命名。4月25日，市工商档案管理中心卜鉴民劳模创新工作室揭牌。

2月12日 全市档案工作会议召开，总结2013年工作亮点，布置2014年工作重点。市档案局局长肖芃作会议报告，市委常委、秘书长王少东出席并讲话，副市长王鸿声出席并宣读表彰通报。

2月28日 市档案局荣获市委、市政府授予的2011~2013年度全市平安建设先进集体称号。

3月3日 市档案局召开全局党的群众路线教育实践活动动员大会，贯彻落实中共中央和省委、市委有关会议特别是习近平总书记重要讲话精神，对全局党的群众路线教育实践活动进行动员和部署。

3月12日 下午，市档案局机关党委组织局机关全体党员开展以"阳光服务、情暖兰台"为主题的微型党课活动。

3月 经市委组织部批准，市档案局法规宣教处处长张小明到相城区挂职阳澄湖镇党委副书记。至2015年2月结束。

4月3~4日 市人大常委会主任杜国玲一行10人赴太仓市档案馆，调研档案立法和档案文化建设情况。

4月15~16日 市档案局局长肖芃率各市（区）档案局局长一行赴浙江学习全国档案系统先进典型——浙江省丽水市龙泉市档案局局长朱志伟。

4月17日 市人大常委会副主任朱建胜、钱海鑫、周玉龙、顾仙根率市人大常委会成员和市人事、财政、文广等部门负责人一行36人视察档案工作。

4月25日 市档案局召开贯彻国家档案局9号令推进会。

5月8日 市档案局举办"学习基层先进典型、深化为民服务理念"专题党课学习活动。张家港市档案局局长黄惠珍、昆山市档案局局长蔡坤泉受邀到局作专题党课宣讲，局机关和市工商档案管理中心全体党员参加。

5月8~9日 省档案局局长谢波一行4人，到苏州市档案局调研新形势下推进档案事业的发展问题，并实地察看吴中区、昆山市档案新馆工地，分别与苏州市档案局、相城区档案局、木渎镇档案室进行座谈。

5月23日 市政府印发专题会议纪要，就19日上午召开的中国丝绸档案馆建设筹备工作专题协调会协调事项予以明确，确定中国丝绸档案馆的选址用地方案。

5月27日 市档案局召开全市档案宣传文化工作座谈会。

5月30日 上午，中国工艺美术大师、首届中国刺绣艺术大师、国家级非物质文化遗产传承人李娥瑛女士将反映自己一生创作历程和艺术成就的档案资料，全部捐献给市档案馆，成为全市第一位向国家综合档案馆捐赠档案的中国工艺美术大师。

6月9日 为宣传国际档案日，市档案局与市委宣传部新闻办联合举办媒体通气座谈会，发布馆藏档案资源信息和周六预约查档的便民举措。

6月13日 国家档案局副局长段东升、胡旺林在省档案局副局长项瑞荃陪同下，到苏调研中国丝绸档案馆和市档案馆新馆建设情况。

6月19日 中国丝绸协会名誉会长弋辉到市工商档案管理中心考察中国丝绸档案馆筹建工作，市档案局局长肖芃，市丝绸行业协会常务副会长李民中、秘书长商大民等人陪同。

7月22日 市政府正式向省政府递交《关于建立中国丝绸档案馆的请示》。8月4日，副省长许津荣，省政府副秘书长、办公厅主任李一宁先后批示，同意苏州市建立中国丝绸档案馆。8月20日，经省长李学勇签署，《请示》上报国务院。

8月18日 局领导班子成员分成3组，分赴全市86家机关和二级单位档案室，开展档案年度评价工作，与各单位分管领导、办公室主任和档案员一起研究分析档案工作的现状和进一步做好档案工作的方法。

9月28日 蜀锦和壮锦样本由古织机制作技艺传承人朱剑鸣等关心支持中国丝绸档案馆（筹）建设的热心人士捐赠入馆。至此，中国四大名锦样本齐聚中国丝绸档案馆（筹）。

10月24日 市档案局党组召开全局党的群众路线教育实践活动总结大会。

11月2日 市档案局在市会议中心举办第六个"苏州档案日"活动。活动中，苏州丝绸工艺档案珍品展示。

11月10日 在北京第22次APEC晚宴上，参加会议的各国领导人及其配偶身着中国特色服装抵达现场，统一亮相一起拍摄全家福。他们身穿的名为"新中装"的现代中式礼服，采用极具东方韵味的宋锦面料。此宋锦面料正源自苏州市工商档案管理中心馆藏的宋锦样本档案。

11月12~13日 全省档案事业综合发展推进会在苏州市会议中心举行。会议由省档案局副局长项瑞荃主持，市委常委、秘书长王少东致欢迎词，市档案局局长肖芃介绍苏州经验，省档案局局长谢波讲话。省档案局领导及代表160人参加会议。会议总结、推广苏州构建"大档案"格局工作经验；贯彻中央、省两办关于加强新时期档案工作的意见，谋划全省"十三五"档案工作要点，即将构建全省范围的"大档案"格局。会议代表参观常熟市档案馆、古里镇档案馆、永联村档案馆。

11月15日 《人民日报》报道苏州市工商档案管理中心的宋锦档案工作。省委副书记、市委书记石泰峰就该报道作专门批示，要求"抓住机遇，大力宣传'苏州宋锦'，以创新引领、提升宋锦的市场化、产业化水平，实现从面料到产业、品牌的跨越"。

11月17日 国家档案局局长杨冬权会见葡萄牙政府负责文化事务的国务秘书若热·巴雷托·沙维尔先生一行，将苏州商会档案复制件作为礼品赠予对方。

11月19日 市档案局承担的《构建区域性大档案格局研究》省档案局科技项目通过省档案局鉴定。

11月19日 25件APEC女领导人及女配偶服装的面料样本由达利丝绸（浙江）有限公司捐赠给中国丝绸档案馆（筹）。

12月3日 下午，市政府召开2015年实事项目工作安排专题会议。会上，市委常委、常务副市长周伟强就中国丝绸档案馆建设项目作出指示："中国丝绸档案馆建设应尽快立项，列入不了2015年市实事工程项目，就列入2015年重点工程项目。"

12月4日 市档案局与胥江街道新沧社区结为双结对共建单位。

12月15日 市档案局与市民政局联合印发《苏州市殡葬服务单位业务档案整理规定》。

12月16日 市两办印发《关于加强和改进新形势下全市档案工作的实施意见》（以下简称《意见》）。《意见》突出地方特色，强调健全"大档案"格局事业体系，明确各级财政要将档案保护费按每年每卷不低于3元的标准列入财政预算，为档案安全保管提供经费保障。

2015年

1月14~16日 市档案局局长肖芃赴昆山、太仓、吴中调研档案工作，重点了解和督促各地落实市两办《关于加强和改进新形势下全市档案工作的实施意见》的情况。

1月19日 市十五届人大四次会议上，"建设中国丝绸档案馆"被写进2015年市政府工作报告。

1月28日 全市档案工作会议召开。总结2014年工作亮点，布置2015年工作重点。

1月29日 中国出版协会主办、年鉴工作委员会承办的第五届全国年鉴编纂出版质量评比揭晓，《苏州年鉴（2014）》荣获全国城市年鉴综合特等奖，在全国地级城市中排名第一，同时《苏州年鉴》还囊括框架设计、条目编写及装帧设计3个单项奖的特等奖。

1月30日 市两办发出《关于做好有关单位档案向市级机关文档管理中心移交工作的通知》。

2月8日 市委组织部发布市管领导干部任前公示（2015年第2号），陈兴南拟任市地方志办主任、党组书记，市方志馆馆长。3月4日，陈兴南免去市档案局（馆）党组成员、副局（馆）长、局机关党委书记，就任市地方志办主任、党组书记，市方志馆馆长。

2月16日 在春节来临之际，市档案局组织开展新年畅想活动。全局在职人员总结过去、展望新年。

2月25日 全市作风效能建设暨绩效管理工作会议宣布《关于2014年度市级机关作风效能建设"五个最佳"的表彰决定》，市档案局建立的中国丝绸档案馆获全市最佳项目推进奖。

2月26日 根据市政府专题会议精神，市发改委发文批复同意筹建中国丝绸档案馆项目。批复确定项目选址，规划用地面积3770平方米，拟建总面积约12334平方米，总投资约1.5亿元，所需资金由市财政安排解决。

3月12日 由市档案局、市工商档案管理中心与省《档案与建设》期刊联手打造的《档案中的丝绸文化》专栏，与读者见面。

3月24~26日 由国家档案局主办的联合国教科文组织世界记忆工程亚太地区工作坊会议在苏州市举行。联合国教科文组织世界记忆工程项目负责人伊斯卡拉·潘诺娃斯基女士、世界记忆名录专家和来自所罗门群岛、印尼、中国等国家的37位代表参加会议。

3月24~26日 国家档案局局长、中央档案馆馆长杨冬权在市档案局局长肖芃陪同下，赴常熟市、张家港市、高新区调研，了解苏州乡镇档案工作。其间还视察苏州市档案馆新馆工地和中国丝绸档案馆筹建情况。

3月30日~4月3日 全国、全省档案学会秘书长会议相继在苏州召开。

4月23日 市工商档案管理中心主任卜鉴民在苏州大学文正学院参加实践教学基地签约授牌仪式。

4月28日 市政府印发《市政府关于下达苏州市2015年全社会固定资产投资和重点项目计划目标的通知》，中国丝绸档案馆项目被列为市政府2015年度民生建设重点项目，项目总投资1.8亿元，分3年期完成。

4月30日 上午,市委、市政府在苏州人民大会堂举行苏州市庆祝五一国际劳动节暨劳模先进表彰大会,市档案局信息技术处处长陈进锋被授予苏州市劳动模范称号。

5月7日 市工商档案管理中心申报的"近现代苏州丝绸样本档案"经中国档案文献遗产工程国家咨询委员会审定,入选第四批《中国档案文献遗产名录》,成为继苏州商会档案(晚清部分)、苏州市民公社档案和晚清民国时期百种常熟地方报纸之后苏州又一入选项目。5月26日,省档案局向苏州市委、市政府致信祝贺。

5月22日 下午,市档案局在市工商档案管理中心会议室举办全局"三严三实"专题党课暨专题教育部署会,市委副秘书长、局党组书记蔡公武作"三严三实"专题党课并对专题教育作出部署。

6月9日 上午,为庆祝"6·9"国际档案日,市档案局、市档案学会、市工商档案管理中心、中国丝绸档案馆(筹)在苏州革命博物馆联合主办"国际档案日——档案与你相伴"主题宣传活动。

7月2日 市工商档案管理中心以81.5分的成绩通过省档案局AAA级数字档案馆等级评估专家组的测评,获省AAA级数字档案馆称号。

7月3日 下午,市长周乃翔听取市档案局肖芃局长有关市档案馆新馆建设、中国丝绸档案馆建设等情况的专题汇报。

8月14日 下午,副市长徐美健带领有关部门负责人到市工商档案管理中心视察。市档案局局长肖芃、市工商档案管理中心主任卜鉴民陪同视察。

8月24日 市档案局局长肖芃、局办公室副主任谢静参加在北京召开的2015年中俄档案宣传工作研讨会。会上,苏州中国丝绸档案馆建设和苏州近现代丝绸样本档案的抢救、保护、开发、利用工作受到与会中俄档案专家的高度关注和赞扬。

8月28日 市级机关党工委委托影视公司在市档案局实地拍摄"我身边的共产党员——陈梅同志的先进事迹"视频,制作成宣传片向全市播放。陈梅先进事迹在全市机关作五场巡讲。

9月18日 下午,中国丝绸档案馆建设项目专家研讨会在苏州市召开。中国丝绸协会名誉会长弋辉及商务部、全国各地丝绸专家参加会议。市委常委、秘书长王少东在会上致词,市档案局局长肖芃介绍中国丝绸档案馆的定位与功能,该馆设计单位负责人就项目设计概念与方案同与会专家进行交流。会上,中国丝绸档案馆(筹)向弋辉等15位丝绸专家颁发"中国丝绸档案馆专家组"专家聘书。至此,该馆专家库已拥有25位全国丝绸、纺织业专家。

9月18日 8万卷"近现代苏州丝绸样本档案"被国家档案局列入2016年世界记忆亚太地区名录申报项目。

9月28日 凤凰网江苏频道播出《最美档案人——苏州市档案局局长肖芃》。

10月16日 江苏省档案技能实训基地签约授牌仪式在苏州大学独墅湖校区举行。省档案局副局长张姬雯、苏州大学副校长田晓明、苏州市档案局副局长沈慧瑛等出席。至此，省首批 5 个档案技能实训基地全部落户苏州，即张家港市档案局、常熟市档案局、太仓市档案局、苏州工业园区档案管理中心、苏州大学档案馆。

10 月 28 日~11 月 2 日　市档案局组织执法组对常熟、太仓、吴江等市（县）、区的 10 家单位进行档案执法检查。现场检查结束，市档案局执法组制作《行政执法检查意见》8 份、《行政执法检查整改意见》2 份，及时送达被检单位。对整改单位，市档案局限定整改时间并进行复查，确保整改到位。

11 月 15 日　第七个"苏州档案日"活动在苏州工业园区档案大厦举行。

11 月 25~30 日　市档案局、民进党苏州市委、苏州国家历史文化名城保护区市容市政和历史街区景区管理局在平江路友苏美术馆联合举办谢孝思书画遗作展。

12 月 11 日　市档案局印发《关于公布 2015 年度档案工作规范等级名单的通知》《关于公布 2015 年度档案工作规范等级复查合格单位名单的通知》。全市达到省五星级档案工作先进单位 22 家，四星级 5 家，三星级 113 家，二星级 166 家，一星级 138 家。通过等级测评，全市达到省四星级 7 家，三星级 128 家，二星级 106 家，一星级 23 家。

12 月 16 日　国务院办公厅发出国办函〔2015〕149 号文件《国务院办公厅关于同意苏州市工商档案管理中心加挂苏州中国丝绸档案馆牌子的复函》。

12 月 28 日　全国档案工作暨表彰先进会议在京召开。国家档案局、国家人社部共同对四年一评的全国档案系统先进集体 59 个、先进工作者 45 人进行表彰。苏州市档案局（馆）继荣获 2008~2011 年度全国档案系统先进集体之后，再获 2012~2015 年度全国档案系统先进集体称号。市档案局局长肖芃赴京领奖。

12 月 29 日　国家档案局召开《企业档案资源体系设计和监督平台建设》项目总验收会议，市工商档案管理中心承担的项目子课题《改制企业档案资源归属与流向、价值鉴定与处置办法或操作细则》与其他子课题通过了专家组的审核验收。

12 月 31 日　市委常委、秘书长王少东在《中国档案报》三版发表《建设与名城相匹配的苏州档案事业》文章。

2016 年

1 月 6 日　市委印发苏委人〔2016〕10 号文件，免去蔡公武市档案局党组书记、成员职务。

1 月 12 日　下午，副市长俞杏楠到市工商档案管理中心视察苏州中国丝绸档案馆规划用地和市档案馆新馆建设情况。市档案局局长肖芃及市规划局、姑苏区有关领导陪同视察。

1 月 18 日　市档案局印发《关于 2015 年度有关单位档案向市级机关文档中心移交工作情况通报》。

1 月 27 日　苏州中国丝绸档案馆（筹）与苏州丝绸行业协会在市工商档案中心联合举办苏州丝绸系统老企业家沙龙活动。市档案局局长肖芃和市工商档案管理中心主任卜鉴民分别介绍苏州中国丝绸档案馆筹建过程及开展丝绸档案征集情况。苏州丝绸行业副会长杨伟、秘书长商大民表示,建设好苏州中国丝绸档案馆是所有苏州新老丝绸人的共同期盼、共同责任、共同义务。

2月3日 省档案局在南京召开2015年度总结表彰大会,表彰2012~2015年度全省档案系统的先进集体、先进工作者,其中苏州受到表彰的2012~2015年度全省档案系统(省人社厅、省档案局表彰)先进集体有3家,先进工作者1名;2012~2015年度全省档案系统(省档案局表彰)先进集体有吴中区档案局(馆)、相城区档案局(馆),先进工作者3名;省高校档案工作(省档案局、省教育厅表彰)先进单位8家,先进个人6名。

2月18日 市档案局召开2016年度作风建设暨绩效管理动员大会,在2015年度市级机关作风效能考核中,市档案局获"2015年度苏州市市级绩效管理优胜单位"称号(A组第一名)。

2月22日 全市宣传部长暨文明委会议召开,市档案局、市工商档案管理中心、苏州中国丝绸档案馆的《搭建苏州丝绸文化与传承宣传平台——建立苏州传统丝绸样本档案传承与保护基地》项目荣获2015年度全市宣传思想文化工作创新奖。

2月23日 全市档案工作暨表彰先进会议召开,总结"十二五"苏州档案事业发展概况和2015年工作亮点,提出"十三五"发展思路和2016年工作任务。市委副秘书长蔡公武主持会议。市档案局局长肖芃作工作报告,市委常委、秘书长王少东讲话,副市长王鸿声宣读《中共苏州市委、苏州市人民政府关于表彰2012~2015年全市档案工作先进集体和先进个人的决定》,省档案局局长谢波、副局长张姬雯出席会议。会议向2012~2015年度全市档案系统45家先进集体、58名先进工作者授奖。会上,高新区档案局、市卫生和计划生育委员会、苏州地方税务局、张家港市气象局作交流发言。

2月29日 市委组织部发布《苏州市管领导干部任前公示(2016年第2号)》,卜鉴民拟任市档案局(馆)副局(馆)长、局党组成员。3月9日,市委发出苏委人[2016]118号文件,卜鉴民任市档案局(馆)副局(馆)长、党组成员(试用期一年)。

3月1日 市委发出苏委人[2016]87号文件,肖芃任市档案局(馆)党组书记。

3月7日 下午,苏州市"三八"国际劳动妇女节106周年纪念大会在市妇女儿童活动中心举行。市档案局保管利用处工作人员王燕获苏州市"最美基层巾帼之星"称号。

3月16日 根据市级机关工委和局党组的安排,市档案局(馆)举办"我为新馆献一计"活动。活动中,共收到28条建议。

3月29日 经市委组织部批准,市档案局(馆)办公室主任陈亮(小)挂职苏州工业园区斜塘街道党委副书记。至2017年2月底结束。

4月1日 市档案馆发布闭馆公告:为保证档案搬迁工作顺利有序,原市档案馆(三香路998号)与市工商档案管理中心(齐门路166号)于4月11日16:00起闭馆。

4月6日　苏州市档案局组织召开全市档案局（馆）长座谈会。

4月11日　苏州市档案局在新馆现场举行新馆搬迁工作动员大会和保密培训，市档案局、市工商档案管理中心全体人员和搬迁公司负责人等参加动员和培训。

4月12日　苏州中国丝绸档案馆筹建工作小组召开了该馆概念性建筑设计方案任务下达会议。

4月22日　第五届中国苏州文化创意设计产业交易博览会——"都市丝绸国际论坛"在苏州金鸡湖国际会议中心举行，苏州市档案局局长肖芃应邀作了主题演讲。

5月19日　在越南顺化召开的第七届MOWCAP（联合国教科文组织世界记忆工程亚太地区委员会）大会上，由中国苏州申报的"近现代苏州丝绸样本档案"，成功入选《世界记忆亚太地区名录》。

5月31日　苏州市档案局（馆）发布新馆对外查档服务开放公告。

6月7日　2016年国际档案日"档案与民生"主题活动在苏州市档案馆新馆举行。《百年苏纶》《花间晚照》两书首发。

6月14日　苏州市档案局在吴江亨通集团召开全市民营企业档案工作协作组成立暨首次会议。

6月17日　联合国教科文组织交流与信息部知识社会处代理处长博洋·罗德科夫，来苏考察档案和文献保护工作。

6月10日　苏州市委书记周乃翔批示苏州丝绸档案列入亚太名录"意义重大"。

7月4日　苏州市档案局组织召开全市档案局（馆）长半年度工作座谈会。

7月7日　苏州市档案局举行党员大会，选举产生新一届机关党委。沈慧瑛当选机关党委书记，贾莉当选副书记。

7月28日　苏州市委、市政府两办转发全市档案事业发展"十三五"规划。

8月12日　中共苏州市档案局机关支部委员会召开换届选举大会。

8月16日　苏州市档案学会召开2016年度全市档案学术交流会暨学术报告会。

8月19日　市档案局（馆）、苏州市过云楼文化研究会编辑出版的《过云楼日记（点校本）》获"苏州市第十三次哲学社会科学优秀成果奖"。

8月26日　市档案局再获"全省档案宣传工作先进集体"荣誉称号。

9月9~14日　市档案局组织执法检查组，在四县六区范围内随机抽取与民生联系紧密的15家立档单位，进行了档案执法检查。

9月19日　2016年苏州市档案人员继续教育培训班在市档案馆新馆二楼报告厅顺利举办，参训学员达到301人。

9月28日　国家档案局发苏州市政府《关于举办"世界记忆项目与档案事业发展"主题研讨会的函》，获苏州市市长曲福田批示，批示中请王鸿声副市长重点阅示、研究部署。

10月17日　苏州市委常委、秘书长黄爱军到市档案局（馆）调研。同日，国家档案局在北京召开"档案与民生"征文评审会，市档案局获评国家档案局"档案与民生"

征文活动组织奖。

10月19日　苏州市人大常委会副主任徐国强到市档案局(馆)考察调研。

10月20日　江苏省中小学首家档案馆落户苏州高新区实验小学校。

11月14日　根据苏州市机关事务局有关行政单位5号楼整体搬迁的通知要求,市级机关文件档案管理中心召开档案移交工作动员会。

11月23日　由国家档案局主办的"世界记忆项目与档案事业发展"主题研讨会在苏州召开,联合国教科文组织世界记忆项目国际咨询委员会副主席洛塔尔·乔丹、帕帕·摩玛·迪奥普等国内外档案文献领域著名专家和苏州丝绸界专家参会。国家档案局局长李明华,苏州市委副书记、市长曲福田出席会议并致词。

11月24日　第八个苏州档案日活动召开。联合国教科文组织世界记忆项目国际咨询委员会副主席洛塔尔·乔丹、帕帕·摩玛·迪奥普,国家档案局局长李明华,市领导黄爱军、徐国强参加了现场活动。档案日活动上首发了《苏州年鉴(2016)》《过云楼家书(点校本)》等。

11月25日　市档案局荣获市级机关第三届文化节"优秀组织奖"。

附　录

苏州档案
Suzhou archives

附录一　市级以上获奖名录选

苏州解放后，苏州档案工作者创造业绩，在档案工作领域卓有建树。全市涌现全国档案系统先进集体 5 个、全国档案系统先进工作者 5 人，省档案系统先进集体 50 个、省档案系统先进工作者 57 人，省五一劳动奖章、市劳动模范、市优秀共产党员 4 人，市档案系统先进集体 516 个、市档案系统先进工作者 625 人。

全国档案系统先进集体、先进工作者
1991 年 8 月国家档案局、人事部表彰：
全国档案系统先进集体　吴县档案馆
全国档案系统劳动模范　张家港市档案局　夏志石
1995 年 5 月国家档案局、人事部表彰：
全国档案系统先进集体　常熟市档案局（馆）
全国档案系统先进工作者　吴县市档案局　朱　芹（女）
全国模范档案工作者　苏州市城建档案馆　李淦明
1999 年 11 月国家档案局、人事部表彰：
全国档案系统先进集体　吴县市档案局（馆）
1991 年 11 月国家档案局表彰：
全国优秀档案工作者　苏州市国土管理局　丁瑞芳（女）
2003 年 11 月国家人事部、国家档案局表彰：
全国档案系统先进集体　常熟市档案局
2011 年 12 月国家人力资源和社会保障部、国家档案局表彰：
全国档案系统先进集体　苏州市档案局（馆）
全国档案系统先进工作者　太仓市档案局（馆）　朱　丹（女）
2015 年 12 月国家人力资源和社会保障部、国家税务局表彰：
全国档案系统先进集体　苏州市档案局（馆）
2013 年 4 月全国总工会表彰：
全国五一巾帼标兵岗　苏州市工商档案管理中心

江苏省档案系统先进集体、先进工作者

1985 年 3 月省政府通令嘉奖:

江苏省先进集体　常熟市档案馆

1985 年 4 月省档案局表彰:

省档案工作先进集体　苏州市档案馆

1986 年 1 月省档案局表彰:

省档案工作先进集体　苏州市档案馆

苏州大学历史系档案专业教研室

常熟市档案馆

太仓县档案馆

吴县北桥乡党委档案室

苏州光明丝织厂科技档案室

吴江新华丝织厂文书科技档案室

昆山县花桥乡石头村档案室

省档案工作先进个人　杨国梁　陈建平　李德钧　田也敏

1992 年 2 月省人事厅、省档案局表彰:

省档案系统先进集体　苏州市档案局(馆)

常熟市档案局(馆)

张家港市档案局(馆)

吴江县档案馆

太仓县城厢镇档案室

苏州市轻工业局档案室

苏州市电视机厂档案中心

苏州市电扇总厂档案中心

苏州市振亚丝织厂档案科

张家港医疗器械厂档案室

省档案系统先进工作者　居树棠　　　胡穗登　　　张惠民

鲁士模　　　郭祥妹(女)　陈一飞

杨淦林　　　李淦明　　　李德钧

杨苏虹(女)　朱美英(女)　李菊英(女)

陈玉娟(女)　丁亚非(女)　彭成浩

韩佩珍(女)　宗瑞钧(女)

1995 年 12 月省档案局、省人事厅表彰:

省档案系统先进集体　苏州市档案局(馆)

省档案系统先进工作者　季艳珍(女)　陆黎明

1995 年 12 月省档案局表彰：

省档案工作先进集体　苏州市环境保护局档案室

苏州振亚集团公司档案科

江苏苏钢集团公司档案科

江苏沙钢集团公司档案室

太仓市人事局档案室

省模范档案工作者　赵雪群（女）　　倪玉泉　黄黎球（女）　　徐文瑞（女）

姚仁宝　　　　袁玉祥　沈嘉勇　　　　邹培文（女）

2000 年 1 月省档案局表彰：

省档案工作优秀集体　苏州新区档案馆

苏州市民族宗教事务局档案室

江苏苏钢集团有限公司档案科

太仓市人事局档案室

常熟市虞山镇机关档案室

吴江科林集团公司档案室

省优秀档案工作者　严银锁（女）　　颜亚平（女）　　张振芬（女）

倪芬琴（女）　　周建明　　　　张晓明

诸美华（女）　　朱玉英（女）

2000 年 2 月省档案局、省人事厅表彰：

省档案系统先进工作者　周美英（女）

2003 年 12 月省人事厅、省档案局表彰：

省档案系统先进集体　太仓市档案局（馆）

省档案系统先进工作者　蔡同寅　朱翔凌

2003 年 12 月省档案局表彰：

省档案系统先进集体　苏州市档案局（馆）

省档案工作优秀集体　中共苏州市委组织部档案室

苏州市公路管理处档案室

苏州市城乡建设档案馆

苏州市吴中区财政局档案室

张家港市工商行政管理局档案室

昆山市人民检察院档案室

中共吴江市委办公室档案室

省档案系统先进个人　周　莲（女）

省优秀档案工作者　沈林妹（女）　　孙如瑢（女）　　张文英（女）　　王　伟

许敏华（女）　　李　芬（女）　　何雪龙　　　　张大虞

龚佩芬（女）　　倪雪芬（女）

2007 年 12 月省人事局、省档案局表彰：

省档案系统先进集体　苏州市档案局（馆）

省档案系统先进工作者　朱　丹（女）　顾惠明

2010 年省精神文明建设指导委员会表彰：

省精神文明建设工作先进单位　苏州市档案局

2012 年 1 月省人力资源和社会保障厅、省档案局、省公务员局表彰：

省档案系统先进集体　常熟市档案局（馆）

　　　　　　　　　　太仓市档案局（馆）

省档案系统先进工作者　陈昆萍（女）

2012 年 11 月省档案局表彰：

省档案系统先进集体　吴江市档案局（馆）

省档案系统先进工作者　罗　红（女）

2015 年 12 月省人社厅、省档案局表彰（2012~2015 年度）：

省档案系统先进集体　张家港市档案局（馆）

　　　　　　　　　　常熟市档案局（馆）

　　　　　　　　　　太仓市档案局（馆）

省档案系统先进工作者　嵇　燕（女）

2015 年 12 月省档案局表彰（2012~2015 年度）：

省档案系统先进集体　吴中区档案局（馆）

　　　　　　　　　　相城区档案局（馆）

省档案系统先进工作者　沈卫新　陈永生　罗　红（女）

2015 年 12 月省档案局、省教育厅表彰：

省高校档案工作先进单位　苏州大学

　　　　　　　　　　　　常熟理工学院

　　　　　　　　　　　　苏州市职业大学

　　　　　　　　　　　　苏州农业职业技术学院

　　　　　　　　　　　　沙洲职业工学院

　　　　　　　　　　　　苏州经贸职业技术学院

　　　　　　　　　　　　苏州工业职业技术学院

　　　　　　　　　　　　苏州卫生职业技术学院

省高校档案工作先进个人　王韶频（女）　吴晓凤　　　陆逸菁（女）

　　　　　　　　　　　　孟　歆（女）　钦春英（女）　颜丙通

市档案局所获集体及个人荣誉

　　1983 年 3 月后，苏州市档案局受国家、省档案局和市委、市政府（及有关部门）表彰 164 次，个人受国家、省档案局和市委、市政府（及有关部门）表彰 83 次。其中主要的有：

附表1-1　市档案局受市委、市政府表彰荣誉一览表

年份	奖项	颁奖部门	文号
2006	苏州市2004~2005年度文明单位	市文明委	苏文委〔2006〕9号
2007	苏州市级机关作风建设先进单位	市委、市政府	苏发〔2007〕8号
2007	苏州市2007年度政务公开先进单位	市政府	苏府〔2008〕97号
2008	苏州市创建文明城市先进集体	市委、市政府	苏发〔2009〕7号
2009	2006~2008年度苏州市文明单位	市文明委	苏文委〔2009〕14号
2011	苏州市对口援建四川绵竹服务保障先进单位	市委、市政府	苏发〔2011〕4号
2011	苏州市参与2010年上海世博会工作集体三等功	市委、市政府	苏发〔2011〕8号
2011	2009~2011年苏州市全国文明城市建设先进集体	市委、市政府	苏发〔2012〕4号
2012	2011年度苏州市作风效能建设优胜单位	市委、市政府	苏发〔2012〕5号
2012	2010~2012年苏州市创先争优先进基层党组织	市委	苏发〔2012〕26号
2012	苏州市2009~2011年度文明单位	市文明委	苏文委〔2012〕15号
2012	全市行政权力网上公开透明运行考核优秀	市政务公开领导小组办公室	苏政开办〔2013〕3号
2014	2011~2013年度平安苏州建设先进集体	市委、市政府	苏委发〔2014〕9号
2015	2012~2014年度全国文明城市建设长效管理工作先进集体	市委	苏委发〔2015〕7号
2015	2012~2014年度苏州市文明单位	市文明委	苏文委〔2015〕5号

附表1-2　市档案局个人被记功和表彰一览表

年份	姓名	奖项	颁奖部门	文号	备注
1985	叶万忠 朱伟民	苏州市一九八四年度档案工作先进工作者	市政府		档案工作先进集体、集体先进工作者名单
1987	吴雁南 叶万忠	苏州市档案工作先进工作者	市政府		档案工作光荣册
1991	叶万忠 严浩翔	苏州市档案工作先进工作者	市档案局 市人事局	档发〔1991〕15号	
1991	林植霖	贯彻实施城市总体规划工作先进工作者	市政府	苏府〔1991〕40号	
1991	黄介眉	升级奖励	市政府	苏府〔1991〕45号	
1996	严浩翔 林植霖	苏州市档案系统先进工作者	市档案局		
1999	肖　进	优秀共产党员	市级机关党工委 市人事局	苏委工组〔1999〕13号	
2000	肖　进 张小明	苏州市档案系统先进工作者	市档案局 市人事局	苏人奖〔2000〕16号	
2003	蒋纪序	2001~2002年度优秀共产党员、三等功	市级机关党工委 市人事局	苏委工组〔2003〕58号	
2003	沈慧瑛	全市党史系统先进工作者	市委党史工办 市人事局	苏委史〔2003〕5号	
2004	沈慧瑛 陈进锋 王仁斌	苏州市档案系统先进工作者	市档案局 市人事局	档发〔2004〕92号	

续表

年份	姓名	奖项	颁奖部门	文号	备注
2004	卜鉴民	苏州市属国有（集体）企事业单位产权制度改革先进个人	市委、市政府	苏发［2004］17号	
2005	林忠华	苏州市交通工程建设先进个人	市委、市政府	苏发［2005］43号	
2007	蒋纪序 严浩翔	苏州市档案系统先进工作者	市档案局 市人事局	档发［2007］102号	
2007	方玉群	第十六届中国金鸡百花电影节组织承办工作先进个人	市委、市政府	苏发［2007］42号	
2008	蒋纪序	百佳文明职工	市总工会 市文明办	苏工［2008］10号	
2008	沈慧瑛 沈　培	2006~2007年度市级机关优秀共产党员	市级机关党工委 市人事局	苏委工联［2008］2号	
2009	沈慧瑛 贾　莉 蒋纪序	创建文明城市工作先进个人	市委、市政府	苏发［2009］7号	
2009	沈慧瑛	苏州市劳动模范	市政府	苏府［2009］74号	
2009	蒋纪序	全市党史系统先进工作者	市委党史工办 市人事局	苏委史［2009］4号	
2011	陈兴南	苏州市实事项目工作先进个人	市政府	苏府［2011］9号	
2011	虞平健	苏州市参与2010年上海世博会工作个人三等功	市委、市政府	苏发［2011］8号	
2011	蒋纪序	苏州市五一劳动奖章	市总工会	苏工［2011］1号	
2012	卜鉴民	江苏省五一劳动奖章	省总工会	苏工发［2012］6号	
2012	徐志华 刘凤伟	苏州市档案工作先进个人	市委、市政府	苏发［2012］7号	
2012	蒋纪序	苏州市"人民满意的公务员"	市委	苏办发［2012］35号	
2012	陈进锋	2011年度全市信息化工作先进个人	市政府	苏府［2012］66号	
2012	陈进锋	苏州市优秀党建工作指导员	市委	苏创基组办［2012］12号	
2013	肖　芃	个人二等功	市政府	苏府［2013］65号	
2013	卜鉴民	江苏省有突出贡献的中青年专家	省政府	苏政发［2013］142号	
2013	陈进锋	2012年度全市信息化工作先进个人	市政府	苏府［2013］41号	
2014		2013年度全市信息化工作先进个人	市政府	苏府［2014］18号	
2015		苏州市劳动模范	市政府	苏府［2015］69号	
2015	肖　进 梁晨浩	2012~2015年度全市档案工作先进个人	市委、市政府	苏委发［2016］6号	

先进人物选介（按姓氏笔画为序）

卜鉴民　江苏常州人，1963年11月出生。1981年10月参加工作。1995年7月从苏纶集团调入市档案局工作。2001年12月毕业于中央党校函授学院法律本科专业。2004年9月加入中国共产党。2009年10月获档案专业研究员资格。曾任市档案局法规宣教科副科长、业务指导处副处长、保管利用处处长、办公室主任、机关文档管理处处长，兼市工商档案管理中心主任及市级机关文档管理中心主任，兼市档案学会六届理事会副理事长、秘书长。曾先后主持国家、省、市级十余项科研项目，发表学术论文 20 余篇，参与主编《企业档案的价值与管理规范》一书，组织编撰《苏州市区民族工商业特色档案选编》、《拂去岁月的封尘》（上、下册）、《苏州民族工商业百年往事》等书，先后荣获国家档案局科技成果一、三等奖，全国十佳创新最佳案例奖，中国档案学会、省档案学会学术成果二等奖，多次获苏州市社科成果二、三等奖；在全省档案系统率先引入 ISO9001 质量管理体系并获证书；在全国改制企业档案资源管理中率先实行国家综合档案馆测评体系认证并成功创建国家二级档案馆；主持开展苏州丝绸档案的抢救、整理和开发工作，使市工商档案管理中心成为全国第一家档案资源直接转化为生产力的档案部门。2013 年 3 月，被授予江苏省有突出贡献的中青年专家称号；2012 年，被授予省五一劳动奖章；2013 年 8 月，被授予苏州市劳模创新工作室——卜鉴民劳模创新工作室。2016 年 3 月，任市档案局（馆）副局（馆）长、党组成员。

沈慧瑛 女，江苏常熟人，1964 年 10 月出生。1986 年 7 月毕业于复旦大学历史系，历史学学士。2003 年 8 月加入中国共产党。先后任市档案局编研室科员、副主任，年鉴室副主任，保管利用处处长，业务指导处处长。2005 年 8 月获档案专业研究员资格。其利用馆藏档案，参与出版《晚清苏州商会档案》《百年商会》《馆藏名人少年时代作品选》（为副主编、执行主编），获省档案编研成果一、二等奖；参与举办"世纪回眸——苏州市档案馆百年馆藏选展""苏州市档案馆珍品档案展""苏州市对外交往礼品展""苏州商会博物馆""百年商团展览"等陈列展览；征集到陆鸿仪、《张元和饰杜丽娘身段影像》、《顾志成纪念册》、《潜庵诗稿》、《苏州汪氏支谱》等一批珍贵资料。先后获首届省青年档案学术奖，被授予苏州市党史工作先进工作者、苏州市档案系统先进工作者（并记三等功）、市级机关优秀共产党员、市级机关工委"巾帼英雄"、市创建文明城市先进个人等称号。2009 年 4 月，被授予苏州市劳动模范称号，其随即将奖金和个人稿费所得共 6000 元捐献给市总工会助学基金。2010 年 4 月，任市档案局（馆）副局（馆）长、党组成员。

陈进锋 江苏昆山人，1967 年 12 月出生。1989 年 7 月毕业于东南大学计算机系，工学学士，先后任市档案局计算机高级程序员，局保护技术室科员，保护技术科副科长、主任科员，局计算机中心主任，局信息技术处处长。2003 年 8 月加入中国共产党。2010 年 8 月获档案专业副研究员资格。在二十多年的计算机工作生涯中，其兢兢业业、默默奉献，多次被评为局年度优秀公务员、市级机关优秀共产党员。特别是近年来，他带领全处室人员推进数字化档案馆的建设工作，推动太仓、苏州工业园区等 8 个单位实现省 5A 级数字档案馆（室），使苏州市成为全省第一个实现省 5A 级数字档案馆（室）的地级市；推动全市 40 个镇（街道）、12 个村（社区）开通远程共享的档案查阅平台，把数字化的档案通过互联网送到群众家门口，打造"百姓身边的档案馆"。2012 年以来，成功申报国家档案局科技项目 6 项、省档案局科技项目 9 项，获得国家档案局科技项目三等奖。2012 年，其兼任局机关党委副书记期间，帮助挂钩企业建立基层党组织，9 月获得"苏州市优秀基层党建工作指导员"称号。2015 年 4 月 30 日，被授予苏州市劳动模范称号。

蒋纪序　江苏苏州人，1952 年 7 月出生。1969 年 3 月为江苏生产建设兵团一师二团战士。1979 年 4 月调回苏州工作。1987 年 3 月加入中国共产党。1991 年 7 月任平江区档案馆馆长。1997 年 9 月调入市档案局工作。1998 年 6 月毕业于苏州大学大专班。先后任局办公室主任、局保管利用处主任科员。2004 年 9 月获档案专业馆员资格。其淡泊名利、钻研业务、熟悉馆藏，对馆藏 360 个全宗 30 多万卷档案如数家珍；先后为"时代先锋——保持共产党员先进性教育图片展""抗战胜利 60 周年图片展""关怀——党和国家领导人与苏州""苏州对外交往礼品展""世纪回眸——苏州市档案馆百年馆藏选展"等展览提供丰富素材，为展览制作仿真件百余件；为抢救修复已被列入《中国档案文献遗产名录》的苏州馆藏晚清部分珍贵历史档案，自己买来修裱材料反复实验，使档案修复如旧。2004~2011 年，他修复抢救古籍涉及 164 个全宗 5311 卷，共 54055 张；并每年对到馆实习的学生进行耐心细致的指导，赢得每一个学生的钦佩和敬重。2003 年 6 月，被市级机关党工委、市人事局记三等功，授予优秀共产党员称号。2012 年 5 月，被授予苏州市人民满意的公务员称号（享受市级劳动模范待遇）。2012 年 8 月退休后，仍主动为修复抢救珍贵档案发挥余热。

附录二　苏州市档案规章、规范性文件选

档案管理办法（草案）

一、各部门（处局）之文卷，须指定专人负责保管或兼管，如在情况需要下得设立档案室，统一管理，以节省人力，而便于保管。

二、每一公文俟其案情办理完竣之后，送交档案室（员）归档，由档案员逐一点收无讹，在送稿簿上及文稿上"归档"栏内分别盖章，以示收到。如附件未随文带来，必补具签注表存查，此即为档案管理程序之开始。

三、档案室（员）自立登记簿，按照文到月日先后顺序编号，以便作为根据检查，而后装订成册，亦在登记簿上类别、卷号等栏内注明，以利索引。

四、档案号码分为两种：1.归档号码，即档案之登记编号。2.总卷号码，即立卷后，每宗之编号。档案编号，记于文上；总卷编号，记于卷面。

五、档案馆登记后，即着手整理，依其号次、类别、时间分先后系统而排列，俟案件终了，即可订册，在每页合接处，加盖骑缝，记明页数，以防脱落。

六、分类宜简明易查，可不另用暗号、代号，以免选架之弊。如人事卷，即人事类；税务案件，即税务类。唯分类宜简，细目易详，由档案室（员）根据实际情况，制成分类检卷表，送各部门检查调用。

七、装订卷宗，必须注意一案一卷，即将一案全部往还文件，并归一卷之内，能使一脉相贯。一卷一宗，即一卷之内，不宜包括两案，以免混乱，无法调阅。

八、如一文两事，不便分成两类者，可将该文归入较重一类，另将原文大意摘录于签注表上，附入他类，以资参照。如文件遗失脱落等，亦可记录该文大意，签注存卷。

九、卷名以案情为由，例如：修筑苏锡公路工程，即立名为修筑苏锡公路由；防汛救灾工作，即立防汛救灾由。总言之，因案设立，余以类推。

十、卷内首列目录，记明卷内每文号码、日期、文别、事由等。如卷文繁复可分列总目与细目两种：总目记载各县市之材料总称，如吴江县秋征公作汇报材料；分目则按各县市材料中一文一令，照目录各栏填注。如此可收提纲挈领之效。

附：

一、案件了结，装订成册，并将案卷专登清册，该册横写案由，下则系由及注明保存情形，以供参考。

二、在办稿时，需调拆卷宗，一定经过调卷或拆卷手续，填具调查联单，发填具拆卷联单，将该单附卷，以资查考，并在卷底"拆卷记录"栏内评注拆卷情形。具骑缝之处，亦须经主管人验阅盖章。

三、归置各项卷宗，均应置橱保存，依其处、局单位，分别编字度藏，以易识别，并在卷口加粘标签，写明类别、字号、卷名、年日，以清眉目。

四、在新旧任内卷宗之交接，必在卷面之反页，将卷宗起讫日期、全卷件数、移交日期、遗失脱落等情，一律详在各栏注明，最后由交接人员盖章，以明责任。

苏南苏州行政区专员公署秘书处

一九五〇年三月二十九日

苏州市人民政府档案管理办法（草案）
（一九五二年十二月）

第一章 总 则

第一条 本府为统一管理档案，汇集资料，便于今后检查起见，特设立总档案室，所属各单位文卷（除税务局、公安局、法院、房管处外）统交总档案室存储。

第二条 各单位（除税务局、公安局、法院、房管处外）不用另设档案室，只须指派同志一人，专负文卷之责，经常与总档案室联系。

第二章 点 收

第三条 各单位文件俟案情终结时，或根据实际情况，分别段落，由各单位负责文卷人员点交总档案室整理录由登记，编号归档。

第四条 点收时，如文件上有附件者，应同时送来归档，发现有附件而未同时送来，应由点交人补送或注明不能同时送来归档之理由，始得接收。

第五条 点收时稿件与来文，须逐件检查清楚，如发现有漏印的稿件或文稿不符情形，应立即补盖及查明更正，以昭慎重。

第六条 点收时发现缺少文件、附件等，应即交由承办人补齐，如无法补齐，则填写文件散失登记表，报请领导决定处理办法。

第七条 管卷人点收文件无误后，即在送稿簿或收发文簿上，签名或盖章，注明归档日期，以便日后有所查考。

第三章 编 订

第八条 各单位送交总档案室归档文件，应在每一案件总结时，整理完毕点交总档案室归档。

第九条　装订卷宗，应以一事一卷为原则，不得两事并订一卷，或一事分散订入各卷，以免混乱。

第十条　如文件有附件者，应订入原卷正文后，倘因体积过大，或品质关系，无法订入卷内者，始得另行存储，但须在原文上注明，一面登载附件登记簿。

第十一条　装订时因文件较多，得分订二册或三册，卷面上可写明某类某卷第几册字样。

第十二条　订卷力求整齐，卷宗封面后加订目录表，将订入文件逐一登记其上，既明晰雅观，又便利查阅。

第十三条　如遇两事并在一个文件上，应将此项文件订入比较重要的卷宗内，再将此项文件抄录一份订入另一卷内，如认为并不重要，则可在另一卷内附条注明原件在某某卷内，不再抄录。

第十四条　管理档案，采取分类编号的办法，其类别名称，应视各单位具体情况拟定。例如：建设局可用农林、水利、交通、工程、工务、建筑、勘丈等项，其余各单位可视具体拟定。

第十五条　文件装订成卷后，应抓住全卷中心内容、确立卷面，以后有类似此事项，可以依序订入后面，不再另立新卷，以免繁琐，并可节省卷量。

第十六条　凡文件装订成卷，而已经结束的文卷，在最后面加订卷底（卷底可用坚固的纸张做），并再粘贴封签，以臻完善。

第十七条　文件整理装订成册，明确分类，确定卷名后，应即编号登入档案目录册，以备永久有所查考。

第四章　典　藏

第十八条　档案室应设置卷橱或卷架，将卷宗分类典藏，卷橱外面，标明某单位案卷，以便检取。

第十九条　储藏卷宗处所，应拣择干燥之处，并经常注意受湿、霉蛀，如发现此类现象，应即曝晒。

第二十条　档案室大多是纸张之类，易于引火，为慎重起见，得禁止在室吸烟，尤应注意来室检卷人员将卷烟头乱丢。

第廿一条　保管档案人员，有保守国家机密的义务，不论亲朋及工作人员，非因接洽公务，不得擅入档案室，以防意外损失。

第五章　调　阅

第廿二条　凡因工作需要，或搜集材料，来室调阅卷宗者，应具备正式调卷单，始得调去。

第廿三条　调阅案卷，以与承办人业务有关者为原则，调阅非本单位案卷，须经该主管单位在调卷单上加盖负责人员印信，始得调去。

第廿四条　调阅卷宗，如需拆散、抽取或移转其他部门办理时，此项手续应由档案室办理，调卷人不得自行拆散、抽取或移转。

第廿五条　调去卷宗，必须负责妥为保管，不得损污及遗失、转借或携带出外，交与无关人员传阅抄写。

第廿六条　调阅案卷以七天为限，阅毕应随时归还。倘有特殊情况不能依期归还，必须延长借期，应到档案室办理继续调阅手续，逾期不还，得向原调卷人催索收回。

第廿七条　非本府所属单位调阅案卷（如行署、专属等机关调），即使该项案卷尚未终结，亦应装订整齐，按页编号加盖骑缝章，并在卷面上注明本卷页数，卷底粘贴封签，以昭慎重。

第廿八条　案卷归还时，管理档案人员应检查有无缺少变动，再将调卷单退还。如发现有增减变动，立即查明情况，作适当处理，情节严重者，报请领导核办。

第廿九条　调去案卷，不能遵照上述规定，如自行拆散、抽取、私相传阅、携带除外等，因之发生一切问题，其后果应由调卷人员负完全责任。

第六章　附　则

第三十条　本办法系根据苏南行署《档案管理试行办法》并结合本府情况拟定之。

第三十一条　本办法如有未尽事宜，得经秘书会议讨论修订之。

第三十二条　本办法经政务会议核准后即日施行。

苏州市档案管理办法

（2004年7月22日，市长签署第76号《苏州市人民政府令》，发布《苏州市人民政府关于修改〈苏州市档案管理办法〉的决定》，自公布之日起施行）

第一章　总　则

第一条　为了加强档案管理工作，有效地保护和利用档案，根据《中华人民共和国档案法》《江苏省档案管理条例》等有关法律、法规，结合本市实际，制定本办法。

第二条　本办法所称档案，是指法人、其他组织和个人从事政治、军事、经济、科学、技术、文化、宗教等活动直接形成的，对国家和社会具有保存价值的各种文字、图表、声像等不同形式的历史记录。

第三条　本市行政区域内涉及档案收集、整理、保护、利用和管理等活动的法人、其他组织和个人，均适用本办法。

第四条　各级人民政府应当加强对档案工作的领导，把档案事业列入本地区国民经济和社会发展计划，保证档案机构、人员编制和工作经费适应档案事业发展的需要。

第五条　档案工作实行统一领导、分级管理的原则，维护档案的完整与安全，便于社会各方面的利用。

第六条　市、县级市（区）人民政府、档案行政管理部门、有关主管部门应当对在档案工作中做出显著成绩或者向国家捐赠重要、珍贵档案的法人、其他组织和个人给予表彰或者奖励。

第二章　档案机构和职责

第七条　市、县级市（区）档案行政管理部门主管本行政区域内的档案工作，具体负责档案工作的统筹规划、组织协调、监督和指导。

镇人民政府、街道办事处应当对所属单位及村民委员会、社区居民委员会的档案工作实行监督和指导。

第八条　法人和其他组织应当建立档案机构或指定人员集中统一管理本单位的档案，负责各种门类档案的收集、整理、归档和提供利用工作，并对所属机构的档案工作实行监督和指导。

第九条　国家级、省级开发区应当建立档案机构，保管开发区需要永久和长期保存的档案及有关资料，并对开发区内的档案工作实行监督和指导。

第十条　地方国家档案馆包括综合档案馆和专门档案馆。

综合档案馆收集和管理本级法人和其他组织及其所属机构形成的档案，本级分管范围内各历史时期的档案和有关资料。

专门档案馆收集和管理某一专门领域或者某种特殊载体形态的档案。

第十一条　部门档案馆收集和管理本部门及其所属机构形成的专业档案，并在一定范围内提供利用。

第十二条　档案中介机构应当依法设立，并按照法律、法规和档案行政管理部门的有关规定从事档案业务，接受档案行政管理部门的监督和指导。

档案中介机构应当自成立后2个月内到档案行政管理部门备案。

第十三条　档案中介机构应当具备下列条件：

（一）有单位的名称、组织机构；

（二）有固定的服务场所；

（三）有一定数量的财产和经费；

（四）有3名以上具有大专以上学历且有5年以上档案工作经历、取得档案专业岗位资格证书的人员；

（五）法律、法规规定的其他条件。

第十四条　专门档案馆、部门档案馆以及其他档案机构，应当定期向所在地综合档案馆报送档案目录。

第十五条　档案工作人员应当忠于职守，遵守纪律，具备专业知识，取得岗位资格证书,接受专业知识的继续教育和培训。

第三章　档案管理

第十六条　法人和其他组织及其工作人员在本年度职务活动中形成的材料,应当收集齐全并整理归档,定期移交本单位档案机构或档案人员集中管理,任何人不得拒绝归档或者据为己有。

第十七条　法人和其他组织应当按照下列规定向有关档案馆移交档案:

(一)列入市、县级市(区)综合档案馆接收范围的档案,自形成之日起满10年移交;

(二)列入市、县级市(区)专门档案馆接收范围的档案,按照有关接收年限的规定移交;

(三)部门档案馆保存的永久档案,在本馆保存满30年后,按照国家有关规定及时移交;

(四)撤销、合并等单位的档案,按照规定及时移交。因特殊情况不能按期移交档案的,经同级档案行政管理部门、有关主管部门同意,可以适当延长移交的期限。向档案馆移交档案时,应当一并移交各种载体的检索工具以及与档案有关的参考资料。

第十八条　凡下列涉及本市的重大活动、突发事件,有关承办单位应当及时完整地收集、整理、保管相关文件材料,在活动结束后2个月内向同级综合档案馆移交:

(一)党和国家领导人的检查、视察、考察、指导工作,外国元首、政府首脑的参观、访问;

(二)承办的全国性、国际性会议和举办的重要经济、文化等活动;

(三)地震、洪水、疫情等重大自然灾害和按照国家规定确定的重特大事故;

(四)档案行政管理部门确定的其他活动。

前款规定的重大活动、突发事件中形成的照片、录音、录像等材料及友好城市或者国际交往中赠送的纪念品,应当移交同级综合档案馆。

第十九条　综合档案馆可以为苏州籍和曾经在苏州工作过的具有一定影响的下列人员建立人物档案:

(一)国际组织授予荣誉称号的;

(二)中央和国家机关授予荣誉称号的;

(三)在科学技术领域做出突出贡献的;

(四)全国著名的社会活动家、文学家、艺术家、体育杰出人士、企业家、民间艺(匠)人等;

(五)档案行政管理部门确定的其他人员。

第二十条　重点建设工程立项批准后1个月内,建设单位应当将项目基本概况向同级档案行政管理部门备案。

重点建设工程竣工时,应当由同级档案行政管理部门、有关主管部门对项目档案进行验收。

第二十一条　科学技术研究、技术改造、新产品开发、重要设备更新等项目的建档工作,应当与项目立项、计划进度、验收鉴定和评审奖励同步进行,并依法接受档案行政管理部门的监督、检查和指导。

第二十二条　国有企事业单位和国家控股企业的档案归国家所有。国有企业事业单位资产和产权变动时,其档案资料属资产清理范围,应在主管部门、国有资产管理部门和同级档案行政管理部门的监督指导下,同其他国有资产一同清理评估,并在资产清理结束后,按照国家规定做好档案的移交和处置工作。

第二十三条　非公有制经济组织应当根据生产经营需要,自行或委托中介机构将生产、经营管理活动中形成的档案资料妥善保管,确保档案的完整与安全。对国家和社会有重要保存价值的档案应当向所在地综合档案馆报送目录,并书面告知变动情况。

第二十四条　外商投资企业的档案属企业所有,企业承担保护和管理档案的义务。中外合资、中外合作经营企业终止、解散后,档案交原中方合资、合作者保存,或者向所在地综合档案馆移交。

第二十五条　鼓励单位和个人向综合档案馆捐赠、寄存其所有的档案。

第二十六条　法人和其他组织必须配置适宜安全保管档案的专门库房和防护设施,妥善保管好档案,特殊载体档案应当采取特殊保护措施。档案馆库建筑应当符合《档案馆建筑设计规范》。

第二十七条　档案馆(室)应当建立健全档案管理制度,按照规定接收、整理、保管和利用档案,防止档案的破损、褪色、霉变和散失。

第二十八条　档案馆(室)应当按照规定的程序和办法,定期对归档文件材料和保管到期的档案进行鉴定、解密和销毁。

第二十九条　因保管条件恶劣,可能导致档案不安全或者严重损毁的,可以按照下列规定处置:

(一)列入档案馆接收范围的档案,经档案行政管理部门同意,可以提前接收入馆;

(二)非国家所有但对国家和社会具有保存价值或者应当保密的档案,由档案行政管理部门督促档案保管者改善保管条件或者征得其同意后由综合档案馆代为保管。

第三十条　国家所有的档案,任何组织和个人不得赠送、交换、出售。国家另有规定的除外。赠送、交换、出售非国家所有的档案或者档案复制件,必须遵守国家保密规定,不得损害国家、集体或者其他个人的利益。

第四章　档案的利用和公布

第三十一条　综合档案馆保管的档案,一般自形成之日起满 30 年向社会开放,并定期公布开放档案的目录。经济、科学、技术、文化等档案,可以随时向社会开放。

第三十二条　法人、其他组织和个人凭有效证件,可以利用已经开放的档案。利用未开放的档案,应当办理相关审批手续。

第三十三条　法人、其他组织和个人可以无偿利用其移交、捐赠、寄存在档案馆的档案。利用其他档案的,应当按照有关规定缴纳相关费用。

第三十四条　档案馆(室)提供利用重要、珍贵的档案,应当用缩微品或者其他形式的复制件代替原件。

第三十五条　档案馆(室)应当建立现行文件查阅中心,提供服务。

第三十六条　档案馆应当加强档案信息化建设,并纳入当地信息化建设总体规划。对现有的馆藏档案应当进行数字化加工、采集,通过计算机网络对现行电子文件进行接收、管理和利用,开展公众网上档案咨询服务。

第三十七条　档案馆应当加强爱国主义教育基地建设,利用馆藏资源,面向社会开展经常性的、各种形式的爱国主义、革命传统教育和国情、市情教育。

第五章　罚　则

第三十八条　有下列行为之一的,由档案行政管理部门、有关主管部门予以警告,并责令其限期改正;逾期不改的,根据情节轻重,对单位直接负责的主管人员和其他直接责任人员依法给予行政处分:

(一)未按规定建立档案或档案管理制度的;

(二)未按规定办理重点工程项目档案备案手续的;

(三)档案库房缺乏防护设施,危及档案完整与安全的;

(四)拒绝向档案机构移交应当归档的文件材料或者应当进馆的档案的;

(五)拒绝接收应当归档的文件材料或者应当进馆的档案的;

(六)重点建设工程竣工时,未按规定进行档案验收或者未通过档案验收的。

第三十九条　有下列行为之一的,由档案行政管理部门、有关主管部门给予警告,对单位可以处 3000 元以上 3 万元以下的罚款;对个人可以处 300 元以上 1000 元以下的罚款;有违法所得的,没收违法所得;构成犯罪的,依法追究刑事责任:

(一)损毁、丢失和擅自提供、抄录、公布、销毁属于国家所有档案的;

(二)涂改、伪造档案的;

(三)倒卖档案牟利或者将档案卖给、赠送给外国人的;

(四)违反《中华人民共和国档案法》第十六条、第十七条规定,擅自出卖或者转让档案的;

(五)明知所保存的档案面临危险而不采取措施,造成档案重大损失的;

(六)档案工作人员玩忽职守,造成档案损失的。

第四十条　档案中介机构不具备本办法第十三条所列条件进行档案中介活动的，由档案行政管理部门、有关主管部门予以警告，可并处 1000 元以上 1 万元以下的罚款；有违法所得的，可并处 1 万元以上 3 万元以下的罚款。

第六章　附　则

第四十一条　本办法自 2004 年 2 月 1 日起施行。

市委办公室　市政府办公室
关于进一步加强新时期档案工作的意见
苏办发〔2008〕42 号

近年来，在全市各级党委、政府的重视、关心和支持下，全市档案事业不断发展。但同时也应清醒地看到，随着我市现代化建设的不断推进，我市档案工作还不能完全适应经济社会快速发展的需要，为更好地适应新形势、新要求，更好地服务全市"两个率先"和富民强市目标，全面推进档案事业的科学发展，经市委、市政府领导同意，现就进一步加强新时期档案工作提出如下意见：

一、充分认识新时期档案工作在全市发展大局中的重要作用

新时期档案工作的地位和作用日益突出。档案工作是维护历史真实面貌，传承人类文明，发展先进文化和先进生产力的一个重要内容，胡锦涛总书记曾深刻指出："档案事业是党和国家发展的一个不可或缺的重要方面，是一项崇高的事业。"全市各级党委、政府和各部门一定要站在全局的高度，正确认识新时期档案工作在全市经济社会发展中的重要地位和作用，进一步增强做好档案工作的紧迫感和责任感，不断提高档案工作服务大局、服务发展的能力和水平。各级档案部门要进一步解放思想，开拓创新，依法履行好档案事业行政管理和保管利用两大职能，为我市经济、政治、文化、社会建设和党的建设发挥积极作用。

二、不断拓展档案工作的服务领域

强化重大活动、重大项目档案工作。各级档案部门要切实加强重大活动、重大项目等档案的行政监管，及时做好依法归档工作。认真贯彻实施《苏州市重大活动档案管理办法》，今后各级党委、政府及各部门在筹备重大活动时，要严格按照文件规定，吸收同级档案局的负责人作为成员。档案部门要提前介入，全程服务，从组织上、业务上保证重大活动档案的规范化管理。重点工程事关百年大计，形成的档案需要长期妥善保管。今后凡是重点工程建设项目的建档工作，档案局和有关部门要认真做好指导和跟踪服务。

抓好民生档案工作。全市各有关部门要按照国家档案局《关于加强民生档案工

作的意见》和我市保障改善民生的总体要求,深入开展民生档案工作,努力做到凡是与民生有关的材料都能及时进行收集与归档,加快建立起信息完整、覆盖城乡的档案资源体系。要转变档案工作中重机关团体利用、轻个人利用等思维定势,加快建立起服务民生的档案利用体系,确保民生档案有效服务全市人民。

加强企业档案工作。各级档案部门要深入开展国有企业、外向型企业和民营企业档案工作。当前尤其要加强与中小企业局、工商联的沟通和协作,做好民营企业档案工作,制订民营企业档案工作办法,创新建档模式,加强工作的指导、协调和服务,推进全市民营企业档案工作整体水平的不断提高。

推进农业农村档案工作。各级档案部门要围绕我市新农村建设目标,建立与涉农部门整体联动的工作机制,明确农业农村档案工作的重点,进一步规范农村建设档案工作,切实加强行政村党组织、村民委员会及其他村级组织的档案管理,有效保护和开发利用新农村档案资源,为维护村民的合法权益,构建和谐社会发挥重要作用。

三、大力推进档案馆主体建设

加快档案馆库建设步伐。按照"大文化、大档案"的建设理念,高起点、高标准设计与我市经济社会发展水平相适应的档案馆新馆,努力建设成为城市文化标志性建筑,满足我市档案事业长远发展的需要。各级党委、政府要按照档案馆建筑设计规范的新要求,突出档案馆的社会性、文化性、开放性、现代性和标志性,科学规划,合理布局,进一步加快档案馆新馆建设步伐,力争在"十一五"期间建成一批新馆。

拓展档案馆公共服务功能。各级国家综合档案馆均要建成市级爱国主义教育基地,有条件的档案馆要建成省级爱国主义教育基地。要加强政府信息的收集利用工作,成为政务信息公开最权威的法定场所。要面向社会、面向基层、面向公众,举办形式多样的陈列展示活动,充分发挥档案馆的社会教育功能。

四、加强档案资源建设和开发利用

整合国家档案资源。各级档案部门要以维护国家档案资源的完整与安全、促进档案资源的科学有效利用为目标,使档案信息资源总量增加、质量提高、结构优化。要充分运用现代化技术,加快建设以国家综合档案馆为主体,以城建、房地产、园林等专业档案馆为依托,以基层档案室为基础的档案资源信息库,实现全市档案信息资源共享。

加强机关档案工作。机关档案工作是档案馆工作的基础。各级党政机关要认真贯彻实施国家档案局8号令,全面提高档案室业务建设的标准化、规范化水平,实现档案室与档案馆业务工作的有序衔接。列入各级档案馆进馆范围的单位,必须按规定及时向档案馆移交档案实体和相应的数据信息。

强化档案征集接收和开发利用。各档案馆要加大重要档案的征集接收工作力度，积极做好重点档案抢救保护工作。要以馆藏珍贵档案研究为重点，积极探索利用社会力量和市场手段对档案信息资源进行深度开发的新途径、新办法，大力开发有价值、有品位的档案文化精品，充分发挥档案资源在建设文化强市中的独特作用。

五、扎实推进档案信息化建设

实施数字档案馆工程。各级档案部门要继续加强档案馆的基础数据建设，已建成的数字档案馆要在提升系统功能上下功夫，还未建成的要加大投入，加快进度，尽早建成并投入使用。要实现档案系统数据的异地备份，建立全市档案馆馆藏档案文件级目录备份数据库和全市档案馆珍贵重要档案全文备份数据库。

加快档案数字化进程。加快以传统载体保存的公文、档案、资料等信息资源的数字化进程。切实抓好国家综合档案馆和机关档案室档案数字化的前期鉴定，按照《江苏省档案信息化建设保密管理办法》的要求，加强本地区档案数字化工作领导，规范数字化加工质量控制和保密工作。

加强电子文件归档与管理。各部门要严格执行《江苏省电子文件归档与管理办法》《苏州市电子文件归档及管理暂行办法》，实行电子文档一体化和馆室一体化，促进档案整理与保护、档案移交进馆等工作更加规范有序，要把数字档案室建设作为本单位信息化建设的重要组成部分，加大工作力度，实现基层档案工作的现代化管理。

六、进一步加强档案法制建设

开展档案法制宣传教育活动。各地要全面实施档案"五五"普法规划，把档案法律法规列入公务员和档案人员培训的内容，开展形式多样的法制宣传教育活动，不断提高全社会的档案法制意识。

规范档案行政执法行为。各级档案行政管理部门要认真贯彻国家、省、市关于全面推进依法行政工作的意见，强化执法责任，明确执法程序和执法标准，完善执法和处罚的相关制度，规范执法行为，切实提高档案执法人员的法律素养、执法能力和执法水平。

强化档案行政执法检查。各级政府要明确档案行政管理部门执法主体资格，确保其执法的合法性和权威性。各级档案行政管理部门要提高依法行政的针对性和实效性，加大档案行政处罚的力度，严肃查处档案违法案件。要完善档案行政监督制度和机制，切实强化对档案行政行为的监督。

七、切实加强对档案工作的组织领导

高度重视档案工作。各级党委、政府要依法将档案事业发展列入当地国民经济

和社会发展总体规划,把档案工作列入各级各部门的工作考核范围。各级党委、政府要帮助档案部门解决机构建制与管理职能不相适应等实际问题,为档案事业的发展创造良好环境,提供有力保障。各级党委、政府分管档案工作的领导,要定期听取工作汇报,专题研究档案工作,解决事关档案工作发展全局的问题。

加大档案事业投入。各地要加大档案基础设施建设投入,确保档案事业与其他各项事业同步发展。按照《国家重点档案抢救和保护补助费管理办法》的规定,积极落实档案管理、保护、抢救和信息化建设所需经费。各级财政部门要将档案保护费按不低于 3 元 / 卷 / 年的标准列入财政预算,解决馆藏档案资料的安全保护问题。

加强档案干部队伍建设。各级党委、政府要根据档案事业发展和馆藏量增长等实际情况,配强、配齐、优化档案干部队伍,并加大档案系统干部任用和交流力度,增强档案干部队伍的整体活力。对在档案工作中成绩显著的单位和个人,要给予相应的奖励。各级档案部门要加强自身建设,不断提高干部队伍整体工作能力和水平,促进档案事业的科学发展,为全市发展大局提供更好服务。

2008 年 6 月 25 日

苏州市档案条例

(2010 年 6 月 25 日苏州市第十四届人民代表大会常务委员会第十八次会议制定,
2010 年 7 月 28 日江苏省第十一届人民代表大会常务委员会第十六次会议批准)

第一章　总　则

第一条　为了加强档案工作,有效地保护和利用档案,根据《中华人民共和国档案法》《江苏省档案管理条例》等法律、法规,结合本市实际,制定本条例。

第二条　本条例所称档案,是指国家机构、社会团体、企业事业单位和其他组织以及个人从事政治、军事、经济、教育、科学、技术、文化、卫生、宗教等活动直接形成的,对国家和社会有保存价值的各种文字、图表、声像、电子文件、实物等不同形式的历史记录。

第三条　本市行政区域内档案的收集、整理、保护、利用和管理,适用本条例。

第四条　各级人民政府应当把档案事业列入本地区国民经济和社会发展计划,把档案信息化建设纳入政府信息化规划,把档案事业所需经费列入本级财政预算。

第五条　任何单位和个人都有保护档案的义务。

为档案事业做出显著成绩的单位和个人,由各级人民政府、档案行政管理部门、有关主管部门给予表彰、奖励。

第二章　档案机构及其职责

第六条　市、县级市(区)档案行政管理部门主管本行政区域内的档案工作,负责档案工作的统筹规划、组织协调、监督和指导。

第七条　镇人民政府(街道办事处)应当明确专职人员负责本单位的档案工作，并对所属单位、社区居民委员会、村民委员会的档案工作进行监督和指导。有条件的镇(街道)设立档案馆。

社区居民委员会、村民委员会应当指定人员负责档案工作。

第八条　国家级、省级开发区管理机构应当建立档案馆，负责本单位的档案工作，并对所属单位的档案工作进行监督和指导。

第九条　国家机构、社会团体、企业事业单位和其他组织的档案机构或者档案工作人员集中统一管理本单位的档案工作，并对所属机构的档案工作进行监督和指导。

第十条　档案行政管理部门对立档单位的档案工作实行年度评价制度。

第十一条　各级各类档案馆负责接收、收集、整理、保管和提供利用各自职责范围内的档案，并接受档案行政管理部门的监督和指导。

地方国家档案馆包括综合档案馆和专门档案馆。综合档案馆负责收集和永久保管多种门类的档案；专门档案馆负责收集和永久保管特定领域或者特殊载体的档案。

部门档案馆和企业事业单位档案馆应当按照档案行政管理部门规定的范围收集和保管档案。

第十二条　档案中介服务机构应当依法设立，并自设立后一个月内向档案行政管理部门办理备案手续。

非本市档案中介服务机构来本市开展档案中介服务的，应当持营业执照等相关材料，向本市档案行政管理部门办理备案手续。

档案中介服务机构从事档案整理、鉴定、寄存、数字化转换等服务，应当接受档案行政管理部门的监督和指导。

第十三条　档案工作人员应当具备档案专业和相关专业知识，并接受专业培训和继续教育。

档案工作人员应当保持相对稳定，离开岗位前应当办理档案交接手续。

第三章　档案管理

第十四条　国家机构、社会团体、企业事业单位和其他组织的工作人员在职务活动中形成的列入归档范围的材料，应当收集齐全并整理，定期向本单位档案机构或者档案工作人员移交，集中管理，不得拒绝归档或者据为己有。

第十五条　综合档案馆档案的进馆单位名称、范围和年限，由档案行政管理部门报同级人民政府审定后予以公布。

专门档案馆、部门档案馆档案的进馆单位名称、范围和年限，应当向同级档案行政管理部门备案。

第十六条　进馆单位向综合档案馆、专门档案馆、部门档案馆移交档案时,应当同时报送电子文件和各种载体的检索工具以及与档案有关的参考材料。

进馆单位因特殊情况不能按期移交档案的,经档案行政管理部门或者专门档案的主管部门同意后,可以适当延长移交期限。

进馆单位因保管条件恶劣,可能导致档案不安全或者严重损毁的,档案行政管理部门或者有关主管部门可以决定综合档案馆、专门档案馆、部门档案馆提前接收进馆。

第十七条　单位撤销、终止、合并、分立的,其档案应当按照下列规定移交:

(一)机关事业单位向综合档案馆移交;

(二)市直属国有企业向市工商业档案管理机构移交;

(三)县级市(区)直属国有(集体)企业向企业主管单位或者档案行政管理部门指定的档案机构移交;

(四)中外合资、中外合作经营企业由原中方合资、合作者保存,或者向档案行政管理部门指定的档案机构移交;

(五)其他单位向档案行政管理部门指定的档案机构移交。

移交工作应当自单位撤销、终止、合并、分立后的三个月内完成。

第十八条　下列涉及本市的重大事项,有关承办、处置单位应当及时完整地收集、整理、保管相关材料:

(一)党和国家领导人的检查、视察、考察、指导工作,外国元首、政府首脑的参观、访问;

(二)承办的国际性、全国性会议和举办的重要经济、文化等活动;

(三)重大自然灾害、突发公共卫生事件和重特大事故;

(四)其他重大事项。

第十九条　重大事项承办、处置单位在制定实施计划时,应当同时制定档案工作方案,确定专门人员负责相关材料的收集、整理、归档和保管工作。

第二十条　档案行政管理部门应当为重大事项的承办、处置单位提供档案业务指导,监督做好重大事项档案材料的收集、整理、归档和保管工作。档案行政管理部门可以派专业人员采取录音、录像、摄影等方式直接形成重大事项的声像档案。

第二十一条　档案行政管理部门应当在重大事项结束后,会同承办、处置单位对重大事项档案进行验收。档案材料缺失的,承办、处置单位应当补充收集完整。

重大事项的录音、录像、摄影等材料以及友好城市或者其他国际交往中受赠的有保存价值的纪念品,承办、处置单位应当在重大事项档案验收后移交综合档案馆;其他档案,移交档案目录。

非常设机构或者不具备保管档案条件的承办、处置单位,应当在重大事项档案验收后,向综合档案馆移交档案。

第二十二条　综合档案馆可以为本市籍贯或者曾经在本市工作过的具有一定影

响的下列人员建立人物档案：

（一）国际组织授予荣誉称号的；

（二）获得国家级荣誉称号的；

（三）在专业领域做出突出贡献的；

（四）全国著名的社会活动家、文学家、艺术家、企业家和文化、教育、卫生、体育等杰出人士；

（五）综合档案馆确定的其他人员。

鼓励被建立人物档案的人员捐赠其具有重要价值的档案。

第二十三条　城乡规划区内工程项目的建设单位，应当向城市建设档案机构登记并接受其档案检查和验收，按照有关规定及时向城市建设档案机构报送工程建设档案。

各级重点建设工程立项批准后一个月内，建设单位应当将项目基本概况向档案行政管理部门备案。

市、县级市（区）两级重点建设工程项目的档案专项验收由档案行政管理部门会同有关主管部门组织实施。

第二十四条　科学技术研究、技术改造、新产品开发、重要设备更新等项目的档案工作，应当与项目立项、工作进度、验收评审同步进行。科研成果鉴定、产品试制定型以及设备仪器开箱或者其他技术项目验收、鉴定，应当由本单位档案机构同步验收档案。

第二十五条　国家机构、社会团体、企业事业单位和其他组织应当妥善保管人事、劳动、社会保障、医疗等涉及公民权益的档案，确保档案的完整、安全和有效利用。

第二十六条　非公有制经济组织档案属本单位所有，可以自行或者委托档案中介服务机构妥善保管，确保档案的完整、安全和有效利用。对国家、社会和民生有重要保存价值的档案应当定期向综合档案馆报送目录。

第二十七条　市、县级市（区）各单位编著的各类书刊、音像制品等公开出版物，应当向同级综合档案馆送交一式三份，作为馆藏保存。

鼓励单位和个人向综合档案馆捐赠、寄存其所有的重要档案，以及反映本市市情、史情和本市作者出版的各类书刊、音像制品等公开出版物，综合档案馆对于散存在外的本地区有关重要历史档案，应当采取措施收购或者征集进馆。

第二十八条　鼓励公民建立个人（家庭）档案。

第二十九条　国家机构、社会团体、企业事业单位和其他组织应当配置符合安全保管条件的档案专门库房和防护设施，特殊载体档案应当采取特殊保护措施。

第三十条　档案馆（室）应当建立健全档案管理制度，按照规定接收、整理、保管和利用档案，防止档案的破损、褪色、霉变和散失。

第三十一条　档案馆（室）应当依法定期对归档文件材料和保管到期的档案进

行鉴定、解密、销毁。

第三十二条　国家所有的档案,任何组织和个人不得赠送、交换、出售,国家另有规定的除外。赠送、交换、出售非国家所有的档案或者档案复制件,应当遵守国家保密规定,并报经档案行政管理部门批准。

禁止向外国人和外国组织出售或者赠送档案。

第四章　档案的利用和公布

第三十三条　国家机构、社会团体、企业事业单位、其他组织和个人凭有效证件,可以利用已经开放的档案。利用未开放的档案,应当办理相关审批手续。利用者在查阅档案时应当遵守档案馆的各项规章制度,服从工作人员的管理。

外国人或者外国组织凭相关证件,在保存该档案的档案馆办理相关手续后,可以利用已经开放的档案。

第三十四条　单位和个人对各级各类档案馆拒绝提供利用档案有异议的,有权向档案行政管理部门、有关主管部门申诉。

第三十五条　利用重要、珍贵档案时,档案馆(室)应当以电子文件、缩微品或者其他形式的复制件代替原件。

第三十六条　档案馆可以通过报纸、刊物、图书、电台、电视台、网站等媒介或者采取陈列、展览等形式向社会公布档案。

第三十七条　市、县级市(区)人民政府应当在综合档案馆设置政府信息查阅中心,并配备相应的设施、设备,向社会提供服务。国家机构、社会团体、事业单位和其他组织应当依法向政府信息查阅中心报送主动公开的信息。

政府信息查阅中心对主动公开的信息,应当通过计算机网络进行接收、管理,并在网上提供目录和全文的在线利用。

第三十八条　各级各类档案馆对现有的馆藏档案应当进行数字化加工、转换,通过计算机网络公布开放档案目录和部分档案全文,并开展网上档案咨询服务。

地方国家档案馆应当对馆藏重要档案的电子目录和全文进行备份。

第三十九条　综合档案馆应当加强爱国主义教育基地建设,开展经常性的、各种形式的爱国主义、革命传统教育和国情、市情教育。

第五章　法律责任

第四十条　违反本条例规定的行为,法律、法规已有处罚规定的,从其规定。

第四十一条　档案中介服务机构未按照规定备案的,由档案行政管理部门责令限期改正;有违法所得的,没收违法所得。

第四十二条　有下列行为之一的,由档案行政管理部门、有关主管部门责令限期改正;情节严重的,对单位直接负责的主管人员和其他直接责任人员依法给予行政处分:

（一）未经批准擅自设立档案馆的；

（二）未按照规定建立档案或者档案管理制度的；

（三）拒绝向档案机构移交应当归档的文件材料或者应当进馆的档案的；

（四）拒绝接收应当归档的文件材料或者应当进馆的档案的；

（五）单位撤销、合并、终止、分立，擅自处置档案的；

（六）重大事项档案未通过验收，验收后重大事项档案目录未向档案行政管理部门备案的；

（七）未按照规定办理重点工程项目档案备案手续的；

（八）重点建设工程竣工时，未按照规定进行档案验收或者未通过档案验收的；

（九）非公有制经济组织未按照规定向综合档案馆报送档案目录的；

（十）未按照规定配置档案专门库房和防护设施的；

（十一）未按照规定报送主动公开的信息的；

（十二）未按照规定向社会开放和提供利用档案的。

第四十三条　档案行政管理部门及其工作人员滥用职权、徇私舞弊、玩忽职守的，由其所在单位或者上级主管部门对负有责任的主管人员和其他直接责任人员依法给予行政处分；构成犯罪的，依法追究刑事责任。

第六章　附　则

第四十四条　本条例自 2010 年 10 月 1 日起施行。2004 年 2 月 1 日施行的《苏州市档案管理办法》同时废止。

附录三　苏州市其他档案馆（室）选介

第一章　市（县）、区档案馆

第一节　张家港市档案馆

历史沿革

张家港市前身为沙洲县，成立于 1962 年 1 月 1 日。1965 年 5 月建立沙洲县档案馆。1981 年 10 月建立沙洲县档案局，与档案馆合署办公，实行两块牌子，一套班子。1986 年 12 月 1 日撤销沙洲县，建立张家港市，档案馆更名为张家港市档案馆。1996 年 11 月 15 日，张家港市档案局与张家港市档案馆合并，保留档案局牌子，为市委、市政府直属正科级事业单位。2001 年 8 月 24 日，增挂"张家港市文件资料服务中心"牌子。2001 年 10 月 30 日，经中共张家港市委批准保留张家港市档案局（馆），为市委直属正科级事业单位，隶属市委办公室领导，参照国家公务员制度管理。内设机构有秘书科、监督指导科、征集编研科、保管利用科。张家港档案局（馆）获"七五""九五"全省档案系统先进集体；1996 年、2004 年获苏州市档案系统先进集体；2008~2011 年度获苏州市档案工作先进集体；2010 年，张家港市档案馆晋升为国家一级档案馆；2015 年 12 月晋升江苏省 AAAAA 级数字档案馆。

张家港市档案局（馆）编制 18 名，其中局（馆）长 1 名，副局（馆）长 2 名。2004 年增设信息技术科。至 2015 年底，有工作人员 25 名，其中高级职称 3 名，大专以上学历占 95%。所学专业有档案、中文、计算机、法律、行政、经济等。

历任馆长：

1984 年前，馆长由县委办公室主任兼任。

夏志石，1984 年 5 月 5 日~1991 年 12 月 26 日

陈克昌，1994 年 1 月 2 日~1995 年 8 月 16 日

蔡同寅，1995 年 8 月 16 日~2005 年 8 月 17 日

陈志芳，2005 年 8 月 17 日~2012 年 1 月 11 日

黄惠珍 2012 年 1 月 11 日~

馆库建设

张家港市档案馆始建于 1965 年 5 月，位于杨舍镇杨舍西街县委、县政府大院东侧，有平房 5 间，共 140 平方米。1985 年，在原地翻建成四层大楼，面积 1470 平方米，其中库房面积为 848 平方米。1986 年 8 月，该大楼正式投入使用。1998 年，市政府划拨办公楼 1 幢，建筑面积增至 2428 平方米，其中库房面积为 1470 平方米。2005 年 12 月 28 日，张家港市档案新馆奠基，地址位于张家港市人民东路文化中心内。2009 年 9 月，新馆正式启用，建筑面积为 8691 平方米，其中库房面积为 3500 平方米。大楼实行智能化管理，建有电视监控系统、楼宇自动探测系统。库区安装有温湿度自控系统、消防报警系统、电子报警系统和喷雾灭火装置。至 2015 年底，张家港市档案馆配备电脑 34 台，服务器 9 台，扫描仪 7 台，配有档案信息存储、光盘刻录机、数码摄像机等设施设备。

档案馆业务

档案接收征集　1962 年初，沙洲县人民委员会接收江阴、常熟移交的土改档案 1667 卷，工商档案 109 卷。1987 年至 1988 年，张家港市档案馆接收市级机关到期档案和乡镇机关 1956~1982 年形成的档案 32420 卷。1988 年首次接收复退军人档案 22131 卷，至 2014 年底，馆藏复退军人档案达 29951 卷。1992 年，接收信访、公证、会计、农业科技、人口普查等专业专门档案 6817 卷。1997 年，接收乡（镇）机关 1983~1986 年形成的档案及市经委转制公司档案 5595 卷。1999 年，接收市、镇机关 1987~1990 年形成的档案 22322 卷。2002 年，接收市、镇机关 1991~1993 年形成的档案 11578 卷。2003 年，接收撤并镇机关档案 28783 卷、归档文件 11971 件。2006 年，接收村建档案 3664 卷。2009 年，接收档案 62730 卷、5486 件。2012 年，接收婴儿出生证明档案 857 盒 8 万余件。2014 年，接收文书档案 1886 卷、239808 件，专门档案 3958 卷、1709 件，照片 13708 件。2015 年，接收文书档案 5417 卷、381849 件，专门档案 106671 卷、5614 件（学籍、事故、艺术），照片 471 卷 19271 张，录像 18 盒，光盘 468 盒。

1989 年，张家港市档案馆建立档案资料征集网络，开展全市重大活动、省部级以上领导视察张家港、国家级荣誉档案和民间档案、家谱、碑拓、典籍、志书等历史资料的征集工作。2002 年，开展名人档案征集工作。2012 年以来，重点开展名人档案、"张家港精神"档案、民间档案史料、照片档案的征集工作。2012 年，张家港市档案馆在全省档案系统建成首家"图片中心"。建立名人档案特藏室。2013 年，张家港市档案馆建立音视频档案管理库，启动"港城影像记忆工程"。2014 年，张家港市政府印发《张家港市名人档案管理办法》。至 2015 年底，征集进馆有全国政协原副主席钱昌照、中国两院院士张光斗、江西省军区原副政委陈伊、中国摄影家协会原副主席袁毅平等 32 位名人档案 6712 件,家谱 59 卷 734 册,碑拓 97 件;图片中心共存储照片 32 万张;音视频管理库共存储 9214 件,时长 4.2 万分钟。

政务信息公开 2001 年 8 月,张家港市政务信息公开服务中心建立,12 月正式对外开放。2004 年 8 月,该中心被张家港市委、市政府指定为政府信息公开暨公众集中查阅现行规范化文件的场所。至 2015 年底,政务信息公开中心共接收 65 家单位政务公开信息 34764 份。

档案信息化建设 1997 年,张家港市档案馆及全市各机关、企事业单位统一使用 3Hmis 综合管理软件。2009 年,张家港市档案馆与上海电信公司合作,开发并使用张家港数字档案综合管理系统,系统具备档案编目、数据管理、档案利用、网上收档、在线申请等功能。至 2015 年底,已建立 286 个全宗 24.6 万条案卷级目录数据库、582 万条文件级目录数据库,并建立了工商登记、公证、知青、复退军人档案等 20 个专题目录数据库,完成了照片、音视频等多媒体数据库及 700 万余页馆藏重要、利用频繁档案全文数据库的建设工作。

2005 年 1 月,张家港市档案馆在全省县级市中率先建成电子文件中心,成为全市电子文件的备份基地。至 2015 年底,累计上载文件 139962 份,其中完全公开 83541 条,局部公开 11603 条,点击率 89797 人次。

2013 年,张家港市档案馆推出"民生档案远程共享平台"。该平台通过现代网络通讯手段,整合馆藏婚姻档案、独生子女档案、林权档案、土地证存根等 8 大类 200 多万条民生档案信息,与全市 10 个镇(区) 28 个村、2 个重要民生部门实现互联共享。2014 年,"智慧档案馆"项目正式启动,入选 2014 年度国家档案局科技项目。2015 年,"智慧档案馆"项目完成一期建设。2015 年 12 月,张家港市档案馆被评为江苏省 AAAAA 级数字档案馆。

档案资料开发利用 1988 年 1 月起,张家港市档案馆开放土改档案、工商登记档案。1989 年 11 月起开放馆藏满 30 年的乡镇机关档案。1992 年向社会开放档案 1861 卷,1995 年开放 217 卷,1999 年开放 3258 卷,2002 年开放 2066 卷。2004 年开放馆藏资料 10227 册。2008 年开放档案 19613 卷,资料 11500 册。1978~1985 年,张家港市档案馆为各单位和群众提供档案查阅服务 6466 人次、53256 卷(件、册)次。1986~2005 年,提供档案查阅服务 24643 人次、193503 卷(件、册)次。2006~2014 年,提供档案查阅服务 90203 人次、111714 卷(件、册)次。

1986 年,张家港市档案馆配备专人开展档案文献的编研工作。1986~1989 年,先后汇编《张家港市征用土地摘编》等 11 种文件汇编和《张家港市(沙洲县) 1962~1989 年大事记》等 10 种参考资料,共计 106 万字。1990 年以后,开始逐月编写张家港市大事记和张家港报刊信息摘编等参考资料。2005 年,《足迹——张家港市荣誉集锦》《百舸争流——张家港市民营企业风采录》在江苏省档案编研成果评比中获二等奖,《辉煌的十年——张家港十年大事概览》获三等奖。2007 年,《张家港旧影》被评为省优秀档案编研成果二等奖。2008 年,《张家港碑刻选集》获省优秀档案编研成果三等奖。2014年7月，启动张家港市影像记忆丛书的编撰工作。2015年，《锦丰影像》获全省档案文化精品三等奖，同年，出版《乐余影像》《悠悠的河阳话》《陈肯书法集萃》《金港影像》。

1987年，张家港市档案馆举办第一期档案史料陈列，共展出档案珍品850件。1987~2005年，共举办档案史料陈列展9期，展出珍贵档案史料2519件。2013年9月，举办"沙上明珠孕异彩、港城英风谱华章——张家港市档案馆馆藏名人档案展"。2015年，获全省档案文化精品三等奖。2014年，先后举办"馆藏殷广德教授摄影作品展""馆藏陈肯书法作品展""民生档案服务民生展"。2015年，举办"红色记忆——张家港市革命斗争历史图片展"校园流动展和纪念抗战胜利70周年历史图片展。2000年10月，张家港市档案馆被张家港市委命名为市级爱国主义教育基地。2013年，建成全省首批"中小学生档案教育社会实践基地"，开展"万名学生走进档案馆""名人档案校园行""6·9国际档案日"及"名人励我志、扬帆中国梦"等活动。至2015年底，累计接待全市33所学校2万余名小学生。

馆藏档案

至2015年底，张家港市档案馆有286个档案全宗，分为8个全宗群。馆藏档案355394卷、436427件，照片档案40206张，录音录像档案88盒，光盘档案724张，实物档案1759件，领导题词160幅，资料14100册。馆藏档案以文书档案为主，共140045卷、430813件，占馆藏档案总量的67%。有农业科技档案、建设项目（工程）档案、工业产品档案等科技档案4061卷，有会计、统计、审计、公证、环保、新闻报道、学籍、普查、纪检案件、工商企业歇业登记、婚姻、死亡干部档案等专业和馆藏专门档案共211288卷。

特色档案选介：

"张家港精神"档案　1992年，张家港市委、市政府提出"团结拼搏、负重奋进、自加压力、敢于争先"的张家港精神。1995年3月，江苏省委在张家港市召开以经济建设为中心、两个文明一起抓经验交流现场会，张家港成为全省典型；当年5月13日，江泽民同志视察张家港并为张家港精神题词；同年10月，中宣部和国务院办公厅在张家港市召开全国精神文明建设经验交流会。"张家港精神"在全国推广和传播"张家港精神"档案共3608件，收录1992年以来宣传、贯彻"张家港精神"的文件、领导视察、会议、媒体报道、荣誉成果等档案资料。

钱昌照档案　钱昌照，中国人民政治协商会议第五至七届全国委员会副主席、中国国民党革命委员会中央副主席、著名爱国民主人士。钱昌照名人档案收录了钱昌照先生1939~1988年间形成的调研报告、回忆文章、诗词作品、书信、照片、证书等档案和资料共694件。

"港城影像记忆工程"档案　2013年8月，张家港市档案局启动"港城影像记忆工程"，拍摄历史遗迹、村镇建设、工商企业、民俗风情等九大类图片。至

2014 年底，全面完成"港城影像记忆工程"建设，共计拍摄照片 159831 张，收集历史照片 2136 张。

第二节　常熟市档案馆

历史沿革

1959 年 2 月开始筹建常熟县档案馆，同年 6 月 8 日，中共常熟县委、县人委联合行文建立"常熟县档案馆"，归口县委办公室管理。馆址位于虞山镇西门大街 114 号。

"文化大革命"期间，档案馆工作一度停顿，人员被调离、下放，业务归口县革命委员会办事组，下设档案组开展工作，对外使用"常熟县革命委员会档案馆"印章。其间，为使档案材料不受冲击，根据上级指示，于 1967 年 10、11 月分别将馆藏的 411 箱档案交驻军 6317 部队代保管。

1980 年 10 月，建立"常熟县档案局"，与县档案馆合署办公。1983 年 3 月撤县建市，常熟县档案馆改称常熟市档案馆（简称市档案局［馆］）。

1987 年 6 月 27 日，中共常熟市委批转《关于调整我市档案工作领导体制的请示》，明确"市档案局由市委办领导改为市政府直接领导，明确一位副市长分管档案工作，市档案馆是市委、市政府直属的事业机构，归口市档案局管理，局、馆合署办公"。1992 年，市档案馆迁至虞山镇金沙江路 8 号。

1996 年 12 月，市档案局与市档案馆合并，保留档案局牌子，为市委、市政府直属正局级事业单位，继续行使行政管理职能。

2001 年，中共常熟市委批准《常熟市档案局（馆）职能配置内设机构和人员编制规定》，保留常熟市档案局（常熟市档案馆），为市委、市政府主管全市档案工作的市直属事业单位，继续赋予行政管理职能，正局（科）级建制。

常熟市档案馆于 1978 年、1981 年获评苏州地区先进档案馆。1981 年、1984 年被江苏省人民政府表彰为先进集体。常熟市档案局（馆）于 1991 年、2007 年、2012 年被省档案局、省人民厅评为全省档案系统先进集体，1995 年、2003 年被国家档案局、人事部表彰为全国档案系统先进集体。2008 年，常熟市档案馆晋升国家一级档案馆。

建馆初期，档案馆配备 2 名专职人员，1965 年 5 月，增加 2 名人员编制。1981 年 11 月，常熟县编委核定档案局编制人数 7 人，其中行政编制 1 人，事业编制 6 人。1984 年 3 月，常熟市编委核定档案局行政编制 3 人。1984 年 12 月，事业编制增加至 9 人。1996 年，核定局（馆）事业编制 27 人。2001 年，核定局（馆）事业编制 25 人，其中工勤人员 3 人。档案馆陆续吸纳了档案、计算机、中文、外语、财会、艺术设计、电器等专业人才。至 2015 年底，市档案馆有 24 人，其中，研究生学历 2 人，本科学历 19 人，大专学历 3 人；具有高级职称 7 人，中级职称 9 人，初级职称 5 人。

市档案馆成立后的 20 余年内，未设立内部机构，1984 年 12 月，常熟县档案局（馆）设立业务指导、接待保管和档案编研 3 个股。1988 年 1 月，增设秘书股。1990 年 5 月，"股"统一改称"科"。1996 年 12 月，局（馆）设立办公室，增设技术科，同时将原来的 3 个科分别改称为监督指导科、保管利用科和征集编研科。2001 年 12 月，技术科改为信息技术科。2005 年 9 月，增设法规宣教科。2008 年 9 月，监督指导科更名为业务指导科。2009 年 5 月，业务指导科增挂"行政许可服务科"牌子，并集中统一行使行政审批职能。

档案馆成立后的相当一段时间未配备专职领导。1975 年 8 月，县委办公室明确周行任档案组组长，李祖华任副组长。1979 年开始正式任命档案馆领导。

历任馆长：

李祖华，1980 年 10 月~1990 年 1 月

罗保兴，1995 年 10 月~1996 年 10 月

宗全保，1996 年 10 月~1998 年 12 月

陈兴元，1998 年 12 月~2003 年 3 月

吴建平，2003 年 3 月~2005 年 1 月

沈秋农，2005 年 1 月~2007 年 11 月

陆乾元，2007 年 11 月~2012 年 5 月

顾志强，2012 年 6 月~

馆库建设

1972 年，在原县政府大院建造了独立的馆舍 688 平方米。根据档案馆事业发展需要，于 1991 年、2002 年先后建造档案馆一期和二期工程，占地 7.8 亩，建筑面积 5100 平方米。2011 年，市政府又分配给市档案馆用房 1500 平方米，档案馆总面积达到 6600 平方米。档案馆自成一体，结构合理，功能齐全，获全国档案馆"综合建筑设计优秀奖"，被国家档案局选定为全国县级档案馆建筑"典型范例"，并入编《档案馆建筑与设备》一书。馆内建立了温湿度自动控制系统，"110"CK 防盗报警系统、火灾自动报警系统，闭路电视监控系统，阅览和展示系统。安装档案密集架 1100 立方米，配置有复印机、一体机、扫描仪、服务器、刻录机、数码相机、摄像机、投影仪、防磁柜等现代化设备。

2015 年 6 月 13 日，常熟市档案馆新馆正式开工，预计 2017 年完工。该项目地处常熟市文化片区东南侧，占地面积 14932 平方米，总建筑面积 36197 平方米，新馆的设计建设具有地方特色和现代气息，集档案安全保管基地、爱国主义教育基地、档案利用服务中心、政府信息公开中心、电子文件管理中心"五位一体"功能的国家综合档案馆。

档案馆业务

档案收集 常熟市档案馆按照国家的相关法律法规制定并实施了《常熟市档案

馆接收档案范围实施细则》，依照《档案法》相关规定定期接收市（县）、乡、镇、场机关和公司、工厂、学校、办事处等企事业单位的永久、长期档案。

1959 年县档案馆成立后，将分散在县委、县人民政府及所属科、局和已撤销的各单位的档案资料全部接收进馆，共移交新中国成立后形成的档案 21523 卷，明清和民国档案 3000 余卷（册），报刊资料 4876 册。1965 年 7 月和 1966 年 5 月，常熟县档案馆将馆藏的原沙洲区、常阴区、南丰区、塘桥区、大义区和福山区部分乡的有关档案 4116 卷移交给沙洲县档案馆。

1981 年 12 月~1982 年 4 月，县档案馆三次接收了保存于常熟县公安局的民国档案和日伪政权档案 5883 卷、报刊资料 120 册。1984 年，常熟市档案馆接收了形成于 1935~1936 年间由常熟县清丈队绘制的《常熟县原图》《常熟县各地区、乡地籍总图》和《常熟县各区、镇地籍原图》2408 张。是年，接收 13 个撤并机关的档案 7841 卷。1987 年，市档案馆接收市土地管理办公室等 5 个撤销机构的档案 819 卷。

常熟市档案馆于 1999 年和 2004 年大批接收了进馆单位的档案。2005 年，接收分散在全市各镇的退役士兵档案 22989 卷，并接收已撤销机关、单位印章 2500 枚。2008 年，接收分散在各镇场的少量婚姻档案。2009~2012 年，共接收了 13 家撤并机构共计 7627 卷、51933 件档案进馆。2015 年，陆续开展原卫生局、原计生委、原工商局、原质监局、原食药监局、原体改办、原房改办、市委群组办等 8 家撤并单位的档案接收进馆工作。

常熟市档案馆制定了档案资料征集制度：通过多种渠道广泛征集社会和个人手中有价值的常熟历史资料，部门志、史志；积极征集常熟籍名人、著名劳模档案资料，外交礼品档案、国家级荣誉档案，常熟地区名特优产品档案、书画照片档案、重大活动档案。1985~1986 年，市档案馆征集到省及省以上领导人来常视察、访问及反映常熟各条战线活动情况的照片 3600 余张，录音（录像）27 盒，电影纪录片 1 部，以及珍藏在民间的诰命、奏章、家谱及常熟籍作者的作品等。1996 年起，市档案馆举行王淦昌、李强等人的档案资料捐赠仪式，成功征集到常熟籍两院院士、近代历史名人、当代著名人物等名人档案资料 5.8 万件。

2005 年 12 月，市档案馆征集侵华日军在常熟暴行的口述档案，共撰写口述档案 119 篇。2010 年，征集接收了市委实践办档案 1203 件。2012 年，征集接收了市政府援川办档案 154 卷、940 件。2014 年，征集接收了市委基组办档案 1264 件，中央领导李克强、刘云山来常视察相关材料 53 件、照片 43 张，台湾佛教代表团来常材料、照片 1520 件（张），"中美乒乓外交"40 周年庆祝活动（红杉树友谊之旅）常熟站活动档案。2015 年，开展"记忆常熟"摄影图片征选活动，征集到照片 2053 张，其中包括不少珍贵的民间老照片，常熟日报社的照片档案征集开始形成常态化机制。每年举办的江南文化节暨服装服饰博览会档案、红枫节、沙家浜旅游节等重大活动档案都被征集进馆。

档案整理　1959 年 6 月，县档案馆对已接收进馆的档案进行整理，先后编制了 207 册案卷目录、存放索引等检索工具。1986 年，市档案馆对馆藏的 5919 卷民国时期的档案进行了保护性整理。1988~1993 年，市档案馆先后对接收征集进馆的 10730 张照片与 12341 张底片进行分类组卷，并编注说明和目录。

1994 年，市档案馆组织力量对 2408 张常熟县地籍图加以整理编目。2007 年，市档案馆首次对馆藏已满 50 年的、涉及 155 个全宗的 13485 卷长期档案进行评价鉴定，对已失去保存价值的案卷进行剔除。

按照《江苏省市、县（市、区）档案馆目标管理考评办法》的要求，常熟市档案馆先后于 1992 年 5 月、1993 年 3 月和 1999 年 7 月进行了 3 次较大范围的全宗调整工作。至 2015 年底，常熟市档案馆馆藏档案全宗有 358 个，建立了 12 个全宗群（见下图），建立了 39 种馆藏档案资料登记簿、台账，并实现了计算机管理。馆藏各全宗档案均经过系统整理编目，建立了全宗卷，编制有档案资料专题目录 14 种，案卷目录 1094 册，文件级目录 2256 册。建立了文件级目录数据库，80% 的馆藏档案建立了全文数据库，照片、声像档案建立了多媒体数据库。

档案保护和修复　2003 年，制定了《常熟市档案馆档案管理规范实施方案》，对馆藏档案规范管理，档案馆库房温湿度保持恒温恒湿。2006 年，开始针对破损、霉变、字迹褪色档案进行抢救，制定了《常熟市重点档案抢救和保护工作规划》。2008 年，市档案馆完成对馆藏晚清及民国时期的 7248 张常熟地方老报刊，2408 张民国时期的常熟地籍原图，2876 卷民国档案及契约，史志谱档案及明清档案的抢救和保护，采用托裱、档案加固、去酸去污、字迹恢复加固等技术进行保护。到 2015 年 12 月底为止，馆藏重点档案应修复率接近 100%。

档案利用　1959 年 6 月，常熟县档案馆成立后开始接待单位部门到馆查阅档案资料。至 1963 年 11 月底，共接待到馆查阅档案资料 563 人次，利用档案 3062 卷。

2002 年常熟市档案馆二期工程竣工后，7 月 18 日完成"档案查阅中心"和"文件阅览中心"的搬迁，查阅大厅内设有便捷的检索系统、明亮宽敞的阅档区域，市民可以持合法身份证明到市档案馆查阅与个人相关的婚姻、建房、独生子女、工龄等各类民生档案，以及利用其他开放的档案，也可以通过现行文件利用中心查找地方党政机关的公开文件，保障公民的知情权和监督权。

附表3-1　1997~2015年常熟市档案馆档案利用统计表

年份	利用者人次	利用档案卷次/件次	年份	利用者人次	利用档案卷次/件次
1997	930	6078	2007	5288	9911
1998	1072	5543	2008	6046	10958
1999	1827	8455	2009	8198	10226
2000	932	4328	2010	11217	10895
2001	1024	4718	2011	14263	15698
2002	1878	7194	2012	13676	15282/254
2003	1681	6264	2013	14797	15069/15

续表

年份	利用者人次	利用档案卷次/件次	年份	利用者人次	利用档案卷次/件次
2004	1177	4341	2014	13941	14226/12
2005	2729	6926	2015	14745	17865/12
2006	3635	9769			

档案信息化 1993年,市档案馆组织人员把档案目录输入电脑,实行档案管理数字化。1996年设技术科(2001年改为信息技术科),专门负责档案信息化工作。

1998年10月,市档案馆建立馆藏档案目录数据库。2001年3月建"常熟之窗"网站,2006年改称常熟市档案馆网站。

2007年,建成馆藏32万卷档案案卷级和文件级目录数据库,其中有460万余条文件级目录,有227万页全文数据库。

2008年开始,馆藏全部档案数据实现了异地备份,且每年进行一次数据更新和更换。

至2015年底,馆藏档案扫描总量超2578万页,约占馆藏档案总数的80.6%。馆藏重点档案全部实现数字化。2008年,研制开发了重点档案查询系统。2013年,开发了平板电脑自主查阅系统,保护了档案原件,较好地解决了对重点档案的保护和利用。

编研展览 1959年,常熟县档案馆建立后,编纂了《1949~1959常熟县先进人物集》等资料汇编。1984年,市档案局建立档案编研股(2001年改名为征集编研科),专门从事档案资料的编研工作。至2015年,共汇编69种专题资料,其中《李强纪念文集》等13种专题汇编资料公开出版,《旧报浮沉》——老报纸专题片等3种专题片在中央电视台或地方电视台进行过播放。

在2000~2015年参加国家、省、苏州市档案编研成果及常熟市哲学社会科学书档案社会优秀成果评奖中,有17种汇编资料共获得27项奖项。其中,《常熟老报纸》获中国档案文献史料汇编类一等奖,全省优秀档案编研成果一等奖;《江苏省常熟县农村实态调查报告书》《常熟乡镇旧志集成》全部获得中国档案文献史料汇编类三等奖和全省优秀档案编研成果二等奖。

2002年,常熟市档案馆二期工程建设竣工,建成1000多平方米的展览厅。从1999年开始,市档案馆以独办与联办,固定展与巡回展相结合的形式,先后举办了37次展览。至2015年底,固定展主要有"馆藏特色档案展""常熟籍院士风采展""常熟市外交礼品及国家级荣誉展"。

1999年,常熟市档案馆被命名为"常熟市爱国主义教育基地",2003年被命名为"苏州市爱国主义教育基地",2004年被命名为"江苏省爱国主义教育基地"。2007年被市委宣传部命名为首批"常熟市未成年人实践教育基地",成为常熟理工学院的教学实习基地。2013年被国家档案局、教育部命名为全国中小学档案教育社会实践基地。

2006 年，"光辉的历程——纪念建党 80 周年常熟革命和建设回顾展""人民的胜利——常熟市纪念抗战胜利 60 周年图片资料展"获得苏州市档案编研优秀成果一等奖；"常熟市争创'五大新优势'成果展""无尽的追问——常熟籍核物理学家王淦昌档案展"获得苏州市档案编研优秀成果二等奖。

2007 年，"常熟籍院士风采展"获得全省优秀档案编研成果二等奖。

2013 年，"奋进·辉煌——常熟纪念撤县设市 30 年图片展"被评为 2011~2013 年度全市档案编研优秀成果三等奖；"常熟外交礼品及国家级荣誉展"被评为 2011~2013 年度苏州市档案编研优秀成果优秀奖。

2015 年，"常熟籍院士风采展""今日常熟——纪念新中国成立 65 周年图片巡回展"被评为 2013~2015 年度苏州市档案文化精品评选三等奖。

馆藏档案与特色档案介绍

至 2015 年底，馆藏档案共有 358 个全宗，377438 卷、107172 件（不含资料）。其中，历史档案 19 个全宗，9145 卷；现行档案 339 个全宗，368293 卷、107172 件。馆藏档案起止年代为 1506~2015 年。最早的档案是形成于明正德元年（1506）的"诰命"（系复制件，原件交由江苏省档案馆保存）。最具地方特色和研究价值的档案是形成于晚清、民国时期的 110 种常熟地方报纸，其数量及刊载的常熟"市民公社"资料为国内罕见。

档案的种类及主要内容：馆藏以文书档案为主，约占总量的 70%；专门档案有会计、统计、审计、公证、新闻、教学、户籍、婚姻、普查、名人、碑拓、出版物等档案；科技档案有基建、设备、产品、科研等档案；实物档案有印章、外交礼品、国家级荣誉奖牌、各种徽章等；还有一定数量的照片、声像等特殊载体档案。基本形成了一个内容丰富、种类齐全、结构较为合理的馆藏体系。

特色档案：

晚清、民国时期常熟百种地方报纸档案　　晚清、民国时期常熟百种地方报纸档案由 110 种 7248 张常熟地方出版发行的报纸组成，形成时间自清宣统二年（1910）至民国三十八年（1949），较全面地记录了这段重要的地方历史，因此具有极高的史料价值和文物价值，其种类、数量为国内罕见。该档案原分别由单位、个人收藏，在 20 世纪 80 年代初，由档案馆接收保管。

2010 年，"晚清、民国时期百种常熟地方报纸档案"成功入选第三批《中国档案文献遗产名录》。

清、民国时期常熟地方契约档案　　"清、民国时期常熟地方契约档案"由 318 件常熟地方上形成的各种契约组成，形成时间自清乾隆六十年（1795）至民国三十八年（1949）。原分别由单位、个人收藏，在 20 世纪 80 年代初，由档案馆接收保管。

这批民间租赁、买卖、抵押、过户以及契税、托管等方面的凭证依据材料，从一个侧面反映了常熟在清朝、民国时期经济和社会的发展情况，是研究苏南地区经济和社会发展的宝贵历史史料。这部分档案历经岁月的洗涤、战火的劫难，仍完整保留，十分珍贵。2010年，"清、民国时期常熟地方契约档案"成功入选《江苏省珍贵档案文献名录》。

中科院院士王淦昌档案　"中科院院士王淦昌档案"有355卷、613件，形成时间为1928~2015年。王淦昌是中国著名核物理学家，1955年当选为新中国第一批学部委员（后称院士），常熟支塘人。他是中国实验原子核物理、宇宙射线及基本粒子物理研究的主要奠基人和开拓者，参与了中国原子弹、氢弹原理突破及核武器研制，也是中国核武器研制的主要奠基人之一。馆藏王淦昌档案主要有王淦昌论文集、科普著作；院士证书、职务聘书、荣誉证书奖章；生平事迹、个人传记；社会各界的评介纪念材料；国内友人、团体的来往信函；学习、工作、政治笔记；各种使用过的物品及纪念品；不同时期的工作、生活照片、录音、录像资料等。这些档案多角度、多层次地真实反映了王淦昌在科技领域、社会生活中的各项活动。2010年，"中科院院士王淦昌档案"成功入选《江苏省珍贵档案文献名录》。

第三节　太仓市档案馆

历史沿革

1959年4月，成立太仓县档案馆，设专职档案员2人。"文化大革命"期间，档案馆封闭，停止开放。1978年3月起，恢复对外开放。1981年11月，成立太仓县档案局。1984年，太仓县档案局、馆合并，一套班子，两块牌子，为县委直属的行使行政职能的科学文化事业单位。至2015年底，共有参照公务员管理事业编制16人，事业编制6人，编外人员10人。

太仓市档案馆于1979年被中共苏州地委、苏州行署表彰为档案工作先进集体。太仓市档案局（馆）1991年被苏州市档案局、苏州市人事局评为"七五"期间档案系统先进集体；1991年、1996年、2000年获苏州市档案系统先进集体；获2005~2007年度苏州市档案系统先进集体；2003年、2012年获全省档案系统先进集体。太仓市档案馆于2010年晋升国家一级档案馆，2012年晋升江苏省ＡＡＡＡＡ级数字档案馆。

历任领导：

馆　长：戴干（县委办主任兼），1959年4月~1961年

　　　　朱忠茂（县委办主任兼），1980年4月~1981年12月

局　长：沈泽民（县委办主任兼），1985年7月~1986年3月

　　　　金世明（县委办主任兼），1986年3月~1989年1月

局（馆）长：陆黎明，1989年1月~1998年9月

蔡玉青，1998 年 9 月~2001 年 10 月

朱　丹，2001 年 10 月~2011 年 1 月

顾建新，2011 年 11 月~

馆库建设

1959 年 4 月，太仓县档案馆有库房 1 间，约 40 平方米。1964 年，在太仓县府南街 47 号（原人大政协大院内）建馆舍一座，面积 166 平方米。1983 年，在太仓县政府内另建新馆，主体建筑为三层楼，总面积 1142 平方米，其中库房面积为 612 平方米，并逐步配备了空调机、去湿机等设备。1995 年，开始对馆舍进行改造，新建标准档案库房 1496.2 平方米，并将老库房改造成办公用房、技术用房和辅助用房，总面积达到 2749.12 平方米，配备了 CK 报警系统、火警自动报警系统、相对湿度自动控制记录仪等设备和设施。2003 年，档案馆安装了视频监控和库房恒温恒湿中央空调系统。2009 年 11 月，位于行政中心区域的太仓市档案馆新馆建成启用，为单体 5 层结构，建筑面积 11000 平方米，馆内设置了政府信息公开和档案资料查阅，历史文化档案陈列，库房，技术用房，计算机中心等区域，配置了 CK 红外探测、视频监控系统，实现了档案馆全方位覆盖监控和探测。库房安装了智能化密集架和自动集成系统，安装了恒温恒湿精密空调，实现了温湿度远程自动测量，控制和数据自动记录；建有防火自动报警系统，在库房、计算机房建立了水喷雾自动灭火系统和气体自动灭火系统。配有档案专用消毒设备、自动修裱机，设有专门的档案消毒间、修裱间，有效满足档案的安全保管和保护条件，达到了"八防"要求。

2011 年起，利用 RFID 技术对馆藏实体档案和数字档案实行一体化安全管理，制定了"五色五级"安全预警机制，构建了物联网管理的新模式。研制的全国首台多功能盘库车获国家知识产权局专利认定，并投入库房试用。另外针对一文一件档案保管中易散失、变形的弊端，积极探索一文一件档案封存管理新模式，将馆藏所有一文一件档案以盒为单位进行装订保存，实现了一文一件的安全保管。

档案馆业务

档案接收　档案馆从 1959 年建馆时开始接收档案，主要以文书档案为主。1983 年建新馆后，开始陆续接收专业性档案、历史旧档案、照片、资料等。1994 年，档案馆开展第二次大规模接收，共接收 1957~1982 年机关档案和撤销单位档案 12172 卷，门类趋于多样化。从 2002 年开始，连续三年组织对全市市级机关、乡镇机关、直属企事业单位 1994 年前后档案，撤并单位档案接收进馆，累计 55000 余卷。

2005 年，开始接收重大事件、重要活动档案，共接收了"防治重大动物疫情""郑和纪念活动""非典防治""先进性教育"等档案 2201 件，并加强对婚姻、退役士兵、工商歇业、独生子女等民生档案的提前接收进馆。2009 年机关文档管理中心

成立后，对行政中心机关单位档案接收至 2006 年，乡镇、企事业档案接收进馆至 2002 年，同时接收档案目录数据和全文数据。2014 年，将人武部保存的 5723 卷退伍士兵档案全部接收进馆，与馆藏退伍士兵档案实行资源整合。并首次开展对出生医学证明档案的接收工作，共接收市妇保所、市医院、各镇卫生院 2003~2013 年的出生医学证明档案 4 万余件。

2015 年 4 月，《太仓市档案馆收集档案范围实施细则》经太仓市委、市政府两办下发至各单位。加强了对民政、教育、卫生、水利、农委、住建等二级事业单位的民生档案和国企档案的接收进馆。

档案征集 1986 年，档案征集工作被列为档案馆的重要业务工作，确定专人负责。同年，征集到名人档案 2 个全宗 20 卷。1991 年，征集到名优产品档案 110 卷。1994 年，征集到书画、声像、实物等资料，进一步丰富了馆藏档案门类。1997 年，征集到清同治年间《疑川家事行事纪略》、唐文治撰写的《人格》等一批珍贵档案。1998 年，征集到国家领导人为太仓港题词的原件。

1999 年，征集编研科成立，聘请档案义务征集员 19 名，建立征集网络。同年，征集到清末《太仓州志》20 册。2002 年，太仓市政府下发了《征集档案资料的通告》后，征集到两院院士资料 100 多件，太仓籍名人资料 1215 件。2003 年，根据社会利用需求筹建了图片中心库，探索照片档案的征集工作。至 2005 年，共征集到史志宗谱 134 卷，名人档案 3960 件，名特优产品 2150 件，荣誉档案 352 件，书画 382 卷，图片 30000 余张，其他资料 2000 余件，丰富了馆藏资源，改善了馆藏结构，凸现了地方特色，增强了档案馆为社会服务的功能。

2007 年，围绕"名人、书画、荣誉、名特优、图片"五大特色资源，加强特色档案征集工作，征集到太仓百年名校、百年老厂、百年企业等档案资料 650 件。2008 年，征集到国家、省、苏州市非物质文化遗产档案 92 件，建立起非物质文化遗产档案专题库；征集中国航海日、抗震救灾、奥运题材等档案资料 3000 多件。2009 年，征集到院士唐孝威、朱棣文档案资料 327 件，征集到江苏省委原书记梁保华对"中远太仓号"集装箱轮的题词等珍贵档案资料 175 件。2010 年，征集到著名书画家陈世中、刘小晴等捐赠的书画档案 13 件，"中国长寿之乡"奖牌等荣誉档案 62 件。2011 年，采用书画笔会的形式，征集到上海书协主席周志高、上海书画院执行院长乐震文等捐赠的书画档案 27 件。2012 年，接收南京师范大学书法教授马士达的夫人张国碧捐赠的档案，包括马士达个人著作、篆刻作品、讲稿手稿等共 378 件。2013 年，征集到了包括邹世昌的院士证、吴健雄的亲笔信在内的 133 件档案资料。2014 年，国际田联竞走世界杯赛的档案资料征集进馆。2015 年，征集到原太仓县委书记曹兴福创作及收藏的书法作品 195 件。

至 2015 年底，馆藏礼品档案 158 件，荣誉档案 324 件，名人档案 53 个全宗 1914 卷，名特优产品 170 件，书画档案 2058 件，图片近 10 万张。

档案保管保护 为保证档案的有效利用和长久保存，太仓档案馆对新进馆的档案必须经过严格的消毒灭菌程序才能进入库房。1983 年以来，采用放置灭虫粉、消毒车过滤的方式来消毒。2010 年开始，档案馆每年对馆藏档案进行有计划、分批次的消毒灭菌。

2015 年 2 月，太仓市档案局与上海强然数码科技有限公司合作，对馆藏档案进行大规模消毒灭菌。消毒采取最新的化学熏蒸法，采用五层复合膜 EVOH 封装，对整个库房喷洒防霉杀菌药剂，确保库房的每个死角都能得到很好的杀虫效果。此次消毒共计 225 个全宗，198359 卷、261958 件档案，13791 册馆藏资料。

附表3-2　2010~2015年太仓市档案局档案消毒情况统计表

年度	全宗数	档案卷数	档案件数	年度	全宗数	档案卷数	档案件数
2010	34	15478	65784	2013	97	18094	10004
2011	7	241	11196	2015	225	198359	261958
2012	69	23843	2651	合计	432	256015	351593

从 1990 年开始，档案馆针对破损、霉变、字迹褪色档案进行抢救修复。对一些年代久远的书籍、书画采用托裱、档案加固、去酸去污、字迹恢复加固等技术进行保护。2009 年，档案馆购入自动修裱机，2012 年正式投入使用，对馆藏的 2505 份土地证进行托裱修复。2013 年，档案馆招聘书画装裱专业人才，开始对馆藏的太仓现代名人书画、清代末期信札、太仓州志进行托裱修复。对于一些特别珍贵的明清书画，档案馆邀请南京博物馆的专家进行修复。至 2014 年底，对馆藏应修复的档案修复率达到 100%。

附表3-3　太仓市档案馆档案抢救修复情况统计表

期次	合计			托裱（张）	字迹恢复加固（张）	期次	合计			托裱（张）	字迹恢复加固（张）
	全宗（个）	案卷（卷）	张数（张）				全宗（个）	案卷（卷）	张数（张）		
1990.3	1	761	761	761	—	1991	1	1	317	—	317
1990.8	1	12	740	740	—	2006	3	178	393	393	—
2011	4	1586	19642	19642	—	2014	7	53	143	143	—
2012	3	1026	9370	9370	—	2015	2	12	12	12	—
2013	1	5	284	284	—	合计	23	3634	31662	31345	317

档案信息化建设和科技研究　　1998 年，以使用第一台 PC 计算机为标志，太仓档案信息化工作正式启动。2003 年，组建第一组服务器，档案馆内局域网络建成。2005 年，第一套档案数据灾难备份中心总存储量 6T 投入运行；档案馆内办公计算机覆盖到个人。2006 年，第一条档案全文数字化生产流水线建成。2007 年 6 月，信息技术科正式成立；全市档案数据灾难备份中心扩容至 10T。2008 年，第一个档案信息化机房建成；全市档案数据灾难备份中心增加 5 台服务器，扩容至 30T。2009 年 10 月，档案馆迁至新馆，信息化硬件得到全面升级，构建 SAN 全光纤环境，采

用双机冗余热备运行模式。2012年3月,全省首家县级市"电子数据备份中心"成立。至2015年底,太仓市档案馆共有服务器10台、存储188T、电脑106台、扫描仪6台。

档案数字化工作。1998年,馆藏档案目录数字化启动。至2004年,馆藏档案目录数字化全部完成;同年,开展馆藏史志宗谱、民国时期老报纸等档案资料的原文数字化。2005年,对馆藏利用频率高、价值大的116万页档案进行全文数字化,并在基层逐步开展档案数字化工作。至2011年底,档案馆馆藏档案和进馆单位档案实现百分百全文数字化。2013年,启动村(社区)档案全文数字化工作。至2015年底,馆藏数字化目录共计408万条,数字档案共计1433万页,馆藏档案、进馆单位档案和村(社区)档案全面实现百分百全文数字化。

1998年,第一套"档案综合管理系统"软件启用。2001年,"档案综合管理系统"软件向基层推广。2003年,网络版档案管理系统启用;同年,第一个档案信息网站在因特网上正式发布;太仓档案信息网进行第一次改版。2008年,"太仓数字档案馆(室)"系统建设完成,全市机关档案室与档案馆实现在线互动,并和电子政务系统、政府公开信息系统联接,形成电子文件全周期整体无障碍流转。2012年4月,太仓市档案馆被评为全省首家AAAAA级数字档案馆。2015年7月,通过全国首家县级市示范数字档案馆测评。

2006年,通过提炼群众查档率较高的档案资源,建成"涉民档案专题数据库",此后不断充实完善。2008年,明确民生概念,正式命名为"民生档案专题数据库"。至2015年,共有民生档案专题数据库52个,目录113.6万条,数字化全文449.1万页。

2007年,太仓市档案局承担的《基于OAIS模型的县级数字档案馆的建设及核心技术的应用研究》首获国家档案局立项,并于次年1月通过国家档案局专家组鉴定,获得国家档案局"优秀科技成果奖"三等奖、"苏州市科学技术进步奖"三等奖。2008年,《创新县级数字档案馆综合管理模式的应用研究》的科研项目获江苏省档案局立项,并顺利通过江苏省档案局专家组鉴定验收。至2015年底,太仓市档案局共承担国家级科技项目7项,江苏省级科技项目6项,获相关荣誉22个。

附表3-4　太仓市档案局科技研究项目情况表

序号	项目名称	所获奖项(或所处状态)	颁奖单位	获奖时间
1	基于OAIS模型的县级数字档案馆的建设与核心技术的应用研究	国家档案局优秀科技成果三等奖	国家档案局、中央档案馆	2009.1
		苏州市2008年度科学技术进步三等奖	苏州市政府	2009.2
		太仓市2007年度科学技术进步二等奖	太仓市政府	2008.7
2	创新县级数字档案馆综合管理模式的应用研究	江苏省档案优秀科技成果二等奖	江苏省档案局	2009.12
		太仓市2008年度科学技术进步三等奖	太仓市政府	2009.7
		太仓市2008年度"讲理想、比贡献"技术创新"双杯奖"攻关奖	科技局、经贸委人事局、劳保局	2009.6
3	探索县级民生信息资源共建共享有效途径的应用研究	2011年度江苏省档案局科技项目成果一等奖	江苏省档案局	2011.11
		第一届江苏省档案管理与创新优秀案例	江苏省档案局	2010.12

续表

序号	项目名称	所获奖项（或所处状态）	颁奖单位	获奖时间
3	探索县级民生信息资源共建共享有效途径的应用研究	太仓市社科联应用研究课题优秀成果	太仓市哲学社会科学界联合会	2010.11
		太仓市科学技术进步三等奖	太仓市科技局	2012.8
4	档案信息资源的优化与研究	江苏省档案局科技项目成果通过鉴定	江苏省档案局	2010.12
		第一届江苏省档案管理与创新优秀案例	江苏省档案局	2010.12
		太仓市社科联应用研究课题优秀成果	太仓市哲学社会科学界联合会	2011.12
5	建立县级民生档案资源保障体系的应用研究	2010年度国家档案局科技项目计划结题	国家档案局、中央档案馆	2010.12
6	基于RFID的档案实时安全管理体系适用性研究	国家档案局科技项目三等奖	国家档案局、中央档案馆	2011.12
		江苏省档案局科技项目鉴定	江苏省档案局	2011.12
7	太仓数字档案馆建设的研究与实践	太仓市优化发展环境"创新奖"二等奖	太仓市委、太仓市政府	2011.11
8	实体档案馆与数字档案馆档案安全立体防范一体化研究	国家档案局科技项目三等奖	国家档案局	2012.5
		江苏省档案科技成果奖二等奖	江苏省档案局	2013.12
		2012年度太仓市科学技术进步奖立项	太仓市科学局	2012.11
9	民生档案"基层查阅窗口"模式的建立和推广应用	2012年度江苏省档案科技项目立项	江苏省档案局	2012.8
		第二届江苏省档案管理与创新优秀案例最佳案例	江苏省档案局	2014.1
		2012~2013太仓市优化发展环境"创新奖"一等奖	太仓市政府	2012.10
10	档案"物联网"管理系统	苏州市2011~2012年"厂会协作优秀项目"	苏州市科协、苏州市经信委	2013.9
		太仓市2011~2012年"厂会协作优秀项目"	太仓市科协、太仓市经信委	2013.9
11	县级电子文件（档案）一体化管理的探索与实践	2013年国家档案局科技项目立项	国家档案局、中央档案馆	2013.6
12	电子文件管理系统及其核心数据库安全体系建设探索与研究	2014年江苏省档案局科技项目立项	江苏省档案局	2014.8
13	基于数字档案馆（室）系统的民生档案查阅新模式建设与推广	2014年国家档案局科技项目通过鉴定	国家档案局、中央档案馆	2014.8
		全国示范数字档案馆县级首家	国家档案局、中央档案馆	2015.7
14	档案数据安全监管中心探索与研究	2015年国家档案局科技项目立项	国家档案局	2015.2

档案利用工作 2000年，专门建立了查档室和开放档案阅览室，并逐步配备了电脑。2003年7月，成立现行文件查阅中心，收集与太仓市经济建设、社会发展和人民群众利益密切相关的政策性、公益性、规范性文件，建立纸质查阅、网上查阅两个平台供社会各界利用。2008年5月，增挂"太仓市政府信息公开查阅服务中心"。2009年，迁至新馆，建立电子文件中心，通过内外网提供开放档案目录、政府公开信息、

民生、特色专题档案信息等自助查阅。档案馆窗口查档实现身份证自动登记、智能检索、全文打印、指纹确认等全程电子化查阅。2011 年，依托电子政务系统与婚姻登记处建立婚姻登记档案远程共享，实现全市婚姻档案的实时联动，形成"两个窗口、同一资源"的服务体系。2012 年，开发建成"民生档案基层查阅系统"并在各镇试点，2014 年，在全市 6 个镇 76 个村全面建立民生档案基层查阅中心，老百姓只要持个人身份证，就近免费查阅到自己的民生档案信息，建立起就地查阅、就地出证的馆、镇、村（社区）三级联动机制。同年，与太仓市人社局合作开展"民生档案查阅户户通"工程，使老百姓足不出户就能通过家中的电视机机顶盒查阅到自己的民生档案信息，实现婚姻、独生子女 2 个专题 25 万条档案的自助查阅和远程出证功能。

至 2015 年底，档案馆查阅窗口共提供 60 家单位的政府公开信息 12810 件，共向社会开放档案 27480 卷、813 件，档案查阅系统年查阅人数 1.3 万余人次，其中档案馆窗口查阅 5000 余人次。档案馆查档窗口获评江苏省青年文明号、太仓市党旗飘扬示范团队、作风效能建设示范点等荣誉称号。

附表3-5　1996~2015年太仓市档案馆档案利用统计表

年份	利用者人次	利用档案卷次/件次	年份	利用者人次	利用档案卷次/件次
1996	758	6351	1998	389	2410
1997	392	4310	1999	364	1573
2000	418	1833	2008	5880	14030
2001	352	1132	2009	6103	15260
2002	611	1516	2010	7423	10847
2003	3500	9332	2011	5902	6258/2012
2004	3630	9678	2012	5316	5321/2070
2005	3720	11833	2013	7916	35337/31014
2006	5483	15015	2014	5537	5253/7428
2007	6220	17197	2015	8620	22191/9641

编研展览　档案馆从 1985 年开始开展档案汇编工作。1999 年，正式成立征集编研科，配备专门人员从事档案编研。至 2015 年，累计汇编 26 种专题资料，其中有 8 种汇编公开出版。先后编辑出版馆藏明清书画作品集《古娄丹青》、馆藏近现代书画作品集《金仓墨缘》以及《马士达书法篆刻集》《顾子惠书画作品集》等。

太仓市档案馆利用馆藏丰富档案资源举办书画展、纪念展和传统教育展等。书画展有"家乡美"张达书画展，在南京市、太仓市两地举办马士达书法篆刻展，举办顾子惠遗墨展等。巡回展览有"励志青春，放飞梦想"太仓名人校园巡回展、"娄东雄鹰震长空"太仓飞行员事迹巡回展等。合作举办娄东·虞山书画联展、双拥陈列展、纪念太仓撤县建市 20 周年图片展、曹兴福书画作品展等展览。1989~2015 年，太仓市档案馆共举办档案陈列展览 26 次。其中，固定展 20 次，流动巡回展 6 次。

2000 年，太仓市档案馆通过太仓市级爱国主义教育基地验收。2004 年，被命名为苏州市级爱国主义教育基地。2011 年，被评为苏州市科普教育基地。2014 年，获全国中小学档案教育社会实践基地。

馆藏档案

太仓市档案馆系国家综合档案馆，是太仓永久性保管档案的基地，是科学研究和各方面利用档案史料的中心。至 2015 年底，馆藏档案全宗 225 个，198359 卷、261958 件，馆藏资料 13791 册，档案的起止年限为 1623~2014 年。

馆藏档案按历史时期分为两个部分，即中华人民共和国成立前档案和中华人民共和国成立后档案。档案的门类包括文书、土地房产、婚姻、科技、统计、人口普查、工业普查、会计、纪检、声像、史志、宗谱、书画、实物等；馆藏资料主要有伟人著作、政策法令汇编、党报党刊、历史资料等，初步形成了一个与地方国民经济和社会发展相适应的内容丰富、门类齐全、结构合理、管理科学、服务高效的档案资源体系。

特色档案介绍：

明清名人书画　书画档案起于清顺治元年（1644），止于 2015 年，分为明清和近现代两部分，大部分为太仓籍名人书画，主要有娄东画派、吴门画派、松江画派、扬州画派、海上画派及其他画家作品。馆藏"四王"书画作品是娄东画派作品中的精华。其中有王原祁的《山水轴》和《山水扇页》，王翚的《山水四条屏》，王衡的书法扇面以及王宸的《临石田设色山水图》等。《山水四条屏》是绢本，共 4 幅。原画上无王翚题款及跋文，但当代书画鉴定家谢稚柳题署，肯定其为"王石谷中年真迹"。馆藏的《度世品经》残卷，经专家鉴定，为唐人抄本，具有很高的文物价值和档案价值，存世极为稀少，迄今仍保存完好。所抄内容为该经第一卷下半部分，共 85 行，每行 20 余字，共计 1700 余字。经卷为工笔正楷书写，字体娟秀，风格古朴静穆，有唐人书法之气息。现存经卷宽 22 厘米，全长 205 厘米。此外，卷末还有清著名学者杨守敬亲书跋文墨迹。

明清史志宗谱档案　起于明天启三年（1623），止于宣统三年（1911），主要有张采《太仓州志》、王祖畬《太仓州志》、张溥《论正〈通鉴纪事本末〉》、张溥《论正〈历代史论〉》等。《太仓州志》十五卷，作者张采，邑人，明崇祯进士。该志系统记载了太仓封域、营建、官师、学校、风土、选举、水利、赋役、海运、兵防、海事、名宦、人物、艺文等十五个方面社会史实。

第四节　昆山市档案馆

历史沿革

1959 年 3 月，设立昆山县档案馆。"文化大革命"期间，档案工作停顿。1979 年 10 月，恢复建制。1981 年 8 月，昆山县档案局成立，局、馆合署办公。1984 年 2 月，局、馆组建了业务指导、接待保管、档案编研 3 个小组。1989 年 9 月，昆山撤县建市，更名为昆山市档案局和昆山市档案馆。1991年，内设机构小组改称为科，并增设了办公室。1997年，昆山市档案局、馆合并，为昆山市委、市政府直属正局（科）级事业单位，内部机构正式确定为保管利用科、业务指导科、征集编研科和人秘科4个科室，搬迁至昆山市青阳中路225号。2002年，市机构改革，保留昆山市档案局（馆），为市委直属正局（科）级事业单位；昆山市地方志编纂委员会办公室并入市档案局（馆），对外保留牌子。2008年，建成国家二级档案馆。2012年，经昆山市委编办批复，增设信息技术科。至此，昆山市档案局（馆）内设办公室、业务指导科、保管利用科、征集编研科、信息技术科、地方志编纂科六个股级科室。昆山市档案局（馆）于1996~1999年度、2005年被苏州市档案局、苏州市人事局表彰为全市档案系统先进集体，昆山市档案馆于2012年晋升国家一级档案馆。2013年，建成省AAAA级数字档案馆、爱国主义教育示范基地。

建馆初期，昆山县档案馆配备2名专职人员。1984年2月，设置8名人员。1996年11月，编办核定档案馆机关编制26名，其中行政编制3名，全民事业编制18名，工勤人员编制5名。2002年，核定馆事业编制25人，其中工勤人员3人。档案馆通过公务员招录、公益性岗位招录、军转干部调入等形式陆续吸纳了档案、计算机、中文、历史、信息管理等专业人才。至2015年底，昆山市档案馆有23人，其中，研究生学历4人，本科学历15人，大专学历3人，初中学历1人；具有高级职称4人，中级职称9人，初级职称4人。

档案馆成立后的相当一段时间未配备专职领导。1981年成立县档案局，局、馆合署办公，正式任命档案局（馆）领导。

历任局（馆）长：

王振如（副局[馆]长，主持工作），1981年8月~1987年10月

秦文淦，1993年4月~1996年5月

汤良保，1996年5月~2000年4月

王建东，2000年4月~2006年11月

郭秋全，2006年11月~2012年1月

蔡坤泉，2012年1月~

馆库建设

20世纪80年代初，昆山县档案馆设在老城区县政府大院内，有库房10间，办公用房4间，共计374平方米。1996年，昆山市政府投资600万元，在青阳中路225号建市档案局（馆），占地8亩，建筑面积4800平方米，其中库房面积1200平方米，1997年9月投入使用。档案馆大楼实行智能化管理，装有闭路电视监视系统，查阅大厅、展厅、主要通道及大楼外都设有监控点；库房、展厅、计算机房建有防火自动报警系统，放置干粉灭火机。库区内和大院围墙分别安装CK报警系统和周界红外线报警系统，与110指挥中心联网。每个库房配备立式空调和去湿机，确保库房温湿

度保持在安全水平,同时配有灭鼠夹、樟脑丸等防有害生物设施。

2012年,昆山市档案馆新馆建设先后被列为昆山市重点实事工程预备项目。2013~2015年度,列入政府重点实事工程。项目占地面积20亩,规划建筑面积3.78万平方米(其中地上3.42万平方米),建筑共计11层,1~4层为对外服务和办公区域,5~11层为档案库房,库房面积达到2万多平方米。2012年相继完成项目选址、立项、土地审批、建筑物动迁、方案设计等工作,2013年10月正式开工,2015年1月主体结构封顶。截至2015年12月底,1~4层内部装饰及密集架、智能化工程已进场施工,涉密信息系统、家具采购及景观绿化工程招标等准备工作也在加紧进行,计划2016年6月竣工。新馆将建成具有地方特色和现代气息、充分体现"五位一体"功能的档案新馆。

档案馆业务

档案接收和管理　昆山县档案馆自1959年成立以来,接收和保管县委、县政府及所属委局、撤销机构的档案资料,从县公安局接收新中国成立前国民党县政府各部门的档案。其中,民国县清丈局的清丈档案492卷,田粮处中户领丘册档案1448卷。

1977~1978年,按照业务建设的要求,调整库房布局,建立《全宗名册》《全宗卷》《全宗一览表》《档案存放索引》,依据档案资料编写资料汇编和索引卡片。

1981年,县档案馆重新划分全宗,将原党政全宗内的部、委、办分别改为独立全宗,并将所有全宗分成5个全宗群,共计149个全宗。至1993年,全宗单位增至156个,档案共计39450卷,馆藏资料7440册。1998年,县档案馆对全宗群和全宗设立作出重大调整,撤销71个临时机构或派出机构全宗,全宗号码由四位数调整为三位数。

1997年5月,启动市镇两级机关1990年前档案移交进馆工作。至1999年,共计接收80多个单位29037卷档案。2005年,组织对市镇两级机关1991~2000年档案接收进馆,共计完成接收74个单位114517卷档案。2013年,修订完善《昆山市档案馆档案收集范围实施细则》和《昆山市档案馆档案接收进馆标准》,制定了《关于开展新一轮档案移交进馆工作的通知》,将各区镇、市级机关、企事业单位及重要民生部门2010年之前形成的各门类档案逐步接收进馆。

昆山市档案馆在接收工作中,除文书档案外,陆续接收了婚姻档案、出生医学档案、独生子女档案、公证档案、学籍档案、工商档案、环评档案等专门档案,以及抗击非典、对口援建、党员先进性教育、落实科学发展观等重大活动档案。同时在接收档案的载体上也不断地丰富,除原有的纸质档案外,有实物档案、照片档案、光盘档案、书画档案,不断优化了馆藏结构,丰富馆藏内容。

档案征集　1999年,昆山市委办、政府办转发《关于加强档案资料征集工作的意见》,档案资料征集工作得到加强。征集到《昆剧传世演出珍本全编》共160卷,

《顾炎武全集》共 22 册。从民间收藏家处征集清朝、民国时期的票据凭证资料、文史书刊和近现代昆山籍名人著作两百余件。

2000 年起,征集照片资料,逐步建立与昆山日报社、市重点工程办公室、摄影家协会和老干部的长效联系机制。2014 年,在全市范围内开展"鹿城记忆"老照片征集活动。至 2015 年底,共征集到昆山老照片、城市面貌、重大活动、重大项目、领导视察等照片资料 10000 余张,精选近 5000 张录入图片中心。

2003 年起,开展名人档案资料征集,至 2015 年底,已征集昆山籍两院院士、将军共计 13 位个人档案资料,设立名人全宗。征集国家一级作家、全国劳动模范的手稿、作品选登和著作等档案资料。

2010 年,启动《昆视新闻》视频档案的资料采集工作,探索保存声像档案新模式。

2012 年,制定《昆山市档案资料征集办法》《昆山市重大活动档案管理办法》。每年完成中国国际进口产品博览会、中国昆山国际旅游节、昆山国际啤酒节等重大活动档案资料征集工作。

2014 年,从市委办、政府办征集荣誉档案、礼品档案等实物档案 100 余件,从外事办征集外事礼品 100 余件。

2015 年,与高校合作开展口述历史档案资料采录工作,首次完成 7 位历经昆山重要事件的当事人口述整理。

档案保护和修复　档案馆 1981 年 9 月恢复建制后,对 220 平方米的库房进行了门窗加固,配置空调,去湿机保温去湿,库房地板打蜡和进出换鞋等,减少灰尘对档案的侵蚀。

1997 年新馆启用后,馆藏保管条件改善,安装了防盗自动报警系统,并入市公安局 110 网络系统。库房温湿度初步实现了电脑自动控制和监视。

2007 年起,启动馆藏重点档案 5870 卷民国档案的抢救保护工作,主要以修裱、数码翻拍的形式加强保护和复制,其中 1130 卷破损严重的档案送至省档案馆进行专业修复。2010 年,完成整个抢救修复工作。2012 年,馆藏民国档案完成全文数字化。

2015 年,组织开展针对馆藏档案杀菌防霉消毒工作,加强实体档案的安全。

档案服务和利用　1979 年,档案馆成立利用小组(1991 年后改为"利用科"),开展档案查阅接待工作。1981 年,通过查阅县档案馆育婴院档案寻找亲生父母 197 人,查阅土地证存根和房产土地申请登记表 159 卷,记录材料 259 户,解决了大量的认亲、土地(宅基)房产纠纷问题。

2005 年,建立现行文件中心。至 2015 年底,共收集 10683 份政府公开文件。

2012 年,昆山市档案馆建立涉及民生、群众利用率较高的婚姻档案、招工档案等 23 个专题数据库,并在全市各区镇便民服务中心,设立民生档案查阅点。

2014 年,档案查阅窗口被命名为昆山市"文明示范窗口"。

2015 年，昆山市档案馆"存史为民"服务品牌荣获昆山市"三星级"机关服务品牌称号。

附表3-6　2000~2015年昆山市档案馆档案利用统计表

年份	利用者人次	利用档案卷次/件次	年份	利用者人次	利用档案卷次/件次
2000	445	3109	2008	1919	7553
2001	515	15922	2009	3767	24794
2002	700	19546	2010	6700	14860
2003	588	3640	2011	2430	5829
2004	632	3800	2012	2268	3503
2005	698	3495	2013	3031	4782
2006	903	3837	2014	3306	5103
2007	1450	11087	2015	4077	5477

档案信息化　昆山市档案馆自 1996 年起组织人员把档案目录输入电脑，实行档案计算机管理。1999 年，建立馆藏档案目录数据库。2003 年，开始进行档案数字化加工工作，同年开发了馆藏档案综合信息管理系统。2003 年 12 月，"昆山档案"网站开通，2015 年改名为"昆山档案方志网"。2005 年建成全部馆藏 10 万卷档案案卷级和 95 万条文件级目录数据库。2007 年开始，为市级机关档案室统一安装单机版计算机管理系统，2013 年升级为网络版。2011 年开始，馆藏全部档案数据实现了异地备份，且每年进行一次数据更新和更换。2012 年进行了馆藏档案信息管理系统升级。2013 年 12 月通过江苏省档案局 AAAA 级数字档案馆测评。至 2015 年，馆藏档案扫描总量超 1995 万页，数字化率为 94.7%，馆藏重点档案全部实现数字化。

编研展览　昆山档案馆自 20 世纪 90 年代起，每年开展《昆山大事记》《昆山信息摘报》《昆山报刊索引》和《昆山年鉴》的编研工作。同时与各部门合作共同编印《中国共产党昆山市（县）历次代表大会报告决议汇编（1956~2001）》《昆山市（县）历届人民代表大会政府工作报告决议汇编（1949~2002）》《昆山市（县）妇女代表大会报告汇编》《工会职工代表大会文件汇编》，编印《前进中的昆山》画册宣传昆山改革开放重大成就。

2008 年，《昆山大事记 2007》首次以彩印本出版。之后，历年大事记以配图彩印的形式出版。此外，在搜集相关历史照片的基础上，《2004~2006 昆山大事记》《2001~2003 昆山大事记》《昆山大事记（1995~2000）》《昆山大事记（1981~1994）》相继以彩印本出版。2010 年，在中国出版工作者协会组织的第四届全国年鉴编纂出版质量评比中，《昆山年鉴 2009》荣获框架设计二等奖和综合二等奖。

2014 年，首次与报社合作编辑《美丽昆山 2013》，该书摘录昆山一年重大新闻事件，并配以大事记为参照。此模式延续至 2015 年。利用征集成果，编印出版《馆藏昆山名人相册》《星光璀璨照耀桑梓——昆山籍院士与将军风采录》等。

此外, 出版了《百家民营企业》《台商在昆山》《昆山市自然村变迁图志》《汶川地震援建图志》等地情编研成果。

1999 年, 为庆祝昆山解放 50 周年和新中国成立 50 周年, 市档案局与市委宣传部、市关工委等联合举办"昆山辉煌 50 年暨撤县设市 10 周年图片展", 观展人数达 15 万人次。

2005 年, 市档案馆爱国主义教育基地建设列入政府预算, 投资 193 万元, 面积为 995 平方米。2006 年通过了竣工验收。同年 10 月, 主题为"前进中的昆山"陈列展览对社会开放。

2011 年, 配合全市创建文明城市工作, 市档案馆对爱国主义教育基地展厅进行了重新布展, 增添了昆山"十一五"成就展。

2012 年, 以"弘扬昆山传统文化和展示现代化建设成就"为主题的昆山历史文化陈列展完成布展并向社会开放。在"6·9 国际档案日"宣传活动期间, 先后组织"小记者走进档案馆""档案与你同行"等活动, 组织市民、学生走进档案馆, 参观档案建设成果。

2013 年以来, 昆山档案馆组织"走进档案""昆山名人""昆山馆藏档案选辑""家庭建档知识""档案见证——纪念反法西斯战争胜利 70 周年"等流动展览, 深入社区、学校, 加强地情文化宣传, 不断扩大档案文化社会影响力。

1997 年, 昆山市档案馆被昆山市委授予第一批市级爱国主义教育基地。2014年, 被命名为"昆山市爱国主义教育示范基地"。

馆藏档案

至 2015 年底, 昆山市档案馆共有馆藏档案 159 个全宗, 档案 198309 卷、264502 件, 资料 10016 册。其中历史档案 15 个全宗, 5870 卷、161 件。档案排架总长度 3660 米左右。

馆藏档案起止年代为 1863~2015 年。最早的档案形成于清同治二年 (1863), 主要内容为执业田单、房田文契、询问笔录、信札摘录、呈文等。民国档案中保存比较完整的有清丈局的全县土地清丈档案, 此类档案共有 492 卷, 全面地反映了当时清丈土地的情况及全县地图、城厢街道图、17 个乡地图等。田粮处中户领丘册档案共有 1448 卷, 全面地反映了全县田粮情况及拥有者的登记。

馆藏以新中国成立后文书档案为主, 约占总量的 70%; 专门档案有会计、统计、审计、学籍、婚姻、普查、名人、重大活动、独生子女、出生医学证明、工商歇业、知青、土地房产、环评、公证等档案; 实物档案有外交礼品、国家级荣誉奖牌等; 还有一定数量的照片、声像等特殊载体档案。

馆藏有图书、报纸、古旧书籍 3 大类资料, 其中包含了昆山县宋、元、明、清历代县志, 部分昆山籍人士家谱、族谱、年谱, 昆山知名先贤顾炎武、朱伯庐、归有光的著作等珍贵资料, 旧昆山时事报刊, "文化大革命"时期形成的各类报纸。

馆藏具有地方特色的档案资料主要有救济院、育婴堂、血防档案，以及昆山史志、族谱、古籍等文史资料。

救济院、育婴堂档案　馆藏昆山县救济院、育婴堂档案（1947~1966年）共计35卷。主要内容为县私立救济院概况、救济委组织章程、工作总结、会议记录、人员名册；老残妇孺花名册，收养人员变化登记、育婴堂婴儿变动记录，婴孩及领养婴孩证书存根，领养人员登记、入院请求书、保证书、领养申请书、领状；财务、田亩、房产移交清册、报表等。这部分档案已为许多已成年的当时的弃婴和父母找到生身父母和亲生儿女。

血防档案　昆山是血吸虫病的重灾区之一，也是血防工作的重点地区之一。馆藏昆山县血防档案计54卷。档案内容主要为血防工作的计划、意见、总结；血防、防害灭病的情况报告、会议记录、专题总结、经验介绍、农村医疗保健组织情况；血防宣传资料、会议材料、工作简报；基层单位血吸虫病病情资料、化验、治疗、临床观察、灭螺、粪管等汇报、统计材料，以及全县干部灭螺的场景及血吸虫病人治疗前后照片等。这部分档案比较全面翔实地反映了昆山消灭血吸虫病的情况。

清代档案汇集　清代档案汇集保存了从1863年起部分执业田单、房田文契、呈文等。保存比较完整的有清丈局的全县土地清丈档案，共有492卷，全面地反映了当时清丈土地的情况及全县地图、城厢街道图、17个乡地图等。田粮处中户领丘册档案共有1448卷，全面地反映了全县田粮情况及拥有者的登记。

古籍、报纸、图书资料　馆藏古籍、报纸、图书资料具有明显的昆山历史文化的特色。古籍中昆山史志、谱牒129册，昆山著名先贤著作192册，经、史、子、集及其他地方史志等5867册。昆山史志、谱牒包括宣统版宋代《玉峰志》、近版元代《至正昆山郡志》、明代嘉靖《昆山县志》、清代《昆新两县续补合志》等，谱牒包括顾氏汇集宗谱、顾炎武（顾亭林）年谱、赵氏家乘、王氏（王安家族）家谱等。昆山著名先贤著作有顾炎武的《日知录》、文集、诗集、遗集、随笔等；归震川的全集、文集、余集、别集等；朱柏庐的《治家格言》《无欺集》等。经史子集中包括《诗经》、《礼记》、《论语》、《史记》、诗词、文抄等，内容涉及面广，具有很高的历史、文化研究价值。旧昆山报纸主要包括1945~1949年间昆山的《旦报》《民报》。"文革"小报主要是"文革"期间各种群众组织举办的小报，对研究昆山历史和"文革"十年史具有重要的作用。

第五节　吴江区档案馆

历史沿革

1959年6月1日，经中共吴江县委、吴江县人委批准成立"吴江县档案馆"，是县委、县政府的直属文化事业机构。

1967年7月9日，成立吴江县档案馆军管组。1969年6月，部队调离，档案馆转归地方管理。

1981 年 3 月 9 日，吴江县档案局成立。1984 年 2 月，吴江县档案局列为政府的工作部门，局、馆合署办公。

1990 年 8 月，县地方志编纂职能划入县档案馆。1992 年 5 月，吴江撤县设市，吴江县档案局、吴江县档案馆分别改称吴江市档案局、吴江市档案馆。1996 年 12 月，吴江市档案局与档案馆合并，保留档案局牌子，为吴江市委、市政府直属正局级事业单位。2001 年 9 月，吴江市党政机构改革，吴江市档案局（馆）为市委直属事业单位，正局级建制，继续履行行政管理职能。2006 年 7 月，局馆为参照公务员法管理的事业单位。2012 年 10 月，吴江撤市设区，更名为苏州市吴江区档案局（馆）。

1959 年建馆初期，县档案馆配备 1 名专职人员。1990 年 8 月，县编委将县地方志编纂职能划入县档案馆，核定县档案局编制 20 人，其中行政编制 2 人、事业编制 18 人。至 2015 年底，全局（馆）在职人员 23 人，派遣制合同工 9 人，共 32 人。其中，本科及以上学历 25 人，专科学历 7 人；具有档案、汉语言文学、社会学、哲学、计算机、经济管理、财会等多方面的专业人才。

历任（局）馆长：

1959 年至 1996 年 11 月，市（县）档案馆实行馆长负责制。

馆长：孙瑞明（兼），1959 年 9 月~1962 年 6 月

平振明（兼），1963 年 3 月~1964 年 1 月

吴根荣（兼），1983 年 8 月~1989 年 3 月

陈一飞（兼），1989 年~1990 年 5 月

马巧根（兼），1990 年 5 月~1993 年 12 月

陈一飞（兼），1993 年 12 月~1994 年 9 月

凌锦良（兼），1994 年 9 月~1996 年 11 月

1996 年 12 月吴江市党政机构改革之后，市档案馆实行档案局局长负责制。

局长：凌锦良，1996 年 12 月~2001 年 10 月

王伯泉，2001 年 10 月~2003 年 10 月

费云林，2003 年 12 月~2007 年 1 月

张志远，2007 年 1 月~2010 年 12 月

沈卫新，2011 年 1 月~

馆库建设

1959 年 6 月~2006 年 5 月，馆址位于吴江市松陵镇县府街 98 号（原 38 号）市政府大院 7 号楼。2006 年 5 月 29 日，吴江市档案局（馆）迁至吴江市松陵镇中山南路 1979 号。吴江市档案馆代码：432106。新建档案馆馆舍建筑面积 7500 平方米，其中库房面积 2700 平方米。档案馆外观像一艘行驶的巨轮，寓意知识之舟，乘风破浪。馆内设有文书档案库、专门档案库、历史档案库、资料档案库等，安装档案密集

架 2500 立方米。查档接待中心面积 300 平方米。馆内建立温湿度自动调控、"110" 自动防盗报警、火灾自动报警、阅档监控和计算机管理五大系统，保障了档案安全保管。并配置消毒、一体机、阅读复印机、扫描仪、刻录机、服务器、数码相机、摄像机、投影仪、触摸屏等现代化设备。建成吴江历史文化综合展览、吴江名人展、档案史料陈列室、费孝通与吴江等展厅，成为全省首批中小学档案教育社会实践基地、苏州市爱国主义教育基地和吴江区首批社科普基地。

至 2015 年底，吴江区档案馆有馆藏档案 245890 卷、187032 件，资料 23481 册。其中，馆藏历史档案卷（1832~1949 年）、丝绸档案和小城镇档案在国内外具有较高的知名度。馆内建有复旦大学当代中国社会生活资料中心吴江档案库、吴江文学艺术人才档案库、转改制企业档案库等专业库房。

2008 年 2 月，吴江市档案局（馆）获评苏州市档案系统先进集体。2009 年 11 月 1 日，吴江市档案馆通过国家一级档案馆测评。2012 年 1 月，吴江市档案局（馆）获评江苏省档案系统先进集体。2015 年 11 月，吴江区档案局（馆）获评苏州市文明单位。

档案馆业务

档案接收征集　吴江区档案馆的绝大部分档案是依法定期从吴江各机关、社会团体、企事业单位接收进来的，一部分是从社会上征集到的反映吴江各个历史时期社会经济发展的档案资料。2006 年档案馆搬至新址后，征集工作力度加强，通过召开知名人士座谈会，建立档案资料征集网络，定期向市摄影家协会、吴江日报社的特约征集员征集全市重要会议、重大活动、重点工程照片档案，利用电视、电台、报刊宣传档案征集工作，拓宽档案征集的渠道，一些重大活动档案、名人档案和具有吴江地方特色的档案资料陆续征集进馆。如党和国家领导人江泽民、李鹏、温家宝等到吴江视察工作时的照片；全国人大常委会原副委员长费孝通，沈阳军区原司令员上将钱国梁，"两弹一星"功勋奖章获得者程开甲、杨嘉墀，国际大法官倪征噢，两院院士黄文熙、冯新德，公安部边防管理局局长、少将朱家华和中国驻尼日利亚前大使金伯雄等一批吴江籍名人的手稿原件、照片、录像带等珍贵个人档案资料；改革开放以来吴江在各行各业获得的国家级集体荣誉（实物）档案；清代道光、同治、光绪年间民间家族房地产契约等。

档案保管整理　吴江区档案馆按照档案馆业务规范要求，将属一个立档单位的档案作为一个档案全宗保管，按全宗形成单位的性质不同区分为不同的全宗群。馆藏文书档案全部建立案卷级、文件级目录数据库，可进行计算机检索。2015 年底，数据库建有 2586258 条文件级目录、210870 条案卷级目录。

对重要的破损档案进行抢救修裱，对珍贵档案通过缩微、扫描等现代化手段进行处理，以保护档案原件。1999 年，档案馆对 17986 卷短期档案进行鉴定，有 5227 卷档案保管期限上升为长期，12259 卷档案进行暂存处理。对不符合保管要求的档案进行重新编目、整理、更换装具、补抄卷内文件目录、补齐备考表。对一些零散、不规范档案重新整理,归入相关全宗内。

档案开发利用 吴江区档案馆分别于 1990 年、1995 年、1997 年、1999 年、2002 年、2005 年 6 次向社会开放新中国成立前历史档案和新中国成立后满 30 年（到期）的档案,印发了《吴江市档案馆开放档案通告》,及时向社会公布开放档案情况。至 2015 年底,馆藏 1986 年（含 1986 年）以前的应开放档案均依法向社会开放,共计 141 个全宗 36702 卷,占馆藏到期档案总数的 75.8%。

为了方便检索、及时有效地查阅档案,档案馆编制了多种形式的检索工具,主要有簿册式、图表式、机读式三种。一是簿册式检索工具:有全宗卷 182 盒,至 2014 年底,案卷目录 788 本,其中开放档案案卷目录 157 本,能检索到馆藏所有案卷的题名;全引目录 1415 本,其中开放档案全引目录 396 本,能检索到每卷案卷的卷内文件题名;还编有专题目录 21 本。二是图表式检索工具:有馆藏档案资料存放总索引、档案存放示意图等,可以具体了解各类档案的存放情况。三是电子触摸屏查询系统、用户计算机检索系统等,既可了解档案馆基本情况,馆藏情况以及查阅档案方法与程序,又可直接检索相关全宗档案和资料的目录或全文。

吴江市档案馆于 2004 年 3 月建立"现行文件阅览中心"。至 2015 年底,现行文件阅览中心集中收集了市级机关 90 个部门和单位 2000 年以来形成的现行文件,经过系统整理后,设立专门窗口对外提供查阅服务。

编研工作 《吴江年鉴》是吴江区人民政府主办,吴江区档案局（馆）、《吴江年鉴》编辑部组织编辑的综合性地方资料工具书,它全面记载了吴江政治、经济、法制、地方军事、文化科学、社会事业、社会生活等各方面的发展情况,为机关、团体、企事业单位和社会各界及时提供信息资料。1986~2015 年,区（县、市）档案局共出版 30 本《吴江年鉴》,《吴江年鉴》成为吴江改革开放以来的历史见证。

至 2015 年,吴江区（县、市）档案局编纂并公开出版的书籍有《官德明鉴录》《百湖之城看吴江》《吴江知县》《造园大师计成》《吴江历代名胜》《吴江方言俚语集成》《吴江方言语音典藏（光盘）》《吴江记忆——档案里的故事》《吴江名门望族》《吴文化地名录》《吴江县志》《吴江市志》等;编有《吴江县桑蚕丝绸史话》《民国十一年至十四年吴江地区定期出版物年表》《庞山湖农场场史简介(1932~1949)》《吴江古代名人录》《吴江县组织史资料》《柳亚子早期活动纪实(1907~1925)》《吴江札记》《吴江知青（一）》《吴江历史文化图文集》《吴江纪念建党九十周年画册》《吴江撤县设市 20 周年纪念》《清末民初吴江、震泽县农民土地占有及负担档案选》《吴江市民公社报刊资料选辑》《清末吴江、震泽县筹备自治调查户口档案选》《五卅运动在吴江资料选辑》《费孝通二访江村档案资料汇编》《吴江县小城镇档案资料汇编》《吴江蚕丝业档案资料汇编》《吴江历年自然灾害档案资料汇编(1261~1991)》《吴江县十镇私营工商业、手工业统计档案汇编》《吴江解放、接管工作档案资料选编》《吴江各界悼念孙中山先生档案资料选编》《吴江县机构成立、撤并档案资料汇编》《吴江市获优质产品奖档案资料选编(1979~1991)》等文献汇编及《吴江县档案馆指南》《吴江十年大事记（1989~1999）》《吴江市档案馆指南》等专题汇编及工具资料。

陈列展览 自1985年10月举办第一期展览开始至2006年，吴江区（县、市）档案局（馆）先后举办各类主题展览10余次，主要有："档案工作在社会主义现代化建设中发挥积极作用"图片展、"吴江县档案史料展"、"档案工作成就展"、"庆祝《档案法》颁发五周年、《档案法实施办法》颁发二周年档案科普陈列"、"费孝通教授访问江村五十周年资料陈列"、"迎接第十三届国际档案大会在北京召开"图片展、"宣传《江苏省档案管理条例》科普陈列"、"吴江市解放50周年吴江档案工作史料展"等。2007~2014年，举办了"吴江档案史料陈列室""吴江名人展览""创造辉煌　成就未来——吴江市纪念改革开放30周年大型图片展""吴江历史文化综合展览""千年江城　世纪回眸——纪念吴江解放60周年系列特展""吴江近现代杰出人物大型展览""费孝通与吴江""吴江市普法展示""吴江市职工珍藏展""中共吴江党史资料陈列馆"等展览，向市民免费开放，扩大档案的社会影响，充分发挥档案资政、存史、育人的作用。

第六节　苏州工业园区档案管理中心

历史沿革

苏州工业园区档案管理中心（以下简称园区档案中心）于2007年7月成立。2011年5月，增挂"苏州工业园区档案馆"牌子，2013年11月，增挂"苏州工业园区城建档案馆"副牌。园区档案中心主管本行政区域内的档案事业，是集中保存、管理苏州工业园区永久保管档案的基地和利用档案的服务中心。园区档案中心是苏州工业园区管委会直属副处级建制的全民事业单位，归口园区工委、管委会办公室管理，核定编制人员15人，其中高级职称1人，中级职称7人。档案人员专业结构合理，所学专业涉及档案管理、新闻传播学、计算机、建筑、法律、英语等。历任主任：李敏（2007年7月~2010年9月）、吕洁（2010年10月~　　　）。

园区档案中心以档案资源、档案利用和档案安全三大体系建设为核心，以档案信息化工作为特色，全面加强档案事业。2008年2月，印发《关于加强苏州工业园区档案工作的意见》，确定了园区档案工作的总体思路与目标，主要任务和举措。2011年，出台园区档案事业首个五年规划——《苏州工业园区档案事业发展"十二五"规划》，确立了园区"十二五"期间档案事业发展的总体框架和发展定位，促进园区档案事业的全面、协调、可持续发展。2014年12月，印发了《关于进一步加强苏州工业园区档案工作的意见》，对进一步加强和改进新形势下园区档案工作具有重要指导意义。

2011年8月，园区档案馆被苏州工业园区工委、管委会命名为苏州工业园区爱国主义教育基地。同年11月，晋升为国家一级馆。2013年6月，晋升为江苏省AAAAA级数字档案馆。2014年10月，被中共苏州市委宣传部命名为苏州市爱国主义教育基地。

馆库建设

苏州工业园区档案大厦位于苏州大道东 328 号,紧邻园区行政中心。2008 年 5 月开工建设,2010 年 10 月竣工,2011 年 5 月正式启用。2013 年 12 月,园区档案大厦获得"中国建设鲁班奖"。2014 年,园区档案大厦被国务院机关事务管理局、国家财政部、国家发改委评为"节约型公共机构示范单位",荣获国家住房和城乡建设部颁发的"三星级绿色建筑标识证书"。

档案大厦占地面积 3.7 万平方米,总建筑面积 8.2 万平方米。大厦设计布局分为档案馆主楼、展览展示和接待三大功能。档案馆库建设符合《档案馆建筑设计规范》的要求,配备了智能密集架,轨道智能小车,安全监控设备,自动报警和灭火设备,温湿度测量与调控设备,档案消毒设备,风淋设备等设施。档案馆主楼共18 层,总建筑面积 2.24 万平方米,其中,设有 11 层库房,面积约 1.0 万平方米,设计储藏规模为 150 万卷。档案馆的服务大厅面积为 2000 平方米,设有对外服务查询窗口,以及纸质档案和电子档案阅览区,现行文件查阅中心阅览区。馆内还设有报告厅、培训室、技术用房等。完备的设施、设备为档案的安全保管、科学管理、提升服务提供了有力的保障。

档案馆业务

档案接收　园区档案中心于 2011 年印发《苏州工业园区档案管理中心档案接收规定》和《关于做好档案移交进馆工作的通知》,启动了第一次大批量接收进馆工作,进馆档案包括文书、会计、婚姻、审计、环保、实物等。2014 年,制定印发《苏州工业园区档案馆收集档案范围实施细则》。在城建档案接收方面,2009 年,制定《苏州工业园区城建档案管理规定》,明确了园区城建档案的范围。2011 年,出台《园区建设工程竣工档案电子化报送办法(试行)》,明确了自 2011 年 7 月 1 日起,全面实施城建档案接收纸质、电子双套制。园区档案中心还加强对建设工程声像档案管理力度,先后出台建设工程声像档案收集归档管理细则和声像档案拍摄、整理、归档指导规范等。2015 年 12 月底,全区正式实施房屋建筑工程档案预验收制度。

档案征集　园区档案中心开展对反映苏州工业园区区域特色、园区开发建设特色和园区人文历史特色档案的征集,征集成果包括苏州工业园区开发建设初期和建设过程中形成的珍贵照片、录音录像、文件、书籍等重要资料,历史名人李超琼后裔捐赠的李超琼日记手迹、信件、诗文等珍贵史料,唯亭街道干部潘志彤捐赠的手绘《唯亭古镇三里长街记实图》《唯亭镇全图》等反映唯亭古镇 20 世纪 20~30年代风貌的作品,旧时斜塘金家坤先生手绘《斜塘地域图》,农民摄影家马觌伯珍藏多年的反映胜浦农耕文化、民风民俗等情况的大量老照片和录像带,非物质文化遗产珍品胜浦三宝,吴罗织造技艺(四经绞罗)和苏州缂丝"一团和气",传统手工铜器牛首、猴头，以及"苏州工业园区开发建设二十周年之城市发展与记忆图片展"系列照片等，丰富了馆藏，优化了馆藏结构。

档案利用 园区档案中心以"服务中心、服务社会、服务群众"为宗旨，多渠道、多层次为社会公众提供档案利用和服务。至 2015 年底，园区档案中心共接待查档13455 人次，提供档案 29208 卷次、8528 件次。开辟现行文件中心和信息公开查阅场所，以纸质和电子形式向社会公众提供开放档案查阅服务。设置 GIS（地理信息系统）可视化管理系统触摸屏等，该系统实现了 GIS 地图上的建筑单体与数字档案馆的关联，社会公众可通过多点触控的 GIS 查档屏幕进行建筑物的可视化查档。开通苏州工业园区档案信息网，以及时、丰富的档案资源信息为社会公众提供了解国家政策法规、苏州工业园区开发建设历程和人文历史，获取档案知识信息、档案最新发展动态信息。联合社会各界，不定期举办各类档案与文化展览，先后举办了"园区记忆——苏州工业园区开发建设十七周年图片展""'唯唯亭亭'杯档案系统书画摄影作品展""2012 年园区师生视觉艺术作品展""苏州工业园区开发建设二十周年之城市发展与记忆图片展""李光耀与苏州工业园区图片展"等；建成苏州工业园区十五周年书画和雕塑陈列室，展示馆藏书画和雕塑作品；开展"档案文化进校园"系列活动，向教育系统各中小学校赠送档案编研成果，组织中小学生开展"档案夏令营"活动等。借助"苏州工业园区发布"平台，开展"志书进微博"、微信"园区地情"的编辑工作，定期发布志书内容辑要。2014 年 8 月，园区规划展示馆在档案大厦开馆，搭建社会公众了解苏州工业园区开发建设以来的经济社会与城市建设的主要成就和未来规划远景的重要平台。

档案编研 至 2015 年底，园区档案中心公开出版了《苏州工业园区志》《苏州工业园区年鉴》《晚清县令李超琼》《李超琼日记》《胜浦旧影——马觐伯纪实摄影作品集》，其中，区内首部志书《苏州工业园区志》于 2012 年出版。完成了《园区记忆》《苏州工业园区大事记精选（1994~2013）》《国家领导人与苏州工业园区》《新加坡领导人与苏州工业园区》《苏州工业园区重点建设项目汇编》《苏州工业园区绿色建筑汇编》等多部内部资料汇编。2011 年，《园区记忆》《园区发展 2009》分获苏州市档案编研优秀成果二、三等奖；2012 年，《苏州工业园区重点建设项目汇编》获江苏省建设档案优秀编研成果三等奖。2013 年，《李超琼日记（元和—阳湖—元和）》入选《江苏省明清以来档案精品选》；在苏州市档案编研优秀成果评选活动中，《李超琼日记》荣获一等奖，《苏州工业园区志》（1994~2005）、《苏州工业园区年鉴（2012）》获二等奖，《国家领导人与苏州工业园区》（1994~2011）、《新加坡领导人与苏州工业园区》（1993~2011）获三等奖。2014 年，《苏州工业园区年鉴（2013）》在第五届全国年鉴编纂质量评比中，获地方专业年鉴综合一等奖、框架设计一等奖、条目编写二等奖和装帧设计一等奖；《晚清县令李超琼》走入凤凰卫视《开卷八分钟》；《李超琼日记（元和—阳湖—元和）》获苏州市第十二次哲学社会科学优秀成果三等奖。2015 年，《娄葑镇志》《跨塘镇志》《斜塘镇志》《唯亭镇志》分别获得首届江苏省优秀乡镇（街道）、村志评选活动单项奖类三等奖；《苏州工业园区年鉴（2013）》在全省档案文化精品奖评比中获三等奖；《苏州工业园区年鉴（2013）》《胜浦旧影——马觐伯纪实摄影作品集》在 2013~2015 年度苏州市档案文化精品评选活动中，分别获二等奖、三等奖。

档案信息化建设　园区档案中心根据园区信息化建设的总体规划，制定了档案信息化建设的实施方案。2010 年初，启动建设"数字档案馆信息平台"项目，该项目投资 1400 万元，2011 年 7 月 15 日通过由国家档案局和江苏省、苏州市各级领导和专家形成的专家组评审和验收。该信息平台包括档案管理、虚拟档案室、在线业务指导、馆藏资源管理、离线档案管理、城建档案整理、GIS 管理和门户网站八大子系统。至 2015 年底，园区数字档案馆信息平台的虚拟档案室系统用户达 155 家，在线业务指导系统用户单位达 1082 家。园区数字档案馆信息平台实现了虚拟档案室系统与管委会 OA 系统的在线互通；城建档案在线业务指导系统和档案管理系统内的建设工程项目与地理信息系统的同步。

园区档案中心围绕建设一流"数字档案馆"的发展要求，加大投入，对馆藏档案资源开展全面的数字化扫描工作。2011 年 7 月起，在全区全面实施立档单位移交进馆档案的纸质、电子双套制，为实现真正意义上的数字档案馆奠定了基础。2014 年底，馆藏档案已基本实现了全文数字化。至 2015 年底，累计完成各类档案数字化扫描 2289.5 万页。

2011 年 8 月 2 日，园区档案信息网正式对外开放。网站设计新颖，内容齐全，包括：档案馆概况、馆藏介绍、政策法规、业务指导、对外服务、现行文件、征集编研、网上展厅、信息系统、信息下载等主要栏目以及最新动态、业务通知、网上查询、档案信息简报、大事、政府信息公开等主要内容。

档案科研　2012 年，园区档案中心与苏州大学档案系合作共建"苏州大学研究生工作站"，发挥苏州大学档案专业的特色优势，开展档案科研活动。2012 年，《智能化档案馆信息安全保障策略与应用研究》获得 2012 年国家档案局优秀科技成果奖三等奖。2013 年，《城市化进程中开发区档案服务功能研究》通过 2013 年度江苏省档案局档案科技项目立项。2014 年，园区"三大库切片归档"一期"地理库切片归档"获国家档案局科技项目立项。2014 年 1 月，《努力建设绿色智能档案馆》案例在江苏省第二届"档案管理与服务创新"优秀案例评选活动中被评为最佳案例。2015 年 12 月，《"大档案"理念下开发区档案管理模式研究》课题顺利通过江苏省档案局科技项目鉴定。

馆藏档案

园区档案中心按照"大文化、大档案"理念，实行多档合一的集中统一管理。馆藏档案主要包括苏州工业园区开发建设以来管委会各机关档案，各国有控股公司、直属企事业单位、街道、社工委永久保存的档案，城建档案，婚姻、拆迁、会计、环保等专业档案和照片、声像、视频、实物等特殊载体档案。同时，还拥有历史名人李超琼日记手迹、信件、诗文，唯亭老街全景照片长卷，胜浦三宝，反映园区开发建设初期及人文历史的珍贵史料和影像资料等。至 2015 年 12 月底，园区档案馆馆藏量为 29 万卷，35.6 万件，基本形成一个门类齐全、内容丰富、结构较为合理的馆藏体系。

园区档案馆多渠道、全方位收集和征集各类反映园区发展历程、历史文化和民俗风情的档案，形成一批珍贵的特色档案。1. 重大活动档案，共计 4322 件，主要为苏州工业园区开发早期的重要文件、照片、录像资料，开发建设过程中形成的重要档案，开发建设 10 周年、15 周年、20 周年庆典活动档案，历次中新苏州工业园区联合协调理事会档案；2. 名人档案，共计 62 卷，主要包括园区金鸡湖李公堤的建造者、晚清元和县令李超琼的手迹日记 43 册、李超琼给其子的信件 224 页、四川《合江县志》6 册、四川合江县征文 2 册、李超琼古今体诗集 9 册、石船居剩稿 1 册；3. 非物质文化遗产档案，共计 29 件，主要为胜浦三宝（胜浦水乡妇女服饰、宣卷、山歌）、缂丝、吴罗织造技艺（四经绞罗）、传统铜器锤揲等；4. 书画作品，共计 90 件，主要为园区开发建设 15 周年之际国内著名书法家和画家为园区创作的书画作品 80 幅，以及其他征集的油画、书法作品等。

第七节　苏州高新区虎丘区档案局

苏州新区档案馆成立于 1994 年，2000 年 7 月更名为苏州新区档案局。2003 年 5 月，新区档案局和虎丘区档案局（馆）合并，成立苏州高新区虎丘区档案局。2007 年，苏州高新区虎丘区档案局被评为"江苏省档案工作优秀集体"。

历史沿革

虎丘区（原郊区）档案局（馆）沿革　1984 年，郊区人民政府重建后，档案工作由区委办公室专职文书和一名技术人员负责，有一个机关档案室。1984 年 11 月 26 日，市编委、市财政局、市档案局批复同意各区建立档案馆。1984 年 12 月 26 日，区委办公室、区政府办公室发文宣布郊区档案馆从 1985 年 1 月 1 日起开展业务活动。1993 年，郊区档案馆被江苏省档案局批准晋升为省三级档案馆。1997 年 9 月 22 日，档案馆增挂档案局牌子。2000 年 9 月 8 日，郊区更名为虎丘区，郊区档案馆更名为虎丘区档案馆。

新区档案局沿革　1992 年 11 月，苏州新区被国务院批准为国家高新技术产业开发区，档案工作由苏州新区工委管委会办公室分管。1994 年，市编委发文批准建立苏州新区档案馆。1998 年 12 月，苏州新区档案馆被江苏省档案局批准晋升档案工作目标管理省一级标准，成为江苏省第一家获此等级的开发区档案馆。2000 年 7 月 20 日，新区管委会发文将新区档案馆更名为新区档案局。

高新区虎丘区档案局沿革　2002 年，市委、市政府决定对城区部分区划进行调整,组建苏州市高新区虎丘区。2003年5月22日,根据区工委、管委会机构调整的工作部署,新区档案局和虎丘区档案局(馆)进行整合,成立苏州高新区虎丘区档案局,为苏州高新区管委会直属事业单位,负责区域内各单位档案工作的管理、指导、监督;接收、收集、整理、保管全区经济建设及各项事业发展等方面的档案资料;开发、利用档案资源,提供信息、咨询服务。内设利用科和业务指导科。至2015年底,高新区虎丘区档案局有工作人员8人。其中,在编6人,公益性岗位2人;副研究馆员1人,馆员3人,助理馆员3人。

历任领导:

虎丘区(原郊区)档案局(馆):

奚士元(副馆长,负责全面工作),1987年5月20日~1989年7月10日

奚士元(馆长),1989年7月10日~1998年9月17日

曹征永(局长),1998年9月17日~2001年11月20日

包剑平(局长),2001年11月20日~2003年2月12日

新区档案局:

陈惠珠(主任),1994年7月11日~2000年7月20日

钱小福(局长),2000年7月20日~2003年2月12日

唐荣媛(局长),2003年2月12日~2003年5月22日

高新区虎丘区档案局:

唐荣媛(局长),2003年5月22日~2008年5月14日

陈永生(局长),2008年5月14日~

馆库建设

历次馆址:

虎丘区(原郊区)档案局(馆)地址(1995~2002年):苏州市解放路666号,虎丘区政府大院1号楼。

新区档案局地址(1994~2002年):苏州高新区运河路8号,高新区管委会大院接待楼。

高新区虎丘区档案局地址:苏州高新区运河路8号,高新区管委会大院5号楼。2013年6月18日搬迁至苏州高新区科普路50号(科技大厦2期1号楼)。

馆库与设备　高新区虎丘区档案局新馆于2013年6月建成启用,与高新区行政服务中心、高新区人事档案室等部门合用一座办公楼。档案馆总面积6500平方米,位于办公楼的3~5层。其中,3层为技术用房、培训用房,4层为办公用房,会议用房,政府信息公开和档案查阅用房以及部分档案库房,5层全部为档案库房。此外另有独立展示厅14000平方米。搬迁至新馆后,高新区虎丘区档案局的各项硬件设施得到全面提升,各楼层配备有视频监控系统,实现了档案馆全方位监控覆盖;库房内安装有智能电脑密集架,由核心控制系统、电机驱动控制系统、安全保护监测系统、架

体运行监测系统、信息显示系统、语音提示系统、电动密集架智能化管理控制系统等多项控制系统组成，具有自动化操作、智能化管理等功能；安装有恒温恒湿精密空调，实现了温湿度的远程自动检测、控制和数据的自动记录；建有防火自动报警系统，在库房内及楼层配置了水喷雾自动灭火系统。配有档案专用消毒柜 1 台，计算机 16 台，黑白打印机 4 台，彩色打印机 1 台，扫描仪 2 台，复印机 1 台，传真机 1 台，身份证件阅读器 4 台，数码照相机和摄影机各 1 台，还配有照片打印机等设备。

馆藏概况

至 2015 年底，高新区虎丘区档案局库藏档案全宗 77 个；库藏档案总计 203514 卷、48572 件，排列总长度 4060 米。档案起止年代为 1960~2014 年。

档案的种类：苏州高新区虎丘区档案局库藏档案涉及各机关和乡镇（街道）的文书档案，婚姻档案，辖区所有建设项目的工程档案，地下管线档案，规划档案，财会档案以及声像实物档案等各种门类。主要包括：1. 原虎丘区（郊区）机关文书档案、会计档案、科技档案；2. 原虎丘区（郊区）部分乡（镇）机关、公司的文书档案、会计档案和婚姻档案；3. 原新区机关及下属单位的文书档案、会计档案、科技档案；4. 高新区范围内所有建设项目档案；5. 区划调整后高新区虎丘区机关文书档案、会计档案、科技档案；6. 区划调整后高新区虎丘区所属乡镇、街道、公司的文书档案、会计档案、婚姻档案；7. 征集、收集的其他档案。

库藏资料主要来源于内部编印、征集、捐赠及外部订购。至 2015 年底，库藏资料共分十大类总计 1308 册。

库藏特色档案介绍：

古建筑档案（共 15 卷）　内容包括对区内 11 所宗教寺院、11 座古桥、6 条老街建立的专题档案，对散落于各处的古井、古亭、古宅等进行多方位、多角度拍摄，为区内 124 座已湮灭及被改建的农村老桥列表存档。

名人档案（其中非物质文化传承人档案 6 卷、徐卓人档案 1530 件、王坚档案 663 件）　高新区非物质文化传承人档案，内容包括传承人的基本情况介绍、获奖作品资料、图片及各类录像资料；全国作家协会会员徐卓人女士捐赠的文学作品出版物及获奖证书，其中书籍 126 件、杂志 387 件、报纸 883 件以及各类获奖证书 134 件；高新区著名书法家王坚捐赠的书画作品、出版物及获奖证书奖杯、证件，其中，文书档案 194 件、作品书籍 92 册、书画作品 160 件、各类获奖证书 159 件、证件 58 件。

编研工作

至 2015 年底，高新区虎丘区档案局编写了各种文件汇集、组织机构沿革、基础数据汇编、大事记等，还组织编纂出版年鉴、地方志等。其中《苏州新区年鉴（1995）》是苏州新区编写的第一部综合性工具书，于 1995 年 11 月由上海人民出版社出版。该书获江苏省编研成果一等奖。《苏州市高新区虎丘区志》是该区首部志书。全志分

21 卷 85 章 298 节, 共计 132 万字, 从 2007 年 7 月启动编纂工作, 2012 年 3 月由上海社科出版社出版。

公开出版的编研成果还有《真山真水园中城》(系列), 分《横塘》《狮山》《枫桥》《浒墅关》《通安》《镇湖》《东渚》7 册, 2004 年 8 月由百家出版社出版。《苏州新区》(画册), 汇集苏州新区成立后图片 112 张, 分"天堂里的明珠""我们的朋友遍天下""我们的家""这是一方热土""明天会更好"五个部分, 配以中、英、日三种文字说明, 由陆文夫作序, 江苏美术出版社 1997 年 12 月出版。该画册获江苏省编研成果三等奖。

第八节　吴中区档案馆

历史沿革

1959 年 3 月, 在吴县县委办公室档案室基础上建立吴县档案馆, 馆址在苏州市西大街 91 号。同年 4 月, 震泽县档案馆并入。1979 年 4 月, 在苏州市东大街 11 号内恢复建立县档案馆, 由县委办公室代管。1981 年 7 月, 经苏州地区行政公署同意, 成立吴县档案局, 为吴县人民政府下设的工作部门。1984 年 6 月, 县档案馆归档案局管理, 实行一套班子, 两块牌子的行政统筹。1986 年 3 月, 县档案局列入政府序列, 为县政府职能部门; 档案馆为县委、县政府直属事业单位, 归档案局管理。1989 年 10 月, 档案馆搬迁至东吴北路县前街新馆。

1995 年 6 月, 吴县撤县设市, 县政府机构更名为市政府机构, 吴县档案馆更名为吴县市档案馆。1996 年 11 月, 吴县市机构改革, 明确档案局与档案馆合并, 改为市委、市政府直属事业单位, 由市委领导, 保留原级别, 挂"局"牌子。1997 年 12 月, 市档案局与市档案馆合并, 局馆合一, 为市政府直属事业单位。

2001 年 2 月, 吴县市撤市设吴中区。同年 7 月, 区级政府机关机构改革, 明确吴中区档案局(馆)为区政府直属事业单位, 参照公务员制度管理。同年, 省档案局明确原吴县市档案馆保存的档案资料由吴中区档案馆管理, 原吴县市直机关单位、乡镇的档案由吴中区档案馆负责接收。2008 年 5 月, 区档案馆搬迁至翻身路过渡。2008 年 7 月, 区档案局搬迁至宝带西路 101 号吴中区委党校内办公。

2010 年 1 月, 区政府机构改革, 区档案局(馆)为区委直属事业单位, 继续参照公务员制度管理。2012 年 1 月, 区档案局搬迁至越溪苏街 198 号吴中商务中心办公。

吴中区档案局(馆)获"七五""九五"全国档案系统先进集体, 2008 年、2012 年获苏州市档案系统先进集体。2008 年, 吴中区档案馆晋升国家二级档案馆。

主要职责: 主管全区的档案和地方志工作, 负责全区档案、地方志工作的统筹规划、组织协调、监督指导、保管利用、地方志编纂。

建馆初期, 档案馆配备 2 名专职人员, 在县委办公室和县人委办公室行政编制中解决。1965 年增加到 4 人。1981 年, 吴县编委核定档案馆行政编制 2 人, 事业编制 6 人。1986 年，吴县编委核定档案局行政编制 3 人，档案馆事业编制 15 人。1998 年，核定市档案局（馆）机关事业编制 23 名。2001 年，撤市设区后，核定区档案局（馆）机关事业编制 22 名。2010 年和 2011 年，核定公益性岗位编制各 1 名。至 2015 年底，吴中区档案局（馆）在职 23 人。其中，具有研究生学历 1 人，本科学历 19 人，大专学历 3 人；具有高级职称 1 人，中级职称 3 人，初级职称 15 人。

1988 年 4 月，经县委批复，县档案局（馆）内部机构设置为保管接待、编研、业务指导三个股。1998 年，局馆合并后，吴县市档案局（馆）内设 5 个职能科室（均为股级）：办公室、业务指导科、保管利用科、编研征集科、保护技术科。2001 年，原吴县市地方志办公室并入区档案局，设地方志工作科。2010 年 7 月，增设现行文件管理科。

"文化大革命"期间，档案馆处于停止状态，1979 年 4 月恢复档案馆，开始正式任命档案馆领导。

历任馆长：

姜嵩山，1979 年 4 月~1983 年 3 月

范万钧，1983 年 3 月~1984 年 6 月

何维淑，1984 年 6 月~1989 年 12 月

朱　芹，1990 年 1 月~1994 年 3 月

陈昆萍，1994 年 3 月~1997 年 11 月

龚润元，1997 年 11 月~2006 年 12 月

陆卫平，2006 年 12 月~

1959 年 3 月，建立吴县档案馆，馆址在苏州市西大街 91 号，时有 2 间房、6 口橱。1984 年 6 月，档案馆归档案局管理，馆址在东大街机关大院内，馆库简陋，建筑面积 900 平方米，是吴县的第二代档案馆。1989 年 10 月，档案馆搬迁至东吴北路县前街，新馆建筑面积 3386 平方米，其中库房面积 1643 平方米，为吴县第三代档案馆，当时在全国县级档案馆中处于领先。2008 年，根据区委、区政府总体部署，区档案馆搬迁至过渡馆库。吴中档案新馆已开工建设，计划于 2016 年竣工投用，位于吴中区市民文化广场，规划面积 14000 平方米，具有爱国主义教育基地、档案安全保管基地、档案利用服务中心、政府信息公开中心和电子文件管理中心的"五位一体"功能。

档案馆业务

档案接收　馆藏档案主要是接收区（县、市）、镇（乡、街道）两级机关，以及公司、场圃、工厂和学校等企事业单位档案。1987 年至 1988 年，接收撤销单位档案 3659 卷，名特优产品档案 43 卷。1988 年，从省档案局接收 42 袋民国时期诉讼档案，立卷 1096 卷。

1989 年，将长桥、枫桥、望亭等 10 个乡镇 1983 年以前的永久、长期期限的档案 4776 卷接收进馆。1992~1993 年，完成 52 家县级机关 1981~1985 年间 8495 卷永久、长期文书档案接收任务。1995 年，接收 26 个镇 1984~1990 年间 10895 卷永久、

长期文书档案进馆。

1999年，开展市直机关1986~1999年的文书档案接收进馆工作，全市74家市直机关室藏档案12000卷全部接收进馆；同年10月，开展全市各村第二轮土地承包归户清册等档案资料的接收进馆工作，共接收580多卷。

2001~2002年，完成103家机关和乡镇室藏档案49428卷档案的接收进馆。

2006年，接收原吴县计生委1979~1987年独生子女登记档案693卷。2010年，接收吴中区各乡镇、街道民政办2001~2006年婚姻档案1325卷。

2010年，接收22家撤并单位2001~2010年档案37683件。在过渡馆库容紧张的情况下，及时依法接收了撤市设区以来20多家撤并单位的档案39264件、347卷。其中包括2010年吴中区机构改革撤并单位档案34728件，撤并乡镇浦庄和渡村2955件，吴中区档案局档案1581件，吴中区农业局集体林权制度改革档案221卷，以及零星移交进馆的部分婚姻和村建档案。

档案征集　1986年，以县政府名义印发了《征集档案资料的通知》，当年征集到档案262件，照片1882张，底片1139张，录像带5盘。其中有朱德老师、辛亥革命老人李根源著作《雪生年录》《吴郡西山访古记》，国家领导人来吴县活动的照片等一批珍贵档案资料。

1987~1988年，征集到照片1592张，底片248张，录音带108盘，录像带5盘，档案、资料1898件，其中有反映吴县名胜古迹、新四军老战士回忆录、叶圣陶先生手稿复印件等。

1989年，发展12名档案义务征集员，征集到档案224件，照片1789张，底片600张，录像带4盒，录音带10盒，其中有《陆氏世谱》《木渎小志》《洞庭山游草》等珍贵文献。

1996~2001年，征集到各类文字材料271件（册），照片619幅，光盘（磁盘）8张，其他3件，其中包括江泽民总书记视察吴县市的照片和题词手迹，《范氏家乘》《陆氏家谱》等珍贵史料。1999年，市委、市政府两办转发了《关于加强档案资料征集工作的意见》。

2002~2007年，征集工作取得了新成果，征集到党和国家领导人视察吴中区及区内重大活动照片1044张，全国孙子兵法研讨会、吴文化研讨会等各类资料210册，吴中风光录像带29盒，光盘9张。吴中区档案馆参与各类重大活动近200次，积累照片2900多张。

2008年后，调整征集队伍，创新征集形式，拓宽征集渠道，累计征集到省级以上荣誉实物档案29件，市级、区级非遗档案40项计1057件，非遗项目代表性传承人姚建萍刺绣艺术照片45幅，党和国家领导人视察、区重大活动以及区重要建设成就珍贵照片14891张，各类地情书籍、资料429册。2013年，发布了《苏州市吴中区档案馆关于征集档案资料的通告》。2015年，名人档案征集有所突破，征集到了院士王守觉、大使陆伯源、"非遗"传承人蔡云娣等吴中名人部分档案资料。

档案安全保管保护　吴中区档案馆制定完善了《档案资料查阅制度》《吴中区档案馆突发事件应急处置预案》《档案库房管理制度》《计算机机房管理制度》《档案网络、数据备份、U 盘使用管理制度》《网络信息安全保密工作规定》等规章制度，局（馆）人员每年签订保密承诺书、安全责任书，确保档案安全保密工作全覆盖。

2011 年 6 月起，对破损档案进行集中托裱修复，累计修复 113 卷，1136 页。随着民生档案利用率的提高，对有磨损的民生档案卷皮进行更换。做到了档案资料无缺损、无鼠咬、无虫蛀、无霉变、无积尘、无火灾、无水浸、无失窃，档案保管情况良好。

档案信息化　1991 年，自行设计、编制了一套县级档案馆自动检索计算机程序，探索档案馆现代化管理的新路子。1996 年，引进苏州市档案局开发的"档案馆计算机管理系统"软件，建立馆藏档案案卷级和文件级检索系统，全年共输入馆藏档案案卷目录 7.7 万条。至 2003 年，馆藏档案文件级目录达 80 万余条。

2010 年，数字档案室系统正式上网运行，全区在政务网环境下办公的区级机关、乡镇（街道）机关实现在线文件收发、归档和全文上传。2014 年，推进区协同办公系统同数字档案室系统接口的研发、测试、运行，实现了系统间数据的自动流转，拓展了原生电子档案的收集渠道。至 2015 年，馆藏档案扫描 8 万余卷、21 万件，共 1100 万页，占馆藏总量的 75%；以卷归档机读文件级目录约 320 万条，数字化 230 多万条。

2012 年，筹建吴中图片中心。至 2015 年，吴中图片中心共收集录入照片 37000 张，形成了视察调研、社会纪实、友好往来等 20 个大类 54 个小类的图片数据库。同年，改版吴中档案网站，更名为"吴中档案方志网"，增强网站的开放性、互动性、服务性和知识性，所有开放档案目录，政府公开文件，数字化的志书、年鉴等，提供在线查阅。

2013 年，区档案馆启动馆藏档案数据库数据异地备份，将数字档案室及数字档案馆目录数据库 5.44G，全文 1.28T 送交苏州市档案局统一存放到洛阳市档案局进行异地备份保管；并建立了长效机制，实行每年备份一次。

2013 年，在木渎镇试点建立吴中区首家镇级民生档案基层查阅窗口，实现"馆室联动、数据共享、就近查档、就地出证"。2014 年，完成全区镇（区）、街道 15 个基层查阅平台的安装，实现镇级全覆盖。2015 年，民生档案基层查阅窗口延伸至 15 个村（社区），让"数据多跑路、群众少跑腿"。

档案服务利用　1988 年 2 月，档案馆制定了《吴县档案馆开放档案实施细则》，依法开展档案开放工作。同年，向社会开放档案 2388 卷，其中历史档案 2264 卷、新中国成立后档案 124 卷。到 2013 年底，区档案馆 6 次向社会开放档案累计达 41252 卷。

在全局开展"优化档案服务、让群众更满意"活动，通过施行完善绿色服务、延时服务、预约服务、延伸服务、自助服务、帮扶服务 6 项服务举措，优化提升服务，让群众更满意。2004~2015 年，共收到群众送来的锦旗 13 面，表扬信 2 封。

附表3-7 1986~2015年吴中区(吴县、吴县市)档案馆档案利用统计表

年份	利用者人次	利用档案卷次/件次	年份	利用者人次	利用档案卷次/件次
1986	1256	8935	2001	2780	29363
1987	1827	8455	2002	2374	19196
1988	1526	15327	2003	2488	18782
1989	2218	9274	2004	2134	14236
1990	679	3509	2005	1856	7173
1991	846	4258	2006	2485	11895
1992	665	2807	2007	3588	34415
1993	683	2070	2008	3334	9895
1994	393	3475	2009	4479	11374
1995	787	9271	2010	8246	11730
1996	433	2848	2011	7500	13300
1997	401	4395	2012	6400	10809
1998	500	6000	2013	9815	18748
1999	450	16000	2014	10059	20593
2000	1187	22100	2015	10740	20821

编研展览 1986年编纂出版《吴县年鉴》,后更名为《吴中年鉴》,至2015年,已连续编纂出版30卷。1988年,编成《吴县风景名胜初考》史料汇编,共4.2万字,内容包括石公山、司徒庙、保圣寺、紫金庵、雕花楼、天池山、林屋洞七个景点的有关材料。1992年,创办《经贸信息》,全年出刊95期。2011年4月,出版《吴中区老街》,获江苏省第二届档案文化精品评比三等奖、苏州市档案编研优秀成果一等奖。《吴中区志》于2012年11月正式出版。2014年8月,出版《震泽编》(校注本),获得2015年江苏省档案文化精品奖三等奖。2015年7月,出版《王鏊诗文选》。汇编的《吴中区大事记》纵贯撤市设区以来整个时期,并在吴中政府信息网上开设《吴中大事》专栏,方便群众利用。

档案馆自1989年始,利用馆藏档案举办各种陈列展览,至2015年,共举办档案陈列展览9次,其中实体陈列展览7次、网上展览2次。2002年,被命名为吴中区爱国主义教育基地。2004年,被批准为苏州市级爱国主义教育基地。同年,与区教育局签订建立中小学德育基地的协议。

档案馆藏

至2015年底,吴中区档案馆藏档案资料累计近20万卷(件),其中档案19.5万余卷(件),占馆藏总量95%,建有258个全宗,主要门类有:1.文书档案,市(县、区)、镇两级机关文书档案。2.专门档案,统计档案、会计档案、审计档案、公证档案、婚姻档案、独生子女档案、新闻档案、房地产档案、工商登记档案、各类普查档案。3.科技档案,建设项目档案、工业产品档案。4.声像档案,党和国家领导人视察吴县市、吴中区,外国友人、社会知名人士到吴中区参观访问,吴中区的重大活动、重要

庆典、重要会议、重要事件、重大成就的照片、录音、录像、光盘。5. 史志档案，新中国成立前后的吴县县志、乡镇志、行业志。6. 谱牒档案，《范氏家乘》《严氏族谱》《东山郑氏族谱》《吴中叶氏族谱》等。7. 名人档案，现代教育家、社会活动家叶圣陶，近代名士、国民党元老李根源等名人档案。资料 9000 余册，占馆藏总量 5%，主要是各种文件汇编、历史书籍等。

第九节　相城区档案馆

历史沿革

2001 年 2 月 21 日，经国务院批准，撤销吴县市，设立苏州市吴中区、相城区。同年 10 月，相城区档案馆成立，馆址位于区委、区政府办公大楼一号楼内。2005 年 12 月，成立相城区档案局，与区档案馆合署办公，正科级建制，为区委、区政府直属事业单位，由区委办公室委托管理。2006 年 10 月，投资 1200 万元建成区档案馆新馆。2007 年 3 月 28 日，新馆对外服务，馆址位于相城区嘉元路 3 号行政中心。2005 年，相城区档案馆被评为江苏省二级档案馆。2008 年 6 月，晋升为国家二级档案馆。2012 年 11 月，晋升为国家一级档案馆。2009~2011 年度被苏州市档案局、苏州市人事局表彰为苏州市档案系统先进集体。

2001 年建馆初期，经相城区委编办核定，有事业编制 2 名。2002 年，增加编制 2 名。2007 年，增加编制 4 名。2012 年，经相城区编办同意，重新核定区档案馆人员，有编制 14 名。至 2015 年底，相城区档案局（馆）有在职人员 7 名，均为大学本科学历，所学专业有档案管理、计算机、信息管理等，具有高级职称 1 名、中级职称 2 名、助理馆员职称 3 名。

2012 年，区档案馆内设保管利用科、监督指导科 2 个科室，均为正股级建制。

历任馆长：

周立宏，2002 年 1 月~2002 年 7 月

王金方，2004 年 8 月~2005 年 12 月

2005 年 12 月 12 日机构升格后，档案局（馆）合署办公，实行局（馆）一体。

局（馆）长：

陶　洪，2005 年 12 月~2008 年 4 月

沈炳泉，2008 年 8 月~2009 年 6 月

顾敏华，2010 年 1 月~

相城区档案馆于 2006 年 10 月建成，建筑面积 5200 平方米，其中库房面积 1500 平方米，安装密集架 1350 立方米。设有查档接待室、全宗目录工具间、中心机房、培训教室、陈列展览室、数字档案加工室、档案修复室、熏蒸室等。安装了温湿度自动控制、CK 报警、自动防火报警灭火装置、全区域安全监控系统，内部建有计算机局域网。查档接待大厅内设有开放档案查阅场所，可供查阅者自行查阅。

档案馆业务

档案收集　相城区档案馆制定并实施了《苏州市相城区档案馆接收档案范围实施细则》,定期接收市(县)、乡、镇、场机关和公司、工厂、学校、办事处等企事业单位的永久、长期档案。

2001~2010 年,接收进馆原吴县市所属 11 个乡镇文书、司法、婚姻、村建等 6 大类档案,共计 15118 卷;接收清房档案 41 盒 210 件;接收陆慕、蠡口、湘城等 6 家撤并乡镇档案 1012 卷(盒)。2010 年,接收人事局、建设局等 6 家撤并机关档案 531 盒 10089 件,接收注销外企档案 47 卷,接收契税档案 1895 盒 28297 件,接收乡镇全部婚姻档案 894 盒 25282 件。

2011~2013 年,接收区委办、区政府办等 32 家到期档案 4426 盒 70131 件;接收审计局审计档案 1808 卷;接收司法局公证档案 2472 卷,民政局区域界线档案 20 卷;接收 20 个重大活动档案共 33 卷(盒)。

2014~2015 年,接收区委办、政协等 25 家单位文书档案 50613 件,村建档案 1518 件,司法档案 635 件,纪检档案 29 件;接收审计局审计档案 1628 卷;接收计生局 7 类专业档案 23742 件;接收药监局、质监局稽查档案 1495 件。

2015 年,共接收工商、药监、质监和卫生 4 家撤并单位文书档案 6060 件,专业档案 17148 卷;另外,还接收 9 家单位文书档案 16709 件,审计档案 2311 卷。

2001~2015 年,接收名人字画、工艺品、区政府礼品、奖牌等实物档案 320 件。

2012 年,征集了国家一级美术师沈明义、园林派书法创始人陈国中等人的书画作品;征集到相城民间工艺品,以及民国年间的反映相城历史文化的资料,丰富了馆藏资源。

档案整理　制定了区档案馆全宗设置办法,编制了《相城区档案馆馆藏全宗名册》,制定了馆藏声像档案、实物档案及馆藏资料的分类方案及接收范围。至 2015 年底,相城区档案馆馆藏档案全宗有 54 个,按性质、社会地位或系统,结合重要程度,设立了 5 个全宗群。建立了 31 种馆藏档案资料登记簿、台账,并实现了计算机管理。馆藏各全宗档案均经过系统整理编目,建立了全宗卷,编制案卷目录 161 册、文件级目录 626 册。建立了文件级目录数据库,100% 的馆藏档案建立了全文数据库,照片、声像档案建立了多媒体数据库。

档案保护和修复　相城区档案馆安装有温湿度自动控制系统,库房温湿度符合要求;建立并严格执行档案的安全保卫等各项工作的规章制度;制定《相城区档案馆突发事件应急救援预案》及《相城区档案馆安全工作责任制》。对破损、褪变档案全部进行了扫描处理。按照库房管理要求,坚持每天查看一次温湿度,每月检查一次库房情况,每次重大节假日前对库房及馆藏档案进行一次全面检查,发现问题及时处理,严格按照"八防"要求,库房做到了无鼠、虫、霉、积尘、火灾、失窃等现象。

档案利用　2011 年,完成一楼查档大厅改造,使之更为宽敞、舒适,查档利用更加方便。2004~2015 年,区档案馆共接待查档 12564 人次,提供案卷 18134 卷

(册)。开展档案利用工作,每年坚持编写利用效果汇编,做好利用预测分析工作。局(馆)在编史修志、学术研究、征地拆迁、落实待遇、解决婚姻纠纷、享受独生子女政策等方面,为有关单位和群众提供了有效依据,发挥了档案的积极作用。

档案信息化 2007年,数字档案馆建设开始筹备,2009年正式实施,区财政投入200多万元,历时1年。按照数字档案馆系统、全区档案资源共享平台、档案网站、库房温湿度控制及现行文件发布"五位一体"的档案信息化建设目标,完成了机房硬件建设、档案资源共享平台总体设计方案和软件开发,整理、导入54余万条档案目录,300余万页馆藏档案全文,完善了利用频繁档案的全文数据库。同时,实现档案馆核心数据库系统网络、档案资源共享平台网络、internet三个层次物理分开,切实保障了档案数据安全及操作规范。2005年,开通档案门户网站,不断充实内容,更新界面,及时发布相城区可公开的政务信息,方便百姓查询。2010年,网站进行了全面升级改版,新的版面设有锦绣相城、档案法规、网上展览、开放档案、政务公开等栏目。至2015年底,实现了开放档案、已公开信息目录网上查询,点击人次达2万多。

编研展览 相城区档案馆利用馆藏资料深入开展档案编研工作,编辑《十年相城》《相城大事记》《相城人文历史》《相城历史文化展示》《相城区农村、社区档案工作风采》《档案文萃》《相城区年鉴资料汇编(2007~2011)》《相城区党代会资料汇编》《相城历史文化展示馆精编》《最忆相城》,与区委宣传部、区地方志办、区城建档案馆分别联合编印了《见证十年》《相城记忆》《今日相城画册》。

附表3-8 相城区档案馆编研成果获奖情况表

编研成果名称	所获奖项
相城人文历史	苏州市档案编研优秀成果三等奖 江苏省档案编研优秀成果三等奖
相城区农村、社区档案工作风采	苏州市档案编研优秀成果三等奖
相城文化历史展示馆精编	苏州市档案编研优秀成果二等奖 江苏省档案编研优秀成果优秀奖
最忆相城	苏州市档案编研优秀成果三等奖

2005年,相城区档案馆被区委宣传部批准为相城区爱国主义教育基地。2012年,按照《国家档案馆爱国主义教育基地工作规范》的要求,档案馆投入近100万元建设相城历史文化展示馆,面积400平方米,全部开放式布展,整个展厅布局合理、形式多样、图文并茂,以历史脉络为主线,生动展示相城的历史风貌、名人古迹、民间工艺、相城十年的飞跃发展及馆藏珍品档案史料,汇集了相城各地特色文化精品、实物,既体现了相城水乡特色,又包含历史沧桑韵味。2001~2015年,相城区档案馆举办了"建区七年成果展""激情迎奥运 再创新辉煌""十年磨砺 展相城辉煌——建区十周年成果展""漕湖革命历史图片展""相城区革命故事展览"等10次档案史料陈列展览。

馆藏档案和特色档案

档案馆有馆藏 54 个全宗,共 40597 卷、247040 件,照片档案 5467 张,资料 1169 册,实物档案 320 件。其中,文书档案永久 3272 卷、71907 件,长期 4894 卷、96672 件;婚姻档案 2474 卷、23776 件;契税档案 28297 件;审计档案 5747 卷;计生专门档案 7 类 23742 件;工商注销企业档案 9593 卷。

馆藏以文书档案为主。专门档案有村建、司法、婚姻、纪检、清房、外企终止项目、审计、契税、公证、稽查等 26 个大类档案。基本形成了一个内容丰富、种类齐全、结构较为合理的馆藏体系。

特色档案:

馆藏杨明义书画《阳澄朝晖》1 幅,沈明义及其徒弟的书画作品 5 幅,园林派书法创始人陈国中的书法作品 1 幅;相城缂丝、船模、草编、金砖、砖雕等珍贵民间工艺品 37 件;3 套民国年间的反映相城历史文化的《相城小志》《浒关志》《黄埭志》。

第十节　姑苏区档案馆

历史沿革

姑苏区档案馆历史沿革

2012 年,苏州市部分行政区划调整,原平江区、沧浪区、金阊区三城区(以下简称原三区)合并组建为姑苏区,于 10 月 26 日正式挂牌。同年 12 月,原三区档案馆集中搬迁至位于平江新城平川路 510 号的姑苏区区委、区政府机关办公大院内,集中办公。

2013 年 3 月 2 日,建立姑苏区档案局(馆)筹备组。

2013 年 4 月 3 日,原三区档案局(馆)整合为苏州市姑苏区档案局(馆),挂苏州市姑苏区委党史工作办公室牌子,为区委直属事业单位,正科级建制,归口区党政办公室管理。

2013 年 9 月 12 日,姑苏区编委核定姑苏区档案局(馆)编制 8 名,领导正职 1 名、副职 2 名。2015 年底,姑苏区档案局(馆)实有 13 人,其中行政编制 6 人、事业编制 5 人、公益性岗位 2 人。13 人中具有研究生学历 2 人、本科学历 8 人、大专学历 3 人。获中级职称 3 人、初级职称 3 人。

2013 年 9 月,根据姑苏编委《关于区档案局(馆)人员编制、内设机构和领导职数的批复》精神,姑苏区档案局(馆)设立办公室、业务监督指导科、编研保管利用科(党史办公室)3 个内设机构。

馆长:

吕国英(姑苏区档案局[馆]筹备组组长),2013 年 3 月~2013 年 5 月

吕国英,2013 年 5 月~

2012 年 12 月,姑苏区档案馆馆舍设在区委、区政府机关办公大院内 5 号楼,总建筑面积为 2000 余平方米。2013 年下半年,区委、区政府决定将区委、区政府机

关办公大院内 3 号楼的部分区域拨给区档案馆使用，同时将原档案馆使用的部分办公用房、档案查阅接待大厅等调剂给其他部门。姑苏区档案馆综合改造工程项目于 2014 年 10 月初开工。2015 年 1 月，改造工程完工并投入使用。姑苏区档案馆总面积扩大至 3300 平方米，其中库房 1200 平方米、阅档大厅 300 平方米、陈列展示馆 700 平方米。档案阅览室、档案接收室、档案整理室、档案消毒除虫室、档案裱糊修复室、档案用品室、档案数字化扫描室等各类档案技术用房配套齐全。馆内配置了密集架 447 立方米，建立了温度控制系统、防盗报警系统、闭路电视监控系统。配备有服务器、扫描仪、复印机、一体印刷机、刻录仪、数码相机等现代化办公设备和档案专用设备。

原三区档案馆历史沿革

平江区档案馆历史沿革

平江区档案馆建立于 1985 年 5 月 4 日，是区委、区政府直属事业机构，归口区委办公室管理。1987 年 2 月，改由区政府办公室管理。1997 年 10 月，建立区档案局，实行"建局挂牌，局馆合一"的体制，为区政府直属事业机构。2001 年机构改革中，区委明确平江区档案局（馆）作为区政府直属事业机构，副科级建制，由区政府办公室管理。2005 年 12 月，在馆内建立"区现行文件查阅中心"。 2008 年，升格为正科级建制。2009 年 12 月，调整为区委直属事业单位。

建馆初期，核定配备行政编制 1 人、事业编制 2 人。至 2012 年 12 月，实有在编人员 5 人，其中行政编制 4 人、事业编制 1 人。研究生文化程度 1 人、本科文化程度 3 人、大专文化程度 1 人。获助理级职称 1 人。

历任馆长：

王国萍（兼任），1985 年 5 月~1987 年 3 月

李秀兰（副馆长，主持工作），1987 年 3 月~1990 年 11 月

李秀兰，1990 年 11 月~1991 年 7 月

蒋纪序，1991 年 7 月~1997 年 12 月

沈志强，1997 年 11 月~2009 年 3 月

顾东怀，2009 年 3 月~2009 年 12 月

吕国英（副馆长，主持工作），2009 年 12 月~2010 年 3 月

吕月明，2010 年 3 月~2010 年 12 月

吕国英（副馆长，主持工作），2010 年 12 月~2011 年 2 月

吕国英，2011 年 2 月~2012 年 12 月

1985 年建馆初期，馆址设在旧学前 32 号平江区委大院内，库房面积 18 平方米。1986 年 6 月，搬迁至临顿路 216 号平江区委大院内 4 号楼，馆库实用面积扩大至 56 平方米，其中库房为 35 平方米。1999 年，馆库使用面积扩大至 205 平方米。2002 年 5 月，搬迁至临顿路 216 号 3 号楼，档案馆使用面积 210 平方米，其中库房 150 平方米、办公用房 50 平方米。馆内配备了密集架、计算机、打印机、空调、复

印机、照相机、扫描仪等装备。2012年1月,馆址搬迁至菉葭巷8号原平江区检察院办公楼内(作为新馆建成前过渡用房)。

沧浪区档案馆历史沿革

沧浪区档案馆于1985年1月28日建立,是区委、区政府直属事业机构,归区委办公室管理。1987年1月1日起,列入区政府序列,归口区政府办公室管理。1997年10月,增挂区档案局牌子,实行局、馆合一的管理体制,行使档案行政管理和保管利用两大职能,为区政府直属事业单位,归口区政府办公室管理。2001年,改为区委直属事业结构,归区委办公室管理。2004年12月,在馆内建立"区现行文件查阅中心"。2008年,升格为正科级建制。沧浪区档案馆于2005年12月晋升为省二级档案馆,2008年7月晋升为国家二级档案馆。

建馆初期,配备行政编制(兼任)1人、事业编制2人。1997年,核定配备事业编制2人,实有专职干部3人。至2012年12月,实有在编人员3人,其中行政编制1人、事业编制2人;具有大学文化2人、大专文化1人,获助理职称1人。

历任馆长:

贺怡明(兼任),1985年1月~1987年7月

杨　晋,1987年7月~2002年1月

梅建平(兼任),2002年2月~2002年5月

韩　宁,2002年6月~2007年11月

罗　红,2007年11月~2008年12月

罗　红(副馆长,主持工作),2008年12月~2012年12月

1985年1月建馆至2009年7月,馆址设在位于十梓街388号的区委、区政府大院内。库房和办公用房面积由108平方米扩大至416平方米。2009年7月15日,迁入南环西路32号,档案馆总建筑面积1100平方米,辟有档案库房300平方米、陈列室180平方米。设有政府信息公开查阅中心、阅档中心以及档案技术用房等。库房和陈列室等重点部位配置了监控探头、安全防盗防火报警装置。安装了密集架、灭火器等档案保护设施。安装了空调、去湿机、复印机、扫描仪、刻录机、服务器、数码照相机等设备。

金阊区档案馆历史沿革

1984年12月27日,建立区档案馆,为区委、区政府直属事业机构,归口区委办公室管理。1986年4月,归口区政府办公室管理。1997年11月4日,增挂区档案局牌子,实行局馆合一体制,为副科级建制。2001年机构改革中,保留区档案局(馆),为区政府直属事业单位,行使行政管理职能,参照国家公务员制度管理。2005年10月,在馆内建立"区现行文件查阅中心"。2008年,升格为正科级建制。2010年2月,归区委管理。金阊区档案馆于1990年11月晋升为省二级档案馆,1997~2000年、2004~2007年度被评为苏州市档案工作先进集体。

建馆初期配事业编制2名,另在区委办公室行政编制中配备专职档案干部1名

负责全区档案行政管理工作,与档案馆合署办公。至1992年5月,实有行政编制4名。为解决人员与经费不足的问题,区档案馆于1992年6月创建区档案服务中心,人员与档案馆统一使用。2012年12月,区档案局馆(含服务中心)实有6人,其中行政编制1人、参照公务员管理事业编制2人、事业编制2人、公益性岗位1人。具有研究生学历1人、本科学历4人、中专学历1人。获中级职称4人、助理职称1人。

2012年7月,经金阊区编委同意,金阊区档案局(馆)内设机构1个,为办公室。

历任馆长:

朱茂荣(兼任),1984年12月~1986年1月

李德钧(副馆长,主持工作),1986年4月~1987年2月

李德钧,1987年2月~2001年12月

袁洪滨(副馆长,主持工作),2002年1月~2002年8月

金　云,2002年8月~2003年8月

袁洪滨(副馆长,主持工作),2003年8月~2005年2月

袁洪滨,2005年2月~2009年7月

王　增,2009年7月~2012年2月

袁洪滨(副馆长,主持工作),2012年2月~2012年12月

建馆初期馆址设在金门路100号区委办公大楼4楼,档案馆使用面积为88平方米,其中库房38平方米。1987年,迁至金门路94号区政府办公大楼5楼,档案馆总面积78平方米,其中库房面积51平方米。1989年,迁至金门路94号区政府办公大楼6楼,档案馆使用面积268平方米,其中库房面积为120平方米。1998年11月28日,搬迁至后宝元街23号,建筑面积1000平方米(含地下人防工事),其中库房建筑面积为355平方米。库房首次安装了档案密集架70立方米。馆内建立了"110"红外防盗报警系统,辟有阅档室、陈列室、文印室、微机室、过渡室、消毒室等。配置了复印机、一体印刷机、扫描仪、刻录仪、数码相机、服务器等现代化用具。

档案馆业务
姑苏区档案馆业务

2012年11~12月,集中接收了原三区档案馆的全部21.3万卷(件)档案和近8万册资料。2012年11月~2015年11月,集中接收了原三区各机关部门及8个街道各类档案36.52万卷(件)。内容涉及文书档案、专门专业档案、实物档案等。自2012年12月至2014年,姑苏区档案馆征集到了原三区合并过程中及合并前后产生的文书档案材料、照片、实物档案等。其中有国务院、省、市政府关于行政区划调整的文件和领导讲话,省、市委、市政府领导视察姑苏区的照片,原三区"四套班子"机构牌子,原三区机关部门废止章印500余枚等。姑苏区档案馆还通过各种途径向社会和个人征集有价值的本区域的档案史料,国家级、省级荣誉档案,重大活动档案等。

2012年12月,姑苏区档案馆对接收的原三区档案馆21.3万卷(件)档案进行上架、核对、整理。

2013~2015年,对接收进馆的原三区机关和部分街道档案进行编号、排架,对收集来的三区合并及成立姑苏区过程中产生的档案进行分类、整理。至2015年底,馆藏全部档案均系统整理编目,各全宗均建立了全宗卷。

姑苏区档案馆加强档案库房温度、湿度控制,基本保持恒温、恒湿,做到"八防"。

2012年12月~2013年11月底,姑苏区档案馆共接待查档4740人次,电话咨询3421人次,查阅档案5042卷(件),提供有效证明9889份,为区民政局婚姻登记处出具无婚姻登记记录证明6063人次。为机关部门工作所需提供可靠材料,为群众办理诸如社保退休、购房贷款、房屋产权变更、独生子女奖励、房屋补贴、低保补贴、廉租房补贴、补足工龄等。

2015年1月,完成了档案查阅中心和文件阅览中心的搬迁。阅档大厅扩大达300平方米。可为市民提供开放档案,也可为社会各界提供通过现行文件查阅中心查找地方党政机关的公开文件的阅览服务。

附表3-9 2013~2015年姑苏区档案馆档案利用统计表

年份	利用者人次	利用档案卷/次	提供证明	无婚姻记录证明
2013	4740	5042	9889	6063
2014	6822	7521	10935	8328
2015	6468	9091	16169	3780

2013年姑苏区档案馆建立初期,对原三区档案馆信息化数据进行整合。2013年5月,姑苏区档案馆开始对馆藏档案数字加工。至2015年底,完成209万余页纸质档案的扫描工作,输入文件级目录35.8万条,馆藏档案累计扫描达495.9万页、输入目录128.7万条。

2015年10月,姑苏区档案馆"姑苏档案"网站投入试运行。

姑苏区档案馆至2015年底,编印了《媒体话姑苏》、《姑苏记事》、《姑苏胜迹》、《姑苏区大事记》、《姑苏区历史文化陈列展》(画册)、《姑苏区档案馆欢迎您》、《档案法律法规汇集》、《家庭建档指南》。其中,《姑苏胜迹》获2013~2015年度苏州档案文化精品评选三等奖,《姑苏记事》获2013~2015年度苏州档案文化精品评选优秀奖。

从2013年开始,姑苏区档案馆以巡回展与固定展相结合的方式举办档案展览。至2015年,举办"画说档案"主题巡回展览4次,举办"姑苏区历史文化陈列展"1次。

原三区档案馆业务

原三区档案馆在建立初期,各自接收了区机关档案室的档案。此后,依据国家有关法律法规规定,各自制订接收计划,定期接收区机关、团体、事业单位和街道、工厂等企事业单位各类永久、长期档案。

1998 年，征集到轧神仙（庙会）专题档案。2005 年，征集到先进性教育专题档案。2008 年 4 月，征集到国家原副主席曾庆红访问本区域时的照片。2010 年，征集到区世博周专题档案。2011 年 4 月，征集到全国人大常委会委员长吴邦国访问本区域时的照片、题词。2012 年 1 月，征集到温家宝总理考察本区域时的照片、题词等。

进入 21 世纪后，各馆档案利用量逐年提高。至 2011 年底，各馆年平均档案利用者达到 900~1000 人次，馆均利用档案量达到 1100 卷（件）次以上。

原平江、沧浪、金阊区档案馆均于 2002 年开始使用计算机对馆藏档案目录数据化管理。分别于 2009 年 10 月、2008 年、2010 年 5 月开始实施馆藏纸质档案数字化工作，购置了服务器。至 2012 年 11 月，原三区档案馆共完成 286.91 万页的馆藏纸质档案数字化扫描，录入目录 92.9 万条。其中，原平江区档案馆完成扫描 85.5 万页、录入目录 15.53 万条，原沧浪区档案馆完成扫描 100 万页、录入目录 50 万条，原金阊区档案馆完成扫描 101.41 万页、录入目录 27.37 万条。在市档案局统一部署下，各区均于 2012 年 7 月开展了档案数据异地备份工作。原沧浪、金阊区档案馆分别于 2010 年 12 月、2009 年 11 月建立了网站。

平江、沧浪、金阊档案馆建立后，都利用档案进行编辑加工。编研成果主要有：汇编类，如区级规章性文件汇编，重大会议文件汇编，区重大调研文章选编、汇编，精神文明区新人新事汇编等，每馆均有几十种。参考资料类，公开出版的有《沧浪区志》（2007 年获全省档案编研成果二等奖）、《金阊区志》（2005 年获全省档案编研成果三等奖）。内部资料主要有各区每年编写的区大事记、区年鉴、区新闻报道题录，还有反映各区历届党代会、人代会、政协、团代会、妇代会的简介。沧浪区档案馆编印了《媒体话沧浪》，参与编印了《首届沧浪美术书法新作集》《葑门印象影集》《雨后采微》《夜苏州》《夏荷风韵》等摄影作品图册。金阊区档案馆编印了《金阊剪报》《金阊档案》期刊。

至 2015 年，原平江区档案馆举办了"公民与档案"巡回展览；原沧浪区档案馆举办了"馆藏书画作品展""沧浪区对外交往礼品展览""感动沧浪十大人物（事件）展"，在馆外主办或参与举办（况公祠）"书画作品展"、"见证沧浪——档案的记忆区情"主题展、"祖国万岁"摄影展、首届"沧浪美术书法新作展"、"夜苏州摄影作品展"，在网上举办了专题展览；原金阊区档案馆举办了"金阊新貌照片展""金阊荣誉陈列展""新金阊新气象陈列展""建设小康需要档案"（巡回展）。

原平江、沧浪、金阊三区档案馆分别在 2009 年 3 月、2007 年 3 月、2009 年 7 月被各区区委宣传部命名为爱国主义教育基地。

姑苏区档案馆（含原三区）馆藏档案与特色档案介绍

姑苏区档案馆（含原三区）馆藏档案的主体为区党政群机关档案和部分撤销部门、临时机构档案（其中 1966 年前形成的档案在原三区档案馆建馆前已由苏州市档案馆接收）。馆藏以文书档案为主。专门档案有会计、统计、普查、婚姻、清房、信访、出版物等档案,科技档案有基建、设备、产品、科研等档案。实物档案有国家级、省级荣誉奖牌,外交礼品,印章,国家级、省部级领导人题词、书画等。还有照片、声像等特殊载体档案。基本形成了一个结构较为合理的馆藏体系。

馆藏档案中形成时间最早的是 1951 年的婚姻登记档案。绝大部分是 1970 年后形成的档案。

至 2015 年 12 月,姑苏区档案馆馆藏档案分 4 大类,25 个全宗群,263 个全宗。共有档案 14.40 万卷、43.42 万件。排架总长度为 3384 米。

原三区档案馆馆藏档案:

平江区档案馆馆藏档案分 7 个全宗群,有 76 个全宗,6.00 万卷(件)。排架总长度为 355 米。

沧浪区档案馆馆藏档案分 9 个全宗群,有 108 个全宗,6.50 万卷(件)。排架总长度为 384 米。

金阊区档案馆馆藏档案分 8 个全宗群,有 77 个全宗,8.78 万卷(件)。排架总长度为 517 米。

特色档案:

领导题词　有 2011 年 12 月 19 日国务院总理温家宝考察彩香街道残疾人庇护所时的亲笔题词,有 2010 年 1 月 15 日全国人大常委会委员长吴邦国在山塘街考察时的题词,有全国人大常委会原副委员长胡厥文在 20 世纪 80 年代为彩香幼儿园的题词,有文化部原常务副部长高占祥在 20 世纪 90 年代为原金阊区文化馆的题词等。

书画档案　姑苏区档案馆收藏了苏州当代著名书画家瓦翁、施仁、邬西濠、崔护、李大鹏、孙君良、华人德、谭以文等的作品。

外交礼品档案　有区与国外友好城市交往过程中外方赠送的礼品等。

第二章　市专业档案馆

第一节　苏州市城建档案馆

历史沿革

苏州市城乡建设档案馆(简称苏州市城建档案馆)于 1981 年 1 月成立,是市政府所属的科学技术事业单位和城建档案管理的专门机构,具体负责本行政区域内城建档案的日常管理工作,行政上隶属苏州市建设行政主管部门领导,业务上受苏州市档案行政主管部门的指导和监督。1999 年,被国家建设部评为国家一级城建档案馆。2005~2007 年度、2012 年获苏州市档案工作先进集体。2000~2003 年度、2006 年、2009 年被评为江苏省建设系统档案工作先进集体。2013 年,获江苏省建设系统先进集体。2004 年，被评为全国城建档案工作先进集体。

主要职责：具体负责区域内城建档案的日常管理工作；对全市（包括县级市、区）的建设档案进馆工作业务指导、检查、监督；接收、收集、保管本市重要的城市建设档案和资料，并科学地管理和有效地提供利用；围绕城市规划、建设、管理的重大活动进行跟踪服务拍摄，记录城建档案声像资料及古城历史风貌，搜集变迁资料，制作档案资料专题片；负责全市进馆建设工程档案的登记、验收、接收工作；制定、实施城建档案工作的具体业务标准和技术规范；组织并指导城建档案工作的理论研究和科研工作，负责城建档案工作人员的业务培训；编辑《建设信息》《苏州城建档案》等内部信息，开发城建档案信息资源。

苏州市城建档案馆馆址位于锦帆路 211 号。建馆初期只有一间办公室。1982 年开始兴建馆房，三层混凝土框架结构，建筑面积 654 平方米，按国家档案库房标准设计，库房设有回形通风走廊，设计库容为 3000 卷。1990 年，扩建馆房，四层混凝土结构，建筑面积为 1440 平方米。1992 年，建设声像用房，面积为 760 余平方米。至 2015 年底，档案馆总面积达 3454 平方米，其中库房面积 1270 平方米，基本能满足馆藏的需要。具备档案资料的存储、查询、复制、数字化加工、摄录像制作、计算机信息管理、陈列展览等硬件系统，能满足各项业务工作的需要。

苏州市城建档案馆在 1981 年成立之初，有正式职工 5 人。1998 年 5 月，与苏州市城建博物馆合并。1997 年 5 月，根据业务工作需要，设立了办公室、业务指导科、档案管理科、计算机信息管理科、声像技术科。2008 年 1 月，增设编研科。2012 年，增设财务科。至 2015 年底，全馆在编 26 人，人员经费由市财政全额拨款。具有大专以上学历 25 人，其中有高级职称 7 人，中级职称 11 人。

历任馆长：

刘秉衡，1981 年 1 月~1985 年 12 月

李淦明，1986 年 1 月~1997 年 4 月

颜亚平，1997 年 4 月~2003 年 11 月

顾汝龙，2003 年 11 月~2007 年 3 月

赵荣福，2007 年 3 月~2010 年 12 月

周小明，2010 年 12 月~

档案馆业务

档案指导与检查　苏州市城建档案馆采取主动服务、跟踪服务的方式，加强对进馆重点建设工程档案的指导。做好各类工程档案的验收、接收、审核工作，确保进馆档案的质量和进馆率。对竣工项目进行跟踪管理，加强对报送进馆文件的审核工作以及质量要求。至 2015 年底，累计接收入库 76029 个工程项目档案。

2010 年，苏州市城建档案馆与苏州市人民政府房屋征收办公室（原苏州市人民政府拆迁办公室）联合起草了《关于加强和规范全市拆迁档案资料管理的通知》。

2011 年，国务院《征收条例》颁布后，苏州市城建档案馆及时修订《苏州市城区房屋征收与补偿资料归档内容及组卷要求》，与苏州市人民政府房屋征收办公室联合起草《关于认真做好苏州市城区房屋征收补偿档案管理的通知》，以保证征收档案工作的顺利开展。

档案保护　苏州市城建档案馆将档案安全保护工作纳入馆库建设计划，在每年的计划预算中确保合理的经费投入，保证档案保护与抢救及工作的需要。完善基础设施建设，采取相应的防光措施，配备了温湿度检测设备以及适合档案库房使用的灭火设备，阅览室配备有视频监控录像设备。库区内共有温湿度测量仪 7 台，空调 15 台。对进馆的档案进行保护技术处理。对档案库房温湿度定时监控、定期汇总分析，不同载体材质的档案采取分类存放、规范保存。对馆藏中存在老化、破损的档案，及时抢救修复。

档案信息化　苏州市城建档案馆配备了主服务器 1 台、备份服务器 1 台、防病毒服务器 1 台、数据备份柜 1 台、光纤连接 HUB 3 台、计算机 36 台、A0—A4 扫描仪 7 台、多功能复印机 2 台，建立电子信息安全制度，实现电子信息异地冷备份。至 2015 年底，档案管理数据库中，案卷级目录数为 24.8 万条，电子档案 47027 个，文件 4731299 个，容量 1893.3G。共更新维护数据 34638 条，城建档案总查询项目达 75447 个，对网上提出问题进行解答 141 余次，实现了网上下载功能，及时公开相关政策动态信息以方便查询。

声像档案工作　苏州市城建档案馆从 1984 年开始拓宽城建档案工作思路，利用先进设备，记录、反映城建面貌，及时编制反映城市建设情况和宣传城市建设的资料专题片 90 部，积极主动为城市建设各项工作服务。其中，有为苏州古典园林申报世界文化遗产而编辑制作的《苏州古典园林》，有为苏州古城改造（总顾问贝聿铭）而制作的《苏州新貌》，有反映苏州市"八五"期间城乡建设面貌的系列专题片《辉煌的八五——村镇篇》和《八五城建回顾》，有介绍苏州市建设有形市场的《公开、公平、公正、有序、廉洁》等。

馆藏介绍

苏州市城建档案馆主要收藏本行政区域内需长期或永久保存的重要城建档案。

苏州市城建档案馆建立初期，接收原市城建局档案室的城市建设档案及局直属单位的档案。1986 年实行档案保证金制度后，苏州市开始进行市区范围内的城建档案的收集、接收工作，档案的来源主要是苏州市城区建设单位。还有一部分城建档案资料来源于苏州市城乡建设委员会各有关职能科室、直属单位及建委系统和归口各有关单位。

苏州市城建档案馆按照统一领导、统一制度、多套分存、集中管理与分级管理相结合的原则，面向社会、深入基层，采取积极收集档案进馆和督促产生城建档案的单位向馆里移交档案两种方式，丰富馆藏。范围涉及苏州市城市规划、建设和管理的各个方面，内容包括综合类、城市勘察类、城市规划类、城市建设管理类、市政工程类、公用设施类、交通运输工程类、工业建筑类、民用建筑类、名胜古迹园林绿化类、环保保护类、城市建筑科研类、人防军事工程类、水利防灾类、工程设计类、地下管线类、声像类等 17 个大类 88 个属类 138 小类。至 2015 年底，苏州市城建档案馆馆藏档案共有 248175 卷，案卷排架长度为 7450 米。其中涉及建筑安装工程、市政工程、交通工程等。共有档案 178265 卷。规划管理档案，包括建筑（工业、民用、住宅、仓库等）执照规划审批档案、管线执照规划审批档案、建设用地规划审批档案等档案 25884 卷。拆迁档案分为城市房屋拆迁审批资料和城市房屋拆迁资料，共计 26514 卷。其中，拆迁项目档案有 25420 卷，拆迁审批资料有 1094 卷；被拆迁人基本情况登记卡共计 29151 张。其他档案包括建筑企业资质审批档案、市政企业资质审批档案、土地档案、设计底图等，共有 17512 卷。有照片档案 39865 张，录像资料 814 盒 18368 分钟，录音资料 2520 分钟，编辑专题片 90 部。

历史档案是苏州市城建档案馆的特色馆藏，主要是新中国成立以前有关苏州建设、规划、管理工作的历史记录，分为历史地图、建筑设计图、桥梁设计图和其他历史档案四部分，共计 30 卷（袋、册），形成时间为 1229~1948 年，主要由苏州市城建档案馆征集而来，具有珍贵的历史价值。

苏州市城建档案馆保存的历史地图档案共 9 卷（袋），形成时间为 1229~1947 年，主要有：

平江图（拓本）2 轴。南宋绍定二年（1229）刻于《平江图》石碑上，是当时城市建设现状的正确反映，是一幅国内罕见的、地形要素详细的宋代城市地图。

浒关、陆墓、木渎、吴县等地形图，共 2 张，蓝图原件。此图是日本参谋本部陆地测量总局于民国八年（1919）、民国九年（1920）测绘，民国二十六年（1937）制版，民国二十八年（1939）复制而成的，比例尺为 1∶50000。

苏州城区航空测量图，共 1 张，为翻拍照片，比例尺为 1∶100000，是日本参谋本部陆地测量总局航空测量队于民国二十二年（1933）航摄而成的。

淮扬徐海地区地形图，共 3 张，为测绘底图，是江苏省测量局所测，形成于民国十三年（1924）。

苏州城厢明细全图，共 3 卷 3 张。民国三年（1914）吴县吴振麟绘制，苏州图书总汇处印行的 1∶2000 新测苏州城厢明细全图（蓝图）；民国十六年（1927）王才生绘最新苏州城厢明细全图；民国二十七年（1938）六月印刷发行的苏州地图。

苏州游览地图（彩色），共 1 张。此图初版于民国十七年（1928），再版于民国二十年（1931），刻修正三版。此为民国三十六年（1947）十月新版，比例尺为 1∶12500。图上并附有《概说》，内容有沿革、城垣、形势、交通、商业、物产、名胜等，由吴县高元宰撰文。

苏州市城建档案馆保存的建筑设计图主要有：

苏州市青年会大戏院（观西）建筑结构设计底图，共 1 袋 16 张，形成于民国二十一年（1932）6月至民国二十二年（1933）2月，由上海华盖建筑事务所赵琛、陈植等设计，此建筑为二层砖木结构。

苏州市吴宫大戏院建筑设计底图，共1袋16张，形成于民国三十五年（1946）2月26日至3月7日，由上海华盖建筑事务所赵琛、陈植等设计，此建筑为二层砖木结构。

苏州景海女子师范学校大礼堂设计计算书和建筑结构底图，共1袋20张，形成于民国二十五年（1936）2月至民国二十八年（1939）1月，由上海华盖建筑事务所丁宝训、志劼等设计，为二层砖木结构。

苏州景海女中（天赐庄）校舍设计计算书和建筑结构暖气卫生底图，共1袋27张，形成于民国二十四年（1935）6月13日至民国二十五年（1936）12月28日，由上海华盖建筑事务所丁宝训、志劼等设计，为三层砖木结构。

苏州交通银行（观前街）建筑设计底图，共1袋8张，形成于民国十八年（1929）9月至民国十九年（1930）3月，由上海庄俊建筑师设计，为三层R.C结构。

苏州杨家桥圣堂建筑设计立面蓝图，共1袋3张，形成于光绪十九年（1893）。

苏州朱兰孙先生住宅建筑结构设计底图，共1袋7张，形成于民国二十四年（1935）4月2日至5月7日，由上海华盖建筑事务所志劼等设计，为三层砖木结构。

苏州石皮弄住宅建筑建构设计底图，共1袋3张，形成于民国二十六年（1937）6月15日至24日，由上海开林工程事务所设计，为两层砖木结构。

江南油厂新厂房建筑结构设计底图，共1袋2张，形成于民国三十七年（1948）4月23日至5月3日，由上海建明工程公司设计，为二层砖木结构。

苏州女子师范自修室、寝室，有建筑结构设计蓝图，共1卷。

苏州市城建档案馆保存的桥梁设计图主要有：

甘棠桥（现裕棠桥）设计蓝图1卷3张，形成于民国十八年（1929）3月，由苏州市工务局人员设计并校审。

万年桥设计蓝图1卷2张，形成于民国三十三年（1944）3月，由江苏省建设总工程处负责校审。

苏州市城建档案馆保存的其他历史档案有：

《苏州市政月刊》，由民国苏州市政府秘书处编辑，民国十八年（1929）七月初版。内容包括插图、论著、业务状况、法规、市政会议、公牍、指令、呈文、代电、公函、布告、批示、记事、图标统计及附录。

《苏州指南》，原著者为娄东朱揖文，民国十七年（1928）一月，吴江范烟桥重修，武进费善元校正，苏州文新印书馆发行并印刷，民国十年（1921）五月初版，此书为民国二十三年（1934）一月第八次印刷。内容包括风景摄影、名胜、杂记、附图。

档案编研

苏州市城建档案馆根据城市建设发展需要，充分利用丰富的馆藏，积极开发信息资源，主动为各级领导、有关单位提供各种信息服务。从1986年起，每月定期编

辑印发《苏州城建档案》《建设信息》提供给 140 多个单位（部门）参考。2014 年
6 月，《建设信息》停刊。至 2015 年底，编辑印发《苏州城建档案》298 期，《建设信
息》284 期；编写专题资料《苏州市简介》《苏州工业园区简介》《苏州新区简介》《观
前闹市简介》《苏州市区十项全国重点文物保护单位简介》《苏州市城市建设基础数
字汇集》《苏州市城市建设大事记》《苏州市重点（实事）工程建设大事记》《苏州
市城建档案工作大事记》《城建档案制度汇编》《在省级以上刊物发表文章一览表》
《城建档案资料利用事例汇编》等 12 种；编辑出版了《苏州市城建档案馆指南》《苏
州城建大事记》《苏州市建设系统援川抗震救灾纪实》，合作出版了《姑苏繁华图》，
编制完成了《古城变迁》画册。

第二节　苏州市房地产档案馆

历史沿革

　　1983 年，苏州市房地产管理局为行使管理房地产档案职能，设立档案资料室，
地址位于人民路 130 号，将平江区、金阊区、沧浪区三个城区分局的私房改造档案、
1964 年普查图表 1 万多份以及分散在局机关各处的有关档案资料实行集中统一管
理。1984 年 7 月，房地产档案资料室划归苏州市房地产监理处管理。1989 年，房地
产档案资料室搬迁到养蚕里，面积为 100 平方米。

　　1995 年 11 月，苏州市房地产档案馆成立，与苏州市房地产监理处实行两块牌子、
一套班子的管理体制，隶属于苏州市房地产管理局领导，业务上接受苏州市档案局
监督和指导。房地产档案馆主要职能：负责接收、建立、保管苏州市房地产产权产籍
档案，为社会各界提供房地产产权产籍档案的咨询、查阅和取证服务。

　　苏州市房地产档案馆成立后由养蚕里搬迁到东大街侍其巷 1 号。档案馆库房面
积扩充到 300 平方米。1999 年，房地产档案馆面积增加到 500 平方米，并投入近
百万元，将档案柜换成了密集架。2001 年，苏州市房地产档案馆用房进一步扩大，库
房面积达到近千平方米，实现了办公室、阅档、档案整理三分开。又投入了 30 万元，
添置档案密集架。

　　2005 年 12 月，苏州市房地产档案馆搬迁至人民路 1058 号三楼，库房面积扩大
到 1700 多平方米，办公、查档面积达 220 平方米。档案密集架总数达到 500 列约
3043 立方米，可存储档案 180 万卷。2011 年，苏州房地产档案馆建立了荣誉陈列室，
面积为 90 平方米，主要展示了档案馆（监理处）机构沿革、业务发展情况、馆藏珍
贵档案及取得的成果。至 2015 年底，房地产档案馆总建筑面积达 2010 平方米，其
中档案库房面积 1700 平方米，办公室、阅档室、工作室 220 平方米。陈列室 90 平方
米，拥有档案密集货架 50 列。配置了中央空调、加湿器、去湿机、吸尘器，库房内安
装了七氟丙烷气体自动灭火器。档案馆还配置了计算机 22 台、扫描仪 5 台、复印件 3
台、打印机 2 台，另有录像机、光盘刻录机、电视机、收录机、数码相机、数码摄像机、

服务器等档案工作专用设备。

至 2015 年底,苏州市房地产档案馆有专职档案人员 6 名,兼职档案人员 13 名。专职档案人员中,具有本科学历 5 名,具有档案管理中级职称 2 名。

历任馆长:

范成标,1995 年 11 月~2000 年 10 月

富　强,2000 年 11 月~2002 年 9 月

吴小华,2002 年 9 月~2006 年 3 月

富　强,2006 年 3 月~2013 年 4 月

朱　激,2013 年 4 月~

苏州市房地产档案馆于 1998 年晋升国家二级档案管理单位,1999 年晋升为国家一级档案管理单位,2006 年被江苏省档案局认定为特一级档案管理单位。2011年,通过江苏省档案管理特一级复查。

馆藏情况

至 2015 年底,苏州市房地产档案馆档案总量 123 万余卷。其中,房产专业档案 120 万余卷,文书档案 2.6 万件,财务档案 4584 卷。

最具特色的是自清康熙以来的一批历史房产档案。主要包括: 387 卷近 2 万件房地产契证档案,1.6 万卷对私改造档案,4 万余件民国旧权状,786 卷接代管档案,4356 袋历史交易档案。另有 213 卷 1964 年公房平面图,216 卷 1964 年登记表,200 卷私房平面图,197 卷私房登记表,以及 20 世纪 50~60 年代房屋普查清册 62卷等。这批珍贵档案从形成时间上看,涵盖了清朝康熙、雍正、乾隆、嘉庆、道光、咸丰、同治、光绪直至民国、新中国成立初期等各个时期。其中形成时间最早的一份档案是清康熙二十一年(1682)朱希淑贴绝文契。从种类上分,包括清朝至民国时期的各种版式房地产契证,清代至民国权属证明执照,清代至民国租照,与房产交易相关的信牌、文书,以及民国以来的房地产旧权状,对私改造档案、接代管档案,20 世纪50~60 年代的房屋普查清册,房产平面图等。馆藏档案《清乾隆四十一年胡节禀状》于 2005 年被江苏省档案局评为珍贵档案文献,入选首批《江苏省珍贵档案文献名录》。该禀状为毛边宣纸,长 90 厘米,宽 30 厘米,字迹清晰,品相完好,是苏州关于房屋典押纠纷民事案件最早的原始档案,对研究苏州房产交易、典当业和民事诉讼的历史具有一定的参考价值。

档案整理与信息化建设

苏州市房地产档案馆自成立以来按照房地产档案馆相关法规规定对姑苏区内的房产权居档案进行收集、整理、归档。2006 年,苏州市房地产档案馆根据业务工作发展需要,编制了《文件材料分类方案和归档范围》。2007 年,制定了《苏州市房产交易登记管理中的文书档案归档范围和文书档案保管期限表》。2011 年,根据新时

期房地产档案的特点编制了《档案分类方案》。2009年，对库藏档案改袋装为盒装，采用国家标准五酸档案盒。将80余万袋档案全部装盒，累计达45万盒。

1996年，苏州市房地产档案馆设微机室，房地产档案的收集、整理、利用等工作开始步入信息化时代。1997年，建立了房地产产权产籍管理综合系统，房产发证等产权产籍通过计算机网络直接归档。档案管理达到自动检索、自动变更数据、自动汇总、打印。大大提高了归档的正确率。2005年，房地产档案馆分期投入240万元，购置电脑、专用服务器、房产档案信息化系统软件和档案扫描软件。对房地产权属档案进行扫描，计870万页；扫描1964年房屋登记表、房地产平面图、房地产清册845册6万余页，民国期间房地产权状契约档案7万余张，1952年1：500地籍图489幅以及《52年房地产产权人名称》23册。建立了高质量档案管理系统与信息管理系统的影像档案数据库，实现了由传统纸质档案的查阅到计算机查阅的转变，更好地保护了原始档案。2006年，房地产档案馆对馆藏文书档案全部扫描，共扫描55万页，实现了文书档案的数字化管理。2008年，房地产档案馆开发了档案信息公共查询系统，在对外影像查档的基础上，将档案信息公共查询程序与现有的影像档案查询系统进行集成，能迅速准确地提供发证档案相关信息。2013年，房地产档案馆通过编写应用档案号设置程序，改变了手工录入档案号的模式，通过扫描条形码自动识别，减少了人工输入可能造成的差错，提高了工作效率。

苏州市房地产档案馆重视利用新兴媒体联系群众，服务群众。2010年，在苏州市房产交易登记管理中心官方网站上开设专栏，宣传房地产档案相关政策。2013年，为方便群众自助查询房地产档案相关信息，利用微信实现24小时专线查询房地产档案信息。苏州市房地产档案馆还开通了新馆微博，及时发布有关房地产档案新讯息，解答人民群众关于房地产档案查询利用方面的疑问。

档案信息开发利用

苏州市房地产档案馆馆藏民生档案信息与百姓联系十分紧密，人民群众对房地产档案的关心程度和利用率也逐年攀升，房地产档案馆认真做好群众查档接待工作，至2015年底，计接待查档17917人次。

苏州市房地产档案馆利用丰富的馆藏档案资料开展编研工作。至2015年，汇编有《名人故居》《全宗指南》《古屋记》《房地产产权产籍管理文件汇编》《苏州古建筑部分建筑图》《房产契约汇编》《花窗集锦》《姑苏古居》等。其中，《名人故居》《房产契约汇编》获江苏省2000年档案编研成果三等奖。《苏州市房地产档案馆珍藏档案汇编》获2014年度苏州市档案编研优秀成果二等奖，《苏州市古建筑房屋平面图》获2014年度苏州市档案编研优秀成果三等奖。2014年，编纂出版了《苏州房地产契证图文集》，该书收集了清代、民国至新中国成立后的房产、田地交易契证、文书等250件，其中清代的契约文书、执照占大部分，达170件，最早的是康熙二十一年（1682）的房屋契约买卖文书，以图文并茂的形式生动地展示了历史上的苏州"楼市"。

第三节　苏州园林档案馆

概况

2000年4月30日,苏州市机构编制委员会批准建立苏州园林档案馆,同意在苏州市园林局所属"苏州市园林科学研究所"增挂"苏州园林档案馆"牌子,实行两块牌子,一套班子的管理体制。其主要职能:收集、整理、保管有关苏州园林的各类资料;指导各县级市的园林档案工作。

2002年1月8日,苏州园林档案馆在留园路86号正式动工。8月15日,"苏州园林档案馆"牌子改挂在苏州市留园管理处,苏州园林档案馆承担的职能划归苏州市留园管理处,核定苏州市留园管理处人员编制120名。11月18日,苏州园林档案馆新馆开馆,为中国第一家园林专业档案馆,是苏州市园林和绿化系统永久保管园林专业档案的专门机构,馆内设档案业务科。

苏州园林档案馆建筑面积1235平方米,设有多间库房,面积近400平方米,另有查档室、电子阅档室、学术报告厅及档案精品陈列室,服务功能完备。2003年11月27日,苏州园林档案馆晋升为江苏省一级档案工作单位。2007年12月,晋升为江苏省特一级(五星级)档案工作单位。2008~2011年,获苏州市档案工作先进集体。

因实行两块牌子,一套班子的管理体制,园林档案馆馆长由苏州市留园管理处主任兼任,具体业务工作由副馆长(副主任)负责。

薛　梁(馆长),2000年6月15日~2002年4月15日

孙志勤(馆长),2002年4月15日~2007年1月10日

沈玉麟(馆长),2007年1月10日~2010年1月4日

尤建明(馆长),2010年1月4日~

张文英(副馆长),2000年6月15日~2009年1月4日

包　兰(副馆长),2009年1月4日~

馆藏档案

园林档案馆馆藏档案分为八大类,即综合类、园史类、园林建筑艺术类、绿化建设类、科研教育类、园林出版物、展览活动类、园林基本建设类。至2015年,共有馆藏档案13234卷,资料13471册。

综合类档案　计1026卷,其中永久档案935卷,长期档案89卷,短期档案2卷。主要包括园林绿化风景区规划方案,名胜、古迹、园林及各园林树木花卉等的总结调研材料,园林绿化、旅游城市、文保单位交流座谈会、第28届世遗会及前期会议等文件材料,园林绿化、维修投资、入园人次等统计报表,接待党和国家领导人、国内外专家考察的文件材料,文物保护单位、绿化达标、申报世界文化遗产、

创建园林城市、园林记录档案等等级评定文件材料，中国世界遗产国际青少年夏令营的宣传教育等文件。

园史类档案　计84卷，其中永久档案81卷，长期档案3卷。主要有园林系统各单位的史志，园林重修记，园林和绿化事业发展的大事记等。

园林建筑艺术类档案　计928卷，其中永久档案864卷，长期档案55卷，短期档案9卷。主要有古典园林、风景区、现代公园、寺庙园林、仿古园林、古迹遗址等测绘图；园林古树名木、绿化盆景的分布图、示意图；堂构、景点、小品、叠山、理水、铺地、漏窗的介绍及施工文件材料；石刻、砖刻、木刻的拓片；家具登记表、分布平面图；著名书法家字、画真迹；对联、挂屏、匾额、碑刻、宫灯等摆件、挂件登记表；"文物四有"古盆、鼓凳登记表；园林平面图，景点修建、修复施工资料。

绿化建设类档案　计62卷，其中永久档案51卷，长期档案11卷。主要有苏州市小块绿地、平门立交桥、北大门、公园广场等公共绿地的规划设计图，苏州市政府大院等单位附属绿地的绿化工程设计图，三香路、人民路、蒄门路、东环路等道路的绿化施工图，古老树木养护管理记载卡、濒危古树抢救复壮情况等养护文件材料。

科研教育类档案　计174卷，其中永久档案103卷，长期档案62卷，短期档案9卷。主要有超低量静电弥雾杀虫剂、五针松嫁接、城市绿化树种调查研究、华南虎繁殖、菊花无土栽培技术、樟树黄化病等园林科研项目的鉴定、成果报告、计划任务、课题论文、原始记录等材料，干部业务技术讲座、工人技术理论等科技培训教材，园林系统职工发表的关于园林保护、园艺绿化等方面的学术交流材料。

园林出版物档案　计204卷，其中永久档案189卷，长期档案15卷。主要有关于苏州市园林系统编制出版、制作的介绍苏州古典园林、苏州盆景艺术、园林城市成果的书籍，《苏州园林》《苏州园林科技信息》《苏州植保简报》等园林系统内部印发的期刊，苏州古典园林、国宝华南虎、拙政园杜鹃花节的明信片、磁卡等纪念品，园林、风景区门票调价文件及门票样张，古典园林、风景区、盆景的说明书。

展览活动类档案　计44卷，其中永久档案32卷，长期档案3卷，短期档案9卷。主要有各园林举办的花会、庙会、花展等各种展览活动的档案，以及苏州园林系统单位参与外单位举办的花展、盆景艺术展等展览活动形成的档案。

园林基本建设类档案　计241卷，其中永久档案195卷，长期档案44卷，短期档案2卷。主要包括古典园林、风景区、现代公园、寺庙园林、仿古园林及系统内其他单位的工业民用建筑、附房等的项目报告、批复、设计图、施工图、竣工图、工程结算审核报告书及相关的档案资料。

实物档案　计121件，其中永久档案19件，长期档案102件。主要有各类奖状，园林局、园林科研所入选园艺博览会等参展活动的证书，名人字画，第一、二届中国世界遗产国际青少年夏令营活动材料，第28届世界遗产大会会议产生的服装、旗帜、宣传单、工作证等。

特殊载体档案　包括底图档案715张，照片档案403卷，底片档案2164张，声像档案 340 卷,光盘档案 128 卷,航摄照片 28 卷,幻灯片 2 卷。

特色档案介绍:

《园冶》专题档案　《园冶》是中国首部造园理论著作,在海内外影响广泛。2014 年,苏州园林档案馆联合园林美学专家金学智成立"《园冶》研究专题档案工作组",进行《园冶》课题研究,一方面协助其撰写《园冶》解析专著,做好注解、校对、插图、资料查阅、信息提供、媒体宣传等工作;另一方面通过征集捐赠、网上淘购、国家图书馆复制等多种手段,收集中国、日本、英国、法国、澳大利亚等《园冶》版本及译本 38 种。采集有关《园冶》研究论文 430 篇,积累了较为系统、完整的《园冶》专题档案。

世界文化遗产档案　苏州共有 9 座古典园林列入世界文化遗产名录:拙政园、留园、网师园、环秀山庄、沧浪亭、狮子林、艺圃、耦园、退思园。

拙政园档案总计 228 卷,内容主要有:姐妹园缔结意向书、备忘录、AAAAA 级旅游景区工作方案、《拙政园志》、重修记、测绘图、书条石拓片、"文物四有"登记材料、平面图、基建工程材料、论文、出版书籍、明信片、门票、说明书、照片等。

留园档案总计 583 卷,内容主要有:留园旅游总体规划、全国重点文物保护单位留园记录档案、AAAAA 级旅游景区工作方案、《留园志》、重修记、测绘图、书条石、砖刻拓片、"文物四有"登记材料、平面图、基建工程材料、论文、出版书籍、明信片、门票、说明书、照片、三维扫描数据、网络媒体报道等。

网师园档案总计 151 卷,内容主要有:《网师园志》、大事记、测绘图、书条石拓片、"文物四有"登记材料、基建工程材料、门票、照片等。

环秀山庄档案总计 18 卷,主要内容有:重修记、平面图、照片等。

沧浪亭档案总计 118 卷,主要内容有:《沧浪亭志》、重修记、维修工程材料、碑拓、"文物四有"登记材料、测绘图、门票、说明书、照片等。

狮子林档案总计 162 卷,主要内容有:论文集、《狮子林志》、重修记、测绘图、书条石拓片、"文物四有"登记材料、维修工程材料、门票、出版书籍、照片等。

艺圃档案总计 186 卷,主要内容有:全国重点文物保护单位艺圃记录档案、《艺圃志》、重修记、测绘资料汇编、"文物四有"登记材料、书条石拓片、维修工程材料、门票、照片、三维数据扫描等。

耦园档案总计 78 卷,主要内容有:全国重点文物保护单位耦园记录档案、《耦园志》、平面图、维修工程材料、出版书籍、门票、照片等。

退思园档案总计 10 卷,主要内容有:历史文化研讨会论文集、门票、照片等。2013 年 5 月底,从退思园、蒋鉴清处共征集 116 件。至 2015 年底,有 10 卷,116 件。

园林门票档案　计 52 卷。包含了苏州从整修开园以来的各园林、风景区的门票调价文件材料和反映各年代不同时期的各类门票(半票、优惠券、赠券、月票、纪念券等)的样张以及园林在举办各种展览活动时的特制门票等。

园林老照片　计 38 卷,804 张。是反映各园林、风景区真实面貌的老照片,其中,比较老的照片可追溯到 1913 年的留园第三代主人盛宣怀在留园的照片和 1920 年虎丘山各景点的照片等。

苏州园林书条石、碑刻拓片档案　计 329 卷，其中，留园"二王法帖"、沧浪亭"五百名贤祠"、狮子林"听雨楼藏帖"、虎丘山"康熙御制诗"等大量书条石、碑刻拓片较有价值。

苏州园林古树名木档案　计 54 卷，其中详细记载了古树名木共 921 株。树龄超过 300 年的古树名木有 214 株，树龄最长的属 920 年的圆柏，在天平山三太师祠南和网师园看松读画轩南各有一棵。

口述档案　园林档案馆于 2012 年开展园林口述档案的采集，先后采访了著名旅美画家吕吉人及 20 世纪 80 年代主持退思园修建的同里镇原副镇长蒋鉴清、《同里志》主编计东升、苏州著名画家杨明义等。对采访视频进行编辑整理，添加字幕，设计盘面、片头及片尾，配套文字册页。至 2015 年底，共采录素材、制作完成 23000 字、片长 100 分钟的园林"口述档案"。部分访谈记录发表在《苏州园林》杂志。

档案征集

苏州园林档案馆征集流散在社会、民间有价值的各种园林历史、文化档案和相关资料等。主动与古建专家、园林学者、园主后人、收藏玩家等建立联系，除采用购买、捐赠、交换等传统手段，还通过举办展览、藏品调剂、参与竞拍、网上交流等渠道，注重多品种、多材质档案资料的收集，尤其注重对古籍、旧档以及多版本、多语言书籍的征集，同时将征集范围扩大到长三角地区。先后征集到园林门票（如留园竹制门票、早期塑料门券等各时期异质门票）、"园林主题"彩票、园林旧影、园林说明书、导游手册、园林图书、中外明信片、"文革"时期苏州园林分布图、范文正公迹像碑拓拓片、专家学者著作手稿、留园旧主盛宣怀家谱《龙溪盛氏宗谱》等。2009~2015 年间，共征集到园林档案、资料等 4000 余件，多数为民国时期园林档案。

档案开发利用

举办档案展览　2011 年 3 月，举办"回眸——园林档案精粹展"，该展览是园林档案馆建馆后首次公开展览，重点选择拙政园、留园、虎丘 3 个 AAAAA 级景区（点）的档案资料，共展出档案 602 件，时间跨度为 1911~2011 年，包括航摄底图、名家书画、古籍旧影、文物修复、规划建设、重大活动、生态绿化、光碟磁卡等文本和实体档案。10 天展览接待了 2200 多位市民前来参观，50 余人留下观后感言，为园林保护管理建言献策。同时征集到档案线索数十条。主题展览引起较大反响，新华网、人民网、《中国档案》、《中国档案报》等数十家知名网站、报刊纷纷宣传或转载，并得到中国国家档案局、俄罗斯联邦档案署等一致赞誉。

2012 年，苏州园林档案馆对档案陈列室进行了扩充改造。以"走进档案""城区绿化""艺术瑰宝""绚烂文化""海外园林""世界遗产"六个主题，陈列古树名木标牌，书条石残碑，《园冶》系列书籍，园林早期文书期刊，第28届世遗会和第47届 IFLA 大会纪念品等馆藏特色实物；征集和制作了苏州园林树叶画，园林微缩家具，美国"明轩"和意大利"达园"微缩模型；精选园林名称和堂构名称31方设计布置印章墙等，使陈列室既有平面的档案图版，又有立体的实物陈列，形式多样地展现园林档案建设成果。

编研成果　2012年，苏州园林档案馆首部档案编研书籍《留园印记》正式出版，该书将馆藏档案——园林印谱与苏州园林相结合，充分挖掘出园林档案的文化内涵，获得"2012年度中国最美的书"称号及2011~2013年度苏州市档案编研优秀成果一等奖。2013年，《留园志》正式出版，该书精选百余幅图片，分沿革、布局、建筑、山水、书条石、花木盆景、陈设家具、匾额楹联、诗文、人物、管理、大事记，共12章28节，计20万字，记录了留园400多年的沧桑历史，该书获2013~2015年度苏州市档案编研优秀成果一等奖、江苏省档案文化精品二等奖。至2015年，《艺圃志》已完成初稿。

信息化建设

2011年，建成了苏州园林档案馆网络平台，包括外网和内网两部分。外网即门户网站，栏目有概况介绍、馆藏精粹、3D展厅、征集编研、档案业务、电子地图、留言簿等，涵盖了苏州园林档案馆的所有业务和工作动态，并且首次向公众开放馆藏档案目录，方便档案信息网上检索，实现案卷级搜索功能。苏州园林档案馆内网为独立开发的园林档案专业管理系统，升级了档案著录、检索、统计、输出、浏览、打印等功能及权限管理等模块，为园林档案管理工作提供坚实的后台支撑。通过互联网，全面展示国内首家园林专业档案馆——苏州园林档案馆，实现网络查询。苏州园林档案馆2014年开通微信公众平台和官方微博，至2015年已推送信息12期。推送信息还同步刊登在园林局内网平台、苏州园林档案馆网站、《苏州档案》、《苏州城建档案信息》等。开展档案数字化工作，完成143张海外园林图纸、800余张照片档案的数字化，维护实体档案的安全。

第三章　开发区档案馆（室）选介

第一节　张家港经济技术开发区杨舍档案馆

历史沿革

张家港经济技术开发区于1993年经省政府批准设立，2011年9月升级为国家级经济技术开发区。

张家港经济技术开发区杨舍档案馆前身为杨舍镇机关档案室，建于1990年5

月，档案室隶属于杨舍镇党委办领导，党委秘书兼任档案室主任，对机关各类档案实行集中统一管理。张家港经济开发区管委会档案室成立于2000年7月，隶属于管委会办公室秘书科领导。2008年，张家港经济开发区与杨舍镇合并。2009年，正式合署办公。2010年4月，区镇内设机构设置整合调整，明确档案工作由张家港经济技术开发区党政办扎口管理，党政办1名副主任具体分管档案工作，档案室隶属于党政办综合科。2011年6月，张家港经济技术开发区（杨舍镇）档案室升格为张家港经济技术开发区（杨舍镇）档案馆，为党政办下属正股级科室。2011年11月7日，杨舍档案馆正式揭牌成立。

2002年12月，杨舍镇晋升江苏省档案工作一级单位，杨舍镇获评2005~2007年度苏州市档案系统先进集体。2009年，杨舍镇被评为苏州市新农村建设档案工作示范镇。2010年12月，杨舍镇获评江苏省新农村建设档案工作示范镇；张家港经济技术开发区（杨舍镇）获评苏州市2008~2011年度档案工作先进集体。2011年11月，张家港经济技术开发区（杨舍镇）档案工作通过了江苏省五星级测评。张家港经济技术开发区（杨舍镇）2005~2015年连续多年被评为张家港市档案工作先进集体。

至2015年底，杨舍档案馆有工作人员8名，全部为大专以上学历，其中6名具有本科学历。有副研究馆员1人，馆员1人，助理馆员4人。8人全部经过档案岗位培训，持有上岗资格证书。

档案馆副馆长：范红专，2011年6月~2015年11月

档案馆主任：范红专，2015年12月~

馆库建设

1990年5月杨舍镇档案室成立时，有档案库房1间，位于杨舍镇沙洲中路88号机关大院内，面积20平方米，有档案木柜4顶。1996年，调整档案室库房为3间，面积60平方米，有铁皮档案柜12顶。2002年，杨舍镇机关档案室创建江苏省一级档案室，档案库房增加为5间120平方米，有铁皮档案柜24顶。2009年8月，张家港经济技术开发区与杨舍镇合署办公，档案室迁至杨舍镇国泰南路9号张家港经济技术开发区（杨舍镇）综合服务中心，总面积602.8平方米，其中办公室2间面积41.8平方米，整档室面积67.8平方米，阅档室面积18.6平方米，库房面积474.6平方米。另设有展览馆，面积235平方米。配备了计算机、复印机、高速扫描仪、数码相机、光盘刻录机、激光打印机、防磁柜、去湿机等专用设备，安装使用了档案工作专用服务器及档案管理系统软件，配置密集架73列、档案柜18组，档案库房使用两台精密空调控制温湿度，采取了防盗、防光、防高温、防火、防潮、防尘、防鼠、防虫等八项防护措施，保证了档案的保管安全。

馆藏档案

至2015年底，馆藏档案共11个门类29432卷、149653件，其中文书档案1902卷、

149653 件,照片档案 845 卷、38149 张,光盘 95 卷(张),会计档案 9083 卷,科技档案 5772 卷(其中项目开发档案 613 卷、规划许可档案 1335 卷、工程建设档案 3786 卷、设备档案 38 卷),纪检档案 109 卷,实物档案 1896 卷(件),居民医疗保险档案 417 卷,干部人事档案 1936 卷(其中在职 827 卷、退休 1081 卷、死亡 25 卷、其他 3 卷),党员档案 7377 卷。图书资料 1224 册。

档案信息化

杨舍档案馆自 1999 年开始使用计算机管理档案,2002 年安装了 3Hmis 档案管理软件单机版,2006 年升级为网络版,2013 年更换为光典档案管理软件网络专业版,对库藏各类档案建立了数据库。至 2015 年底,共有案卷级目录数据 2.4 万条、文件级目录数据 38.6 万条,全文数据 27.5 万条 234GB。

档案利用及编研工作

2012~2015 年,共接待利用档案 1504 人次,提供档案 2323 卷次、4712 件次。2013 年 11 月,建立开发区(杨舍镇)民生档案服务中心,与市档案局民生档案数据库联网,可查阅婚姻、独生子女登记、村镇建设、林权、知青、工商登记、土地证存根、复退军人等相关档案。

1990~2015 年,杨舍档案馆每年续编大事记、组织机构沿革、发文汇集、专题索引、基础数据汇编、荣誉汇编、党代会简介、人代会简介、年鉴等常用汇编资料。2010 年,出版《暨阳历史文化丛书》,获得苏州市档案编研优秀成果一等奖、全省档案文化精品二等奖。2011 年,出版《暨阳名人丛书》,系统反映杨舍地区人文风貌;重新翻印了由杨舍的书香门第叶氏家族纂修的地方志书《杨舍堡城志稿》。2013 年,出版《暨阳历史文化丛书第二辑》,进一步揭示古暨阳地区经济社会发展的基本面貌,梳理暨阳文化的基本脉络和内涵,获得了 2011~2013 年度苏州市档案编研优秀成果二等奖。2014 年,出版了《千年暨阳尽朝晖——纪念张家港经开区建区二十周年》画册,全面展示张家港经济技术开发区建区二十年以来经济社会建设取得的辉煌成就和发展历程。2015 年,出版《李巷村志》,比较全面客观地记述了四村合一的李巷村有史以来的沧桑历程。

第二节 常熟高新技术产业开发区档案馆

历史沿革

常熟高新技术开发区(以下简称常熟高新区)前身为常熟东南开发区,于 2002 年 11 月成立。2011 年 4 月,由江苏省人民政府批准更名为江苏省常熟高新技术产业开发区,正处级建制。2012 年 9 月,东南街道办事处、常熟昆承湖管委会、常熟国家大学科技园并入常熟高新区。2015 年 9 月 29 日,常熟高新技术产业开发区正式升级为国家高新技术产业开发区。

常熟高新区档案馆于2004年11月成立，隶属常熟高新区党政办公室，档案馆馆长毛雨东。2008年，常熟高新区档案工作被认定为江苏省档案工作二星级标准。2013年，晋升为江苏省档案工作三星级标准。2014年，晋升为江苏省档案工作五星级标准。

馆库馆藏

档案馆馆址位于常熟高新区会议中心，档案库房面积为225.75平方米，阅档室面积为132.5平方米，办公室面积为60平方米。在常熟大学科技园设立档案陈列室，面积为1000平方米，主要陈列展示高新区的发展轨迹、各类成果等。

档案库房内安装了档案密集架、中央空调、除湿器及温湿度实时监测系统。档案馆配备了计算机4台、打印机2台、光盘刻录机2台、彩色复印机1台、扫描仪2台及数码相机等档案工作专用设备。

至2015年底，馆藏档案总数4422卷、14504件，其中，文书档案70卷、14504件，基建档案1945卷，设备档案127卷，照片档案16册、759张，光盘档案135卷，会计档案1903卷，实物档案226卷（件），资料78册。

档案收集整理

常熟市高新区2009年编制了各种门类档案《文件材料归档范围和档案保管期限表》，2013年重新修订。文件材料由管委会各部门收集后按期移交归档，会计档案由财政部门立卷后按期移交。高新区档案馆编制了馆藏档案分类方案。文书档案以件为单位整理归档，科技档案以件装盒组卷，照片档案以张为单位整理组卷，实物档案以件为单位整理归档。

档案编研及利用

常熟高新区档案馆利用馆藏档案资源，编制了《常熟高新区调研课题成果汇编》《昆承湖传说》《还秀东湖》《园梦东南》《飞翔东南》《财富之约》等专题资料。

档案馆建立了借阅登记和利用效果登记簿，编有《档案利用效果典型事例汇编》。2013~2015年先后为开发区项目签约、招商引资、工资变动、退休退职等事项提供档案利用服务。

档案信息化建设

常熟高新区档案馆使用电子文档管理软件，至2015年，建成了馆藏全部档案的文件级目录，建成了全部文书档案、基建档案、照片档案的全文数据库。输入案卷级目录4422条，文件级目录35678条。档案管理系统建立了防火墙，安装了杀毒软件，设置档案利用权限，通过用户名、密码控制登录，保证档案信息的安全、保密和有效利用。

第三节　太仓港经济技术开发区档案馆

历史沿革

太仓港经济技术开发区于 1998 年 9 月成立综合档案室，并对各门类档案实行集中统一管理。同年，被评为苏州市三级档案室。2000 年，被评为江苏省开发区档案工作目标管理三级单位。2003 年，被认定为江苏省档案工作二星级单位。2008 年，被认定为江苏省档案工作四星级单位。2013 年，被认定为江苏省档案工作五星级单位。2013 年 11 月 8 日，成立太仓港经济技术开发区档案馆（以下简称港区档案馆），位于开发区管委会大楼的第四层，总面积 200 平方米，其中库房 100 平方米、阅档室 85 平方米、办公面积 15 平方米，另有 500 平方米的荣誉展示馆。配置了专用电脑、密集架、档案柜、扫描仪、数码相机等设备，并投入 10 多万元开展档案信息化建设。

开发区管委会明确一名领导分管档案工作。档案馆归口党政办统一管理。设专职档案管理人员 2 名，负责对各种门类、载体档案的集中统一管理；各局（办）设 1 名兼职档案管理员，负责本部门文件材料的收集和归档。

主要业务工作

规范文件存档，加强流程监控。2013 年，修订了《太仓港经济技术开发区文件材料归档范围和档案保管期限表》。加强档案信息化建设，使用全文版 PDE 档案专用软件，实现档案利用与现行办公自动平台无缝对接。在单位网站设档案利用栏目。至 2015 年底，对建区以来的文书、项目、基建、拆迁、照片等档案进行了全文数字化扫描，数量达 40 多万张；输入各类档案条目 4 万余条，成为太仓市首批数字档案示范室。加强对区内机关和企业档案管理工作的指导，通过业务培训、网络竞赛、参观交流等活动，提升机关和企业兼职档案人员的业务水平。区内有 3 家企业达到江苏省五星标准。采取接待查档、电话查询等多种形式提供服务，至 2015 年底，接待查（借）阅人数 1500 余人次，查阅案卷近 2500 卷。档案馆利用馆藏档案编纂《太仓港发展史》《太仓港画册》《崛起的太仓港》《港区基础数字汇编》《进区项目介绍》《新闻报道汇编》等专题资料，为港区的开发建设发挥了应有的作用。

馆藏档案

至 2015 年底，档案馆共有各类档案 8974 卷、12830 件，其中，文书档案 427 卷、12830 件（1992~2001 年永久 76 卷、长期 184 卷于 2009 年已移交太仓市档案馆），磁性载体档案 13 卷，会计档案 3812 卷，规划档案 410 卷，基建档案 2223 卷，拆迁档案 1051 卷，设备档案 22 卷，项目档案 325 卷，照片档案 43 卷（959 张），实物档案 250 卷（件），光盘档案 398 卷。

第四节　昆山经济技术开发区综合档案室

历史沿革

昆山经济技术开发区（简称昆山开发区）创建于1984年5月，是全国第一个自费开发建设的开发区。1992年8月，经国务院批准，列为国家级经济技术开发区。1991年3月，昆山开发区管委会为副处级建制单位，同时设立中共昆山开发区工作委员会。2001年7月，调整为副厅级，为苏州市委、市政府派出机构，委托昆山市管理。

1998年7月，昆山经济技术开发区正式成立综合档案室，隶属开发区党政办。综合档案室集中保管中共昆山开发区工作委员会、昆山开发区管理委员会的所有档案，为开发区经济社会事业发展提供服务。2004年，综合档案室被省档案局批准为省三星级达标单位。2010年，昆山开发区行政中心东迁，东部新城区时代大厦建成投用。综合档案室位于时代大厦B1层，实行阅档、库房、办公三分开，其中，办公区、阅档区、管理区、信息化区面积超过300平方米，档案库房近800平方米，安装密集架1300立方米。专门设计了独立的防火系统及空调系统，配备了去湿机、灭火器、计算机、打印机等设备，具备防盗、防光、防高温、防火、防潮、防尘、防鼠等要求。2010年，正式成立昆山开发区档案中心，负责对开发区所属重点部门单位的档案工作进行业务指导、检查及考核。至2015年底，昆山开发区档案中心配备有5名专（兼）职档案工作人员。

昆山开发区各部委办局、社会团体、园区按规定向综合档案室定期移交档案，档案中心按档案馆的管理模式对库藏档案进行管理，即以单位代号（全宗号）区分。

信息化建设

2005年以来，昆山开发区档案中心把档案信息化建设作为服务开发区、保存开发区数字记忆的重要工作来抓，实施了以集中保存重要数字信息为宗旨的五大工程建设：数字档案馆建设、电子文件中心建设、应公开现行文件查阅中心建设、档案门户网站建设和数字档案室建设。

"十一五"期间，开发区档案室引入苏州市档案局研发的《归档文件整理管理软件V3.02》，采用Visual Foxpro技术开发，基于C/S架构，收集归档开发区管委会及各部门生成的各类电子文件。2006年，开发区自行研发出基于JSP的网络版开发区图片管理系统，为开发区16个部门或单位分配了权限，实现了图片数字化存储和利用。2014年，昆山开发区档案中心对永久和长期保存的文书档案进行了全文数字化扫描。

库藏情况

至2014年底，昆山开发区档案中心统一存放有昆山开发区党政办、党群工作部、纪工委、人社局、规划建设局、招商局、经济发展局、社管局、出口加工区管理局、留学人员管理处、秉龙基金会等单位的档案。共分为 5 大类，其中，文书档案 862 卷、27148 件，专门专业档案（包括会计、拆迁、招商引资项目等档案）42688 卷，基建档案 1809 卷，特殊园区（功能区）档案 329 卷，照片档案 1067 张。昆山开发区档案中心按照"立档为民"原则服务群众查档，2010 年至 2015 年，平均每年查档人数达2000 人次。

第五节 昆山高新技术产业开发区档案室

历史沿革

昆山高新技术产业开发区（简称昆山高新区）于 2006 年成立。2010 年 9 月，国务院批准升格为国家级高新技术开发区。2012 年 2 月 10 日，昆山高新区和玉山镇实行"区镇合一，以区为主"的管理体制。设立中共昆山高新技术产业开发区工作委员会、昆山高新技术产业开发区管理委员会。

2012 年区镇合一后，原玉山镇机关档案室更名为昆山高新区综合档案室，隶属于昆山市高新区党政办机要科。成立了以高新区工委书记为组长、分管领导为副组长、区机关各部门负责人为成员的高新区档案工作领导小组。建立了档案工作网络。

综合档案室库房面积为 150 平方米，办公用房 30 平方米，档案室有档案柜 80 组，库房内安装了数字监控系统、中央空调，配备了 2 台大功率抽湿机和多台专用灭火设备及计算机、扫描仪、刻录机、信息存储硬盘等现代化办公设备。开发区（玉山镇）机关档案室对辖区档案工作加强指导和管理。2010~2014 年，所辖 22 个行政村、19 个街道（社区）先后通过江苏省二星级档案室创建。2009 年，玉山镇被江苏省档案局授予新农村建设档案工作示范镇。2004 年，被苏州市人民政府表彰为苏州市档案工作先进集体。

库藏情况

至 2015 年底，昆山高新区综合档案室室藏档案 3131 卷、20636 件，其中，文书档案 1016 卷、20370 件，退伍军人档案 1820 卷，独生子女档案 261 卷，照片档案 34 卷（1492 张），实物档案 266 件。

综合档案室建立了档案目录数据库和全文数据库。至 2015 年底，共录入案卷级目录 31014 条（包括已进昆山市档案馆的档案）、文件级目录 20370 条，全文扫描档案 2213 卷、6687 件。

高新区综合档案室利用档案开展史料编研，至 2015 年底，编撰了《玉山镇党史——城南卷》（1949.5~1986.10）、《玉山镇党史——城北卷》（1949.5~2000.8）、《昆山市城北镇志》（1991.1~2001.8）、《玉山镇党史——玉山卷》（1949.5~2006.12）、《昆山市玉山镇志》（ ~2000.8）、《昆山市自然村变迁图志玉山卷》（1990~2010）、《昆山市村民委员会撤并调整实录玉山篇》（1983~2012）。

第六节　苏州太湖国家旅游度假区档案室

1992年10月，经国务院批准，苏州太湖国家旅游度假区建立。2002年3月，苏州太湖国家旅游度假区升格为正处级单位，下辖中心区香山街道、金庭镇和光福镇。

1994年，苏州太湖国家旅游度假区综合档案室成立，地址位于吴中区孙武路2999号。2010年底，通过省三星级档案工作的评定。

度假区档案室库房面积70平方米，有密集架13列、档案柜7套，配置了专用电脑、温湿度计、灭火器等设备，基本达到"八防"要求。

度假区档案室制定了档案分类方案、归档范围和保管期限表。2014年，调整了《度假区文件材料归档范围和保管期限表》，并下发到各职能部门。

档案室集中统一管理度假区各部门形成的各种门类、各种载体的档案。各单位或部门形成的文件材料按规定时间向档案室移交。至2015年，度假区档案室室藏档案共有文书档案、会计档案、照片档案、实物档案、光盘档案5个门类。文书档案14376件，其中永久3426件、长期（30年）5042件、短期（10年）5908件；会计凭证5728卷；光盘25卷；照片1070张；实物146件。2011~2014年，档案室接待查档776人次，提供档案2802卷次。利用档案编撰了度假区大事记、组织机构沿革、度假区年鉴等资料。

第七节　苏州吴中经济技术开发区档案室

苏州吴中经济技术开发区（简称开发区）建立于1990年5月。1993年，经江苏省政府批准成为省级经济开发区。2012年，经国务院批准升格为国家级经济技术开发区。开发区档案室成立于1996年，隶属于吴中经济技术开发区党政办公室。集中管理开发区各部门形成的各种门类、各种载体的档案。2006年，档案室成为党政办公室单列科室，设正、副主任各1名。同年，开发区管委会成立档案管理工作领导小组、档案鉴定领导小组、档案定级工作领导小组。1999年，开发区档案室通过江苏省开发区档案工作三级标准认定。2006年，被江苏省档案局批准晋升为江苏省档案工作一级标准。

开发区档案室库房面积70平方米，配置档案密集架10列、档案柜8套，以及专用电脑、温湿度计、灭火器等设备。2013年，安装了专用摄像头，档案库房基本达到"八防"要求。

开发区档案室室藏档案分为文书档案、基建档案、会计档案、声像档案、照片档案、实物档案6个门类。至2015年底，开发区室藏文书档案21068件，会计档案5085件，照片档案646张，光盘档案98张，动迁档案118卷，招商项目档案173卷，基建档案2477卷，实物档案174件，另有图书资料293册。保管期限为永久或30

年的文书档案已全部完成数字化工作。

2011~2015 年，开发区档案室接待查档 2560 余人次，提供档案 3000 卷次。编纂了开发区大事记、组织机构沿革、年鉴等专题资料。2008 年，在开发区建区 15 周年之际，档案室配合完成记录开发区发展历程的文集《征途》。编印《开发区政策性、规范性文件汇编（2011~2014）》。

第八节　苏州浒墅关经济技术开发区档案室

苏州浒墅关经济技术开发区于 1992 年 9 月成立。1993 年，经江苏省人民政府批准为省级经济开发区。2013 年，经国务院批准升格为国家级经济技术开发区。2001 年 1 月，苏州浒墅关经济技术开发区档案室（简称开发区档案室）正式建立，隶属开发区党政办公室管理。配备档案人员 2 名，主要负责区域内各单位档案工作的管理、指导、监督；收集、整理、保管开发区经济建设及各项事业发展等方面的档案资料；开发、利用档案资源，提供信息、咨询服务。2005 年 11 月，通过验收，成为江苏省五星级档案管理单位，并于 2010 年 7 月和 2015 年 6 月顺利通过五星级复检。

2003 年，苏州浒墅关经济技术开发区规划建设办公大楼，设置了档案室用房 130 平方米，其中库房 100 平方米，阅档用房 14 平方米，办公用房 16 平方米。添置了电脑全自动档案密集架 144 立方米，并安装有中央空调系统，添置了去湿机 1 台、温湿度仪 1 台、计算机 2 台、复印机 1 台、打印机 1 台、扫描仪 1 台、刻录机 1 台、数码相机 1 台等。2005 年 3 月，开发区管委会投资 50 余万元，建设了 150 余平方米的展示室。2012 年，结合开发区建区 20 周年，开发区管委会投资 330 余万元，重新建立了 300 余平方米的陈列展示厅，利用档案史料，重点展示开发区建区以来的历史沿革、发展历程，反映开发区重大活动、重大事件、重要成果和荣誉。

至 2015 年底，开发区档案室室藏档案总数为 12228 卷、16575 件。档案起止年代为 1993~2014 年。主要涉及开发区文书档案、会计档案、基建档案、设备档案、招商引资项目档案、实物档案、照片档案、声像档案、光盘档案等。其中文书档案 1346 卷、15869 件，会计档案 5787 卷，基建档案 4433 卷，设备档案 28 卷，招商引资项目档案 322 卷，实物档案 400 件，照片档案 66 卷（2043 张），声像档案 27 件，光盘档案 279 件，图书资料 246 卷（册）。原保存的婚姻档案和动迁档案，已分别于 2014 年和 2015 年移交苏州高新区虎丘区档案馆。

至 2015 年底，苏州浒墅关经济技术开发区档案室先后编写了各种专题资料，有发文汇集、组织沿革、全宗指南、大事记、基础数据汇编、干部任免汇编、重点建设项目汇编、招商引资项目简介、开发区动迁工作纪实、开发区印谱等。编辑出版了浒墅关地区首部志书《浒墅关志》，全志分 16 卷，156 万字，2005 年 5 月由上海社会科学院出版社出版。2007 年，结合开发区建区 15 周年，编写了《阳山文萃》

一书，2007年9月由古吴轩出版社出版。同年，编写了摄影图册《魅力阳山》，2011年3月由华夏出版社出版。编写了《阳山小白龙》，2012年9月由人民出版社出版。2012年，结合开发区建区20周年，编撰了《变迁——苏州浒墅关经济技术开发区20周年回眸》，重点展示开发区20年变迁。编纂出版了《中国名牌——地方篇·苏州阳山专刊》。

第九节　花桥经济开发区档案中心

2006年9月22日，江苏昆山花桥经济开发区（简称花桥经济开发区）设立，为省级开发区。同年9月，花桥经济开发区与花桥镇实行"区镇合一"体制，并成立花桥经济开发区开发建设指挥部，挂花桥经济开发区、花桥镇两块牌子，行使区镇双重职能。

2014年，花桥经济开发区档案中心成立，隶属花桥经济开发区管理委员会党政办公室，位于花桥经济开发区兆丰路8号江苏国际商务大厦一楼，建筑面积400多平方米，分为库区、办公区、查档区、陈列展示区等功能区域。库区面积270平方米，安装了档案密集架，配备了空调机、去湿机、灭火器、计算机、打印机等设备。库房内采取了防盗、防光、防高温、防火、防潮、防尘、防鼠、防虫等措施。陈列展示区面积86平方米，集中展示花桥经济开发区的发展历程。

花桥经济开发区档案中心，遵循档案工作"统一领导，分级管理"的原则，实行经济开发区档案工作集中统一管理，建立了以党政办公室为领导的档案管理工作网络，制定了档案工作职责和岗位责任制。编制了《花桥经济开发区档案管理制度》和《昆山花桥经济开发区机关文书档案保管期限表》。规定开发区各机关按时做好文件材料归档工作，定期向档案中心移交。

花桥经济开发区档案中心安装使用昆山市机关档案室管理系统，中心文书档案目录、业务档案目录全部输入计算机。档案中心每季度编写《花桥经济开发区大事记》，定期摘录编辑《人民日报》、《解放日报》、《新华日报》、东方卫视、凤凰卫视等媒体关于花桥经济开发区的报道，每月编辑一期《媒体关注》。

至2015年底，档案中心库藏有文书档案11134件（永久2330件、30年3324件、10年5480件），其中党政办文书档案5423件、纪工委文书档案234件、组织人事局文书档案770件、招商局文书档案80件、服务业发展局文书档案139件、金融办文书档案111件、社会事业局文书档案2197件、经发局文书档案2110件、台商投资服务办公室文书档案70件。会计档案208卷，退伍军人档案933件，独生子女档案65件，经发局企业档案265件，地籍档案1594卷，用地档案1892卷，基建档案8270卷。

第四章　乡镇、村档案馆（档案中心）选介

第一节　吴中区城区管理委员会档案中心

2013 年 9 月 28 日，吴中区城区党工委、管委会正式挂牌成立，原长桥、苏苑、龙西三个街道办事处，撤并成立新的长桥街道办事处，城区党工委、管委会与长桥街道党工委、办事处实行"区政合一"管理体制（两块牌子，一套班子）。原三个街道的档案室，在机构合并时相应整合。2013 年 12 月，吴中区城区管理委员会档案中心（简称档案中心）正式挂牌成立，地址位于长兴街 118 号，为正股级部门。

档案中心工作由城区党政办公室扎口管理，党政办秘书科科长兼任档案中心主任，配备专职档案工作人员 3 名。主要职责：集中统一管理城区各类档案，开展城区档案工作的监督指导和利用服务。包括负责城区各内设（配套）机构、所辖企业、村（社区）等单位的文件归档、整理、保管，以及对社会散存重点档案、特色档案和重大活动等特殊档案的收集、整理、移交。

档案中心用房分办公、查阅、库房等功能区域。库房面积为 200 平方米，有密集架 11 列，档案橱 33 组，能满足 10 年档案存储要求。库房内安装了数字监控系统、空调，配置了 5 台抽湿机和多台专用灭火设备。至 2015 年，城区档案中心配备专职工作人员 3 名。

2013 年，档案中心制定了《城区档案分类方案》和《城区机关文书档案保管期限表》。库藏档案分为文书档案、声像档案、基建档案、业务档案、实物档案 5 个门类，其中文书档案设有 22 个类别，即党务、政务、人大、组织人事、政协统战、纪检监察、宣传、综合治理、工会、共青团、妇联、计划生育、环保、民政、文化教育、医疗卫生、司法、科技、人民武装、工业、农副业、服务业。

至 2015 年底，档案中心库藏档案总数为 5190 卷、29908 件（含长桥、苏苑、龙西三街道档案）。其中，文书档案 406 卷、29908 件，会计档案 1469 卷，纪检档案 108 卷，司法档案 77 卷，村建（基建）档案 998 卷，照片档案 19 卷，另有实物档案 417 件，光盘档案 82 盘，拆迁档案 2113 卷。

档案中心将纸质档案进行了全文扫描，建立了档案目录数据库、全文数据库。至 2015 年底，共录入案卷级目录 5190 条、文件级目录 29908 条，全文扫描文书档案 18492 件。

档案中心的档案编研成果有：《长桥镇大事记》（1986~2013.9）、《苏苑街道大事记》（1986~2013.9）、《龙西街道大事记》（1986~2013.9）、《城区大事记》（2013.9~2014）、《城区内部刊物汇编》（2014）、《长桥镇志》（　~2003）、《城区机关党组织调研文

章》、《吴中城区杂志》等。

2008年，长桥街道机关档案室通过省三星级的考核验收。2010年，苏苑街道机关档案室通过省三星级的考核验收。2014年，蠡墅社区通过省三星级的考核验收。2015年，龙西社区通过省三星级的考核验收。2015年3月，城区管委会获吴中区2013~2014年度档案工作先进集体。

第二节　太仓市城厢镇档案馆

城厢镇自建置以来就设有档案室，隶属党政办，设专职人员1名，兼职2名。2003年12月31日达省档案工作三星级标准，2009年创建为"示范数字档案室"。1996~2006年，被太仓市人事局、太仓市档案局评为档案工作先进集体。2005年、2012年，被苏州市人事局、苏州市档案局评为档案工作先进集体。2011年12月29日，城厢镇档案馆成立，地址位于太仓市新毛新兴路100号，为太仓市首家镇级档案馆。

城厢镇档案馆负责镇机关和直属企事业单位的各门类档案的收集、整理、保管，以及对各村和社区的档案指导和监察工作，并为镇机关和社会各界提供档案利用服务。城厢镇档案馆总面积340平方米，内设办公区、查档区、库房和荣誉展示区四大功能区。2013年，投入资金25万元用于改善基础设施建设。拥有密集架16列，扫描仪2台，电脑2台，灭火器15个，去湿机2台，空调6只，温度仪2台等设备。馆藏有文书档案、干部人事档案、党员档案、社保基金档案、拆迁档案、纪检档案等。至2015年底，共有14863（盒）、35306（件），其中，文书档案633卷、34234件（其中永久10242件、长期14936件、短期9056件），实物档案567卷（件），照片档案2366张，设备档案9卷，纪检档案1072件，党员档案2244卷，干部人事档案798卷，会计档案1940卷，生产经营档案1030卷，司法档案99卷，房产档案5138卷，业务考绩档案947卷，拆迁档案1500卷，社保基金档案525卷。建立了馆藏档案案卷级和文件级目录数据库，完成了永久、长期文书档案的全文数字化，与档案目录数据库进行了挂接。

2012年6月7日，城厢镇档案馆在镇便民服务中心成立了"民生档案基层查阅窗口"，主要提供查阅独生子女、婚姻、建房批复、退伍士兵、劳动就业、土地证、土地流转等档案。2013年，城厢镇档案馆在各村设立了民生档案基层查阅点，广大群众足不出镇、村就可以查到所需的民生档案，让群众得到更多的实惠和方便。

档案馆开展对所属行政村、社区档案工作指导。城厢镇6个村、2个农改社区、14个城市社区全部达到省一星级标准，其中万丰、电站、胜泾、太丰四个村达到省二星级标准。

第三节　太仓市璜泾镇综合档案馆

璜泾镇由原璜泾镇、鹿河镇、王秀镇组成（其中王秀镇1998年并入璜泾镇，鹿河镇 2003 年并入璜泾镇)。2003 年并镇后,档案工作由副镇长分管,党政秘书负责,配有 2 名专职档案员。2004 年,璜泾镇档案工作晋升江苏省一级。2010 年,璜泾镇被命名为江苏省第二批社会主义新农村建设档案工作示范镇。2012 年,建立综合档案馆并创建成为"省档案工作五星级单位"。

综合档案馆总面积为 352 平方米,其中办公室 40 平方米、阅档室 12 平方米、库房 90 平方米、档案展示馆 210 平方米。配置档案柜 88 套,去湿机 2 台,空调 5 台,温湿度计 5 个,灭火器 4 个,计算机 2 台,专用打印机 1 台,扫描仪 1 台,复印机 2 台。

馆藏档案包括乡镇机关文书档案、司法档案、纪检档案、生经档案、人事档案、实物档案、声像档案、拆迁档案、招投标档案以及财政所的会计档案等。至 2015 年底,璜泾镇综合档案馆档案数量合计 18878 卷,其中文书档案 2237 卷、照片 101 卷、会计档案 4585 卷、其他档案 6056 卷。

档案馆在利用服务方面,与太仓市档案馆联网,建立了民生档案查阅窗口,提供各类档案查询和服务。尤其为党史、镇志、经济立项核查、婚育情况证明、拆迁协议等提供很好的查询服务。

璜泾镇综合档案馆对重点几个行政村(社区)进行规范建档指导,通过试点形成辐射,促进全镇村(社区)档案工作的提高。至 2015 年底,璜泾镇所辖十三个村的档案工作全部达到省一星级以上标准(其中四个村达到省二星级),两个社区完成建档工作。

第四节　常熟市古里镇档案馆

2011 年 4 月,常熟市古里镇档案馆正式建立,为江苏省第一家乡镇档案馆,国家档案局局长杨冬权为古里镇档案馆题写馆名并揭牌。档案馆隶属古里镇人民政府,编制 3~5 人,馆长由镇办公室主任兼任。

古里镇档案馆有 600 平方米档案用房。其中档案库房 125 平方米,办公、阅档室 25 平方米,陈列室 260 平方米。库房内安装了档案密集架,档案馆配置了电脑、复印机、防湿机、温湿度监控等设备。

2011 年 12 月,古里镇通过江苏省档案工作五星级测评。2012 年 11 月,创建为省特级村镇建设档案室。2013 年 11 月,通过省 AAAAA 级数字档案室创建。

至 2015 年底,古里镇档案馆馆藏档案共 13210 卷、25764 件,其中镇机关文书档案 322 卷、25764 件,基建档案 2137 卷,设备档案 32 卷,照片档案 1795 张(32 册),会计档案 5037 卷,实物档案 442 件,光盘档案 112 卷,村级档案 5096 卷。

古里镇档案馆重视对基层单位建档指导,全镇 17 个行政村、社区至 2015 年底全部建档合格,并分别通过江苏省档案工作星级测评,其中达三星级村 9 个。规模以上的民营企业也都建立了档案工作并达到江苏省档案工作星级标准。波司登股份有限公司建立了民营企业档案馆,经国家档案局注册批准,为全国首家民营企业档案馆。

第五节　常熟市梅李镇档案馆

梅李镇位于常熟市东北部,总面积 80.84 平方公里。辖 15 个行政村、3 个社区,户籍人口 8 万人,外来人口 6 万人。1999 年 6 月以来,先后荣获世界级"健康社区"、中国人居环境范例奖、国家园林城镇、国家卫生镇、国家级生态镇、江苏省文明镇、江苏省现代化新型小城镇等称号。是江苏省经济发达镇行政管理体制改革试点镇。

2012 年 3 月 17 日,常熟市机构编制委员会办公室批复同意常熟市梅李镇文化站增挂"常熟市梅李镇档案馆"牌子。馆长由镇党政办公室主任兼任,副馆长(具有档案中级职称)主持档案馆日常工作。档案馆配备专职档案人员 2 名。

2012 年 11 月 29 日,梅李镇档案馆正式开馆。梅李镇档案馆建筑面积 502 平方米,其中库房 121 平方米,办公室、工作间 140 平方米,阅览室 85 平方米,陈列展览室 156 平方米。库房内安装了档案密集架、智能环境控制系统、安全管理实时监控系统和 CK 报警系统,并与常熟市档案局和公安局服务器相连接。

至 2015 年底,馆藏各类档案 9573 卷、44681 件。其中,机关文书档案永久 268 卷、17896 件,长期 278 卷、3358 件,短期 1006 卷、2121 件,30 年 15880 件、10 年 5426 件;纪检档案 72 卷;科技档案 1959 卷(设备档案 49 卷,基建档案 1910 卷);会计档案 5275 卷;照片档案 27 卷(1237 张);光盘 171 张;实物 517 件。图书资料 156 册。

馆藏实物档案主要有第七批全国重点文物保护单位——聚沙园碑廊的书法名家墨宝,著名画家殷培华画作,中国书法家协会副主席言恭达作品等。

梅李镇于 2006 年启动数字档案室建设试点工作。建成文书档案、婚姻档案、照片档案等案卷级和文件级目录数据库。其中文书档案文件级目录 54737 条、纪检档案目录 1449 条、婚姻档案目录 4225 条、照片档案目录 1237 条、基建档案目录 6237 条、设备档案目录 281 条。档案馆对馆藏永久、长期(30 年)档案进行数字加工,共扫描文书档案 546 卷、37134 件,婚姻档案 185 卷、4225 件,照片档案 1237 张。

梅李镇档案馆编制了多种检索工具,包括全宗指南、案卷目录、全引目录、专题索引。2012 年,率先试点建设常熟市镇村电子文件采集和档案管理系统,实现居民就近查档。启用居民身份证、市民卡阅读器,实现刷卡查档。档案馆同时被常熟市档案馆授权提供原梅李镇、赵市镇、珍门镇婚姻档案、建房档案、独生子女档案等数字档案的查阅。

档案馆利用档案资源,开展档案编研工作,编有《大事记》《组织沿革汇编》《梅李镇志》《梅李人民革命斗争史料》《申报上的梅李》《夕阳欢歌》《孝爱在梅李》《时代先锋——梅李镇十佳共产党员标兵风采录》《梅李的传说·梅林特刊》《梅李文萃》《孝廉在梅李》《梅李镇劳模风采录》《孝和在梅李》等 27 种专题编研材料。其中《梅李文萃》获得 2013 年度苏州市档案编研优秀成果三等奖。

梅李镇档案馆指导村、社区档案工作，实行规范管理。至 2015 年底，18 个村、社区，达到省三星级标准 9 个，省二星级标准 6 个，省一星级标准 3 个。聚沙村被评为首批江苏省社会主义新农村建设档案工作示范村。

梅李镇于 2010 年荣获江苏省社会主义新农村建设档案工作示范镇称号。2012 年 12 月，梅李镇档案工作通过江苏省五星级规范测评。同年 12 月，镇档案馆通过江苏省特级村镇建设档案室评审。

第六节　常熟市辛庄镇档案馆

2012 年 10 年 26 日，常熟市辛庄镇档案馆成立。11 月 28 日，辛庄镇档案馆正式挂牌。隶属镇党委、政府管理，配备专职档案人员 1 名。镇政府投入 30 万元扩建档案库房，馆舍面积达 600 多平方米，设办公、库房、查阅服务、陈列展示 4 个功能区域。库房内安装有密集架 21 列。配备了安全监测、恒温恒湿、扫描仪、数码照相机等设备。

至 2015 年底，辛庄镇档案馆馆藏档案共 10734 卷、30745 件，其中，文书档案 863 卷、30745 件，科技档案（基建档案、设备档案）3282 卷，会计档案 6159 卷，纪检案件档案 49 卷，照片档案 21 册（1060 张），光盘档案 41 张，实物档案 319 卷，资料 205 册。2012 年 11 月 28 日，辛庄镇档案工作通过江苏省档案测评专家考核验收，被江苏省档案局批准为五星级单位。

辛庄镇档案馆建立有全宗卷、案卷目录、归档文件目录等检索工具，利用档案编纂组织机构沿革、基础数字、大事记、荣誉、新兵入伍情况、照顾生育二胎情况、专利申请情况、新辛庄、辛庄堂名、昆剧锣鼓、福地辛庄、辛庄镇统计年鉴、辛庄掌故等专题资料汇编。建立了档案目录数据库和全文数据库。全面、及时、准确、有效地提供档案，为领导决策、工作查考、百姓维权、经济发展等方面服务。

辛庄镇档案馆每年定期有组织、有计划地对各村（社区）的档案工作进行监督指导，镇党委、政府将档案工作纳入镇"新风杯"考核。全镇下辖 20 个村、3 个社区档案工作于 2012 年全部达江苏省星级标准。洞港泾村、卫家塘村被命名为江苏省社会主义新农村建设档案工作示范村。

第七节　董浜镇档案馆

2013 年 6 月，常熟市董浜镇档案馆成立，地址位于董浜镇董徐大道 668 号，隶属于镇党委、政府管理。是一个集档案安全保管、爱国主义教育、已公开现行文件利用和档案信息服务于一体的镇级综合档案馆。

常熟市董浜镇档案馆建筑面积 420 多平方米，设有办公区、库区、查阅服务区、陈列展示区四个功能区域，配备安全监测、目录集存、电子查询三大管理系统。至2015年底，馆藏档案7308卷、20203件，主要有文书档案、会计档案、基建档案、设备档案、实物档案、特殊载体档案。董浜镇陈列展馆以文字、图片、实物等多种形式的手段，展示了董浜人从1983年至2015年艰苦奋斗的过程和取得的成果。

档案馆优化档案窗口服务，从重在为机关团体服务转变为重在为人民群众服务。建立查档室和开放档案阅览室，建立信息公开查阅服务中心，年平均接待查档180多人次，提供档案250多件，利用"常熟市社会主义新农村档案工作平台"，新安装了身份证读卡器，使查阅手续规范，方便快捷，为群众提供查询建房证、结婚证、独生子女证、土地承包合同等服务，效果明显。

常熟市董浜镇档案馆大力挖掘特色档案资源，建立了档案陈列馆、灯谜文化馆、米塑馆、文化名人长廊。编撰并出版了《百花谜谭》《谜花飘香》《法制灯谜》《银海谜谭》《智林谜蕾》《社会主义核心价值观——灯谜集锦》等十多种编研精品。

第八节　海虞镇档案馆

海虞镇于1999年6月28日由原王市、福山、周行三镇和福山农场合并而成，海虞镇机关综合档案室随之建立，归口镇党政办公室管理，由党务书记分管，党政办主任兼任档案室主任。配备专职档案员1名，负责统一管理镇机关全部档案，并承担对镇机关和基层各单位档案工作的规划、监督、指导职能。2005年，镇机关档案室达江苏省档案工作二级标准；2006年，达江苏省档案工作一级标准；2007年，达江苏省档案工作特一级标准。2011年，获得"江苏省新农村建设档案工作示范镇"称号。海虞镇档案馆成立于2012年6月，隶属于海虞镇党委、政府管理，由镇党务书记分管，配专职档案人员2名。

档案馆建筑面积700多平方米，设有办公区、馆库区、查阅服务区、陈列展示区4个功能区域，其中，档案库房面积为200平方米，查询阅览室30平方米，资料室30平方米，整理室60平方米，资料接收室60平方米，荣誉陈列室280平方米。库房内有档案密集架4组11列、5组10列，配置有温湿度记录仪、扫描仪、去湿机、干粉灭火机、防火报警器等"八防"设施及办公用具。安装安全监测、恒温恒湿、目录集存、电子查询四大管理系统。

至2015年底，海虞镇档案馆馆藏档案有文书、纪检、基建、设备、照片、光盘、实物、会计等档案，总数为12183卷、50554件。其中，文书档案1523卷、50554件，纪检档案71卷，设备档案27卷，基建档案2914卷，照片档案26卷（1421张），音像档案2盒，光盘档案236卷，实物档案679卷，会计档案6561卷（册）。另接收了王市敬老院、周行敬老院会计档案144卷（册）。

至2015年底，档案馆利用档案编写了大事记、组织机构沿革、荣誉、各类名牌名品、统计年鉴等专题汇编资料36种。档案馆建立健全了案卷目录、归档文件目录、全引目录、全宗指南等检索工具71册。开展档案服务,为机关工作和社会各界提供了丰富的档案信息。先后为编纂出版《海虞镇志》《海虞故事》《海虞人民革命斗争史》《时尚海虞》《海虞文史》《天堂明珠》等书籍提供了大量档案资料。

2007年,海虞镇建成数字化档案室,对馆藏永久、长期、30年的文书及基建、照片、实物等重要档案进行全文扫描。至2015年底,共扫描323739页。建立了原文数据库,著录案卷级目录11670条、文件级目录62463条,可在局域网上查阅档案目录和全文,实现档案资源的共享管理。

第九节　虞山镇档案馆

常熟市虞山镇于1959年建立机关档案室。1990年,虞山镇机关成立综合档案室。2011年12月22日,虞山镇档案馆正式开馆。虞山镇档案馆由镇党委常委分管,馆长由镇党政办主任兼任,配备专职档案人员2名。

至2015年底,虞山镇档案馆馆藏档案为文书、纪检、基建、设备、照片、光盘、实物、会计等档案,总数为36393卷、60418件。其中,文书档案3209卷、60418件,纪检档案197卷,设备档案34卷,基建档案2296卷,照片档案68卷(4195张),音像档案36盒,光盘档案170卷,实物档案1251件,会计档案9462卷(册)。接收了32家撤并镇属企事业单位文书档案2869卷、会计档案16801卷(册)。

至2015年底,虞山镇档案馆编撰了大事记、组织机构沿革、统计年鉴、镇机关干部任免汇编、荣誉汇编等汇编资料30多种。档案馆建立了案卷目录、归档文件目录、全引目录、全宗指南等检索工具225册。建立档案借阅利用登记制度。开展档案服务,为机关工作和社会各界提供丰富的档案信息。实施对馆藏永久、长期(30年)的文书及基建、照片等重要档案全文扫描。至2015年底,共扫描639713页,建立了原文数据库,著录案卷级目录36393条、文件级目录149484条,在机关局域网上能查阅档案目录和全文,实现了档案资源的共享。

档案馆根据虞山镇"一级政府,二级管理"的行政管理模式,在档案管理上,构建了以镇档案馆为中心,各管理区、行政村、社区、企业为网络的三级档案管理体系。至2015年,全镇七个管理区和一个高新园区的机关档案工作全部达到江苏省档案工作三星级规范。全镇47个行政村和68个社区档案工作全部合格达标,其中达省星级规范76个,占总数的66%。全镇范围内所属中、小学校档案工作全部达省二星级以上规范。有20多家私营企业档案工作先后达到省、市级标准。

第十节　支塘镇档案馆

2003年6月,支塘镇成立机关综合档案室。2007年12月,支塘镇档案工作达到省一级标准。2012年12月,支塘镇机关档案室工作通过江苏省四星级规范的考核验收。

2013 年 11 月，支塘镇档案馆建成，建筑面积为 305 平方米。档案馆集档案安全保管、爱国主义教育、公开现行文件利用和档案信息服务于一体。设有办公室、库房、阅档室、档案展览室四个功能区域，并配备了安全监测、恒温恒湿、目录集存、电子查询四大管理系统。档案馆配备 2 名专职档案人员。2014 年 12 月，支塘镇档案馆达到江苏省档案工作五星级标准。

档案馆馆藏档案主要有文书档案、会计档案、科技档案、纪检档案、实物档案等。至 2015 年底，支塘镇档案馆馆藏各类档案共 9262 卷、19927 件。其中，文书档案 1666 卷、19927 件，基建档案 790 卷，设备档案 25 卷，会计档案 6464 卷，业务档案 26 卷，照片档案 16 册（725 张），光盘档案 63 张，实物档案 212 件。

2006 年，支塘档案室全面开展档案数字化工作。2007 年，建成数字档案室。2008 年开始，档案信息化列入镇信息化建设规划，并同步实施。配备计算机、打印机、扫描仪、数码相机等信息化专用设备。配置档案管理系统。建立了室藏全部档案的案卷级和文件目录数据库，以及文书档案永久、长期（30 年）全文数据库。2013 年，在支塘镇政府网站上专门开设"档案工作"专栏，并在常熟市社会主义新农村档案工作平台开通了馆藏档案的查询窗口，实现档案网上查询，方便广大群众。

支塘档案馆指导规范基层单位档案工作。至 2015 年 12 月，支塘镇 18 个行政村、社区档案管理全部达到省星级标准，其中省一星级 8 个，二星级 9 个，三星级 1 个。

第十一节　永联档案馆

永联村的前身为七〇圩，成立于 1970 年。1971 年，沙洲县革命委员会批准同意将围垦的七〇圩建立南丰公社 23 大队。1980 年，23 大队更名为永联大队。1983 年 5 月，永联大队改称为永联村。至 2015 年，永联村区域总面积 10.5 平方公里，村民 10938 人。被评为国家级生态村、全国民主法治示范村、国家 AAAA 级旅游景区，并连续四届获评"全国文明村"。

永联档案馆前身为永联档案室，成立于 1989 年初。1990 年 4 月，经张家港市档案局检查验收，永联档案室成为张家港市达标合格档案室。2006 年 10 月，根据村企实际情况，永联档案室与永钢集团生产指挥中心资料室合并，成立永钢集团档案管理科，归永钢集团办公室管理。2008 年初，永联村投资 800 余万元，新建永联档案馆。是年 6 月 28 日，永联档案馆开馆。有工作人员 8 人，其中馆员 2 人、助理馆员 1 人。8 人均经过档案岗位培训，持有上岗资格证书。李世富为永联档案馆馆长。

档案馆面积为 2500 平方米，其中，档案库房面积 1200 平方米，办公室和阅档室面积 135 平方米，馆内安装密集架 920 立方米。配有大型工程复印机、晒图机、扫描仪、刻录机、数码摄像机等先进设备，安装有恒温恒湿系统，确保档案安全存放。馆内设有名人展厅，占地面积近 100 平方米，展示村党委书记吴栋材个人获得的张家港市级以上荣誉,反映在吴栋材带领下永钢集团的发展历程,吴栋材个人成长经历,以及党和国家领导人对吴栋材、永联村及永钢集团的亲切关怀等内容,展厅共展出各类档案近百余件,年接待参观人员 300 人次。

永联档案馆馆藏档案分为永联村和永钢集团两部分。具体分为文书档案(党群管理类、行政管理类、经营管理类、科学技术管理类)、科研档案、产品档案、基本建设档案、设备仪器档案、会计档案、人事档案、实物档案、声像档案、底图档案等各种载体和门类档案。至 2015 年底,馆藏各类档案 100040 卷、110061 件。馆藏村企干部职工档案 33000 份,党员档案 388 卷。

2004 年,永联档案室配备了档案专用服务器及档案管理软件系统 3Hmis 单机版。2006 年,升级为网络版。2008 年开始,永联档案馆将馆藏永久、长期(30 年)档案进行数字化扫描处理,并导入档案管理系统。

永联档案馆利用馆藏资料开展编研工作,汇编有《永钢集团大事记汇编》、《华夏第一钢村》画册、《永钢集团精品工程汇编》、《吴栋材手记》、《吴栋材和一个村庄的传奇》、《奋进的声音——吴栋材同志工作报告摘要》、《奉献者之歌》等专题资料。2013 年,《永联村志》编纂工作正式启动,村党委正式成立由永联档案馆人员为主体的《永联村志》编纂委员会。2015 年 5 月,《永联村志》正式出版。

2008 年 12 月永联村档案工作达省二级标准。2009 年 12 月,被江苏省档案局评为江苏省新农村建设档案工作示范村。2011 年 12 月,通过江苏省四星级档案馆测评。

第十二节　蒋巷村档案馆

蒋巷村位于常熟市东南边隅的常熟市、昆山市、太仓市交界处的阳澄淀泖地区的沙家浜水网地带,村辖面积约 3 平方公里。2015 年,全村有 192 户,850 多人。在以全国劳动模范、全国优秀共产党员常德盛为代表的村党组织领导下,坚持发展村级经济,建成了独具特色的"四园一基地"(蒋巷生态园、农民新家园、常盛工业园、村民蔬菜园、千亩无公害优质粮油生产基地)为基本格局的社会主义新农村。荣获全国文明村、国家级生态村、全国民主法治示范村等称号。

蒋巷村档案工作原来仅靠主办会计收集保管经济表报、财务凭证等资料。可查找到 20 世纪 60 年代个别生产队的会计凭证。1996 年,蒋巷村明确了档案兼职人员收集归档资料。1997 年,调整用房,专设了 10 平方米的档案库房。2000 年,村级档案与村办企业档案合署办公,增加配备了 2 名专职档案员。随着企业转制,村级档案随村委会办公室搬入新建的村委会大楼,库房面积 40 平方米,办公用房 20 平方米。2011 年,蒋巷村对档案室进行调整改造。全部更换了库房设备,安装 6 列金属密集架,库房面积达到 120 平方米,办公、阅档面积达 30 平方米。建设了面积为 800 多平方米的展示村史展览场馆。2013 年,蒋巷村党委、村委会投入资金扩大改建蒋巷村档案室，增添了3列密集架，添置了复印机，购置了防潮控温、防火防蛀、防光除尘等设备，库房面积达到200平方米，阅档室面积达40平方米，办公用房24平方米。同时，建设了1800平方米的蒋巷村史馆、520平方米的书画馆，大量利用室藏照片档案、字画和荣誉奖牌等进行陈列展示。被省、市各级确定为爱国主义教育基地。2013年11月，成立村级档案馆。

蒋巷村档案馆主要接收本村各条线部门、办公室、协会组织形成的文字材料、建筑图纸、经济表报、设备资料，以及上级针对性来文、政策规定性文件等。蒋巷村档案分为文书档案、设备档案、基建档案、会计档案、实物档案五个大类。其中，文书档案4679卷、2651件，设备档案15卷，基建档案107卷，会计档案1474卷。实物档案共1001件（卷），包括457块各个时期的奖牌（其中省部级以上有100多块），有奖杯18件、奖状96件、锦旗47件。有中国浦东干部学院、团中央、省内外各大市党校、上海大学、东南大学等大专院校和中小学、省市有关部门、媒体等在蒋巷村建立的现场教学、社会实践、调查研究、采访报导、爱国主义教育基地等铭牌111块，以及各级领导题词，社会各界留言等。

蒋巷村档案馆藏特色档案是实物档案，包括：证书、奖杯、奖状、锦旗、书画作品、影像光碟、照片、留言题词册、图书资料等。其中，奖牌457件，证书195件，奖杯18件，奖状96件，锦旗47件，基地铭牌111件。

至2015年，蒋巷村档案馆根据本村实际需要，编纂了12种汇编，有《蒋巷村历年集体荣誉》《基地建设》《大事记》《常德盛讲话稿》等。

第五章 机关企事业档案馆（室）选介

第一节 苏州大学档案馆

苏州大学是国家"211工程"重点建设高校，其主要前身为创建于1900年的东吴大学。1995年6月，苏州大学档案馆（简称档案馆）成立，副处级建制。成立之初共有5名教职工，档案馆首任馆长为张菊兰，2015年，馆长为钱万里。至2015年底，档案馆共有专职人员16人，其中正高职称2人，副高职称6人，中级职称5人。档案馆设五个科室，分别为办公室、文书档案室、科技档案室、教学档案室和技术管理室。档案馆承担学校档案工作的行政管理、业务指导和学校档案永久保管供利用职能。

2000年5月，苏州大学档案工作委员会成立，其职能是领导和协调全校的档案工作，首任主任葛建一，2015年，主任为校长朱秀林。2007年6月，制定《档案工作委员会章程（征求意见稿）》。苏州大学档案馆直属学校领导，副校长田晓明分管。

各院（部）、部门均有分管档案工作的领导和兼职档案员。

2009年9月，苏州大学档案馆由天赐庄校区搬迁至东校区敬文图书馆四楼。建筑面积由原来的954平方米扩增至1600平方米，其中库房面积为1200平方米。馆内配有服务器4台、计算机20台、打印机6台以及复印机、刻录仪、照相机、扫描仪、消毒柜、空调、去湿机、档案柜及密集架等多种设备。

2012年3月，苏州大学颁布了《苏州大学档案管理条例》《苏州大学档案借阅、利用办法》《苏州大学档案实体分类实施办法》《苏州大学档案归档范围和保管期限表》《苏州大学电子文件归档与管理暂行办法》《苏州大学人物档案征集、归档办法》《苏州大学纸质档案数字化实施规范》等，使学校档案工作有法可依，有章可循。

建馆之初，档案馆就引进了南京大学的档案全文自动著录与智能管理系统，2006年1月，正式采用南大之星6.0管理系统，并开发学籍档案管理系统，档案馆网站系统。自2009年始，苏州大学先后投入近80万元支持2000年以来文书档案、学籍档案、民国时期历史档案、基建档案、校报、声像档案的数字化扫描、采集及数据库建设。至2015年底，已建成"苏州大学毕业生学籍档案数据库""苏州大学校刊数据库"等。2012年初实现了档案管理系统与学校OA系统的对接。包括文书档案、学籍档案、历史档案均实现在线授权利用。在档案信息安全管理方面，2012年底与学校网络中心构建虚拟服务器托管管理，实现双机备份以确保档案服务器和数据的安全。

档案馆拥有苏州大学、东吴大学、苏南文化教育学院、国立社教学院、江南大学、江苏省立教育学院、无锡国学专修学校、苏州财经学校、苏州丝绸工学院、苏州蚕桑专科学校、苏州市化工职大、苏州医学院等档案12个全宗，共10万卷，照片近5万张。其中重要档案有：唐文治教育思想记载（23卷）；无锡国学专修学校以李济深为董事长的校董事会会议记录（1卷）；中国高校最早出版的年刊的1903年创刊的《雁来红》（2卷）；东吴大学25周年纪念特刊《回渊》（2卷）、《东吴年刊》（5卷）、《老少年》（10卷），分别记载了蒋纬国在校以及赴德留学的情况，荣毅仁及其家属创办江南大学情况，以及赵朴初、费孝通、孙起孟的学习生活等情况；原苏州蚕桑专科学校校长郑辟疆的手迹材料和他在20世纪20年代编写出版的中国第一套蚕丝教科书《桑树栽培》《蚕体解剖》等。

档案馆还收集了包括学校院士、著名教授、校友的人物档案材料，近20个名人档案全宗，共计1561卷（件）。其中包括著名蚕丝专家、教育家，被誉为当代黄道婆的费达生先生的档案材料；国际著名遗传学家，中国现代遗传学奠基人之一，杰出的科学家和教育家谈家桢先生的档案材料；著名社会教育家周葆儒先生的有关档案材料等。

至2015年，档案馆先后编辑出版了《苏州大学年鉴》、《东吴大学校史资料选辑》（获2001年度江苏省档案局档案文化精品二等奖）、《无锡国专史料选辑》（获

2013 年度江苏省档案局档案文化精品一等奖）、《世纪鸿影——苏州大学校史图集》
（获 2007 年度江苏省档案局档案文化精品二等奖）。利用实物档案，编撰出版了《高
阳教育文选》《苏州大学英烈传》《苏州大学馆藏名人手迹》《苏州大学历次党代会
资料汇编》《偶然集——李鹤云捐赠书法手迹选》《苏州大学大事记（1900~2012）》
档案汇编等。

2000 年 12 月，档案馆通过国家档案二级标准认定。2005 年 5 月，苏州大学校
史馆建成开放，成为学校爱国爱校教育的基地。2012 年 3 月，著名华裔物理学家、诺
贝尔奖获得者李政道先生为苏州大学档案馆题名。2015 年 10 月，江苏省档案局签
约授牌档案馆为江苏省档案技能实训基地。2015 年 11 月，通过省三星级档案规范
管理测评。

苏州大学档案馆被苏州市委、市政府授予 2008~2011 年度档案工作先进集体。
2013 年、2015 年，被评为江苏省高校档案工作先进集体。

第二节　波司登档案馆

波司登股份有限公司（以下简称波司登）始建于 1976 年。1992 年 11 月，注册
"波司登"商标。1994 年 10 月，成立综合档案室。2001 年 3 月，经国家档案局备案，
成立全国首家民营企业档案馆，负责全公司档案收集、保管、开发利用以及公司各部
门档案监督、指导、检查职能。

波司登档案馆为公司中层管理机构，隶属集团行政中心管理。配备 4 名专职档
案人员，全部具有本科学历，其中 1 人具有档案助理馆员职称。集团公司各职能部
门和项目公司建立了一支由 82 人组成的兼职档案管理员队伍。

波司登档案馆设置在波司登总部生产左楼一楼，建筑面积为 490 平方米，分为
办公、档案库房两个区域，功能齐全。配置了档案密集架 325.8 立方米，计算机 4 台，
扫描仪 2 台，打印机、去湿机等设施设备。

波司登档案馆制定了企业档案管理各项制度，对企业档案的归档、移交作出了
规定：文书档案于形成的第二年初向档案馆移交；会计档案由财务部门自行保管一
年后隔年移交；产品档案、基建档案在项目鉴定、工程竣工后归档或财务决算三个
月内归档，周期长的可分阶段归档；设备档案在开箱验收后或安装调试后归档；实
物档案、特殊载体档案在工作完成后及时归档；其他临时活动中形成的文件做到
随时归档。电子文件按年度归档，相关电子软件向档案馆移交一套。信息部形成的
ERP 数据每周备份一次，每月向档案馆移交一次。

波司登档案馆针对公司特点，编制了以科技档案为主体的企业档案分类方案。设
置 11 个一级类目，分别为党群工作类、行政管理类、经营管理类、生产技术管理类、
产品类、基本建设类、设备仪器类、会计档案、职工档案、特殊载体档案、实物档案。

至 2015 年底，波司登档案馆馆藏文书档案 95454 件，科技档案 8127 卷、

31188件，会计档案14752卷，声像档案4238件，实物档案6146件。2000年12月，波司登集团股份有限公司通过"企业档案工作目标管理国家二级企业"验收。2004年3月，波司登档案馆被江苏省档案局认定为"江苏省农业农村档案工作示范点"。同年4月21日，在全国农业和农村档案工作经验交流会现场参观考察中，国家档案局局长、中央档案馆馆长毛福民，国家档案局副局长、中央档案馆副馆长冯鹤旺，及各省、自治区、直辖市档案局（馆）负责人等100余人现场参观了波司登档案馆。

第三节　江苏省苏州地方税务局档案管理中心

1994年9月25日，苏州市地方税务局建立。10月15日，苏州市地方税务局综合档案室成立，隶属于办公室，负责集中统一管理全局各类档案，配备专职人员负责档案业务管理工作。

2010年1月1日，苏州市地方税务局档案馆成立，副科级建制，专门负责档案管理工作，设馆长1名、档案专职管理人员2名。苏州市地方税务局档案馆由市区各单位税务业务档案库区、市区各单位资料库区、电子档案库区，以及市局机关综合档案库区、人事档案库区、地税文化展列馆和市区各单位档案室等七部分组成，库区地址分别位于带城桥路88号和干将西路535号市局机关东楼。

2013年8月1日，江苏省苏州地方税务局档案管理中心成立，负责全市地税系统档案工作统一领导，统筹规划，组织协调，监督和指导，以及市局档案的统一保管利用。江苏省苏州地方税务局档案管理中心档案用房总面积为2800平方米，其中，库房面积931平方米，办公室795平方米，阅档室39.5平方米，展示馆460平方米。配备档案密集架135立方米。

至2015年底，档案中心库藏档案分为文书档案、税收会统档案、会计档案、基建档案、照片档案、实物档案、光盘档案和税收业务档案8个门类，共计903605卷、19423件。其中，文书档案1065卷、18275件，税收会统档案625卷，会计档案4652卷，基建档案357卷，照片档案17册（744张），光盘档案48盘，实物档案356件，税收业务档案896906卷。

重点特色档案为税收业务档案，其主要内容根据税务机关专业管理职能及税源管理事项清单，分为纳税服务、基础管理、风险监控、中等风险应对、税务稽查、机关管理六个方面。

2004年7月开始，苏州地方税务局启用归档文件管理系统。建立案卷级目录数据2711条、文件级目录数据14393条，并实现档案在线查询、借阅、利用功能。2009年，开发苏州地税局电子档案管理系统，建立了库藏档案全部案卷级目录数据库和文件级目录数据库，并将保管期限为永久和长期的文书档案及所有照片档案进行了全文数字化，建立全文数据库。2009年12月，通过苏州市数字档案室认定。

2013 年 8 月，结合征管改革实际，推广应用"江苏地税电子档案管理系统"。规范业务档案的采集、传递、存储归档、管理利用，使得日常征管业务资料依托档案系统存储、共享，有效服务"征、评、管、查"等各部门、各环节的应用需求，实现全市地税系统档案电子化、信息化和规范化管理。2015 年 3 月开始，对江苏省地税局电子档案管理系统进行改造，开发接口，使数字档案室与 OA 办公系统、税收业务系统无缝对接，实现电子公文的在线归档和业务系统数据交换，系统集成了库房温湿度检测系统，应用了智能化统计分析，室藏重要永久和长期档案全部数字化，建成多个专题数据库，并开发苏州地税网上文化展示馆。

苏州地方税务局于 2010 年 12 月被江苏省档案局评定为档案工作五星级单位。2012 年 2 月，被中共苏州市委、苏州市人民政府表彰为全市档案工作先进集体。2015 年 12 月 21 日，苏州地方税务局档案中心及全系统档案室高分通过江苏省ＡＡＡＡＡ 级数字档案室等级评估。

第四节　苏州市中医医院档案室

1952 年 4 月，苏州市中医诊所成立。1956 年 11 月，更名为苏州市中医医院，地址位于苏州市景德路 314 号。2011 年 1 月 1 日，苏州市中医医院搬迁至苏州市姑苏区杨素路 18 号。苏州市中医医院是全国示范中医医院和三级甲等中医院。

1988 年 12 月，苏州市中医医院综合档案室（简称档案室）成立。归属院办公室，设 1 名专职档案员，各科室均配备兼职档案员，组成档案管理网络。医院建立了档案管理各项制度，包括档案人员岗位责任制、文件材料整理归档制度、档案保管制度、档案保密制度、档案借阅利用制度、档案鉴定销毁制度及档案的统计、移交制度。2015 年，档案室总面积约 135 平方米，其中，库房面积约 100 平方米，办公室面积15 平方米，阅档室面积 20 平方米。库房内共有密集架 8 列，档案柜 17 组。档案室配置了计算机、打印机、复印机、刻录机、数码照相机、数码摄像机、扫描仪、打孔机、缝纫机、中央空调、气体灭火器、去湿机、温湿度仪等档案管理设施设备。1998 年，被批准为江苏省企事业档案管理二级单位。2015 年 12 月，档案室顺利通过《江苏省机关团体企业事业单位档案工作规范》三星级标准认定。

至 2015 年底，档案室库藏文书档案 10119 件，会计档案 10017 卷，照片档案 22册（579 张），光盘档案 45 卷，实物档案 108 件，基建档案 524 卷，设备档案 427 卷，科研档案 140 卷。

特色档案主要包括名医名案的科研档案、医院经验研究档案、医院管理研究档案和临床医学研究（科研课题）档案。

名案的科研档案，计 140 卷，内容包括医院经验研究（名、老中医经验）、医院管理研究（论文）、临床医学研究（科研课题）三方面。

医院经验研究（名、老中医经验）共 20 卷，主要收录黄一峰、吴克潜、陈松龄、奚凤霖、沙星垣、汪达成、薛济群、王硕卿、陆颂文、杨寿元、陈雪楼、方致和、王寿康、吴仲磐、顾大钧、李万卿、丁怀仁、郭寿恒、承为奋、金绍文等名老中医的论文集；名老中医经验集（1956~1986年），1983年起，医院对黄一峰、奚凤霖、陈松龄、叶孝曾、金绍文、丁怀仁、顾君安等七位名老中医的临床经验进行整理；医院根据名老中医的口述，或门诊、会诊病例的回忆和记录予以整理的名老中医的医案医话集等。

医院管理研究（论文）共33卷，此类档案主要包含了各类学术年会交流论文、医院管理论文、专科建设经验论文等。

临床医学研究（科研课题）共87卷，为1981~2015年医院取得的国家级、省级、市级的科研立项且结题的科研课题。

档案室认真做好服务工作，积极开发利用档案信息资源，编制案卷目录、全引目录、归档文件目录等档案检索工具。运用档案管理软件，建立室藏档案目录数据库及文书档案、照片档案等（共23429页）全文数据库。根据医院工作需要，编制了大事记、组织机构沿革、吴医大讲堂、院报汇编、临床经验荟萃等专题汇编资料。2006年，在院庆活动中，利用档案资料编制了医院大型宣传画册，拍摄了四集反映吴门医派文化历史发展历程的大型文化片——《吴医春秋》。2006年10月，在国家中管局组织对医院国家中医重点专科——骨伤科评审中，档案室提供了1996~2006年大量档案资料。在等级医院复审中，提供了2006~2008年的档案资料进行迎检。1998~2015年，档案室共接待档案利用2677人次，利用6339卷次。档案信息的开发和利用保障了医院各项工作的开展。

第五节　苏州市民政局档案室

苏州市民政局于1949年5月6日成立。1992年7月，成立综合档案室，配备有1名专职档案员，且具备档案上岗资格证书，各处室也明确了兼职档案员。同年，被批准为苏州市机关档案工作三级单位。2005年，被评定为江苏省档案工作目标管理一级（省三星级）单位。2010年，被认定为"苏州市数字档案室"。苏州市民政局档案室实行库房、阅档、办公"三分开"，其中档案库房总面积为80平方米，安装有10组密集架、4组资料柜，并配有计算机、光盘刻录机、扫描仪、去湿机、打印机、温湿度计等档案专用设备。2011年，新建了苏州市民政局历史荣誉馆，面积100平方米。

至2015年底，档案室库藏档案七大类，合计2590卷、18477件。其中，文书档案458卷、18477件，会计档案553卷，社团组织登记档案1214卷，地名档案225卷，勘界档案99卷，基建档案13卷，设备档案28卷，照片档案9本。另有实物档案151件。

特色档案主要包括地名档案、社会组织档案、勘界档案。

地名档案计225卷（1979~2015）。内容涉及上级和本级颁发的有关地名管理工作的政策法规性文件材料；有关地名管理工作的重要的通知、请示、批复、批示等文件材料以及地名命名、更名、调整、撤销的请示、批复等。

社会组织档案计 1214 卷（截至 2014 年）。主要为依据国务院《社会团体登记管理条例》《基金会登记管理条例》《民办非企业单位登记管理暂行条例》，苏州市民政局对市本级社会团体、基金会、民办非企业单位三类社会组织的成立、变更、注销等登记管理、证书制发等档案，其中社会团体 668 卷、民办非企业单位 540 卷、基金会 6 卷。

勘界档案计 99 卷（截至 2014 年）。其中，市级界线档案 29 卷（文档类 23 卷、照片类 6 卷），县级界线档案 70 卷（文档类 62 卷、照片类 8 卷）。

档案室档案信息化建设列入了单位信息化建设规划，运用配置的专用计算机和符合要求的档案管理软件，完成了各类档案的目录输入工作，将永久、30 年文书档案、照片档案及重要业务档案进行了数字化。

至 2015 年底，市民政局档案室编制了案卷目录、全引目录、归档文件目录等检索工具，利用室藏档案整理编辑了《苏州市民政志》《苏州市低保工作政策法规问答》《殡葬管理政策法规汇编》《苏州市双拥工作政策汇编》《苏州市地名录》等有民政特色的汇编资料。

第六节　苏州市中级人民法院综合档案室

1949 年 9 月，苏州市人民政府设立了司法科，行使审判职权，为第一审级法院，后更名苏州市中级人民法院。同年 11 月，苏南苏州行政区人民法院成立，管辖苏州市和下属 5 个县，为第二审级法院，后更名为苏州地区中级人民法院。1983 年 3 月，苏州地区中级人民法院和苏州市中级人民法院合并为新的苏州市中级人民法院，院址设在苏州市大石头巷 21 号。1994 年，迁入南环西路 28 号。2007 年，迁入解放东路 488 号。

1991 年，苏州市中级人民法院综合档案室建立。2008 年 4 月，设档案科，隶属于办公室管理。2015 年，档案用房总面积为 626 平方米，其中库房面积 492 平方米，配备扫描仪 2 台，电脑 7 台，去湿机 5 台。

至 2015 年底，苏州市中级人民法院档案室藏有刑事、民事、经济、行政、执行等各类诉讼档案 222916 卷（343686 册），其中永久 22885 卷、长期 139085 卷、短期 60946 卷。2001 年以前的行政文书档案共有 2370 卷（2370 册），其中永久 525 卷、长期 578 卷、短期 1267 卷；2001 年以后的文书档案共有 16268 件，其中永久 1056 件、长期 3047 件、短期 12165 件。另有会计档案 2395 卷（册），照片档案 17 册，基建档案 41 卷。

特色档案为诉讼档案，库藏诉讼档案始于 1949 年，主要有民事审判、刑事审判、行政审判、执行等，记载了发生在苏州的大案和要案，全面反映了新中国成立以来苏州审判事业发展的全过程，充分体现了法院在解决经济建设和社会发展中各类矛盾时的综合能力。

至 2015 年底，苏州市中级人民法院综合档案室对全部库存档案开展数字化工作，共扫描电子档案 900 多万页。全部档案的基本信息，包括当事人信息、办案信息等，都录入了法院档案信息管理系统。已扫描的电子诉讼档案已开始服务社会，为社会各界直接提供电子档案，方便了查阅者，提高了档案利用效率。

2008 年 1 月，苏州市中级人民法院的档案工作被省档案局评定为五星级。2014 年 8 月，通过了江苏省档案工作五星级复检。至 2014 年 12 月，苏州市中级人民法院及下属 10 家基层法院全部通过了档案工作五星级规范测评。

第七节　苏州市人民检察院档案室

江苏省苏州市人民检察院于 1983 年 1 月由原苏州市人民检察院与江苏省人民检察院苏州分院合并而成。苏州市人民检察院档案室同时成立，隶属于办公室。

档案室库房面积 112 平方米，安装了档案密集架，配备了特殊载体档案防磁柜 1 只，5 匹立式空调 1 台，吸尘器 1 台，温湿度计 2 只，设有红外线安全报警装置。

至 2015 年底，档案室室藏档案有文书档案 2663 卷、13255 件，诉讼档案 16135 卷，检察技术档案 469 卷，基建档案 46 卷，设备档案 18 卷，照片档案 3016 张，会计档案 1591 卷，实物档案 183 件。

特色档案为检察诉讼档案和检察技术档案。

检察诉讼档案是人民检察院在办理案件过程中所形成的具有查考利用价值的诉讼文书、视听资料及其他各种载体材料。包括刑事诉讼档案、民事行政档案、控告申诉档案。

刑事诉讼档案包括立案、侦查、审判、执行监督的刑事案卷，直接受理立案侦查的刑事案卷，职务犯罪个案预防卷宗和刑事执行档案。至 2015 年底，库存刑事诉讼档案为 14961 卷。

民事行政档案主要是人民检察院负责立案的不服法院生效民事行政判决的案件材料。包括苏州市人民检察院抗诉、提请省检察院抗诉、建议省检察院提请抗诉及立案后不予抗诉的案件。至 2015 年底，库存民事行政档案为 940 卷。

控告申诉档案主要是苏州人民检察院负责立案复查的有关控告申诉的案件材料。至 2015 年底，库存控告申诉档案为 234 卷。

检察技术档案包括文件检验、法医检验、痕迹检验、理化检验、司法会计的鉴定文书，文证审查文书，现场勘查文书等。至 2015 年底，库存为 469 卷。

档案室的档案信息化建设列入了苏州市人民检察院信息化建设规划，并同步实施。档案室配备有计算机、服务器、光盘刻录机、扫描仪、数码照相机等专用设备。档案室使用江苏省检察系统统一的 NEUSOFT SEAS 7.0 文档管理系统，建立了室藏全部档案的文件级目录数据库。保管期限为永久、长期（或 30 年）的文书档案、诉讼档案（除保密规定不公开的以外）全部进行了全文数字化，与目录数据进行了链接。档案管理系统设置了防火墙，经常更新防病毒软件，并对电子文件实行定期备份，保证了档案信息的安全、真实。

苏州市人民检察院档案室于 1992 年 12 月被评定为苏州市二级机关档案室，1999 年 11 月被评定为苏州市一级机关档案室，2002 年 12 月被评定为江苏省档案工作一级单位。2009 年 11 月 21 日，通过了江苏省五星级档案管理标准认定。2010 年 12 月，被评定为苏州市数字档案室。2014 年 8 月，通过档案工作五星级规范复查。

第八节　苏州市国土资源局档案管理处

1984 年，苏州市征用土地办公室建立。1986 年，在此基础上成立苏州市人民政府土地管理办公室。1987 年，更名为苏州市土地管理局。1996 年，更名为苏州市国土管理局。2001 年，苏州市国土管理局与苏州市地质矿产局组建为市国土资源局，为市政府工作部门。

1992 年 12 月 31 日，建立土地档案室，科级建制。1996 年，设档案信息处，正科级建制。2001 年，国土系统机构改革，设档案管理处，正科级建制，作为局机关内设职能处室之一。

至 2015 年底，档案管理处有档案库房面积为 475 平方米，配备 4 组 60 列 634.8 立方米的档案密集架，有专用的档案防磁柜和档案底图柜，库房“八防”措施到位。档案整理工作室面积为 386 平方米，陈列室面积为 118 平方米，还设立有办公室、阅档室、目录资料室，实现了办公、档案整理、存放、查阅四分开。

档案管理处制定了《苏州市国土资源局档案管理规则》《苏州市国土资源局国土资源档案分类方案》《电子文件归档管理制度》《数码照片归档管理制度》《苏州市国土资源局档案查阅暂行规定》等档案管理制度、规范。

至 2015 年底，苏州市国土资源局室存档案有 629534 卷、17276 件。其中室存永久、长期（30 年）档案 623961 卷、9994 件。包括综合类 901 卷、17545 件，财务类 5578 卷，地籍管理类 602630 卷，国土资源规划类 1181 卷，建设用地类 17704 卷，监察类 627 卷，科技、信息类 60 卷，地质矿产类 431 卷，电子、声像材料类 422 卷。

1998 年，苏州市国土资源局档案信息化建设开始起步，把每年在工作中形成的文书档案永久、长期保存的进行全文数字化。2006 年，对地籍管理类的土地登记档案即时扫描，随机导入档案管理信息系统。2007 年，开始进行档案数字化新的探索和尝试。完成了文书档案、文档一体化目标，电子文档整合和土地登记档案目录数据、扫描信息进行对接整合，对数据进行集中统一管理。2008 年 8 月，苏州市国土资源局在全省国土系统第一个使用和实现了电子签名借阅档案，提高了借阅登记和统计管理的实时性、完整性、准确性。安装开通档案查询窗口一机双屏，内屏管理员操作，外屏利用者浏览，为利用者实时利用信息提供了视频平台。至 2015 年底，有 266171 卷、10111 件纸质档案材料进行了数字化，提高了档案利用效率和档案查阅的准确率和查全率。

苏州市国土资源局档案工作于 2003 年被评定为江苏省机关、事业单位档案工作目标管理一级（三星级），2005 年被评定为江苏省机关事业单位档案工作目标管理特一级（五星级），2011 年通过了五星级复查。2007 年，被省档案局评为"全省档案工作优秀集体"。2010 年，被市档案局授予"数字化档案室"称号。2012 年，获得"2008~2011 年度全市档案工作先进集体"称号。

第九节　苏州市人力资源和社会保障局档案室

苏州市人力资源和社会保障局（简称人社局）成立于 2009 年 12 月，是由苏州市劳动和社会保障局、苏州市人事局两局合并而成。是年年底，苏州市人社局机关档案室成立，位于苏州市体育场路 4 号，由原劳动社会保障局档案室、人事局档案室整合而成。机关档案室总面积 42 平方米，库房内配备档案密集架 8 列，空调 2 台，灭火器 1 只，档案装订缝纫机 1 台，电脑 2 台，多功能复印机 2 台及激光打印机等设备。

至 2015 年，机关档案室室藏档案有文书、实物、会计、声像等档案，其中，文书档案 20426 卷（永久 13112 卷、长期 7314 卷）、14823 件（永久 5007 件、长期 8215 件、短期 1601 件），声像档案 140 卷，会计档案 1191 卷，实物档案 147 件。

苏州市人力资源和社会保障局所属单位还管理有普通高校毕业生档案，非公经济组织的代理档案，企业退休人员档案，全市失业人员、灵活就业人员、协保人员及委托代理单位和个人档案，社会保障业务档案。

普通高校毕业生档案、非公经济组织的代理档案 134500 册，由苏州市人才服务中心管理。苏州市人才服务中心有档案库房面积 500 平方米。1994 年，苏州市人才服务中心对档案实行计算机单机版管理。2004 年，应用现代信息技术实现网络管理。2010 年 12 月，推出"远程阅档"系统。2012 年 4 月，运用网络查询技术建立了全市联动的"苏州区域人事档案查询平台"，实现一次查询即可在全市范围内确定档案所在地的构想。2012 年，该项目获得苏州市人力资源和社会保障局"最佳服务举措"。

企业退休人员人事档案近 30 万份由苏州市社会保险基金管理中心（苏州市企业退休人员社会化管理服务中心）管理，地址为齐门路 166 号。苏州市区企业退休人员档案管理服务中心有档案工作人员 6 名，库房面积 1200 平方米，拥有密集架 92 列，办公用房 200 平方米、接档大厅 300 平方米。档案库房按八防要求建设，配置空调、去湿机、复印机、扫描仪、灭火器、消毒柜，以及档案自动装订机。

企业退休人员档案管理服务中心接收企业退休人员人事档案，按职工个人社会保障号建档，实行一人一档。从 2004 年起，苏州市区参保人员退休审批同时，其人事档案在退休审批结束后，由报送退休审批的单位移交至企业退休人员档案管理服务中心，并由其收集整理归档。

2005年，苏州市企业退休人员档案管理服务中心利用计算机使用嵌套于苏州市社会保险业务信息系统中的"企业退休人员人事档案信息管理模块"管理退休人员档案。

全市失业人员、灵活就业人员、协保人员以及委托代理单位和个人的档案共134546份，由苏州市劳动就业管理中心管理，负责对企业退工（被辞退人员）、"协保"、办理退休人员、托管人员以及灵活就业等社会人员的档案进行调入接收、保管、材料进档、查询、传递等工作。

社会保险业务档案，由苏州市社会保险基金管理中心管理。该中心档案室有专职档案员4名，兼职档案员14名，档案库房面积235平方米，办公室和阅览室30平方米，库房内安装档案密集架12列，档案柜89组。

社会保险业务档案是社会保险业务机构依法经办养老、医疗、失业、工伤、生育等业务过程中形成的具有保存和利用价值的专业性文字材料、电子文档、图标、声像等不同载体的历史记录，按照社会保险业务经办的规律和特点分类，按年度归档整理。至2015年底，社会保险业务档案共有46227卷，其中，社会保险管理类27863卷，社会保险费征缴类5835卷，养老保险待遇类7379卷，医疗保险类3038卷，工伤保险待遇类526卷，生育保险待遇类647卷，社会保险业务统计报表类142卷，社会保险稽核监管类797卷。

第十节　苏州市文化广电新闻出版局档案室

苏州市文化局于1956年7月成立。2001年6月，苏州市文化局、苏州市广播电视局合并，成立苏州市文化广播电视管理局。2007年12月，苏州市文化广播电视管理局与苏州市新闻出版局合并，设立苏州市文化广电新闻出版局，挂苏州市文物局牌子。

苏州市文化广电新闻出版局机关档案室由办公室管理，设有档案专用库房和阅档室，总面积120平方米，配备档案密集架及立式空调等设备，建立了档案管理各项制度，制定了《苏州市文化广电新闻出版局档案分类整理方案》及《苏州市文化广电新闻出版局机关文件材料归档范围与档案保管期限表》。

苏州市文化广电新闻出版局档案室室藏档案有文书档案、会计档案、实物档案、照片档案，其中文书档案543卷、13569件，会计档案1803卷，照片档案6371张，实物档案58件，出版物45本，内部编印资料28本。

档案室编制了各种档案检索工具及专题资料，其中专题文件汇编6本，1982~2008年发文汇集62本。利用档案汇编大事记、组织机构沿革、基础数据汇编，利用档案编印内部工作资料、法律法规选编、依法行政工作手册等。从2013年起，每年编撰一部年度工作报告，图文并茂，利用文化艺术档案资料编印专业艺术研究资料，包括《苏州文化丛书》《苏州历史名人丛书》《苏州昆曲论坛》《文化苏州》系列等。

　　档案室依托文化苏州信息管理系统,实现了办公自动化环境下的文件与档案一体化管理,所有收发文通过 OA 系统形成电子文件,可在 OA 系统中进行文件归档检索和查阅。

　　文化系统专业、艺术档案的管理:

　　文物保护档案,共 356 卷(册),由苏州市文物管理委员会办公室管理。内容包括 20 世纪 90 年代中期对全市三级文物保护单位(全国重点文物保护单位、江苏省文物保护单位和苏州市文物保护单位)分别制作的"四有档案"(即有保护范围、有保护标志、有记录档案、有保管机构);2004~2015 年,对 20 世纪 90 年中期以后新增的全国重点文物保护单位和江苏省文物保护单位完善的"四有档案";各级文物保护单位维修方案等。

　　江苏省苏州昆剧院艺术档案,由该院档案室管理,至 2015 年,室藏艺术档案 235 卷,内容包括剧本、曲谱、舞美资料、音像档案等。共有大戏、小戏 114 部,视频折子戏约 500 折,大戏约 20 部。

　　苏州市滑稽剧团艺术档案,共 176 卷(盒)、1681 件,照片 271 张,光盘 52 张,录像 2 盒,计有剧目 9 个。由苏州市滑稽剧团管理。

　　苏州市评弹团艺术档案,由该团档案室管理,有艺术档案 261 卷,录像带 125 盘,录音磁带 213 盘,CD、DVD 166 盘,光盘 166 盘,剧照 10000 余张,荣誉档案 278 件。内容包括长篇书目 81 部,中篇书目 281 部,开篇及唱字本、评弹刊物等。

　　苏州市锡剧团有限公司艺术档案,由该团艺术档案室管理,藏有包括锡剧剧本、曲谱、剧照、演出说明书等七大类,其中苏剧剧本及曲谱 57 本,锡剧剧本及曲谱 156 本,录像档案 105 件。

　　苏州市歌舞剧院有限公司艺术档案,由该院档案室管理,室藏艺术档案包括剧目剧本、节目单、乐谱、剧照、影像档案等,其中,乐谱 86 本,节目单 385 张,舞剧《桃花坞》剧本修改稿 2 件,音乐剧《又见桃花红》剧本修改稿 3 件,个人艺术档案 126 册等。

第十一节　苏州市农业委员会档案室

　　2009 年 11 月 25 日,组建苏州市农业委员会(以下简称市农委),将市农林局的农业、林业、渔业、农机、农业资源开发职责和市畜牧兽医局职责,整合划入市农委,挂市林业局牌子。市农委为正处级建制。

　　苏州市农委档案室成立于 2009 年,位于市农委机关大院(苏州市团结桥巷 2 号),由原市农林局档案室、原市畜牧兽医局档案室、原市农业机械管理局档案室、原市农业资源开发局档案室整合而成。苏州市农委档案工作归办公室管理,由一位市农委副主任分管。档案室配备 2 名专职档案工作人员。

2015 年，档案室有办公室 1 间、库房 4 间，总面积 133.61 平方米，配备档案专用柜 58 组，橱柜 14 组，空调 5 台，温湿度计 5 只，灭火器 5 只，电脑 5 台及多功能复印机，激光打印机等设备。

苏州市农委档案室室藏有文书、实物、会计、人事等 4 个门类档案。至 2015 年，共有文书档案 396 卷（其中永久 108 卷、长期 124 卷、短期 164 卷）、20652 件（其中永久 5119 件、长期 3971 件、短期 3097 件、30 年 3429 件、10 年 5036 件），会计档案 1067 卷，科技档案 67 卷，照片档案 128 张，光盘档案 18 张，实物档案 230 件，人事档案 272 册。

农委系统农业科技档案的管理：

苏州市种子管理站有档案 659 卷，其中科技档案 377 卷。

苏州市农业环境与土壤肥料站有档案 132 卷，其中科技档案 44 卷。

苏州市林业站有文书档案 1579 件、项目档案 13 卷，其中蚕桑文书档案 65 卷、蚕桑项目档案 5 卷。

苏州市植保植检站有档案 385 卷，其中科技档案 352 卷。

苏州市水产技术推广站有档案 143 卷，其中科技档案 25 卷。

市农委单位共有农业科技研究项目档案 37 项 94 卷，技术推广项目档案 84 项 106 卷。重点农业科技项目档案有：

水稻地方品种鸭血糯种质资源保护项目档案，共 5 卷。鸭血糯是苏州市地方特色品种，谷粒皮壳呈浅紫色，脱皮精碾后，米粒殷红如鸭血。档案内容有种植保护田间记载资料，低温贮藏保存种子情况，品种农艺品质等性状评价资料，品种试验示范资料，品种开发利用资料，项目实施方案及总结等。

水稻地方品种苏御糯种质资源保护项目档案，共 5 卷。苏御糯为苏州市地方特色品种，种植历史悠久，该品种粒大饱满，色泽乳白，糯性适中，软熟滋润，香味纯正浓郁。档案内容有种植保护田间记载资料，低温贮藏保存种子情况，品种农艺品质等性状评价资料，品种试验示范资料，品种开发利用资料，项目实施方案及总结等。

测土配方施肥项目档案，共 3 卷。测土配方施肥项目（2004~2014）实施 10 年间，全市共推广测土配方施肥 1960 万亩，应用面积 1685 万亩，示范面积 130 万亩。免费服务农户达 265 万户，培训各类人员近 9 万人次，发放施肥建议卡 395 万份。全市共采集土样 2.15 万个，进行各类肥效试验 1970 个，建立农户施肥长期观测点 210 个。项目档案主要内容有 2011~2014 年项目经费下达文件、项目实施方案、项目总结和验收资料等。

黄颡鱼繁育与品种选育项目档案，共 8 卷。黄颡鱼俗称嘎鱼、盎丝、黄腊丁等，隶属鲶形目、鲿科、黄颡鱼属，是江苏省名特优水产养殖品种重点推广品种之一。苏州市自 2003 年以来连续十多年进行了黄颡鱼各方面研究，突破了黄颡鱼人工繁殖技术，实现黄颡鱼大规模繁育，开展黄颡鱼种质选育研究等工作。该项目档案主要记录黄颡鱼选育方法、生长速度、显性性状等选育指标,黄颡鱼繁殖技术规程,项目工作总结、技术总结,验收成果签订书等。

苏太猪培育项目档案,共8卷。太湖猪是苏州地区的优良地方猪种,繁殖力高、肉质鲜美,堪称世界猪种之最,但生长速度慢、瘦肉率低。于1999年3月通过国家畜禽品种审定委员会的审定,正式定名为"苏太猪"。该项成果,获得国家科技进步二等奖,农业部科技进步一等奖,苏州市人民政府科技进步一等奖。该项目档案内容主要有苏太猪培育实施方案、技术路线;各世代试验猪原始测定数据、测定数据统计分析;项目实施工作总结和技术总结;苏太猪推广应用单位信息等。

太湖猪保护项目档案,共8卷。太湖猪有3个保存品种,即二花脸猪、梅山猪、枫泾猪,3个品种的种公、母猪分别为12头和100头以上,各6个血统。通过对太湖猪的保护、更新及测定选留,减缓保种群体近交系数增量,保持保种目标性状不丢失、不下降。该项目档案内容有太湖猪系谱资料,配种及产仔哺乳记录,生长发育测定记录,免疫记录等;保种实施方案及总结等。

优质枇杷产业化经营关键技术研究与示范项目档案,共1卷。白沙枇杷是苏州名产。苏州市自20世纪50~60年代起,就开展对白沙枇杷的研究和推广工作。2009年度获得了苏州市科学技术进步二等奖。档案内容主要有项目研究内容,项目工作和技术总结,项目验收意见,项目鉴定材料及意见,获奖证书及相关材料等。

碧螺春茶叶清洁化加工技术的集成与推广项目档案,共1卷。对碧螺春茶叶进行清洁化加工技术的集成与推广,既是茶叶加工的一大进步,又是提高碧螺春茶叶品质的一大保证。该项目2004年列入江苏省农林厅三项工程,2006年通过验收。档案内容主要有项目实施内容,项目工作和技术总结,项目验收材料,项目验收证书及相关材料等。

早茶碧螺春开发及茶叶保质保鲜技术示范推广项目档案,共1卷。该项目(2004~2006)主要内容包括碧螺春早茶的开发和繁育,碧螺春茶绿色基地的建设和认证,以及茶叶保质保鲜技术的研究和推广。2006年通过鉴定,并获得苏州市科技进步二等奖。项目档案内容主要有项目实施内容,项目工作和技术总结,项目验收材料,项目鉴定证书及相关材料等。

阳澄湖大闸蟹国家级农业标准化示范区项目档案,共1卷。阳澄湖大闸蟹以其"青背、白肚、金爪、黄毛"的特征和鲜嫩、味甜的独特风味闻名于世。2002年11月,阳澄湖大闸蟹标准化示范区被增补为第三批全国农业标准化示范项目,围绕国家级农业标准化示范区建设的各项要求,不断完善标准化管理体系,扎实推进阳澄湖大闸蟹综合标准化,水环境状况监测,投入品及产品监测,养殖户、经营户和管理人员培训,集中中转品牌销售等工作,促进阳澄湖大闸蟹质量、品牌、效益的同步提高。该项目档案内容有项目建设情况汇报、示范区执行标准、示范区项目实施方案、示范区考核验收材料、示范区工作情况等。

第十二节　苏州市水利(水务)局档案室

苏州市水利(农机)局档案室成立于 1984 年。1996 年,搬迁至苏州高新区玉山路 11 号。苏州市水利(水务)局档案工作由纪委书记分管,办公室负责。档案室配备 3 名专职档案工作人员。市水利(水务)局机关相关处室及直属事业单位设兼职档案员。档案室总面积 500 多平方米,配备密集架 60 余组,中央空调 4 只,温湿度计 3 只,灭火器 10 只,电脑 4 台及多功能复印机 2 台,以及激光打印机、扫描仪等设备。

苏州市水利(水务)局档案室室藏有文书、科技、实物、会计、人事等门类档案。至 2015 年,共有文书档案 1165 卷、12823 件,会计档案 1450 卷,科技档案 2515 卷,照片档案 825 张,光盘档案 20 张,实物档案 122 件,人事档案 120 份。

室藏重点工程项目档案:

苏州城区防洪工程项目档案,共 2045 卷。工程建设主要目的是防洪、排涝、改善城市水环境。苏州城市中心区防洪工程控制范围是:西面、南面以京杭大运河为界,北面以沪宁高速为界,东面至苏嘉杭高速公路,面积约 84 平方公里。工程建成后,将使苏州市城市中心区防洪能力达到 200 年一遇,河道排涝标准达到 20 年一遇 1 日降雨不漫溢。项目包括新建 11 座枢纽控制建筑物和 17 座外围口门控制建筑物。工程总投资 6.54 亿元,设计总排涝流量 265 秒立米。2003 年 12 月 1 日,防洪工程的青龙桥枢纽开工正式动工兴建,至 2008 年,整个苏州市城区防洪工程全部完成,并发挥效益。

太湖金墅港水源地工程项目档案,共 92 卷。太湖金墅水源地位于太湖贡湖湾的东南角,是苏州市自来水公司白洋湾水厂(30 万立方米 / 日)和相城水厂(一期 30 万立方米 / 日)的取水水源地,设计取水能力为 60 万立方米 / 日,占苏州中心城区总设计供水能力的 77%,在苏州城区供水体系中举足轻重。工程于 2008 年 2 月 23 日正式进场施工,2008 年 6 月 12 日完成现场清淤工作,2008 年 7 月 5 日由苏州市水文局完成验收测量工作,2008 年 10 月通过工程竣工验收,清淤面积约 3.1 平方公里,清理淤泥约 110 万立米,实际总投资为 3275 万元。

苏州市胥口水利枢纽工程项目档案,共 316 卷。胥口水利枢纽工程是环太湖大堤工程的配套工程,位于胥江入太湖口,整个工程集防洪、挡污、景观、通航等功能于一体,是挡御太湖洪水经胥江通往苏州古城区和阳澄淀泖区的主要控制口门。胥口水利枢纽工程包括 1(孔)×16 米节制闸 1 座,16 米 ×135 米 ×2.5 米套闸 1 座,设计荷载汽 –20 公路桥 1 座,太湖接堤 1380 米,以及配套管理设施等,总投资近 6500 万元。工程于 1995 年 8 月开工,2001 年竣工。胥口水利枢纽工程复线船闸于 2006 年 7 月 7 日开工,至 2008 年 2 月 15 日完工,2008 年 6 月 26 日通过单位工程竣工验收,并于 2008 年 4 月 1 日投入试运行。

苏州市西塘河引水工程项目档案,共 14 卷。苏州市西塘河引水工程,是保护环古城风貌,改善环城河水质的专项引水工程,北起望虞河琳桥港,南至钱万里桥,2002 年 9 月开工建设,2004 年 1 月 8 日建成通水,总投资近 3.6 亿元。西塘河全长17.87 公里,共建有一座水利枢纽、7 座套闸、10 座节制闸和 35 公里堤防。

太浦河(苏州段)工程项目档案,共 215 卷。太浦河工程是太湖流域综合治理十项骨干工程之一,是承泄太湖洪水的主要通道。太浦河全长 57.62 公里,流经苏浙沪三省市,其中江苏段 40.75 公里,均在苏州市吴江境内。太浦河(江苏段)苏州市承办的工程建设的主要内容有河道工程(包括疏浚、穿湖筑堤、排泥场、征占拆、水系调整、防汛公路及绿化等)、跨河桥梁、配套建筑物、北窑港枢纽、浦南防洪补偿等。完成的主要工程量有:土方 660.34 万立米、砌石 7.27 万立米、砼 8.25 万立米。江苏省水利厅下达太浦河苏州市承建工程概算投资为 22683.9 万元。工程于 1992 年开工,1999 年底基本完成全部工程建设任务,2004 年通过水利部组织的竣工验收。

第十三节　苏州创元投资发展(集团)有限公司档案室

2008 年 7 月 28 日,苏州创元投资发展(集团)有限公司(以下简称创元投资集团)成立。它由苏州创元(集团)有限公司和苏州市工业投资发展有限公司优化重组而成,是以高科技先进制造业为核心,集金融、贸易、旅游、文化、商务和房地产等现代服务业为一体的大型综合性集团公司。

创元投资集团档案室成立于 2008 年 8 月,隶属集团办公室管理,配备专职档案管理人员 1 名。档案室总面积 270 平方米,其中,库房 230 平方米,办公用房 32平方米,阅档室 8 平方米。档案室实现库房、阅档、办公“三分开”。配备空调、计算机、高速扫描仪、复印机、打印机、刻录机、缝纫机、打孔机、温湿度仪、监视器等档案管理设施设备。

创元投资集团档案工作实行两级管理,创元投资集团档案室主要负责收集、保管集团本部的档案资料。

创元投资集团档案分类方案涵盖各种门类、载体的档案,类目设置合理。从门类上分有:文书档案、科技档案、照片档案、光盘档案、实物档案、会计档案、人事档案 7 个门类。至 2015 年,档案室库藏文书档案共计 1193 卷、17918 件(永久7432 件、30 年 5175 件、10 年 5311 件),科技档案 71 卷(其中基建档案 68 卷、设备档案 3 卷),会计档案 991 卷,实物档案 96 件,光盘档案 21 卷,照片档案 14 卷(548)张。

档案室编制了《全宗指南》以及 2008~2015 年档案案卷目录 42 册,其中,文书档案归档文件目录 21 册,科技档案案卷目录 2 册(基建 1 册、设备 1 册),会计档案案卷目录 1 册,实物档案目录 2 册,照片档案案卷目录 1 册,照片档案全引目录 14

册，光盘档案目录1册。建立了档案管理应用系统。建成室藏全部档案的文件级目录数据库，归档的永久、30年及10年文书档案、照片档案实现全文数字化，并与目录相链接。文书档案全文扫描共17526件。

创元投资集团重视档案工作的组织领导，成立由集团主要领导分管的档案工作领导小组，档案工作纳入公司"三定"方案并列入每年的工作计划。先后制定了《档案管理制度》《档案工作岗位责任制》，形成了由公司领导分管，办公室主任、各部门兼职档案员互相配合的科学合理的档案管理网络。档案工作纳入各部门相关人员岗位职责，并作为年度考核内容之一。公司还成立档案鉴定小组，根据人事变动及时进行调整，不断完善公司档案管理网络。

2010年，创元投资集团档案室分别通过江苏省机关团体企事业单位档案工作三星级测评和苏州市数字档案室的认定。

2013年，创元投资集团成为贯彻国家档案局10号令试点企业，于2014年11月通过了由苏州市档案局组织的企业文件材料归档范围和档案保管期限表审查。

感谢以下单位提供资料

张家港市档案馆

常熟市档案馆

太仓市档案馆

昆山市档案馆

吴江区档案馆

苏州工业园区档案管理中心

苏州高新区虎丘区档案局

吴中区档案馆

相城区档案馆

姑苏区档案馆

苏州市城建档案馆

苏州市房地产档案馆

苏州园林档案馆

张家港经济技术开发区杨舍档案馆

常熟高新技术产业开发区档案馆

太仓港经济技术开发区档案馆

昆山经济技术开发区综合档案室

昆山高新技术产业开发区档案室

苏州太湖国家旅游度假区档案室

苏州吴中经济技术开发区档案室

苏州浒墅关经济技术开发区档案室

花桥经济开发区档案中心

吴中区城区管理委员会档案中心

太仓市城厢镇档案馆

太仓市璜泾镇综合档案馆

常熟市古里镇档案馆

常熟市梅李镇档案馆

常熟市辛庄镇档案馆

董浜镇档案馆

海虞镇档案馆

虞山镇档案馆

支塘镇档案馆

永联档案馆

蒋巷村档案馆

苏州大学档案馆

波司登档案馆

江苏省苏州地方税务局档案管理中心

苏州市中医医院

苏州市民政局

苏州市中级人民法院

苏州市人民检察院

苏州市国土资源局

苏州市人力资源和社会保障局

苏州市文化广电新闻出版局

苏州市农业委员会

苏州市水利（水务）局

苏州创元投资发展（集团）有限公司

后 记

　　1987年，苏州市档案局以内部资料形式编印了第一部《苏州档案志》，内容记载了新中国成立后至1985年苏州市档案事业发展过程。2014年，在"群众路线教育实践活动"中，市档案局党组根据群众意见和建议，决定重修《苏州档案志》，志书内容起自苏州解放，终至2015年底。编志工作由局办公室牵头，聘请局退休人员虞平健、市党史办退休人员刘振明、市工商档案管理中心退休人员皇甫元组成编辑小组具体执笔，局工作人员俞菁参与编纂。编辑小组向苏州市地方志办公室征求意见后，编制了《〈苏州档案志〉纲目(草案)》，分六篇二十章，加《综述》《大事记》《附录》。于2014年9月将"纲目"分发至局(馆)机关在职人员和退休人员审阅，并分别召开会议介绍该志书的编辑思路，广泛听取征求意见，对志书纲目进行修改调整。在此基础上，编辑工作于2014年10月正式启动，由虞平健负责总纂。志书中反映局(馆)工作的资料来源，主要以局(馆)所藏档案为依据，其他档案馆(室)内容由各馆(室)提供。在编纂过程中，编辑人员根据档案资料实际又增加部分章节。经过两年多时间的努力，基本完成编辑任务。2016年12月，本志通过苏州市地方志办公室终审，编辑人员根据苏州方志办领导和专家的建议，对志书篇章及内容进行调整，最终确定志书书名为《苏州市档案局(馆)志》，共六篇二十四章，加《综述》《大事记》及《附录》。第一至第四篇以苏州市档案局(馆)工作为主线，重点介绍局(馆)机构沿革、行政管理、档案馆业务、档案馆藏。第五篇重点介绍市档案局(馆)直属事业单位苏州市工商档案管理中心工作。第六篇，重点介绍苏州市档案学会工作。《附录》中《苏州市其他档案馆(室)》，重点介绍苏州市辖区市、区档案馆，市专业档案馆，部分镇村档案馆，开发区档案馆室，企事业单位档案馆室。该志书内容比较全面、客观、真实反映了新中国成立后苏州市档案事业及市档案局(馆)发展基本情况。由于编辑人员受业务水平限制，编辑工作存在诸多缺点和不足，敬请批评指正。

2017年1月20日